Stories and the Brain
The Neuroscience of Narrative

스토리와 뇌는 어떻게 협력하는가:
내러티브 신경과학의 탄생

폴 암스트롱 저

강현석 · 노진규 · 김수영 · 마징이 · 신광미 · 정상원 공역

교육과학사

역자 서문

본 역서는 1977년에 스탠퍼드 대학교에서 현대 사상과 문학전공으로 박사학위를 받은 Paul B. Armstrong이 2020년에 집필한 『Stories and the Brain: The Neuroscience of Narrative』를 우리말로 번역한 것이다. 직역을 하면 '스토리와 뇌: 내러티브의 신경과학'쯤으로 말할 수 있다. 번역 작업을 다 마치고 나서 역서 제목을 『스토리와 뇌는 어떻게 협력하는가: 내러티브 신경과학의 탄생』으로 정하였다. 이렇게 정한 이유는 두 가지이다. 하나는 내러티브는 뇌 과학의 도움이 없이는 혼자 설 수 없고, 뇌과학 역시 내러티브의 도움이 없이는 혼자 설 수 없다고 생각하였기 때문이다. 다른 이유는 이 책을 통하여 인간을 새롭게 이해할 수 있는 내러티브 신경과학이라는 새로운 장르가 만들어졌다고 생각하기 때문이다. 암스트롱의 주 연구 관심사는 의식과 인지에 대한 신경과학적 연구와 읽기와 내러티브의 문학이론 간의 관계에 있다.

일찍이 저자인 Armstrong은 신경과학과 내러티브의 사회적 힘에 대해서 논의하였으며, 스토리는 어떻게 우리의 뇌를 작동할 수 있도록 구성(환경 설정, 준비, 배열)하는지에 대해서 탐구하였다. 그리고 신경과학, 내러티브, 서사학에 대해서도 많은 심층 연구를 수행한 바 있다. 인지 서사학은 우리의 언어에 대해서 신경과학적으로 타당한 이해를 필요로 하고 있다. 스토리가 어떻게 기본적인 뉴런과 대뇌 피질과정으로부터 일어나서 작동되는지를 설명하고, 그러고 나서 내러티브학(서사학)의 목적과 방법이 우리가 언어와 뇌에 관하여 알고 있는 바와 어떻게 잘 연계되어야 하는지를 탐구해왔다. 마음, 언어, 그리고 내러티브의 질서정연한 보편적 구조를 확인하는 형식주의자들의 목표는 세계에 대한 우리의 체화된 경험으로부터 나오는 인지 패턴을 통해서 뇌에서 진행되는 확률적, 교섭적 상호작용과 잘 부합하지는 않는다. 인지 서사학은 프레임, 스크립트, 선호 규칙이라는 용어론에서 여전히 뚜렷하게 작용하는 구조주의자 유산들과 단절할 필요가 있으며, 형식주의자 프로그램과 대항하는 다양하게 실용적으로 지향하는 현상학적 내러티브 이론이 제안하는 패러다임 전환을 품을 필요가 있다.

이 책은 이야기의 화자이자 청자로서 우리가 살아가며 체화된 경험과 이러한 상호작용의 기초가 되는 신경생물학적 과정 사이의 상관관계를 보여주는 신경현상학적 내러티브 모델을 제시한다. 여기에서 읽기(독서)와 내러티브에 관한 현상학적 이론가들(특히 볼프강 이저(Wolfgang Iser)와 폴 리쾨르(Paul Ricoeur))의 연구를 바탕으로, 내러티브에 대한 설명을 형상적 혹은 비유적(figurative) 패턴의 생산과 수용 사이의 경험 기반 상호작용으로 구성한다.

이러한 기본 정신을 바탕으로 크게 네 개의 장으로 이루어져 있다. 1장에서는 신경과학과 내러티브 이론을, 2장에서는 내러티브의 서로 다른 두 차원인 시간성과 상호주관성을, 3장에서는 내러티브 행동, 체화된 인지, 내러티브 구성의 허구를 다룬다. 마지막 4장에서는 공유된 지향성과 자아와 타자의 이중화를 중심으로 내러티브의 사회적 힘을 탐색하고 있다.

이해는 항상 시각, 읽기 및 기타 모든 인지 과정을 특징짓는 패턴 구성의 재귀적이고 구성적인 작업으로 보는 과정이기 때문에 경험은 이미 미리 형성되어 있다. 내러티브는 문화적으로 공유된 관습, 가정, 관행 등 경험의 미리 설정된 측면을 취하여 다양한 종류의 가상의 허구 패턴으로 재구성한다. 이야기를 읽거나 듣는 경험은 수용자로 하여금 세상에 대한 이해를 재구성하도록 유도할 수 있으며, 화자와 청자가 경험을 형성하고 교환하고 재구성하는 순환이 다시 시작될 수 있다.

이 책에서는 내러티브의 생성 및 수용에 대해서 현상학적 설명으로 접근하는데, 이 방식은 다양하고 오랜 역사와 전통을 지니고 있다. 이 책에서 저자는 서로 관련된 다양한 내러티브 이론 주제를 탐험하면서 현상학의 역사를 활용하고 있다. 그 예들을 각 장별로 보면 2장에서는 내러티브가 우리의 시간 경험의 불일치 내지 괴리를 어떻게 조직하고 다루는지, 3장에서는 줄거리(플롯)가 액션(행동) 패턴을 어떻게 구축하는지, 그리고 4장에서는 이야기의 교환이 서로 다른 세계를 어떻게 상호 관련시키는지에 대한 것들이다. 여기에 특별히 저자는 신경과학의 관점을 추가하고 있다. 그 핵심적 문제 질문은 다음과 같은 것들이다. 이러한 상호작용의 기저에는 어떤 신경생리학적 과정, 기능 및 구조가 있는가? 우리는 우리의 신체적 뇌로 이야기를 할 수 있도록 하는 우리 뇌의 능력이 어떻게 제약되고 가능하게 되는가? 요컨대, 우리가 서로 이야기를 할 수 있는 것은 어떤 종류의 뇌를 가지고 있으며, 이야기가 어떻게 우리의 뇌에 영향을 미치는가?

저자는 특히 4e 인지 이론을 비판하기도 한다. 내러티브 상호작용에서 뇌, 신체, 세계 사이의 관계를 분석하는 것은 의식을 체화된(embodied), 실행적인(enactive), 환경-내장적인(embedded) 및 확장된(extended) 것으로 보는 이른바 4e 인지 이론의 편향성을 교정하려는 의도이다. 이러한 접근은 신체적 프로세스, 사회적 구조, 기술적 장치가 인지를 통합적으로 설명하는 데에 큰 기여를 하고 있으며, 여러 사상가들(후설, 초기 하이데거, 메를로퐁티, 다양한 실존주의 및 해석학적 현상학자들)이 강조한 경험의 신체적, 문화적, 역사적 차원에 대한 중요한 시도이며, 존 듀이(John Dewey)를 비롯한 주요 실용주의자들도 중요하게 강조되고 있다.

저자가 특별히 강조하는 것은 내러티브에 대한 신경현상학적 설명으로, 이것은 기존의 구조주의자나 형식주의자들의 문제를 비판한다. 즉, 데카르트적 정신과 육체의 이분법과 거리를 두려는 의욕 때문에 일부 4e 인지 이론의 지지자들은 다른 방향으로 지나치게 나아가 사회적 맥락으로 체화된 인지가 작동하는 데 필요한 뇌 기반 프로세스를 무시한다. 이러한 일반성을 바로잡기 위해 새로운 모델을 제안하고 있는 셈이다. 내러티브에 대한 신경현상학적 설명을 통해 뇌 기반 개념(brain-based concept)을 통합하는 체화된 신경과학 모델(model of embodied neuroscience)을 제시하고 있다. 그래서 신경 환원주의에 반대하면서도 생생한 체험의 경험과 의식의 신경(적) 상관관계를 비교하면서 이 상관관계가 내러티브에 대해 무엇을 드러내는지를 보여주고자 하는 목적을 갖고 있다. 이러한 목적으로 인해 이 책의 전체 장들에서는 우리가 이야기를 전하고 따르는 경험과 이러한 상호작용을 가능하게 하고 제약하는 신경 과정 간의 다양한 상관관계, 즉 내러티브 이론에 대한 다양한 결과를 가져오는 상관관계에 대해 설명하고 있다. 저자가 말하기를 내러티브학(서사학)의 모든 문제를 과학에 의존한다고 해서 해결할 수 있는 것은 아니지만, 일부 내러티브 이론은 과학과 모순되어 있으며, 이러한 불일치는 서사학자들에게 잠시 멈추게 해야 한다. 인지 과학 및 언어 과학이 변화함에 따라, 내러티브 이론도 변화해야 한다는 것이다.

이하에서는 저자가 프롤로그에서 중요하게 제시하고 있는 각 장들의 주요 아이디어들을 한 번 더 언급하고자 한다.

1장에서는 저자가 제안한 실용적이고 상호작용적인 접근을 선호한다. 거기에서 이러한 접근의 몇 가지 유망한 버전이 내러티브 장면에서 두드러지고 있으며, 형식주의 인지 서사학이 제안한 모델보다는 과학과 더 잘 일치하기 때문에 이러한 모델을 선호하고 있다.

2장에서는 내러티브가 어떻게 우리의 시간 경험을 구성하는가 하는 방식에 대한 신경세포적 및 피질적 기반을 탐구한다. 내러티브 시간성에 대한 우리의 경험은 신경세포 집합 간의 단기적인 상호작용부터 기억과 상상력의 장기적인 상호작용에 이르기까지 다양한 수준에서 뇌 과정의 시간성과 상관관계가 있다. 이러한 상관관계는 우리의 시간 경험을 구성하는 내러티브 작업이 어떻게 역동적이고 재귀적이며 상호형성적인 여러 차원의 체화된 시간성을 상하로 넘나드는지를 시사한다. 내러티브는 사건을 묘사하는 방식과 이야기하는 방식에서 우리의 시간 경험을 활용하면서 다양한 인지적 타이밍 프로세스들로 인해 강력해질 수 있다.

3장에서는 인지에서의 행동의 역할과 내레이션 및 플롯 구성에서의 행동의 조직(구성) 사이의 관계를 살펴본다. 잘 알려진 많은 실험적 증거는 뇌가 행동의 언어적 표현에 반응한다는 것을 보여준다. 지각과 인지에 있어 행동의 광범위한 역할은 인지 활동의 패턴을 강화하거나 재구성하는 표현된 행동 패턴의 힘의 근간을 이룬다. 일상적인 세계 경험에서 행동이 다양한 인식 양식을 조정하는 방식은 내러티브에서 다양한 종류의 행동, 즉 플롯화된 행동, 내러티브하는 행위, 수용 활동(내러티브 읽기, 듣기, 이해) 간의 상호작용을 설명하는 데 도움이 된다. 기계적이고 인과적으로 결정론적인 시뮬레이션 모델이나 인과 모델도 한계가 있어서, 생물문화적 혼종으로 만드는 고통과 분노와 같은 체화된 경험에 대한 다양한 메타포의 이질성을 설명하지 못한다.

4장에서는 공감, 동일시, 자아와 타자의 이중화 문제를 살펴본다. 그리고 협업, 공유된 지향성을 통하여 내러티브의 사회적 힘을 강조한다. 이야기를 예측 가능하고 자동으로 읽거나 들음으로써 사회적 경험을 시뮬레이션하면 공감 능력이 향상되거나 다른 사람의 마음을 이해하는 능력이 향상된다는 자주 들었던 주장에 의문을 제기한다. 경험의 내러티브 재구성은 친사회적 효과와 반사회적 효과 등 다양한 효과를 낳을 수 있는데, 이는 허구적 시뮬레이션 과정이 선형적이고 단방향적인 인과 메커니즘이라면 일어나지 않을 것이다.

내러티브를 연구하는 학생들이 신경과학으로부터 배워야 하는 만큼, 신경과학도 내러티브 이론으로부터 배워야 할 것이 많다. 내러티브는 이러한 과정을 연구하는 데 많이 활용되지 않는 모델이며, 신경과학은 내러티브를 무시함으로써 빈곤한 결과를 초래할 수 있다. 내러티브와 내러티브 이론의 난해하고 종종 당황스러운 세계를 우연히 접한 과학자는 그곳에서 유통되는 전문 용어와 개념이 신경과학 연구에 어떻게 사용될 수 있는지 즉시 알 수 없지만, 아마도 이 책이 그 길을 제시할 수 있을 것이다. 이 책은 인지 인문학에 관심이 있는 일반 독자부터 서사학자, 신경과학자까지 다양한 독자를 대상으로 이야기를 나누고자 한다. 인지 비평과 문학 이론에 관심이 있는 학생과 학자들은 이 책을 통해 우리가 이야기를 하는 능력이 언어와 정신에 대해 무엇을 드러내는지에 대한 오래된 질문을 조명할 수 있기를 바란다. 이는 여러 세대의 전문가와 비전문가 독자들을 매료시켜온 문제라고 저자는 말하고 있다.

이 책은 체화된 인지 과정을 분석할 때 뇌 기반 개념을 무시하는 실수를 바로잡고 대신 신경과학적 정보를 바탕으로 한 체화된 능동적 인지 모델을 제공한다. 서사학자와 내러티브 이론가에게 이 책은 신경과학의 발견에 비추어 내러티브 상호작용에 대한 이해를 개선하는 방법에 대한 크고 작은 제안을 많이 제시한다. 마지막으로 신경과학자들에게 이 책은 내러티브와 관련된 인지 과정을 연구하는 데 필요한 이론적 근거를 바탕으로 좋은 과학뿐만 아니라 좋은 미학에 기반한 연구 질문의 공식화를 안내하는 프레임워크를 제공하는 것을 목표로 한다. 이러한 프레임워크는 뇌와 뇌의 결합을 연구하기 위한 증거로서 스토리의 중요성과 비선형적 역동성을 연구하는 인지 과학자들에게 도움이 될 수 있다.

저자가 이 책에서 보여주려고 했던 것은 내러티브의 경우, 우리가 세상을 경험하게 해주는 구성의 모양을 만들고(형상을 취하고), 그것을 담론과 이야기(말하는 것과 말해진 것, 듣는 것)의 패턴으로 구성하고, 그러고 나서 우리가 상호교섭하면서 주고받는 이야기는 우리의 일상적인 인지적 삶을 생동감 있게 활성화하고 정의, 규정하는 관계들을 재구성할 수 있다는 점이다. 미메시스의 순환을 통해서 이야기의 사회적, 역사적 삶에 대한 기록인 아카이브를 생성시켰다. 이 아카이브는 우리를 초대하는 상호주관적인 공유된 지향성의 저장소이다. 전 세계 이야기의 인지 아카이브는 다른 시대와 장소에서 내러티브가 가진 사회적 힘에 대한 귀중한 기록이다. 이러한 힘을 통해 우리 두뇌를 다른 종의 구성원이 이야기로 구성한 화합과 불화의 패턴과 결합함으로써 역사적, 문화적 거리를 뛰어넘어 도달할 수 있는 것이다.

20세기 초의 행동주의 심리학은 인간 마음을 배제해버렸으며, 1950년대 이후의 소위 고전적 인지주의는 그 마음을 복귀시켰으나 (정보) 처리에 치중한 나머지 (의미) 구성을 소홀히 하며 뇌의 역할을 무시하였고, 1980년대 이후의 인지신경과학이 다시 뇌 속으로 인간 마음을 넣어주었다. 뇌인지신경과학이 뇌 환원주의와 지상주의에 빠져서 몸의 역할을 무시하고 '마음은 뇌신경상태'라는 과거 데카르트식의 관점을 전개하기에 이르렀다. 21세기에 체화된 인지관점을 통하여 그 뇌를 몸으로 다시 몸을 환경으로 통합시켜 몸-환경 연결 활동에 바탕을 둔 인지 접근이 최근 인지과학에 전반적으로 수용되고 있는 사정을 유의할 필요가 있다. 물론 뇌, 몸, 환경이 하나의 결합된 체제라고 할 수 있는가 하는 문제, 환경이 뇌와 동등한 등가의 인지 시스템이 될 수는 없으며 환경의 영향은 오로지 뇌를 통해서만 가능하다는 문제가 있기는 하다. 체화된 인지의 이러한 문제로 인해 대안적 관점으로 내러티브적 인지가 등장하고 있다. 인지과학이 지난 60년 동안 주로 고전적 인지주의(연산주의) 틀 중심으로 발전하면서 별로 두드러지지 못한 영역이 마음(인지)과 내러티브적 접근을 연결하는 것이다. 형식화하기 힘들고 객관적이거나 경험적 접근이 어렵다고 간주되어서 주류 인지과학의 흐름에서 배제되어 왔던 영역이지만, 최근에 인지과학의 중심 주제가 사실상 문학적 마음의 문제이며, 내러티브가 마음의 기본 원리라고 주장하면서 내러티브적 인지과학이 대안적 인지과학으로 추진되고 있다. 더 나아가 이 책을 통하여 저자인 Armstrong(2022)은 이제 뇌신경과학은 내러티브 없이는 안 되며, 내러티브 역시 뇌신경과학으로부터 배워야 한다고 보고 있다. 이 책을 통하여 단순히 내러티브에만 관심을 갖던 독자들이나 신경과학에만 관심을 갖던 독자들이 상호 관계에 주목하여 신경과학과 내러티브의 사회적 힘을 통찰하는 길이 생기기를 기대해본다.

이 책을 독자들이 읽으면서 많은 부분에서 어려움에 직면할 것으로 본다. 왜냐하면 많은 이론가들과 사상, 난해한 실험, 용어들이 등장하고 있기 때문이다. 이러한 어려움을 다소나마 덜어드리기 위하여 각 장에 등장하는 주요 주제들을 해설하는 자료들을 포함시켰다. 본문을 읽고 이해하는 데에 조그마한 참고가 되기를 바란다. 동시에 원문에는 표나 그림이 전무하다, 그래서 독자들이 독해하고 이해하는 데에 너무 큰 어려움이 있을 것으로 예상하는바, 역자들이 각 장별로 주제에 관련되는 그림이나 사진, 표 등을 본문에 삽입하여 도움을 주고자 하였다. 출처를 정확히 밝히고자 하였으나 많은 한계를 고백한다. 많은 양해를 부탁드리는 바이다.

저자의 오랜 연구와 심층적인 천착으로 중요하고 다양한 연구 결과들과 정보들을 제시하고 있는데 역자들이 그것들을 제대로 번역하였는지 두려움이 앞선다. 사상과 철학들에서 통용되는 용어들이 제대로 번역이 되었는지, 문맥에 부합하는지 등등 많은 우려와 어려움이 교차한다. 독자들의 많은 질정과 도움을 기대해본다. 이 책을 편집하는 데에 김수영 박사의 도움이 컸다. 감사의 마음을 전한다.

마지막으로 판매의 수지가 맞지 않을 것 같은 이 어려운 역서를 흔쾌히 작업해주신 교육과학사 사장님 이하 편집부 스태프들에게도 깊은 감사를 전한다. 편집 과정에서 내용과 형식 면에서 정교한 전문성을 발휘해주신 점에 대해서 다시 한번 더 깊은 감사를 드린다.

역자를 대신하여 강현석 씀.

한국 독자들을 위한 원저자 서문

저는 신경과학과 문학에 대한 제 연구를 여러 차례 한국 독자들에게 발표했는데, 제 책 *Stories and the Brain*이 한국어로 번역되어 매우 기쁘게 생각합니다. 이야기를 하고 따라가는 우리의 능력은 우리의 생물·문화적 혼종성, 즉 우리 종에게 보편적인 우리의 체화된 인지 장비가 상이한 문화적 형태의 다양성을 생성할 수 있는 방식의 중요한 사례입니다. 따라서 내러티브 신경과학은 다양한 언어적, 문화적 배경을 가진 독자들이 생산적으로 의견을 교환할 수 있는 훌륭한 주제라고 생각합니다.

나는 독자 여러분들이 이 책에서 이야기에 대한 자신의 경험을 통해 인식할 수 있는 인지 과정에 대한 분석을 찾을 수 있기를 바라며, 이러한 과정이 나에게 익숙하지 않은 문화적, 문학적 전통에 의해 어떻게 독특하게 배열, 조직되는지에 대해서 저에게 말하고 싶은 것들이 있을 수도 있다고 상상하는 것처럼 말이죠. 만약 제가 제안한 모델이 내가 알지 못하고 논의(토론)하지도 않는 내러티브 실천에까지 확장될 수 있다면, 그것은 내가 문화적 경계를 넘나들며 다양한 종류의 문학(작품) 생산에서 발현될 수 있는 인류학적 정수이자 상수(constants)를 확인했기 때문일 수 있습니다. 그러나 내가 의문을 품고 있는 것처럼, 이야기에 대한 나의 관점이 내가 이해할 수 없는 방식으로 제한되어 있다는 것을 이 번역본을 읽는 한국 독자들이 알게 될지도 모르지만, 그것 역시 저를 스트레스 받게 하는 일은 아닐 것입니다. 왜냐하면 그것은 오히려 우리의 생물·문화적 혼종성이 가능하게 하는 다양성에 대한 중요한 증거가 될 것이며, 다양성은 우리 종이 누리는 인지적 삶의 중요한 특징이라는 것을 보여주는 중요한 증거가 될 것이기 때문입니다.

이 책에서 저는 읽기와 내러티브에 대한 신경과학적 증거가 이야기를 말하고 따라가는 경험에 대한 현상학적 이론과 어떻게 연관되어 있는지를 탐구하고 있습니다. 이러한 이들의 상관관계는 내러티브와 신경과학 간의 대화가 제공하는 관점 중 이 양자 어느 것에도 특권을 부여하지 않습니다. 신경과학은 우리가 내러티브를 어떻게 생산하고 공유하는가 하는 방법에 대한 최종적인 것(last word)은 아니지만, 우리가 이야기에 대해 갖는 많은 신비하고 놀라운 경험은 그것을 가능하게 하는 신체 및 뇌 기반의 인지 과정에 대한 설명을 요구합니다. 이 책에서 그랬던 것처럼, 신경과학적 증거와 체화된 인지 경험에 대한 현상학적 설명 사이를 왔다 갔다 하면서, 나는 그러한 과정들 중 일부를 밝혀주고자 합니다. 제가 바라는 바는 이 책이 문학 비평가, 과학자, 일반 독자 등 다양한 종류의 독자들에게 흥미로울 수 있기를 바라며, 그들 역시 우리가 서로에게 이야기를 들려줄 수 있는 뇌의 종류에 대한 나의 호기심을 공유하는 것입니다.

이 책은 나의 이전 저서 *How Literature Plays with the Brain: The Neuroscience of Reading and Art*(2013년 Johns Hopkins University Press에서 출간)에서 발전한 것입니다. 이 초기 연구에서 탐구된 핵심 질문은 예술 작품에 대한 우리의 참여에서 조화와 불협화음의 경험이 어떻게 우리의 인지적 삶의 두 가지 근본적으로 긴요한 점, 즉 패턴과 불변성(영속성)에 대한 우리의 욕구와 그리고 (이와 동등하게 중요하게 생각하는) 변화에 대처하는 유연성과 개방성에 대한 욕구 사이의 모순을 협상하는 데에 도움이 되는가 하는 점입니다. 규범을 거스르는 초월적인 예술의 불협화음은 우리의 지각과 인식을 무디게 할 수 있는 습관을 방해하고 불안하게 만드는 힘을 가지고 있습니다만, 그 순간에도 아름다운 하모니는 세계를 의미있게 이해하기 위하여 우리의 패턴을 불러일으키고, 교육시키고, 민감하게 만들 수 있습니다. 이야기는 또한 조화와 불협화음을 가지고 놀며, 좋은 줄거리가 지니는 우여곡절(twist and turn)이 우리를 놀라게 하고 혼란스럽게 할 수 있으며, 우리가 만들어놓은 범주를 재조직하고 우리가 당연하게 여겼던 가정에 의문을 제기하도록 촉발할 수 있음에도 불구하고 경험을 의미있게 이해할 수 있는 패턴으로 사건들을 조직합니다. 내가 이 책에서 묘사하는 이야기에 대한 우리의 경험에서 갈등과 불협화음 사이의 상호작용은 문학이 뇌를 어떻게 가지고 노는지를 보여주는 예이며, 나는 이 놀이가 이야기가 제공할 수 있는 즐거움(재미)과 교훈(의미)의 중요한 원천이라고 믿고 있습니다.

Foreword to Korean Translation of

Stories and the Brain: The Neuroscience of Narrative

Paul B. Armstrong

I have presented my research on neuroscience and literature to Korean audiences on several occasions, and I am very pleased that my book *Stories and the Brain* has now been translated into Korean. Our ability to tell and follow stories is an important example of our biocultural hybridity—that is, the way in which our embodied cognitive equipment, universal to our species, can generate a variety of different cultural forms. The neuroscience of narrative is therefore an excellent topic about which readers from different linguistic and cultural backgrounds can productively exchange views. I hope that you will find in this book analyses of cognitive processes that you will recognize from your own experience with stories, even as I imagine you may also have things you might want to tell me about how these processes are uniquely deployed by cultural and literary traditions that I am not familiar with. If my model can be extended to narrative practices that I do not know and do not discuss, that may be because I have identified anthropological constants that cut across cultural boundaries and that can be manifested in different kinds of literary production. But if, as I suspect, Korean readers of this translation will find that my perspective on stories is limited in ways I do not understand, that would not distress me. It would, rather, be important evidence of the diversity that our biocultural hybridity makes possible, and that diversity is a crucial feature of the cognitive life of our species.

This book explores how neuroscientific evidence about reading and narrative is correlated with phenomenological theories about the experience of telling and following stories. These correlations do not privilege either of the perspectives they bring into conversation. Neuroscience is not the last word about how we produce and share narratives, but the many mysterious and wonderful experiences we have with stories call for explanations of the bodily and brain-based cognitive processes that enable them. By moving back and forth between neuroscientific evidence and phenomenological descriptions of embodied cognitive experience, as I do in this book, I hope to shed light on some of those processes. My hope is that this will be of interest to readers of many different kinds—literary critics, scientists, and lay readers—who share my curiosity about the kind of brain we have that makes it possible for us to tell each other stories.

This book developed out of my previous book *How Literature Plays with the Brain: The Neuroscience of Reading and Art*(published by Johns Hopkins University Press in 2013). The central question explored in this earlier work is how experiences of harmony and dissonance in our engagement with works of art help us to negotiate the contradiction between two fundamental imperatives of our cognitive lives—that is, the contradiction between our need for pattern and constancy and our equally important need for flexibility and openness to change. Beautiful harmonies may invoke, educate, and sensitize our patterns for making sense of the world, even as the dissonances of transgressive art have the power to disrupt and unsettle habits that may dull our perceptions. Stories also play with harmony and dissonance, organizing events into patterns that make sense of experience, even as the twists and turns of a good plot may surprise and disorient us and prompt us to reorganize our categories and question assumptions we had taken for granted. The interactions between concord and discord in our experience with stories that I describe in this book are examples of how literature plays with the brain, and this play is, I believe, an important source of the pleasure and instruction stories can provide.

감사의 말

이 책을 집필하는 데 아낌없이 도움을 준 많은 동료, 학생, 친구들에게 감사의 마음을 전한다. 물론 이 책에 나타난 오류와 단점은 전적으로 나의 책임이다. 테런스 케이브(Terence Cave), 야콥 로테(Jakob Lothe), 짐 펠란(Jim Phelan)은 나의 초기 아이디어에 대해 환영의 격려와 함께 중요한 비판과 제안을 해 주었고, 이는 이 책을 집필하는 어려운 프로젝트의 최종 형태에 결정적인 영향을 미쳤다. 낸시 이스터린(Nancy Easterlin)은 초기 단계에서 나의 주장에 대해 어려운 질문을 던져 여러 가지 주요 쟁점에 대해 더 엄격하고 정확하게 검토할 수 있도록 해주었으며, 이런 점에서 낸시(Nancy)에게 깊은 감사를 드린다. 프로젝트 완성이 가까워지자 스티브 마이루(Steve Mailloux)와 돈 웨어스(Don Wehrs)는 바쁜 일상에서 시간을 내어 원고 전체를 읽어주었고, 이후 최종 단계에서 그들의 답변은 매우 귀중한 도움이 되었다. 이 책의 아이디어를 같이 논의한 많은 친구 및 동료들 중에서도 특히 마티 호프만(Marty Hoffman), 앤 카플란(Ann Kaplan), 박소원(Sowon Park), 벤 모건(Ben Morgan), 케이 영(Kay Young), 엘렌 에스록(Ellen Esrock), 카린 쿠코넨(Karin Kukkonen), 일레인 오영(Elaine Auyoung), 존 루터비(John Lutterbie), 리처드 게릭(Richard Gerrig), 리타 샤론(Rita Charon), 조지 스미스(George Smith)에게 공히 깊은 감사를 드린다. 또한 익명의 두 심사위원과 미국 존스홉킨스 대학교 출판사의 교수진 편집위원회에서 원고를 꼼꼼히 읽어주신 것도 큰 도움이 되었다. 그들의 제안과 편집자인 캐서린 골드스테드(Catherine Goldstead)의 좋은 조언은 최종 수정 및 재검토 과정에서 중요한 지침을 제공해 주었다.

나의 연구와 가르침은 항상 서로에게 영향을 주었는데, 이번 프로젝트에서는 특히 그러했다. 브라운대학교에서 신경미학 및 읽기(독서)에 관한 학부 세미나에서 신경과학 분야 연구자들과 함께 일한 것은 내가 과학계와 계속 소통할 수 있었던 방법 중 하나였다. 이 젊은 과학자들은 똑똑하고 훈련이 잘 되어 있으며,

나는 이 분야에 대한 지식뿐만 아니라 과학적 주장의 약점이나 특정 실험의 한계에 대한 예리한 안목에서 많은 것을 배울 수 있었다. 또한 실험실 연구의 초점을 넘어 예술, 문화, 우리의 인지적 삶과 관련된 큰 이슈에 대해 학제 간 대화를 나누고자 하는 그들의 열정에 만족하였다. 그녀가 생물학에 집중하기 위해 은유의 신경과학에 관한 캐롤린 라초프스키(Carolyn Rachofsky)의 우수한 논문의 지도를 맡으면서 이 책에서 분석하는 이 연구의 모순에 대해 생각하기 시작하였다. 또한 인지 관련 주제를 연구하는 대학원생들, 특히 도린 스미스(Dorin Smith), 사라 브라운(Sarah Brown), 파드와 아메드(Fadwa Ahmed)에게 조언을 받을 수 있는 기회를 가졌던 대학원생들로부터도 많은 것을 학습하고 깨달았다. 내러티브 이론, 현상학, 소설에 관한 내 강의를 듣는 학생들도 이 책에서 내가 수년 동안 실험했던 많은 아이디어들을 알아볼 수 있을 것이다.

또한 진행 중인 내 연구에 대한 발표를 들은 다양한 청중들로부터 받은 사려 깊은 질문을 통해 많은 것을 배우기도 했다. 특히 더럼(Durham), 옥스퍼드(Oxford), 스토니 브룩(Stony Brook)에서 열린 포럼에서 나의 아이디어를 시험해 볼 수 있는 포럼과 다른 방법으로는 접할 수 없는 흥미로운 연구를 발견할 수 있는 기회를 제공한 '인문학의 인지적 미래(the Cognitive Futures in the Humanities)' 커뮤니티에 감사하고 있다. 또한 크라쿠프에서 열린 국제문학의미학회(IALS) 학술대회, 서울에서 열린 한국영어영문학회(ELLA) 학술대회, 웁살라에서 열린 위기와 그 이후(Crisis and Beyond) 연구 그룹 미팅, 오슬로에서 열린 노르웨이 과학문학아카데미의 "문학 연구의 미래(Futures of Literary Studies)" 학술대회에서 강연한 후 질문과 대화를 통해 유익한 정보를 얻는 기회도 가졌다. 캘리포니아대학교 산타바바라 캠퍼스의 문학과 마음 그룹(Literature and the Mind Group)과 브라운대학교의 로버트 J.(Robert J.) 및 낸시 D. 카니(Nancy D. Carney) 뇌신경과학 연구소에서 나의 연구를 발표할 수 있는 기회에 대해서도 감사하게 생각한다.

이 책을 헌정해 준 나의 자녀들인 팀(Tim), 매기(Maggie), 잭(Jack)에게 빚진 마음을 이루 말로 표현하기가 어려울 정도다. 수년 동안 부모가 된다는 것이 생각했던 것보다 더 중요한 부분이라는 것을 발견하고서는 내 자신도 많이 놀랐다. 하지만 나는 이 프로젝트에 기여한 것 외에도 많은 부분에서 비벌리(Beverly)에게 가장 큰 빚을 지고 있다. 비벌리의 마음 놀이는 나에게 대화가 얼마나 즐거운 것인지 알려주었다.

프롤로그

스토리(이야기)가 어떻게 경험을 구성하고 시간 속에서 사건을 조직하는지는 문학이 뇌와 어떻게 상호작용하는지를 보여주는 특히 흥미롭고 중요한 예이다. 신경과학과 예술에 관한 나의 이전 저서(2013)에서 주장했듯이, 문학 작품을 읽으면 일반적으로 조화와 부조화의 경험 사이에 상호 작용이 활발하게 일어난다. 소설, 시, 희곡은 형식의 대칭, 균형, 통일성을 통해 세상의 패턴에 대한 우리의 감각을 강화하고 다듬을 수도 있고, 기존의 관습을 어기고 부분과 전체가 어떻게 조화를 이루는지에 대한 우리의 기대를 충족하지 않음으로써 우리의 관습적인 종합을 방해하고 뒤집어 놓을 수도 있다. 미학적 경험에서 조화와 부조화 사이의 이러한 상호작용은 우리의 인지 생활에 근본이 되는 기본적인 모순, 즉 패턴과 불변성에 대한 욕구와 그에 못지않게 중요한 변화에 대한 유연성과 개방성에 대한 욕구 사이의 모순을 교섭(협상)하는 데 도움이 된다. 이러한 상충하는 두 가지 명령을 다루는 뇌의 기능은 이야기를 전달하고 따라가는 우리의 능력에서도 분명하게 드러난다. 예를 들어, 플롯은 지나가는 순간을 의미 있는 패턴으로 변환하여 일관성을 구축하고 연결을 만드는 우리의 인지 습관을 활용하고, 지원하고, 형성한다. 그러나 이야기의 우여곡절은 우리를 놀라게 하고 사물의 순서에 대한 감각을 재고하고 수정해야 할 가능성을 열어두게 함으로써 우리의 관심을 끌기도 한다. 우리가 서로에게 들려주는 이야기에서 패턴의 구축과 파괴가 패턴과 변화에 대한 개방성 사이의 뇌의 균형 잡힌 작용에 기여하는 것처럼, 뇌에서 패턴의 형성과 해체 사이의 생산적인 불균형은 내러티브에서 패턴의 구축과 파괴 사이의 이러한 게임을 가능하게 한다.

이 책은 이야기의 화자이자 청자로서 우리가 살아가며 체화된 경험과 이러한 상호작용의 기초가 되는 신경생물학적 과정 사이의 상관관계를 도표로 보여주는 신경 현상학적 내러티브 모델을 제시한다. 나는 읽기(독서)와 내러티브에 관한 현상학적 이론가들(특히 볼프강 이저(Wolfgang Iser)와 폴 리쾨르(Paul Ricoeur))

의 연구를 바탕으로, 내러티브에 대한 설명을 형상적 혹은 비유적(figurative) 패턴의 생산과 수용 사이의 경험 기반 상호작용으로 구성한다. 1장에서 설명했듯이, 이해는 항상 시각, 읽기 및 기타 모든 인지 과정을 특징짓는 패턴 구축의 재귀적이고 구성적인 작업으로 보는 과정이기 때문에 경험은 이미 미리 형성되어 있다. 내러티브는 문화적으로 공유된 관습, 가정, 관행 등 경험의 미리 설정된 측면을 취하여 다양한 종류의 마치 패턴("옛날 옛적에 ...", "그들은 행복하게 살았어요"와 같은)으로 재구성한다. 이야기를 읽거나 듣는 경험은 수용자로 하여금 세상에 대한 이해를 재구성하도록 유도할 수 있으며, 화자와 청자가 경험을 형성하고 교환하고 재구성하는 순환이 다시 시작될 수 있다.

내러티브의 생성 및 수용에 대한 이 현상학적 설명은 내가 여기서 다루는 다양하고 오랜 역사와 전통을 지니고 있다. 나는 서로 관련된 다양한 내러티브 이론 주제를 탐험하면서 이 역사를 활용할 것이다. 예를 들어 내러티브가 우리의 시간 경험의 불일치 내지 괴리를 어떻게 조직하고 다루는지(2장의 초점), 줄거리(플롯)가 액션(행동) 패턴을 어떻게 구축하는지(3장), 이야기의 교환이 서로 다른 세계를 어떻게 상호 관련시키는지(4장)에 대한 것이다. 나의 이 전통에 대한 기여는 신경과학의 관점을 추가한 것이다. 이러한 상호작용의 기저에는 어떤 신경생리학적 과정, 기능 및 구조가 있는가? 우리가 우리의 신체적 뇌로 이야기를 할 수 있도록 하는 우리 뇌의 능력이 어떻게 제약되고 가능하게 되는가? 요컨대, 우리가 가진 어떤 종류의 뇌가 서로 이야기를 할 수 있게 하며, 이야기가 어떻게 우리의 뇌에 영향을 미치는가?

신경현상학의 이러한 연습(exercise)의 목적은 인지 경험과 그 생물학적 기초 간의 상관관계를 명확히 하는 것이다. 그러나 상관관계는 인과 관계가 아니다. 신경현상학의 한 입문서(Thompson, Lutz, & Cosmelli, 2005, p. 40)에서 언급한 대로: "비록 신경과학자들이 의식의 여러 측면에 대한 뇌 모델을 제공하고 의식의 뇌 상관관계(NCCs)에 대한 증거를 발견했지만 여전히 의식의 신경생물학적 및 현상학적 특징을 어떻게 연결할지에 대한 '설명의 간극(격차)'이 남아 있다." 이 격차는 과학의 제3인칭 언어로 첫 번째 경험을 설명하는 방법에 대한 어려움, 즉 과학적 언어의 분석이 뇌의 신경 활동이 어떤 것인지 설명할 수 있는지 여부(예를 들어, 빨간색을 보는 경험을 설명할 수 있는지 여부, 내가 4장에서 다루는 질문)에서 확인할 수 있다. 이것은 또한 등장의 문제, 뇌의 전기 화학적 과정이 어떻게 의식을 초래하는지에 대한 신비에 중점을 둔다(Deacon, 2012; Nagel, 2012).

한편으로는, 생물학적인 과정은 명백하게 의식과 인지를 제한한다. 예를 들어, 우리 종의 구성원들은 전자기 스펙트럼의 제한된 부분만을 빛과 색의 인지 경험으로 변환할 수 있으며, 우리의 청각 피질 역시 인식 가능한 소리로 제한된다. 잘 알려진 대로, 개와 박쥐의 청력 능력은 우리가 반응하는 것보다 훨씬 높은 주파수를 듣게 하며, 코끼리와 고래는 우리가 주의하지 않는 저주파수 소리에 민감하다(따라서 일부 동물은 지진을 낮은 주파수의 지진 진동을 감지하여 예측할 수 있을 것이라는 추측도 있다[Bear, Connors, & Paradiso, 2007, p. 346]). 반면에, 이러한 제약과 우리의 시각 및 청각 장비에 대한 우리의 볼 수 있고 들을 수 있는 것을 상관시키는 것은 경험이 어떻게 발생하는지 인과적으로 설명하는 것과 동일하지 않다. 이러한 제약과 상관관계는 또한 시각 및 청각 경험을 가지는 것이 어떤 것인지를 설명하지 않는다. 신경현상학의 목표는 "설명적 갭을 닫는 것이 아니라(개념적 또는 실체적 축소의 의미에서), 주관적 경험과 뇌 생물학 간에 동적인 상호 제약을 수립함으로써 갭을 극복하는 것"이다(Thompson, Lutz, & Cosmelli, 2005, p. 89). 이 갭은 우리에게 상관관계에서 인과관계로 넘어가지 말라는 경고를 주지만, 그럼에도 불구하고 이는 비장애적인 분리보다는 생산적인 차이이며, 상호 조명될 수 있는 비교를 허용하기 때문이다. 내가 이전에 주장한 것처럼(Armstrong, 2013, p. 1-12, 175-82) 이 책에서 다시 보여주려고 노력하는 바는 문학 이론가와 신경과학자가 그들의 관점 간의 차이를 극복하지 못하는 것이 나쁜 일이 아니라는 것이다. 왜냐하면 이것이 그들에게 독특한 학문적 시각에서 공통 관심사에 대한 통찰을 교환할 기회를 제공하기 때문이다.

만약 우리의 뇌와 몸이 이 책에서 살펴보는 몇 가지 특성을 갖지 않았다면 우리는 서로 이야기를 할 수 없었겠지만, 단독으로 신경 활동 단독만으로는 내러티브 활동을 생성하고 유지할 수 없다. 항아리에 담긴 뇌는 이야기를 할 수 없다. 이는 항아리 안에 뇌가 존재하고 센서가 연결된 고전적인 사고 실험을 의미한다. 그리고 이때 묻는 질문은: '당신(또는 당신의) 뇌는 차이를 알 수 있을까요?'라는 것이다. 에반 톰슨(Evan Thompson)(2007, p. 242)은 이를 설명하며 다음과 같이 말한다: "의식적인 주체로서 우리는 두뇌가 두개골 통(cranial vats)에 있는 존재가 아니라 세계에서 신경적으로 살아있는 존재다." 우리를 사회적 세계에 위치시키는 몸이 없다면 우리 뇌가 제공하는 인지 장비만으로는 우리가 서로 전달하는 경험을 생성할 수 없었을 것이다. 그러나 그 장비의 특성과 능력도 또한 이야기를 구성하는 데 제약을 주고 활성화시킨다.

내가 2장에서 탐구한 뇌의 역설적인 시간적 과정이 이를 특별히 잘 보여주는 좋은 예이다. 다양한 신경 및 피질 과정의 타이밍은 신기하게도 이어지지 않고 동시에 발생하며, 피질의 다른 부분이 서로 다른 속도로 반응하고 신경 집합체가 서로 다른 속도로 형성되고 해체된다(피질의 다른 부분 간의 연결 형성은 뇌의 특정 영역 내의 연결보다 오래 걸린다). 벤자민 리벳(Benjamin Libet)의 잘 알려진 '마음-시간(mind-time)' 실험(Libet, 2004)은 이러한 불일치의 결과로 의식이 항상 우리의 지각 장비가 이미 응답한 사건에서 최대 0.5초 뒤처진다는 것을 보여준다(예를 들어, 길 건너편에서 공을 쫓아가는 아이를 피하기 위해 브레이크를 밟을 때 이미 피한 위험을 완전히 인지하기 전에 브레이크를 밟는 것과 같다).

이러한 신경 분리의 경험적 상관관계는 오거스틴(Augustine)이 당황하는 시간을 알아내게 만든 것으로 유명한 역설(paradox)이다. 리쾨르(Ricoeur)가 지적했듯이, 아리스토텔레스의 플롯 이론은 이러한 아포리아(aporias)를 이야기로 전환한다. 피질 과정이 시간적으로 다양하고 동시에 발생하지 않았다면 우리는 이야기를 할 수 없었을 것이다. 이러한 동시성은 신경과학자들이 "하이퍼동기화(hyper-synchrony)"라고 부르는 것으로, 수면과 간질과 같은 상태를 특징짓는다(Baars & Gage, 2010, p. 245–47), 하이퍼동기화는 무엇보다도 이야기의 구성과 교환을 마비시키는 것이 분명하다.

2장에서 설명한 것처럼 대뇌피질의 시간성의 비동시성, 경험적 시간의 역설, 그리고 자주 논의된 내러티브 활동의 모순 사이의 상관관계를 규명하면 이야기를 생성하는 뇌-신체-세계의 상호작용에 대해 많은 것을 알 수 있다. 그러나 이러한 상관관계를 차트로 표현한다고 해서 뇌의 신경 과정만으로 이야기를 생성하는 데 충분하다는 것은 아니다. 그렇지 않다. 우리가 체화된 사회적 존재로서 경험하는 것은 우리가 가진 두뇌의 종류에 의해 제약을 받으며, 우리가 이야기를 하고 따라갈 때 교환하는 것은 바로 이러한 경험이다. 그러나 뇌가 없다면 우리는 이야기를 할 수 없으며, 우리가 이야기를 하는 방법은 내러티브가 작동하는 다양한 뇌 기반 인지 능력에 달려 있다.

내가 내러티브 상호작용에서 뇌, 신체, 세계 사이의 관계를 분석하는 것은 의식을 체화된(embodied), 실행적인(enactive), 환경-내장적인(embedded), 확장된(extended) 것으로 보는 이른바 4e 인지 이론의 편향성을 교정하려는 의도이다. 이러한 접근은 신체적 프로세스, 사회적 구조, 기술적 장치를 인지에 대한 설명에 통합하는 프로젝트에 중요한 기여를 하였다. 나는 이것이 후기 후설, 초기 하이데거, 메를로퐁티, 다양한 실존주의 및 해석학적 현상학자들이 강조한 경험의 신체적, 문화적, 역사적 차원에 대한 정의로운 시도이며, 윌리엄 제임스(William

James), 찰스 샌더스 피어스(Charles Sanders Peirce), 존 듀이(John Dewey)와 같은 실용주의자들도 이 책의 전통에 속하는 인물들이 강조한 바 있다고 생각한다. 그러나 내가 1장에서 주장한 바와 같이, 인지의 내축성(내포성)과 확장성은 우리의 뇌가 세계에 연결되는 방식 때문에 중요하며, 이러한 연결은 세계에서 뇌로, 그리고 뇌에서 세계로 양방향으로 이루어진다. 존스 홉킨스 대학교 출판사를 위해 이 책을 심사한 익명의 심사위원 중 한 명의 말을 빌리자면, "말하자면 뇌를 목욕물과 함께 버리지 않는 것"이 중요하다(이 심사위원은 내가 제안하는 것보다 더 급진적인 행화주의(enactivism)의 관점을 가지고 있음에도 불구하고 이 관점을 인정했다). 데카르트적 정신과 육체의 분열을 거부하려는 열의 때문에, 일부 4e 인지 이론의 지지자들은 다른 방향으로 지나치게 나아가 사회적 상황과 맥락 속에서 구성된 인지, 체화된 인지가 작동하는 데 필요한 뇌 기반 프로세스를 무시한다. 이러한 일반성을 바로잡기 위해 나는 내러티브에 대한 신경현상학적 설명(neurophenomenological account of narrative)을 통해 뇌 기반 개념(brain-based concept)을 통합하는 체화된 신경과학 모델(model of embodied neuroscience)을 제시한다.

비록 나는 신경 환원주의에 반대하지만, 생생한 체험의 경험과 의식의 신경(적) 상관관계(Neural Corelate of Consciousness: 의식적 경험과 일차적으로 연관되는 신경시스템이나 혹은 시스템[1])를 비교함으로써 배울 점이 많다고 생각하며, 이 책의 목적은 그러한 상관관계가 내러티브에 대해 무엇을 드러내는지를 보여주는 것이다. 다음 장들에서는 우리가 이야기를 전하고 따르는 경험과 이러한 상호작용을 가능하게 하고 제약하는 신경 과정 간의 다양한 상관관계, 즉 내러티

1) 의식의 신경 상관관계는 신경 사건의 최소 집합이며 관련된 정신 상태의 발생에 충분한 메커니즘이다. 신경 과학자들은 주관적 현상의 신경 상관관계를 발견하기 위해 경험적 접근 방식을 사용한다. 즉, 특정 경험과 필연적으로 그리고 정기적으로 상관관계가 있는 신경 변화이다(역자 주).

브 이론에 대한 다양한 결과를 가져오는 상관관계에 대해 설명한다. 내러티브학(서사학)의 모든 문제를 과학에 의존한다고 해서 해결할 수 있는 것은 아니지만, 일부 내러티브 이론은 과학과 모순되어 있으며, 이러한 불일치는 서사학자들에게 잠시 멈추게 해야 한다. 인지 과학 및 언어 과학이 변화함에 따라, 내러티브 이론도 변화해야 한다.

예를 들어, 1장에서 설명했듯이, 언어를 담당하는 피질 과정과 뇌-신체-세계 상호작용의 재귀적이고 비선형적인 역동성은 아직도 어떤 버전의 인지 서사학에 남아있는 구조주의적 가정을 버리도록 요구한다. 현대 신경과학은 마음과 언어의 체계적이고 보편적인 구조를 규명하려는 프로젝트의 기반이 되었던 언어 발달 및 뇌 기능에 대한 형식주의적 모듈형 설명을 포기했다. 언어에 대한 선천적이고 체계적이며 규칙에 따른 구조에 대한 형식적 모델은 시간적으로 분산된 뇌의 불안정한 균형과 신경 집합체가 동기화, 비동기화 및 재동기화되는 확률적 프로세스에 대해 현재 우리가 알고 있는 사실과 불일치한다. 일부 인지 서사학의 분류적 야망은 이야기를 전하고 이해하는 데 기여하는 것으로 주장되는 프레임, 스크립트 및 선호 규칙을 식별하고 분류하려는 것이지만, 이 프로그램은 언어와 인지에서 상호 작용하는 신경 생물학적 프로세스를 단순화하고 사물화하는 경향이 있으므로 회의적으로 대해져야 한다.

내러티브(서사)학자들은 종종 분류 체계를 만들어내는 것을 좋아한다. 이러한 분류 체계들은 때로는 내러티브 이론의 가장 헌신적인 학생들조차 용어의 안개 속에서 길을 잃게 만들기도 한다. 분류를 완전히 거부하는 대신, 우리는 특정 체계가 내러티브 경험의 측면을 가리키는 데 발견적 가치가 있는지 물어봐야 한다. 그러나 분류 모델과 동반되는 용어는 구체화되거나 존재론적으로 표현되어서는 안 된다. 인지적 형식주의는 최고의 과학과 일치하지 않으며, 나는 1장에서 설명한 것처럼 이를 버리고 내가 제안한 실용적이고 상호작용적인 접근을 선호한다.

이러한 접근의 몇 가지 유망한 버전이 내러티브 장면에서 두드러지고 있으며, 내가 이러한 모델을 선호하는 이유 중 하나는 형식주의 인지 서사학이 제안한 모델보다는 과학과 더 잘 일치하기 때문이다.

2장에서는 내러티브가 어떻게 우리의 시간 경험을 구성하는가 하는 방식에 대한 신경세포적 및 피질적 기반을 탐구한다. 신경세포 및 피질 타이밍 프로세스의 비동시성은 많은 논의가 이루어진 내러티브 시간성의 역설, 예를 들어, 말하는 시간과 듣는 시간의 상호작용, Gérard Genette(1980)가 유명하게 분석한 서로 다른 시간적(연대기적) 순열과 같은 역설과 흥미롭게도 연관되어 있다. 내러티브 시간성에 대한 우리의 경험은 신경세포 집합 간의 단기적인 1/1000초 단위의 상호작용부터 기억과 상상력의 장기적인 상호작용에 이르기까지 다양한 수준에서 뇌 과정의 시간성과 상관관계가 있다. 이러한 상관관계는 우리의 시간 경험을 구성하는 내러티브 작업이 어떻게 역동적이고 재귀적이며 상호형성적인 여러 차원의 체화된 시간성을 상하로 넘나드는지를 시사한다. 내러티브는 사건을 묘사하는 방식(이야기의 수준)과 이야기하는 방식(담화의 순서, 즉 담론)에서 우리의 시간 경험을 활용하며, 이러한 상호작용은 그것들이 조정하고 상호 관련짓는 다양한 종류와 수준의 인지적 타이밍 프로세스들 때문에 강력하게 만들어질 수 있는 것이다.

3장에서는 인지에서의 행동의 역할과 내레이션 및 플롯 구성에서의 행동의 조직(구성) 사이의 관계를 살펴본다. 잘 알려진 많은 실험적 증거는 뇌가 행동의 언어적 표현에 반응한다는 것을 보여준다(예를 들어, 공을 차거나 던지는 것에 대한 글을 읽을 때와 그 행동을 수행할 때 운동피질의 동일한 부분이 발화한다[Pulvermüller & Fadiga, 2010 참조]). 운동 등가성과 행동 이해는 그 자체로는 언어를 설명하기에 충분하지 않지만, 다른 종류의 신체적 장애를 가진 사람들도 자신이 할 수 없는 행동을 이해할 수 있다는 점에서 그 자체로는 충분하지 않다.

그러나 행동에 대한 내러티브 모방은 운동 제어와는 거리가 먼 많은 영역의 인지 과정에 깊은 영향을 미칠 수 있는데, 이는 우리가 세상에서 행동하는 능력이 세상을 이해하는 능력과 밀접하고 불가분의 관계에 있기 때문이다. 이 장에서 설명한 것처럼, 지각과 인지에 있어 행동의 광범위한 역할은 인지 활동의 패턴을 강화하거나 재구성하는 표현된 행동 패턴의 힘의 근간을 이룬다. 일상적인 세계 경험에서 행동이 다양한 인식 양식을 조정하는 방식은 내러티브에서 다양한 종류의 행동, 즉 플롯화된 행동(이야기), 내러티브하는 행위(담화), 수용 활동(내러티브 읽기, 듣기, 이해) 간의 상호작용을 설명하는 데 도움이 된다.

일부 영향력 있는 4e 모델에서는 인지를 시뮬레이션으로 설명하는데, 그 이유는 인지가 유사한 상황이 반복될 때 다시 활성화되는 체화된 경험에 기반을 두고 있기 때문이다. 3장에서는 시뮬레이션이 재현하는 것과 같기도 하고 같지 않기도 한 관계이기 때문에 이러한 재현 과정이 흔히 이해되는 것보다 더 역설적이라는 것을 보여준다. 기계적이고 인과적으로 결정론적인 시뮬레이션 모델은 이러한 관계의 가변성, 예를 들어 이전의 경험이 새로운 인지적 도전에 맞게 재구성될 수 있고, 그 흔적이 완전히 미리 결정되거나 예측할 수 없는 방식으로 재조합될 수 있다는 점을 제대로 설명하지 못한다. 이 장에서 살펴본 바와 같이, 인과 모델도 마찬가지로 우리를 생물문화적 혼종(biocultural hybrid)으로 만드는 고통과 분노와 같은 체화된 경험에 대한 다양한 메타포의 이질성을 설명하지 못한다. 이 중 일부는 널리 공유되는 신체적 경험에 기반을 두고 있지만, 다른 것들은 우리가 살고 있는 문화적, 역사적 세계의 관습에 고유하며, 같은 신체와 뇌를 가졌음에도 불구하고 다른 문화나 시대에 지배적인 구성과 상충할 수 있다.

4장에서 설명했듯이, 비슷한 문제들은 이야기를 예측 가능하고 자동으로 읽거나 들음으로써 사회적 경험을 시뮬레이션하면 공감 능력이 향상되거나 다른 사람의 마음을 이해하는 능력이 향상된다는 자주 들었던 주장에 의문을 제기한다.

경험의 내러티브 재구성은 친사회적 효과와 반사회적 효과 등 다양한 효과를 낳을 수 있는데, 이는 허구적 시뮬레이션 과정이 선형적이고 단방향적인 인과 메커니즘이라면 일어나지 않을 것이다. 내러티브는 나의 세계가 그렇지 않은 세계와 관계를 맺는 이중적인 과정을 수반하며, 이는 인과관계가 아니다. 나의 인지 능력을 사용하여 나와 같으면서도 같지 않은 세계를 움직이게 하는 이러한 이중성의 모순은 현상학에서 분신의 역설이라고 부르는 것을 만들어낸다. 이야기를 나누고 따르는 것을 포함한 모든 종류의 사회적 관계는 상호주관적이면서 동시에 고독하기 때문에 근본적으로 역설적이다. 후설에서 메를로퐁티에 이르는 현상학자들이 설명했듯이,[2)] 우리는 피할 수 없이 고독한 나만의 경험으로 인해 다른 사람의 자아를 알 수 없음에도 불구하고, 예를 들어 다른 지각자의 관점이 우리의 관점과 일치하는 방식으로 우리가 볼 수 없는 것을 채워줄 것이라고 가정하기 때문에 우리가 공유하는 세계에서 항상 다른 사람들과 상호주관적으로 관련되어 있다(하이데거가 죽음[그의 예]이나 출산[아내의 예]과 같은 공유할 수 없는 경험의 각자성(각자의 것임), 즉 예마이니히카이트(Jemeinigkeit)라고 부르는 것이다).

이야기를 읽거나 듣는 것은 세계(세상)를 이중(적)으로 접하는 것이기 때문에

2) 현상학 이후 주체-객체의 이분법에 근거하여 철학을 성립시키려는 시도는 모두 허구로 드러나고 만다. 이 과정에서 '주체', '타자', '사유', '시간', '세계' 등이 오늘날 어떻게 새로운 시선으로 조명될 수 있을 것인지에 대한 물음이 생겨난다. '주체'는 더 이상 데카르트의 코기토일 수 없다. '타자'는 더 이상 감각의 소여일 수 없다. '사유'는 더 이상 자기의식의 표상활동일 수 없다. '시간'은 더 이상 순간들의 나열일 수 없다. '세계'는 더 이상 사물들의 총체일 수 없다. 즉, 현상학은 근대의 인식론을 무너뜨림으로써 우리의 사유가 이전까지와는 다른 구도를 바탕으로 전개되어야 한다는 점을 지적한다. 하이데거, 메를로퐁티, 레비나스, 데리다, 들뢰즈 등 오늘날 대륙철학의 작업은 바로 이에 대한 응답이라 할 수 있다. 존재와 존재자의 구별은 『존재와 시간』 가운데서 가장 심오한 사상으로 보인다. 하지만 하이데거에게는 구별이 있을 뿐 분리가 없다. 존재는 언제나 존재자 속에 붙잡혀 있다. 존재자 중에서도 인간에 대해 하이데거가 사용했던 '각자성(Jemeinigkeit, 각자의 것임)'이란 용어도 존재는 언제나 누군가에 의해 소유된다는 사실을 정확히 표현한다. 하이데거는 존재자 없는 존재를 인정할 수 없었다고 나는 믿는다. 존재자 없는 존재는 그에게 불합리한 것으로 보였다(역자 주).

예측할 수 없는 상이하고도 다양한 형태를 취할 수 있다. 기계론적인 인지 시뮬레이션 모델은 이러한 이중적인 세계의 다양성과 예측 불가능성을 인식하지 못한다. 우리가 서로 이야기를 나누면서 경험을 교환하는 형상화의 회로는 실제로 우리의 삶을 형성하고 재구성할 수 있지만, 일부 심리학자와 철학자들이 희망하는 것처럼 반드시 일률적으로 유익한 효과를 가져오는 것은 아니다. 4장에서 설명하는 것처럼 독서의 도덕적, 인지적 효과에 대한 실험 결과는 결과적으로 흥미롭게도 모순적이다. 내러티브 상호작용에서 자기-타자 관계의 역설에 대한 현상학적 설명은 이야기가 어떻게 갈등이나 배려, 공격성이나 연민, 모방적 폭력 또는 공감 능력의 확장을 촉진할 수 있는지 설명한다. 또한, 경험에 대한 내러티브 시뮬레이션에서 가정 관계를 두 배로 늘리는 것은 과학계에서 fMRI 기계의 고립된 공간에서 단일 뇌를 연구하는 것이 사회적 세계에서 구현된 뇌의 실제 상호작용을 지나치게 단순화한다는 인식이 확산되면서 점점 더 많은 신경생물학자들이 탐구하기 시작한 협력적 상호작용의 일부 모순을 밝힐 수도 있다.

내러티브를 연구하는 학생들이 신경과학으로부터 배워야 하는 만큼, 신경과학도 내러티브 이론으로부터 배워야 할 것이 많다. 신경미학(neuroaesthetics) 분야에서 가장 진보된 연구 중 일부는 음악의 신경과학 분야에서 이루어졌는데, 이는 설명의 간극을 가로지르는 이러한 양방향 교류가 매우 성공적으로 이루어졌기 때문이다. 음악을 연구한 많은 신경과학자들은 그 자신이 음악가이기 때문에 음악 이론에서 도출된 개념에 따라 연구를 진행해야 할 필요성을 이해하고 존중한다(예: 언어, 음악, 뇌에 관한 것은 Patel, 2008 참조; 음악과 지각에 관한 것은 Koelsch, 2012 참조). 대조적으로, 시각 예술의 신경미학은 종종 시각의 신경생물학에 대한 지식으로 자신이 보는 것을 설명하기에 충분하다고 생각하는 시각 과학자들의 추정과 순진함의 결과인 기본적인 실수로 인해 손상된다(몇몇 저명한 사례에 대한 비평은 Conway & Rehding, 2013과 Hyman, 2010 참조). 신경미학은 좋은 과학뿐만 아니라 좋은 미학을 필요로 한다.

문학의 신경미학이 예술에 대한 신경과학적 연구의 다른 영역에 비해 뒤처진 것은 문학이 매우 복잡하고 이질적이기 때문이기도 하지만 적절한 이론적 틀이 부족했기 때문이기도 하다고 할 수 있다(이러한 결함을 보완하려는 시도에 대해서는 Starr, 2013; Zeman et al., 2013; Jacobs, 2015 참조). 앞서 살펴본 바와 같이, 구조주의 인지 서사학은 언어와 뇌에 대한 가정이 최고의 과학과 일치하지 않기 때문에 그러한 틀을 제공할 수 없다. 그러나 독서와 내러티브가 뇌에서 어떻게 작용하는지에 대한 신경현상학적 모델은 이러한 필요를 해결하기 시작할 수 있다. 이 책에서 다루는 읽기, 해석, 내러티브에 대한 현상학적 이론의 풍부하고 다양한 자원은 음악 이론이 음악의 신경과학에 제공하는 것과 같은 조사를 안내하는 일종의 미학적 틀을 제공할 수 있다.

이 책은 인지 인문학에 관심이 있는 일반 독자부터 서사학자, 신경과학자까지 다양한 독자를 대상으로 이야기를 나누고자 한다. 인지 비평과 문학 이론에 관심이 있는 학생과 학자들은 이 책을 통해 우리가 이야기를 하는 능력이 언어와 정신에 대해 무엇을 드러내는지에 대한 오래된 질문을 조명할 수 있기를 바란다. 이는 여러 세대의 전문가와 비전문가 독자들을 매료시켜온 문제이다. 앞서 설명했듯이, 인지 비평가의 경우, 이 책은 체화된 인지 과정을 분석할 때 뇌 기반 개념을 무시하는 실수를 바로잡고 대신 신경과학적 정보를 바탕으로 한 체화된 능동적 인지 모델을 제공한다. 서사학자와 내러티브 이론가에게 이 책은 신경과학의 발견에 비추어 내러티브 상호작용에 대한 이해를 개선하는 방법에 대한 크고 작은 제안을 많이 제시한다. 마지막으로 신경과학자들에게 이 책은 내러티브와 관련된 인지 과정을 연구하는 데 필요한 이론적 근거를 바탕으로 좋은 과학뿐만 아니라 좋은 미학에 기반한 연구 질문의 공식화를 안내하는 프레임워크를 제공하는 것을 목표로 한다.

이러한 프레임워크는 뇌와 뇌의 결합을 연구하기 위한 증거로서 스토리의 중요성과 스타니슬라스 데하네(Stanislas Dehaene)(2009)가 '덤불같이 무성한' 뇌라고 부르는 비선형적 역동성을 연구하는 인지 과학자들에게 도움이 될 수 있다. 독서와 내러티브를 특징짓는 패턴의 오락가락은 신경과학적 연구의 중심이 되고 있는 뇌 그물망과 연결망의 역동성을 탐구하는 데 잠재적으로 비옥한 영역이다(예: Varela et al., 2001; Raichle, 2011 참조). 내러티브는 이러한 과정을 연구하는 데 많이 활용되지 않는 모델이며, 신경과학은 내러티브를 무시함으로써 빈곤한 결과를 초래할 수 있다. 내러티브와 내러티브 이론의 난해하고 종종 당황스러운 세계를 우연히 접한 과학자는 그곳에서 유통되는 전문 용어와 개념이 신경과학 연구에 어떻게 사용될 수 있는지 즉시 알 수 없지만, 아마도 이 책이 그 길을 제시할 수 있을 것이다.

저자 소개

폴 암스트롱(Paul B. Armstrong, 1949~)

암스트롱(Paul B. Armstrong)의 연구는 의식과 인지에 대한 신경과학적 연구와 읽기와 내러티브에 대한 문학 이론 간의 관계에 초점을 맞추고 있습니다.

그의 가장 최근 저서는 Stories and the Brain: The Neuroscience of Narrative (Johns Hopkins UP, 2020; 아랍어, 중국어, 한국어 번역 진행 중)으로 이야기를 말하고 따라가는 우리의 체화된 인지 능력에 대한 이 신경 현상학적 분석은 그의 저서 How Literature Plays with the Brain: The Neuroscience of Reading and Art (Johns Hopkins UP, 2013; 아랍어 및 슬로베니아어 번역; 중국어 번역 진행 중)의 후속작이다. 또한 2022년 겨울 Mfs(Modern Fiction Studies) 저널 vol. 68, no. 4의 "Cognitive Modernisms"라는 제목의 특별호를 편집했습니다.

그의 현재 프로젝트는 우리 종의 체화된 인지 장비를 통해 저자와 독자가 역사적 거리를 넘어 협력적으로 상호 작용할 수 있는 방법을 묻습니다. 2023년 10월 Narrative, vol. 31, no. 3, "The Neuroscience of Literary Time-Travel: How Literary Works Cross Historical Distance"라는 제목의 에세이가 출간되었습니다.

그의 다른 저서로는 The Phenomenology of Henry James (U of North Carolina P, 1983), The Challenge of Bewilderment: Understanding and Representation in James, Conrad, and Ford (Cornell UP, 1987; e-book 2018), Conflicting Readings: Variety and Validity in Interpretation (U of North Carolina P, 1990; 스페인어 및 아랍어 번역), Play and the Politics of Reading: The Social Uses of Modernist Form (Cornell UP, 2005). ≪Conflicting Readings≫의 첫 장은 PMLA의 뛰어난 논문으로 윌리엄 라일리 파커 상(William Riley Parker Prize)을 수상했다. 당혹감의 도전(The Challenge of Bewilderment)에서 노스트로모(Nostromo)를 다룬 그의 작품은 문학 비평 부문에서 20세기 문학상을 수상했다.

암스트롱은 또한 주요 현대 소설의 여러 비평 및 학술 판을 준비했습니다. E. M. 포스터(E. M. Forster)의 소설 ≪인도로 가는 길(A Passage to India)≫의 노턴 크리티컬 에디션(Norton Critical Edition)은 2021년에 출간되었다. 그는 이전에 Joseph Conrad의 중편소설 Heart of Darkness(5th ed., W. W. Norton, 2017; 4th ed., W. W. Norton, 2006)의 Norton Critical Edition을 두 권 출간했습니다. 개정판은 최초의 영어 도서 출판을 기반으로 새롭게 확립된 텍스트와 실질적으로 수정된 비평 장치를 특징으로 합니다. 그는 또한 E. M. Forster, Howards End (W. W. Norton, 1998)의 Norton Critical Edition을 제작했습니다.

암스트롱은 또한 헨리 제임스의 사후에 출판된 미완성 소설 The Ivory Tower의 학술 판을 Cambridge University Press 시리즈에 완성했습니다(출판, 2025년 출간 예정). 그는 현재 포스터의 소설을 케임브리지 대학 출판부에서 출판하기 위해 Howards End의 학술 판을 집필하고 있습니다.

2001년 브라운 대학의 학장으로 부임하기 전, 암스트롱은 SUNY-Stony Brook의 예술 및 과학 대학의 창립 학장과 오리건 대학의 인문학 학장을 역임했습니다. 브라운 대학의 학장으로서 암스트롱은 1학년 세미나 프로그램을 시작하고 노예 제도 및 정의 위원회에서 활동했습니다. 그는 또한 버지니아 대학교와 조지아 공대에서 가르쳤으며 코펜하겐 대학교와 베를린 자유 대학교에서 객원 교수로 재직했습니다. 그는 IDSVA(Institute for Doctoral Studies in the Visual Arts)의 객원 교수이며, Brown의 Robert J. and Nancy D. Carney Institute for Brain Science의 부속 교수진에 있습니다.

암스트롱은 알렉산더 폰 훔볼트 재단(Alexander von Humboldt Foundation)과 미국 국립인문기금(National Endowment for the Humanities)에서 펠로우십을 진행했습니다. 그는 또한 Teagle Foundation으로부터 "The Open Curriculum: An Alternative Tradition in Liberal Education"에 대한 백서를 작성한 기관 간 실무 그룹의 의장으로 장학금을 받았습니다. 미국 조셉 콘래드 소사이어티(Joseph Conrad Society of America)의 전 회장인 암스트롱은 헨리 제임스 리뷰(Henry James Review), 콘라디아나(Conradiana), 현대 소설 연구(Modern Fiction Studies)의 편집위원으로 활동했습니다.

차 례

제 1 장

신경과학과 내러티브 이론

이야기를 말하고 따라가는 능력(ability)에는 정신 기능 작용에 대한 신경생물학에 기초가 되는 인지 역량(capacity)을 필요로 한다. 물론 신경과학이 우리가 이야기에 대해 알고 싶어 하는 모든 것을 밝힐 수는 없지만 우리의 뇌와 세상과의 체화된 상호작용에 좋지 않다면 우리 종이 그렇게 많은 이야기를 만들어내지 못했을 것이다. 우리는 서로에게 이야기를 할 수 있게 해주는 어떤 종류의 두뇌를 가지고 있는가? 그리고 이야기는 우리의 두뇌를 어떻게 구성하는가? 신경과학과 내러티브 이론은 우리 종의 능력과 이야기에 대한 매력에 대해 서로 할 말이 많다. 어떻게 플롯이 시간의 사건들을 질서 짓는지, 어떻게 이야기들이 행동을 보방하는지, 어떻게 우리를 동정심이든 두려움이든 다른 삶과 연관시키는지 Aristotle에서 Paul Ricoeur에 이르기까지 내러티브 연구자들의 이러한 중심적인 관심은 아마도 우리가 탐구하는 현대 신경과학의 뜨거운 주제들과 놀랍게도 일치한다: 시간적 공시성과 결합 문제, 인지에서의 행동 지각 회로, 체화된 상호주관성의 미러링 과정들. 이야기가 시간을 조정하거나 구현된 행동을 표현하고, 사회적 협력을 촉진하는 방식은 우리 종이 진화하고 우리가 거주하는 문화를 구축한 뇌와 신체의 상호작용에 기본이 된다. 뇌가 어떻게 작동하는지에 대한 중요한 질문, 즉 중앙 제어 장치 없이 뇌가 신경 합성을 조립하는 방법은 내러티브의 중심인 시간, 행동 및 자아-타자 관계와 관련된 문제와 관련이 있다. 이 책의 목적은 이러한 사항들이 수렴하여 모이는 점들을 탐구하고 설명하는 것이다.

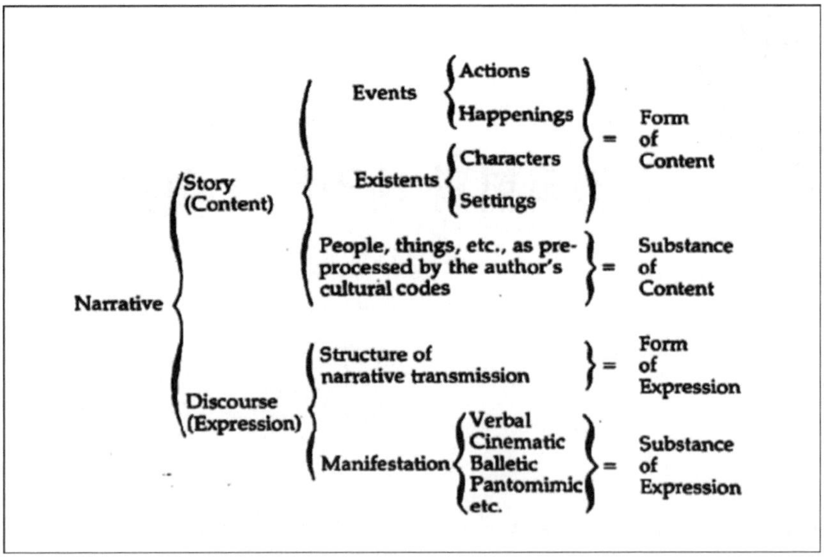

[그림 1] Chatman의 내러티브 이론의 요소들(출처: Chatman, 1978: 26)

이야기는 두뇌가 패턴, 종합, 일관성에 대한 욕구와 유연성, 적응력, 변화에 대한 개방성에 대한 욕구 사이의 끝없는 갈등을 협상하는 데 도움이 된다. 이러한 경쟁 명령 사이에서 이리저리 놀아나는 뇌의 놀랍고 역설적인 능력은 상호 작용하는 부분들 사이의 상호 하향식, 상향식 연결 네트워크로서의 분산된 조직의 결과이다. 내러티브 이론가인 Seymour Chatman(1978, p. 47, 45)은 플롯 형성(plot-formation)을 '사물을 함께 연결하려는 우리 마음의 성향'의 결과로 본다. 그가 지적했듯이 '우리의 마음은 상습적으로 구조를 추구한다.' 이것은 사실 현대 신경과학의 기본적인 공리다. 그러나 일관성에 대한 인지적인 필요에 반하여 심리학자 William James(1950 [1890], 1:139)는 뇌를 '자연 상태가 불안정한 평형 상태인 기관'으로 묘사하고, '소유자가 그의 행동을 환경의 가장 작은 변화에 적응할 수 있도록' 지속적으로 변동한다. 뇌는 뉴런들의 집합체를 형성하고 분해함으로써 세상을 알고, 이러한 합성들의 지속적인 변동이 그들의 경직화 경향을 방지하고 새로운 피질 연결의 가능성을 촉진하는 것과 싸우는 동안에 반복적인 발사를 통해 환경과 상호작용하는 우리의 습관적인 방식이 되는 패턴을 확립한다. 패턴의 형성과 해체 사이의 끊임없는 균형 작용은 성공적인 정신 기능과 우리 종의 생존에 필수적인 과거의 평형과 미래의 불확실성 사이의 탐색적인 놀이를 가능하게 한다.

이야기는 조화와 불협화음 사이에서 균형을 잡는 행위에 기여한다. Paul Ricoeur (1984a, p. 65-66)는 Frank Kermode(1967)의 잘 알려진 용어를 빌려 줄거리를 '조화되는 불일치(concordant discordance)'[1], 즉 '사건이나 사건의 다양성'을 일관된 이야기로 변형시킴으로써 부분을 전체로 구성하는 '이질적인 것의 종합'이라고 설명하였다. Ricoeur에 따르면, '플롯을 구성하는' 행위는 '부조화의 실존적 부담'(p. 33, 31)을 행동 패턴을 구성함으로써 삶의 분리에 의미를 부여하는 내러티브 종합으로 전환한다. Gérard Genette(1980, p. 35-36)가 말하는 가장 단순한 서사에서도,[2] 이야기 속 사건의 순서와 이야기 속 사건의 순서 사이의 가설(가상)적인 '零度(zero degree)' 차이에 접근하는 경우, 줄거리의 요소를 결합하는 연결은 항상 해결 과정에서 우여곡절에 의해 방해를 받는다. Genette가 시간적 '시간의 불일치(anachronies)'라고 부르는 것(예를 들어 말하는 것과 말하는 것 사이의 대응을 방해하는 플래시 포워드와 플래시 백)은 내러티브의 기본이 되는 조화와 불협화음을 향한 경쟁적인 충동을 더 많이 가지고 있다. 뇌의 패턴 형성과 해체 사이의 불균형은 조화와 부조화 사이의 이야기 놀이를 가능하게 한다. 우리가 서로 말하는 이야기에서 패턴의 구성과 파괴가 질서와 유연성이라는 경쟁 명령 사이의 뇌의 긴장을 가지고 노는 것처럼 말이다. 이러한 상호 작용의 신경 과학은 우리의 삶이 이야기를 낳는 것처럼 이야기가 어떻게 우리의 삶을 형성하는지에 대한 설명의 일부이다.

이야기는 경험을 바탕으로 이야기를 구성하고, 플롯으로 변형하고, 청취자와 독자의 삶을 재구성할 수 있다. 다양한 형상화 과정이 내러티브 활동을 구성하는 상호작용 및 교섭의 회로를 가로지르기 때문이다. Ⅱ장에서 설명하듯이 내레이션의 신경적 기반은 뇌를 가로질러 인지 과정의 독특하게 분산된 시간성과 시작, 중간, 끝의 내레이션 순서에 수반되는 일종의 회고적이고 전향적인 패턴 형성을 가능하게 할 뿐만

1) 혹은 불일치하는 요소들을 일치하도록 돕는 플롯의 기능과 관련된다(역자 주).

2) 주네트는 서사의 구조와 기능을 분석한 바, 서사를 시간(이야기의 시간적 전개), 모드(이야기의 전달 방식), 목소리(이야기의 서술자)라는 세 가지 주요 차원으로 분류하였고, 서사 텍스트의 구조를 이해하는 데에 큰 기여를 하였다(역자 주).

아니라 실제로 요구하는 피질 내 및 뇌-몸 상호 작용의 타이밍에 있는 신체-접합에서 시작된다. 다음 Ⅲ장에서 보여주듯이, 운동 인지 과정의 이상하게 만연한 관여는 행동과 몸짓의 이해뿐만 아니라 인식의 다른 양식에 있어서도 왜 행동의 구조를 모의하는 플롯을 만드는 작업이 세계를 구성하는 우리의 패턴에 그렇게 깊은 영향을 미칠 수 있는지를 시사한다. 마지막으로, Ⅳ장에서 설명하듯이, 이야기가 공감을 촉진하고 다른 방식으로 우리 종 고유의 협력 활동에 필요한 공동 지향성을 용이하게 할 수 있다면 사회생활을 변화시키는 그들의 능력과 한계는 궁극적으로 미러링, 시뮬레이션 및 식별을 통해 자아와 타자를 이중(성)화시키는 체화된 과정에 달려있는데, 이 과정의 한계는 윤리적이고 정치적인 도구로서 내러티브의 장점과 약점에 반영된다.

다음 각 장에서는 이렇게 모이고 수렴된 것들 중 하나를 자세히 살펴본다. 이 모든 영역에서 내러티브는 정신 기능 작용의 신경 생물학에 근본적인 패턴 형성의 뇌 기반 프로세스를 호출하여 살아있는 경험을 구성한다. 그러나 이러한 분석을 위한 무대를 설정하려면 먼저 신경과학과 내러티브 이론 간의 관계에 대한 몇 가지 예비 질문들을 고려해야 한다. 내러티브를 공부하는 연구자들이 인지와 언어에 대한 신경과학적 발견에 주목해야 하는 이유는 무엇이며 내러티브 연구 프로그램은 과학을 어떻게 고려해야 하는가?

언어, 뇌, 인지 서사학(내러티브학)

체화된 인지에 대한 신경과학적 발견과 줄거리, 허구, 읽기에 대한 내러티브 이론으로 이야기의 화자와 추종자로서 우리의 현상학적 경험을 삼각 검증하는 것은 다양한 학문에 걸쳐 많은 사려 깊은 연구자들이 추구해온 언어, 인지, 내러티브 간의 관계를 이해하려는 시도이다. 철학자, 문학 이론가, 일상적인 독자들이 우리가 이야기를 하는 이유와 방법에 대해 궁금해하는 이유 중 하나는 내러티브가 언어와 마음이 작동하는 방식에 대한 열쇠를 쥐고 있는 것처럼 보이기 때문이다. 서사학은 구조주의로부터 물려받은 체계, 대본, 선호 규칙의 형식주의적 모델과 한편으로는 체화된,

주관적인 상호작용으로서의 서술의 실용적으로 지향된 이론 사이에 위치하면서 언어와 인지 그리고 내러티브 사이의 관계를 이해하는 데 전환점에 있다. 이러한 모델이 조화될 수 있는지 여부와 그렇다면 얼마나 중요한지는 해결되지 않은 질문이다. 내러티브의 신경생물학적 기반을 이해하면 이야기를 말하고 따라가는 능력이 뇌가 언어를 처리하는 방식과 어떻게 일치하는지 보여줌으로써 답을 찾는 데 도움이 될 수 있다. 내러티브를 연구하는 학생들 사이의 모든 갈등이 과학의 발견으로 해결될 수는 없지만 일부 주장은 다른 주장보다 더 강력한 것으로 판명되고 다른 주장은 명백히 잘못되었다. 내러티브의 목적과 방법은 언어와 뇌의 신경과학에 대해 우리가 알고 있는 방식에 비추어 조정될 필요가 있다.

전통적 내러티브학(사사학)의 목표는 어떻게 문법과 구문이 논리적이고 질서 있는 시스템의 구성들 사이의 구조적인 관계를 확립함으로써 의미를 결정하는지에 대한 모델에 기초하여 내러티브의 기본 요소와 그들의 조합에 대한 규칙을 식별하는 이상적인 분류 체계를 구성하는 것이었다.[1] Saussure가 랑그(*langue*)를 파롤(*parole*)보다 우선시한 것(아마도 언어의 우발성에 반대되는 안정적이고 질서 있는 언어 구조)에서 영감을 받았든 보편 문법(Pinker(1994)가 기억에 남을 만한 '언어 본능'이라고 부르는 것)에 대한 Chomsky의 주장에서 영감을 받았든, 마음, 언어, 내러티브의 구조는 상동적이고 선전적이며 보편적이라는 가정이 있었다. 고전적 서사학자 Ann Banfield(1982, p. 234)는 많은 서사 이론가들이 공유하는 견해를 표명했는데 예를 들어 이야기에서 '표현된 말과 생각을 위한 요소'는 '보편 문법으로 주어진다'고 주장

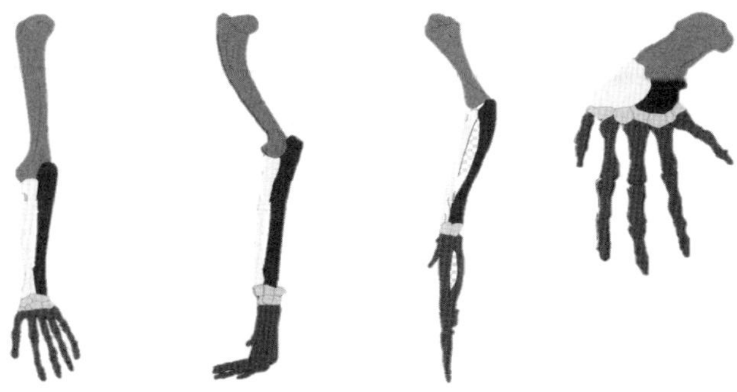

[그림 2] 생물학적 상동성의 원리(출처: Wikipedia)

했다. 우리가 이야기를 만들고 이해하는 용이함은 내러티브 구조와 '화자의 내재화된 문법' 사이의 근본적인 상동성(homologies)으로 설명된다.

일부 인지 서사학은 암묵적으로든 명시적으로든 여전히 구조주의적 패러다임 내에서 작동한다. 예를 들어 최근 선집 「스토리와 마음: 문학적 내러티브에 대한 인지적 접근(Stories and Minds: Cognitive Approaches to Literary Narrative)」의 편집자들은 '인지적 내러티브학자들은 구조주의적 내러티브를 외면하기보다는 구조주의의 통찰을 바탕으로 인지적 연구와 결합한다'고 주장한다(Bernaerts et al. 2013a, p. 13).

[그림 3] 스토리와 마음

내러티브는 어떻게 우리의 기억 용량을 끌어들일까? 우리가 문학적 내러티브를 읽을 때 우리의 주의는 어떻게 안내되는가? 다문화 소설은 어떤 종류의 공감을 불러일으키는가? 세계적인 학자들이 인지적 내러티브 연구 분야의 최첨단 연구를 논의하는 에세이 모음집인 『Stories and Minds』에서 학제간 관점에서 이러한 질문과 기타 질문들을 탐구한다. 마음 철학과 인지 심리학의 최근 발견은 다른 학문 분야 중에서도 새로운 이론적 관점에 통합되고 문학 소설에 대한 동반 분석과 함께 설명된다.

James Phelan(2006, p. 286)이 설명하듯이 '인지적 내러티브는... 구조적 내러티브와 내러티브의 본질에 대한 포괄적인 형식적 설명을 개발한다는 동일한 목표를 공유'하고 '내러티브가 생산과 소비에 의존하는 정신 모델의 구성 요소다.' 이러한 정신모델은 Manfred Jahn이 「Routledge Encyclopedia of Narrative Theory(2005, p. 67-71)」의 인지 서사학에 대한 권위 있는 설명에서 정의하고 설명하는 프레임, 스크립트 및 선호도 규칙이다. Jan Alber와 Monika Fludernik(2010b, p. 11)는 '후기 고전적 내러티브'의 목표를 밝히면서 이 프로젝트를 지지한다. '인지 서사학자들은... 수신자가 자신의 세계 지식을 이용해 허구의 세계를 투영하고, 이 지식은 프레임과 대본이라는 인지 도식에 저장된다는 것을 보여준다.'

그러나 이러한 정신적 구성물이 설명하려는 인지 과정을 정의할 수 있는지 여부는 의문이다. 마음, 언어, 내러티브의 질서 있고 보편적인 구조를 확인하려는 형식주의적 목표는 시간적으로 중심이 흩어진 뇌의 불안정한 균형이나 인지적 연결이 발전하고 해체되는 확률적 과정과 맞지 않다. 타고난 질서 있고 규칙이 지배하는 구조로서의 형식주의적 언어 모델은 뇌가 어떻게 작동하는지에 대해 우리가 알고 있는 것과 맞지 않기 때문에 버려져야 한다는 과학적 합의가 증가하고 있다. 인지와 언어의 과학이 변화함에 따라 서사학도 그 방법과 목표를 수정해야 한다.

구조주의 패러다임에 도전하기 위하여 새로운 버전의 인지 서사학이 등장했다.

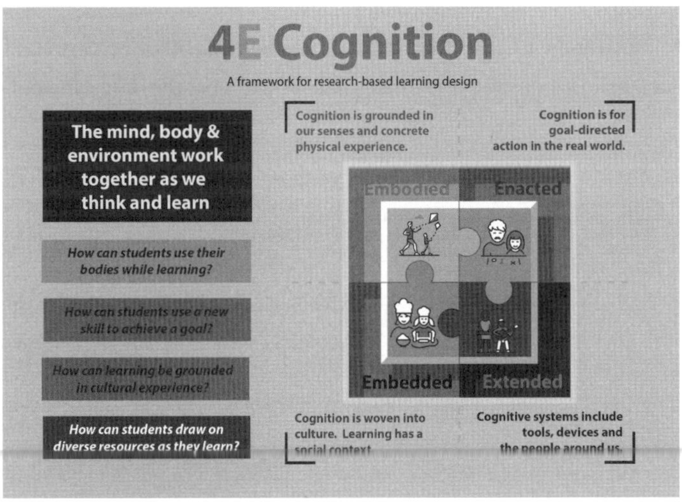

[그림 4] 4E Cognition(출처: https://www.bing.com)

4e(embodied, enactive, embedded, and extended) 인지관의 지지자들은 프레임과 대본과 같은 '추상적이고, 명제적인 표현'의 구조로서 '마음을 수용'하는 것이 아니라, 내러티브 이론은 '인간의 마음은 우리의 진화 역사, 신체 구성, 감각 운동 가능성

에 의해 형성되고, 다른 마음들과의 긴밀한 대화, 상호주관적인 상호작용과 문화적 실천에서 발생하는 것'으로 이해해야 한다고 주장한다(Kukkonen & Caracciolo 2014, p. 261-62).

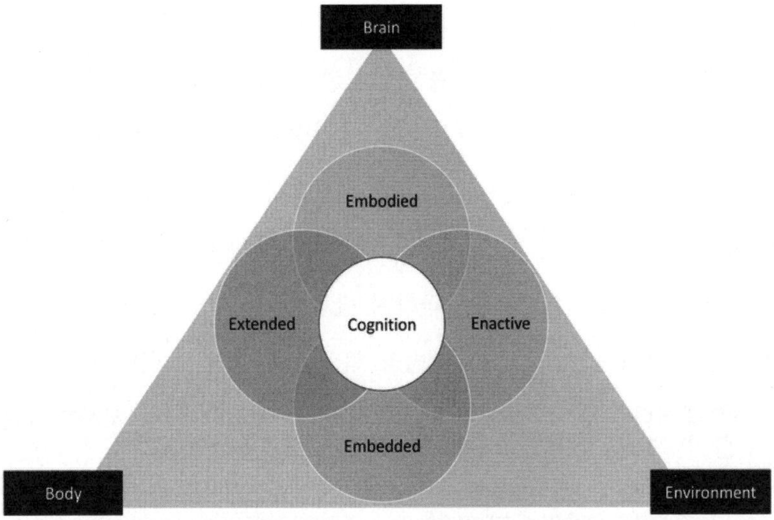

[그림 5] An illustration of the connections between the 4E's of cognition and their interaction between the brain, the body, and the environment.

1세대 인지과학은 '특정 상황이나 활동의 모델이 됨으로써 우리가 세계를 이해할 수 있게 하는 정신적 표현'으로서 기능하는 '프레임, 스크립트 및 도식'과 함께 '마음의 계산적 관점에 확고히 기반'을 두고 있었으나, 2세대 인지과학은 '문화적 관행은 마음이 신체적 경험을 이해하는 데 도움이 된다'는 것처럼 '경험이 문화적 관행을 형성'하는 '피드백 루프(feedback loops)'에서 구체화된 의식과 세계 사이의 상호작용에 대한 강조를 현상학 및 Dewey와 James의 실용주의와 공유한다(Caracciolo 2014, p. 45; Kukkonen & Caracciolo 2014, p. 267). 2세대 내러티브학은 정신이 어떻게 작용하는지를 설명하고 그것의 근본적인 인지 구조를 공개함으로써 내러티브를 설명하기 위해 분류학, 도식학, 그리고 규칙의 체계를 우선시하기보다는 '이야기에 대한 독자들의 참여에 대한 상황적, 체화된 질과 텍스트와 독자들 사이의 경험적인 상호작용으로부터 어떻게 의미가 발현되는지에 대해 주장'한다(Caracciolo 2014, p. 4).

구조와 규칙에 대한 탐구는 체화된 마음, 이야기 및 세계 간의 상호작용에 대한 강조로 대체되었다.

이 변화를 패러다임 전환으로 보는 대신 1세대에 뿌리를 둔 몇몇 저명한 내러티브 이론가들은 체화된 행화주의자 내러티브학을 스키마 이론 및 형식주의적 문법 기반 모델과 조화시키는 방법을 모색했다. 예를 들어, 2세대 인지 과학이 이전 이론을 대체했다는 생각을 거부하면서 Fludernik(2014, p. 406)는 그들이 서로에게 정보를 제공하는 것으로 보아야 한다고 제안한다: '인지 연구의 역사는 아마도 신체와 인간의 경험을 보는 정적이고 추상적인 측면의 연구인 인지 작업-연구의 내재적인 이중성으로부터 시작하는 것이 더 나을 수 있다.' 구조 언어학자들이 언어에 대해 공시적 접근과 통시적 접근을 병치한 방법을 상기시키는 이 제안은 구조주의자들이 랑그의 규칙이 파롤의 언어 행위(화행)에서 나타난다고 생각한 것처럼 프레임과 스크립트를 경험에서 작동되는 '정적이고 추상적인' 구조로 본다. David Herman은 초월적이고 보편적인 '정신 모델'을 반영하는 '이야기 논리'를 구성하는 초기 프로젝트를 그가 말하는 '담화 심리학(discursive psychology)'(2010, p. 156)에 찬성하여 포기한 것으로 보인다. 이러한 관점에서 의미는 '사람들이 말하고 행동하는 것 뒤에 있는 정신적 과정의 산물이 아니다'; '마음은 담론이 존재하는 것이 아니라, 그것의 생산과 해석을 통해 지속적으로 성취된다'(156). 그럼에도 불구하고 Fludernik처럼 형식주의와 도식 이론을 구출하기를 바라면서 그는 '우리가 (1) 상황적 상호작용 성취로서의 마음에 대한 담화 지향적 접근과 (2) 마찬가지로 서사 구조의 정신 관련성을 조명할 것을 약속하지만 개별 화자에 의한 담론 생산에 초점을 맞추고 있는 인지 문법과 인지 의미론의 연구 사이에서 합의를 위해 어떻게 노력할 것인지'(175) 묻는다. 다시 랑그와 파롤 사이의 구조주의의 반대를 반향하면서 Herman은 우리가 언어를 개별적으로 연구될 수 있지만 양립 가능하게 연구될 수 있는 사회적 개인적 측면을 갖는 것으로 생각한다고 제안한다. 문법에 기초한 스키마 이론은 개별 정신 구조에 대한 모델을 제공한다.[2]

그러나 이 두 제안 모두의 문제점은 1세대와 2세대 인지과학의 인식론적 가정이 양립할 수 없을 정도로 대립된다는 것이다: 첫 번째는 의미를 기저의 틀, 대본, 규칙의 표현으로 보는 반면, 두 번째는 그것을 뇌, 신체, 세계 사이의 상호 형성적이고 역사적으로 진화하는 상호작용의 산물로 간주한다.[3] 이러한 대립적인 인식론에 기초한 서사학적 프로그램 또한 근본적으로 대립한다. 두 번째는 이야기가 구성되고 경험되는 비유적이고 상호작용적인 과정에 초점을 맞추는 반면 첫 번째는 이야기의 기저에 깔려 있을 것으로 추정되는 도식, 구조 및 규칙을 우선시한다. 문제는 신경 기반의 체화된 인지 과정을 사회 세계에 대한 우리의 경험과 이야기를 말하고 따르는 능력과 어떻게 연관시킬 것인가 하는 것이다. 여기에는 두 가지 질문이 걸려 있다. 1세대 인지 서사학이 프레임, 스크립트 및 선호도 규칙으로 공식화할 인지 장비의 패턴 형성 능력을 어떻게 이해해야 하는가? 그리고 형식주의자들이 질서 있는 분류 체계와 규칙이 지배하는 구조로 체계화하려는 언어의 규칙성을 어떻게 이해해야 하는가? 인지 서사학은 신경세포와 피질 과정이 어떻게 우리의 살아있는 사회적 세계의 경험과 상호작용하는지를 설명하는 언어에 대한 신경과학적으로 건전한 이해가 필요하다.

물론 1세대 인지 서사학에서 모든 것을 포기할 필요는 없다. Jahn(2005, p. 67)은 'X를 Y로 보는 것'을 인지 서사학의 기본 공리로 설명하며 이 아이디어는 실제로 과학적으로 타당하다. 분류와 패턴 형성의 구성적 과정—실존적 현상학자인 Martin Heidegger (1962 [1927])가 유사하게 이해의 '구조로서의(Als-Struktur)'라고 부른 것은 체화된 인지와 내러티브에 결정적이다. 도식화되지 않은 대화형 형식으로 이해해야 한다. 게슈탈트 이론이 Semir Zeki(2004)와 같은 신경과학자들, James J. Gibson (1979)과 같은 인지 심리학자들, Maurice Merleau-Ponty(2012 [1945])와 같은 현상학자들 모두가 반복적으로 끌어온 자원인 이유는 형상화나 보는 것이 인지에서 하는 역할에 대한 감사 때문이다. 예를 들어 이것은 유명하게 모호한 토끼-오리 게슈탈트의 인식론적 도덕성(우리가 그 모양을 토끼로 본다면 한 쌍의 귀로 변형시키는 새로운 부분 전체 구성)이다. 이 게슈탈트는 구성 패턴 구축의 순환적이고 재귀적인 작업이 시각뿐만 아니라 모든 종류의 인지 과정에 생기를 불어넣기 때문에 인지 모델이다. Richard Kearney(2015, p. 20)는 그가 '육체적 해석학'이라고 부르는 것을 설명하면서 '구조로서 이미 우리의 가장 기본적인 감각에서 작동하고 있다'고 유사하게 관찰한다. 이것은 Merleau-Ponty(2012 [1945], p. 162)가 지적한 것처럼 '주어진 가장 작은 감각도 하나의 구성'으로 통합되고 이미 '분명된 것 외에는 제시될 수 없기 때문이다.' '범주화(또는 개념화)는 인간 두뇌의 근본적인 과정이다... 범주화가 어떻게 작동하는지에 대한 지속적인 논쟁이 있지만 그것이 작동한다는 사실은 의문의 여지가 없다'(Lindquist et al. 2012, p. 124).

범주화의 구조로서(as-structure)—어떻게 보는 것이 항상 보는 것을 수반하는지—는 문학적 해석의 순환성에서도 분명하다(Armstrong 2013, p. 54-90). 문학 이론가들은 해석이 본질적으로 순환적이라는 것을 오랫동안 인식해 왔다. 텍스트나 어떤 상황을 이해하려면 부분과 전체 사이의 구성적 관계를 미리 파악해야 하기 때문이다. 모든 해석 행위는 부분과 전체 사이의 상호작용을 시작한다. 전체는 부분을 통해 작업해야만 이해할 수 있는 것처럼 세부 사항은 전체 텍스트와 어느 정도 관련이 있는 것으로 볼 수 있는 경우에만 의미가 있기 때문이다. 패턴의 필요성에 대한 이러한 인식론—부분과 전체가 상호적으로 구성되고 함께 어떤 종류의 구성적 관계로 해석된다는 생각—은 인문학과 인지과학 사이의 공통 기반이다.

그러나 이러한 구성 과정을 체화된 뇌의 해부학적 구조와 관련이 없는 정신 모듈(mental modules)로 정의하거나 경험, 피질 또는 뇌, 신체 및 세계 사이의 상호 작용에서 형상의 상호작용에 해당하지 않는 인지적 의사 결정의 선형 논리 모델을 가정하는 것은 실수이다. 이것들은 인지 서사학(cognitive narratology)에 의해 채택된 프레임, 스크립트, 선호 규칙의 용어에 대한 문제들 중 일부이다. Jahn(2005, p. 69; 1997)이 인정한 바와 같이 이러한 개념들은 '표준적인 사건과 상황에 대한 인간 인지자의 지식과 기대를 재현하는 것을 목표로' 하는 '표준적인 사건과 상황에 대한 인간 인지자의 지식과 기대를 더 명백하고 상세한 구성으로' '방을 보거나 약속을 하는 것과 같은 상황'과 '생일 파티에 가거나 식당에서 먹는 것과 같은 표준적인 행동 순서'를 포함하는 대본을 가진 인공지능 이론가들에 의해 개발되었다. 그러나 뇌는 컴퓨터가 아니다. Hubert Dreyfus(1992)가 지적한 바와 같이 컴퓨터에는 체화된 의식적 존재로서 우리가 직면하는 상황을 구성하는 방법에 대한 가설을 테스트하는 데 일반적으로 사용하는 컨텍스트, 배경 및 이전 경험이 부족하다. 이러한 결함은 작업을 수행하는 미리 설정된 정신적 구조를 설정함으로써 해결해야 할 문제를 대체할 뿐이다. 체화된 뇌가 경험적 맥락을 구성하는 과정을 설명하는 대신 이러한 구성은 컴퓨터가 할 수 없는 것에 주의를 환기시킨다.

유동적이고 상호적이며 개방적인 뇌, 신체, 세계 사이에서 시작하는 것으로서 상호작용을 보는 것과 프레임과 스크립트와 같은 미리 설정된 스키마는 이러한 종류의 동적이고 재귀적인 과정을 정의하기에는 너무 엄격하고 선형적이다. 그래서 인지 서사학자들 사이에서 읽기(독서)에 대한 연구가 널리 (그리고 당연히) 존경받는 심리학자 Richard Gerrig(2010, p. 22)는 'schema'라는 용어가 너무 엄격하고 공식적이라고 거부하는 과정에서 최근 Jahn이 묘사하는 주류 견해와 결별하였다. Gerrig는 대신 '기억 기반 처리(memory-based processing)'라고 말하는 것을 선호하는데 이 개념은 '독자의 일반적인 지식 사용'이 프레임과 대본이라는 용어가 포착할 수 있는 것보다 "더 유동적이고 더 독특하다"고 인식한다.

인지가 선호 규칙(preference rules)에 의해 지배된다는 선형적이고 지나치게 깔끔한 개념도 버려야 한다. Jahn에 따르면 '선호 규칙은 일반적으로 일련의 조건 C가 주어지면 A를 B로 보는 것을 선호하는 형식이 된다'(69). 선호도의 개념은 절대적인 것이 아니며 확률적 변동을 위한 약간의 흔들림의 여지를 남겨두지만 선호도를 '규칙'으로 구조화하는 문제는 논리적 명제의 형식에 따라 의사결정의 선형 체인을 가정한다는 것이다. 만약 C라면 A는 B를 의미한다. 이 선형적이고 기계적이며 논리적인 구조는 신경생물학이나 경험에서 인지적 의사결정이 어떻게 일어나는지에 대한 적절한 표현은 아니다. 신경생물학적으로 그것은 뇌의 동기화 및 비동기화의 동적 시스템의 상호작용, 하향식, 상향식 프로세스와 관련이 없다. 뉴런 집합체는 다른 합성에 의해 대체될 수 있는 연결의 상호 강화로 인한 습관화 패턴에 따라 형성되고 해체되며 이러한 상호작용은 선형 기계 알고리즘과는 다르다(Edelman 1987). 경험적으로 선호 규칙의 단방향 논리는 텍스트나 삶에서 부분-전체 관계를 구성하는 현상학적 과정처럼 보기의 왕복 순환성을 포착할 수 없다. 읽기는 선형적인 논리적 처리가 아니며 체화된 인지는 모듈의 계층 구조나 기계적인 선형 알고리즘에 의해 적절하게 모델링될 수 없다.

보는 일은 피질의 특정 영역에 국한되지 않고 뇌, 신체 및 세계에 걸쳐 확장된다. 규칙의 지배를 받지 않고 반복적인 경험을 통해 습관적인 패턴을 만들어내며 결과적으로 파괴, 변이, 변화에 항상 열려 있다. 마음, 언어, 내러티브의 질서 있고 보편적인 구조를 식별하려는 형식주의적 목표는 뇌의 혼란이나 우리의 체화된 세계 경험에서 인지 패턴이 나타나는 방식과는 맞지 않다. 신경과학자들은 뇌가 유전에 의해 부분적으로만 기능이 고정되고 다른 피질과의 네트워크 연결 방식에 따라 상당히 유연하고 가변적이라는 해부학적 특징의 덤불 같은 조화라는 데 동의한다. 이러한 연결은 신경과학의 근본적인 공리인 Hebb의 법칙(2002 [1949])에 따라 경험을 통해 발전하고 변화한다. Stephen E. Nadeau(2012, p. 1)가 지적한 바와 같이 '두뇌 질서는 결정적이기보다는 혼돈적이다. 규칙은 정의되지 않고 대신 네트워크 지형에 의해 제약을 받는 네트워크 동작에서 나타난다.' 뉴런이 전기화학적 전하를 교환하는 축삭돌기에 의해 연결되지 않으면 상호 작용할 수 없다. 언어와 인지 결과에서 어떤 순서가 발견될 수 있는지 그는 '경험을 통해 획득한' 상호 관계의 패턴으로 설명하며, 이러한 패턴은 선천적이고 유전적으로 결정된 해부학적 구조보다는 '경험의 통계적 규칙성'에 기인한다고 설명한다.

요컨대 뇌는 논리적 알고리즘에 따라 작동하는 구성 요소 사이에 유선 연결이 있는 컴퓨터와 같이 고정된 요소 사이의 규칙이 지배하는 관계로 구성된 질서 있는 구조가 아니다. 선형적이고 기계적인 모델이 가정하는 것보다 훨씬 더 복잡하고 유동적이며 예측할 수 없는(무한한 것은 아니지만) 개발에 더 개방적인 뇌는 다른 요소와 결합하는 방식에 따라 기능이 달라질 수 있는 상호 작용하는 부품의 끊임없이 변화하는 조화이다. 인공지능 개념이 1세대 인지과학을 지배했을 때 인기를 끌었던 뇌의 모듈형 모델(Fodor 1983)은 피질 영역이 자율적이고 질서정연하지 않기 때문에 선호도가 떨어졌다. Shaun Gallagher(2012, p. 36)가 관찰한 바와 같이 뇌는 '개별 구성 요소의 동작을 기반으로 하거나 동시적 또는 정적, 또는 부품의 순전히 기계적인 상호작용'; '역학 시스템의 부분은 선형 방식으로 상호 작용하지 않고' 오히려 '비선형 방식으로 서로의 행동을 상호 결정한다'(Kelso, 1995, 2000). 관계의 패턴은 특정 상호작용이 반복되고 기존 연결을 강화하거나 새로운 연결을 전파하고 강화함에 따라 시간이 지남에 따라 확립될 수 있지만, Hebb의 '발화 및 배선(firing and wiring)'을 통해 반복된 경험이 습관 형성으로 이어지는 방식은 인식론적 형식주의자들이 가정하는 유전적으로 고정되고 질서 있는 구조보다 이러한 패턴을 이해하는 데 더 나은 모델이다. 미리 프로그래밍된 모듈과 선형 알고리즘은 뇌의 작동을 이해하는 데 좋은 모델은 아니다.

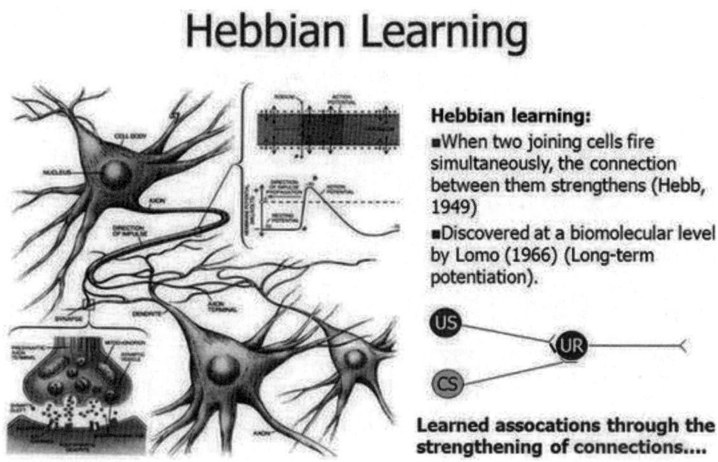

[그림 6] Harness your HEBBIAN POWER: Scientists find real-life superpower hidden deep in our brains

신경 해부학의 구조는 제한적이지만 궁극적으로 정의되지는 않는다. 서로 다른 피질 위치에는 손상될 경우 비활성화될 수 있는 특정 기능이 있지만 어떤 영역도 단독으로 작동하지 않으며, 각 영역의 역할은 다른 영역과 상호 작용하는 방식에 따라 달라질 수 있다. 기능과 연결성은 경험에 따라 변경될 수 있다. 예를 들어 맹인의 시각 피질은 점자를 읽을 때 촉각에 적응하고 반응할 수 있으며(Changeux 2012, p. 208), 일부 시각 장애인과 동물은 우수한 소리를 낸다는 것이 밝혀졌다. 시각 피질의 사용되지 않는 부분이 청각 기능을 위해 동원되기 때문이다(Rauscheker 2003). 이러한 가소성의 사례는 예외적으로 보일 수 있지만 Kristen A. Lindquist와 동료

(2012, p. 123)의 연구에 따르면 '개별 뇌 영역의 기능은 부분적으로 발사되는 뇌 영역의 네트워크이다.' Lindquist의 그룹에 따르면 이것이 '분리된 감정 범주가 일관되고 구체적으로 뚜렷한 뇌 영역에 국한될 수 있다는 증거가 거의 없는' 이유다(121). 예를 들어 실험 증거에 대한 그들의 검토는 편도체가 유일하고 배타적으로 공포와 관련이 있는 것이 아니라 '신기한', '불확실', '비정상적'인 '동기적으로 관련된 자극에 대한 대응 방향을 잡는 데' 적극적이라는 것을 보인다(130). 다양한 연구에 따르면 일반적으로 혐오감과 연결된 전방 구불구불한 피질이 '몸의 움직임', '위의 팽창' 그리고 심지어 오르가슴(133-34)을 포함하여 신체 상태에 대한 인식을 수반하는 많은 작업에서 관찰된다는 것을 보여주었다.

이 연구는 '감정은... 구체적인 경험에 대한 신경생물학적 시스템의 반응이지 목표에 대한 변화하는 상황의 평가의 기능이 아니다'라는 Patrick Colm Hogan(2010, p. 255; 2011a, 2011b)의 주장을 의심한다. Lindquist는 Paul Ekman과 Silvan Tomkins (Colombetti 2014, 26-52)에 의해 공포된 기본 감정 이론에 대한 도전을 지속해온 Lisa Feldman Barrett의 연구실 일원이다. Barrett(2017, p. 22, 23, 33)이 설명하듯이 크고 성장하고 있는 신경과학 및 심리학 연구 단체는 감정이 객관적인 생물학적 지표를 가진 보편적인 계층이라는 관점에 도전해 왔다:

> 우리는 어떤 단일 감정에 대한 지문을 포함하는 뇌 영역이 없다는 것을 발견했다... 감정은 뉴런을 발화하는 것에서 발생하지만 어떤 뉴런도 감정에만 전념하지 않는다... 감정 단어는 '분노'와 같이 독특한 물리적 지문을 가진 특정 반응을 나타내는 것이 아니라 특정 상황에 연결된 매우 가변적인 사례의 그룹을 말한다... 당신이 경험하고 지각하는 감정은 당신의 유전자의 필연적인 결과가 아니다... 당신의 익숙한 감정 개념은 단지 그러한 감정 개념이 의미 있고 유용한 특정한 사회적 맥락에서 자랐고, 당신의 뇌는 당신의 경험을 구성하기 위해 그것들을 당신의 인식 바깥에 적용하기 때문에 내재되어 있다.

감정은 생물학과 문화가 혼합된 산물이며 고정된 신경생물학적 토대를 가진 논리적 범주나 보편적인 클래스보다 가변적이고 내부적으로 이질적인 집단으로 생각된다. 해부학적 위치와 피질 구조만으로는 체화된 인지를 설명할 수 없다. 뇌-신체-세계 상호작용은 내부 연결성뿐만 아니라 특정 피질 영역의 기능에도 영향을 미칠 수 있다. 시각, 감정 또는 언어와 같은 복잡한 인지 현상을 이해하려면 구조와 모듈성을 식별하는 것만으로는 충분하지 않다(형식주의 모델이 가정하는 것처럼). 오히려 우리의 동적 인지 시스템의 다양한 구성 요소가 서로 상호작용하고 상호 구성하는 구성적이고 비선형적인 왕복 프로세스를 추적하는 것이 필요하다.

뇌의 해부학적 전문화와 경험을 통한 변화에 대한 개방성의 조합에 대한 좋은 예는 글을 읽을 수 있는 부자연스럽고 문화적으로 획득된 능력을 지원하기 위해 시각 피질이 유전된 기능을 적응시키는 방식이다(Armstrong 2013, 26-53). Stanislas Dehaene (2009, 4)가 지적한 바와 같이, 아프리카 사바나에서 우리 종(species)이 얻은 피질 능력을 응용하여 Shakespeare를 읽는 법을 배운다. 이것은 M. L. Anderson(2010)이 '신경 재사용(neural reuse)'이라고 부르는 것의 한 예이다. 이는 피질 영역이 처음에는 진화하지 않은 기능을 획득하는 능력이다. 세계에 대한 새롭고 예측할 수 없는 경험은 뇌와 신체의 다른 영역과 피질 구조 및 기능에 근본적인 변화를 일으킬 수 있는 우리 종과 다른 구성원 간의 다양한 상호작용을 움직일 수 있다. 초보 독자가 단어 모양을 음운과 연관시키는 법을 배우는 힘든 과정 동안 시각 및 청각 피질이 상호 작용함에 따라(또한 조음에서 발화하는 것뿐만 아니라 말을 인식하는 동안) 시각 피질의 특정 영역을 문화적으로 특수한 용도(시각적 단어 형식의 인식)로 전환하는 효과가 있는 뇌의 다른 영역 간에 연결이 설정되고 강화된다. 타고난 것이 아니라 유전적으로 미리 결정되었다. 읽기 능력의 획득은 놀라운 문화적, 신경생물학적 성취일 수 있지만 신경 재사용의 예로서 Anderson이 '뇌의 근본적인 조직 원리'(245)라고 부르는 것의 예일 뿐이다.

우리의 읽기 능력 발달은 인지 기능의 이중적 역사성을 보여준다(Armstrong, 2015). 우리의 인식론적 장치 중 일부는 가장자리, 방향, 선 및 모양에 대한 시각 시스템의 반응성과 같은 장기적이고 진화적으로 안정적인 능력을 기반으로 하지만, 이러한 능력은 학습 및 경험에 따라 변경될 수 있다. 이 경우 피질 영역의 기능은 그것이 관여하는 동적 시스템의 다른 구성 요소와 상호 작용하는 방식에 따라 달라지기 때문에 알파벳 기호를 식별하기 위해 모집될 수 있다. 뇌는 목적을 위해 특정 영역과 능력을 적응시키는 문화 기관(예: 읽고 쓰는 능력)에 의해 형성될 수 있지만 읽기(독서)와 마찬가지로 이러한 능력은 신경 복원과 그것들이 용도 변경되는 뇌 사용이 종의 생물학적 구성에 진화적으로 적응되거나 그렇지 않을 때까지 각 세대와 함께 다시 학습될 필요가 있다. 뇌의 구조와 기능은 진화의 산물이기 때문에 보편적이지 않지만 일부 능력은 다른 것보다 더 오래 지속되며 특정한 역사적이고 문화적으로 위치한 학습 경험을 통해 재구성되고 용도가 변경될 때에도 시간과 전 세계에 걸쳐 우리 종의 구성원들에 의해 공유된다.

언어는 뇌의 유전적 기능과 해부학적 구조와 문화적으로 다양한 의사소통 및 교육 경험의 상호작용을 통해 발달하는, 신경과학자들이 '생물문화적 혼종(a biocultural hybrid)'(Evans & Levinson, 2009, p. 446)이라고 부르는 것이다. 뇌의 일부가 언어와 연결되어 있는 것으로 알려져 있지만(예를 들어 Broca 영역과 Wernicke 영역의 병변은 구문적 또는 의미적 프로세스를 방해할 수 있음) Nadeau는 '언어 기능이 대뇌 전체를 두드린다'(83)고 지적하였다.

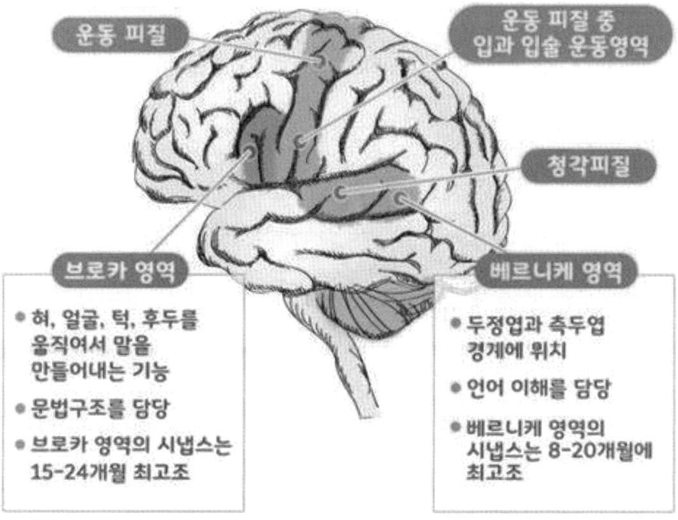

[그림 7] 뇌의 언어 영역(출처: https://www.bing.com/images)

fMRI 기반 연구는 언어가 피질 영역의 광범위한 합성과 뇌와 신체 사이의 연결을 수반한다는 것을 확인했다(Huth et al. 2016). 언어를 지배하는 단일 모듈이 없으며 구조적 언어학에 의해 예측되는 문법 단위를 구성할 개별적이고 해부학적으로 식별 가능한 영역 집합도 없다. Nadeau가 설명하듯이 '우리 중 누구나 사용하는 문법은 본질적으로 보편적이지 않다... 대신 그것은 우리가 대화하거나 읽은 사람들의 평범한 공동체에 의해 결정된 우리 자신의 언어적 경험의 통계적 규칙성에 기초한다.'(164-65). 다른 언어로 된 실어증의 경우는 언어 기능의 상실로 인해 쓰러지는 해부학적 기반의 보편적인 문법 체계가 아니라 Nadeau가 '우아한 타락(graceful degradation)'이라고 부르는 것을 보여준다(17). 모든 것이 단순히 무너지고 사라지는 것이 아니라 일부 기능은 대뇌 간 연결 및 중복에 의존하고 언어 커뮤니티마다 다른 다양한 취약성 패턴으로 어느 정도 강력하게 보존된다. 이 증거는 논리적으로 정렬된 타고난 문법보다 Hebb의 연결을 통해 확립되고 경험을 통해 개발된 확률론적 규칙성에 의해 더 잘 설명된다.

이러한 확률적 모델은 또한 혁신, 변형 및 변화에 개방된 일련의 규칙성으로서 언어의 이중성을 설명하는 데 도움이 된다. Jean- Pierre Changeux가 주장하듯이 확률적 규칙성에 대한 Hebb의 설명은 접두어 형식 시스템이 제공할 수 있는 것보다 언어의 창의적 능력에 대해 더 나은 설명을 제공한다(2012, p. 206-7, p. 316-17). 한편 언어는 상호주관적 의사소통과 잘 구성된 문장을 지원하는 반복되는 패턴에서 공유되는 기호들의 집합이다. 반면 언어의 변칙성은 규칙이 지배하거나 규칙을 깨는 창의성을 통해 제한된 경우 예측할 수 없는 언어 혁신을 가능하게 하기 때문에 매우 중요하다. 확률 모델에 따라 구조는 사용할 수 있는 모든 방법을 미리 결정하지 않으며(규칙 내에서 혁신 가능), 이전 연결이 새 연결로 대체되면서 때때로 새로운 구성이 나타날 수 있다(기존의 규칙을 위반하는 것이 항상 잘못된 것은 아니다. 처음에는 실수처럼 보일 수 있지만 나중에 받아들여지고 어휘집에 채택되는 새로운 메타포가 있다[Ricoeur 1977]).

언어와 내러티브가 생물 문화적 혼종이라면, 그 기능과 형식에 있어서 모든 초문화적, 초역사적 규칙성은 뇌, 신체, 세계 사이의 가변적이지만 제약된 상호작용의 산물이지 마음의 논리적 구조와 동족인 보편성이 아니다. 일반적으로 이러한 규칙성의 근원은 생물학과 문화이다. 단순히 자연이 고정되어 있고 문화가 변하기 때문만은 아니다. 마찬가지로 우리가 일반적으로 서로에게 하는 이야기에서 반복되는 패턴은 우리 종의 신경 생물학적 장치와 우리가 겪을 가능성이 있는 반복된 경험 사이 상호작용의 혼합된 산물이다. 전 세계의 이야기가 반복되는 형태라면 이는 보편적인 인지 도식을 반영하는 내러티브 구조의 결과가 아니다. 오히려 생물문화적 혼종으로서 다양한 내러티브 이론에 의해 확인된 패턴은 아마도 우리 종의 구성원들이 공유하는 진화된 인지 성향이 반복적이고 전형적인 경험과 상호작용하여 통계적 규칙성을 입증하는 뇌, 신체 및 세계 간의 구성적 관계를 생성했기 때문에 발전했을 것이다. 이러한 패턴은 논리적 구조가 아니라 가변적이지만 생물학과 경험의 규칙성에 기인하는 한계 내에서 제한되는 습관적인 구성이다.

예를 들어, 호건(Hogan)의 주장(2003, p. 230-38), 즉 특정한 내러티브 보편성(narrative universals)이 정신과 그 이야기들- 그가 낭만적, 영웅적, 희생적인(제물로 바쳐지는) 것으로 구분하는 이야기 구조들을 특징 짓는다는 주장을 고려해보자. 교차 문화적(혹은 다문화, 간문화) 보편성을 어떻게 이해하느냐 하는 것은 매우 어려운 문제이다. 예를 들어, Donald E. Brown(1991, 9-38)은 상대주의의 주장이 문화 간의 차이를 과대평가한다고 주장하면서 우리 종의 생물학적 특성에 기인하는 '본질(essence)'의 다양한 종류와 정도의 보편성을 신중하게 구별한다. 이는 널리 공유되는 경험에 의해 생성되는 '사고'의 보편성과는 대조적이며, 그중 일부는 아마도 모두를 포함하지만 적어도 광범위하게 명백할 수 있고 우연히 예측되는 것보다 더 일반적인 '통계적 보편성'을 포함할 수 있다. Hogan(2010, p. 48-49)은 다양한 종류와 정도의 보편성을 인정하지만, 구조주의자처럼 생각하고 말한다: '보편적인 위계는 기술의 도식화와 일련의 설명적 추상화뿐만 아니라 일련의 조건적 관계에 의해 정의된다. 조건 없는 보편이 추상화의 위계에 포함될 수 있는 만큼 함축적인 보편은 유형론으로 조직될 수 있다.' 이러한 종류의 논리적 형식주의는 언어와 내러티브와 같은 생물 문화적 혼합을 특징짓는 규칙성의 지저분하고 확률적인 발전에 대한 좋은 사고방식은 아니다.

Hogan이 식별한 것과 같은 내러티브 패턴이 문화 전반에 걸쳐 반복된다면 그것은 보편적인 인지 구조를 반영하기 때문은 아니다. 그것들은 우리 종의 공통된 출생과 죽음, 협력과 경쟁, 전파와 폭력의 특정한 반복되는 특성들이 생물학적으로 기초한 인지적 성향과 상호 작용하여 우리가 공동체에서 순환하는 이야기를 포함한 문화 기관에서 통계적으로 발견할 수 있는 규칙성을 만들어내기 때문에 발전하는 생물 문화적 반복 구조로 더 잘 이해된다. 우리 종의 구성원들이 일반적으로 태어날 때부터 죽을 때까지의 여정에서 겪는 기본적인 경험의 공통점을 고려할 때, 우리의 뇌, 신체, 세계 사이의 Hebb의 연결을 통해 확립된 인지 구성이 우리의 내러티브에 나타날 다양한 규칙성을 보여주지 않는다면 놀랄 것이다. 우리 종의 구성원은 사랑에 빠지고 성관계를 가지며 승자와 패자를 낳는 갈등에 참여하고, 일부 구성원은 합류하고 다른 구성원은 배제하는 공동체를 형성하며, 체화된 뇌의 연결 능력에 기반한 패턴 형성의 구성력이 다양한 규칙성을 입증할 수 있는 이러한 경험에 대한 내러티브를 구축한다(Hogan의 로맨스, 영웅주의 및 희생에 대한 이야기).

이러한 용어들이 뇌, 신체, 세계의 상호작용 속에서 생물문화적 혼종들이 만들어지는 복잡하고 역동적인 과정들에 정의를 내리기에는 너무 정적이고 질서정연하며 역사적이기 때문에 이러한 용어들을 '내러티브 보편성'이라 부르거나 '마음과 그 이야기들'의 구조적 논리에 귀속시키는 것은 오해의 소지가 있다. 이러한 상호작용은 습관적인 연결이 Hebb의 처리와 신경 재사용을 통해 형성되기 때문에 규칙성을 나타내는 패턴을 생성할 수 있으며, 이는 예를 들어 문해력이 발달하고 전해지는 종류의 문화적 공유에 의해 전달된다. 그러나 형식주의 용어와 구조주의 모델은 이러한 프로세스를 설명하는 데 좋은 도구는 아니다. 이러한 개념은 연결 및 구성의 습관적 패턴이 경험과 뇌에서 만들어지고 변형되는 방식을 잘못 나타내기 때문이다. 공식적인 분류는 이러한 상호작용을 설명하기에 충분하지 않다.

내러티브와 인지에서의 구성(형상화)

형상화 또는 ~처럼 보는 것(seeing-as)은 인지과학과 내러티브 이론을 결합하는 핵심 개념이며 다음 장에서 구성할 내러티브의 신경현상학적 모델의 핵심이다. 체화된 인지의 구성력은 문학 작품의 여러 층위의 다성적 구체화에 대한 Roman Ingarden의 초기 분석에서부터 콘스탄츠 학파 이론가 Wolfgang Iser와 Hans Robert Jauss에 의해 개발된 일관성 구축과 공백 메우기의 과정으로서 독서(읽기) 이론에 이르기까지 우리가 이야기를 말하고 따라가는 방법에 대한 현상학 이론의 주요 관심사이다.[5] 시간과 내러티브에 대한 Paul Ricoeur의 기념비적인 작업도 마찬가지로 인지와 미적 경험에서 구성적 과정의 역할을 전면에 내세운다.[6] 내러티브의 현상학적 모델은 이 부분의 목표 중 하나이다.

두 번째 관련 목표는 인지적 형상화에 대한 초점이 내러티브 이론에 기여할 수 있다는 것을 보여주는 것이다. 때때로 내러티브 이론은 실용적인 목적을 고려하지 않고 그 자체를 위한 분류 체계를 생성하는 연습처럼 보일 수 있으며 불행하게도 James Phelan (2006, p. 283)이 '특정 분야에 어렴풋이 닥쳐오는 커다란 용어나 어휘론적 동물'(the large Terminological Beastie looming over the field)로 묘사하는 결과를 낳는다. 분류학적 프로젝트에 함축된 구조적, 형식주의적 인식론을 거부할 필요가 있다고 해도 그것이 우리가 모든 서사적 용어를 쓸모없는 것으로 폐기해야 한다는 의미는 아니다. 오히려 이러한 인식론에 도전하는 것은 그들의 사용이 무엇인가에 대한 질문을 전경화해야 하며, 삼각화 하는 내러티브 이론, 이야기에 대한 우리의 경험, 체화된 인지의 신경과학이 그 질문을 제기하는 방식이다. 내러티브 이론의 어휘에서 나타나는 많은 모호함은 내러티브의 구별을 시도하지만 항상 질서정연한 위치를 유지할 수는 없는 내러티브 측면 사이에서 구상 활동이 앞뒤로 교차하는 방식의 결과이다. 이러한 모호함 중 일부는 현상학적 모델의 도움을 받아 내러티브의 다양한 측면에서 구상 활동의 흐름에 주목하는 것에 의해 명확해질 수 있다.

Ricoeur는 Augustine(1961 [397-400], p. 264)을 괴롭힌 유명한 시간의 수수께끼에

대한 반응으로 플롯 구성인 줄거리 만들기(emplotment)를 설명한다: '그렇다면, 시간이란 무엇인가? 나는 그것이 무엇인지 충분히 알고 있지만; 만약 내가 그것이 무엇인지 질문을 받고 설명하려 한다면 당황스러울 수 있다.' 우리가 시간의 흐름에 대한 생생한 경험에 대한 엄격한 이론적 설명을 제공하려고 시도하자마자 다양한 아포리아와 역설이 즉시 발생하기 때문에 시간은 사변적 사고에 대한 스캔들이다. Ricoeur는 '만약 과거가 더 이상 과거가 아니라면, 미래가 아직 아니라면, 그리고 현재가 항상 그렇지 않다면?'(1984a, p. 7)이라고 묻는다. William James가 '추상적인 현재'(1950 [1890], 1:609)라고 부르는 그 순간에 대한 우리의 일상적인 감각, 즉 '뱃머리와 선미가 있는, 마치 뒤를 돌아보고 앞을 내다보는 종말과 같은 지속 시간'은 우리가 보통 깨닫는 것보다 더 황당스럽다. Merleau-Ponty(2012 [1945], p. 441)가 지적한 것처럼 '나의 현재는 임박한 미래와 최근의 과거를 향해 자신을 초월하여 그들이 있는 곳, 과거와 미래 자체에 닿는다.' Husserl(1964 [1928], p. 48-63)은 지나가는 순간을 '유지 및 잠정적 지평'으로 제한하는 설명, 즉 우리가 도달할 수 없더라도 그 경계를 넘어 우리가 감지하는 과거 및 미래 경험에 대한 현재의 역설적 연결성을 암시하기 위한 메타포를 사용한다. 그러나 수평선 은유는 여전히 설명해야 할 사항을 설명한다. 현재가 '실제로' 과거와 미래에 어떻게 영향을 미칠 수 있는가? 또는 Shaun Gallagher와 Dan Zahavi (2008, p. 75)가 묻듯이 '더 이상 없거나 아직 없는 것을 어떻게 의식할 수 있는가?' Ricoeur에 따르면 우리는 이야기를 말하고 따라감으로써 이러한 수수께끼에 대응한다. Aristotle에서 Augustine의 질문에 대한 답을 찾은 Ricoeur는 '시간에 대한 추측은 내러티브 활동만이 대응할 수 있는 결정적이지 않은 반추'라고 주장한다. 삶의 시간의 역설적인 분리와 연결을 '부조화와 일치'의 일관된 형태로 변형시키는 플롯을 시적으로 생산함으로써 작업한다(6, 22).

Paul Ricoeur에 따르면 시간적 아포리아를 불일치 일치의 구조로 변환하는 작업은 Aristotle가 플롯을 1) 시작, 중간, 끝을 하나의 전체로 결합하는 2) 행동의 모방, 그리고 나서 비극의 경우 3) 청중에게 연민과 두려움을 유도하는 세 부분에서 각각 분명하게 드러난다. Ricoeur는 살아있는 경험의 즉시성이 극적인 형태(39)로 형성됨에 따라 '행동이 윤곽을 갖는 것은 플롯에만 있다.'라고 주장한다. 플롯은 가능성이 있는 것(단순히 가능하지 않은 것)에 대한 결정에서 우연한 것과 필요한 것 사이의 긴장 또는 예상되지 않은 것 사이의 대립에서 변화와 패턴의 경쟁적인 주장을 협상함으로써 행동을 구성한다. 유사하게 Ricoeur는 '어떤 것이 시작, 중간 또는 끝으로 간주되는 것은 시적 구성에 의해서만 가능하다'고 주장한다. 우연이 아니라 '필요성 또는 개연성의 요구 사항에 대한 적합성'에 의해 지배되는 연결 논리로의 이러한 계승 구조는 살아 있는 시간을 하나씩 변형하여 일부 사건에 시작의 지위를 부여하는 차별화된 질서로 변형시킨다. 그것은 목적으로서 그들과 역으로 관련된 다른 순간들을 향해 의미 있게 우리를 앞으로 투사한다. 마지막으로 많은 논란이 되고 있는 '카타르시스(catharsis)'라는 용어가 수반하는 것이 무엇이든, 그것이 불러일으키는 연민과 두려움의 감정은 또한 우리가 캐릭터의 고통에 공감하고 공포의 거부감을 겪을 때 관련과 단절이라는 상반된 움직임을 유발하기도 한다. 두 경우 모두 우리가 아닌 우리 자신과 자신을 동일시하는 역설적인 이중성을 경험한다. 줄거리 만들기의 이러한 각 차원에서, 시간이 흐르는 수평적 순간들 사이의 분리와 연결은 이질적인 것을 종합하는 내러티브 구성의 형성을 가능하게 한다.

내러티브는 Ricoeur(1984b, p. 338)[3]가 '일상적인 행동과 고통이 수반하는 일상적인 시간 경험'이라고 부르는 것을 재구성하기 때문에 시간의 아포리아에 대한 생산적인 반응이다. 이야기는 이미 의미가 있지만 우리가 완전히 이해하지 못할 수도 있는 경험을 구체화하여 세상과의 상호작용에 대한 생생한 직접성을 이해할 수 있는

---

3) 해석학을 통해 구조주의의 한계를 벗어나려 한 리쾨르(1913-2005)는 아리스토텔레스의 시학 이론과 아우구스티누스의 시간 이론을 결합하여 '삼중의 미메시스(triple mimesis)' 개념을 정립함으로써 아리스토텔레스의 미메시스 범위를 더 넓게 확장한다. 〈시학〉의 주요 탐구 대상은 비극과 서사시이지만, 〈시간과 이야기〉의 주요 탐구 대상은 이야기 일반이다. 그런데 이때의 이야기란 '줄거리'가 뚜렷한 허구나 역사를 가리킴을 기억해야 한다. 줄거리가 있어야 미메시스를 논할 수 있으므로 예를 들어 소설, 희곡, 서사시, 영화, 오페라, 뮤지컬, 역사 등은 리쾨르의 미메시스에 자연스럽게 포함되지만, 서정시, 회화, 음악 등은 거기에 넣기가 쉽지 않다. 짧게 말해 리쾨르가 말하는 미메시스는 줄거리가 있는 허구와 역사를 핵심 영역으로 한다.
〈시간과 이야기〉에서 리쾨르가 시간과 이야기, 즉 삶과 텍스트 사이의 필연적 상관성이라는 가설에 입각하여 굳이 미메시스를 세 겹으로 쌓는 것은 삶과 텍스트가 모두 해석의 대상이라는 그 자신의 해석학적 사유를 미메시스의 여정에 반영하기 위한 것으로 보인다. 한마디로 삼중의 미메시스의 골간은 미메시스를 텍스트만이 아니라 독자 또는 작가의 삶에까지 연장시킨다는 데 있다 (역자 주, https://m.blog.naver.com/sonwj823)

형태를 제공한다. Ricoeur(1980a, p. 151)에 따르면 내러티브 작업은 '구성된 세계의 매개를 통해 예시된 세계에서 변형된 세계로의 끊임없는 통로'이며, 그가 '미메시스 1', '미메시스 2' 및 '미메시스 3'이라고 부르는 항목이다(1984a, p. 52-87). 'mimesis'는 그가 염두에 두고 있는 것에 대해 잠재적으로 오해의 소지가 있는 용어임을 Ricoeur는 인정한다. 만약 우리가 '모방'에 의해 미메시스를 계속해서 번역한다면, 우리는 표현을 통해 기존의 현실의 일부 복제품이나 '존재의 일부 배가 되는 것'에 완전히 반하는 것을 이해해야 한다. 왜냐하면 단어를 가지고 일하는 예술가들은 사물이 아니라 유사한 것들을 만들어내기 때문이다. 그들은 '소설이 손가락, 위장, 형상, 또는 더 나은 구성이라는 의미에서 일종의 시뮬라크르(simulacre)'(1980a, p. 139; Iser 1993)를 발명했다. 형상 및 형상화의 언어는 후자의 용어가 참조 연관성으로 가득 차 있을 뿐만 아니라 '형상'이라는 용어가 신경 집합에서 뇌, 신체 및 세계의 상호작용에 이르기까지 모든 수준의 인식을 구현하는 데 기본이 되는 게슈탈트(gestalts) 또는 패턴을 구성하는 활동을 시사하기 때문에 모방, 표현 및 복사라는 용어보다 선호된다.

이야기가 경험을 내러티브 패턴으로 변환함에 따라 형상화의 다양한 프로세스가 교차하고 상호작용한다. 미메시스 2는 삶의 사건과 사건을 플롯으로 만들어 이야기를 만드는 구성적 작업이지만, 그것은 차례로 경험의 사전적 패턴(미메시스 1), 상속된 규범과 시인이 활용하는 이전 서사의 '문화적 자산'에 의한 '실천적 분야의 암시적 범주화'를 포함하는 비성찰적인 세계 속 우리 존재의 의도적 활동(미메시스 1)에 의존한다(1984a, p. 47). 미메시스 2는 삶의 사건과 사건을 줄거리로 만들어 이야기를 만드는 구성 작업이지만 경험의 예시적 패턴(미메시스 1), 시인이 활용하는 계승된 규범과 이전 내러티브의 '문화적 자산'에 의한 실용적인 분야의 암시적 분류이다(1984a, p. 47). 행동 자체는 미리 새겨진 '서사를 불러일으키는 시간적 구조'에 의해 특징지어지기 때문에 Ricoeur는 '내러티브를 찾는 활동과 욕망으로서의 삶'을 설명한다(1987, p. 434). 그러나 삶은 항상 문화적으로 상징적으로 매개되며 '전승된 신화가 없다면 시적으로 변형될 것이 아무것도 없을 것'이라고 그는 지적한다(1984a, p. 47). 이러한 삶의 플롯과 이야기로의 구성은 그 자체로 목적이 아니라 과정의 단계일 뿐이다. 서사를 이해하는 잠재적 변혁적 경험을 통해 '구조화는 관객 또는 독자에게만 완성되는 지향적 활동이다'(48). 내러티브의 수용은 결과적으로 관객의 감정적, 체화적, 문화적으로 매개된 세계에 대한 감각의 재구성을 가져올 수 있다.[4)]

그리고 회로는 완성되었고, 문화적으로 공유되고 형성되는 세계 속 존재의 패턴(미메시스 1)이 시인, 작가 및 모든 종류의 이야기꾼(미메시스 2)에 의해 받아들여지고 재편성됨에 따라 새로운 청중에게 재구성된 이야기를 제공하여 세상을 경험하는 구성을 변화시킬 수 있다(미메시스 3). Ricoeur가 관찰한 것처럼 '이야기는 말하는 것이지 살아가는 것이 아니다'는 반면 '삶은 살아가는 것이고 말하는 것이 아니다'(1987, p. 425)일 수 있지만, 삶과 이야기 사이에는 상호 형성적이고 잠재적으로 변형적인 순환이 있다. 그것은 형상화 작업이 미메시스의 세 가지 양식을 교차하고 결합하기 때문이다. 이야기는 우리의 뇌를 패턴화하고 다시 패턴화하는 힘을 가지고 있다. 왜냐하면 세 종류의 미메시스의 회로를 가로지르는 내레이션의 구성적인 활동이 움직이기 시작하고 체화된 인지의 기본적인 과정을 형성하고 재구성할 수 있기 때문이다.

내러티브와 체화된 뇌의 구성적 힘에 대한 분석은 내러티브 이론의 여러 난제를 명확히 할 수 있다. 우리의 이질적인 시간적 경험에서 일치하는 불일치의 패턴을 만들어내는 이야기의 능력에 초점을 맞추면 일부 악명 높은 논쟁에서 경험적으로 인지적으로 중요한 것이 무엇인지 보여줌으로써 용어의 안개를 적어도 일부 해소할 수 있다. 예를 들어 E. M. Forster(1927)의 유명하지만 매우 문제가 많은, 이야기와 플롯의 구분을 생각해 보자. 이러한 단순한 용어는 일치하는 불일치를 생성하는 것에

---

4) 미메시스 I의 대상은 우리가 겪는 파편적 행동들, 쉽게 말해 일상적 경험이라고 불리는 것이다. 우리는 일상적 경험에 대한 미메시스를 통해 행동의 구조 및 행동의 상징성을 파악한다. 미메시스 II는 실생활의 사건들, 행동의 계열체, 시간의 연대기적 차원을 각기 구조화된 스토리, 행동의 통합체, 시간의 비연대기적 차원으로 재구성하는 과정으로 이루어진다. 가다머가 말한 '해석학적 적용'의 과정, 즉 미메시스 II에서 얻은 텍스트 이해를 자신의 삶에 적용하는 과정이 바로 미메시스 III이다. 이를테면 카타르시스는 아리스토텔레스의 경우 미메시스의 수용 양상이지만, 리쾨르의 경우 미메시스의 마지막 과정이다. 삼중의 미메시스의 주체는 미메시스의 여정을 거치면서 현실과 허구를 넘나든다. 왜냐하면 미메시스 I은 현실의 허구화를 위한 준비 과정, 미메시스 II는 현실의 허구화 과정, 미메시스 III은 허구의 현실화 과정이기 때문이다(역자 주).

대한 관계를 이해할 때까지 절망적으로 혼란스러워 보일 수 있다.[7] Forster의 자주 인용되는 정의에 따르면 '왕이 죽고 왕비가 죽었다'는 이야기다. 반면 '왕이 죽고 왕비가 슬픔으로 죽었다'는 동기와 인과 관계를 제공하기 때문에 음모이다. 그러나 왕과 왕비의 연속적인 죽음에 대한 보고 자체가 하나의 이야기인지는 불분명하다. 이러한 사건을 듣는 사람이라면 누구나 '왜?'를 알고 싶어 할 것이다. 연결이 있는가? 아니면 이러한 죽음은 단순한 사고, 우연, 우발적인 사건에 불과한가? 질문을 던지는 초기 설명에서 누락된 것은 형상의 구조이다. 이러한 질문에 답함으로써 사건의 순서가 의미 있고 이해할 수 있게 되고, 그렇게 함으로써 불일치를 일치시키는 패턴으로 구성할 때 시간적 연속의 연속적인 것은 이야기가 된다.

Ricoeur(1980b, p. 171)가 다소 비밀스럽게 설명하듯이 '이야기는 플롯이 사건을 이야기로 확장하는 정도로 만들어진다.' 다른 말로 하면 이야기가 진짜 이야기가 되기 위해서는 플롯이 필요하다. 그 이유는 연결과 설명을 기다리며 무기력하게 나란히 앉아 있는 요소들 사이의 이질적인 건물의 형상적 일관성을 구성이 합성하기 때문이다. 줄거리가 단순한 일련의 사건을 이야기로 변환할 때 내러티브 패턴은 무작위적이고, 우발적이고, 불일치하는 것처럼 보일 수 있는 사건(예: 이 두 죽음)의 병치를 일치시킨다. 그리고 이 구성적 연결은 '슬픔의' 추가가 제공하는 것이다. 다른 설명들은 사건들을 다른 패턴으로 배열함으로써 예를 들어 '그의 암살자가 그의 총을 군주로부터 그의 신부에게 돌렸을 때' 또는 '그들이 먹은 독약이 점차 치명적인 작용을 했을 때' 다양한 이야기들을 만들어 낼 것이다. 이 잠재적인 줄거리들 각각은 다른 방식의 목격담을 투사함으로써 사건들을 다른 이야기로 구성한다.

종종 내러티브 이론가를 괴롭히는 또 다른 관련된 모호성은 플롯이 현재 말하거나 과거 말해졌던 것의 요소인지 여부이다. 이야기에서 사건의 배열은 Seymour Chatman의 잘 알려진 용어를 차용하여 일반적으로 담화에 속하는 것으로 간주되는 반면 이야기는 전달되는 사건으로 구성된다. 유사하게 서사학자들은 때때로 '서사에 의해 언급된 사건의 순서'와 '서사적 담론에서 제시된 사건의 순서'를 구별하기 위해 러시아 형식주의자들에 의해 처음 도입된 '파불라'(*fabula*)와 '슈제'(sjuzet)라는 용어를 사용한다(Brooks, 1984, p. 12). 물론 이러한 구분의 문제는 우리가 담화를 통해서만 이야기를 알고 있고 이야기가 이야기를 형성한다는 것이다. 왕비의 슬픔에 대한 설명은 말하고 있는 것인가, 말했던 것인가, 슈제인가, 파불라인가? 담화에 의해 추가된 해석인가 아니면 이야기의 핵심 요소인가? 내레이터가 무슨 일이 일어났는지 이야기할 때 심리적 추론을 삽입하거나 설명할 수 없는 사건들 사이의 결정적인 연결 요소를 말하는 것인가? Peter Brooks가 관찰한 바와 같이, "슈제에 대한 파불라의 명백한 우선순위는... 파불라('실제로 일어난 일')가 사실 독자가 슈제로부터 도출하는 정신적 구성물이라는 점에서 모방적 환상이다. 이것이 그가 직접 아는 전부이다."(13)

여기서 용어상의 안개 속에서 길을 잃기 쉽다. 그러나 다시 한번 명심해야 할 핵심 문제는 내러티브가 형상화를 수행하는 방식이다. 담론에서 사건을 배열하는 것 자체가 이질적인 것들을 종합하는 방식이기 때문에 이야기와 담론의 경계는 본질적으로 흐릿하고 불안정하다. 둘 다 서로 섞이고 유희할 수 있는 구성 프로세스(보는 방식)를 수반한다. 일치하지 않는 일치는 사용(이야기의 사건이 의미 있는 패턴으로 구성되는 방식)의 특징일 뿐만 아니라 서술 행위(이야기에서 사건이 어떻게 구성되는지, 다양한 이야기꾼이 동일한 사건을 보는 방식을 구별하는 다양한 표현 패턴으로 구성되는 방식)의 특징이다. 내레이션에서 보는 것처럼 보는 것의 역할은 또한 Gérard Genette가 많이 논의한 분위기('보는 사람')와 목소리('말하는 사람') 사이의 구별이 악명 높게 애매한 이유를 설명한다. 내레이터의 목소리는 그 자체로 필연적으로 보는 방법, 즉 전체에서 부분의 상호 배열인 특정 게슈탈트(Gestalt)로 보는 하나의 구성 또는 다른 구성으로 구성하여 설명하는 이벤트에 대한 관점이다.[8]

말하거나 말해진 사이의 구성적 과정의 상호작용, 즉 내레이션의 형성, 관점 활동과 플롯에 의해 조직된 행동 패턴 사이의 상호작용은 그것들을 별도의 범주로 분류하려는 분류학자의 최선의 노력을 무시하는 무한한 조합에 열려 있다. 이러한 구성 패턴 간의 상호작용은 하나의 내러티브 상자 또는 다른 상자에 깔끔하게 유지되는 것을 거부한다. 그러나 불행하게도 이러한 병합과 섞임은 말하기와 말하기 사이의 구성 프로세스의 상호작용이 무제한의 내러티브 혁신을 가능하게 하기 때문에 생산적이다. 예를 들어, Homer의 오디세이(Odyssey)에서 Joyce의 율리시스(Ulysses)에 이르기까지 동일한 구성의 이벤트가 끊임없이 변화하는 내레이션 행위로 다시 패턴화될 수 있다. 서사학적 분류를 혼동하는 경계 교차는 형상적 패턴의 재구성을 통해 의미론적 창의성이 어떻게 발생하는지를 보여주는 증거이다.

인지 패턴을 구축하는 구성 작업은 말하는 것과 말해진 것뿐만 아니라 그들 사이의 관계를 특징짓고, 이것이 이야기와 담론의 구분이 그토록 어려운 또 다른 이유이다. 이야기를 따라가기 위해 독자는 사건을 이해하고 이야기꾼의 교묘한 표현 방식을 감상할 필요가 있을 뿐만 아니라; 그들은 또한 이야기와 담화 사이의 때로는 일치하지만 때로는 이질적이며 때로는 당혹스러운 관계를 정렬해야 한다. 예를 들어 오디세이와 율리시스의 차이점을 생각해 보자. 여기서 Joyce의 스타일 실험은 그의 영웅들의 여정에 대한 아이러니한 논평을 제공한다. 때로는 한 Joyce 비평가가 소설을 '오디세이 스타일(odyssey of style)'(Lawrence, 1981)이라고 묘사한 것처럼 보이는 실험들이다. 율리시스를 읽는 재미나 좌절감(당신의 관점에 따라)은 Joyce의 '신비한 방법'이 Homer의 이야기와 더블린의 블룸즈데이(Bloomsday)의 사건들을 병행한다고 주장하는 T. S. Eliot이 주장하는 것처럼 이러한 수준이 직접적으로 정렬(일치)되지 않는다는 것이다. 일반적으로 정착을 거부하는 이러한 아이러니하고 유희적인 암시를 이해하는 문제는 이야기나 담론에 있는 것이 아니라 그것들이 어떻게 상호작용하고 정렬(일치)되는지(또는 잘 맞지 않는지)에 있다. Wolfgang Iser(1978)가 주장한 것처럼 읽기가 일관성 구축 활동이라면 이야기 경험에서 구성 패턴을 구성하는 작업은 내러티브 이론이 인위적으로 분리하는 이러한 상호 연결된 영역 내에서뿐만 아니라 그 사이에서도 발생한다.

불일치의 배열은 구성은 이야기, 담화 및 내러티브의 경험에서 그들의 상호작용을 특징짓는다. 복잡한 형상화 패턴은 이야기의 투명한 반영인 것처럼 보이고 관련된 사건이 주로 이야기의 예술성 때문이 아니라 이야기 사이의 연결 때문에 흥미로운 Genette의 소위 영도 내러티브(zero degree narratives)(1980, p. 35-36) 이야기에서도 발생할 수 있다. Meir Sternberg(1987)가 호기심, 긴장감, 그리고 놀라운 이야기에 기초한 구성으로서 이야기를 묘사한 것은 이러한 반응이 이야기 자체에 의해 환기될 수 있기 때문이다. 그러므로 줄거리의 구성에서 반전과 인식에 대한 Aristotle(1990

[355 BCE, 12-13])의 잘 알려진 관심—예를 들어 비극적인 영웅의 몰락과 같은 운명의 변화 또는 예상치 못한 사실이나 관계의 폭로 그리고 '최고의 인식은 그의 부모의 발견에 의해 영웅의 죽음이 촉발되는 오이디푸스'와 같은 반전과 동시에 발생하는 것이다. 반전과 인식의 순간들은 구성적인 패턴을 파괴하고 재정립하는 데 있어서의 역할 때문에 줄거리의 구성에서 결정적으로 중요하다. 반전과 인식의 순간은 구성 패턴을 방해하고 다시 설정하는 역할 때문에 플롯 구성에서 매우 중요하다. 영도 내러티브는 그것이 일치하는 불일치의 구조이고 이야기가 움직이고 조작하는 패턴과 변화라는 경쟁하는 인지 명령을 가지고 노는 한 여전히 내러티브이다.

이야기와 담론의 경계가 모호한 다른 이유는 가장 단순한 이야기의 경우에도 이야기의 사건 배치 자체가 교묘하기 때문이다. 말하기가 사라지려 하고 담론이 관심을 끌지 않는 이야기에서도 Sternberg의 호기심, 긴장 및 놀라움은 다양한 사용 방식에 의해 강화되거나 손상될 수 있다. 이것이 결국 Aristotle가 무엇이 더 좋거나 더 나쁜 플롯을 만드는지에 대해 유용한 조언을 줄 수 있다고 생각하는 이유이다. 좋은 줄거리를 만드는 기술이 있고 좋은 이야기를 하는 기술이 있으며, 플롯 구성과 내레이션 사이에는 구성 행위가 수반되기 때문에 차이를 구분하기 어려울 때가 있다.

이러한 모호함과 복잡함에도 불구하고 이야기와 담론의 구분은 여전히 유용하다. 이야기와 담론의 구분은 불협화음의 일치 패턴을 구성하는 구성 작업이 그 사이를 오가며 교차하기 때문에 어려울 수 있지만 때때로 우리가 선의 어느 쪽에 있는지 묻는 것이 유용하다. 때때로 내러티브에 대한 우리의 관심은 주로 한쪽 또는 다른 쪽과 관련이 있다. 즉 내레이션된 사건 자체 사이의 관계 또는 내레이션 과정에서 그것들이 조립되는 방식과 관련 있다. 들은 내용의 요소들은 그 연결과 분리가 이상하고, 이상하거나 놀랍기 때문에 본질적으로 흥미로워 보일 수 있다. 정보가 제공, 암시 또는 보류되는 방식으로 우리의 호기심을 긴장시키거나 생생하게 유지한다. 같은 이야기를 미화하거나 빗나가게 하지 않으려고 노력하는 다른 이야기꾼들에 의해 어느 정도 잘 이야기될 수 있다.

이야기와 담화 사이의 대립은 다양한 방식으로 상호 작용할 수 있는 다양한 구성 모드를 공개하는 데 도움이 될 수 있다. 용어 자체가 정착하기를 거부하더라도 그들이 제안하는 구별은 상호작용의 전형적이고 반복적인 다양한 패턴을 가시화할 수 있다. 다시 한번 말하지만, 중요한 것은 논리적으로 난공불락의 분류 체계를 구축하는 것이 아니라 내러티브가 형상화의 인지적 작업을 수행하는 방법을 이해하는 것이다. 이러한 측면의 내러티브 상호작용은 경계를 정확하게 구분하고 제어하는 것 이상이다.

[그림 8] 발자크의 소설 「고리오 영감(*Père Goriot*)」

예를 들어, 고리오 영감(*Père Goriot*)에서 Balzac의 전지전능한 내레이터가 '모든 것이 진실이다!'라고 선언하고 Rastignac이 그가 추구하는 사회적 성공을 이루기 위해 마스터해야 하는 '파리의 법(the laws of Paris)'을 설명하면서 그를 믿어달라고 요청할 때, 그 담화가 이야기의 구성 작업을 보완하거나 지지하는 설명 패턴을 제공할 때 어떤 일이 일어날 수 있는지 생각해 보자; 또는 George Eliot의 동정적이지만 비판적인 Middlemarch에서의 내러티브 목소리가 Dorothea Brooke의 고귀하지만 애석하게도 잘못 배치된 약속에 대한 독자의 판단을 안내할 때와 같다. 이야기와 이야기의 구성 패턴이 이러한 방식으로 서로를 보완할 때 그 결과는 Balzac와 마찬가지로 논리 정연하고 일관된 환상을 구축함으로써 독자가 생생한 세계에 몰입하도록 장려하거나 Eliot과 마찬가지로 말하는 사람의 판단이 이야기의 도덕적 함의를 끌어내면서 내러티브의 교육학적 교훈을 강화한다. 말하는 것과 말해진 것 사이의 자음군 구성 패턴은 다른 세계로 이동하는 환상을 강화하거나 우리가 보는 방식의 특정 관행을 배우도록 장려할 수 있다.

내러티브에 의해 작동되는 다양한 형태의 상징 사이의 불협화음은 이야기에 기인할지 담론에 기인할지 결정하기 어려운 경우에도 (때로는 특히 그럴 때) 생산적일 수 있다. 예를 들어 Anna Karenina와 같은 다중 플롯 소설에서 서로 다른 스토리라인 사이의 상호작용은 그 효과가 스토리 중 하나 또는 내레이터의 담론적 선언으로 거슬러 올라갈 수 있는 것 이상으로 확장될 수 있도록 교묘하게 구성될 수 있다. 이 소설의 유명한 오프닝 대사('모든 행복한 가족은 같다')는 Isaiah Berlin이 단순하고 단 하나의 진실을 알고 있는 Tolstoy의 '고슴도치'의 목소리라고 부름으로써 기억에 남는 권위적인 선언이지만, Anna 플롯과 Levin 플롯의 상호 작용은 이러한 감소에 저항하고 Tolstoy가 인식하는 '여우'가 쉽게 화해할 수 없는 것처럼 보이는 다른 방향을 가리키는 공감의 대위법을 생성한다. 이 소설은 한 권에서는 여자 친구의 몰락, 다른 한 권에서는 행복한 유부남의 도덕적 승리라는 두 개의 줄거리를 분리하여 출판한다면 훨씬 덜 흥미로울 것이다. 두 개의 줄거리가 상호작용하고 유희하면서 이 두 인물의 결점과 미덕, 그들의 삶에 대한 압박, 그들에게 열려 있는 기회들은 소설의 내러티브 구조가 움직이지만 예측하거나 완전히 통제할 수 없는 방식으로 독자들에 의해 다르게 구성될 수 있다. 각각의 이야기는 다른 사람을 볼 수 있는 관점을 제공하며 이러한 관점의 상호작용에서 보기의 상호작용은 어느 하나의 이야기에만 기인하지 않는다. 단순히 내레이터의 담론의 산물도 아니다. 플롯 사이의 상호작용은 이야기와 담론이 만나고 독자가 제공하는 패턴을 정렬하려고 시도하는 독서의 비유적 공간에서 발생한다.

담화와 이야기 사이의 조화 또는 분리는 인식의 구성적 작용과 함께하면서 다양한 효과를 가져올 수 있다. 말하는 것과 말해진 것의 일치된 형상화 과정이 몰입이나 가르침을 촉진할 수 있다면, 담론과 이야기의 단절은 우리가 습관적인 앎의 방식에 흡수되기 때문에 보통 독서나 삶에서 눈에 띄지 않을 수 있는 인지 과정을 낯설게 만들고 전경화할 수 있다. 예를 들어 Lord Jim에서 Joseph Conrad는 화자(및 독자)가 구성 패턴을 공식화하려는 시도를 차단함으로써 인식에서 구성 패턴의 역할에 주의를 환기하는 방식으로 Marlow의 이야기와 제목의 영웅 이야기를 병치한다. Marlow가 수수께끼 같은 타이틀 캐릭터에 대해 받는 다양한 관점 사이의 불일치는 일관된 관점으로의 통합을 거부하고 결과적으로 그를 좌절시키고 당혹스럽게 만든다. '그가 나에게 그 자신에 대해 알려준 관점들은 짙은 안개의 생생하고 사라지는 세부사항들의 조각 속에서 변화하는 찢어진 곳을 통해 보이는 것과 같았고, 그 나라의 일반적인 측면에 대해 연결된 생각을 주지 않았다.'(1996 [1900], p. 49).

Conrad의 내레이터는 Jim을 단편적이고 단절된 관점을 통해 독자에게 제시한다. 결합을 거부하는 여러 정보원이 제공하는 상반된 해석, 화해할 수 없는 상반된 의미를 가진 증거 조각 및 담론의 단절은 단 하나의 일관된 이야기가 나타나는 것을 막는다. Jim은 낭만적인 영웅인가 아니면 자기중심적인 겁쟁이인가? 그에 대한 Marlow의 동정심은 동료 감정의 고귀한 예인가, 아니면 잘못한 사람이 처벌을 면하기를 바라는 무의식적인 동기에서 비롯된 것인가?[9] 이러한 관점을 통합하는 것을 거부하는 것은 명쾌한 이해에 필요한 패턴으로 요소들 사이에 일관성을 구축하려는 추진력이다. Marlow의 단편적이고 단절된 담론과 Jim의 이해하기 어려운 이야기 사이의 부조화는 고전적인 토끼-오리 형상과 유사한 모호한 텍스트를 생성하여 가능한 구성 사이를 오가며 패턴 형성의 과정에 주의를 환기하지만 정착을 방해한다. 다시 한번, 이야기와 담화 사이의 구분의 가치는 분류 체계를 지원하는 능력보다는 내러티브의 구성 작업을 분석하기 위한 도구로서의 유용성과 관련이 있다.

내가 논의한 예들은 이 구분이 행동의 내러티브 구성과 어떻게 관련되는지를 설명하지만 다음 장의 주제인 내러티브의 다른 두 차원인 시간성과 상호주관성과도 관련이 있다. 예를 들어 담화와 이야기 사이의 관계는 이야기하는 것과 이야기된 것 사이의 시간적 대응을 방해하는 시간의 불일치(Genette의 용어를 사용하면)로 인해 종종 복잡해진다. 단순한 0도 이야기가 처음부터 끝까지 매끄럽게 전개된다면 교묘한 이야기는 연대기를 조작하여 일치와 불화 사이의 긴장과 함께 더 나아가 시간적 분리를 통해 호기심, 긴장감 또는 놀라움을 유발할 수 있다. 한때 Conrad의 협력자였던 Ford Madox Ford(1924, p. 136)는 '소설, 특히 영국 소설의 문제는 그것이 바로 앞으로 나아갔다는 것인데 당신이 동료들과 점진적으로 친분을 쌓는 동안 당신은 결코 앞으로 나아가지 않는다'고 불평했다. 그러나 Ford가 비판하는 소설은 제시된 연대기와 사건의 순차적인 순서 사이에 대략적인 평행을 유지함으로써 패턴을 발견하고 구축하려는 독자의 노력을 돕고 사실주의가 의존하는 환상에 실제로 몰입하도록 장려한다. 그러나 Ford의 요점은 이러한 연속성이 조작하는 프로세스를 위장한다는 것이다. 어떤 상황을 알게 될 때 우리는 우리의 지평 너머에 있는 것에 대한 기대와 그 이후에 들어온 증거에 비추어 이전 추측의 수정 사이를 항상 왔다 갔다 하기 때문에 결코 똑바로 가지 않는다.

시간의 불일치는 많은 목적에 도움이 될 수 있는데 그중 하나는 스토리텔링이나 일상적인 인식의 구성 작업에서 눈에 띄지 않는 일관성 구축의 시간적 프로세스를 전면에 내세우는 것이다. 예를 들어 Ford의 소설 'The Good Soldier'에서 해설자 John Dowell은 완전히 오해하고 있었던 사건들과 관계들을 이해하려고 노력한 결과, 시간이 지남에 따라 끊임없이 뛰어다니는 당황스러운 내레이션으로 독자들에게 변화하거나 단절되고, 불완전한 관점들을 질서 있게 짜맞추도록 도전하게 했다: '나는 알고 있다. 그래서 누구도 미로 같은 곳을 통해 길을 찾기 어려울 수도 있는 매우 두서없는 방식으로 이 이야기를 했다. 나는 어쩔 수 없었다... 나는 이것이 실제 이야기이고 결국 실제 이야기는 아마 어떤 사람이 이야기하는 방식으로 가장 잘 전달될 것이라고 생각하며 제 자신을 위로한다. 그러면 그것들은 가장 실제처럼 보일 것이다.'(1915, p. 213). 다른 많은 것들과 마찬가지로 Dowell은 아마도 이것에 대해 옳지 않을 것이다. The Good Soldier의 악명 높은 시간 변화는 '진짜처럼 보일 수 있는' 환상을 만드는 데 필요한 일관성 구축을 방해할 수도 있다. 왜냐하면 그 일관성은 우리의 불신을 중단시키는 것을 부추기기 때문이다. 하지만 이러한 방해로부터 얻는 이익은 그것들이 원활하게 기능할 때 보이지 않는 인지의 시간적 과정에 대해 반성해 볼 수 있는 기회이다. Ford는 당황한 독자가 Dowell의 담론에서 흩어진 조각들로부터 일관성 있는 이야기 패턴을 구축하기 위해 연속적인 내레이션보다 더 열심히 그리고 더 성찰적으로 작업하게 함으로써 독서의 경험에서 암묵적인 인지 과정에서 기대(예상)과 회상을 명시적인 문제로 전환시킨다. 이야기의 시간성과 담론의 시간성 사이의 일치하는 조화가 모방하는 몰입을 촉진시킬 수 있는 경우, 패턴 형성의 시간적 작업에 대한 혼란과 방해는 구성이 어떻게 작동하는지를 드러낼 수 있다.

담화와 이야기 사이의 서로 다른 정도의 조화와 불협화음은 이야기의 상호주관성을 가지고 게임을 하기 위해 유사하게 전개될 수 있다. Henry James(1970b [1883], p. 237-38)에 따르면 이야기를 읽는 것은 '그동안 우리가 다른 삶을 살았다는 것, 즉 우리가 기적적으로 경험을 확장했다는 것을 느끼게 한다.' 환상에 몰입하도록 조장하는 내러티브는 그러한 자신과 타인의 동일시를 촉진할 수 있다. 그러나 이야기를 따라가는 경험은 자아 사이의 차이를 무너뜨리는 것이 아니라 내러티브의 지향성과 나의 의식을 이중화시켜 상호주관성을 특징짓는 공동체와 유아론의 역설적 결합을 실행한다. 그러한 동일시는 내가 다른 세계를 마치 내 것인 것처럼 구성하는 역설적인 경험이다. 물론 그렇지 않기 때문에 내가 일시적으로 살고 있는 인지 패턴의 이질감은 이야기가 움직일 수 있는 두려움과 눈물 그리고 다른 열정적인 반응 속에서 그것들이 내 몸 안에 있다고 느낄 때에도 불구하고 그것들에 대한 나의 몰입을 그림자처럼 드리우게 한다. 비극적인 주인공에 대해 내가 느낄 수 있는 연민이나 두려움은 결국 나와 같지 않은, 심지어 (이상하게도) 실제 인간도 아닌 유사 인간(quasi person)과의 동일시이며, 그럼에도 나는 그녀에게 무슨 일이 일어날지 몹시 걱정할 것이다(그리고 그녀의 불행에 대해 실제적인 눈물을 흘릴 수도 있을 것이다).

다른 세계들이 상호 보완적이고 우리 자신의 세계에 접근할 수 없다는 일상적인 느낌을 과시하면서, 이러한 구성이 서술하는 방식에서 발생하는 다양한 종류의 일치와 불협화음은 내가 내 것이 아닌 삶과 동일시할 때 발생하는 다른 세계와의 이중성을 위장하거나 전경화하려고 할 수 있다. James 자신의 유명한 관점 실험은 그것이 넘어서는 인식론적 한계에 대한 성찰을 요구하면서도 우리를 우리 자신 밖으로 이동시키는 내러티브의 이러한 능력을 이용하는 독특한 이중성으로 특징지어진다. James는 독자가 자신의 관점을 다시 창조하는 인물의 세계에 투사함으로써 (예를 들어 그가 대사 임무를 시작할 때 Strether가 파리 바빌론에 당황하는 것과 같은) 내부에서 다른 삶을 경험하는 보기 드문 관점을 우리에게 제공한다. 그러나 이 다른 삶에 우리 자신을 투사할 때 우리는 그 관점과 정도는 다르지만 모호하고 신비로 남아 있는 다른 관점 사이의 간극도 경험한다(우리는 매사추세츠주 울렛에서 Newsome 부인이 과거에 어떻게 생각했는지 결코 알 수 없지만 Strether가 집으로 보내는 의심의 여지가 없는 놀라운 편지에 대해 상상할 수 있다). 자아 사이의 간극을 초월하고 다시 만나는 이중적 움직임은 또 다른 자아(분신)를 역설적으로 만드는 관련성과 불투명성의 결합을 독자 자신의 경험으로 극화한다.

내러티브는 이야기꾼과 수용자 사이의 상호작용에서 세계 사이의 관계를 구성하고 재구성함으로써 자신(자아)과 타인(타자)을 이중으로 만든다. 이것은 1인칭 및 3인칭 내러티브와 다른 종류의 초점화(focalization, 시점에 대한 내러티브 용어) 또는 내러티브 목소리(다른 태도 또는 권위의 정도를 가진 내러티브)에 의해 다양하게 수행될 수 있다. 내레이터의 사람이나 이러한 배가를 작동시키는 특정 기술 장치는 그 자체로는 거의 중요하지 않다. 동일한 언어 또는 내러티브 구조는 다양한 목적을 위해 전개될 수 있다. 중요한 것은 이야기꾼, 이야기, 수용자 사이의 교환이 세계 사이의 다양한 상호작용을 어떻게 수행하는가 하는 것이다. 이러한 것들은 동적이고 앞뒤가 뒤바뀐 구성 과정으로 정적인 분류 체계(도식)를 구성하거나 분류 체계에 내러티브 기법을 매핑하여 적절하게 설명할 수 없다. 기법이나 구조에 이름을 붙이는 것은 그것이 어떤 특정 내러티브에서 움직이게 하는 패턴 형성과 파괴의 구성적 과정을 분석하고 이러한 상호작용이 제공하는 인지적 목적을 설명하는 첫 번째 단계일 뿐이다.

체험된 세계와 내러티브 세계 만들기

'세계'라는 용어는 이러한 상호작용을 설명하기 위해 내러티브 이론에서 종종 사용되지만 일부 분석이 필요한 파악하기 힘든 개념이다. 현상학과 실용주의 전통의 이론가들에게 이 용어는 경험을 특징짓는 의미 만들기 활동의 구성을 의미한다. Merleau-

Ponty가 경솔한 '작동 지향성(operative intentionality)'이라고 부른 것은 사람, 장소, 사물과의 전형적이고 습관적인 상호작용에 형태를 부여하는 다양한 관계 패턴을 발견한다(2012 [1945], lxxxii). Shaun Gallagher가 설명하듯이 '지향성(intentionality, 현상학 어휘집의 핵심 용어)'은 '모든 의식은 무언가를 무언가로 의식하는 것'(2012, p. 67)과 같은 구조를 가지고 있다. Gallagher는 '행동은 어떤 목표나 프로젝트를 지향하기 때문에 의도성을 가지며 이것은 우리가 다른 사람들의 행동에서 볼 수 있는 것'이라고 말한다. 따라서 우리의 경향은 '지향성을 컴퓨터 화면에서 특정 패턴으로 움직이는 기하학적 형상과 우리가 특정 사회 규범을 따른다고 간주하지 않는 비인간 동물 및 인간 유아에게 귀속시킨다.'(77, p. 75).

세계를 인식한다는 것은 우리 자신의 경험이나 우리 자신과 유사하게 다른 사람이 가지고 있다고 해석하는 경험에서 의미 있는 방식으로 상황을 구성하는 구조로서의 의도의 패턴을 이해하고 해석하는 것을 수반한다. Paul Ricoeur(1984a, p. 61)가 세계의 개념을 Heidegger의 존재와 시간으로 거슬러 올라가면서 설명하듯이 '세계-내-존재의 구조는 주체와 객체의 어떤 관계보다 더 근본적이다.' 데카르트의 이원론에 반대하여 주체와 객체는 분리되어 있지 않고 우리가 살아 있는 세계를 구성하는 구성 패턴으로 항상 이미 결합되어 있다. '세계-내-존재'에 합류하는 하이픈은 우리가 위치하고 있음을 발견하는 상황에 기초하여 가능성의 미래로 우리 자신을 투사할 때 움직이는 지향성의 패턴이다(Heidegger의 '투사' 또는 '던져진 투사(geworfener Entwurf)'로서의 존재에 대한 묘사 [1962 (1927), p. 185] 참조).

내러티브는 살아있는 경험, 이야기의 구성, 청취자와 독자의 수용, Ricoeur의 3중 미메시스를 결합하는 회로에서 구성적 활동의 패턴이 앞뒤로 교차하면서 세계를 관계로 가져온다. Ricoeur(1987, 430-31)가 설명하는 바와 같이 '텍스트의 세계와 독자의 세계의 교차점은 가능한 경험의 지평을 열고, 그것이 거주할 수 있는 세계를 연다.' 이야기를 하고 따라가는 과정은 이러한 서로 다른 세계를 특징짓는 구성 패턴 간의 상호작용을 시작한다. 비록 '세계'라는 용어가 한 영역에서 다른 영역으로 이동할 때 미끄러워 보일 수 있지만 이러한 경계 교차는 경험에 대한 이야기의 개방성으로 인한 필연적인 결과이며 결코 못마땅한 결과는 아니다. Ricoeur (1984b, p. 349)

가 지적한 바와 같이 '텍스트는 사실 스스로 폐쇄된 실체가 아니다. 그것은 형식적인 구조만을 가지고 있을 뿐만 아니라 그 자체를 넘어 가능한 세계, 내가 거주할 수 있는 세계를 가리키며, 내가 이 세계에 있는 한 내 자신의 가능성을 실현할 수 있다.' 이러한 다른 맥락에서 '세계'라는 용어가 반복되는 것은 그들이 재구성하는 경험과 수용자의 실존적 가능성에 대한 이야기의 개방성의 표시다. 실용 지향적인 심리학자 Jerome Bruner(1986, 66)는 유사하게 이 용어를 사용하여 이야기를 논리적이고 형식적인 구조가 아니라 (우리의 생생한 경험의 측면, 즉) '행동, 사고, 그리고 자기 정의가 가능한 (또는 바람직한)' 세계를 투사하는 것으로 특징 짓는다. 현상학적이고 실용적인 전통에서 Paul Ricoeur 및 Bruner와 같은 이론가들에게 중요한 것은 Nelson Goodman(1978)이 우리의 '세계를 만드는 방식(ways of worldmaking)'이라고 부르는 것에 이야기의 패턴 구성 능력이 어떻게 기여하는가 하는 것인데 이는 현상학적 독서 이론가 Wolfgang Iser(1993, p. 152-70)가 그의 '문학 인류학'에서 채택한 개념이기도 하다.

[그림 9] Nelson Goodman(1978). 세계를 만드는 방식(ways of worldmaking)

그러나 세계 만들기를 '이야기 세계'의 구조를 지도화하거나 '실제 세계'와 '가능한 세계'를 구분하는 논리적 표식을 분류하기 위해 인지 서사학자들에 의해 때때로 제안된 종류의 형식적이고 도식적인 모델로 축소하며 현실화하는 것은 실수이다. 우리가 이야기를 하고 따라갈 때 세계 간의 상호작용은 그리드(grid)와 도식으로 축소될 수는 없다. 예를 들어 David Herman(2013, x-xi)이 '내러티브 세계 만들기'를 '이야기를 세계화한다', '세계를 이야기한다'로 다소 어색하고 혼란스럽게 묘사한 것의 좋은 점은 내러티브의 구성적 작업이 역동적인 과정이라는 인식이다. 그러나 이러한 과정을 설명하기 위해 분류 체계를 구성하려는 분류학적 동기에는 문제가 있다. Herman의 많은 논의가 있는 책인 「(스토리텔링과 마음의 과학)Storytelling and the Sciences of the Mind(2013)」는 하나의 분류 도식, 다이어그램, 분류 체계로 채워져 있고 용어, 범주 및 구별을 확산시켜 세계 만들기의 역동성을 질서 있는 체계로 낮추려는 시도로 가득하다. 지도, 그리드 및 정의의 이 정교한 구성물은 정적인 도식으로 줄이려고 시도하고, 세계가 내러티브 및 살아있는 경험에서 투영되고 상호 작용하는 구성 활동을 잘못 표현한다.

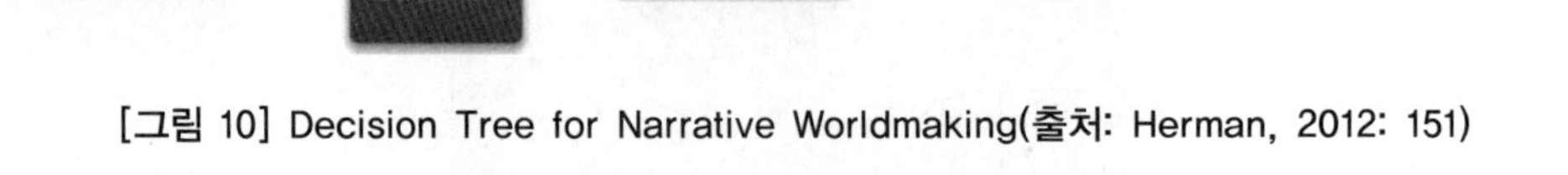

[그림 10] Decision Tree for Narrative Worldmaking(출처: Herman, 2012: 151)

이 접근법의 근본적인 문제는 Herman의 내러티브 세계 만들기, 즉 '해석자는 텍스트 패턴을 이야기 세계의 WHO, WHAT, WHEN, WHY 차원으로 매핑한다'와 '문제의 패턴은 체계적으로 분류될 수 있는 (텍스트를 생성하는) 행동의 이유로부터 나온다'라는 두 가지 핵심 주장이다. 이러한 질문에 대한 답을 차트로 표시한 그리드의 정적 위치 지도로는 세계를 경험하고 교환하는 의미 형성의 구성 프로세스를 정의할

[그림 11] D Herman(2013). 스토리텔링과 마음의 과학
(Storytelling and the Sciences of the Mind)

수 없다. Herman의 심문 지도는 신문 기자들이 기사의 자료를 수집할 때 질문하도록 지시받은 스톡 질문을 연상시키지만 기자라면 누구나 자신이 노트에 적어 놓은 답변이 기사가 아니라 그중 일부일 뿐이라는 것을 알고 있다. 그것은 그들이 뉴스룸으로 돌아왔을 때 여전히 정리되어야 한다. Herman의 지도에서 빠진 것은 점들을 연결하고 공백을 채우는 패턴 형성의 구성 프로세스다. 예를 들어 The Ambassadors를 읽으면서 나는 파리에서 Chad를 되찾는 Strether의 임무에 대한 모든 질문에 대한 답을 표에 차트로 표시할 수 있겠지만, 그의 열정적인 마음을 움직이는 갈망, 후회, 욕망의 패턴은 여전히 놓치고 있을 것이다. Gloriani의 정원에서 어린 Bilham은 '할 수 있는 한 살아라! 그러지 않는 것은 실수야'라고 간청한다. 세계에 생기를 불어

넣는 의도의 패턴은 분류 체계로의 환원에 저항하며 지도상의 위치로 설명할 수 없다.

유사한 문제가 Mark Turner(1996)가 '개념적 혼합'이라고 부르는 다이어그램을 괴롭히고 있는데 그중 어느 것도 메타포적 혁신이 발생하는 맥락과 단어 사이의 상호작용을 정의할 수 없다. 이 상호작용은 Nietzsche(2015 [1873])가 'das Gleichsetzen des Nicht- gleichen', 즉 '같지 않은 것'의 '동일한 설정'이라고 설명하는 것이 특징이다. Ricoeur(1977, p. 252, 197; 21-22, 170-71)가 설명했듯이, 새로운 메타포는 '계산된 오류'이고 Gilbert Ryle(2009 [1949], lx)이 [a]라고 부르는 것과 유사하며, 이는 'an-other에 적절한 관용어에서 한 범주에 속하는 사실의 표시'로 구성된다. Ricoeur에 따르면 새로운 비유는 놀랍고 처음에는 아마도 혼란스러운 것이다. 왜냐하면 그것은 우리가 익숙한 구성의 패턴을 거스르는 비교의 행위에서 좋기도 하고 그렇지 않기도 한 것을 '다른 것의 용어로 말하기'(197) 때문이다. 그러나 이 부조화 혹은 불일치—'계획된(의도된) 범주 실수'(197)—는 단순히 오류로 치부되는 것이 아니라 대신 해석자의 조정으로 인해 새로운 의미를 만들어낸다. 유사성과 차이점의 새로운 패턴으로 재구성된 후에는 이러한 불일치가 예상치 못한 방식으로 '올바른' 것처럼 보일 수 있다. 새로운 메타포는 부조화가 너무 동화되고 관습화되어 더 이상 주목되지 않을 때 죽은 것이 될 수 있다. 그래야만 '조합(blends)'이다. 그러나 이 시점에서 그 의미는 은유적이지 않고 문자 그대로이다. 왜냐하면 같은 것과 같지 않은 것 사이의 부조화로 시작된 상호작용이 끝났고 암시적인 힘이 희미해지고 죽었기 때문이다.

Turner는 이러한 상호작용을 분류하기 위한 정교한 체계를 제안하고 복잡한 공간 다이어그램을 개발하여 구성 요소를 연결한다 (Fauconnier & Turner, 2002). 이러한 구조는 메타포적 혁신을 구성하는 상호작용(범주 오류와 그것이 유발하는 재조정)을 필연적으로 놓친다. 그의 분류는 새로운 의미를 만드는 구성 활동을 포착하는 대신 중단 및 재구성 프로세스를 일련의 차트 및 구분으로 축소한다. Herman 지도의 문제와 유사하게 여기에서 실수는 구조에 따라 종류의 '조합'을 분류하는 것이 유사함과 유사하지 않음의 놀라운 조합이 일관성 구축의 새로운 방식을 유발하는 상호작용을 놓치고 있다는 것이다. 마찬가지로 Turner가 자주 사용하는 '블렌딩(blending)'이라는 용어는 부조화가 새로운 일치를 생성하는 데 얼마나 필요한지를 전달하지 않는다. Herman과 다른 구조 지향적인 내러티브 학자들이 내러티브의 일치하는 불일치를 특징짓기 위해 사용하는 지도, 그리드 및 도식은 유사하게 정적인 분류법으로 환원되는 형상화, 구성 및 재구성 과정을 놓치게 될 운명에 처해 있다.[10]

Herman은 세계 만들기를 설명하기 위해 정적이고 구조적인 메타포를 사용한다. '이야기 세계를 만드는 과정은... 다양한 감각적 활동을 방해한다.'(x; 추가 강조됨). 이것은 때때로 4e 이론가들에 의해 언급되는 개념이다(Clark, 2011, p. 44-60). 그러나 이야기 세계를 만드는 과정을 스캐폴딩(scaffolding)이라고 말하는 것은 어색하고 혼란스럽다. 스캐폴딩은 건물 건설 활동을 지원하는 구조물이다. 그것은 그것을 만드는 필수적인 작업을 포착하지 못하고 건물이 완성되고 사용하고 거주할 수 있게 되면 폐기되어 우리 종의 다른 구성원들과 더 예측할 수 없는 개방형 상호작용을 위한 길을 열어준다. 그 구조를 통과하고 건축가가 염두에 두지 않았을 수 있는 목표, 관계 및 프로젝트를 위해 용도를 변경한다. 스캐폴딩이라는 메타포는 내러티브 세계가 구축되는 작업과 동적인 과정을 도식적 구조로 축소하여 사용할 수 있는 용도를 잘못 표현한다. 이 혼란스러운 발화는 구조를 사용하는 과정이 가능하게 만드는 의미의 사건보다 구조를 우선시한다.

스캐폴딩의 메타포는 구조적인 상상에 호소할 수 있지만, 그것의 어색함과 무지함은 우리가 삶을 실고 이야기를 하고 따라가면서 세계가 만들어지고, 다시 만들어지고, 상호 작용하는 과정을 구체화했다는 증거이다. 내러티브 세계의 구성과 상호작용에 관련된 구성 활동은 위치 지도, 논리 또는 구조의 스캐폴딩으로 환원될 수 없다. 이와 같은 메타포는 형식주의 인지 서사학을 괴롭히는 구조주의의 유령의 흔적이다. 삶과 서술된 세계를 구성하는 의도적(지향적) 활동을 (구)체화하는 것을 피하기 위해 세계의 은유가 수반하는 패턴 형성 과정, 즉 현상학적 전통과 실용주의 전통에 근거한 비유적 과정에 계속 초점을 맞출 필요가 있다.[11]

이 도식적 접근 방식은 프레임 및 구조의 1세대 우선순위 지정의 유산이다. 대조적으로 다양한 형태의 2세대 내러티브학은 이야기가 우리 세계의 패턴을 형성하는 행동과 상호작용에 초점을 맞춘다. 예를 들어 Terence Cave(2016, 4, p. 5)는 '문학으

[그림 12] Dan Sperber & Deirdre Wilson(1996). Relevance: Communication and Cognition

로 생각하는 것'을 '인지 추론을 위한 우리의 능력을 축적'하고 '강력하고 잠재적으로 불안하며 전혀 자명하지 않은 방식으로 독자의 인지 환경을 바꿀 수 있는' 탐구, 즉흥성, 대화의 협력적인 과정으로 설명한다. 관련성 이론에 기초한 Cave의 읽기 모델(Sperber & Wilson, 1995 [1986])은 Iser나 Ingarden과 같은 현상학 이론가가 이야기 세계의 차원을 그리드에 매핑하여 포착할 수 있는 것 이상으로 즉흥적인 반응을 필요로 하는 문학의 '과감하고 매우 정확한 과소 사양 모드'(27)를 강조한다. Cave에게 '문학으로 생각하는 것'은 '중립적인 텍스트가 아니라 애니메이션 어포던스(affordance)로서' (9) 문학 작품에 대한 공동 창조적인 반응이며, 장려하고 가능하게 만들지만 우리의 해석을 완전히 결정하지는 않는다. Cave에 따르면 Gibson(1979)의 잘 알려진 용어를 차용한 '문학적 관습을 어포던스로 다시 묘사할 때 일어나는 일'은 '정적이고 단지 제약이었던 것'이 '모든 종류의 예상치 못한 가능성, 새로운 영역으로의 침입 방법'을 여는 것으로 밝혀졌다는 것이다(55-56).

어포던스[5]는 다양한 도구와 리소스를 구축하는 데 사용할 수 있는 환경에서의 작업과 상호작용을 설명하기 위한 스캐폴딩보다 더 나은 메타포이며, Andy Clark(2011, p. 61-68)가 '틈새 구축(niche construction)'이라고 설명하는 프로세스이다. 틈새시장을 구축하면 다양한 용도로 사용할 수 있는 환경이 조성된다. 마찬가지로 다양한 기술, 관습 및 기타 내러티브 리소스(스캐폴딩)를 사용하여 구성되는 스토리 월드는 의미를 만드는 활동에 참여하는 수신자의 예측할 수 없는 응답 역사를 제공한다(3장의 내러티브 어포던스 분석 참조). 그리드의 점으로 세계를 매핑하는 것은 이러한 역동성을 놓치고 있다. Cave(p. 77, 33)는 격자 위에 점으로 세계를 매핑하는 것은 텍스트가 '영향'을 통해 불러일으키는 '환경의 즉각적인 요구를 넘어 생각할 수 있는 인간의 능력', 즉 주어진 발화로부터 추론적으로 도출될 수 있는 다양한 의미를 놓치고 있다고 말한다.[12]

인지 지향적인 다른 2세대 이론가들도 유사하게 형상화 방식 간의 이러한 종류의 상호 작용에 초점을 맞춘다. 예를 들어 텍스트-독자 상호작용의 현상학적 및 실용론적 이론을 바탕으로 Marco Caracciolo의 행화주의 접근(enactivist approach)(2014, p. 4)은 '텍스트와 독자 간의 경험적 상호작용에서 의미가 어떻게 나타나는지'를 강조한다. 상호 형성적인 경험적 거래에서 독자의 세계와 텍스트 세계 사이의 이리저리 시간적으로 펼쳐지는 역동적인 관계인 경험 자체에 대한 독자의 친숙함을 끌어내고 재구성하는 방식 때문이다. Phelan(2015, p. 121)은 내러티브를 '작가와 독자 사이의 의도적(지향적)인 의사소통 교환'으로 설명하면서 유사하게 상호작용 과정을 전면에 내세우는 '수사학 이론(rhetorical theory)'을 제공한다. Phelan의 '내러티브의

---

5) 어떤 행동을 유도한다는 뜻으로 행동유도성이라고도 한다. 제임스 깁슨(James J. Gibson)이 1977년에 이 용어를 처음 사용하였으며 그의 1979년 저서 『시지각에 대한 생태학적 접근(The Ecological Approach to Visual Perception』를 통해 알려지게 된 어포던스라는 개념은 세상과 행위자(사람이나 동물등의 유기체) 사이에서 실행할 수 있는 행위적 속성을 가리킨다. 깁슨에 따르면 어포던스는 행위자와 환경 간의 관계, 혹은 이 둘 사이의 관계 속에서 존재하는 행위의 가능성들을 뜻하기도 한다. 마주하고 있는 행위자에 의해 동일한 환경(공)은 다른 (행위의)어포던스를 제공한다(역자 주, 위키백과).

수사적 시학'은 청중이 작가의 의사소통적 행위를 받아들이고 반응하는 방식에 대한 그의 관심 때문에 일종의 인지적 내러티브로 간주된다(따라서 Zunshine의 2015년 선집에 포함됨). 인지 문학 비평 이전부터 시카고 대학에서 그의 교사들의 전통을 계승하고 변형시킨 Phelan은 의도적인 의사소통 교환으로서 수사학 이론을 발전시켰다. 이는 텍스트-독자 상호작용의 구성적이고 상호 형성적인 프로세스를 기반으로 한다. 내러티브에 대한 그의 정의(2017, p. ix)는 '누군가 다른 사람에게 어떤 경우에 어떤 목적으로 어떤 일이 일어났다고 말하는 것'으로서 경험, 이야기 및 수신자 사이의 Ricoeur의 형상화 회로를 가로지른다.[12]

구성 프로세스를 통합하는 오류는 또한 서술적 행동을 '이유'의 논리로 축소하는 형식주의 프로젝트를 약화시킨다. Herman(2010, p. 169-70)에 따르면 '독자들이 등장인물들의 행동을 행동으로 이해할 수 있는 것은 부분적으로 그들이 텍스트를 해석하기 위해 의존하는 감정의 모델 때문이다.' 즉 그가 '감정의 경험 그 자체와 대조되는 문화의 집단적 감정 기준'이라고 정의하는 '감정학(emotionology)'에 따르면 '감정론은 감정 Y를 유발하는 사건 X가 발생할 때, 행위자가 Z 종류의 행동에 관여할 가능성이 있다는 것을 명시한다.' 다시 한번 대본, 프레임, 선호 규칙에 기초한 모델을 채택한 Herman은 '감정 모델에 의해 허가된 그러한 행동들이 일관된 클래스를 구성한다는 가정 때문에 등장인물들의 활동은 단지 개인적이고 관련이 없는 일련의 행동들 이상으로 해석될 수 있다'고 주장한다(p. 170; 원문 강조).

캐릭터, 행동 및 감정에 대한 이 분류학적 규칙 기반 접근 방식에는 몇 가지 잘못된 점이 있다. 우선, 앞서 설명한 바와 같이 최고의 현대 감정 신경 과학(Barrett, 2017)은 분노나 당혹감이 일관성 있는 동음이의 '계층'이 아니라, 관련되고 중첩되지만 다양한 주관적 상태의 '집단'으로 보아야 한다고 제안한다. 또한 실제 행동과 상상 행동 사이의 관계에 대한 연구는 텍스트에서 진행되는 행동에 대한 우리의 반응이 클래스의 규칙을 선형적이고 논리적으로 적용하는 것이라기보다 Guillemette Bolens(2012)가 그녀의 내러티브의 (운동)역학적인 이론에서 설명하는 신체 기반 공명이라는 것을 시사한다. 텍스트에 대한 우리의 참여를 통해 나타나고 펼쳐지는 직관적이고 체화된 공명은 모델과 규칙의 논리로 적절하게 설명될 수 없다. 텍스트의 지향성에 대한 신체적 반응은 단순히 우리가 이미 알고 있는 도식의 적용이 아니기 때문에 세상에 대한 우리의 감각을 재구성하는 힘을 가진 관계로서의 관계이다. 오히려 그것들은 또 다른 자아의 역설, 내가 읽는 동안 경험하는 나의 (운동)역학적 감각의 '진짜 나(real me)'와 내가 작동시키는 세계의 '외계의 나(alien me)'의 이중화의 역동적이고 예측할 수 없는 제정이다. 나는 텍스트의 행동에 공감하고 동일시한다.

행동의 기본 논리를 설명하는 체계는 이러한 체화된 의도의 구성이 과거, 현재, 미래를 이리저리 상호 작용하는 방식으로 결합하는 지평을 가로질러 나타나거나 발전하고, 변화하는 과정을 정의할 수 없다. James의 소설 The Ambassadors를 떠올리면 유럽에서의 Strether의 모험은 그의 새로운 친구들이 그에게 완전히 정직하지 않기 때문일 뿐만 아니라 이 새로운 세계에서 그에게 드러난 가치와 가능성이 그가 예상하지 못했던 감정을 이끌어내고 어떻게 행동해야 할지 불확실하기 때문에 그를 놀라게 한다. 그의 과거는 이러한 반응(제임스 비평에서 말하는 그의 '살지 못한 삶'에 대한 후회)의 무대를 마련하지만 그가 그것에 어떻게 반응할지는 결정하지 않는다. 더욱이 The Ambassadors의 독자들은 그들의 세계가 Strether의 세계와 상호작용하는 것을 발견할 때 어떤 지도나 도표가 그들로 하여금 이 불쌍하고 예민한 신사를 식별하고 동정하게 만들 것인지 예측할 수 없거나(나처럼!) 그의 반응과 그들의 반응 사이의 불협화음이 그들로 하여금 그의 망설임, 거절, 체념 행위를 탓하게 할 것이다(그리고 아마도 많은 적대적인 비평가들이 그랬던 것처럼 이것들에 대해 저자를 비난할 수도 있다).

중요한 것은 행동이 어디에서 왔는지뿐만 아니라 어디로 향하고 있는지, 즉 행동의 출처뿐만 아니라 목표와 방향이 중요하다는 점이다. 예를 들어 Elaine Auyoung (2013, p. 60)이 관찰한 것처럼 서술된 행동은 그 간격과 불확정성이 일상적이고 비문학적인 경험에서 부분적인 표현적 단서와 싸울 준비가 되어 있기 때문에 실제처럼 보일 수 있다. 그녀는 우리가 일상에서 마주하는 것과 마찬가지로 이야기로 표현된 행동을 통해 우리의 제한된 관점 너머에 있는 것을 미래 경로와 방향에 대한 기대로 채운다고 말한다. 마찬가지로 Karin Kukkonen(2016)이 지적한 바와 같이 텍스트에 의해 설정된 다양한 종류의 행동은 등장인물의 행동(플롯의 행동)뿐만 아니라 스타일적 단서(내레이션의 행동)에 대한 우리의 반응이 가능하게 하지만, 우리의 반응을 완전히 규정하지 않는 어포던스(affordances)보다 선호 규칙의 단선적인 적용과 덜 비슷하여 우리의 행동을 안내하지만 즉흥성, 혁신 및 놀라움의 여지를 열어 둔다. 체화된 인지의 베이지언(Bayesian) 예측 처리 모델에 기초하여 Kukkonen은 내러티브 환경이 어떤 행동은 가능하게 하고 다른 행동은 덜 가능하게 하여 줄거리의 발전뿐만 아니라 서로에게 연쇄적으로 작용하는 피드백 루프의 역동적이고 상호작용적인 과정에서 내레이션 과정에 대한 우리의 기대에 동기를 부여하여 다른 종류의 내러티브 형상화에 의해 움직이는 패턴 구성 작업을 강화하거나 방해한다고 설명한다. 이 2세대 이론가들이 설명하려고 시도하는 내러티브 경험에서 세계 만들기의 다사다난함과 세계 상호작용의 예측 불가능성은 스토리 월드가 작동하는 방식에 필수적이며 이러한 것들은 공간 지도와 분류 체계에서 필연적으로 손실된다.

구체화는, 환원주의적인 형식주의는 때때로 유사하게 실제 세계와 가능 세계의 내러티브 이론에 피해를 입힌다. 예를 들어 Marie-Laure Ryan의 허구적 세계와 가상 현실에 대한 분석에는 '몰입과 상호작용'의 역동적인 과정에 대한 정의를 행하려는 시도와 세계 사이의 존재론적 차이를 분류하기 위한 논리적 프레임워크에 대한 의존 사이에 드러난 흥미로운 모순이 있다. 한편으로 그녀는 가상 현실의 시뮬레이션에서 몰입의 효과가 '동적인 성격'에 달려 있다는 것을 인식한다. 예를 들어 '이미지의 깊이에 대한 완전한 감각을 얻기 위해서는 이동 가능한 관점이 필요하다'(2001, p. 53). 결과적으로 그녀는 '체화된 의식'이 어떻게 '이동성과 가상성'을 수반하는지에 대한 Merleau-Ponty의 설명을 불러들여 허구적 세계의 있는 그대로의 구성이 어떻게 풍부한 환상을 얻을 수 있는지를 설명한다. 그녀는 '나의 실제 몸이 물체 주위를 걷거나 물건을 잡고 들어 올릴 수 없을 때, 나의 가상 몸이 물체의 모양, 부피, 물질성을 느낄 수 있다는 지식이 있다'고 설명한다. '실제든 가상이든 나의 실제 몸이나 가상 몸이 그들과 상호작용할 수 있기 때문에 물체는 나에게 존재한다'(71). 이것은 구성 패턴이 나타나는 동적 프로세스 및 상호작용에 대한 건전한 현상학적 분석이다.

다른 한편으로 Ryan은 '의미론적 및 논리적 용어로'(99) 실제 세계와 가능 세계 사이의 차이를 도식화하는 '존재론적 모델(an ontological model)'을 개발하려고 시도한다. 그녀는 이 모델이 '현실, 즉 상상할 수 있는 것들의 총합은 다수의 별개의 요소들, 즉 세계들로 구성된 우주이며 시스템의 중심으로서 기능하는 하나의 잘 지정된 요소가 모든 집합의 다른 구성원들과 반대됨으로써 계층적으로 구조화된다는 집합론적 생각'에 기초한다고 설명한다(99). 여기서 현상학자는 구조주의자에 의해 대체되고 비유적 상호작용에 대한 분석은 잘 정돈된 분류법에 대한 탐구로 이어진다. 그래서 그녀의 중요한 저서인 가상현실로서의 내러티브(Narrative as Virtual Reality)는 가상 세계에 몰입하는 것이 일상적인 경험에서 친숙한 체화된 인지의 구성 패턴에 어떻게 의존하는지에 대한 설득력 있는 설명과 이러한 프로세스를 다양한 존재론적 구별에 기반한 형식적 구조로 축소하는 단순한 차트 및 도식 사이를 번갈아 가며 설명한다. 논리학자들의 형식적이고 도식적인 범주는 그녀의 희망처럼 허구적인 세계 만들기를 날카롭게 하고 명확히 하기보다는 몰입과 상호작용의 현상학적 경험을 모호하게 하는데 이는 상호작용과 세계가 구성되는 패턴 형성의 구성적인 과정을 놓치는 계층적 질서 구조의 추상적인 집합으로 줄임으로써 가능하다.

내러티브는 구조주의적 유산을 깨고 형식주의적 프로그램에 반대하는 다양한 실용적 지향의 현상학적 내러티브 이론이 제안하는 패러다임 전환을 수용해야 한다. 우리가 이야기를 이해하고 싶다면 논리적 구조와 분류학으로는 충분하지 않다. 오히려 2세대 이론가들이 인식하듯이, 우리가 알아야 할 것은 요소들이 어떻게 살아있는 생생한 경험과 체화된 인지에서 상호작용을 통해 패턴으로 결합하는가 하는 것이다. 체화된 뇌의 세계와의 상호작용에서 내러티브가 어떻게 패턴의 형성과 해체에 참여하는가는 우리가 가진 것이 논리적으로 질서가 잡히고 형식적으로 구조화된 마음이 아니라 시간이 지남에 따라 고정되지만 변화의 미래에 열려 있는 관계의 앙상블인 무성하게 우거진 뇌인지를 묻는 올바른 질문이다. 이러한 상호작용은 이야기가 일치하는 불일치의 작용 덕분에 뇌가 패턴과 유연성 사이의 긴장을 넘어가는 데 도움이 되는 수단이다. 내러티브 이론의 어휘록에 있는 용어들은 이러한 상호작용을 설명하는 데 도움이 되는 한 유용하지만 그것들을 모호하게 하거나 잘못 표현하는 개념과 위치는 폐기되어야 한다. 우리가 이야기를 말하고 따라가는 형상화(구성)와 형상화의 앞뒤로 전환되는 과정은 신경과학, 내러티브 및 내러티브 서사학(narratology)이 만나는 역동적이고 끊임없이 변화하는 기반이다.

자연스러운 내러티브와 부자연스러운 내러티브

이야기, 언어, 뇌 사이의 관계에 대한 신경과학적 기반 설명은 '자연스러운' 대 '비자연스러운' 이야기에 대한 논쟁에서 쟁점을 명확히 할 수 있다. 이 논쟁은 인지 서사학의 옹호자들이 이야기의 생산과 이해의 자연적 측면에 주의를 환기했을 때 발생했다. 물론 문제는 무엇이 자연적인 것으로 간주되는가이며 이러한 문제에 대해서 과학은 상관이 없거나 적절하지 않은 것이 아니다. 자연스러운 내러티브 이론을 제안하면서 Monika Fludernik(1996, p. 12-52)는 내러티브가 대화식 스토리텔링에서 체화된 인지의 "자연스러운 도식"과 언어의 "자연스러운 파라미터(한도)"를 반영하는 교섭(교환) 방식을 통해 그녀가 '경험성(experiantiality)'이라고 부르는 것으로 만들어주는 능력에 기반한다고 주장한다. 그녀의 모델에서 '자연이라는 용어는 텍스트나 텍스트 기술에 적용되는 것이 아니라 텍스트가 해석되는 인지 프레임에만 적용된다'(p. 12; 원문 강조)고 설명한다. 그녀는 프레임, 스크립트 또는 스키마가 자연스럽다고 주장한다. 그녀는 '내러티브'를 '자발적인 대화식 스토리텔링에서 나타나고' '순전히 내러티브를 부과하는 행위에 의해' 익숙하지 않은 경험을 '자연화'하는 자연스러운 과정이라고 부른다(p. 15, 34).

이것은 부분적으로 틀리고 부분적으로 옳다. 앞서 설명했듯이 프레임과 대본은 체화된 인지의 자연스러운 특징이 아니다. 그것들은 오히려 보기 활동에 대한 비유라는 점을 제외하고는 뇌의 해부학과 기능에 잘 부합하지 않는 인공지능 모델의 인공물이다. 앞서 주장한 바와 같이 이 용어들의 문제점은 형상적 활동을 실체적 모듈과 선형 메커니즘으로 재구성한다는 것이다. 이는 패턴이 살아있는 경험과 정신 기능의 신경 생물학에서 형성되거나 깨지고, 재구성되는 과정을 잘못 표현하는 것이다. 그러나 Fludernik 이론의 다른 부분에는 장점이 있다. 대화식 스토리텔링의 교섭적 교환에 대한 그녀의 강조는 우리가 이야기를 하고 따라갈 때 경험 교환의 회로에서 발생하는 세계 간의 상호작용에 초점을 맞추도록 구조적으로 생각하는 내러티브 학자에게 유용한 요청이다. 비록 '경험성'과 '내러티브성'이라는 동전은 다소 어색하고 불투명하지만 (용어나 어휘적으로 불쾌한 것이 다시 떠오름) 그들의 실용적 가치는 Ricoeur가 묘사하는 내러티브의 일치하는 불일치에서 살아있는 경험의 구성적 과정과 그들의 재구성 사이의 회로를 전경화한다는 것이다.[13]

그러나 이러한 자연적이고 부자연스러운 과정들은 모두 다른 방식과 정도의 차이다. 우리가 서로에게 들려주는 이야기는 생물문화적 혼종으로 때로는 구별할 수 없을 정도로 체화된 인지에 대해 자연스럽고 인공적인 것, 문화적이고 학습된 것이 복합적이다. 예를 들어 영화나 텔레비전에 대한 경험이 거의 없는 지리적으로 고립된 터키 지역 거주자에 대한 최근 인류학적 연구는 그들이 전부는 아니지만 일부 영화 편집 기술에 당황한다는 점을 발견했다. 신경과학자 Arthur P. Shimamura(2013b, p. 19)는 '이러한 발견은 영화의 '구문(syntax)'에 대한 우리의 이해가 어느 정도 학습된 현상이라는 것을 입증했다'라고 결론지었다. 그러나 그들은 또한 반대의 결론을 제시한다. 즉, 내러티브 이해는 어느 정도 자연스럽다는 것이다.

이 연구의 저자인 Stephan Schwan과 Sermin Ildirar(2010, p. 974-75)는 영화를 본 경험이 거의 없거나 전혀 없는 피험자들이 일련의 전형적인 영화 편집 기술을 보여주는(시간의 36~41%만을 편집한 것) 영화의 상영 시간의 36~41%만 '표준 해석'을 고안할 수 있었던 반면, 경험이 많은 시청자들은 90%를 그렇게 할 수 있었다고 보고했다. 이 백분율 뒤에 있는 세부 사항은 흥미롭고 중요하다: '경험이 부족한 시청자들의 경우 개별 촬영은 적절하게 묘사했지만, 촬영을 서로 연관시키는 데는 어려움을 겪었다.' 특히 '특정 배우의 시각적 관점에서 상황이나 사건을 묘사'하는 것에 어려움을 겪었다. 따라서 소위 시점 숏이 자연스러운 생각과 가장 유사하므로 가장 쉽게 이해할 수 있어야 한다는 개념은 이 연구에 의해 확인되지 않았다(p. 975). 그러나 그들의 주요 발견 중 하나는 '익숙한 활동을 포함하는 영화가 표준 해석의 상당히 높은 비율로 이어졌다'는 것이다: 경험이 없는 시청자의 해석 과정에는 친숙한 행동선의 존재가 필수적이며, 행동선은 낯선 지각 불연속성을 극복하는 데 도움이 된다

(p. 975). 이를 종합하면 이들은 '경험이 없는 시청자에게 영화의 이해 가능성을 결정하는 것은 자연스러운 지각의 조건과 유사성이 아니라 친숙한 행동선의 존재'라고 결론짓는다(p. 970).

이러한 발견은 James Joyce, William Faulkner 또는 Virginia Woolf의 소설에서와 같이 등장인물의 의식이나 관점을 모더니스트가 재창조하는 잘 확립된 현상과 일치한다. 인식론적 진실성이 부족할 수 있지만 독자가 행동을 따라갈 수 있는 능력을 용이하게 하는 기존의 플롯 중심의 극화보다 일반적으로 대부분의 독자가 이해하기 어렵다. 『댈러웨이 부인』과 『등대로』는 David Copperfield나 Jane Eyre보다 더 자연스러울 수 있다. 왜냐하면 Woolf의 문체 실험은 체화된 인지 과정의 재창조를 추구하기 때문이다. 하지만 Dickens와 Brontë의 독자들은 전형적으로 이러한 소설들의 줄거리들이 일상적인 세계에 대한 몰입을 촉진한다는 것(그리고 그것들이 '자연스럽게' 느껴진다는 것)을 발견한다. 아마도 역설적이게도 영화뿐만 아니라 소설에서도 지각의 인지 작용을 반영하는 기술은 대조적으로 부자연스럽게 보일 수 있다.

터키 마을 사람들은 Faulkner와 Woolf의 많은 독자들과 마찬가지로 이 관습을 배우지 못했기 때문에 인식자의 관점을 통해 묘사된 이야기를 이해하기 어려울 수 있고 결과적으로 '자연스러운 지각'을 재연하더라도 부자연스럽게 보일 수 있다. 경험이 지각되는 방식을 전면에 내세우는 영화와 소설의 기술이 사물을 맞추는 작업을 용이하게 하기보다는 패턴이 만들어지는 방식에 주의를 환기하여 줄거리 구성에 방해가 될 수 있기 때문에 이것은 놀라운 일이 아니다. 그럼에도 불구하고 Schwan과 Ildirar의 연구가 시사하는 바와 같이 그러한 시청자와 독자는 '익숙한 활동'을 따르고 '익숙한 행동 라인'을 추적할 수 있다면 혼란스러운 상황을 어느 정도 이해할 수 있다. 이것은 분명히 자연스러운 것이다. 즉 지각자의 과거 경험에서 지각할 수 있는 행동 패턴으로 배열된 일련의 사건을 따라가는 능력이다. 내러티브 시퀀스로 행동을 구성하는 능력인 줄거리(플롯) 구성 편집과 내러티브의 관습이 생소할 때도 활용할 수 있는 자연스러운 지각 능력으로 터키 마을 사람들이 여전히 3분의 1 이상의 시간이 황당한 영화를 이해할 수 있었던 이유다. 마찬가지로 모더니즘 기술에 익숙하지 않은 독자들은 여전히 Clarissa Dalloway가 런던을 거닐고, 꽃을 사고, 드레스를 수

선하고, 다른 방법으로 그녀의 파티를 준비하는 동안 Clarissa Dalloway의 하루의 사건을 따라갈 수 있다.

친숙함도 중요하다. 표현 방식이 이상하거나 낯설게 느껴질 때에도 익숙하지 않은 것을 익숙한 것에 접목하는 방법을 찾으면 이해할 수 있다. Hebb의 시냅스 전 세포가 시냅스 후 세포를 반복적으로 자극함으로써 시냅스 효과의 증가가 일어나 지각을 습관화하고 자동화할 수 있다는 것은 잘 확립된 신경과학적 사실이다. 패턴은 쉽게 지각할 수 있는 동작 순서로 배치될 수 있거나 일상 경험에서 반복되어 익숙해지고 패턴이 눈에 보이지 않도록 우리 뇌와 신체의 인지 습관에 반복을 통해 구성되어 있기 때문에 자연스러워 보일 수 있다. 이 두 가지 인지현상(행동 순서가 어떻게 활용을 촉진하는지 그리고 친숙함이 어떻게 이해력을 촉진하는지)은 Fludernik의 용어로 내러티브가 상황을 자연화하는 힘을 갖는 방법을 설명하는 데 도움이 된다.[14]

이러한 방식으로 패턴을 구성하는 인지 작업을 촉진하는 관습은 인위적인 경우에도 자연스럽게 보일 수 있다. 이러한 결론은 최근 Tim Smith(2012, p. 107-8)와 동료들이 '할리우드 스타일의 영화 제작'을 대상으로 한 눈 추적 연구에서도 뒷받침되는데, 이는 장면 간의 '집중된 연속성'과 '신호의 일관성'을 특징으로 하는 인공적인 기법의 집합이다. 본 연구는 자연 지각과 영화 감상에서 단속운동(눈의 초점에서 빠르고 급격하게 점프하는 움직임)의 움직임을 비교하여 할리우드 편집자들이 작업, 즉 이해와 형성을 촉진하는 편집 기술을 발전시켜 왔다는 것을 보여주었다. 그들의 '형식적인 관습은... 주의의 자연적 역학 및 공간, 시간 및 행동의 연속성에 대한 인간의 가정과 양립할 수 있기 때문이다'(107). Smith 그룹은 일상적인 시청과 할리우드 영화 시청 사이의 단속적 안구 운동 사이의 현저한 유사점을 관찰하면서 '자연스러운 시각에 편승하여 할리우드 스타일은 이해하기 쉬운 방식으로 고도로 인공적인 관점의 시퀀스(sequence)를 제시한다. 특정 인지 기술이 필요하지 않으며 이전에 영화를 본 적이 없는 시청자도 이해할 수 있다.'(108) 할리우드 영화는 양식화되고 인위적인 관습에 기반을 두고 있다는 점에서 부자연스럽다. 관습은 눈이 움직이고 시각 피질이 장면을 구성하는 자연스러운 방식을 이용한다.

'자연스러운 서사학(natural narratology)'에 대한 요구는 '부자연스러운 내러티브'

를 지지하는 주장을 예상할 수 있게 만든다. 그러나 이러한 종류의 이야기는 그들의 부자연스러운 실험이 생물학적 기반의 인지 과정과 친숙한 문화적 관습에 자연스러운 토대를 갖는 한도에서만 이해할 수 있다. 부자연스러운 내러티브의 시학에 관한 최근 에세이 모음의 편집자들에 따르면(Alber, Nielsen, & Richardson, 2013, p. 1), 부자연스러운 내러티브 이론가들은 '모방적 환원주의(mimetic reductionism)'라고 부를 수 있는 것에 반대한다. 내러티브의 기본 측면은 주로 또는 배타적으로 현실주의 파라미터에 기반한 모델에 의해 설명될 수 있다(Richardson, 2015, p. 3-27). Jan Alber(2009, p. 79)가 주장하듯이, 내러티브는 '우리가 알고 있는 세계를 모방적으로 재현할 뿐만 아니라 우리 주변의 실제 세계와 거의 관련이 없는 원칙에 의해 지배되는 기괴한 이야기 세계와 우리를 마주하게 한다.' 그러나 이것이 얼마나 멀리 갈 수 있는지에 대해서는 인지적으로 기반을 두는 한계가 있다. 실험적인 모던과 포스트모던 내러티브는 불협화음이 난센스와 소음에 빠지지 않고 줄거리 구성의 배열 활동을 방해할 수 있는 정도를 테스트할 수 있지만 어느 정도 일치하지 않는 불일치는 이해할 수 없다. '자연스러운' 이야기와 마찬가지로 '부자연스러운' 내러티브도 움직이기 시작하여 세상을 이해하기 위한 패턴에 대한 뇌의 필요성을 가지고 놀게 된다. 인지적 일관성에 대한 우리의 자연스러운 탐구를 조작하는 것은 그들이 부자연스럽고 반모방적인 효과를 달성하는 방법이다.

지금까지 쓰인 가장 부자연스러운 이야기 중 하나는 James Joyce의 『피네간의 경야(Finnegans Wake)』다.[6]

---

6) 제목은 아일랜드의 포크 음악 중 하나인 피네간의 경야(Finnegan's Wake)에서 따왔다. 일설에 따르면 제목의 '피네간(Finnegan)'이라는 말은 핀 막 쿨의 이름인 핀을 가리키는 말이라고도 한다. 또 다른 작품 Ulysses가 오디세이아를 오마쥬하면서 오디세우스의 라틴어식 이름인 율리시즈를 그대로 제목으로 갖다 쓴 것을 보면 어느 정도 설득력이 있을 수 있다고 하겠다. 제목의 '경야(經夜, Wake)'란 "밤을 지새운다" 정도의 뜻인데 아일랜드에서 장례식이 끝나고 지인들끼리 모여 망자에 대한 이야기를 나누며 밤을 새는 풍습을 부르는 말이다. 이 작품이 오마주하고 있는 작품으로는 프란츠 카프카의 〈성〉, 루이스 캐럴의 〈이상한 나라의 앨리스〉가 가장 잘 알려져 있다. 성에서의 쌍둥이 테마가 패러디되어 있고 앨리스의 에피소드가 번번히 패러디된다. 그 밖에도 매우 많은 작품이 변주되고 있고 심지어 아직 전부 밝혀지지도 않았다. 다른 작품을 자기 작품 안에서 암시하는 것은 조이스의 특기 중 하나다. 그러니까 로스트 미디어가 된 여러 작품들이 이 소설에 흔적으로 남아 있을 거라는 뜻이다(역자 편집).

그러나 언어와 내레이션에 대한 기괴한 실험조차도 이해할 수 있거나 즐거울 뿐이다(그리고 둘 다 일부 독자에게는 그렇지만 물론 모든 독자에게 그렇지는 않다). 독자는 텍스트의 많은 수수께끼를 친숙한 맥락 및 구성과 연결하고 이벤트를 인식 가능한 행동 구조로 형성하는 패턴으로 구성할 수 있다. 예를 들어 텍스트의 반복되는 혼성어는 Jabberwocky와 같은 난센스를 이해하는 다양한 가능한 구성을 발견하고 테스트함으로써 압축된 구성 요소를 해독하도록 독자에게 도전하는 수수께끼다(심지어 순진해 보이는 단어 'Finnegan'은 프랑스어 'fin'에서 다시 시작할 뿐인 '종료'하는 주기에 대한 Vico의 말장난으로 볼 수 있으며, 중간 음소는 떨어져서 다시 조립할 수 없었던 '계란' Humpty Dumpty를 회상한다: Finnegan=fin-again+egg-again).[15]

Humphrey Chimpden Ear-wicker(HCE)와 그의 가족의 캐릭터(있는 그대로)는 실제 인물이 아닐 수도 있지만 이들은 애정과 갈등, 상승과 하락, 그리고 우리의 구성적 힘으로 작용하는 다른 변화의 주기의 자연스러운 패턴을 불러들일 것을 요구하는 다양한 행동 구성에서 서로 그리고 텍스트의 다른 실체와 관련이 있다. 자신의 장례식 파티에서 기절한 인부에 대한 유명한 노래를 암시하는 제목부터 이 이상한 텍스트는 다음과 같은 모든 종류의 친숙한 이야기를 불러일으킨다. 'Jack이 만든 집'부터 '개미와 메뚜기'까지 독자들이 구성 패턴을 검색하도록 독려한다. 마찬가지로 조이스(Joyce)가 확장된 구절을 기록한 유명한 '안나 리비아 플루라벨(Anna Livia Plurabelle)' 챕터는 세계의 강에 대한 백과사전적 암시가 정교하고 인공적인 언어 게임임에도 불구하고

Fludernik의 대화적 스토리텔링 모델에 대해 세탁부들 사이의 확장된 가십 세션을 제정한다는 점에서 자연스러운 이야기다.

자연스러운 내러티브와 부자연스러운 내러티브가 서로 의지하고 유희하는 것은 모더니즘과 포스트모더니즘을 특징짓는 최근의 현상만이 아니다. 예를 들어 18세기 소설의 부상으로 Moll Flanders, Clarissa, Tom Jones와 같은 모방적으로 사실적인 작품과 'write to the moment' 사건이 발생한 것으로 렌더링하는 Samuel Richardson의 서간 스타일의 가식과 같은 현실주의의 많은 관습의 부자연스러움을 비웃는 불손한 Tristram Shandy가 발생한 것은 우연이 아니다(Tristram lamenting은 자신의 탄생과 관련된 불행과 사고를 순간순간 묘사하려는 그의 시도가 너무 오래 걸려 그의 이

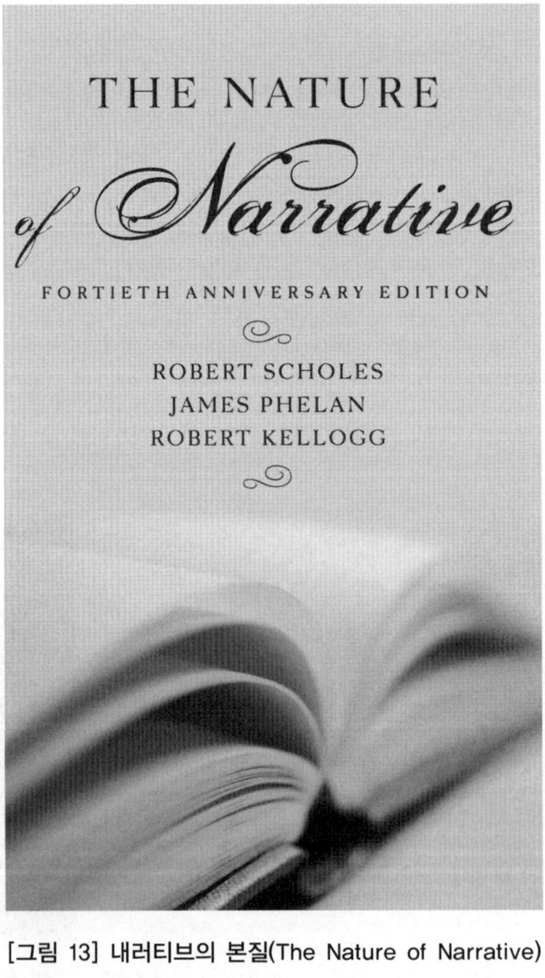

[그림 13] 내러티브의 본질(The Nature of Narrative)

야기가 진행되기도 전에 뒤처졌다고 말한다).

그들의 고전 「내러티브의 본질(The Nature of Narrative)」에서 Scholes와 Kellogg (2006 [1966], p. 4)는 '글이 이야기가 되려면 말하는 사람과 이야기 이상이 필요하지 않다'고 주장한다. 이러한 근본적인 대립이 내러티브에 기본이 되는 이유는 화자와 이야기의 차이가 이야기에서뿐만 아니라 담론에서도 불일치를 일치의 패턴으로 구성할 수 있는 모든 종류의 가능성을 제공하기 때문이다. 이러한 대립은 Scholes와 Kellogg가 다양한 형태의 '내러티브 아이러니(narrative irony)'(240)의 근본적인 '관점 간의 불일치'라고 부르는 것을 가능하게 한다. 독자들에게 그들의 병치를 일치하는 패턴으로 합성하라고 요구하는 아이러니의 불일치는 '오만과 편견'의 유명한 오프닝에서 Jane Austen의 장식적인 유머처럼 부드럽고 미묘한 것일 수 있다. ('좋은 행운을 가진 독신 남성은 반드시 아내를 필요로 한다는 것은 보편적으로 인정되는 진실이다.') 또는 그들은 율리시스(Ulysses)의 다양한 스타일처럼 만화적이거나 피니건스 웨이크(Finnegans Wake)라는 단어 게임의 언어 놀이처럼 제멋대로일 수 있다. 내러티브 아이러니는 여러 가지 방법으로 가지고 놀고 조작할 수 있는 부자연스럽고 인위적인 상황이다. 그러나 그것의 많은 조합의 자연스러운 기초는 질서와 유연성, 패턴과 변화에 대한 개방성 사이에서 두뇌의 균형 작용을 하는 이질적인 것의 종합에서 일치하는 불일치를 구성하는 내러티브 능력이다.

신경과학, 내러티브 이론, 이야기에 대한 우리의 경험 사이의 상관관계가 과학자와 인본주의자 모두에게 흥미로운 많은 문제를 밝힐 수 있지만 인지과학이 내러티브에 대해 우리에게 말할 수 없는 것을 염두에 두는 것이 중요하다. 신경과학의 설명적 한계는 뉴런 수준에서 전기화학적 활동이 어떻게 의식과 체화된 경험을 생성하는지에 대한 소위 어려운 문제(Chalmers, 1995)와 관련이 있다. 어떤 사람이 어떤 경험을 하고 있다면 그것과 관련된 어떤 종류의 신경 활동이 있어야 한다는 것은 부인할 수 없다. 그러나 뉴런 발화(firing)와 체험된 경험 사이의 간극에서 일어나는 일은 불가사의하며 세포 수준에서 뇌-신체 과정에서 의식이 어떻게 나타나는지는 아직 아무도 답할 수 없는 질문이다. Thomas Nage(1974)은 경험적 측정만으로는 경험을 하는 것이 '어떤 것인지'를 포착할 수 없다고 주장한 것으로 유명하며 최근에(2012) 그는 뉴런 활동이 어떻게 의식을 일으키는지에 대한 질문이 아마도 우리가 완전히 상상할 수 없는 규율 패러다임 변화(Thomas Kuhn)에 따르면 필요로 할 것이라고 추측했다. 그는 생명이 화학적 상호작용으로부터 어떻게 생겨나는지는 과학이 이용할 수 있는 설명 틀에서 아직 생각할 수 없는 혁명을 기다리고 있다고 주장한다. 경험과 뉴런 활동은 상관관계가 있을 수 있지만, 그들의 상호작용의 다른 것이나 연금술을 완전히 설명할 수는 없다.

결과적으로 신경과학과 인문학이 인지적 이슈에 접근하는 분석 수준 사이에는 괴리가 있다. 이러한 분리는 신경현상학자들이 의식에 대한 신경생물학적 설명과 현상학적 설명을 분리하는 '설명의 간극'(explanatory gap)이라고 부르는 것, 즉 신경과학이 식별한 의식의 신경 상관물과 지각 세계의 살아있는 경험 사이의 간극이다(Thompson, Lutz, & Cosmelli, 2005). 이러한 격차는 E. O. Wilson(1998)이 인지과학과 인문학 사이의 통섭이라고 부르는 것에 장애가 될 수 있지만 학문적 차이가 뚜렷한 위치에서 둘 사이의 대화를 가능하게 한다(Armstrong, 2013, p. 7-8). 우리는 이 구분을 통해 경험, 신경 과정 및 내러티브 이론을 비교하고 연관시킬 수 있으며 이 작업은 모든 종류의 방법과 모든 종류의 이유로 유익할 수 있지만 이러한 삼각화 내지 삼각검증은 바로 수렴과 발산을 도표화하는 비교이며, 어려운 문제에 대한 해결책이나 발현(창발)의 신비에 대한 설명은 아니다.

그러한 삼각검증(triangulations)을 수행하는 데 한 가지 장애물은 문학 연구에 자주 등장하는 Descartes 이원론이다. 때때로 두려워하는 뇌의 인지 작용에 대해 묻는 것은 현실이 생각하는 에고의 마음에 구성되어 있다고 가정하는 오류를 범하는 것이며, 따라서 자아, 즉 코기토(cogito)가 항상 몸 안에 있다는 사실을 간과하는 것이다. 그리고 사회적, 역사적 배경과 그 인식은 뇌, 신체 및 사회적 세계를 결합하는 경계를 넘어 상호작용을 수반한다. 소위 활성화된 체화된 인지를 옹호하는 사람들은 때때로 뇌의 과정에 대해 묻는 것이 자연스럽고 사회적으로 구성된 어포던스의 세계와 신체의 상황을 잘못 무시할 수 있다고 우려한다(Cook, 2018). 그러나 행동주의는 인지가 머리에서 일어나는 일의 문제만이 아니라는 이유로 두개골 내부의 피질 및 신경 과정을 조사하기를 거부한다면 왜곡된 교리가 될 위험이 있다.[16] 이러한 관점은 결코 상호 배타적이지 않으며 상호 의존적이고 불가분의 관계로 연결되어 있다. Alva Noë(2004, p. 214, 222)는 '뇌는 뇌, 신체 및 환경을 포함하는 복잡한 네트워크의 한 요소'라는 점을 유용하게 상기시켜 주면서 양쪽을 다 바라보아야 한다는 것이다. 즉, '경험을 낳게 하는 신경 연결 배관 상태를(내부로) 바라보는, 그리고 그 신경 연결 배관(상태)이 세계에 접속되는 방식을(외부로) 바라보는 방식이 필요하다는 것이다. 내러티브는 양방향으로 열리는 신경과학의 관점을 제공한다. 우리가 이야기를 하고 그 이야기를 따라가는 구성적 상호작용(configurative interaction)은 우리 신체(몸)를 통해서 우리가 사는 세계 속의 사람들, 장소들, 사물들을 뇌와 연결시키는 근본적인 인지 과정을 전개한다. '양쪽을 보라'는 것은 어떤 종류의 교차점에 있을 때 유용한 조언이며 여기에는 신경과학과 내러티브 사이의 연결이 포함된다.

제 2 장

내러티브의 시간성과 분산된 (탈중심화된) 뇌

플롯 구성(emplotment)의 조화로운 불일치는 뇌의 탈중심적이고 비동기적인 시간성과 신기하고도 밀접하게 연련되어 있다. 뇌가 컴퓨터와 다른 많은 점 중 하나는 뇌의 시간적 프로세스가 즉각적이고 완벽하게 동기화되지 않는다는 점이다. 빛의 일부 속도로 동시에 방전되는 전기 신호와 달리, 신경세포 수준의 활동 전위는 발동하는 데 1밀리초 이상이 걸리며 피질의 다른 영역은 다양한 속도로 반응한다.[1] 예를 들어, 세미르 제키(Semir Zeki)(2003, p. 215)가 관찰한 바에 따르면 시각 피질에서 "색상은 동작보다 약 80밀리초 먼저 지각"되고 "위치는 색상보다 먼저 지각되며, 이는 방향보다 먼저 인지된다"고 한다. 의식적인 지각이 나타나는 신경 과정의 통합에는 최대 0.5초가 필요할 수 있다. 그러나 제키(Zeki)가 지적했듯이 이러한 '통합'은 그 자체로 완벽하게 동질적이지 않다: "색상과 동작의 통합은 색상과 색상 또는 동작과 동작의 통합 이후에 발생한다." 왜냐하면 "속성 간의 통합은 속성 내에서의 통합보다 더 오래 걸리기" 때문이다(p. 216, 217). 예컨대 시각 신호만 합성하는 것보다 시각과 청각의 입력을 통합하는 데 더 많은 시간이 필요하다. 우리는 일반적으로 이러한 단절을 알아차리지 못하지만, 뇌의 인지 과정이 비동기적이라는 것은 의식이 본질적으로 균형을 잃고 항상 스스로를 따라잡고 있다는 것을 의미하기도 한다. 안토니오 다마시오(Antonio Damasio)(1999, p. 127)가 말했듯이, "우리는 아마도 약 500밀리초 정도 의식에 늦을 수 있다"고 한다.

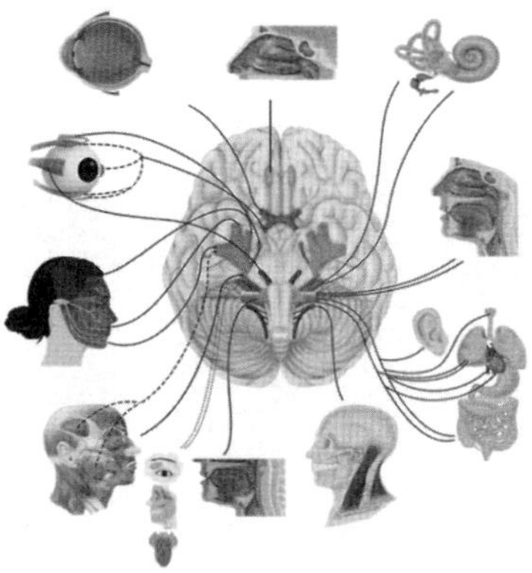

[그림 14] 뇌신경(Cranial nerve): 12개의 뇌신경 각 기능

이 불균형은 뇌가 과거의 패턴과 미래의 불확실성 사이의 끊임없이 변화하는 수평 공간, 즉 플롯이 시작, 중간, 끝으로 구성되는 공간에서 활동할 수 있게 해주기 때문에 나쁜 것은 아니다. 불화의 흔적이 없는 조화는 비활성화될 수 있을 것이다. 제럴드 에델만(Gerald Edelman)과 줄리오 토노니(Giulio Tononi)(2000, p. 72)가 관찰한 것처럼, 깨어 있는 상태에서는 "신경원 그룹이 역동적으로 조립되고 재조립되면서 지속적으로 변화하는 발화 패턴을 만들어낸다"고 한다. 피질 전체에 걸친 뇌파의 동기화는 신경 집합체의 형성을 가능하게 하고 뇌의 여러 영역의 작용을 조정한다(Buzsáki, 2006). 버나드 바르스(Bernard Baars)와 니콜 게이지(Nicole Gage)(2010, p. 246)는 "정상적인 인지는 뇌 영역 간의 선택적이고 국소적인 동기화를 필요로 하며," "동기화, 비동기화, 비주기적인 '일회성(one-shot)' 파형이 끊임없이 나타났다 사라지는" 고도로 패턴화되고 분화된 "진동 패턴"이 있다고 설명한다. 그러나 에델만(Edelman)과 토노니(Tononi)가 지적한 것처럼 "뇌의 많은 신경원이 같은 방식으로 발화하기 시작하여 뇌의 신경 레퍼토리(repertoires)의 다양성이 감소하면 깊은 수면과 간질에서와 같이 의식이 사라진다"(p. 36). 이러한 상황에서는 "......분산된 신경원 집단의 느리고 진동적인 발화가 전체적으로 고도로 동기화되며"(p. 72), 전체적 과동기화는 동기화 및 비동기화의 왔다 갔다를 방해하여 정상적인 기능을 마비시킨다. 에델만(Edelman)과 토노니(Tononi)는 "수면이나 간질과는 달리 의식은 단순한

신경 활동이 아니라 지속적으로 변화하는 신경 활동", 즉 "분산되고 통합되어 있지만 지속적으로 변화하는 신경 활동 패턴을 필요로 하며, 이러한 풍부한 기능에는 실제로 가변성이 필요하다."(p. 73, 74-75, 원문 강조)라고 관찰한다.

패턴과 변화, 동기화와 변동, 조정과 분화 사이의 신경원 수준에서 이러한 필수적인 장력(tension)은 사건을 질서화하는 동시에 놀람, 변화, 재구성을 열어두는 시간적 구조를 통해 일치와 불일치를 결합하는 플롯의 능력과 신경적 상관관계가 있다. 물론 이야기를 전달하고 따라가는 능력에는 신경 활동만으로는 부족하지만, 신경 집합체가 형성되고 해체되고 다시 형성되는 시간적 과정이 이러한 방식으로 비동기적으로 이루어지지 않는다면 우리의 인지 장치는 내러티브 상호작용을 지원할 수 없을 것이다.

시간적 차이를 활용하는 능력은 내러티브의 결정적인 특징이다. 크리스티안 메츠(Christian Metz)(1974, p. 18)는 "내러티브는 ... 이중의 시간적 순서이다.... 이야기되는 시간과 이야기하고 있는 시간(기의(signified)의 시간과 기표(signifier)의 시간)이 있다. 이 이중성은 내러티브에서 흔히 볼 수 있는 모든 시간적 왜곡을 가능하게 할 뿐만 아니라(소설의 두 문장으로 요약된 주인공의 3년의 삶...) 더 근본적으로는 내러티브의 기능 중 하나가 하나의 시간 체계를 다른 시간 체계의 관점에서 발명하는 것이라는 점을 고려하도록 유도한다"라고 관찰한다. "담론(discourse)의 시간"("Erzählzeit"이라고도 함)과 "이야기의 시간"("Erzählte Zeit")의 대립은 내러티브 이론가 제라드 제네트(Gérard Genette)(1980)가 프루스트의 『잃어버린 시간을 찾아서(In Search of Lost Time)』에 대한 그의 고전 연구에서 작가가 우리의 시간 감각을 가지고 놀기 위해 조작하는 순서, 기간, 속도, 빈도 등의 차이로 인해 일련의 다른 구별을 낳게 된다. "독자의 내러티브 능력"을 이러한 시간적 복잡성을 협상하는 능력으로 설명한 후, 제네트(Genette)는 "바로 이 능력이야말로 작가가 때때로 거짓 사전 언급이나 덫을 제공함으로써 독자를 속이는 데 의존하는 것"이며, "좌절된 기대, 실망한 의심, 기대했던 놀라움, 그럼에도 불구하고 기대했던 것보다 더 놀라운 일이 일어나는 복잡한 시스템"을 구성한다고 지적한다(1980, p. 77, 원문 강조).[2] H. 포터 애보트(H. Porter Abbott) (2002, p. 3)이 "내러티브는 우리 인간이 시간에 대한 이해를 조직하는 주요한 방식"이라고 주장할 때 약간 과장된 면이 있다. 물론 음악과 무용도 이러한 목적을 달성하는 데에 도움이 될 수 있다.[3] 그렇지만 내러티브를 가능하게 하는 시간의 신경생물학과 시간의 흐름에 대한 우리의 살아있는 경험에서 동일한 분리를 불러일으키고 조작함으로써 그렇게 한다.

우리의 시간 경험의 근간이 되는 신경생물학적 과정은 다소 이해하기 어렵지만, 과학계의 합의는 단일 언어 모듈이 없고 중앙 프로세서로 기능하는 '호먼큘러스(homunculus)'가 없는 것처럼 뇌에는 중앙 시계나 타이밍 메커니즘(timing mechanism)이 없다는 것이 과학계의 일치된 의견이다. 대신, 발테리 아스틸라(Valtteri Arstila)와 댄 로이드(Dan Lloyd)가 지적한 것처럼(2014a, p. 200), "시각과 청각(그리고 다른 모든 감각)의 구성 과정은 서로 다른 일정에 따라 실행된다. 모든 것이 한곳에 모이는 한 장소가 없는 것처럼, 동시대적 사건이 동시에 표현되는 한 시간도 존재하지 않는다." 실제로 딘 V. 부오노마노(Dean V. Buonomano)(2014, p. 330)는 "시간 처리가 단일 신경 과정이 아니라는 사실"을 깨닫는 것이 "타이밍(timing)의 신경학적 기초"를 이해하는 데 핵심이라고 주장한다. 그는 "뇌는 서로 다른 시간 척도에 걸쳐 근본적으로 다른 타이밍 메커니즘을 개발한 것으로 보인다"고 설명한다(p. 337).

이러한 메커니즘은 신경원과 시냅스의 수준에서 시작된다. 부오노마노(Buonomano)가 지적했듯이 신경원의 반응성은 "신경원 사이의 시냅스의 강도"가 "사용 의존적인 방식으로 극적으로 변화"하여 "지난 수백 밀리초 동안 일어난 일에 대한 일시적인 기억"을 제공하는 것과 마찬가지로 "최근 활동 이력에 크게 의존한다"고 한다(p. 334). 뇌 전체 및 뇌와 신체 사이의 신경원 어셈블리의 진동적 결합과 분리는 다양한 규모에서 지속 시간을 처리하는 추가 메커니즘을 제공한다. 기오르기 부즈사키(György Buzsáki) (2006, p. 174)는 "신경원의 진동 결합은 효과적인 동기화 창을 수백 밀리초에서 수 초로 확장할 수 있다"고 관찰하였다. 그렇기 때문에 시간에 관한 최고의 신경 현상학자인 프란시스코 바렐라(Francisco Varela)는 의식적 인식 아래의 '기본 또는 초기 사건'(10~100밀리초)부터 경험한 순간의 기저에 있는 '대규모 통합'(250밀리초~수 초), 작업 기억과 장기적인 종합을 특징짓는 몇 초 동안 지속되는 '기술적(묘사적) 내러티브 평가'에 이르기까지 다양한 '통합의 창'을 구분하기 위해 세 가지

'지속 기간 척도'를 제안한다(Varela, 1999, p. 273; Thompson, 2007, p. 330-38).

뇌, 신체, 세계 전반의 동기화 및 비동기화 과정은 항상 변화하기 때문에 이러한 '창' 사이의 경계는 모호할 수밖에 없으며, 어디에 그 경계를 정해야 하는지에 대한 논란이 존재한다. 로이드(Lloyd)(2016)는 "의식과 마찬가지로 뇌 활동은 근본적으로 고정되지 않는 과정이며, 모든 규모에서 끊임없이 변화한다"고 지적한다. 또는 바렐라(Varela)와 그의 동료들이 설명한 것처럼 "뇌에는 '정착(settling down)'이 아니라 신경원의 집단 간의 일시적인 조정으로만 표시되는 지속적인 변화가 있다"(2001, p. 237)고 할 수 있다. 신경생물학적 시간 기반은 통일되거나 중앙에서 조직된 것이 아니라 마이크로초 수준에서 다양한 시간적 폭의 다양한 구체화된 경험을 지원하는 더 긴 통합에 이르기까지 분산되고 변동하는 과정의 배열이다.

바렐라(Varela)에 따르면, "결합된 발진기들의 집합체가 일시적인 동기화에 도달한다는 사실과 그렇게 하는 데 일정한 시간이 걸린다는 사실은 명백한 상관관계"이자 "현재성의 기원(origin of nowness)"이다(1999, p. 283). 그러나 "동기화는 역동적으로 불안정"하고 "끊임없이 연속적으로 새로운 집합을 낳기 때문에"(p. 283), 모든 "지금(now)"은 에드먼드 후설(Edmund Husserl)이 "지평(horizons)"이라고 부르는 것, 즉 즉각적인 과거의 흔적을 따라가는 보존적 지평과 동기화가 특정 궤적을 따르는 반복적인(그러나 변화하는) 패턴으로 스스로를 조직하면서 다가올 집합을 가리키는 보호적 지평이 있다.[4] 이 '지금 단계(now phase)'의 지속 시간은 수백 밀리초에서 수 초에 이르는 다양한 통합 규모에 따라 달라질 수 있으며, 이는 바렐라(Varela)가 "살아있는 현재의 지속 시간에 해당하는 동기성의 창"(p. 272)이라고 부른 것을 구성한다.

우리가 살아가면서 경험하는 시간은 신경생물학적 토대에 기반을 두고 있지만, 신경생물학적 토대와 동일하거나 환원될 수 없는 새로운 현상이다. 바렐라(Varela)와 그의 공동 저자들이 설명한 것처럼(2001, p. 237), "뇌 활동의 대규모 통합은 일상적인 경험에서 우리에게 익숙한 마음의 통일성의 기초로 간주될 수 있다." 그렇지만 이러한 느낌의 통일성 아래에는 패턴과 변화, 질서와 유동, 합성과 비동기화 사이에서 뇌의 지속적인 균형 작용을 지원하는 다양한 비동기적, 비분리적 프로세스가 존재한다. 이러한 분리는 "불안정성을 ... 보상해야 할 장애가 아닌 정상적인 기능의 기초"로 만들지만(Varela, 1999, p. 285), 보통은 눈에 보이지 않는다. 브루노 묄더(Bruno Mölder) (2014, p. 222)는 "의식적으로 표현된 시간적 특성이 이러한 표현을 뒷받침하는 신경 과정의 시간적 특성과 일치할 필요는 없다"고 설명하지만, 때로는 그 기저에 있는 분절이 눈에 들어온다. 일반적으로 시간은 유려하고 문제없이 흘러가는 것처럼 보이지만, 때때로 뇌, 신체, 세계의 비동기성은 각성, 주의력, 몰입도에 따라 시간이 빨라지거나 느려지는 것처럼 보이거나, 종종 논의되는 것처럼 움직이는 점이 도착하기 전에 그 위치의 색을 가정하는 현상과 같은 특정 시간적 착각에서 보이지 않는 다양한 주관적 왜곡을 통해 드러날 수 있다(다음 절에서 자세히 설명하겠다). 이러한 왜곡은 우리가 세계를 통합적으로 경험하는 근간이 되는 감각 처리의 불일치를 엿볼 수 있기 때문에 신경 생물학자들의 관심을 끌고 있다.

시간적 경험은 신경생물학적 토대를 가진 새로운 현상이다. 경험한 시간의 특성은 신경 기반과 일치하지 않지만 마법이나 신비로운 것은 아니다. 이러한 특성은 뇌, 신체, 세계 사이의 비동기적이고 연결되지 않지만 패턴화되고 결합된 상호 작용에 물질적 기초를 두고 있다. 시간의 내러티브 구성과 재구성은 세계에 대한 우리의 생생한 경험과 구체화된 두뇌 사이의 상호작용을 움직여 시간 경과에 대한 감각을 불러일으키는 통합의 인지 과정을 재구성할 수 있다. 리쾨르(Ricoeur)(1984a, p. 54)에 따르면 내러티브에서 "미리 구성된 시간은 ... 구성된 시간의 중재를 통해 재구성된 시간이 된다"고 한다. 내러티브는 이야기의 시간적 구조와 이야기 전달 방식을 통해 독자의 시간 감각을 불러일으키고 재구성하며, 시간적 신경 작용을 특징짓는 동기화 및 비동기화의 다양한 구체화된 인지 과정을 제정하고 조작함으로써 이루어진다.

이야기와 뇌에서 기대와 회상

미래의 기대(anticipation)와 과거의 회상(retrospection) 사이의 (순환) 회로는 내러티브와 체화된 인지에 보편적으로 나타나는 특징이다. 우리가 일상적인 세계 경험에서 살아가는 것은 순행적으로 하면서도 그 삶에 대한 이해는 역행적으로 하듯이, 우리는 이전에 가정했던 것을 뒤집고 완전히 재구성할 수 있는 결말에 도달할 때까지 우여곡절 끝에 수정하고 수정할 것이라는 기대를 투영하며 이야기를 이해한다.[5] 이것이 바로 하이데거(Heidegger)가 이해에는 항상 이미 해석을 이끄는 앞의 구조(VorStruktur), 즉 우리의 설명(Auslegung)이 뒤늦게 따라잡고 수정, 다듬고 교정하는 기대의 암묵적인 구성이 있다고 말한 이유이다(1962 [1927], p. 188-95). 인지가 우리가 이미 예상한 것을 후향적으로 조정하는 방식은 신경원 수준에서도 분명하게 드러나는데, 우리가 신호를 인지하기 전에 뇌가 신호에 반응하는 방식에서 그 차이를 잠재적으로 수정하고 매끄럽게 처리하여 일반적으로 알아차리지 못한다(그렇지 않으면 우리는 현재 경험이 이미 과거에 일어났다는 이상한 느낌을 갖게 되는데, 어떤 의미에서는 의식이 최대 0.5초까지 감지보다 뒤처져 있기 때문에 실제로 그렇다).

이야기는 다양한 인지 수준에서 기대-회상 회로를 통해 작동한다. 예를 들어, 잠재의식 수준에서는 이야기의 계시와 반전에 무의식적으로 몰입할 때, 의식적 인식 수준에서는 기대에 놀랐을 때 조정과 수정이 의미하는 바를 반성할 때 기대-회상 회로를 작동시킨다. 어떤 수준에서든 우리가 경험하는 이야기의 우여곡절은 뇌 기능의 시간성이 비동기적이며 평형과 불균형 상태를 끊임없이 오가기 때문에 비로소 가능하다. 만약 우리의 뇌가 시간적으로 통일되고 동질적이어서 모든 것이 동시에 일사불란하게 작동한다면, 우리는 서로에게 이야기를 들려줄 수 없을 것이다. 왜냐하면 시간적 간격이 없고 기대와 회상 사이에 불일치하는 불협화음이 존재하지 않을 것이기 때문이다. 이야기가 우리의 기대를 확인하거나 놀라게 하는 방식은 우리가 세상을 아는 신경원 집합에 깊은 영향을 미칠 수 있는데, 그 집합은 동기화와 비동기화의 왔다 갔다 하는 재귀적 과정을 통해 형성되기 때문이다.

뇌 처리의 시간적 비동기성으로 인해 신호에 대한 우리의 의식적 지각이 역설적이고 이상하게 보일 수 있는 방식으로 신호에 대한 반응보다 뒤처질 수 있다. 벤자민 리벳(Benjamin Libet)(2004, p. 93, 33)은 "감각 신호에 대한 우리의 빠른 반응은 신호에 대한 초기 지각 없이 수행되는 것처럼 보인다"고 지적하면서 "우리가 이미 반응했을 수 있는 사건에 대한 인식을 이끌어내기 위해 뇌는 최대 약 0.5초의 비교적 긴 시간 동안 적절한 활성화가 필요하다"고 관찰하였다. 리벳(Libet)은 신경학적 장애를 치료하기 위해 수술을 받는 환자의 뇌에 탐침(probes)을 이식하여(환자가 의식을 유지하는 동안의 수술) 이러한 지연 현상을 기록한 일련의 잘 알려진 실험을 수행했으며, 이러한 단일 세포 탐침을 통해 다양한 신호에 대한 신경원 반응과 피험자가 보고한 자각 사이의 차이를 매우 정확하게 측정할 수 있었다(Libet et al., 1979). 리벳(Libet)의 실험은 "우리의 감각 세계에 대한 우리의 자각(인식)은 실제 발생보다 상당히 지연되기 때문에"(2004, p. 88, 70) "주관적인 '현재(present)'는 실제로는 과거의 감각 사건에 대한 것"임을 보여주었다.

이상하게 들리겠지만, 이는 매우 보편적이고 여러 측면에서 유익한 현상이다. 예컨대 리벳(Libet)은 테니스 선수가 서브를 리턴하거나 야구 선수가 홈런을 칠 때처럼 "감각 신호에 대한 모든 빠른 행동, 운동 반응은 무의식적으로 이루어지며, ... 신호 후 100~200밀리초 이내에, 신호에 대한 인식을 기대하기 훨씬 전에 이루어진다."(p. 109)라고 한다. 마크 제너로드(Marc Jeannerod)(2006, p. 9)도 마찬가지로 "악기를 연주하는 동안 ... 손가락을 번갈아 가며 연주하는 경우, 어떤 경우에는 스트로크(strokes)가 매초 16번의 빈도에 도달할 수 있으며, 이는 명령 시스템에 영향을 미치는 감각 피드백의 가능성을 초과한다"라고 말한다. 리벳(Libet)은 말하기와 같은 일상적인 활동에서도 우리는 일반적으로 자신이 무슨 말을 하고 있는지 완전히 의식하기 전에 말을 한다고 지적한다: "말하기 전에 단어 하나하나를 의식하려고 하면 말의 흐름이 느려지고 주저하게 된다"(p. 108). 마찬가지로, 운전 중 차 앞에서 아이가 공을 쫓아 도로로 뛰어드는 것을 본다면, 리벳(Libet)은 이후 350밀리초간 더 위험을 의식적으로 인식하지 못하더라도 "약 150밀리초 이내에 브레이크를 밟을 수 있다"고 설명한다(p. 91). 제너로드(Jeannerod)는 "우리는 먼저 반응하고 나중에 인식하게 된다 ... 우리는 장애물을 피한 후에야 의식적으로 장애물을 본다"(p. 47, Libet의 실험 결과를 확인하는 실험에 대한 41, 48-49, 60-61쪽 참조)고 말한다.

놀라운 점은 리벳(Libet)의 실험에 따르면 이 마지막 예에서 운전자는 반응과 인식 사이에 실제로 발생하는 지연 없이 "주관적으로 경험을 앞당기고" "[아이]를 즉시 보았다고 보고"한다는 것이다(p. 91). 리벳(Libet)은 피부에 적용된 자극과 피질 내로 적용된 다른 자극을 비교한 실험을 바탕으로 이러한 추론을 내렸다. 이 두 자극 모두 인식에 도달하는 데 500밀리초가 걸렸지만, 외부 자극은 의식적으로 인지되기 0.5초 전에 더 일찍 일어난 것으로 보고된 반면, 피질 내 자극은 0.5초의 시차가 지난 후에야 일어난 것으로 보고되었다: "감각적 사건에 대한 우리의 의식적 경험에서 그 사건은 0.5초 후(실제로 우리가 그 사건을 인식하게 된 시각)가 아니라 실제로 일어났을 때 발생하는 것처럼 보인다"(p. 81). 자극이 적용되었을 때 피부에서 측정할 수 있는 일차 전위는 500밀리초 후에야 자극을 의식하게 되더라도 뇌가 사건의 시간을 설정하는 데 사용하는 기준점이 되는 것으로 보인다.

리벳(Libet)에 따르면, 뇌 신경원이 사건을 표현하는 방식에 의해 부과된 왜곡을 수정하는 주관적 참조가 일어나는데, 이는 (잘 알려진 실험에서) "시각적 이미지를 거꾸로 뒤집는 프리즘 안경"을 착용한 피험자가 일주일 정도 지나면 "이미지가 정상인 것처럼 행동할 수 있게" 되는 것과 유사하다(p. 81, 82).[6] 이러한 재귀적 인지 조정 능력으로 인해 "주관적인 타이밍이 신경학적 시간과 동일할 필요는 없다"(p. 72)고 한다. 따라서 현재 순간에 대한 우리의 감각, 즉 사건의 동시성과 그에 대한 지각은 리벳(Libet)이 시스템의 특정 요소에 기인하는 것이 아니라 각 부분의 상호 작용에서 발생하는 "창발(출현) 속성(emergent property)"이라고 부르는 것이다. 이는 우리가 지각하는 것에 선행하는 주관적 참조의 왕복 과정에시 비롯되며, 그 기저에 깔린 비동기성을 완화하는 시간적 통일성을 구성한다.

리벳(Libet)이 처음 연구 결과를 보고했을 때 주관적 참조와 시간적 선행은 놀랍고 논란이 많았지만(Libet, 1993, 2002, 2003; Gomes, 1998), 시간에 관한 신경과학 문헌에서 널리 입증되고 광범위하게 연구된 현상에서 이러한 점이 분명하게 밝혀졌다. 예를 들어, 패트릭 해거드(Patrick Haggard)와 그의 그룹(2002)이 수행한 실험에서는 어떤 행동이 신호음을 유발하는 것으로 인식되는 상황을 행동과 신호음이 별도로 제시된 대조군과 비교하였다. 이 실험과 그 의미를 분석한 킬란 야로우(Kielan Yarrow)와 수크빈더 오비(Sukhvinder Obhi)(2014, p. 462)는 "의도된 행동이 신호음을 유발할 때, 행동은 나중에 발생하고 신호음은 더 일찍 발생하는 것으로 지각되었다"며 마치 시간적으로 서로 끌리는 것처럼 언급한다. 야로우(Yarrow)와 오비(Obhi)가 관찰한 것처럼, "행동으로 인해 지연된 감각적 결과가 시간적으로 더 일찍 나타나고, 행동의 지각된 시간도 감각적 사건에 끌려가는 것처럼 보인다." 해거드(Haggard)는 이러한 시간 이동(time-shift)을 "인과관계의 의식적 추론에 도움을 줄 수 있는"(p. 462) "지향적 결합(intentional binding)"이라고 부른다. 이런 식으로 해거드(Haggard)(2002, p. 385)에 따르면, "뇌는 ... 지향적(의도적)인 행동을 그 효과에 묶어 우리 자신의 기관에 대한 일관된 의식적 경험을 구성한다."

토마스 프랩스(Thomas Fraps)(2014, p. 273)가 밝힌 바와 같이, 이는 "주관적 시간에서 원인과 결과가 서로 끌어당긴다는 것을 입증한 여러 연구" 중 하나에 불과하다. 프랩스(Fraps)에 따르면, 이러한 현상은 "인과관계에 대한 우리의 인식은 시간적 연속성이라는 감각적 경험으로부터 추론된 심리적 구성물"이라는 18세기 철학자 데이비드 흄(David Hume)의 잘 알려진 주장을 뒷받침한다(p. 265). 진화론적으로 이해할 수 있는 이유로, 우리의 뇌는 상호 주관적 참조를 통해 원인과 결과 사이의 간격을 시간적으로 좁혀 원인과 결과를 묶으려는 성향을 발달시킨 것으로 보인다. 이러한 잠재의식적 메커니즘은 또한 이야기에 등장하는 사건들을 연결하려는 성향도 가지고 있다.

시간적으로 구별되는 사건을 연결하려는 뇌의 성향은 자주 논의되는 컬러 파이(color phi)와 피부의 토끼 현상(cutaneous rabbit phenomena)의 근간이 된다. 몰더(Mölder)(2014, p. 220-21)는 다음과 같이 설명한다:

> 컬러 파이 현상은 피사체에 서로 다른 위치에서 서로 다른 색상의 두 물체(예: 파란색 점과 빨간색 점)가 번쩍일 때 발생하는 움직임의 착시 현상이다. 이 점이 한 위치에서 다른 위치로 이동하는 것처럼 보이며 이동하는 도중에 색이 바뀐다. 당황스러운 것은 다른 색의 점이 표시되는 실제 위치보다 앞선 위치에서 이미 색이 바뀐 것처럼 보인다는 것이다. 빨간색이 실제로 표시되기 전에 이미 존재하는 것처럼 보인다.[7]

피부의 토끼 실험도 마찬가지로 지각 경험을 유발하는 자극을 소급하여 재구성함으로써 일관된 지각 경험을 구성하는 시간적 선행이 수반된다.[1)] 40~60밀리초 간격으로 손목, 팔꿈치, 그리고 다시 손목을 다섯 번 두드리면 피험자가 지각하는 것은 세 개의 개별적인 자극 세트가 아니라 묄더(Mölder)가 설명한 것처럼(p. 221), "피험자는 자극의 위치뿐만 아니라 팔을 부드럽게 점프하면서 무언가가 규칙적으로 움직이는 것처럼 느낀다" — "나중에 두드리는 것이 이전 자극에 역효과를 주는 것처럼" 피험자의 팔에 토끼가 뛰어오르는 듯한 느낌을 준다(이러한 이유로 실험 이름이 유래되었다). 이 두 가지 경우 모두 뇌는 감각 자극 간의 시간 관계를 잠재적으로 재구성하여 나중에 들어온 정보를 사용하여 이전에 들어온 정보를 재구성하는 일관된 패턴을 구성한다. 이전 자극의 순서와 관계에 대한 감각을 재정렬하기 위해 이전 자극을 역방향으로 재조정하는 이러한 과정은 직관적이지 않은 것처럼 보일 수 있지만, 이러한 재귀성은 뇌, 신체, 세계 사이의 관계에서 끊임없이 작용하는 시간적 선행, 주관적 참조, 의도적 결합의 과정에 기반하여 뒤늦게 도착한 지각 인식과 이미 반응한 신호 사이의 간극을 좁혀준다.

이러한 재귀적 과정은 종종 오해를 받기도 한다. 예를 들어, 브라이언 마수미(Brian Massumi)와 다른 소위 정감 이론가들(affect theorists)은 리벳(Libet)의 실험을 사용하여(혹은 오용하여) 인지 이전의 신체적, 자율적 정동 과정의 하위 개인적 정동 영역을 가정하였다. 마수미(Massumi)(2002, p. 195)는 "생각은 스스로 뒤처진다"며 "생각은 결코 자신의 시작을 따라잡을 수 없다; 생각을 형성하는 0.5초는 어둠 속에서 영원히 사라진다; 모든 인식은 물질의 움직임과 구별할 수 없는 무의식적인 생각의 흐름에서 비롯된다"고 주장한다. 이는 리벳(Libet) 실험의 의미를 잘못 해석한 것이다. 리벳(Libet)의 연구 결과는 의식 아래 있는 자율적 영향의 '어두운' 영역을

---

1) 컴퓨터계산 모델은 피부 토끼 환상의 기원을 설명하기 위한 노력의 일환으로 여러 저자에 의해 제시되었다. 지각은 피부에 대한 연속적인 탭 사이의 거리를 과소 평가한다. 자극은 그들의 지각(팔뚝 스케치)과 함께 상단 패널에 설명되어 있다. 대응하는 인간 데이터와 베이지안 모델 피팅이 아래쪽 패널에 그려진다. 베이지안 지각 모델(Bayesian perceptual model)[23]은 피부 토끼와 다른 촉각 시공간 환상을 밀접하게 복제한다. 이 모델에 따르면, 뇌 회로는 감각 경험을 통해 획득된 촉각 자극이 정지하거나 천천히 움직이는 경향이 있다는 기대를 암호화한다. 베이지안 모델은 불확실한 공간 감각 정보와 저속 이동에 대한 사전 기대치(속도에 대한 가우스 사전 분포, 평균 0)를 결합하여 최적의 확률적 추론에 도달한다. 자극이 천천히 움직이는 경향이 있다는 기대는 빠르게 연속되는 자극이 피부에서 더 가깝게 느껴질 가능성이 더 높다는 지각적 결론을 낳는다(역자 주).

밝혀내기보다는(마수미(Massumi)가 "사라진 0.5초의 미스터리"라고 악명 높게 부르는 것[p. 28]), 체화된 뇌의 시간적 비동시성이 어떻게 다양한 규모의 구성을 형성하고 재귀적으로 상호작용하는지, 즉 운전자가 브레이크를 밟도록 유도하는 상황에 대한 잠재적 지각이 어떤 식으로 작용하는지를 보여준다. 예를 들어, 길 건너편에서 공을 쫓는 아이에 대한 의식적 자각(인식)이 일어나기 전에 두 순간이 상호 작용하여 위험에 대한 직관이 처음 발생한 순간으로 지금을 앞당기는 것이다. 이러한 재귀성은 "무의식적 사고의 경과"(이 이상한 말이 무엇을 의미하든 간에)가 아니라, 숀 갤러거(Shaun Gallagher) (2005, p. 239)가 주장한 것처럼 즉각적인 지각과 의식적 인식이 상호작용하며 서로를 형성하는 "반복(looping)" 과정이다. 현상학적 측면에서 이러한 상호작용은 두 가지 의미 형성 방식, 즉 메를로퐁티(Merleau-Ponty)(2012 [1945], p. 441-42)가 비반성적 지각과 지향적이고 의식적으로 활동적인 의미 생성을 구별하기 위해 "비명제적(non-thetic)" 및 "단언적 혹은 명제적(thetic)" 지향성이라고 부르는 것 사이의 재귀적 관계이지, 자율적 영역의 하위 개인적 강도와 의식적 사고 사이의 병치를 의미하는 것이 아니다.

마수미(Massumi)는 일반적인 신경생물학적 및 인식론적 과정을 모호한 형이상학적 미스터리로 변질시키는 오류를 범하고 있다.[8] 이러한 과정은 물질적 근거를 가지고 있지만, 의식이나 생명과 같은 현상이 환원될 수 없는 근본적인 활동(신경원의 발사, 화학 물질의 상호 작용)에 의해 생성되는 출현의 사례이기도 하다(Deacon, 2012). 마수미(Massumi)가 주장하는 것과는 달리, 출현 과정은 그것이 발생하는 "물질의 움직임"과 "구별할 수 없는" 것이 아니며, 우리가 어떻게든 비인격적인 정서적 과정에 의해 통제되거나 "무의식적 실수(nonconscious lapse)"가 인지를 약화시킨다는 증거도 아니다. 부분의 총합보다 더 큰 전체를 창조하는 출현은 우리의 구체화된 뇌가 세계와 상호작용하는 모든 곳에서 작동하는 재귀적 과정의 평범하고 보편적인 결과이다(Kelso, 1995).

리벳(Libet)의 마음 시간 실험(mind-time experiments)[2)]과 이와 유사한 주관적 참

---

2) 우리의 주관적인 내면의 삶은 인간으로서 우리에게 정말로 중요한 것이지만, 우리는 그것이 어떻게 발생하는지에 대해 상대적으로 거의 알지 못한다. Benjamin Libet은 오랜 기간 동안 뇌가 어떻게

조 및 의도적 묶음 사례는 이질적인 사건을 일관된 시간적 패턴으로 엮어 불일치에서 조화를 만들어내는 이야기의 능력이 체화된 뇌의 다양한 타이밍 과정과 상관관계가 있음을 시사한다. 우리의 뇌와 세상을 연결하는 다양한 관계의 속도에 걸쳐 우리는 끊임없이 이야기와 같은 패턴을 구성하여 실제 사건의 발생과 우리가 인식하는 사건 사이의 불일치를 일치시키고 "수정"(말하자면)하고 있다. 우리가 살아가는 것은 앞으로 하지만 이해하는 것은 거꾸로 한다면, 프리즘 안경 사용자가 망막의 반전된 모양을 조정하는 것처럼 지각의 시간성에서 비동기성을 완화하면서 과거와 현재를 소급하여 재구성하는 능력은 신경원 수준에서 시작된다.

리쾨르(Ricoeur)(1984a, p. 67-68)가 관찰한 것처럼, 놀랍고 예측할 수 없는 이야기의 결론이 그럼에도 불구하고 "받아들일 수 있는" 이유는 "이야기에 의해 결합된 에피소드와 일치하기 때문"이라는 사실을 발견할 때도 비슷한 재구성 과정이 작동하고 있다. 그런 순간에 그는 "마치 기억이 소위 '자연스러운' 시간 순서를 뒤집어 놓은 것 같고, 시작에서 결말을, 결말에서 시작을 읽는 과정에서 우리는 시간 자체를 거꾸로 읽는 법을 배우게 된다"고 언급한다. 그러나 우리가 시간의 형태를 재구성하는 능력은 우리가 인식하게 된 순간보다 앞서는 주관적 참조의 뇌 기반 과정이나 원인과 결과를 서로 연결시키는 의도적 결합 과정에서도 분명하게 드러나기 때문에 시간을 거꾸로 읽는 솜씨는 결국 그렇게 부자연스러운 행위가 아니다. 이러한 재귀적인 시간적 과정은 컬러 파이와 피부의 토끼 현상에서 작동하며, 우리가 나중에 결말에

의식적 인식을 생성하는지 명확하고 구체적인 방식으로 볼 수 있도록 도와주는 실험을 수행했다. 처음으로 리벳은 이러한 실험에 대한 자신의 설명과 의식에 대한 우리의 이해에 대한 그 중요성에 대해 설명한다. 가장 주목할 만한 것은, 리벳의 실험은 어떤 인식이 우리의 정신 활동을 보는 방식에 영향을 미치기 전에 상당한 지연(제목의 마음 시간)을 드러낸다. 리벳이 관찰하듯이 모든 의식적 인식이 무의식적 과정에 선행한다면, 우리는 무의식적 과정이 우리의 의식적 경험을 시작한다는 결론을 내릴 수밖에 없다. 자유롭고자 하는 자발적 행위는 행동하고자 한다는 자각이 생기기 전에 무의식적으로 시작되는 것으로 밝혀졌는데, 이는 자유의지에 대한 우리의 이해에 심오한 영향을 미치는 발견이다. 수십억 개의 대뇌 신경 세포의 신체 활동은 어떻게 통합된 의식적 주관적 인식을 일으키는가? 주관적인 마음은 어떻게 자발적인 행동에 영향을 미치거나 통제할 수 있는가? 리벳은 이러한 질문들뿐만 아니라 영혼의 본질, 인간의 정체성, 비물리적 주관적 정신과 그것을 생성하는 물리적 뇌의 관계에 대한 그의 발견의 함의를 고려한다. 명확하고 이해하기 쉬운 언어로 표현된 리벳의 실험과 이론은 관심 있는 아마추어와 전문가 모두가 의식에 대한 실제적인 연구에서 이루어진 놀라운 발견의 경험을 공유할 수 있게 해줄 것이다(역자 주).

대한 감각과 일치하도록 내러티브의 시작을 소급하여 재구성할 때도 작용한다.

결말과 시작을 소급하여 그 의미를 파악한 후에도 의미가 바뀔 수 있는 결말과 시작 사이의 일치성을 확립하는 것은 이야기를 따라가는 능력에 필수적인 상호 구성 과정이다. 이것은 "사건의 다양성에서 하나의 시간적 전체의 통일성을 끌어내는" 플롯의 형상적 구성(미메시스 2)에서 "세부적인 행동을 '함께 파악'하는" 내러티브 행위에 대한 독자의 반응(미메시스 3)이다(Ricoeur, 1984a, p. 66). 우리가 이질적인 시작과 결말을 쉽게 맞출 수 있는 이유는 우리의 생생한 시간 경험(미메시스 1)이 현재와 과거의 시간에 대한 감각을 조정하는 일련의 주관적 참조를 지속적으로 수반하기 때문이다. 기대와 회상의 구성적 재조정이 우리의 기본적인 신경생물학적 장비가 하는 일이기 때문에 우리는 완전히 이해하지 못했던 사건에서 놀라운 결말과 그 시작 사이의 관계를 재구성하여 이야기를 따라가는 법을 배울 수 있다.

[그림 15] 찰스 디킨스, 1861.『위대한 유산Great Expectations)』

찰스 디킨스(Charles Dickens)의 소설 『위대한 유산』이 내러티브 이론의 고전으로 꼽히는 이유 중 하나는 이러한 시간적 역설과 복잡성을 여러 가지 방식으로 잘 보여주기 때문이다(화자의 많은 인식론적 오류와 그가 물려받기를 바랐던 재산을 암시하는 제목의 말장난부터 시작한다). 나이가 들고 지혜로운 핍(Pip)의 회고적 1인칭 내레이션은 젊은 시절의 잘못된 가정과 기대에 대해 이야기하며, 이야기의 시간이 담론의 시간으로 수렴함에 따라 젊은 핍과 늙은 핍 사이의 간격이 좁혀지게 된다. 이 시간적 간격은 핍이 은인에 대해 잘못 읽은 여러 가지 덫(또는 잘못된 단서)을 식별할 수 있을 때에 다시 읽어도 살아남는 소설의 아이러니와 코미디의 원천이며, 다시 읽는 즐거움 중 하나는 이러한 실수(우리도 처음 소설을 읽었을 때 아마도 잘못 이해한 것일 수 있는 것)를 발견하는 것이다. 마술사가 행동의 원인과 결과를 분리하여 그 상호작용을 보지 못하게 함으로써 우리의 주의를 분산시켜 마술에 감탄하게 만드는 것처럼(Fraps, 2014), 디킨스(Dickens)는 원인과 결과를 위장, 분리, 대체함으로써 나중에야 드러나지만 그 기원은 이전에 이해하지 못했던 연관성을 감추는 뛰어난 플롯을 구성한다. 이는 우리 뇌가 신호를 처리하는 방식의 비동기성을 활용하여 우리가 단순히 "자연스러운", "존재하는" 패턴을 구성하는 시간적 예술이다. 우리는 보통 지각 경험의 불안정성에서 안정성을 만들어내는 재귀적인 균형 잡기 행위를 인식하지 못하며, 시간적 경험의 패턴은 그 기저에 있는 구성 과정이 보이지 않기 때문에 결과적으로 자연스럽고 필연적으로 보일 수 있다. 따라서 우리가 예상했던 것(핍의 은인이나 마술사가 귀에서 꺼낸 동전에 대한 것)이 잘못된 구조로 밝혀졌을 때 우리는 놀라움을 금치 못한다.

우리가 일상적으로 만들어내는 시간적 연결의 우연성을 가리는 것도 디킨스(Dickens)가 하는 내러티브 게임의 일부이다. 핍이 앞으로 살아야만 뒤로 이야기할 수 있는 것처럼, 우리가 앞으로 읽고 뒤로 이해할 때 핍이 자신의 삶에 대해 스스로에게 들려주었던 이야기 속 사건들 사이의 연결 고리는 마치 배경에 숨어 있다가 튀어나오기를 기다리던 것처럼 보이는 재구성으로 이어진다. 핍은 운명처럼 보이는 회고적 깨달음을 "국왕의 침대에 떨어질 무거운 석판"을 천천히 정교하게 준비하여 의심하지 않은 찬탈자를 죽이는 이야기와 비교하며 기억에 남는 게슈탈트 전환으로 이야기한다:

> 모든 것이 많은 수고로 준비되고 시간이 되자 술탄(sultan)은 한밤중에 깨어났고, 큰 철 고리에서 [석판을 잡고 있는] 밧줄을 끊을 날카로운 도끼를 그의 손에 넣고 그것을 치자 밧줄이 갈라져 달려가고 천장이 떨어졌다. 그래서 내 경우에는, 가까이에서나 멀리서나 모든 일이 끝났고, 순식간에 타격이 가해졌고, 내 요새의 지붕이 내 위로 떨어졌다(Dickens, 2008 [1861], p. 285).[9]

핍의 깨달음은 마침내 도착했을 때는 운명적이고 피할 수 없는 것처럼 보이지만, 이러한 필연성은 그의 삶(그리고 디킨스(Dickens)의 내러티브에서)의 다양한 우연성, 즉 죄수 매그위치(Magwitch)와 묘지에서 마주친 사고부터 시작하여 특정한 패턴으로 소급하여 정렬될 때만 운명처럼 보이는 우연성을 감춘다. 좋은 플롯의 역설은 사건 간의 연결이 반드시 필요해 보이지만, 이러한 연결이 가변적이고 우연적이기 때문에 내러티브의 전환(twists), 회전(turns)과 역전(reversals)이 가능하다는 점이다.

이 역설은 디킨스(Dickens)가 소설에 두 가지 반대된 결론(핍이 그의 여자를 잡는 것과 그렇지 않은 것)을 쓸 수 있었다는 자주 논의되는 호기심에서 분명하게 드러난다. 그가 이렇게 할 수 있었던 이유는 시작과 결말이 우연적이고 상호적으로 구성되며 소급적으로 가변적인 구조이기 때문이며, 각 결말은 소설의 이전 사건을 다른 패턴으로 재구성하여 빅토리아 시대의 가치에 대한 코믹하고 종종 감상적인 긍정을 강조하거나 그러한 미사여구에 거짓을 주는 단점과 위선에 대한 어두운 인식을 강조하기 때문이다(내가 선호하는 결말을 보면 알 수 있다!). 독서, 스토리텔링, 삶에서 사건들 사이의 시간적 연결 패턴은 독립적이고 필연적인 것이 아니라 기대와 회상이 서로를 구성하기 때문에 재귀적으로 반복적으로 설정된다. 우리는 시간이 단순히 세상을 경험하는 과정에서 자연스럽게 발생하거나 우리가 따르는 이야기에서 사건의 순서가 단순히 그래야만 한다고 느낄 수 있지만, 시간의 구성은 뉴런 집합의 재귀적 구성에서 시작과 결말의 기대 및 회상의 상호 작용에 이르기까지 모든 수준에서 끊임없이 변화하는 진행형 프로세스이다. 경험이나 신경원 수준에서 시간이 선이 아니라 패턴 형성과 소멸의 왔다 갔다 하는 산물이라는 사실은 시간적 복잡성 속에서 위대한 기대를 가능하게 한다.

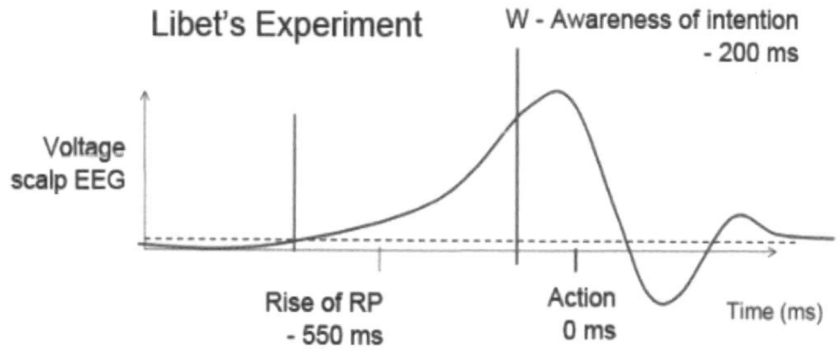

[그림 16] Libet의 mind-time experiments

시간, 운명, 자유에 대한 질문은 종종 서로 밀접하게 연관되어 있다.[10] 특히 논쟁을 불러일으킨 리벳(Libet)의 마음 시간 실험이 의미하는 바는 우리가 자유의지의 자발적이고 의식적인 행사에서 비롯된다고 생각하는 행위가 사실은 우리가 알지 못하는 뇌 활동에 의해 시작된다는 것이다: "즉, 뇌는 무의식적으로 자발적인 과정을 시작한다"(2004, p. 93)는 것이었다. 뇌수술을 받은 환자의 운동 피질에 이식한 탐침을 통해 신경 활동을 측정한 결과, 리벳(Libet)은 "뇌는 자유의지에 의한 행위 550밀리초 전에 시작되는 개시 과정을 보였지만, 행위를 수행하려는 의식적 의지에 대한 인식은 행위 150~200밀리초 전에 나타났다"는 것을 발견하였다(p. 123-24). 따라서 행동하려는 의도에 대한 의식적 자각(인식)은 뇌가 이미 행동을 시작한 지 약 350밀리초 후에 발생했다.

그러나 리벳(Libet)은 자유는 환상이라는 다른 사람들의 추론을 거부한다. 그는 "의식적인 자유 의지가 우리의 자유롭고 자발적인 행위를 시작하지는 않지만", "일종의 '거부권'을 통해 행위의 결과나 실제 수행을 통제할 수 있다"고 주장한다(p. 139). 이는 "자발적으로 욕하는"(p. 142) 투렛 증후군(Tourette's syndrome)과 같이 자동적이거나 통제할 수 없는 행동의 경우와는 다르다. 리벳(Libet)은 실험적으로 이러한 자동 반응은 준비 가능성이 없는 "경고되지 않은 자극에 대한 빠른 반응"을 수반한다는 사실을 발견했다(p. 142). 즉, 이러한 경우 뇌의 무의식적 도입 활동(실험에서 측정한 준비 잠재력)과 후속 인식(의식에 필요한 시간 지연 후) 사이에 시간적 지연이 없으며, 이러한 단절이 없으면 소급 개입(자유의 '거부권')의 가능성도 없다. 다시 한 번 동질성이 무력화되고 있다. 준비 잠재력과 의도에 대한 우리의 인식 사이의 격차는 소급 재조정을 가능하게 한다. 마수미(Massumi)(2002)가 주장한 것처럼, 이러한 시차는 자율성이 부족하다는 증거라기보다는 자유 의지를 행사할 수 있는 능력의 토대 중 하나이다.

시간적 간격은 완전히 의식적이고 투명하기 때문이 아니라 재귀적으로 방향을 바꿀 수 있기 때문에 자유롭고 의도적인 세상의 많은 일반적인 행동 경험을 유사하게 특징짓는다. 제임스 J. 깁슨(James J. Gibson)(1979, p. 225)은 "운동과 조작은 촉발되거나 명령되는 것이 아니라 통제된다. 그것들은 제약, 안내 또는 조종되며, 이런 의미에서만 통치되거나 지배된다."라고 말한다. 운동 통제는 지속적인 전향적 및 회상적 조정 과정이며, 이러한 조정 또는 안내는 리벳(Libet)이 확인한 잠재적 시간적 분절에 의해 가능해진다(Gallagher, 2012, p. 109).[11] 이바르 하겐도른(Ivar Hagendoorn)(2004, p. 83)이 설명한 바와 같이 "운동 지각은 예측적"이며 이러한 지연을 보상하기 위해 반드시 있어야 한다. 하겐도른(Hagendoorn)은 시각 신호가 망막에 처음 도달한 후 이를 처리하는 데 50~100밀리초가 걸리며, 이 신호를 다양한 체화된 운동 과정과 조정하는 데 더 많은 지연이 발생한다고 지적한다. 우리는 이러한 시각과 운동 패턴이 어떻게 결합될지 예측하여 행동을 조정하고 안내한다. 예를 들어 공을 잡기 위해서는 공의 위치를 잠재적으로 예측하고 예상해야 하며, 우리가 무엇을 하고 있는지 생각하고 의도적으로 행동을 하려고 하면 공을 떨어뜨리게 되지만, 물론 다른 행동을 할 수 있다(길을 비켜서거나 공을 쳐서 떨어뜨리는 등). 또한 이러한 행동이 자유의 영역을 벗어났다면 할 수 없었던 것처럼 학습과 지도를 통해 능력을 향상시킬 수 있다(지각과 행동의 예측 및 예상 조정 능력 향상). "지구에서 공을 잡는 우주비행사와 무중력 상태에서 공을 잡는 우주비행사의 성능을 비교"한 연구를 인용하면서 하겐도른(Hagendoorn)은 "뇌는 떨어지는 공의 궤적을 예측할 때 중력에 의한 가속도에 대한 내부 모델을 사용한다"고 제안한다(p. 83). 중력이 없으면 행동 조정의 근간이 되는 예측 프로세스가 작동하지 않아 조정이 필요하게 되는데, 이는 뇌가 다양한 종류의 주관적 참조를 구성할 수 있는 시간적 분리로 인해 가능한 일이다.

부즈사키(Buzsáki)(2006, p. vii)는 "뇌는 예측 장치"이며, "뇌가 끊임없이 생성하는 다양한 리듬에서 예측력이 나온다"고 말한다. 마커스 라이클(Marcus Raichle)(2001, p. 8)에 따르면 이러한 리듬은 "주목해야 할 감각 자극이 나타나기 전 뇌 활동의 변화", 즉 기대의 신경 상관관계인 피질 변화를 일으킨다고 한다. 뇌의 지속적인 변동은 신경원 수준에서의 상호작용을 통해 세상에 대한 우리의 체화된 반응을 유도하는 신호를 생성하고, 지각 경험에서 패턴이 어떻게 결합될지에 대한 잠재적 예측을 한 다음, 끝이 없이 반복되는 과정에서 눈에 보이지 않는 이러한 추측을 소급적으로 조정할 수 있도록 한다. 자유 의지는 환상이 아니지만, 우리가 자유롭게 선택하고 완전한 의식을 가진 주체라고 스스로에게 이야기하는 것이 다양한 수준의 인식에서 이러한 변동과 동기화 과정을 반복하는 것보다 더 이해하기 쉬울 수 있다.

패턴 형성의 상호 과정은 끊임없이 왔다 갔다 하고, 활발해졌다가 약해지기도 하는 신경원 집합체로서 뇌의 작동에 있어 기본이 된다. 이 앞뒤로 왔다 갔다 하는 상호처리에 대한 기술 용어는 "재진입(re-entry)"으로, 에델만(Edelman)과 토노니(Tononi)(2000, p. 48, 49)가 "상호 연결된 뇌 영역 간의 병행 신호의 지속적이고 반복적인 상호 교환, 즉 공간과 시간에서 이들 영역의 지도 활동을 서로 지속적으로 조정하는 상호 교환"을 설명하기 위해 만든 용어이다. 연구진은 "재진입은 뇌에 컴퓨터와 같은 고유한 중앙 프로세서가 없다면 불가능했을 지각과 행동의 통합을 가능하게 한다"라고 설명한다. 바렐라(Varela)와 동료들(Varela et al., 2001)은 이러한 분산화된 상호작용 구조를 "뇌 웹(brain web)"이라고 부른다. 스타니슬라스 데헤인(Stanislas Dehaene)(2014, p. 137, 156)가 밝힌 바와 같이, 이러한 구조는 "원거리 통신과 대규모의 상호 신호 교환"을 필요로 하며, 방향, 동작, 색상 등을 처리하는 데 담당하는 후방 시각 피질의 서로 다른 특수 영역과 같이 신경 해부학적으로 특정 영역 내에서 "단기 국소 반복(short local loops)"을 통해 수행되는 "반복 처리과정(recurrent processing)"이라고 하는 반면에 시각, 청각, 운동 피질, 감정과 관련된 영역(예: 섬과 편도체), 해마와 관련된 기억 기능, 시상과 뇌간을 통한 뇌-신체 분할을 통한 상호작용 등 광범위하게 분리된 뇌 영역 간의 상호작용이 필요한 읽기나 이야기 듣기와 같은 보다 복잡한 인지 활동을 위한 원거리 "전체 반복(global loops)"이 있다. "의식은 반복 또는 순환에 살고 있다", "피질 연결의 그물망에서 순환하는 반향적인 신경원 활동이 우리의 의식적 경험을 유발한다"(p. 156)라고 데하네(Dehaene)는 기억에 남는 선언을 한다. 내러티브를 구성하는 구조, 재구성, 변형의 과정 또한 뇌 그물망의 상호작용을 특징짓는 요소이며, 이것이 바로 이야기가 우리 뇌의 작용에 깊고 지속적인 영향을 미칠 수 있는 이유 중 하나이다.

이러한 효과 중 일부는 잠재적으로 발생하여 습관적으로 형성된 반응 패턴에 부합하는 특정 구성을 기대하도록 준비시킬 수 있다. 내러티브 이해는 특히 잘 알려진 이야기의 반복이 친숙하고 예상되는 구성을 끌어내고 강화할 때 인식하기 전과 후에 종종 발생한다. 리처드 게릭(Richard Gerrig)(2012, p. 50)은 "잠재적 결과에 대한 선호도가 독자가 궁극적으로 도달했을 때 결과를 쉽게 받아들이는 데 영향을 미친다"는 사실을 (어쩌면 놀랍지 않게도) 보여주었다. 예를 들어, 그의 연구실에서는 독자들이 "선호도와 일치하지 않는 문장을 읽는 데 더 오래 걸리고" 기대하거나 원하는 것과 일치하지 않는다는 사실을 실험을 통해 입증했다. 이 결과는 "예측 가능한 자극은 예측 불가능한 자극보다 항상 더 빨리 인지한다"는 실험적 증거와 일치한다(Dehaene, 2014, p. 127). 의식의 시차를 "기대가 보상"하고 시간적 귀속의 주관적 참조를 용이하게 할 때 처리 속도가 빨라진다(Dehaene, 2014, p. 127). 이야기에서든 삶에서든, 우리는 습관적인 경험으로 익숙해진 예측을 더 빨리 인식한다. 하지만 예측 불가능성을 서스펜스의 내러티브 패턴으로 구조화하면 이러한 효과를 상쇄할 수 있다. 게릭(Gerrig)의 공동 연구자이자 제자였던 데이비드 랩(David Rapp)(2008)은 독자들이 사실로 알고 있는 문장보다 사실과 다른 문장(예: "Shirley Temple은 오즈의 마법사에 출연했다")을 읽는 데 상당한 시간이 걸린다는 사실을 발견했지만, 서스펜스 있는 이야기의 형태로 사실과 반대되는 정보를 제공하면 이러한 반응 시간이 크게 단축된다는 사실도 밝혀냈다. 반직관적이고 변칙적인 진술을 예측 가능한 내러티브 패턴(서스펜스의 구축과 해소)으로 구성하면 불일치하는 정보를 더 쉽게 동화시킬 수 있었다.

이것이 아리스토텔레스가 불가능해 보이지만 가능한 플롯보다 가능해 보이지만 불가능한 플롯을 선호한 것으로 유명한 이유일 수 있다. 리쾨르(Ricoeur)(1984a, p.

43)가 말했듯이 "우연의 획은 ... 의도적으로 도달하는 것처럼 보이기 때문에" 이야기의 반전이 "옳은" 것처럼 보일 때처럼, 구성은 이해를 위해 중요하다. 따라서 핍이 은인의 정체가 드러나면서 자신의 삶을 이해했던 패턴을 재구성하게 되었다고 보고하는 놀라운 필연성, 즉 우리 독자들이 화자의 담론이 제공하는 이야기에 대한 이해를 형성하고 재구성할 때 기대와 회상의 패턴 형성의 평행선에서 복제하는 패턴의 재구성은 놀라운 필연성이라고 할 수 있다. 디킨스(Dickens)가 엮어낸 모든 연결들, 그중에는 확률에 반하는 것들도 있지만 (결국 매그위치(Magwitch)가 에스텔라(Estella)의 아버지로 밝혀지고 그의 딸이 핍의 고향에서 양부모의 보호자로 살게 될 가능성은 얼마나 희박하겠는가!) 받아들여질 수 있고 심지어는 그럴듯해 보일 수도 있다. 이러한 연결들은 서로 맞물려 있기 때문에 미학적으로 필연적으로 보일 수도 있다(매 학기마다 이러한 연결들이 디킨스(Dickens)의 예술성을 보여주고 인간 공동체를 묶는 숨겨진 상호 연결에 대한 그의 도덕적 감각을 증언한다고 설득하려고 노력했지만, 회의적인 학생들도 있다). 새로운 화합의 구조로 해결되는 이러한 불화의 경험은 미학적으로든 도덕적으로든 인식론적으로든 새로운 구성 패턴을 인식하고 받아들이는 법을 가르쳐주며, 사건을 함께 파악하거나 따라가는 새로운 방법을 소개한다. 『위대한 유산』과 같은 교양 소설의 플롯은 이러한 종류의 재구성을 통해 주인공뿐만 아니라 독자에게도 교육을 제공할 수 있다.

플롯은 확률과 불가능성, 익숙함과 낯섦, 신기함과 놀라움을 조작함으로써 즐거움을 주고 가르침을 준다. 이러한 반전은 재미있을 뿐만 아니라 시작, 중간, 결말을 구성하는 내러티브 작업이 습관적인 종합을 수정하고 새롭고 예상치 못한 상황에 적응하는 뇌의 끊임없는 균형 잡기 행위를 지배하는 시간적 과정을 조작하기 때문에 잠재적으로 인지적 형성을 촉진할 수도 있다. 낸시 이스터린(Nancy Easterlin)(2015, p. 614)은 "새로운 것과 그것이 제공할 수 있는 지식에 대한 우리의 선호가 낯선 것을 피하려는 상반된 성향에 의해 완화된다면, 문학 작품을 읽는 것은 임박한 위협 없이 새로움을 접하는 경험을 제공한다"라고 말한다. 내러티브는 인지에 내재된 시간차를 가지고 놀면서 인식의 즐거움을 통해 기존의 패턴을 강화하여 시간적 경험 전반에 걸쳐 일관성을 구축하는 구조를 강화하거나, 일관성을 구축하는 기대치를 무너뜨리고 반복 처리의 새로운 가능성, 재진입의 새로운 패턴을 제공할 수 있다. 또는 가장 일반적으로 내러티브는 이 두 가지를 동시에 다양한 정도와 다양한 방식으로 수행할 수 있으며, 이것이 시간적 예술의 '플롯'을 구성한다.

시간적 불일치를 완화하는 접속사가 구성적 활동을 촉진할 수 있다면, 이러한 시차에 내재된 접속사도 생산적일 수 있다. 이는 일상적인 인지와 내러티브 모두에 해당된다. 이러한 분리가 좋은 플롯에서 놀라운 반전이 만들어내는 것과 같은 종류의 인지 패턴의 재구성을 야기할 수 있기 때문이다. 의식의 시차를 보정하기 위해 주관적인 참조가 필요한 시간적 불일치는 또한 의식이 스스로 복제되어 자아의식을 유발할 수 있도록 한다. 데헤인(Dehaene)(2014, p. 253)가 "중첩적으로 내포된 사고를 생각하는 독특한 능력"이라고 부르는 것은 뇌 웹의 재귀적 작동, 즉 서로 지속적으로 상호작용하는 하향식(top-down) 및 상향식(bottom-up) 어셈블리(assemblies)의 왔다 갔다 하는 시기의 이중성에 의해 가능해진다.

이런 종류의 이중화는 의식과 자아의식, 그리고 내러티브에 있어서 근본적인 것이다. 이렇게 자아나 의식이 이중적으로 중첩하여 내포되는(nesting) 능력에 대한 가장 기본적인 내러티브 상관적인 것은 물론 담론과 이야기 사이의 관계, 즉 말하는 사건의 순서와 전달되는 사건의 순서 사이의 때로는 일치하고 때로는 불일치하는 상호작용이 있다. 내러티브는 내러티브의 기본이 되는 이야기와 내레이션의 "두 가지 순서 사이의 다양한 유형의 불일치"인 내러티브 불일치 때문에 본질적으로 이중 구조이다(Genette, 1980, p. 35-36). "옛날 옛적에"라는 고전적인 공식조차도 스토리텔링 시간에 이야기 시간을 중첩하여 한 시간을 다른 시간에 대해 이중화하는 기본 시간 구조를 가지고 있다. 시간성의 이중화는 주관적 참조가 의식적 경험의 시기를 앞당기고 구성하는 반복 작업에서 재진입의 재귀적 작업의 기본이기도 하다. 시간적으로 동질적이고 전체적으로 초동기화된 인지 과정으로는 중첩된 사고나 담론과 이야기의 상호작용을 가능하게 하는 이중화를 일으킬 수 없다.

이러한 이중화는 다양한 형태를 취할 수 있으며 인지 경험과 내러티브에 다양한 결과를 초래할 수 있다. 담론과 이야기가 서로를 강화할 때는 주관적 참조의 과정이 촉진되고, 서로 엇갈리게 하거나 갈라지게 할 때는 평소에는 보이지 않던 재귀적 패턴 형성의 시간적 작동이 드러날 수 있는 중단과 분리의 가능성이 나타날 것이다. 담론-이야기 대립은 신경원 수준에서 시작되는 시간적 간격이 주관적 참조를 통해 완화되거나 자의식, 앞으로의 삶과 뒤로의 이해의 이중화를 담당하는 인지적 작업의 재귀적 중첩을 일으킬 수 있기 때문에 내러티브 종합의 구성을 촉진하거나 메타 픽션적인 성찰을 지원할 수 있는 잠재력을 지니고 있다.

현대 소설의 전형적인 시간적 분리는 시간의 인지적 역설에 대한 성찰을 불러일으킬 수 있는 방식으로 이러한 이중성을 드러낸다. 조셉 프랭크(Joseph Frank)(1991 [1945, 1977])가 많은 현대 문학의 특징인 '공간적 형식(spatial form)'이라고 부르는 것은 일반적으로 눈에 띄지 않게 지나가는 재귀적인 인지 과정을 드러내기 위해 내러티브 구성의 시간성을 실험하는 것으로 유명하다. 프랭크(Frank)는 회화와 조각은 부분들을 동시적인 전체에 병치시켜 "행동의 단일 순간"을 묘사해야 하는 공간 예술인 반면("공간에 존재하는 기호는 전체 또는 부분이 공존하는 대상만을 표현할 수 있다"고 레싱(Lessing)은 주장한다), 내러티브의 시간적 예술은 행동의 순차적인 전개("서로 이어지는 기호는 전체 또는 부분이 연속되는 대상만을 표현할 수 있다")를 묘사해야 한다는 레싱의 고전적 주장을 상기한다. 프랭크(Frank)에 따르면, 『율리시스(Ulysses)』와 다른 현대 소설에서 순차적이고 시간적인 일관성을 방해하는 분리는 레싱(Lessing)을 거꾸로 뒤집는 "공간 논리에 기반한 것"이라고 한다: "의미 관계는 시간적으로 연속적으로 읽었을 때 서로 이해할 수 있는 관계가 없는 단어 그룹을 공간에서 동시에 지각함으로써만 완성된다."(p. 15). 공간적 병치는 내러티브 구성의 원리로서 시간적 순서를 대체한다: "전체에 대한 지식은 어떤 부분을 이해하는 데 필수적"이고 "그러한 지식은 책을 다 읽은 후에야, 모든 참고 문헌이 적절한 위치에 끼워져 하나의 통일체로 파악될 때만 얻을 수 있기 때문에"(p. 21) "조이스(Joyce)는 읽을 수 없고 다시 읽을 수밖에 없다"는 것이다.

프랭크(Frank)의 주장은 비평가와 이론가들의 격렬한 반응을 불러일으켰는데, 이들은 무엇보다도 시간적 해석 과정이 회화 예술에 대한 우리의 이해의 근간을 이루고 있으며 모더니즘 병치에 의해 촉발된 의미 있는 패턴의 회고적 구성 자체가 시간적 활동이라는 점을 지적했다.[12] 물론 이러한 반론은 타당하다. 신경과학자 아서 p.

시마무라(Arthur p. Shimamura)는 회화나 조각처럼 공간적으로 보이는 예술 작품도 시간적으로 이해된다고 한다: "예술을 경험하는 데는 시간이 걸리는데, 이는 한 눈에 집중해서는 예술 작품을 온전히 감상할 수 없기 때문이다. 따라서 우리는 연속적인 시선으로 예술 작품을 해석하며, 이러한 경험의 스토리보드는 초당 약 3번의 시선 고정으로 시간이 걸린다."(2013a, p. 125; 원문 강조). 시간적, 공간적 작품을 처리하는 우리의 인지 습관, 즉 우리가 문학과 시각 예술을 "읽는" 방식은 결과적으로 서로 상호작용하고 영향을 미칠 수 있다. 예를 들어, 일반적으로 "우리는 그림을 왼쪽에서 오른쪽으로, 아마도 위쪽을 바라보면서 왼쪽 아래에서 시작하여 오른쪽 위로 이동하면서 스캔하는 것처럼 보이지만", 시마무라(Shimamura)는 "이스라엘과 아랍 독자들은 그림을 볼 때 오른쪽에서 왼쪽으로 스캔하는 편향을 보이며 왼쪽에서 오른쪽으로 읽는 사람들과는 정반대의 미적 선호를 보인다"는 점에서 "이러한 편향은 읽기 행동에 의해 유도되는 것으로 보인다"고 지적한다(p. 91, 92).

그러나 이 논쟁에서 종종 놓친 것은 공간적 형식이 독자의 인지 능력에 제한을 주고 우리의 자연스럽고 습관적인 감각 형성 관행에 역행한다는 점이며, 이는 바로 이러한 과정에 대한 근본적인 시간성 때문이라고 지적한 프랭크(Frank)의 많은 인정에서 비롯된다. 모더니즘 형식 실험이 야기할 수 있는 방향 감각 상실과 당혹감은 감각 형성이 시간적 구성을 수반한다는 증거이며, 따라서 문제는 이러한 작품이 '공간성'을 달성할 수 있는지 여부가 아니라 그러한 불가능한 탐구로 인해 발생하는 비일관성이 어떤 목적을 달성할 수 있는지에 있다. 적어도 한 가지 대답은 방해받고, 중단되고, 차단된 패턴 제작 과정에 주의를 환기하여 일관되고 자기 일관적인 세계로의 몰입을 방해함으로써 성찰을 촉진한다는 것이다. 공간적 형태는 시간을 벗어나거나 초월하는 것이 아니라 보이지 않는 작동을 가시화하여 관찰과 사색을 가능하게 하며, 심지어 시간성이 어디에나 존재한다는 프랭크(Frank)의 비평가들의 주장은 그것이 매우 효과적으로 그렇게 했다는 증거라고 볼 수도 있다.

주관적 참조와 시간적 선행에 의한 일관성의 앞뒤 구성은 일반적으로 (전통적인 사실주의 소설에서와 마찬가지로) 눈에 띄지 않지만, 모더니즘의 실험에서와 같이 재귀적 과정이 방해받을 때 뇌의 균형 잡기 행위의 이중화, 중첩 및 이동이 가시화되고 안정성과 불안정성 사이의 텐션이 눈에 띄게 될 수 있다는 것이 공간 형식 논쟁의 인지적 시사점이다. 예를 들어 포크너(Faulkner)의 『음향과 분노(The Sound and the Fury)』에서 벤지(Benjy)와 쿠엔틴(Quentin)의 사유가 반복적으로 만들어내는 시간적 도약으로 인해 소설의 비연속적인 네 부분 사이의 단절은 독자의 시간적 일관성을 불안정하게 하고 해석적 구성의 우연성과 불안정성을 드러낸다. 이러한 불안감은 놀랍게도 편견에 가득 찬 여성혐오주의자 제이슨(Jason)의 확신이 드러날 때 독자로 하여금 안도감을 느끼게 할 수 있다: “한번 나쁜 년은 영원한 나쁜 년”(1994 [1929], p. 113). 우리는 마침내 우리가 어디에 있는지 알지만, 이 자기 확신의 고정성은 도덕적으로 혐오스러울 뿐만 아니라 내러티브의 시간적 단절이 드러내는 패턴 형성의 우연성을 믿기 때문에 불안하다. 벤지와 쿠엔틴의 내러티브에서 때때로 일관되지 않은 유동성은 패턴과 개방성 사이에서 균형을 잡는 뇌의 불안정성을 극단적으로 무력화시키지만, 제이슨의 관점에 대한 경직된 편견과 자기 패배적이고 마비되는 분노는 독자들에게 굳건하고 움직이지 않는 습관의 구속을 본능적으로 경험하게 한다. 포크너(Faulkner)의 내러티브의 시간적 단절은 독자로 하여금 일관성을 갈망하게 만들고 패턴에 대한 인지적 필요성을 극화할 수 있지만, 일단 패턴이 생기면 너무 약화시키는 방식으로 제시되기 때문에 우리는 그것을 원하지 않는다. 다른 위대한 모더니스트들의 실험은 시간성의 다른 측면, 예를 들어 토마스 만(Thomas Mann)의 서사시 『마의 산(The Magic Mountain)』에서 세월의 흐름에 따른 주관적 시간의 가변성이나 버지니아 울프(Virginia Woolf)의 만시(挽詩/elegiac) 『등대로(To the Lighthouse)』에서 과거와 현재의 지평선을 강조할 수 있지만 공간 형식의 특징은 인지 패턴 형성의 시간적 과정을 차단하여 이를 극복하는 것이 아니라 그것을 가지고 놀며 볼 수 있도록 노출시킨다는 점이다.

인지, 내러티브, 읽기에서 통합의 시간성(시간적 통합)

시간의 역설 중 하나는 분리와 통합이 모두 결합되어 있다는 점이다. 시간은 일련의 식별 가능한 지각의 창으로 흐르고 서로 매끄럽게 결합되어 흐른다. 현재는 과거와 미래와는 다른 지각적 게슈탈트이며, 과거와 미래의 지평에 걸쳐 과거와 미래와 불가분의 관계에 있다. 내러티브는 이와 유사하게 개별적인 부분들이 전체 패턴으로 통합된 역설적인 조합이다. 리쾨르(Ricoeur)(1980b, p. 169, 171)가 "시퀀스의 착각이나 환상(the illusion of sequence)"이라고 부르는 것은 "모든 이야기에서 일련의 사건을 지배하는 이해할 수 있는 전체"의 구성을 요구하지만, 이 전체는 그것이 묶는 요소들이 고유성을 유지할 때만 구성적인 작업을 수행할 수 있다. 리쾨르(Ricoeur)(1980b, p. 178)가 지적했듯이 내러티브의 '에피소드적 차원'(이야기의 사건)과 '구성적 차원' 사이에는 근본적이고 필수적인 텐션이 존재한다: "플롯은 흩어져 있는 사건들에서 의미 있는 전체를 구성"하지만 "구성적 차원은 내러티브 구조 자체를 억제하지 않고는 에피소드적 차원을 극복할 수 없다"는 것이다. 순환적 방식(해석학적 원에 해당하는 내러티브 방식)으로 보면, 내러티브의 부분은 전체가 부분을 구성하는 것처럼 전체를 구성한다. 이 두 가지 차원(에피소드적 차원과 구성적 차원)이 서로 붕괴되지 않고 같이 유지되는 텐션은 내러티브를 특징짓는 일치된 불일치의 한 측면이다.

내러티브의 요소와 그 구성 사이의 기본적인 텐션은 문장 수준부터 작품 전체의 구성에 이르기까지 통합과 분리의 다양한 시간성, 결합과 구성이 일어나는 다양한 규모에 걸쳐 발생한다. 이러한 상호작용은 부오노마노(Buonomano)가 "복잡한 시간적 패턴을 처리하는 뇌의 정교한 능력"이라고 부르는 것을 활용한다(2014, p. 330). 실비 드루아볼레(Sylvie Droit-Volet)(2014, p. 482)는 "짧은 시간과 긴 시간을 처리하는 메커니즘은 서로 다르다"고 지적한다. 이러한 메커니즘은 일반적인 인지 활동과 내러티브 처리에서 복잡하고 상호적인 방식으로 상호작용하는데, 이는 "여러 공간적, 시간적 규모에서 '상향 및 하향 인과관계'의 패턴으로, 한편으로는 낮은 규모의 활동이 새로운 현상을 일으키고 다른 한편으로는 대규모 패턴이 이를 생성한 소규모 상호작용에 다시 영향을 미칠 수 있는 잠재력을 가지고 있다"(Bagdasaryian & Le Van Quyen, 2013, p. 4)는 것이다. 멀린 도널드(Merlin Donald)(2012, p. 40-41)는 "시간적 통합의 세 가지 수준"을 구분한다: "몇 분의 1초에서 몇 초까지" 발생하는 "국소적 결합", "몇 초 또는 수십 초" 지속되는 단기 "작업 기억 범위", "몇 시간 동안 지속되는 대화와 다양한 종류의 조직화된 게임"과 같은 "보다 장기적으로 지속되는 신경 활동", 또는 물론 이야기하기와 이야기 듣기와 같은 "장기적인 신경 활동"이 그것이다. 이러한 인지 처리의 각 수준은 서로 다른 시간적 규모에서 세분화와 통합을 결합하며, 각 수준과 규모에서 일어나는 일은 다른 수준과 규모와 상하로 상호작용한다. 이는 내러티브에서 서로 다른 시간 척도가 서로 영향을 주고받는 방식과 유사하다(그리고 그 가능성의 조건이기도 하다).

인지 처리의 가장 기본적인 수준에서 분리와 통합 사이의 텐션은 무엇보다도 의식적 인식 아래에서 마이크로초 단위로 발생하는 시간적 결합에서 분명하게 드러난다. 니코 부슈(Niko Busch)와 루핀 반룰렌(Rufin VanRullen)(2014, p. 163, 166, 161)이 관찰했듯이, "허위 연속 흐름(pseudo-continuous stream)으로서의 우리의 시간 감각은 실제로는 일련의 개별 스냅숏," 즉 카메라처럼 "셔터가 열려 있는 동안 정보를 통합하고 융합"하는 "지속적으로 움직이는 시간적 통합 창"으로 구성되어 있다. 만화 소설의 패널도 이와 유사한 시간 흐름의 '스냅숏'이다. 스콧 매클라우드(Scott McCloud)(1993, p. 95)가 지적했듯이, "한 순간을 보여주는 만화의 각 패널"은 실제로는 만화 패널을 늘리거나 압축할 수 있는 것처럼 다양한 시간 폭으로 넓히거나 좁힐 수 있는 기간 내에 반드시 동시적이지 않은 다양한 사건을 포함한다.

이 프레이밍은 만화 패널이 기록할 수 있는 것보다 훨씬 작은 통합 단위에서 시작된다. 에른스트 푀펠(Ernst Pöppel)(Pöppel & Bao, 2014, p. 247)은 "자극의 전후 관계가 정의되거나 정의할 수 없는" 가장 작은 시간적 창인 "기본 통합 단위"를 실험적으로 "30~60밀리초의 시간 영역에서 관찰"했다고 한다. 예를 들어, "실험 대상자에게 시간적 지연이 짧은 청각 신호로 양쪽 귀를 자극했을 때 어느 귀가 먼저 자극되었는지와 같이 어떤 시간적 순서로 자극이 제시되었는지 표시하도록 요청할 때" 이러한 자극 간의 차이는 "수십 밀리초의 시간적 순서 임계값" 내에서 보이지 않으며, 이는 "시각, 청각 및 촉각 양식에 동일하게 적용"된다고 보고한다(p. 248). 마크 위트만(Marc Wittman) (2014, p. 512-13)은 "이러한 임계값은 지각의 기본 시간적 구성 요소를 나타내는데, 이러한 시간적 임계값 아래에서는 일련의 사건과 그 시간적 순서가 지각되지 않기 때문이다"라고 설명한다. 바렐라(Varela)(1991, p. 73, 75)는 시각적 자극의 "자연스러운 분석"을 생성하는 지각적 프레이밍의 효과를 유사하게 설명하며, "프레임 내에 속하는 모든 것은 피험자가 마치 한 시간 범위 내에 있는 것처럼 취급하게 된다"고 말한다. 예를 들어, 50밀리초 미만의 간격으로 깜박이는 두 개의 불빛은 동시에 보이지만 100밀리초 임계값을 넘어서면 순차적으로 보이고, 50~100밀리초 사이에는 한 지점에서 다른 지점으로 "움직이는 것처럼" 보인다고 그는 지적한다.[13]

그러나 위트만(Wittman)이 언급한 바와 같이 역설은 "우리의 경험은 시간적으로 정확한 정적 스냅숏이 아니며", "우리는 세계를 개별 사건의 연속이 아니라 시간적으로 통합된 전체로 인식한다"는 것이다(p. 513). 마이크로초 단위의 시간적 프레임은 주관적 현재에 대한 감각을 인식할 수 있는 통합의 창인 0.5초 수준에서 먼저 의식에 통합된다. 위트만(Wittman)이 "시간적 그룹화(temporal grouping)"라고 부르는 또 다른 수준은 2~3초에서 발생하는 것으로 보인다. 그가 설명하듯이 메트로놈의 반복되는 박자에 대한 "노력 없이 자동적으로 동기화"는 "약 250밀리초의 하한"에서 "약 2초의 상한"까지 가능하지만, "박자 인식과 주관적 리듬화"는 더 긴 간격에서 무너진다(p. 514). 이러한 질문에 대한 실험적 연구의 기초가 된 포펠(Pöppel)에 따르면, 2~3초의 "자극 간격을 두고 서로 뒤따르는 클릭 소리"에 "주관적인 구조를 부여하는 것은 쉽지만", "자극 사이의 시간적 간격이 너무 길어진다(예: 5초)." "연속적인 통합 창에 빠지면"(p. 251) 이러한 자동 형상화 과정이 무너지게 된다고 한다. 예를 들어, 모스 부호의 친숙한 시간적 제스처는 이러한 시간적 통합 메커니즘을 활용하지만, 점과 대시를 그룹화해야 이해할 수 있기 때문에 동기화에는 상한과 하한이 있다(너무 빨리 또는 너무 느리게 클릭하면 이해할 수 없음).

유명한 토끼-오리 게슈탈트와 같은 모호한 도형은 2~3초 수준에서 자동 그룹화에 대한 추가적인 실험적 증거를 제공한다. 예를 들어, 포펠(Pöppel)은 "네커 큐브(Necker cube)나 서로를 바라보는 두 개의 얼굴로 볼 수 있는 꽃병처럼 두 가지 시각으로 자극을 인지할 수 있는 경우 평균 약 3초 후에 지각 내용의 자동 전환이 일어난다"고 관찰한다(p. 251). 이러한 "지각적 전환은 쿠바(KUBA) 또는 바쿠(BAKU) 중 하나를 듣는 음소 시퀀스 쿠-바-쿠(KU-BA-KU)와 같은 모호한 청각 자료에서도 발생하며, 약 3초 후에 대체 지각이 의식적 내용을 점유하는 것을 주관적으로 피할 수 없다"(p. 251)고 말한다. 그는 "은유적으로 말하자면, 2~3초마다 '무엇이 새로운 것인가'에 대한 내생적 질문이 발생한다"(p. 251)고 결론을 내린다.

[그림 17] 토끼-오리 게슈탈트 (출처: wikipedia)

다양한 시간적 수준에서 지각 창이 형성, 해체, 재형성되는 신경생물학적 근거는 바렐라(Varela)와 동료들(2001, p. 235, 229)이 "동적 연결에 의해 일시적으로 연결된" "신경 어셈블리(neural assemblies)"의 "위상(phase) 동기화와 위상 분산 사이의 교체 또는 균형"이라고 설명한 것이다. 에반 톰슨(Evan Thompson)(2007, p. 335)이 설명한 것처럼 "원거리 위상 동기화 및 비동기화가 인지의 시간적 구문 분석을 일관되고 순간적인 행위로 뒷받침할 수 있다는 암시적인 증거가 있다"고 한다. 안정성과 불안정성 사이에서 균형을 잡는 뇌의 기본 작용인 이러한 동기화와 분산은 30~60밀리초 수준, 500밀리초 간격의 의식, 2~3초 범위의 더 큰 제스처 등 다양한 시간 단위의 시간적 그룹화 창에서 발생할 뿐만 아니라 이러한 다양한 시간적 통합 단위 간의 상호작용을 통해 이루어진다. 이러한 분리와 통합의 서로 다른 시간 척도 사이의 변동은 마커스 라이클(Marcus Raichle)(2011, p. 9)이 "뇌의 지속적인 리듬과 끊임없이 변화하는 환경 사이의 역동적인 상호작용"이라고 부르는 것을 가능하게 한다.

지각, 주의력, 자각(인식)의 창은 서로 다른 시간 척도로 작동하며, 이러한 창은 끊임없이 변화하는 동기화 및 분산 패턴 속에서 상호작용하여 형성 및 소멸된다. 이러한 상호작용은 미세한 규모의 신경원 스파이킹(neuronal spiking)과 자극의 전의식적 지각 결합에서 시작하여 다양한 감각 영역과 뇌와 신체 사이의 원거리 집합의 동기화 및 해체에 이르기까지 뇌의 전체 변동 범위에서 발생하며, 이 모든 것이 서로 맞물려 상호적으로 형성되고 왔다 갔다 하는 움직임을 기오르기 부즈사키(György Buzsáki)(2006)가 "뇌의 리듬"이라고 부른 바 있다. 신경과학자들이 이러한 상호작용을 설명하기 위해 음악적 비유에 의존하는 것은 우연이 아니다. 뇌의 변동에서 분리와 통합의 시간적 특성은 컴퓨터 알고리즘의 선형적 단계와 비슷하기보다는 오케스트라에서 서로 다른 파트를 연주하는 음악가들이 연주가 진행되는 동안 형성, 해체, 재구성되는 패턴으로 같이 공명하는 상호작용 관계의 변화와 비슷하다.

이러한 리듬을 특징짓는 분리와 통합의 패턴은 내러티브의 에피소드 및 구성 차원의 신경학적 기초이며, 이는 유사하게 서로 연동되고 상호작용하는 시간 척도에서 이벤트를 그룹화하는 상호 형성적 창을 수반한다. 내러티브는 다른 시간적 예술과 마찬가지로 팀 반 겔더(Tim van Gelder)(1999, p. 252)가 "동적 시스템"이라고 부르는 것으로, 선형 계산 모델과 달리 "시간이 지남에 따라 상호 의존적으로 진화하는 양들의 집합"이며, 경계가 있는 부분들이 서로 다른 시간적 수준에서 더 큰 형상 패턴으로 통합되면서 상호작용한다. 반 겔더(Van Gelder)는 "여기에 퍼즐이 있다: 주어진 시간에 지금 재생되는 노래의 일부만 인식한다면 어떻게 시간이 지남에 따라 발생하는 통합된 부분으로 노래를 인식할 수 있을까"라고 말한다(p. 245). 소리는 우리가 인식하는 시간적 게슈탈트를 형성하기 때문에(예를 들어, 베토벤 교향곡 5번의 기억에 남는 첫 네 음을 생각해보라) 우리는 순간적으로 들리는 멜로디의 단위를 시간적으로 묶지만(2~3초 단위로), 이 독특한 단위 안에서 그리고 이 단위를 통해 멜로디를 전체적으로 인식하기도 한다: "멜로디를 들을 때 멜로디를 멜로디로 듣기 위해 멜로디가 끝날 때까지 기다릴 필요가 없다."(p. 247) 또는 곡을 인식하고 라디오에서 채널을 바꾸거나 듣고 싶은 기분이 아니기 때문에 재생 목록에서 건너뛸 수 있다.

플롯은 유사하게 하위 단위(사건, 에피소드, 갈등)로 구성되며, 이러한 하위 단위가 제안하는 더 큰 구성(피카레스크 여행, 교육 소설, 로맨스, 추리 소설 등)을 수평적으로 투영하고, 이러한 더 큰 패턴이 체화되면 구성 요소에 대한 우리의 이해가 재구성될 수 있다. 서로 다른 시간 척도에서 구성 패턴의 이러한 상호작용은 내러티브 형식으로 신경(계)에 기반하는 시간성의 기본 역설, 즉 뇌의 리듬에 내재된 분절과 통합의 이중성, 연속적인 경험의 흐름을 일으키는 불연속적인 "스냅숏"을 구현한다. 리쾨르(Ricoeur)가 내러티브의 에피소드적 차원과 구성적 차원 사이의 기본적인 텐션이라고 부르는 것은 뇌가 시간을 뚜렷한 창과 통합된 리듬의 흐름으로 모순적인 방식으로 처리하기 때문에 가능하다.

인지 처리의 시간성에서 분리와 통합의 이중성은 패턴과 변화 사이의 뇌의 끊임없는 균형 잡기 행위의 근간을 이루며, 데하네(Dehaene)(2014, p. 189)는 이러한 상태를 "불안정한 평형"이라고 부른다. 그의 설명에 따르면, 이러한 신경생물학적 균형 작용은 자발적으로 생성된 "변동하는 활동 패턴"이 동기화, 분산, 재결성되면서 "탐색적 행동"을 가능하게 한다(p. 189). 다양한 시간적 수준에서 구조화의 창은 자극의 흐름에 게슈탈트를 부과하여 다른 합성에 자리를 내어주며, 이는 안정성과 불안정성, 동기화와 흩어짐, 재동기화 사이의 지속적인 교호 속에서 일시적인 평형 상태에 불과하다. 뇌 시간이 단순히 연속적인 흐름이라면 우리는 조립과 해체의 패턴을 번갈아 가며 반복하지 않을 것이지만, 시간적 게슈탈트가 정기적으로 자동적으로 사라지고 재결성되지 않는다면 우리는 영원히 한 가지 형태에 갇혀 탐구하고 적응하고 변화할 수 없을 것이다.

내러티브는 다양한 수준의 시간적 구성에서 안정성과 불안정성이 서로 작용하기 때문에 경험을 조직하고 세계를 탐구하는 데 효과적인 도구가 될 수 있다. 분리와 통합의 시간적 패턴은 말하는 것과 듣는 것 모두를 특징짓는 요소이다. 제임스 펠란(James Phelan)(2002, p. 211)이 지적한 것처럼 내러티브에는 "이야기 내에서 발생하는 불안정성, 등장인물 간의 불안정성, 상황에 의해 생성되고 행동을 통해 해결되는 불안정성"과 내러티브의 패턴을 알리고 화자와 수용자 간의 관계를 구조화하는 "담론에 의해 생성되는 불안정성, 가치, 믿음, 의견, 지식, 기대"의 두 가지 주요 종류의 불안정성이 존재한다. 예컨대, 플롯에서 패턴은 일시적으로 평형이 확립되었다가 뒤집어지고, 전복되고, 새로운 구성으로 대체될 때만 이루어졌다가 그 이후에는 흔들릴 수 있는 가능성이 열려 있다. 토도로프(Todorov)(1969, p. 75)는 "최소한의 완전한 플롯은 하나의 평형에서 다른 평형으로 이동하는 것으로 볼 수 있으며, ... 유사하면서도 다른 두 개의 평형 순간은 퇴화 과정과 개선 과정으로 구성된 불균형 기간으로 구분된다"고 주장한 유명한 명언에서 이와 같은 내용을 염두에 두고 있다. 이러한 균형과 불균형의 교대는 스토리의 전반적인 과정에서 한 번으로 끝나는 것이 아니라 플롯이 갈등을 설정하고 이를 해결하고 새로운 복잡성을 도입하는 과정에서 반복해서 일어날 수 있다. 플롯은 시간적 통합의 창이 반복적으로 생성, 해체, 재결성되는 과정을 통해 구성된다.

균형과 불균형의 변화하는 패턴은 이야기뿐만 아니라 담론의 특징이기도 하다. 여기에서도 통합의 교호의 창을 처리하는 우리의 인지 능력이 작용할 수 있다. 극단적인 사례는 신뢰할 수 없는 내레이션으로, 독자는 내레이터가 의도적이든 무의식적이든 자신을 오도하는 것은 아닌지 의심하게 될 수 있다. 신뢰할 수 없는 내레이션은 내러티브가 진행되는 동안 이야기하는 사람과 이야기 듣는 사람 사이의 상호작용에서 발생할 수 있는 다양한 균형과 불균형의 정도를 보여주는 단적인 예일 뿐이다. 담론의 수준에서, 시간이 지남에 따라 이야기가 제시되는 방식에서 이야기하는 방식은 조직 패턴이나 보는 방식을 제안하며, 이는 우리가 믿을 수 없는 화자의 사건에 대한 설명을 의심하기 시작할 때와 같이 이야기된 내용에 의해 확인되거나 도전받고 의문을 제기할 수 있다: 예를 들어, 『나사의 회전(The Turn of the Screw)』에서 유령이 아이들을 타락시키려고 위협하고 있다는 가정은 이야기를 들려주는 가정교사가 성적인 환상을 불러일으키는 불안과 무의식적 욕망에 사로잡혀 있다는 의심보다 더 그럴듯한 증거의 구성인가? 담론에 대한 독자의 태도 변화(화자를 믿거나 의심하는 것)는 이야기의 사건에서 보는 패턴을 재구성할 수 있다.

이야기와 담론 사이의 균형은 잠재적으로 불안정하며, 이야기의 한 창이 다른 창으로 넘어가고 이러한 관점이 혼합되거나 혼합되지 않을 때 변경 및 재형성에 개방되어 있다. 어느 시각에서 우리는 한 게슈탈트(유령 이야기)에서 다른 게슈탈트(히스테리 이야기)로 전환하는가, 아니면 그 사이를 오가는가? 『로드 짐(Lord Jim)』에서도 마찬가지로 말로(Marlow)가 상담하는 여러 정보원으로부터 짐에 대한 다른 시각을 얻을 때마다(예를 들어, 짐을 명예를 훼손한 비난받아 마땅한 악당으로 보는 프랑스 중위의 시각이나 동정받을 만한 낭만주의자로 보는 스타인의 시각), 내레이션은 수신자가 받아들이거나 의문을 가질 수 있는 일시적인 통합의 창을 제공하지만 내레이터가 제공하는 다음 창에 의해 사라지게 된다. 짐은 단순히 범죄 행위를 저지른 죄인인가, 아니면 우리 모두가 공유하는 꿈과 상상력의 고귀함과 연약함을 보여주는 예인가? 내레이션에서 짐에 대한 상반된 해석을 조화시키려는 말로의 고군분투는 결과적으로 그가 말하고자 하는 이야기만큼이나 흥미롭거나 혼란스럽다(또는 둘 다). 담론의 변화하는 관점은 독자의 통합 시도에 도전하며, 이러한 단절은 일반적으로 보이지 않는 과정을 강조함으로써 콘래드(Conrad)의 소설을 내러티브 이론에 특히 흥미롭게 만든다. 종합과 흩어짐, 분리와 통합, 해석 단위와 내러티브의 시간적 전개에 따른 상호작용 등 인지 처리의 시간성에 대한 이러한 근본적인 이중성은 이야기와 담론 모두를 특징짓는 요소이다.

뇌가 안정성과 불안정성, 패턴과 변화라는 상반된 주장 사이에서 끊임없이 균형을 잡는 것처럼, 이야기와 그 이야기에서 통합의 창이 바뀌는 것은 패턴의 부과와 해체 및 재구성 사이의 지속적인 교호를 수반한다. 엘렌 스폴스키(Ellen Spolsky)(2015, p. xxiv)에 따르면, 이야기와 기타 "상상력의 작품은 ... 변화하고 종종 위협적인 세상에서 균형을 유지하는 데 도움이 되며" "생물학적 항상성 작용에 기여한다. 우리는 돌이 안정된 것처럼 안정적이지는 않지만 불안정성을 감지하고 복구함으로써 충분한 안정성을 유지하도록 진화하였다." 그러나 이것은 내러티브와 인지적 삶에 대한 이야기의 절반에 불과하다. 끊임없이 변화하는 환경에서 적응하고 탐색하고 창조하기 위해서는 세상의 패턴 변화에 열린 자세를 유지하는 불안정성과 불균형도 필요하다. 인지의 시간성은 패턴 형성, 해체, 재결성의 지속적인 리듬으로 특징지어지며, 이러한 안정화와 불안정화, 합성과 파괴, 동기화와 분산의 과정은 이야기와 내러티브의 구성에도 필수 불가결한 요소이다.

이러한 균형과 불균형 사이의 필수적인 텐션은 이야기의 결말이 내러티브 이론에서 많은 관심을 받은 이유 중 하나이다(Kermode, 1967; Torgovnick, 1981). 내러티브 학자들이 종종 지적했듯이, 어떤 결말이든 다시 열리기 쉽고 새로운 시작을 불러올 수 있기 때문에 소설에서 결말은 영구적인 안정성을 부여하는 것이 아니다. 결말이 반드시 닫히지 않을 수도 있다. 그러나 반대로 피터 라비노위츠(Peter Rabinowitz)(2002, p. 308)가 지적한 것처럼 "결말이 없다고 해서 결론이 없는 것은 아니다"라고 할 수 있다. 결말은 담론의 수준("여러분, 그게 끝이다")에서 균형 상태를 확립하는 동시에 이야기에서 많은 것을 불안정하게 만들 수 있다("그들은 영원히 행복하게 살았는가, 아닌가?"). 제임스 자신이 인정했듯이 이자벨이 로마로 돌아가기로 한 결정의 불확실한 결과로 인해 소설이 "여주인공이 처한 상황을 끝까지 보지 못하고 그녀를 떠났다"는 "명백한 비판"(1987, p. 15)에 직면하게 된 『여인의 초상(The Portrait of a Lady)』의 결말이 대표적인 사례이다. 그러나 제임스가 기억에 남는 설명을 한 대로, "이것은 사실이자 거짓이다. 모든 것을 다 말할 수는 없고, 함께 모인 것만 취할 수 있다."(p. 15).

결말이란 본질적으로 우발적이며 재구성에 열려 있는 안정된 평형 상태의 요소들을 "같이 그룹화"하는 시간적 통합의 순간을 말한다. 이것이 펠란(Phelan)(2002, p. 214)이 "결말 혹은 끝맺음(closure)"과 "완전성(completeness)"을 구분하는 이유이다: "결말은 ... 내러티브가 그 끝을 알리는 방식을 말하며, 완전성은 결말에 수반되는 해결의 정도를 말한다." 어떤 수준의 시간적 조직에서든 게슈탈트의 시간적 결합이 분리와 통합 사이에서 지속적으로 번갈아 가며 어느 정도 안정된 평형을 이루고, 이전의 인지 활동에 의해 어느 정도 확고하게 고정되어 결과적으로 다른 구성으로 나아갈 가능성이 어느 정도 있는 것처럼 내러티브의 결론은 다양한 정도의 완전성, 해결, 개방성으로 특징지어질 수 있다. 내러티브가 안정성과 불안정성 사이에서 끊임없이 균형을 잡는 뇌의 작용, 국소적 및 전체적 결합 수준과 그 사이의 모든 곳에서 동기화와 위상 분산 사이의 변동을 다루는 방식이기 때문에 균형과 불균형 사이의 유사한 긴장이 플롯, 내레이션, 결말의 다양한 시간적 구조를 특징짓는 요소이다.

내러티브의 시간성은 일반적으로 인지와 특히 읽기 과정을 특징짓는 분절과 통합의 과정에 편승한다. 주네트(Genette)(1980, p. 34)는 "내러티브 텍스트는 다른 모든 텍스트와 마찬가지로 자신의 읽기에서 은유적으로 차용하는 것 외에는 다른 시간성을 갖지 않는다"고 관찰한다. 마이크로초 수준에서 2~3초 통합 창까지 시간적 합성의 가장 작은 단위는 문자와 음소가 단어로, 단어가 문장으로 처리되는 것에 해당한다. 이러한 수준의 텍스트 처리에서도 이해는 구성적이며, 기능들을 게슈탈트로 상호 형성적으로 그룹화한다. 데하네(Dehaene)(2009, p. 49)는 "단어 해독은 엄격하게 순차적으로 진행되지 않으며, 단어를 읽는 데 필요한 시간은 단어에 포함된 글자의 수와 관련이 없다"라고 설명하며, 이는 독서가 선형적이고 부가적인 과정일 때와 마찬가지라고 말한다. 언어학자 I. M. 슐레신저(I. M. Schlesinger)(1968, p. 42)에 따르면 "해독은 단일 단어 단위가 아닌 '청크(chunks)' 단위로 진행되며, ... 이러한 '청크'는 문장의 구문 단위와 일치한다"고 한다. 그러나 볼프강 이저(Wolfgang Iser) (1978, p. 110)는 "각 문장은 그 자체 이상의 것을 목표로 해야만 그 목적을 달성할 수 있기 때문에" 이러한 단위는 결국 독립적이지 않다고 지적한다. 내러티브(또는 모든 텍스트)를 읽는다는 것은 "끊임없이 변화하는 관점들의 집합을 종합하는 과정에 독자를 적극적으로 참여시키는", "서로를 수정할 뿐만 아니라 과거와 미래의 종합에도 영향을 미치는"(p. 97) 끊임없이 변화하는 관점들 사이를 지속적으로 번갈아 가며 이저(Iser)가 말하는 "주제"와 "지평선"을 수반한다.

이것은 깁슨(Gibson)(1979, p. 66)이 지적한 것처럼 "관찰 지점은 결코 고정되어 있지 않으며, ... 관찰은 일반적으로 움직이는 위치에서 이루어진다"는 일반적인 일상적 지각과 다르지 않다. 이저(Iser)가 독서의 "시간 흐름 동안 시각의 지속적인 전환"이라고 부르는 것(p. 97)은 "관찰은 움직임을 의미한다"는 일반적인 규칙의 특수한 경우이지만(Gibson, 1979, p. 72), 이러한 전환은 내러티브의 특징적인 효과를 창출할 수도 있다. 이저(Iser)가 밝힌 바와 같이 독자의 "방황하는 시각"은 "독서의 모든 순간 동안 특정 시각에 위치하지만 … 그 시각에 국한되지 않고" 독자가 차지하는 변화하는 시각을 "상쇄하고 관련시키는" "상호 스포트라이트의 과정"에서 관찰 각도를 "끊임없이 전환"한다(p. 114). 예를 들어, 모방 소설에서는 "관점과 조합의 축적이 우리에게 깊이와 넓이의 환상을 주어 우리가 실제로 현실 세계에 존재하는 것 같은 인상을 준다." 시각이 바뀌고 상호작용하면서 사건과 같은 일이 일어나는 것이 특징이다(p. 97). 때로는 『율리시스(Ulysses)』와 같은 모더니즘 텍스트나 『무한한 흥미(Infinite Jest)』와 같은 포스트모던 작품에서처럼 "시각의 만화경"(p. 113)이 매우 다양하게 증식하고 통합에 유쾌하게(또는 감성에 따라 고집스럽고 짜증 나게) 저항하여 단순히 재현적 목적을 위한 수단으로 기능하는 것이 아니라 그 자체로 전경이 될 수 있으며, 통합의 시간성이 보이지 않는 곳에서 나타나고 원활한 흐름이 중단되어 수동적인 과정에서 적극적인 관조 주제로 전환될 수도 있다. 또는 주제와 지평의 시간적 상호작용은 "두 시각이 서로를 뚜렷한 구호로 던져"(p. 117) 비극적이든 희극적이든 서로의 한계를 드러내면서 다양한 아이러니 이중화 효과를 낳을 수 있다. 내러티브 아이러니는 읽는 시간 동안 서로 다른 창을 설정하기 때문에 분리와 통합 사이의 상호작용에 의존하는 시간적 형태이다.

자주 논의되는 내러티브의 이러한 특성은 다양한 폭의 통합의 순간을 형성하고 동기화와 분산을 번갈아 가며 서로 연관시키는 뇌의 능력을 활용한다. 내러티브에는 분리와 통합 사이의 텐션이 만연해 있는데, 이는 인지적 삶의 시간성에 근본적인 요소이기 때문이다. 특정 순간에 초점을 맞추는 주제는 시간적 게슈탈트(통합의 창)이지만, 이 주제는 그 지평을 가로질러 바로 과거의 후퇴하는 시점과 앞으로 예상되는 관점으로 구성적으로 연결된다. 이러한 창이 상호작용하지 않고 고립된 채로 존재한다면 어떤 모습일지는 운동 실인증(인지불능증)의 사례에서 알 수 있는데, 운동 실인증에 걸린 사람은 "몇 초 동안 세상이 움직이지 않고 제자리에 멈춰 있는 것처럼 보이는 경험을 하게 된다. 그러면 세상의 사물이 갑자기 새로운 위치로 재배치되는 것처럼 보일 수 있다."(Gallagher & Zahavi, 2012, p. 78). 따라서 커피 한 잔을 따르거나 길을 건너는 것과 같은 일상적인 행동이 불가능하지는 않더라도 어렵게 느껴질 수 있다. 운동 실인증은 평소에는 보이지 않는 사전 반사적 통합을 방해함으로써 시간적 창을 분리하여 고통스러울 정도로 대담하게 완화한다.

운동 실인증과 동등한 내러티브는 구성적 배치에 의해 연결되지 않은 단절된 에피소드를 생성하거나 담론에 의해 일관된 패턴으로 구성되지 않은 병치된 관점을 제공할 것이다. 물론 이런 종류의 일치하지 않는 불협화음은 소위 부자연스러운 내러티브의 단절된 텍스트 구조, 즉 모방적 일관성에 대한 독자의 기대를 전복시키는 단절(예를 들어 주나 반스(Djuna Barnes)의 『나이트우드(Nightwood)』에서의 초현실적인 단절이나 칼비노(Calvino)의 『어느 한 겨울밤에 한 여행자가 있다면(If on a Winter's Night a Traveler)』의 변화하는 꿈의 풍경)이 의도한 효과이다. 그러나 운동 실인증이 일반적인 시간적 통합 과정의 교란으로만 이해될 수 있는 것처럼, 부자연스러운 내러티브의 혼란은 다시 한번 인지 패턴 형성의 '자연스러운' 기능에 미치는 영향에 따라 중단되며, 일반적으로 일관되게 합성되어 보이지 않는 내러티브의 분절을 불일치하게 강조한다.

기억과 망각의 신경과학

내러티브 이론가들이 오랫동안 인식해 온 것처럼, 이야기를 따라가는 능력은 기억의 연결 접착제에 달려 있다. 따라서 아리스토텔레스(1990 [기원전 355], p. 9)가 "줄거리의 길이는 기억에 쉽게 남을 수 있는 길이여야 한다"고 주장한 것은 지나치게 경직된 주장일지 모르지만 이해할 수 있다. 아리스토텔레스의 주장 뒤에 숨은 인지적 직관은 내러티브 통합에는 시간적으로 분산된 부분을 연결하고 기억할 수 있는 능력이 필요하다는 것이다. 내러티브 이해의 대부분은 잠재적이고 의식 아래에서 발생하지만, 특히 더 긴 시간 규모에 걸쳐 이러한 연결을 구축하는 것은 명시적이고 의식적인 기억 없이는 불가능하다. 데헤인(Dehaene)(2014, p. 103)가 지적했듯이, "잠재적 사고는 한 순간 동안만 지속되는 반면," "시간적으로 확장된 작업 기억은 의식을 필요로 한다"고 한다. 데헤인(Dehaene)에 따르면, 결과적으로 "문제를 합리적으로 사고하기 위해서는 의식이 필요하며" 여러 단계를 거쳐 기억에 남아야 한다(p. 108).

예를 들어, 복잡한 산수 문제(일련의 숫자를 더하기 또는 빼기)를 푸는 것은 우리가 의식이 있어서 다양한 단계를 기억할 수 있기 때문에 가능한 일이다. 그러나 이것은 여러 에피소드로 구성되어 있고 이야기가 진행됨에 따라 여러 단계의 균형과 불균형을 거치는 이야기의 경우에도 마찬가지이다. 따라서 의식은 구조적 내러티브의 일부 버전이 제안하는 것처럼 내러티브의 심층 구조와 무관한 현상이 아니다(예를 들어, 내러티브와 우리의 전의식 사이의 '보편적 문법' 수준의 상동성 때문에 이야기를 이해할 수 있다는 앤 밴필드(Ann Banfield)의 주장을 다시 상기해 보라). 내러티브의 많은 효과는 의식 아래에서 잠재적으로 발생하지만, 의식이 부여되고 기억의 여러 요소를 하나로 묶을 수 있는 능력이 있는 존재만이 이야기를 전달하고 따라갈 수 있는 능력도 가지고 있다는 것도 사실이다. 의식이 없다면 우리는 내러티브를 전혀 갖지 못할 것이다. "왜 우리는 의식을 갖도록 진화했을까?"라는 자주 묻는 질문에 대한 한 가지 대답은 의식을 통해 우리는 서로에게 이야기를 들려줄 수 있으며, 이것이 우리 종에게 모든 종류의 경쟁 우위를 부여한다는 것이다(Humphrey, 2006; Boyd, 2009).

역설적이게도 망각 능력은 일상적 인지와 내러티브에서 시간적 종합을 구축하는 데 필수적이다. 야딘 두다이(Yadin Dudai)(2011, p. 36-37)는 "기억이 너무 견고하면 변화하는 환경에서 적절한 행동과 반응을 유도하는 데 더 이상 적합하지 않을 수 있기 때문에 잠재적인 단점이 될 수 있다"며 "너무 경직된 기억은 과거와 유사한 미래 시나리오를 재생하는 상상력 저하로 이어질 수 있다"고 지적한 바 있다. 다니엘 샤터(Daniel Schacter)(2002)가 "기억의 일곱 가지 죄악"이라고 부르는 "일시성, 부주의, 차단, 잘못 귀속, 암시성, 편향성, 지속성"은 반드시 결함이 있는 것은 아니지만 인지적으로 유익할 수 있다. 그의 '죄' 목록은 과거의 패턴('지속성', '편향성')의 반복과 우연성 및 변화에 대한 민감성('일시성', '부주의') 사이에서 안정성과 불안정성 사이에서 끝없이 균형을 잡으려는 뇌의 작용을 반영한다. 알치노 J. 실바(Alcino J. Silva)(2011, p. 49)는 "기억 메커니즘은 정확성과 영속성을 위해 설계된 것이 아니라 경험을 통해 정보를 지속적으로 편집하고 미세 조정하기 위해 설계된 것"이라고 주장한다. 기억의 결함은 이러한 "편집과 미세 조정"을 지원하기 때문에 부적응이 아닌 기능적 결함일 수 있다. 뇌의 시간성은 다시 한번 두 가지 명령을 반영한다. 기억이 인지적 구성을 보존하지 못한다면 우리는 유동성 속에서 길을 잃을 것이지만, 완벽한 기억은 우리를 과거의 패턴에 가두어 변화에 저항하게 만드는 반면, 우리의 오류가 많고 불안정한 기억은 인지적 유연성을 지원한다.

내러티브 이해의 특징인 균형과 불균형의 변화하는 패턴은 마찬가지로 기억하는 능력뿐만 아니라 이전 구성을 버리고 수정하는 능력도 필요로 한다. 이야기를 따라가는 것은 안정과 불안정의 변화하는 관계 속에서 패턴이 형성되고 재형성되면서 기억과 망각 사이의 균형을 잡는 행위이다. 예를 들어, 디킨스는 『위대한 유산』에서 핍이 습지에서 탈옥한 죄수에게 베푼 젊은 시절의 친절함을 잊어버리고 그의 은인으로 추정되는 해비샴 양과 그녀의 보호자 에스텔라에 대한 희망을 공유하도록 유도하지만, 매그위치가 자신을 핍의 진정한 재산의 원천이라고 밝혔을 때의 놀라움은 우리가 잊고 있었던 것을 상기시켜 준다. 우리가 빠진 덫은 우리의 건망증을 이용했지만(그렇지 않았다면 매그위치의 폭로에 놀라지 않았을 것이다), 우리는 핍의 과거에 대한 기억을 회상하고 재조정함으로써 (그가 그랬던 것처럼) 우리의 이해를 편집하고 수정할 수 있으며, 그가 (그리고 우리가) 부당한 기대에 의해 어떻게 자신을 오도했는지 알 수 있다. 기억의 '죄'는 디킨스가 우리의 주의를 다른 곳으로 돌리기 위해 사용하는 덫에 취약하게 만들지만, 사건 사이의 연결에 대한 감각을 수정하고 다시 편집할 때처럼 삶과 이야기의 변화에 대응하여 변화하는 통합 패턴의 균형을 맞추고 재조정할 수 있는 유연성도 제공한다.

오류가 있는 기억의 유용성으로 인해 점점 더 많은 인지 과학자들이 과거를 기억하는 능력이 미래를 상상하는 능력과 밀접하게 연관되어 있다는 사실을 인식하게 되었다. 테런스 케이브(Terence Cave)(2016, p. 74)가 지적했듯이, 실험적 증거는 "기억과 상상이 초기 심리학자들이 믿었던 것처럼 별개의 영역이 아니라 동일한 인지 과정의 다른 측면"임을 설득력 있게 보여준다. 예를 들어, 샥터와 아디스(Schacter & Addis) (2007, p. 773)는 "다양한 종류의 오류와 착각"에 대한 기억의 책임이 미래 사건에 대한 상상적 시뮬레이션을 지원할 수 있으며, 이를 위해서는 "이전 경험의 요소를 유연하게 추출하고 재조합하는 방식으로 과거를 끌어들일 수 있는 시스템이 필요하다"고 말한다. 랜디 L. 버크너와 데이비드 C. 캐럴(Randy L. Buckner & David

C. Carroll)(2007, p. 51, 49)은 "미래를 기억하는 것과 상상하는 것의 결합 사이의 중첩"을 보여주는 병변 연구를 인용하면서 "핵심 뇌 네트워크" 또는 "과거 경험이 적응적으로 사용되어 즉각적인 환경에서 나오는 것 이상의 관점과 사건을 상상하는 공통된 일련의 과정"을 가정한다. 이 네트워크는 특정한 주의 활동을 하지 않는 상태('기본' 상태)에서 휴식 중인 뇌의 fMRI 스캔을 분석하여 처음 발견되었기 때문에 '디폴트 모드 네트워크(DMN)'라고 불리게 되었다. 로버트 스틱골드(Robert Stickgold)(2011, p. 90)가 설명한 것처럼, "휴식 또는 '디폴트' 뇌 상태"는 "미래를 상상하고, 과거를 기억하고, 다른 사람의 관점을 상상하고, 공간 탐색"을 수반한다. 기억과 상상 사이의 이러한 상호작용은 "내러티브 구성이 뇌의 디폴트 모드"임을 시사한다고 그는 주장한다(p. 90).

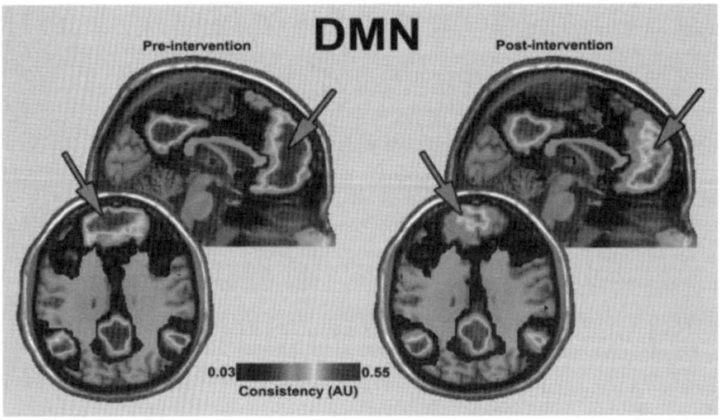

[그림 18] fMRI image of Default Mode Network (DMN)
(**출처:** CeresetTM Research and Wake Forest School of Medicine)

신경과학자들은 이러한 연관성을 놀랍게 여겼을지 모르지만, 인지 문학 비평가들은 미학의 역사에 익숙한 사람에게는 새로운 사실이 아니라는 점을 재빨리 지적하였다. 인지 이론가이자 낭만주의 역사학자인 앨런 리처드슨(Alan Richardson)(2011, p. 670, 665)이 최초로 관찰한 것처럼, "과거에 대한 회고와 미래에 대한 전망"을 동전의 양면으로 보는 "야누스 가설(Janus hypothesis)"은 "상상력에 관한 수 세기에 걸친 문학"에 의해 널리 입증되었다. 이러한 역사를 무시하는 것은 "과학적 의제를 빈곤하게 만들었다"(p. 665)고 그는 주장한다. 신경과학자들이 "정신적 시간 여행(mental time travel)" (Suddendorf & Corballis, 2007)이라고 부르는, 과거를 회상하고 가능한 미래를 상상하는 우리의 이중적 능력은 『틴턴 수도원(Tintern Abbey)』(1798)이나 기억과 상상력에 관한 워즈워스(Wordsworth)의 다른 많은 시를 읽은 사람이라면 누구나 잘 알고 있을 것이다.

이러한 기대와 회상의 결합은 일상적인 공상에서 다양한 종류의 미적 경험에 이르기까지 우리의 인지 생활 전반에 걸쳐 확장되며, 이러한 연결은 예를 들어 프로이트(Freud, 1958 [1908])가 시의 심리적 원천에 대한 그의 고전적인 에세이에서처럼 공상을 창의성과 연관시키는 것이 문학적 상상력에 대한 논의에서 일반적인 이유를 시사한다. 실제로 신경생물학적으로 훈련된 문학 이론가이자 뉴욕대학교의 뇌 과학자들과 활발히 협력해 온 가브리엘 스타(Gabrielle Starr)(2013, p. 23)는 내부 지향적인 공상 행위뿐만 아니라 외부 자극(예: 그림을 보거나 음악을 듣거나 이야기를 읽는 등)에 의해 유발된 "강렬한 미적 경험"에 대한 반응에서도 기본 모드 네트워크의 활동이 측정 가능하게 증가한다는 실험을 수행한 바 있다. 이는 외부 자극에 주의를 기울여야 하는 일반적인 작업에 대한 DMN의 반응과 뚜렷한 대조를 이루며, 그동안에는 "일반적으로 활동이 감소"하는데, 이러한 증거는 "강력한 미적 경험이 뇌에 외부 지각[예술 작품에 대한 우리의 반응]을 내적 감각과 통합하도록 요구한다는 것을 시사"한다(Starr, 2013, p. 23; 원본 실험은 Vessel, Starr, & Rubin, 2012 참조). 이러한 통합을 위해서는 기억과 상상력을 담당하는 피질 영역과 주의력과 지각에 관여하는 피질 영역 간의 상호 작용이 필요하다.

내러티브 이해가 다양한 시간대에 걸쳐 일어나는 것처럼, 기억 자체도 신경생물학적으로나 경험적으로나 획일적이지 않다. 숀 갤러거와 댄 자하비(Shaun Gallagher & Dan Zahavi)(2008, p. 70-71)가 지적한 것처럼, "기억은 하나의 정신 기능이 아니다. 오히려 기억은 여러 가지 뚜렷하고 분리 불가능한 특성으로 구성되어 있다."라고 말하며, fMRI 스캔 결과 "[우리가] 수행하는 기억 작업의 유형에 따라 [뇌]의 여러 부분이 특히 활성화되는 것으로 보인다."라고 설명한다. 예를 들어 신경과학자들은 몇 초에서 몇 분에서 몇 시간까지 지속될 수 있는 단기 기억과 며칠, 몇 주에 걸쳐 지속되다가 평생에 걸쳐 통합될 수 있는 장기 기억을 구분한다(Baars & Gage, 2010, p. 324-25). 단기기억과 장기기억의 차이는 기억의 해부학적 기초인 엔그램이 어떻게 형성되고 재형성되고 강화되는지와 관련이 있다. 엔그램은 다양한 기간의 단기적인 과정에서 반복되는 헵의 발화 및 연결 배선, 즉 함께 발화되는 뉴런이 서로 연결되는 방식을 통해 확립되는 뉴런 조립의 패턴이다. 이러한 패턴은 반복을 통해 강화되고 다양한 대사 과정(예: 수면 중)과 해마와 같은 피질 해부학의 특수한 부분에 의해 통합되면서 더 오래 지속될 수 있다(Bear, Connors, & Paradiso, 2007, p. 725-59).

인지 과학자들은 지원하는 능력에 따라 다양한 종류의 기억을 구분하는데,[3)] 예를 들어 의미적(즉, 사실에 대한 기억) 또는 에피소드적(사건에 대한 기억)인 선언적 기억과 일반적으로 의식이 완전히 사용할 수 없고 잠재적 프라이밍 효과, 정서적 성향, 습관 및 절차적 기억(수영, 타이핑 또는 자전거 타기와 같은 기술)이 포함되는 비선언적 혹은 절차적 기억을 구분한다(Baars & Gage, 2010, p. 326). 신경과학 문헌에 잘 알려진 사례에서 알 수 있듯이, 한 가지 형태의 기억은 잃어도 다른 기억은 유지할 수 있다. 예를 들어, 뇌졸중으로 인해 의미적 기억이나 에피소드 기억의 검색이 차단된 환자도 절차적 기억에 의존하는 다양한 숙련된 작업을 수행할 수 있다.[14]

이러한 범주는 다소 모호하고 그 사이의 경계는 유동적이며 필연적으로 그렇게 될 수밖에 없다. 기억은 다양한 통합 및 강화 과정이 상호 작용하면서 한 형태에서 다른 형태로 전환된다. 예를 들어, 작업 기억은 "용량이 제한된 일시적인 형태의 정보 저장소"로, 보통 5-7개의 항목을 포함하지만 반복과 연습을 통해 단기기억에서 장기기억으로 바뀔 수 있다(Bear, Connor, & Paradiso, 2007, p. 729). 에피소드 기억과 의미 기억의 구분은 유사하게 고정적이면서도 유동적이다. 에피소드 기억은 일반적으로 "시간, 공간, 생활 환경의 특정 출처가 있고" "종종 자전적인 성격을 띠는" 반면, 의미적 기억은 "세상, 우리 자신, 그리고 우리가 공동체와 공유하는 다른 지식에 관한 사실"과 관련이 있다(Baars & Gage, 2010, p. 325-26). 그러나 이 두 종류의 기억

---

3) 보통 의미적 기억(semantic memory)은 정보를 학습했을 때의 맥락과 관련이 있는 일반적 지식을 말하고, 삽화적 혹은 일화적 기억(episodic memory)은 개인적인 경험이 일어난 연대기적 기억을 말한다(역자 주).

은 종종 서로 연관되어 있고 결합되어 있다. 예를 들어, "의미적 기억은 많은 에피소드 기억의 신피질 잔여물일 수 있다."(p. 328) 특정 사례는 잊히고 "의미론적 지식만 남는다"고 바스와 게이지(Baars & Gage)가 지적한 바와 같이 말이다. 또한 실험에 따르면 "참가자가 특정한 에피소드 기억이 없는 유명인 이름보다는 예를 들어 본 적이 있는 영화나 TV 쇼의 유명인 이미지와 같은 질문과 관련된 에피소드 기억이 있는 경우" 의미 테스트의 성적이 더 좋은 것으로 나타났다(Baars & Gage, 2010, p. 329; Westmacott et al., 2004). 비록 내가 어렸을 때 했던 테니스 경기 중 몇 개만 기억할 수 있지만, 이러한 에피소드는 테니스에 대한 의미적 기억에 영향을 미치며, 테니스공을 치는 행위와 관련된 운동 피질의 뉴런도 경기를 보거나 심지어 스포츠에 관한 책을 읽을 때 활성화될 수 있다(Jeannerod, 2006; Rizzolatti & Craighero, 2004; Rizzolatti & Sinigaglia, 2008). 그래서 나는 윔블던 결승전(Wimbledon final)을 볼 때 절차적 기억, 에피소드 기억, 의미적 기억이 모두 상호작용한다.

내러티브의 기능 중 하나는 기억의 다양한 과정을 조정하여 서로 다른 시간대에 걸쳐 결합과 통합의 과정에 참여하는 능력을 배양하는 것이다. 예를 들어, 롤랑 바르트(Roland Barthes)가 발자크(Balzac)의 이야기 "사라진(Sarrasine)"에 대한 고전적 구조 분석인 "S/Z"(1974)에서 밝힌 다섯 가지 내러티브 코드에는 에피소드적, 의미적, 절차적 기억이 모두 관련되어 있다. 예를 들어, 행동 코드(ACT)는 우리의 절차적 기억이 특정 에피소드 기억과 상호작용하고 다양한 종류의 행동에 대한 의미 범주를 학습했기 때문에 이해할 수 있다. 해석학적 코드(HER)에서 수수께끼의 배치와 '진실'의 계시는 주로 의미론적이지만, 끊임없이 변화하는 작업 기억의 경계를 넘어 단기 기억과 장기 기억 간의 상호 작용이 필요하며, 이러한 통합 과정은 잠재적 프라이밍 효과에서 명시적이고 의식적인 에피소드 및 의미론적 기억 행위에 이르기까지 다양할 것이다. 바르트가 시간적 순서에서 벗어난다고 주장하는 세 가지 코드, 즉 사람, 장소, 사물의 기표인 'semes(SEM)', 전통적 통념의 '문화적 코드(REF)', 텍스트의 대립을 구조화하는 대립어(SYM)는 모두 다른 종류의 기억에 의존하므로 실제로 텍스트 처리 시간을 벗어난 것이 아니다.

바르트(Barthes)가 설명한 것처럼 특정 텍스트를 구성하는 '코드의 직조'는 기억과 기대의 구조인 시간적 대상을 만들어낸다. 멜로디처럼 내러티브는 결과적으로 그것이 통과하는 순간으로 완전히 환원될 수도 없고, 그것과 완전히 독립적이지도 않은 독특한 존재 방식을 갖는다. 내러티브나 멜로디는 일시적이고 일시적인 표현으로부터 자율적이지도 않고 단순히 그것에 의존하지도 않는, 우리가 처음에 기대와 회상의 시간적 경험 속에서 그리고 그것을 통해 창조하고 나중에 다양한 형태와 다양한 관점에서 회상할 수 있는 '이질적(heteronomous)' 대상이다(Armstrong, 1990, p. 20-43). 이러한 시간적 이질성은 특히 이자벨 아처나 말로, 핍과 같은 문학적 인물의 역설적인 존재에서 잘 드러나는데, 우리는 그 인물이 탄생한 모든 문장을 재현하지 않고도 그 인물을 지정하고 토론할 수 있다. 이러한 기억에 남는 인물들은 그 문장이 없었다면 존재하지 않았겠지만, 우리는 그 문장을 일일이 암송하지 않고도 그 인물에 대해 분석하고 이야기할 수 있다. 내러티브는 문학적 문자와 마찬가지로 기억의 구성물이기 때문에 이질적인 존재를 가진 시간적 대상이다.

신경세포 수준의 마이크로초 단위의 결합부터 뇌, 신체, 세계를 연결하는 장기적 선언적 기억에 이르기까지 다양한 시간 척도에 걸쳐 시간적 과정을 통합하는 능력은 내러티브, 허구의 인물, 교향곡과 같은 복잡한 이질적 대상을 창조하는 데 필수적이다. 멀린 도널드(Merlin Donald)(2012, p. 39)는 우리 종은 단기 작업 기억의 순간적인 결합과 장기 기억의 통합 사이에 "중간 기간 거버넌스(governance)"라는 "느린 과정"을 개발하여 이러한 이질적인 대상을 생성하고 교환할 수 있는 고유한 능력을 갖추게 되었다고 주장한다. 단기 작업 기억의 순간적인 문제 해결보다는 길지만 장기 기억보다는 유연하고 개방적인 이 시간적 통합의 "느린 과정"은 "긴 시간 프레임에 걸쳐 작동할 수 있는" 확장된 종합 활동을 포함하며, "인간이 살고 있는 다면적인 사회 인지적 세계를 이해하고 탐색할 수 있도록 하는 것이 주요 기능"인 "방대한 확장 작업 기억 시스템"을 필요로 한다(p. 38).

이러한 중간 범위의 시간적 통합 능력은 이야기를 나누고 따르는 것과 같이 사회적으로 조정된 교섭에 참여하는 인간의 능력의 근간을 이룬다. 도널드(Donald)는 '이 정도 규모의 시간적 통합을 달성하는 능력은 유인원(p. 38)과 다른 가까운 영장류 친척에게는 없는 것으로 보인다.'고 관찰하며, 이러한 능력은 일반적으로 단기 또는 장기 기억이 수반하는 것 이상으로 한 번에 몇 시간에 걸쳐 "여러 주체가 상호작용하는 확장된 인간 사회 시나리오를 이해하는 데"(p. 37) 필요하며, 이는 이야기 교환, 교향곡 연주 또는 청취, 대화 진행과 같은 분산적이고 협력적인 인지 활동에 필요하다고 지적한다. 이러한 활동은 시각, 청각, 촉각 지각에서 "기존의 영장류의 시간적 통합 능력"(p. 36)을 뛰어넘는 "긴 에피소드 경험"의 조율을 필요로 한다. 도널드(Donald)에 따르면, 중간 규모에서 "우리는 그러한 오래 지속되는 과정의 활성화 또는 국소화에 대한 좋은 신경 모델이 없으며", (적어도 아직까지는) "결정을 지배하고 행동과 사고의 일반적인 방향을 유지하면서 몇 시간 동안 지속될 수 있는 종류의 활성 신경 흔적"에 대한 확실한 경험적 증거도 없지만 "인간의 사회생활에서 자율적으로 지속되는 상상력, 사고, 계획에 대한 압도적인 증거를 고려할 때"(p. 39) 이러한 종류의 흔적은 반드시 존재해야 한다고 주장한다.

현재 사용 가능한 뇌 스캔 기술의 한계로 인해 이러한 중간 범위의 상호 작용 프로세스를 특징짓는 위치와 상호작용을 매핑하는 것이 불가능하기 때문에 이러한 증거의 격차는 놀라운 일이 아니다. 스캐닝 기술은 뇌의 혈류 변화를 측정하는 fMRI보다 시간적 민감도와 정밀도가 높고, 두개골에 부착된 센서에서 두개 내 전자 활동을 측정하는 뇌파보다 해부학적 정밀도가 높아야 한다. 또한 스캐닝 방법은 이러한 장비가 쉽게 수용할 수 있는 시간보다 더 긴 시간을 매핑해야 하며(시끄럽고 밀실 공포증을 느끼게 하는 fMRI 기계의 좁은 공간에서 몇 시간씩 지내는 것을 상상해 보라), 또한 한 사람의 뇌뿐만 아니라 상호작용을 하는 두 명 이상의 참가자에 걸쳐 이러한 과정을 비교하고 보정하도록 설계해야 한다.[15]

정량적 측정은 내러티브 형상화만이 유일하게 전달할 수 있는 '어떤 경험'을 본질적으로 놓치기 때문에 어떤 측정 장비가 우리가 이야기를 만들고 교환하는 뇌-신체-세계의 상호작용을 완벽하게 정의할 수 있을지는 불확실하다(4장 참조). 그럼에도 불구하고 기술이 현재의 한계를 극복할 수 있을 만큼 충분한 감도와 정교함을 개발한다면, 내러티브와 같은 이질적인 시간적 대상은 중간 범위의 시간적 통합의 '느린 과정'을 연구하는 데 유망한 후보가 될 것이다. 우리가 이야기를 들려주고 따라갈 수 있는 것은 우리 인류가 지속적이고 상호 주관적으로 조정된 시간적 활동의 중간 범위에서 소규모의 시간적 결합과 장기 기억 사이를 오갈 수 있는 인지 능력을 진화시켜 왔기 때문이다. 이러한 '느린 과정'을 배양하고 조정하는 내러티브의 능력은 결국 우리 종의 삶을 특징짓는 사회적이고 분산된 인지 능력의 근본이다. 이야기는 다양한 시간 척도와 상호 작용하고 체화된 주체의 분산된 소셜 네트워크에서 시간적 통합 과정을 촉진하며, 이는 이야기의 사회적 힘의 중요한 원천이 된다.

상호주관성과 감정의 시간성

우리가 다른 사람과 시간을 공유한다는 감각은 상호주관성의 생생한 경험에 필수적인데, 다른 사람의 지나가는 순간을 완전히 파악할 수 없다는 것은 우리가 세계에 대한 고유한 관점을 가진 다른 체화된 의식에 사는 것이 어떤 것인지 알 수 없기 때문에 결코 완전히 극복할 수 없는 고독주의의 증거이기도 하다. 사회적 시간의 역설은 메를로퐁티(Merleau-Ponty)(2012 [1945], p. lxxvi)가 기억에 남게 "또 다른 자아의 역설(the paradox of the alter ego)"이라고 부르는 것, 즉 타인과의 관계를 특징짓는 극복할 수 없는 공동체와 극복할 수 없는 고립의 특이한 조합을 체화하고 구현한다. 그가 설명하듯이:

> 물론, 우리가 우리 자신을 위해 존재하는 것처럼 다른 사람은 결코 우리를 위해 존재하지 않을 것이다: ... 우리는 우리 자신 안에 있는 것처럼 그 안에서 시간화의 추진에 결코 존재하지 않는다. 그러나 두 개의 의식과 달리 두 개의 시간성은 서로 양립할 수 없기 때문에 ... 서로 얽힐 수 있다... 나의 살아있는 현재는 내가 더 이상 살지 않는 과거와 아직 살지 않는 미래를 향해 열려 있기 때문에, ... 그것은 또한 내가 살지 않는 시간성을 향해 열려 사회적 지평을 가질 수 있다 ... [그리고 나의 사적 존재가 계승하고 전승하는 집단적 역사를 가질 수 있다.(p. 457)

하이데거(Heidegger)(1927)도 마찬가지로 관찰했듯이, 시간 속에 존재한다는 것과 다른 사람들과 함께 존재한다는 것은 상관적인 실존 구조이다. 과거와 미래의 지평과 다른 세계의 지평 사이의 경험에서 느껴지는 유비는 이러한 존재의 측면이 서로 얽히게 하며, 이러한 상호작용은 내러티브의 사회적 작업에 매우 중요하다.

우리가 지나가는 순간을 과거와 미래가 교차하는 존재와 부재의 역설적 구조로 경험하는 것처럼, 우리는 다른 체화된 주관성을 우리 세계의 지평으로 경험하며, 우리의 시간 경험에 정보를 제공하고 정보를 받는 방식으로 동시에 존재하고 부재하는 것을 경험한다. 타자는 부정할 수 없는 '외부 존재(there)'로서 우리의 세계에 존재하며, 우리와 불가분의 관계에 있고, 우리의 시야에 열려 있는 것과 상호보완적인 관점을 가지고 있다. 그러나 타인의 존재는 우리의 관점에서 가려진 것을 그들의 관점으로 어떻게 완성할 수 있을지에 대한 기대에 기반한 기대감이기도 하다. 과거의 지평에는 이러한 기대를 불러일으키는 타인과의 경험이 포함되어 있지만, 이 미래는 본질적으로 아직 완전히 구체화되지 않은 불확실한 것이며, 미래가 무엇을 담고 있는지에 대한 우리의 확신은 우리가 완전히 감지하고 알 수 있는 것 너머에 있는 타인의 경험에 대한 가정에 기초한다.

내러티브는 주관적 시간의 역설을 다양한 효과, 즉 시간적 지평에 대한 우리의 사회적 경험을 끌어내거나 강화하거나 전복하고 유희하는 데 활용한다. 예를 들어, 안나 카레니나와 같은 다중 플롯 소설은 암묵적으로 상호 연관된 타임라인에 그려진 전개를 조정하도록 설득하기 위해 서로 다른 세계의 시간성이 겹치고 상호 연결된다는 독자의 감각에 의존한다. 우리는 안나와 브론스키의 불륜이 전개되는 시점이 레빈과 키티의 구애가 시작되고 멈추는 시점과 시간적으로 유사하다고 가정하지만, 이 두 이야기는 실제로는 가끔씩만 교차한다. 이 세계와 시간성이 수평적으로 얽혀 있다는 가정은 매우 설득력이 있어서 대부분의 독자들은 톨스토이가 틀렸다는 사실을 알아차리지 못한다. 소설의 구조를 면밀히 연구한 비평가들은 "안나와 브론스키 플롯의 타임라인은 키티와 레빈 플롯과 1년 정도 일치하지 않는 반면, 돌리의 이야기는 훨씬 더 뒤처져 있다"고 지적한다(Auyoung, 2018, p. 17; Alexandrov, 1982). 소설의 마지막에 안나와 레빈이 마침내 만날 때, 그들의 만남은 이러한 시간적 부조화 때문에 엄밀히 말하면 불가능하지만, 일관되게 전개되는 환상에 대한 우리의 몰입은 시간의 기어가 세계를 하나로 연결한다는 우리의 일상적인 가정에 매우 효과적으로 그려지기 때문에 대부분의 독자들에게는 그 부조리가 보이지 않는다. 이러한 가정은 톨스토이의 소설에서 대개 조용히 작동하지만, 때로는 잘 알려진 첨탑 경주 장면의 반복에서처럼 처음에는 참가자인 브론스키의 관점에서, 그다음에는 관중석에서 경주를 관찰하는 안나의 관점에서 명시적으로 드러나기도 하는데, 이러한 반복은 동일한 사건 순서에 대한 상호 연관된 경험을 개별적으로 묘사함으로써 주관적인 시간적 수평성의 암묵적인 작용을 가시화한다.

이는 스티븐(Stephen)과 블룸(Bloom)이 산부인과 병원에서 만날 때까지 하루 동안 서로 다른 길을 걷다가(블룸은 묘지로 가는 길에 젊은 남자를 처음 발견함) 만나게 되는 율리시스의 시간적 원리에도 적용되어 있다. 상호주체성과 시간의 조화로운 수평성은 소설이 장엄한 행렬 동안 다양한 인물들의 교차하는 세계의 상호 작용을 매핑하는 "방황하는 바위" 장에서 명시하고 극화하는 원칙이며, 결과적으로 일부 비평가들은 이 장을 소설 전체의 소규모 모델로 간주한다(Blamires, 1996). 톨스토이와 조이스 내러티브가 가정하는 수평적 평행선은 뚜렷하지만 조율된 시간성의 상호주관적 얽힘으로서 우리의 생생한 시간 경험을 불러일으키기 때문에 우리는 독자로서 이러한 시간적 연결을 만드는 데 주저하지 않는다.

현대 소설의 시간적 실험은 사회적 시간의 역설을 극화하여 활용하지만, 때때로 이러한 '부자연스러운(unnatural)' 효과는 '자연스러운(natural)' 인지 과정에 다시 한번 의존한다. 예를 들어, 버지니아 울프가 『댈러웨이 부인(Mrs. Dalloway)』에서 도시 생활을 불투명한 별개의 세계가 상호주관적으로 얽혀 있는 것으로 표현한 것은 이야기가 한 세계에서 다른 세계로 넘어갈 때 빅벤과 런던의 다른 시계 종소리가 울려 퍼짐으로써 더욱 강화된다. 이 '자연스러운' 효과는 "공중에 녹아든 납덩어리들"이라는 인위적인 시적 후렴구에 의해 반영되며, 내레이터는 소리의 파문이 역설적으로 클라리사, 피터, 셉티머스, 레지아의 세계를 연결하면서도 분리하는 지평선을 가로지르는 동안 반복한다. 이 반복되는 은유는 부자연스러우면서도 자연스러운데, 원이 녹아내리는 것과 같은 상호 작용의 파동이 지나가는 순간과 교차하는 세계를 어떻게 연결하는지를 텍스트와 비유적인 용어로 표현한다. 이는 담화가 진행되는 동안 화자가 만들고 반복하는 시적 장치로, 내러티브에 결합된 여러 이야기를 텍스트적으로 연결하는 기능을 하지만, 이질적이고 서로 연결되지 않은 세계의 시간성이 주관적 경험 속에서 어떻게 결합되는지에 대한 물리적, 체화된 상관관계를 제시하려는 시도이기 때문에 자연스러운 근거를 가진 인공물이다.

포크너가 『음향과 분노』에서 시간을 가지고 벌이는 게임은 좀 더 파괴적이고 전복적이지만, 이 역시 사회적 지평과 시간적 지평 사이의 상호작용을 메타 픽션적으로 연출한 것이다. 이 소설의 서로 다른 세계의 시간성을 맞추는 문제는 "1928년 4월 7일", "1910년 6월 2일", "1928년 4월 6일", "1928년 4월 8일"(마지막 장은 부활주일이기도 하다)이라는 제목의 네 장을 표시하는 날짜 사이의 단절에서 시작된다. 달력의 날짜는 시간의 흐름을 사회적으로 조정하며, 시간의 주관적 수평성은 특히 집단적으로 기념하는 휴일(죽음과 부활의 상징적 울림이 있는 휴일은 더욱 그렇다)에 두드러지게 나타난다. 각 장의 내러티브가 날짜에 고정되어 있기 때문에 독자는 내러티브가 서술하는 시간이 상호주관적으로 공유된다고 가정하지만, 이러한 시간성이 어떻게 연결되는지는 날짜가 순서가 맞지 않을 뿐만 아니라 (독자가 벤지의 내레이션의 첫 페이지에서 곧 알게 되듯이) 내러티브가 시계나 달력이 제공하는 이정표 없이 시간을 넘나들기 때문에 의문이 제기된다(내러티브 측면에서 쿠엔틴의 시계 부수기 행위는 중복된 농담이다). 이렇게 흐트러진 내러티브를 이해하려면 여러 챕터에서 반복되는 서로 다른 경험의 사건(캐디의 진흙탕 서랍, 나이 든 쿠엔틴의 자살, 어린 쿠엔틴이 제이슨의 은닉품을 들고 도망치는 장면 등)이 공유하는 시간을 조율해야 한다.

물론 이러한 상호주관적이고 시간적인 일관성을 구축하는 작업은 가장 평범한 이야기를 따라가는 일상적인 측면이다. 하지만 포크너(Faulkner)는 바로 이러한 보이지 않는 일상적인 인지적 처리를 불러일으키고 전복한다. 이러한 혼란은 우리의 상호주관적인 시간 흐름에 대한 감각에서 서로 다르게 경험되는 순간들의 조율, 즉 너무 익숙해서 일상이나 모방적 내러티브에서는 알아차리지 못하지만 포크너가 탈자연화하고 낯설게 함으로써 시야에 들어오게 하는 지평선의 상호 얽힘에 주의를 환기하여 준다.

실비 드루아-볼레(Sylvie Droit-Volet)(2014, p. 496)가 지적한 것처럼 "서로 상호작

용하는 사람들은 그렇지 않은 사람들보다 더 비슷한 시간의 흐름을 경험한다"는 것을 보여주는 많은 실험적 증거들이 있다. 공유된 감정은 이러한 상호작용의 기반 중 하나이다. 윌리엄 제임스(William James)(1950 [1890], 1:618)가 관찰했듯이, 우리의 시간 감각은 "서로 다른 정신적 기분과 조화를 이룬다." 시간성과 주관성이 서로 얽혀 있다는 것을 보여주는 대표적인 예로, 우리의 감정은 시간 감각을 조정함으로써 우리를 서로 조율한다. 이야기가 감정적 반응을 불러일으킬 때, 이야기에 대한 우리의 경험이 전개되는 시간적 과정을 조율함으로써 우리를 서로 얽히게 한다. 내러티브 감정의 사회적 힘은 우리의 시간 경험을 얽어매는 능력에서 비롯된다.

예를 들어, 시간이 더 빨리 지나간다고 느끼는지 느리게 지나간다고 느끼는지는 우리가 경험하는 감정에 따라 달라지며, 이러한 주관적인 현상은 주관적으로 공유된다. 실험에 따르면 분노, 두려움 및 기타 위협적인 상황은 시간을 "평소보다 더 길게 판단"하게 하여 "유기체가 행동하거나 움직일 수 있는 자동적 준비"를 강화하는 시간 경과 감각을 둔화시키는 것으로 나타났다(Droit-Volet, 2014, p. 488). 그러나 모든 각성이 우리의 시간 감각에 같은 방식으로 영향을 미치는 것은 아니다. 예를 들어, "부끄러운 얼굴에 대한 지각은 시간을 과대평가하는 것이 아니라 오히려 과소평가하는 것으로 밝혀졌다"(p. 491)고 드루아볼레(Droit-Volet)는 말한다. 이러한 효과 중 일부는 이상하고 반직관적이다. 예를 들어, 혐오감이 시간 감각을 방해하는 것처럼 보이지만, 실험에 따르면 혐오스러운 얼굴을 보는 것이 피험자가 시간 범위를 정확하게 보고하는 능력에 영향을 미치지 않는 것으로 나타났다(Droit-Volet 참조).

이러한 실험에서 시간이 더 빨리 또는 더 느리게 지나가는 것처럼 보이는 이유에 대한 심리학자들의 설명은 추측에 불과하지만, '주관적 시간'의 변화가 단순한 허상이 아니라는 인상적인 증거가 있다. 실험을 통해 우리가 서로, 그리고 세계와 체화된 상호작용을 통해 생성되는 감정이 시간의 흐름에 대한 감각에 예측 가능한 영향을 미치며, 이러한 주관적인 감정은 경험적으로 측정 가능한 '신체 상태의 변화'에 근거한다는 사실이 입증되었다(Droit-Volet, 2014, p. 494; Barsalou, 1999). 분노, 두려움, 위협을 경험한 사람은 2분 간격이 훨씬 길게 느껴지고, 수치심이나 죄책감을 느낀 사람은 5분 간격이 훨씬 짧게 느껴진다고 보고할 것이다. 이러한 현상은 모든 사람에게 완벽하게 균일하지는 않지만(이 글을 읽으면서 "나는 아니야!"라고 스스로에게 말할 수도 있겠지만), 무작위적인 것은 아니며 광범위하게 공유되는 현상이다. 이러한 유사성은 주관적으로 느낀 경험이 공유된 시간 속에서 어떻게 얽힐 수 있는지를 보여주는 강력한 증거이다.

감정을 분류하는 방법과 감정이 문화적으로 가변적인지 아니면 인류 전체에 걸쳐 균일한지 여부에 대해 상당한 논쟁이 있어 왔다. 그러나 이러한 논쟁의 이면에는 감정이 세상에 대한 우리의 태도를 안내하고 서로의 관계를 조정하는 체화된 인지적 과정이라는 과학적 합의가 있다(Barrett, 2007, 2017). 이러한 작업을 수행하는 감정의 능력은 우리가 시간적으로 방향을 잡는 힘에 달려 있으며, 이것이 바로 미래가 감정과 가장 자주 연관되는 시제인 이유이다. 하이데거는 정서적 조율(우리의 기분(mood), 또는 정서(Stimmung))이 사람, 텍스트 및 기타 상황에 대한 우리의 예상적 이해를 지향하기 때문에 근본적으로 미래적이라고 설명한다(이해의 전구조, 또는 전구조[VorStruktur]에 대해서는 Heidegger, 1962 [1927], p. 172-95 참조). 감정은 우리를 우리의 세계에 조율하는 구성적 인지 구조이며, 이러한 조율은 상호 주관적이고 미래적이다. 내러티브 감정은 우리의 기대 방향을 조정하고 조작함으로써 이야기 세계에 대한 우리의 반응을 조정한다.

[그림 19] Lisa Feldman Barrett: 당신의 감정은 당신이 생각과 다름

감정과 인지는 분리할 수 없다. 리사 펠드먼 배럿(Lisa Feldman Barrett)(2007, p. 390)이 관찰한 바와 같이[4], 감정과 인지를 위한 '뇌 구조'와 '신경 회로'는 서로 연결되고, 겹치고, 얽혀 있다. 예를 들어, 해부학적으로 구분할 수 있는 뚜렷한 신경계(청각 피질과 반대되는 시각 피질)를 통해 작동하는 시각과 청각과는 달리, 감정을 지원하는 피질 구조는 다른 인지 과정과 불가분의 관계에 있다. 따라서 "한 감각적 표상이 다른 감각적 표상을 촉발할 수는 있지만, 보는 것을 듣는 것으로 착각하는 사람은 아무도 없지만, 느끼고 생각하는 것도 마찬가지다"(p. 390)라고 배럿(Barrett)은 말한다. 단순히 사적이고 내적인 상태가 아니라 "감정 경험은 의도적, 지향적인 상태, 즉 어떤 것에 대한 정서적 상태"(p. 379)로서 우리의 주의를 집중시키고 우리가 마주하는 상황에 대한 반응을 조절한다. 감정은 지향성, 즉 사람, 장소, 사물에 대한 방향성 때문에 의미와 가치를 가진다. 이러한 정향성은 다른 종류의 지향성과 마찬가지로 우리의 즉각적인 지평 너머의 경험에서도 일정한 종류의 관점이 지속될 것으로 예상하기 때문에 본질적으로 시간적이다. 이러한 지평성(수평 상태, 위치)은 우리가 삶에서 경험하는 감정뿐만 아니라 우리가 듣고 읽는 이야기에서 불러일으키는 감정을 특징짓는 요소이다.

예를 들어, 폴 에크만(Paul Ekman)(1999)이 문화적으로 보편적이라고 주장한 분노, 슬픔, 두려움, 놀라움, 혐오, 경멸, 행복과 같은 소위 기본 감정을 생각해 보라. 에크만은 외부 문화에 대한 노출이 제한적인 파푸아뉴기니의 외딴 지역에 사는 부족 구성원들에게 얼굴 표정 사진을 보여주며 이 목록을 작성했는데, 이러한 감정을 표현하는 얼굴이 즉시 인식되는 것을 발견했으며, 이는 외부 미디어의 표현을 통해 학습된 것이 아니기 때문에 이러한 감정이 문화적 구성물이 아니라 생물학적 기반이 되는 보편적인 것임에 틀림없다고 결론지었다. 감정의 신경생물학에 대한 최근의 연구는 감정이 종 전체에 걸친 신경생물학적 기반 상수라는 에크만의 주장에 의문을

4) 구성된 감정 이론(Theory of constructed emotion) 주장자로 Barrett은 원래 대학원 교육 중에 구성된 감정에 대한 현재의 이론을 개발했다. Barrett에 따르면 감정은 "보편적인 것이 아니라 문화에 따라 다르다. 그녀는 감정이" 촉발되지 않는다. 당신이 감정을 만든다. 감정들은 우리 몸의 물리적 특성, 그것이 어떤 환경에서 발달하든 그 환경에 스스로를 연결하는 유연한 뇌, 그리고 그러한 환경을 제공하는 당신의 문화와 교육의 조합으로 나타난다(역자 주).

제기하였다(Colombetti, 2014, p. 25-52; Barrett, 2017). 서로 다른 감정을 명확하게 구분하는 '신경 신호'는 존재하지 않으며, 특정 감정과 그 감정의 기반이 되는 신경해부학적 구조 사이의 관계에는 상당한 가변성이 있다는 것이 밝혀졌다. 예를 들어, 공포는 편도체 외에도 뇌와 신체의 많은 부분과 관련이 있으며, 편도체는 위협에 대한 반응뿐만 아니라 새로움과 불확실성과 관련된 다양한 감정에 관여한다(Lindquist et al., 2012).

최근 연구에 따르면 감정은 신경 해부학의 보편적 특성의 산물이 아니라 우리 몸이 세계와 상호작용하면서 감정 반응이 발달하며, 따라서 학습된 것과 생물학적으로 유전된 것을 명확하게 구분하는 것은 불가능하다고 한다(Gross, 2010; Colombetti, 2014; Barrett, 2017). 메를로퐁티(Merleau-Ponty)(2012 [1945], p. 195)는 인간에게 "단순한 생물학적 존재에 빚지지 않는 말이나 행동은 하나도 없으며, 동시에 동물적 삶에서 벗어나지 않는 말이나 행동도 없다는 의미에서 모든 것이 구성되고 모든 것이 자연스럽다"고 주장한다. 이러한 주장에 대한 증거로 메를로퐁티(Merleau-Ponty)는 "일본인과 서양인의 분노나 사랑의 몸짓이 같지 않다는 것을 관찰한다 ... 화가 나면 일본인은 미소를 짓는 반면 서양인은 얼굴이 빨개지고 발을 구르거나 심지어 창백해지고 날카로운 목소리로 말한다"(p. 194-95)고 말한다. 메를로퐁티(Merleau-Ponty)는 결론을 내린다: "동일한 기관과 동일한 신경계를 가지고 있다는 것만으로는 동일한 감정이 서로 다른 두 의식 주체에서 동일한 징후를 나타내는 데 충분하지 않다. 중요한 것은 그들이 신체를 사용하는 방식, 즉 감정에서 신체와 세계를 동시에 표현하는 것이다."(p. 195). 체화된 표현으로서 감정은 생물 문화적 혼종이다.[5]

에크만(Ekman)이 말한 '기본 감정(basic emotions)'이 실제로 전 세계적으로 널리 퍼져 있다면, 이는 다원주의적 관점에서 다양한 비교 우위가 작용했기 때문에 생물학적 메커니즘과 문화적 메커니즘의 결합을 통해 확립되었을 것이다. 이러한 장점은 감정이 지향적인 구조, 즉 사회 및 자연 세계에서 "어떤 대상에 대한 정서적 상태(affective state)"라는 배럿의 설명을 상기할 때에만 생겨날 수 있었을 것이다. 과학적으로 모호하지만 인문학에서 큰 영향을 미친 정서에 대한 생각에 대한 중요한 비평에서 루스 레이스(Ruth Leys)(2011, p. 437)는 많은 소위 정서 이론가들이 "정서적 과정이 의도 및 의미와 독립적으로 발생한다고 가정하기 때문에" 에크만의 모델을 받아들였다고 지적한다. 레이스(Leys)의 설명에 따르면, 이러한 이론가들은 "정서(affects)"을 "비인지적, 신체적 과정 또는 상태"로 간주하며, "정서를 유발하는 대상과 관계없이 자기 보상 또는 자기 처벌 방식으로 스스로를 배출할 수 있는", "생존을 목적으로 진화해 왔으며 고차적 정신 과정의 인지적 특성이 결여된 유기체의 빠르고 계통적으로 오래된 자동 반응"(p. 437-38; Wehrs, 2017, p. 34-41 참조)으로 간주한다. 그러나 감정이 '의도와 의미'가 결여된 '비인지적' 강렬함이라면 진화적 가치를 가질 수 없었을 것이고, 생존하지 못했을 것이다. "정서의 자율성"(Massumi, 1995, 2002)에 대한 주장은 진화 역사의 긴 기간 동안 또는 우리가 이야기에 대해 함께 느끼게 되는 짧은 기간의 내러티브 상호 작용을 통해 감정의 사회적 작용을 설명하는 데 적합하지 않다.

기본 감정은 반복적이고 전형적인 문제나 기회에 대응하는 데 도움을 주어 생존에 이점이 될 때만 확산되고 지속될 수 있으며, 강력한 이점은 우리와 우리의 동료들이 공유 세계의 상황에 대한 우리의 반응을 조정하는 데 도움이 될 것이다. 이러한 상황은 우리가 두려움, 놀라움, 혐오감을 느끼는 대상이나 상황일 수도 있고, 우리가 같이 슬픔이나 행복을 경험하거나 경멸감을 느끼는 종의 다른 구성원일 수도 있다(에크만의 다른 범주를 인용). 이러한 감정 반응은 주관적이고 의도적일 뿐만 아니라(세상의 어떤 대상을 향한다는 의미에서), 미래에 어떤 식으로든 행동하도록 우리를 예견하기 때문에 시간적이기도 하다(예를 들어 분노, 행복, 혐오감 등 다양한 종류의 행동이 일치할 수 있다). 감정은 상호주관성과 시간성이 서로 얽혀 있어 협력적인 상호작용을 촉진할 수 있기 때문에 생존에 강력한 이점을 제공할 수 있다. 물론 동전의 이면에는 감정이 세상에 대한 우리의 조율을 조정하고 경쟁자나 인지된 위협에 대한 공격적이고 폭력적인 대응을 조정하는 동일한 능력을 통해 파괴적인 갈등을 조장할 수도 있다는 점도 있다. 내러티브가 불러일으키는 감정 역시 마찬가지로 친사회적 또는 반사회적 결과를 초래할 수 있는데, 이는 내러티브가 우리의 세계를 서로 다른 목적으로 얽어매어 연민을 조장하거나 우리 세계의 지평을 넘어서는 문제에 대한 두려움과 불안을 불러일으킬 수 있기 때문이다(Armstrong, 2013, p. 131-74).

좋은 것이든 나쁜 것이든, 감정은 우리를 우리의 세계와 조율하는 주관적 구조로 구체화되어 있으며, 이러한 조율은 우리를 미래로 향하게 하는 시간적 현상이다. 이는 소위 기본 감정뿐만 아니라 수잔 킨(Suzanne Keen)(2011, p. 6n)이 "복합 감정"이라고 부르는, 명백히 (심지어 정의상) 문화적 구성요소인 감정에도 해당된다: "도덕적 감정(공감과 연민)과 사회적 감정(수치심, 당혹감, 부러움, 죄책감, 증오뿐만 아니라 긍정적인 평온함과 아마에(amae), 소속감에서 오는 편안함)." '도덕적 감정(sentiments)'과 '사회적 감정(emotions)'은 '어떤 대상에 대한 정서적 상태', 즉 우리가 완전히 공유할 수 있는 경험 너머에 있지만 우리의 지평을 넘어 반응하는 타인을 향한 태도이기 때문에 지향성 혹은 의도성을 갖는다. 타인에 대한 이러한 조율은 또한 본질적으로 미래 지향적이며, 우리를 예상되는 상호작용의 지평으로 향하게 한다. 킨(Keen)의 목록에서 '침착함'과 '편안함'이라는 항목은 자신에 관한 것 같지만, '침착하게 계속하라(Keep Calm and Carry On)'라는 슬로건에서 보듯 타인과의 미래 관계를 기대하는 방식으로 우리를 투영하고 있다. 이러한 감정은 순전히 주관적이고 내적인 것이 아니라 타인과의 관계 및 우리가 처한 상황에 반응하고 이를 구성하는 태도를 수반한다. 우리가 다른 사람들과 공유하는 상황에 반응하고 구성하는 이러한 능력은 '기본적'이든 '복합적'이든 모든 종류의 감정을 스토리로 패턴화할 수 있는 이유 중 하나이다

지향적 구조로서 감정은 내러티브의 기본이 되는 재귀성의 왕복 운동이 특징이다. 예를 들어, 제너퍼 로빈슨(Jenefer Robinson)(2005)이 "비인지적 정서적 평가"와 그에 따른 "인지적 모니터링" 사이의 주기를 설명하는 데서 이러한 특징이 분명하게 드러난다. 조제프 르두(Joseph LeDoux)(1996)의 연구를 바탕으로, 로빈슨(Robinson) (2005, p. 45)은 정서적 평가를 편도체와 시상을 통해 매개되는 "의식적인 심의나 인식 없이" "신속하고 자동적인" 생리적 반응으로 설명한다. 로빈슨(Robinson)의 모델에 따르면, 이러한 직관적이고 신체에 기반한 반응에 이어 "피질을 통해 작동하고 시상-편도체의 '정서적 평가'가 적절한지 아닌지를 파악하는 더 느리고 차별적인 처리 시스템"이 뒤따른다(p. 50). 이 모델은 정서를 자율적이고 의도와 판단의 영역 밖에 있는 것으로 보는 이론보다 내러티브 정서의 사회적 작용을 더 잘 설명할 수 있다. 이는

에크만에서 파생된 정동 이론뿐만 아니라 "정서는 목표와 관련된 상황이나 사건의 평가에 의해 생성되지 않는다"고 잘못 주장하는 "문학이 우리에게 정서에 대해 가르치는 것"에 대한 호건(Hogan)의 [2011b, p. 46]의 영향력 있는 설명에도 바람직하다.

물론 평가는 반드시 인지를 수반하기 때문에 로빈슨(Robinson)의 "비인지적 평가"라는 용어는 모순이다. 그러나 그녀는 뇌의 인지 과정의 비동시성을 정당화하기 위해 모순된 용어를 사용하였다. 정서적 평가는 의식이 형성되기 전에 우리가 세상의 상황에 대응할 수 있게 해주는 인지 장치의 일부이다. 전반사적 지각과 의식 도달 사이의 지연은 (마수미(Massumi)를 떠올리도록) '생각의 공백(thought-o-genic lapse)'이 아니라 정서적 평가에 의해 채워지는 간격이다. 감정은 리벳(Libet)이 '마음 시간' 실험에서 확인한 간극을 가로질러 잠재적으로 예측한 것을 검토하고 재정비할 때 기대적 조율과 회상(회고)적 수정을 결합하는 왕복 과정에서 필수적인 역할을 한다. 반영되지 않은 경험에 대한 성찰의 시간적 이중화는 한쪽의 정서와 다른 쪽의 의미 또는 인지 사이의 정적이고 극복할 수 없는 구분이 아니다. 오히려 그것은 메를로퐁티(Merleau-Ponty)가 (후설을 따라서) 일차적 지각 수준에서 "비단언적(비명제적), 기능작동적 지향성(non-thetic, operative)"이라고 부르는 것과 우리가 판단이나 숙고의 자세를 취할 때 "단언적(명제적), 행위 지향성(thetic, act)"이라고 부르는 것 사이의 두 가지 다른 종류의 지향성 사이의 시간적 왕복이다(2012 [1945], p. lxxxii). 메를로퐁티(Merleau-Ponty)가 지적했듯이, 우리가 성찰할 때마다 우리는 무의미하고 자동적인 충동이나 강렬함의 영역이 아니라 반성적 지각 경험에 이미 존재하는 의미의 세계를 발견하게 된다. 반성적 모니터링은 감정이 이미 예비적인 태도, 방향, 평가를 투영한 후에 이루어질 수 있지만, 정서는 (다시 한번 말하지만) 의식과 평가와는 별개로 작동하는 자율적인 시스템이 아니다.

기대적 정서 평가와 회고적, 수정적 모니터링 사이의 재귀적 상호 작용은 다양한 수준과 속도로 끊임없이 형성되고 해체되는 신경 생물학적 과정의 경험적 상관관계이다. 예를 들어, 즉각적인 경험에서의 단기 기억과 작업 기억, 장기 기억에서의 일련의 사건 통합, 장기간에 걸친 대화와 내러티브 교섭의 중간 범위 상호 작용 등 다양한 통합 과정에 대한 멀린 도널드(Merlin Donald)의 삼각화 설명을 떠올려 보라.

이와 유사하게, 바렐라(Varela)(1999, p. 300)는 "정서(affects)를 세 가지 척도로 구분"할 것을 제안하는데, 이는 대략 세 가지 '시간성의 척도'에 해당하며, 각 단계에 대한 구체적인 용어가 있다: "첫 번째 척도는 감정(emotion)으로, 살아있는 현재를 구성하는 색조 변화에 대한 인식이다. 두 번째는 정서(affect)로, 일관된 일련의 체화된 행동에 적합한 성향의 경향이다. 세 번째는 시간 경과에 따른 내러티브 묘사의 척도로 존재하는 무드, 분위기(mood)이다." 이러한 척도는 도널드 수준이나 인지 통합의 시간성을 표시하는 다른 방법과 정확히 동일하지는 않다(예를 들어, 마이크로초 수준의 잠재의식 처리(100-150밀리초), 의식적 인식의 지연된 출현(500밀리초), 시간적 창문 분석(3-5초)을 구분하는 것을 상기해 보라). 그러나 감정에 대한 어휘가 시간적 처리 수준에 기반할 수 있다는 바렐라(Varela)의 제안은 감정이 시간적 인지 구조라는 인식에서 나온 것이기 때문에 흥미롭다.

그러나 다른 경험적 영역보다 감정 연구에서 용어의 정의에 대한 합의에 도달하는 것이 더 어렵다. 바렐라(Varela)의 구분은 본질적으로 모호하고 애매한 영역에 질서를 부여하려는 흥미로운 시도이지만, 그의 정의 자체가 감정 범주가 불안정한 이유를 보여준다. 그가 규명하고자 하는 감정 평가의 과정은 그가 설명하는 시간적 경계를 넘나든다. 그의 감정 범주는 그 기반이 되는 시간적 과정의 재귀성과 상호 연결싱 때문에 서로 보호해진다. 예를 들어, 하이데거(Heidegger)의 기분(Stimmung) 개념은 바렐라(Varela)가 이 용어에 부여한 세 번째 척도뿐만 아니라 다른 두 척도('감정'과 '정서(affects)')를 특징짓는 조율된 기대의 태도를 말한다. 비록 이러한 조율이 작동하는 수준(바렐라(Varela)의 용어가 포착하고자 하는 경험적 차이)에 따라 다르게 느껴질지라도, 우리를 미래로 향하게 하는 것은 감정이 시간적 통합의 모든 다양한 척도에 설쳐 하는 일이다(감정이 전혀 인지되지 않는다면). 감정 연구자들이 사용하는 용어는 이러한 영역을 넘나들며, 바렐라(Varela)의 구분이 포착하고자 하는 체화되고 시간적으로 유동적인 과정도 마찬가지이다. 감정 용어가 어떤 시간적 수준을 가리키고 어떤 종류의 조율을 설명하는지 묻는 것은 유용하고 유익할 수 있지만, 엄격한 정의 분류에 대한 합의가 이루어질 가능성은 낮으며, 고정적이고 명확한 범주는 이러한 유동성을 획일화하고 잘못 표현할 수 있다.

독서와 내러티브에서 감정의 역할은 정서적 평가와 인지적 모니터링 사이의 기본적인 시간적 이중성을 다양한 방식으로 구현한다. 예를 들어, 데이비드 미올(David Miall, 2011, p. 330)은 "독서 중 인지 과정을 시작하고 지시하는 데 있어 감정의 역할"에 대한 상당한 실험적 증거를 발견하였다. 미올(Miall)은 이야기 이해에서 "감정의 기대적 역할"을 측정하려고 시도했으며, 실험 대상자들이 "단어의 의미 처리가 완료되기 전, 즉 단어를 처음 본 후 250밀리초 정도, 또는 그보다 더 일찍" 단어의 정서적 가치에 반응한다고 보고하였다(p. 336, 327). 또한 우리의 정서적 평가를 텍스트의 감정적 가치와 일치시키면 이해가 촉진된다는 흥미로운 실험적 증거도 있다. 예를 들어, 로런스 바살루(Lawrence Barsalou)(2008, p. 629)는 "얼굴의 감정과 문장의 감정이 일치할 때, 일치하지 않을 때보다 이해력이 더 좋았다"고 보고한다.

그러나 텍스트 이해는 정서와 단어 의미의 정적인 대응이 아니라 시간적으로 역동적인 조정과 재조정의 상호 작용 과정이다. 미올이 관찰한 바와 같이(Miall, 2011, p. 327), "언어적 제시물에 대한 첫 번째 반응의 시간적 전개에 초점을 맞춘 여러 연구"는 정서 지향적 기대와 회고(회상)적 인지 활동 간의 상호 작용을 기록하는데, 이는 로빈슨(Robinson)이 설명하는 정서적 평가와 인지적 모니터링의 순환 주기와 일치한다. 감정은 구성적 구조이기 때문에 이 루프를 움직일 수 있으며, 이해를 안내하는 부분 전체 게슈탈트, 즉 채워지고, 수정되고, 다듬어지고, 전복되기를 기다리는 미래 지향적인 형태를 평가에 투영한다.

내러티브가 독자나 청자의 정서적 반응을 불러일으키고 조작하는 방식은 내러티브가 구성하는 사건에서 일관된 불일치 패턴을 구축하고, 깨뜨리고, 재형성하는 방식에 필수적이다. 예컨대, 메이어 스턴버그(Meir Sternberg)(1987)의 내러티브의 기본이 되는 정서적 태도인 호기심, 서스펜스, 놀라움은 모두 이야기가 기대치를 설정하고 이를 확인, 수정, 뒤집는 지평적 현상이다. 호기심, 긴장감, 놀라움은 정서적 평가의 태도로서, 앞으로의 전개에 맞춰 내러티브 이해의 구성적 작업을 안내한다.

감정은 이해의 시간성을 지향하는, 구조화되어 있지만 개방적이고 불완전하게 결정된 기대의 지평을 투영한다. 이러한 기대의 지평은 텍스트의 장르가 불러일으키는 감정(희극인가 비극인가?)에서부터 줄거리의 사건의 우여곡절, 즉 해피 엔딩인가 아니면 실컷 우는 것인가에 이르기까지 확장된다. 로빈슨(Robinson)은 "감정은 주의를 집중시킨다"(p. 126)고 설명한다. 이 초점은 지향적이면서도 개방적이고, 지향적이지만 완전히 체화되지는 않으며, 우리의 입장에서 가능한 관점의 어떤 종류의 지속을 예상하는 지평선 같은 방식으로, 그러나 모든 종류의 관점을 예상하는 것은 아니다. (우리는 소설이나 영화의 놀라운 결말에 반응할 때처럼 미리 예상했던 것이 완전히 정해져 있지 않더라도 어떤 전개가 예상했던 것과 다르기 때문에 놀랄 수 있다: "무슨 일이 일어날지 정확히 알 수 없었지만, 그게 아니었어!")

작품의 캐릭터는 분명히 작품이 만들어내는 감정의 주요 초점이다. 그러나 특정 캐릭터에 대해 느끼는 감정이 중요한 이유는 그것이 훨씬 더 큰 관심사에 대한 우리의 태도를 좌우할 수 있기 때문이다. 예를 들어 비극적인 주인공에게 느끼는 연민과 두려움 등 작품 속 인물에 대한 우리의 변화하는 반응은 내러티브의 전반적인 감정 톤을 이해하는 데 핵심적인 역할을 하며, 이러한 톤은 광범위한 해석학적 함의를 지니고 있다. 로빈슨(Robinson)은 이렇게 설명하였다:

> 안나 카레니나에 감정적으로 반응할 때 나는 그 감정의 프리즘을 통해 소설의 전체 세계를 보게 된다. 안나에 대한 나의 감정은 결혼법의 가혹함, 브론스키의 직업적 위치의 어려움, 예의 없는 사회의 무정함 등에 대한 나의 감정에 영향을 미친다. 안나에게 연민을 느끼는 것은 단순히 그녀에 대한 반응이 아니라 소설 전체에 대한 나의 이해에 광범위한 영향을 미치는 반응이다.(p. 128)

특정 캐릭터의 운명에 대한 우리의 감정적 반응이 이처럼 광범위한 영향을 미칠 수 있는 이유는 감정이 우리의 시야 너머에 있는 것에 대한 태도의 방향과 조정을 수반하는 정서적 평가를 수반하기 때문이다. 여기에는 캐릭터가 일부인 텍스트 전체가 포함되지만 거기서 멈출 필요는 없다. 캐릭터에 대한 감정적 반응의 '너머(beyond)'는 독서의 즉각적인 미래에서 시작하여 이 특정 이야기에 대한 참여의 지평을 넘어 우리 세계에서 우리를 기다리는 다른 내적 사건으로 확장될 수 있다. 감정은 미래와 다른 사람들을 향하게 하는 지평적 구성이기 때문에, 감정을 조작하는 것은 내러티브가 우리를 세계 전체로 향하게 하는 강력한 방법이며, 이야기 속 특정 사건, 인물, 관심사를 훨씬 뛰어넘어 세계의 패턴에 대한 감각을 '다시 (형태화)회복(regestalt)'시킬 수 있는 방법이다.

내러티브 감정은 시간성과 주관성이 서로 얽혀 있으며, 우리의 시야 너머에 있는 것에 대한 시야를 조정함으로써 우리를 다른 세계와 연결한다. 이러한 감정은 우리가 이야기에 반응하면서 공감할 수 있는 가상의 인물뿐만 아니라 이야기를 공유하는 다른 청취자 및 독자와도 연결된다. 이야기를 들려주고 따라가는 경험은 주관성을 시간 속에서 조율한다. 한네 드 재거, 에제키엘 디 파올로, 랄프 아돌프(Hanne De Jaegher, Ezequiel Di Paolo, & Ralph Adolphs)(2016, 5-6)의 설명처럼, 신경과학은 "사회인지적 과정의 상호 공유"가 필요한 "상호 조정"과 "참여적 의미 만들기" 과정인 일종의 "뇌 간 위상 동기화"를 수반하는 다양한 현상의 중요성을 인정하기 시작하였다(또한 De Jaegher, Di Paolo, & Gallagher, 2010). 드 재거(De Jaegher)와 그녀의 동료들이 '상호작용적 뇌 가설'이라고 부르는 것은 이야기를 주고받을 때 말하는 사람과 듣는 사람의 동기화와도 관련이 있다(4장의 뇌와 뇌의 결합에 대한 나의 논의 참조). 이안 크로스(Ian Cross)(2003, p. 48)가 지적했듯이, 이러한 주관적 동기화 과정은 "양육자와 유아의 상호작용의 리듬성"에서 가장 먼저 나타나며, 이는 "인간의 의미 있고 의사소통적인 능력 발달의 중심"이 된다. 협력적 감각 형성의 시간적 리듬 속에서 주관성을 주고받는 이러한 조율은 음악과 춤, 그리고 패턴화된 시간을 공유하고 타인과 정서적으로 조화를 이루는 다른 사례에서 성인의 경험으로 이어진다.

드 재거(De Jaegher)와 그의 공저자들(2016, p. 8)이 설명하듯이, 이러한 종류의 "사회적으로 결합된 상호작용"은 "단일 에이전트나 두뇌의 활동으로 환원되지 않는 새로운 역동적 패턴"을 발생시킨다. 한스게오르크 가다머(Hans-Georg Gadamer)(1993 [1960], p. 101-10)는 게임을 플레이어가 개별적으로 명령할 수 있는 것을 넘어서는, 역설적으로 플레이어의 활동에서 발생하는 초주체적 주체성을 가진 것처럼 보이는 협력적 활동으로 설명할 때 이런 종류의 것을 염두에 두고 있다. 가다머(Gadamer)가 "게임에 참여하는 플레이어에 대한 게임의 우위"라고 부르는 것은 플레이어가 자신의 선택에 의해 생성된 움직임에 반응하지만 전적으로 자신의 통제에 따르지 않을 때 게임이 플레이어의 행동을 통제하는 것처럼 보이는 것에서 경험적으로 분명하게 드러난다. 게임, 음악, 춤, 이야기의 교섭은 모두 참여적 의미 만들기의 상호주관적 경험으로, 이상하게도 자신이 공동 창조하는 것에 대해 전적으로 책임지지 않지만 이러한 상호작용에 의해 자신의 반응이 유도되고 조정되는 개별 주관성의 기여 없이는 생겨날 수 없다. 이러한 상호 조정의 경험은 상호작용적 뇌 가설이 설명하고자 하는 새로운 역학 체계의 증거이다.

이러한 상호작용을 하는 참가자의 몸과 뇌에서 정확히 어떤 일이 일어나는지는 스캐닝 기술의 한계로 인해 완전히 밝혀지지 않았다. 그러나 분리되어 있지만 서로 연결된 동적 시스템의 이러한 상호 얽힘은 물리적 세계에서 드문 일이 아니다. 칼 프리스턴(Karl Friston)과 크리스토퍼 프리스(Christopher Frith)(2015, p. 391)는 이를 "결합된 동역학 시스템 간의 거리에서의 작용"의 잘 알려진 사례인 흔들리는 진자의 동기화에 비유한다. 두 개 이상의 흔들리는 진자가 기적적으로 움직임을 조정하는 것처럼 보이지만, 이러한 "일반화된 동기화의 출현"은 두 진동 시스템이 "작용을 통해 서로 결합"될 때마다 발생하는 일반적인 현상이다(p. 391). 사람들 사이의 리듬감 있는 시간적 조정에 대한 경험은 두 개의 구체화된 뇌가 상호 작용할 때에도 이러한 종류의 결합이 일어난다는 것을 시사한다. 체화된 뇌의 리듬, 즉 신경세포 집합이 형성, 해체, 재형성되는 "결합, 주의, 동적 조정과 관련된 진동 역학"(p. 391)은 흔들리는 진자의 왔다 갔다 하는 움직임과 다르지 않다.

이 진동이 두 개 이상의 체화된 뇌에 걸쳐 동기화되는 능력은 음악, 춤 또는 이야기에서 공동의 의미를 만드는 과정의 시간적 조정의 신경생물학적 기초이다. 이러한 결합된 진동은 체화된 두뇌가 시간적으로 상호 주관적으로 얽힐 수 있게 하며, 미적 경험이 서로 다른 세계의 시간성을 동기화하는 신경생물학적 수단이다. 우리가 시간 속에서 리듬과 감정을 공유할 수 있는 능력이 있는 것은 수평적 상호 작용의 진동 과정이 서로 동기화될 수 있기 때문이다. 내러티브 상호작용에서 인지 패턴이 형성되고 해체되는 역동적 시스템을 결합하면, 동기화의 파동은 이야기에 투영된 세계뿐만 아니라 다른 독자, 청취자, 스토리텔러의 세계와 내러티브 교환의 왕복 리듬을 통해 독자의 세계를 연결할 수 있다.

이러한 일치와 불일치, 동기화와 비동기화의 리듬을 통해 보존되고 전달되는 신체적 공명은 이야기에 역사의 지평에 걸쳐 세계를 정렬하는 힘을 부여한다. 갤러거와 자하비(Gallagher & Zahavi)(2012, p. 95)가 관찰한 것처럼 "인간의 시간은 우리 삶의 이야기의 시간"이며 "개인의 삶은 다른 사람들(부모, 형제, 친구 등)의 이야기와 얽혀 있을 뿐만 아니라 항상 더 큰 역사적, 공동체적 의미 부여 구조에 내재되어 있다"고 말한다. 우리가 공동의 시간에 내재되어 있다는 감각은 대부분 우리가 듣고 배운 이야기, 그리고 우리 문화에 퍼져 있는 이야기에서 비롯된다. 역사 공동체의 구성원으로서, 우리는 공유 문화의 이야기와 기타 유물을 계승, 보존, 변형, 전승하며, 이를 통해 우리의 삶은 우리의 지평을 넘어 다른 사람들과 상호주관적으로 얽혀 있다. 우리는 이러한 이야기를 우리 뒤에 오는 사람들, 즉 우리가 아는 사람들도 있지만 우리가 직접 만나지 못하는 많은 사람들에게 전승함으로써 역사에 참여한다. 리쾨르(Ricoeur) (1980b, p. 188)가 주장한 것처럼 "내러티브성은 시간에 대한 명상을 죽음이라는 지평이 아닌 다른 지평, 즉 살아있는 존재들뿐만 아니라 동시대인, 전임자, 후계자 간의 소통 문제에까지 열어준다"고 할 수 있다. 이런 의미에서 그는 이야기의 교환이 "세대 간의 전승"을 가능하게 한다는 점에서 "내러티브 시간은 각 주인공의 죽음 이후에도 계속되는 시간"이라고 주장한다(p. 188). 이러한 시간적 전승의 과정은 지평적이고 상호주관적이며, 내 삶의 한계를 넘어 나의 시간과 타인의 시간이 서로 얽혀 있다.

체화된 뇌의 시간적 비동시성은 우리의 지평이 항상 변화하고 우리가 살아있는 한 결코 우리 자신과 하나가 될 수 없음을 의미하지만, 시간적 경험의 지평성(수평 상태)은 또한 나의 시간성과 타인의 시간이 얽히는 것을 가능하게 하며, 이러한 개방적인 상호작용은 우리가 더 이상 직접 경험하지 못하게 된 후에도 오랫동안 반향을 일으킬 수 있다. 죽음은 반드시 이야기의 끝이 아니며, 우리는 문화적 의미 만들기의 협력적 과정에서 배우고, 만들고, 교환하는 이야기를 통해 현세의 지평을 넘어 계속 살아갈 수 있기 때문이다. 우리가 전승하는 이야기에는 죽음 이후의 삶이 존재하며, 이러한 생성 능력의 신경생물학적 기반은 체화된 뇌의 비동시적(비동기적) 시간성이다.

제 3 장 행동, 체화된 인지, 내러티브 형상화(구성)의 허구(가상성)

탈중심화된 뇌의 시간성은 모방이 기호와 사물에 대한 정적인 대응이 아니라 행동의 동적인 구성이기 때문에 미메시스(모방, mimesis)를 가능하게 한다. 미메시스는 일종의 행동(언어적 구성)으로서, 독자나 청자가 따라가며 재구성(이해 활동)하는 사건의 조직(행동의 구성)을 만들어 낸다. 행동은 미메시스뿐만 아니라 더 넓게는 인지적 삶의 핵심이다. 그렇기 때문에 내러티브 패턴의 구성과 파괴는 다양한 인지 영역에서 패턴의 형성과 파괴에 강력한 영향을 미칠 수 있다. 내러티브의 불일치 역설은 내레이션, 스토리 이해, 일상적인 구체적 인지를 연결하는 행동의 회로를 가로지른다. 이러한 행동 방식 내부와 외부, 그리고 그 사이에서 끊임없이 변화하는 일치와 불일치 사이의 균형과 긴장은 스토리가 질서와 유연성, 조직과 변화에 대한 개방성에 대한 두뇌의 경쟁적 요구 사항과 함께 작용할 수 있게 해준다.

최근 소위 2세대 인지 문학 이론가들의 행화적 내러티브 연구가 행동과 내러티브의 관계에 대한 새로운 관심을 불러일으켰지만, 이는 내러티브 이론의 초기부터 주요한 주제였다.[1] 아리스토텔레스(1990 [기원전 335], 7; 원문 강조)는 "비극은 인간의 모방이 아니라 행동의 모방"이며, 나아가 "연기자는 인물을 모방하기 위해 행동하는 것이 아니라 행동을 [모방하기] 위해 인물을 취한다"고 주장한 것으로 유명하다.[2] 리쾨르(Ricoeur, 1984a, p. 34)에 따르면 행동에 우선순위를 둔 이 주장은 "복사나 동일한 복제의 측면에서 아리스토텔레스의 미메시스에 대한 해석을 배제한다. 모방하거나 표현하는 것은 무언가를 생산한다는 점에서 모방적 활동, 즉 플롯에 의한 사건의 조직화이다." 내러티브와 행위는 불가분의 관계에 있기 때문에 리쾨르(Ricoeur)는 "'무언가를 한다'는 명시적 또는 암묵적 현상학을 빌리지 않는 내러티브에 대한 구조적 분석은 없다"고 주장한다(56). 그는 "플롯의 구성은 행동의 세계, 의미 있는 구조, 상징적 자원, 시간적 성격에 대한 사전 이해에 기반을 두고 있다"고 설명한다(54). 따라서 내러티브를 이해하려면 우리의 인지적 삶에서 행동의 역할을 이해해야 한다.

행동-지각 회로와 내러티브의 구성

현대 신경과학은 행동-지각 회로[1]가 운동 제어와는 거리가 멀어 보이는 많은 인지 과정에 행동을 기본으로 삼는다고 말한다. 앤디 클라크(Andy Clark)(2016, p. 7)의 표현을 빌리자면, "지각과 행동은 ... 일종의 끝없는 원형의 포옹 속에 갇혀 있다"고 할 수 있다. 신경과학자들 사이에서는 "행동은 인지적 자원이 풍부하다"(Schulkin & Heelan, 2012, p. 224), 더 나아가 "행동은 지각의 근원에 영향을 미친다"(Berthoz & Petit, 2008, p. 46)는 공감대가 형성되고 있다. 알랭 베르토즈(Alain Berthoz)와 장뤼크 프티(Jean-Luc Petit)(2008, p. 49)가 설명하듯이, "감각과 운동성 사이의 경계를 구분하는 것은 불가능하다. 왜냐하면 행동은 이미 지각에서 발견될 수 있기 때문이다." 상상된 행동과 심지어 행동 단어에 대한 뇌의 반응성에 대한 최근의 실험적 증거는 뇌가 언어적으로 단계적으로 구성된 행동에 반응할 준비가 되어 있으며, 시각,

---

1) 체화된 의미론은 단어의 의미와 개념이 뇌의 지각 및 행동 시스템에 기반을 두고 있다고 가정한다. 이러한 이론은 점점 더 많은 실험 결과에 의해 뒷받침되고 있지만, 감각 및 운동 시스템의 개념적 기초가 정확히 어떻게 발생하는지에 대한 만족스러운 피질 수준의 설명을 항상 제공하지는 않는다. 단어 학습과 행동과 지각의 의미론적 근거의 기초가 되는 신경 과정을 시뮬레이션하고 설명하는 데 사용한 좌반구 전두측두엽 피질 영역의 신경 계산 구조를 간략하게 제시한다. 이 모델의 주요 특징은 (i) 관련 피질 영역의 연결성 및 해부학적 구조를 복제하고 (ii) 포유류 피질에 널리 퍼져 있는 것으로 알려진 잘 문서화된 신경 생리학적 원리만 구현한다는 것이다. 언어 도메인에서 겉보기에 일치하지 않는 것처럼 보이는 데이터 세트를 통합하는 것 외에도 동일한 계산 아키텍처가 다른 도메인의 다양한 실험 결과를 설명하여 여러 가지 새로운 테스트 가능한 예측을 수행한다는 것을 보여준다. 뇌의 대뇌 피질적으로 분포된 행동-지각 회로의 자발적 형성과 역동성에 기초한 언어와 인지 기능의 출현에 대한 통일된 계산적 설명을 제공하면서 결론을 맺는다(Max Garagnani, 2023).

청각, 후각, 촉각 등 다양한 양식의 지각이 구체화된 행동에 의존하기 때문에 이러한 행동이 우리의 인지 과정에 심대한 영향을 미칠 수 있음을 시사한다. 행동은 지각과 철저하게 연관되어 있기 때문에 플롯은 세계에 대한 우리의 이해를 구조화하는 데 중심적인 역할을 할 수 있다.

지각과 행동은 여러 가지 면에서 상호 의존적이다. 이러한 상호 의존성을 가장 철저하게 연구한 신경철학자 알바 노에(Alva Noë)(2004, p. 8)는 "지각의 기초는 움직임이 자극의 변화를 일으키는 방식에 대한 암묵적인 실천 지식"이라 말했다. 그가 지적했듯이, "세상은 물리적 움직임과 상호작용을 통해 지각자에게 자신을 드러낸다"(1). 이 견해의 고전적인 설명은 제임스 J. 깁슨의 『시각적 지각에 대한 생태학적 접근』(1979, p. 66)이다: "관찰 지점은 제한적인 경우를 제외하고는 결코 고정되어 있지 않다. 관찰자는 환경 속에서 움직이며, 관찰은 일반적으로 움직이는 위치에서 이루어진다." 모든 지각 방식에서 탐구 활동은 환경의 규칙성과 불규칙성에 대한 끊임없이 변화하는 정보를 제공하며, 유기체는 이러한 차이에 반응한다. 따라서 노에(Noë)는 시각을 포함한 "모든 지각은 ... 촉각과 같다"고 주장한다: "촉각과 마찬가지로 시각적 경험의 내용은 한꺼번에 주어지지 않는다. 우리는 손을 움직여 촉각적 내용을 얻는 것처럼 주위를 둘러봄으로써 내용을 얻는다."(17, 73). 그가 말하듯, 예를 들어, "정상적인 지각자의 눈은 거의 일정하게 움직이며 1초에 몇 번씩 신속운동(날카롭고 탄도적인 움직임)과 세밀한 신속운동을 수행한다. 만약 눈이 움직임을 멈춘다면 수용력을 잃게 된다." 그 이유는 "시신경 흐름에는 단일 망막 이미지에서 얻을 수 없는 정보가 포함되어 있기 때문이다."(13, 20). 예를 들어, 우리가 입는 옷, 지속적인 배경 소음 또는 습관화되는 기타 변하지 않는 자극을 알아차리지 못하는 것처럼 망막에 고정된 이미지는 점차 약해지고 사라진다는 사실이 오랫동안 실험적으로 입증되어 왔다.[3]

보고, 듣고, 만지는 것은 모두 차이와 변화에 특히 민감하게 반응하는 활동적인 과정이다. 예를 들어, 시각의 경우 대칭성의 작용으로 인해 망막은 균일하고 일정한 조명보다 빛의 변화에 더 민감하게 반응한다. 마거릿 리빙스톤(Margaret Livingstone)(2002, p. 54-55)이 설명한 것처럼, 망막 뉴런은 "휘도(luminance)의 점진적인 변화"

나 "광원의 전반적인 수준"보다는 "중심-주변의 균형을 크게 교란시키지 않는" 세포의 두 부분 사이에 반대를 일으키는 "급격한 변화에 가장 잘 반응"하는 중심/주변 조직을 가지고 있다. 리빙스톤이 "변화나 불연속성을 인코딩하는 것이 전체 이미지를 인코딩하는 것보다 훨씬 효율적"이라고 언급했듯이, "이미지에서 가장 많은 정보는 불연속성에 있기 때문"이다(Armstrong, 2013, p. 65-66 참조). 마찬가지로, 마크 베어(Mark Bear)와 그의 동료들(2007, p. 420)이 관찰한 바와 같이, 피부의 "따뜻한 수용체와 차가운 수용체"의 반응성은 "온도 변화 직후에 가장 크다"며 "대부분의 다른 감각 시스템과 마찬가지로, 열감지에서 가장 강렬한 신경 및 지각 반응을 생성하는 것은 자극의 질(quality)이 갑자기 변하는 것이다"라고 설명한다. 모든 감각 방식에서 유기체가 세상과 맺는 관계의 변화는 감각 장비가 반응하는 차이를 만들어 내며, 감각 장비가 세상을 향하는 방식(눈이나 손을 움직이거나 귀의 방향을 바꾸는 것)의 변화는 풍부한 정보를 생성하는 차이를 만들어 낼 수 있다. 지각은 차이를 생성하고 그에 반응하는 탐구 활동이기 때문에 회로는 행동과 지각을 결합한다.

제임스 조이스의 소설 『젊은 예술가의 초상』에서 아기 스티븐 데달러스(Stephen Dedalus)가 감각적 차이를 인식하고 이를 의미 있는 패턴으로 구성하려는 다양한 탐색 활동을 통해 의식을 갖게 되는 장면보다 행동과 지각의 연관성을 더 생생하게 극화한 것은 없을 것이다. 조이스 작가는 행동과 지각 사이의 회로에 주목하여 미적 감수성의 태동을 묘사하고, 이 두 가지가 어떻게 서로 얽혀서 의식을 구현하는 데 근본이 되는지를 보여준다. 이 소설은 스티븐이 "아기 터쿠라는 이름의 멋진 어린 소년"(2007 [1916], p. 5)에 관한 이야기에서 들은 말로 시작되는 것으로 유명하다. 이 이야기는 일련의 행동과 관계(소년을 만나기 위해 "길을 따라 내려오는 음매"[5])를 구성하고, 스티븐이 세상에서 행동함으로써 지각의 차이를 조직하려는 일련의 시도를 시작한다. 스티븐은 먼저 듣고, 노래를 부르고("그는 그 노래를 불렀어요. 그건 그의 노래였어요"[5]), 어머니가 피아노로 연주하는 "선원의 혼파이프"(5)에 맞춰 춤을 춘다. 이러한 행동 양식은 그가 알아차리고 일치시키려고 노력하는 일련의 지각적 차이와 유사하다. 청각에서 시각으로 옮겨가면서 그는 먼저 화자를 바라보고 얼굴의 특징("아버지는 유리를 통해 그를 바라보았다", "얼굴에 털이 많았다"[5])을 알아차리고 화자와 청자의 차이점을 파악하여 듣는 단어에 반응하고, 이를 통해 스티븐이 자신을 식별하게 된다: "그는 아기 터쿠였다." 스티븐에게 자아와 타자 사이의 관계는 다양한 지각 양식(듣는 것, 보는 것)의 관계를 통해 파악되며, 이는 소리와 시각에서 촉각("침대를 먼저 적시면 따뜻하다가 차가워진다"[5]), 심지어 후각(오일시트에서 "이상한 냄새"가 났지만 "그의 어머니는 아버지보다 더 좋은 냄새가 났다"[5])으로 이동한다. 스티븐은 다양한 종류의 행동(듣기, 보기, 노래 부르기, 춤추기)을 실험하고 지각의 차이(시각, 청각, 촉각, 후각) 사이의 관계를 탐구함으로써 자신의 세계에 대한 의식을 갖게 된다.

행동은 구성적(비유적)이기 때문에 의미 있고 지각의 원천이 될 수 있다. 운동 인지 분야의 권위자인 마크 제너로드(Marc Jeannerod)(2008, p. 103)는 "생후 3개월의 영아는 걷는 사람이 만들어내는 점(dots)의 생물학적 움직임과 유사한 점(dots)들이 무작위로 인위적으로 만들어내는 비생물학적 움직임의 차이에 시각적으로 민감하다"고 지적한다. 유아는 생물학적 움직임을 패턴을 이루는 요소들의 비유적 배열인 게슈탈트로 인식하기 때문에 의미 있는 행동으로 이해한다. 그러나 숀 갤러거(Shaun Gallagher) (2012, p. 175-76)는 "어떤 행동의 의미는 순전히 그 운동적인 측면에만 내재되어 있는 것은 아니다"라고 말한다. 그레고리 히콕(Gregory Hickok)(2014, p. 136)도 마찬가지로 "의미는 단순히 동작에 있는 것이 아니다"라고 말하며, "동일한 운동 프로그램이 ... 행동의 맥락과 목적에 따라 여러 가지를 의미할 수 있다"고 말한다(손을 든다는 것은 투표, 발언 요청, 공격 신호 또는 단순히 기지개 켜는 동작일까?). 행동은 비유적이기 때문에 맥락과 목적이 중요하다. 동작을 행동으로 인식한다는 것은 게슈탈트를 형성하는 부분과 전체 관계의 패턴, 즉 특정 상황에서 목적을 향한 수단으로서의 구성을 이해하는 것이다.[4]

모든 의식은 어떤 것에 대한 의식이라는 생각, 즉 현상학의 고전적인 지향성에 대한 정의(Armstrong, 2012 참조)는 행동에도 적용된다. 갤러거(Gallagher)는 "행동은 어떤 목표나 프로젝트를 지향하기 때문에 지향성을 가지며, 이는 다른 사람의 행동에서 볼 수 있는 것이다."(77)라고 설명한다. 우리의 행동은 공허하고 무작위적인 것이 아니라 우리가 관여하는 상황을 겨냥하고 우리가 예상하는 목적을 지향한다. 이것은 우리가 항상 이러한 지향성을 인식한다는 뜻이 아니라(지향성은 의도(intention)와 동일한 것이 아니다), 하이데거(1962 [1927], p. 188-95)가 "구조로서의 구조(as-structure)"와 "전구조(fore-structure)"라고 부르는 것을 가지고 있기 때문에 행동이 의미 있는 것이라는 뜻이다. 우리는 행동 X가 Z를 향해 투사되기 때문에 Y를 의미하는 것으로 이해한다.5 손을 든 행동이 의미하는 바는 그 행동이 속한 패턴과 그 행동이 투사하고 지향하는 목적에 따라 달라진다.

행동을 이해하고 만들어내는 데 작용하는 게슈탈트 과정은 무용수들이 배운 적이 있거나 배우지 않은 무용 스타일(예: 클래식 발레와 카포에라)을 관찰하면서 뇌 활동을 측정하고 이를 초보자 및 안무가와 비교한 fMRI 실험에서 자주 인용되는 내용이다. 춤은 일상에서는 보통 눈에 띄지 않지만 그 기본 패턴, 즉 의미 있는 몸짓으로 형성하는 관계에 대한 친숙함(또는 낯섦)에 따라 행동을 다르게 해석할 수 있는 행동의 구성적 구조를 드러낸다(Sheets-Johnstone, 1966, 2011 참조). 캐서린 스티븐스와 셜리 매케크니(2005, p. 247)가 지적했듯이, 이 실험에서 "뇌 활동은 관찰자가 동작을 할 수 있는지 여부에 따라 영향을 받으며", 이러한 차이는 운동 피질뿐만 아니라 "전문가에 의한 무용 동작의 의미적 범주화를 시사하는 중간 시간 영역"에서도 "클래식 발레와 카포에라 레퍼토리를 구성하는 '스텝'의 어휘"로 나타났다(Calvo-Merino et al., 2004 참조).

무용수들의 뇌는 할 수 있는 동작과 할 수 없는 동작에 대해 다르게 반응했는데, 이는 무용수들이 이러한 동작을 익숙하거나 낯선 구성으로 해석했기 때문이다. 이러한 반응 패턴은 운동 피질뿐만 아니라 뇌의 다른 영역에서도 나타나는데, 그 이유는 스텝이 신체 움직임을 생성하는 생리적 장비로 환원할 수 없는 의미를 지니고 있기 때문이다. 같은 이유로 무용수와 초보자와 안무가를 비교한 뇌의 스캔 결과, 뇌가 이에 반응하지 않는 초보자에게는 이러한 단계가 보이지 않고, 무용수가 동화하고 재현해야 하는 패턴을 상상하고 창조하는 안무가에게는 다른 의미를 가지며, 계획과 반사에 관여하는 피질 영역에서 더 많은 활동이 나타나면서 fMRI 이미지가 다르게 나타났다. 이 실험은 동작을 이해한다는 것은 단순히 일대일 미러링 과정이 아니라, 동작의 목적, 형태, 방향에 대한 과거의 경험과 미래의 기대에 따라 동작을 구성하는 것을 수반한다는 것을 보여준다.

결과적으로 행동과 지각은 모두 가상의 차원을 가지며, 이는 존재와 부존재, 내재와 초월(외재)이라는 역설적인 조합을 이루는데, 메를로 퐁티는 이러한 이중성을 '보이는 것과 보이지 않는 것'의 '얽힘'이라고 설명한다(1968 [1964], p. 3-49, p. 130-55 참조). 메를로 퐁티에 따르면 모든 인식 상황은 부재로 가득 차 있는데, 그 이유는 그 관점이 부분적이고 불완전하며, 보이지 않는 측면과 미래의 경험이나 다른 위치에 있는 다른 관찰자에 의해 채워질 수 있을 것으로 예상되는 미공개 차원이 존재하기 때문이다. 이러한 불확실성은 지각을 공간적(대상의 숨겨진 측면)으로뿐만 아니라 시간적(우리가 경험할 것으로 예상되는 아직 분명하지 않은 측면), 주관적(우리에게 감춰진 측면을 드러내고 우리의 시야 너머에 있는 것에 대한 가설을 확인할 수 있는 다른 사람들과 공유된 세계에 살고 있다는 가정)으로도 수평적으로 만들어 준다. 행동은 사물, 도구, 다른 행위자와의 내재적이고 체화된 관계뿐만 아니라 초월성, 즉 당면한 상황 너머에 있는 목표, 목적, 미래의 사건을 향한 지향성 등 존재와 부존재 모두에 의해 정의되는 수평적 개념이다. 행동과 지각은 구조적으로 예측 가능하며, 즉각적인 지평 너머의 상황을 향해 투사되고, 이러한 가상은 패턴화되고 의도적인 게스탈트로서 '있음(of-ness)'과 '같음(as-ness)'의 일부이자 꾸러미이다. 행동과 지각 사이에는 이러한 '구조와 같은 구조(as-structure)'와 '전구조(fore-structure)'의 구조를 공유하기 때문에 회로가 존재할 수 있다.

행동과 지각은 본질적으로 가상의 차원을 지니고 있기 때문에 가상이 현실을 변모시키고 변형하는 허구의 내러티브 구조로 표현될 준비가 되어 있다. 볼프강 이저[2)]가 그의 기념비적이지만 과소평가된 후기 저서 『허구와 상상』(1993, p. 12-13)에서 주장했듯이, 허구적 서사에서 "통합된 '실제' 세계는 말하자면 괄호 안에 배치되어 그것이 주어진 것이 아니라 단지 주어진 것처럼 이해되어야 한다는 것을 나타낸다"고 말한다.

---

2) "문학 인류학"의 선구자인 볼프강 이저(Wolfgang Iser)는 문학으로 알려진 "특정한 형태의 가상"에 대한 인간의 필요 내지 요구를 설명하기 위해 이 새로운 분야에 대한 광범위하고 포괄적인 탐구를 제시한다. 르네상스 목가에서 콜리지, 사르트르와 베케트에 이르기까지 The Fictive and the Imaginary는 유럽에서 가장 존경받고 영향력 있는 비평가 중 한 명의 저명한 학문 작품이다.

[그림 20] Wolfgang Iser, 1993. 『The Fictive and the Imaginary: Charting Literary Anthropology』. Ranging from the Renaissance pastoral to Coleridge to Sartre and Beckett, The Fictive and the Imaginary is a distinguished work of scholarship from one of Europe's most respected and influential critics.

이것은 "텍스트에 조직된 세계 전체를 '마치' 구성으로 바꾸는"(13) 이중화의 과정이다. 이저(Iser)가 설명하듯이, "모든 무대는 그것이 아닌 것에 의존한다."(301) 이는 모방적 텍스트뿐만 아니라 "부자연스러운 내러티브" 지지자들이 강조하는 종류의 비모방적, 심지어 (또는 특히) 반모방적 텍스트에도 해당된다(Alber, Nielsen, & Richardson, 2013 및 Richardson, 2015 참조). 우리 자신과 세계에 대한 이야기를 하고 허구의 무대를 투사하는 능력은 행동과 지각의 가상성에 의해 가능해지는데, 이는 내재와 초월의 이중 구조가 리쾨르가 "분할 참조"(1977, p. 265-302)라고 부르는 패턴, 즉 "있었다가 없었다가"로 시작하는 동화에 의해 고전적으로 표현되는 부재와 존재의 서사적 이중성으로 허구적으로 재구성될 수 있기 때문이다. 체화된 행동은 이미 구성적이고 투사적이며, 존재와 부재, 내재와 초월을 모두 특징으로 하기 때문에 우리는 우리 자신의 버전을 무대화하는 이야기에서 우리 자신을 두 배로 만들 수 있다.

허구성과 형상화는 같은 구조이기 때문에 서로 밀접한 관련이 있다. 이저(Iser)에 따르면, 마치 ~인 것처럼(as if)의 가상성은 허구의 세계가 "그 자체가 아닌 다른 것을 형상화할 수 있도록"(19-20) 해준다. 허구성과 내러티브의 구성적 과정은 역사와 문화에 따라 다른 형태를 취할 수 있는데, 이는 무엇과 같음(the as)은 가변적이고 수많은 관계를 설정할 수 있기 때문이다. 실제로 이저(Iser)는 "문학에서의 무대화(staging)는 결정적인 본성을 가지고 있지 않은 것처럼 보이기 때문에 거의 무한한 범위의 문화에 따른 패턴으로 확장될 수 있는 인간의 놀라운 가소성을 상상할 수 있게 한다"고 주장한다(297). 유전된 생물학적 구성에서 비롯된 인지적, 신체적 잠재력에 제약을 받는 진화한 종으로서, 인간은 아마도 이저(Iser)가 여기서 제안하는 것보다 자신을 구성하는 방식에 더 제한이 있을 것이다(Armstrong, 2013, 35-39; Boyd, 2009; Easterlin, 2012 참조). 그러나 인간은 생물문화적 혼종이며, 다양한 버전의 자신을 실험하고 탐구하는 것이 본성이다. 이러한 '거의 무한한' 가소성은 역사적, 문화적 변이에 걸쳐 인류학적 상수이며 우리 종의 특징 중 하나이다(Malabou, 2008 및 Armstrong, 2018 참조). 행동을 내러티브 구성에 포함시키는 우리의 능력은 생물학적으로 기반하면서도 문화적으로 개방적이며, 이 역설은 우리의 생물 문화적 혼종성(hybridity)을 보여주는 중요한 예이다.[6]

이러한 혼종성 혹은 하이브리드성(hybridity)은 '예술가의 초상'의 오프닝에서도 드러난다. 스티븐이 자신의 세계를 구성하는 행동과 지각의 가상적 차원은 그것들이 그 자체 이외의 다른 의미를 나타낼 수 있게 한다. 이중성의 분할 참조는 이야기의 시간—"그리고 그것은 아주 좋은 시간이었다"(2007 [1916], p. 5)—과 스티븐이 그 이야기를 듣는 시간(결국 그렇게 이상적인 시간이 아닌 것으로 곧 밝혀짐)의 병치에서 분명하게 드러나며, 이러한 이중성은 그가 자신이 아닌 역할("그는 아기 터쿠였다", 자신이 아니기 때문에 가정할 수 있는 정체성)을 맡을 수 있게 해준다. 감각도 마찬가지로 가상의 차원을 가지고 있어 두 배로 늘려서 관계로 구성할 수 있으며, 냄새의 차이로 어머니와 아버지를 구분할 수 있다(아버지의 안경과 '털이 많은 얼굴'과 같은 시각적 차이를 보완). 노래와 춤은 생물학적으로도(나이 차이 포함: "찰스는 단테보다 나이가 많았다"[5]), 문화적으로도 가족 관계(노래를 암송하는 아버지, 피아노를 치는 어머니, 찰스 삼촌과 박수를 치는 단테)를 설정하는 것과 유사하게 구성된다. 스티븐이 단테의 두 붓의 색을 시각화하고 그 의미(아일랜드 정치의 한 인물은 적갈색, 다른 인물은 녹색)를 이해하면서 지각적 풍경의 정치적 울림이 드러난다. 예술적 목소리를 찾기 위한 스티븐(과 조이스)의 고군분투에 결정적인 역할을 하게 될 아일랜드의 정치적 문제는 그가 지각의 차이를 의미 있는 관계로 구성하고 다양한 감각이 무엇을 의미하는지 상상하면서 색채에 대한 초기 반응에서 이미 예고된다. 행동과 지각은 어린 스티븐의 즉각적인 지평을 넘어 목표, 목적, 방향을 암시하는 패턴으로 형성될 수 있는 가상의 차원과 현재 및 미래 구조를 가지고 있기 때문에 이러한 기호학적 기능을 수행할 수 있다.

이 장면에서 알 수 있듯이 행동과 지각 사이의 많은 연결 고리는 언어 습득에 매우 중요하다. 스티븐은 음악과 춤으로 강화된 리듬 패턴을 사용하여 단어를 듣고 노래로 재현한다. 이러한 행동, 지각, 언어의 상호 작용은 실험적으로 문서화된 피질 연결에서 비롯된다. 프리데만 풀버뮐러와 루치아노 파디가(2010, p. 358)는 뇌 영상 연구의 광범위한 증거를 인용하여 "언어 처리는 뇌의 행동 시스템과 지각 회로를 상호 연결하는 신경 회로에 기반한다"고 보고한다. 이들은 "성공적인 단어 반복에 필요한 음향 패턴과 운동 프로그램 간의 정확한 매핑을 학습하기 위해서는 조음(articulatory) 뉴런과 청각(auditory) 뉴런 간의 풍부한 연결이 필요하다"고 설명한다(352). 그들은 "이러한 연결은 인간에게만 강하고 인간이 아닌 영장류에서는 약하다"고 지적하며, 이는 부분적으로 이러한 종에서 "언어가 출현하지 않은 이유"를 설명할 수 있다고 지적한다(352). 말소리는 음성적 특성에 따라 운동 피질에서 반응을 유도하며, 혀와 입술에서 생성되는 음소는 혀와 입술을 제어하는 뇌의 해당 지형 영역에서 측정 가능한 반응을 일으킨다(353). (설명한 것처럼) 증거는 엇갈리지만, 풀버뮐러와 파디가(Pulvermüller & Fadiga)는 "전두엽 및 전운동 영역"에 영향을 미치고 행동 지각 회로를 방해하는 병변이 "의미 있는 단어를 이해하는 환자의 능력을 손상시키는"(354) 것으로 나타났다고 지적한다.

행동, 감각, 지각은 일상적인 경험에서와 마찬가지로 언어 이해력에서도 풍부하게 연결되어 있다. 뇌 영상 연구에 따르면 단어 인식은 다양한 감각 지각과 관련된 피질 영역과 광범위하고 정교하게 연결되어 있으며, "냄새와 관련된 단어(예: '계피')는 대조 단어보다 후각 뇌 영역을 더 강하게 활성화"하고, "소리와 의미적으로 관련된 단어(예: '전화')는 글로 제시하더라도 우수한 시간적 청각 영역을 강력하게 활성화"한다(Pulvermüller & Fadiga, 2010, p. 355). 마찬가지로, 특정 행동(예: 발로 차거나 던지기)을 지칭하는 단어는 그와 관련된 피질의 운동 영역을 활성화하여 왼손잡이와 오른손잡이 피험자가 뇌의 반대편에서 반응을 보일 정도이다(Hauk & Pulvermüller, 2004; Boulenger et al., 2006; Willems et al., 2010 참조). 또한 행동을 수반하는 도구 단어는 운동 피질에서 반응을 일으키는 반면 동물 단어는 그렇지 않다는 증거가 있다 (Puvermüller & Fadiga, 2010, p. 355).

행동 단어와 실제 행동 사이의 언어적 공명(resonances)은 실제 행동과 상상된 행동 사이의 보다 일반적인 연관성의 일부이다. 제너로드(Jeannerod)(2006, p. 28, 39)가 지적했듯이, 다양한 실험을 통해 "동작을 상상하는 것은 실제로 동작을 수행하는 것과 동일한 메커니즘에 의존한다"는 사실이 밝혀졌는데, 그 이유는 "상상된 동작은 그 자체로 동작이며, 운동학적 내용을 포함하고, 실행된 동작과 거의 동일한 정도로 운동 영역을 활성화하며, 실제 동작이 진행되는 것처럼 자율 시스템을 포함한다"는 점 때문이다. 어떤 행동을 상상하는 것은 근육의 반응 수준까지 실제 행동과 매우 유사한 방식으로 뇌와 신체를 자극한다. 예를 들어, 제너로드(Jeannerod)는 상상된 동작의 "다양한 형태의 운동 경로의 변화"를 측정한 결과 "시뮬레이션된 동작과 관련된 근육 그룹에 흥분성이 존재"하는 것으로 나타났으며, 충분한 실험적 증거를 통해 "운동 이미지 중에는 근육에 대한 운동 명령이 부분적으로만 차단되고 ... 운동 뉴런이 발화 임계값(firing threshold)에 가까워진다"는 것을 입증했다고 말한다(31).

동작을 상상하는 것만으로는 숙달할 수 없지만, 많은 연구에 따르면 운동선수와 음악가의 '정신 훈련'은 실제 운동 능력을 향상시켜 속도, 정확성, 일관성, 심지어 '근육 수축의 힘'을 향상시킬 수 있다(41). 이러한 결과는 "운동 이미지를 사용하여 운동 과제를 학습하면 신체 연습 중에 발생하는 것과 유사한 피질 활성화의 동적 변화 패턴을 유도한다"는 뇌 영상 연구 결과와 일치한다(41). 이러한 결과는 운동 훈련과 관찰 학습뿐만 아니라 운동 장애를 앓고 있는 뇌졸중 환자의 재활에도 중요한 영향을 미쳤다. 실제 움직임과 상상된 움직임 사이의 생리적 연관성 때문에 행동에 대한 정신적 리허설은 운동선수, 음악가 또는 병변이 있는 환자가 실제로 그 행동을 수행하는 능력에 입증 가능한 영향을 미칠 수 있다.

따라서 행동을 모방한 내러티브를 읽거나 듣는 것이 수용자의 뇌와 신체, 그리고 세상에서 행동하는 능력에 실질적인 영향을 미칠 수 있다는 것은 당연한 결과이다. 행동에 대한 정신적 리허설을 통해 운동 피질과 근육 조직까지 흥분시킬 수 있다면, 언어적 행동 시뮬레이션도 마찬가지일 것이며, 실제로 실험적으로도 그런 효과가 있다는 증거가 있다. 예를 들어, 로런스 바살루(2008, p. 628)는 "하키와 같은 스포츠에 대한 글을 읽을 때 하키 전문가들은 초보자는 할 수 없는 운동 시뮬레이션을 만들어 낸다"고 보고한다. 이는 니콜 스피어와 그녀의 연구팀(2009, p. 989)이 이야기에서 나타나는 여섯 가지 종류의 변화와 "현실 세계의 유사 활동"(행동의 위치, 원인, 목표, 인물, 시기 또는 대상의 변화)에 의해 활성화되는 뇌 영역 사이의 상관관계를 보여준 fMRI 연구와도 일치한다. "스피어와 그녀의 동료들은 등장인물의 물리적 위치나 현재 목표와 같은 이야기의 다양한 측면을 추적하는 뇌 영역이 다르며, 이러한 영역 중 일부는 사람들이 유사한 실제 활동을 수행, 상상 또는 관찰할 때 관련된 영역을 반영한다"고 결론지었다(989).

은유적 언어로 표현된 행동과 감각이 문자 그대로의 실제 지각 경험과 연관된 체화된 피질 반응을 불러일으킨다는 증거도 있다. 크리시 사티안의 연구팀이 수행한 뇌 영상 연구(Lacey, Stilla, & Sathian, 2012, p. 417, 416)에 따르면 "촉각 지각 시 질감 선택적이라고 알려진" 뇌 영역도 동일한 감각 영역에서 "질감 은유가 포함된 문장을 처리할 때 활성화"되는 것으로 나타났다. "거친 하루" 또는 "끈적끈적한 사람"과 같이 "특히 만지기 불쾌할 수 있는 속성을 언급하기 때문에 부정적인 의미를 가진" 매우 친숙하고 놀랍지 않은 은유조차도 이러한 신체적 경험과 관련된 체성감각 피질에서 반응을 불러일으켰다(418). 이러한 연구와 다른 많은 유사한 연구는 모방에 대한 반응으로 내러티브에서 행동과 감각의 가짜 형상화, 뇌-신체 상호작용에 의해 시작되는 신경생물학적 과정 중 일부가 수용자의 체화되고 구성된 세계 경험을 강화하거나 재구성할 수 있는 힘을 가질 수 있다는 점을 지적한다.

행동은 다양한 인지 양식을 조정하는 데 근본적인 역할을 수행하며, 이러한 조직화 역할은 언어뿐만 아니라 내러티브와 플롯을 구성하고 따르는 능력에도 중요하다. 이러한 상호작용의 중심이 되는 뇌의 해부학적 영역은 입과 입술을 조절하는 운동 피질 부위에 인접한 하측 전두엽 피질 영역인 브로카 영역이다(Bear, Connors, &

Paradiso, 2007, p. 620-23 참조). 풀버뮐러와 파디가(2010, p. 351)의 "연구 결과에 따르면 이 영역은 인간의 행동 관찰, 행동 이미지 및 언어 이해에 활발하게 관여하는 것으로 나타났다." 브로카 영역에 장애가 있으면 문법적인 문장을 만들고 이해하는 데 어려움을 겪는 것으로 오랫동안 알려져 왔다. 뇌의 이 부분에 병변이 있는 환자는 단일 단어를 이해하고 발음할 수 있지만 "뒤섞인 단어를 문장으로 정렬하거나 복잡한 문장을 이해하는 데 큰 어려움을 겪으며", 이러한 결함은 "비언어적 양상에서도 나타난다"(357). 예를 들어, 여러 뇌 영상 연구에 따르면 음악적 구문(syntax)이 브로카 영역에서 처리되고 음악적 리듬을 들으면 운동 피질이 활성화되는 것으로 나타났다(Maess et al., 2001; Chen, Penhune, & Zatorre, 2008; Patel, 2008).

이 뇌 영역은 내러티브에도 중요한 역할을 하는 것으로 알려져 있다. 패트릭 파지오와 그의 연구팀(2009, 1987)의 흥미로운 실험에 따르면 "브로카 영역에 병변이 생기면 명시적인 언어적 요구 사항이 없는 과제에서 행동을 순서대로 나열하는 능력이 손상된다"는 사실이 밝혀졌다. 그의 연구실에서는 브로카 실어증 환자에게 "인간의 행동이나 물리적 사건을 담은 짧은 영화"를 보여준 다음, "각 영화에서 가져온 네 장의 사진을 시간 순서대로 컴퓨터 화면에 무작위로 표시"하도록 요청했다(1980). 흥미롭게도 이 환자들은 물리적 사건의 전후 관계는 여전히 인식할 수 있었지만, 인간 행동의 순서를 재구성하는 데는 어려움을 겪었다. 표현된 행동의 순서를 기억하고 구성하는 능력이 손상된 것이다. 이 결과는 파지오의 연구에 참여한 환자들이 행동의 구성을 생성하고 따르는 능력인 표상 능력의 결핍을 겪었음을 시사한다. 이러한 추론은 "브로카 영역과 관련된 능력의 복잡한 패턴은 개별 운동 행위를 목표 지향적 행동으로 조립하는 전운동 기능에서 진화했을 수 있다"는 파지오(Fazio)의 주장과 일치한다(1987). 행동을 의미 있는 순서로 조직하는 이 능력은 뇌를 언어에 대한 준비 상태로 만들 뿐만 아니라 내러티브에 대한 준비 상태로 만든다.[7]

행동은 지각뿐만 아니라 다양한 종류의 이미지에 대한 우리의 반응에도 근본적인 조정 역할을 한다. 신경과학적 훈련을 받은 문학 비평가 가브리엘 스타(2013, p. 75)는 운동 이미지와 운동 과정이 이른바 세 자매 예술이 제공하는 미적 쾌락에 모두 관여한다고 주장한다. 그녀의 설명에 따르면, 체화된 행동은 문학, 회화, 음악이 기반이 되는 다양한 감각 영역에서 이미지와 지각의 근간을 이루고 조정한다. "이미지에 대한 연구"가 "감각 모드 전반에 걸쳐 사람들이 지각적 이미지를 경험할 때 실제 지각에 관여하는 뇌 영역이 활성화되고 실제 지각 시와 유사한 패턴으로 상상된 감각을 위해 기능한다는 매우 좋은 증거"를 제공한다는 점을 관찰한 후, 스타(Starr)는 행동이 다양한 감각 영역에서 이미지의 기초가 되며 "움직임의 이미지"가 "시뮬레이션과 미적 경험 모두에 대한 우리 능력의 핵심"이라고 지적한다(75, 81). 예를 들어, 시각적 이미지는 일반적으로 암묵적인 고유 수용성 차원을 가지고 있는데, 그 이유는 "사람들은 시각과 함께 움직임을 상상하기 때문에, 시각장애인에게 몸을 움직이는 경험은 시각적이면서 동시에 운동적이기 때문"(82)이라고 스타(Starr)는 말한다. 청각적 이미지는 소리에 대한 지각이 반복과 변화의 패턴에 의존하기 때문에 움직임과도 근본적인 연관성이 있다. 스타(Starr)는 음악 및 소리와 관련된 이미지의 경우 "타이밍이 가장 중요하고 새로운 것과 예상되는 것 사이의 긴장이 항상 존재하기 때문에"(128) 행동이 중요하다고 말한다. 스타(Starr)는 이러한 다양한 지각 영역을 모두 불러일으키고 상호 연관시키는 다감각적 이미지가 시각, 청각, 촉각, 심지어 후각까지 연관시킬 수 있는 것은 체화된 행동에 기반을 두고 있기 때문이라고 주장한다. 행동의 체화로서의 내러티브가 다른 감각 영역에서 구성 과정을 조정하는 힘을 가지고 있다면, 이는 지각에서 운동 과정의 근본적인 조직화 역할에 기인하는 바가 결코 작지 않다.

이야기를 듣거나 읽는 것은 수동적인 흡수나 일대일 미러링이 아니다. 여기에서도 행동은 인지의 기본이다. 내러티브를 이해하는 데는 다양한 종류의 행동, 즉 불일치하는 일치의 패턴으로 이야기 요소를 조직하는 것(미메시스 2)과 수용 과정에서 패턴 형성, 틈새 메우기, 환상 형성의 작업(미메시스 3) 간의 상호작용이 포함된다. 이야기를 이해하려면 수용자의 적극적인 참여가 필요한데, 수용자는 이야기되는 부분과 그 부분의 가능한 구성 사이의 관계를 형성되는 것처럼 보이는 전체에 투영해야 하며, 이를 통해 환상이 형성되었다가 깨지고, 일관된 패턴이 형성되었다가 기대를 불러일으키고, 실망하고, 수정되고, 충족되면서 교란, 혼란, 재조립되는 기대와 회고의 왕복 작업을 수반하게 된다.

상호적인 패턴 형성은 시각, 청각, 촉각 등 모든 인지 과정과 체화된 인지 경험에서 함께 묶여 있는 여러 감각 영역에 걸쳐 관여한다. 내러티브의 구성, 이야기 이해, 체화된 인지는 모두 구성적 활동의 상호적인 과정을 수반하기 때문에 상호적으로 형성된다. 텍스트를 해석하거나 이야기를 이해하는 활동은 우리의 두뇌와 신체가 세상에 반응하는 방식을 변화시키는 힘을 가지고 있는데, 이는 이러한 영역에 걸친 구성 과정이 분리된 것이 아니라 서로 일치하고, 상호 형성적이며, 서로 상호작용하기 때문이다. 그렇기 때문에 내러티브의 행동 묘사(미메시스 2)와 스토리 이해의 줄거리 인식 및 재구성(미메시스 3) 사이의 교류가 인지의 행동 인식 회로(미메시스 1)와 잠재적으로 변형적인 방식으로 상호 작용할 수 있다.

이러한 상호작용은 패턴과 변화 사이의 끊임없는 균형 잡기, 질서에 대한 요구와 성공적인 정신 기능의 기본이 되는 유연성과 변화에 대한 개방성 사이의 긴장 사이에서 뇌가 균형을 잡는 데 중요한 역할을 한다. 반복되는 활동 패턴은 습관으로 형성되며, 습관을 만들고 깨뜨리는 과정은 심상화, 이야기 이해, 구체화된 인지에 매우 중요하다. 습관은 숙련된 대처와 효율적인 기능에 필수적이지만 동시에 참신함, 변화, 예상치 못한 불규칙성에 대한 혁신과 적응에 장애물이 되기도 한다는 것은 널리 알려진 인지적 삶의 역설이다(James, 1890, 1:104-27; Noë, 2009, p. 99-128). 습관 형성은 신경세포 수준에서도 인지 생활의 기본이며, 이는 헵의 법칙(2002 [1949])에서도 잘 알려져 있다: "함께 발화하는 뉴런은 함께 연결된다." 지속적인 피질 연결을 구축하는 반복적인 뉴런 활동의 능력은 "재진입"(Edelman & Tononi, 2000)의 재귀적 상호 작용이 순전히 무작위적이고 혼란스럽고 우연적인 것이 되지 않도록 방지하며, 이를 통해 학습이 이루어질 수 있도록 한다. 습관의 유용성은 스토리텔링의 관습과 플롯의 구성과 인식을 용이하게 하는 내러티브 패턴의 반복에서도 유사하게 나타난다.

그러나 반복되는 신경세포 조립 패턴에 영원히 갇혀 있는 뇌는 변화하는 자극에 반응하거나, 예측할 수 없는 환경을 탐색하거나, 새로운 피질 구성을 시도하여 결국 새로운 인지 능력으로 발전할 수 있는 능력이 부족할 것이다(예를 들어, 운동 피질이 청각, 시각, 감각 영역과 결합하는 것은 우리 종이 언어와 읽기 능력을 개발하면서 일어난 일이다). 마찬가지로, 익숙한 이야기를 알아보는 즐거움도 있지만, 잘 알려진 이야기를 다시 들려줄 때에도 듣는 사람의 흥미를 유지하기 위해 전달되는 패턴이 달라지는 것이 일반적이다. 지나친 동질성 또한 뇌에 좋지 않다. 반복되는 이야기에서 일관성의 가치가 습관적이고 사회적으로 공유되는 인지 패턴을 강화하고 가르치는 것이라면, 배치의 일관성 없는 불일치에서 혼란, 불규칙성, 놀라움의 가치는 인지적 유연성, 변화, 변형, 새로움에 대한 개방성을 보존하고 향상시키는 데 있다. 우리가 세상을 패턴화하는 습관을 불러일으키고 방해함으로써, 이야기를 들려주고 따르는 경험은 서로 다른 형상화 양식 간에 잠재적으로 혁신적인 교류를 가져올 수 있는 힘을 가지고 있다. 이 힘의 신경생물학적 원천은 행동, 지각, 인지를 결합하는 뇌와 신체의 멀리 떨어진 영역 간의 조율된 상호작용이다.

기반 인지[3], 단계적 근거, 시뮬레이션의 역설

인지와 지각, 감각, 행동의 구체화된 경험 사이의 연관성에 대한 많은 실험적 연구 결과는 바살루가 가장 주목할 만한 근거 기반 인지 이론을 뒷받침하고 있다. 이 이론은 "지식은 지식을 획득한 감각 양식과는 별개로 추상적 코드로 표현된다"는 견해를 거부한다(Lacey, Stilla, & Sathian, 2012, p. 416). "개념 체계가 감각 및 운동 체계에 의존한다는 생각은 최근 몇 년 동안 상당한 실험적 지지를 받았다"(2013, p. 862)고 루트비크 데사이(Rutvik Desai)와 그의 동료들은 지적한다. 그리고 마이클 L. 앤

3) 기반 인지(grounded cognition)는 인지가 지각, 행동 및 내성(內省)을 위한 뇌의 모달 시스템과는 독립적으로 모듈식 시스템에서의 무형적 기호로 이루어지는 연산 작용이라는 전통적인 관점을 거부한다. 대신에, 기반 인지는 모달 시뮬레이션, 신체 상태 및 상황적 행동(situated action)이 인지의 기초가 된다고 제안한다. 이 견해를 뒷받침하는 행동적 증거 및 신경학적 증거를 축적하면서 지각, 기억, 지식, 언어, 사고, 사회적 인지 및 발달에 대한 연구를 검토한다. 기반 인지 이론도 검토되며, 이 분야의 기원과 그에 대한 일반적인 오해도 검토된다. 이와 관련한 이론적, 경험적, 방법론적 문제가 제기되며, 향후 이런 식의 문제 제기들이 기반 인지의 성장과 영향에 영향을 미칠 가능성이 있다. 기반 인지 이론에는 인지언어학 이론, 상황 행위 이론, 인지적 시뮬레이션 이론, 사회적 시뮬레이션 이론 등이 있다(역자 주).

더슨(Michael L. Anderson)(2010, p. 257)은 "고등 인지 기능의 신경 구현이 감각 운동 시스템의 신경 구현과 겹친다는 연구 결과를 쉽게 찾을 수 있다"고 말하며, 그 증거로 27개의 에세이로 구성된 '고등 인지의 감각 운동적 기초'(Haggard, Rossetti, & Kawato, 2008)를 제시하고 있다.

이 압도적인 증거는 최근 논쟁이 어떻게 추상적으로 사고할 수 있느냐는 질문으로 바뀌었음을 보여준다. 가이 도브(2011, p. 3, 5)는 "체화된 인지 지지자들이 사용하는 일부 과장된 수사"에 대해 경고하면서 "우리가 설명해야 할 것은 체화된 경험을 뛰어넘는 우리의 능력"이라고 주장한다. 그는 "감각운동 시뮬레이션은 특정 경험과 밀접하게 연관되지 않은 개념적 내용을 표현하는 데는 부적합해 보인다"며 "일부 개념은 우리가 근거 없는 표현이라고 부를 수 있는 것을 필요로 하는 것처럼 보인다"고 지적한다(5). 마찬가지로 "체화된 설명을 성급하게 받아들이면 대체 가설을 무시하고 신경과학 데이터를 비판적으로 조사하지 않을 위험이 있다"고 우려한 안잔 차터지(Anjan Chatterjee)(2010, p. 79)는 "인지가 근거가 있는지 (혹은 기반을 두고 있는지) 여부에 대한 질문은 이러한 근거의 단계에 대한 질문으로 대체하는 것이 더 유익하다. 인지의 체화 또는 단계적 근거에 초점을 맞추면 인간이 어떻게 추상화하는지에 대해 생각할 수 있는 길이 열린다."라고 제안한다. 내러티브가 경험의 구성적(비유적) 버전을 연출하는 방법도 마찬가지로 추상적인 것과 구체적인 것의 관계에 대한 이해가 필요하다. 행동과 지각은 가상의 차원을 가지며, 그리고 근거 혹은 기반이 있거나 근거 혹은 기반이 없기도 하며, 체화되고 체화되지 않기도 하기 때문에 우리는 체화된 경험을 재구성하고 내러티브 패턴으로 변환하는 이야기를 서로에게 들려줄 수 있다.

항상 인식되고 이해되지는 않지만, 이러한 이중성은 이미 바살루의 이론에서 "시뮬레이션"이라는 핵심 용어에서 분명하게 드러난다: "근거 기반 인지에서는 양태적 시뮬레이션, 신체 상태, 상황적 행동이 인지의 기초를 이룬다고 제안한다."(2008, p. 617). 바살루에 따르면 "시뮬레이션은 세계, 신체, 정신에 대한 경험을 통해 획득한 지각적, 운동적, 내성적 상태를 재현하는 것"(618)이다. 그러나 시뮬레이션은 인지 및 심리 이론에서 종종 블랙박스와 같은 역할을 하며(Mumper & Gerrig, 2019 참조),

인과관계나 일대일 대응을 잘못 암시하는 방식으로 자주 호출된다. 그러나 문학 평론가나 이론가에게 이 용어는 거의 자명하게 구조로서의 의미이다.

정의에 따르면, 결국 재연 혹은 재현(reenactment)은 재생산하는(reproduce) 것이기도 하고 재생산하지 않는 것이기도 하다. 문학 이론에 익숙한 용어로 말하자면, 시뮬레이션에서 설정된 등가물은 역설적인 니체식 다양성, 즉 "같지 않은 것의 동일화(das Gleichsetzen des Nicht-Gleichen)" 또는 동일하지 않은 것을 "동일하게 하는 것(the setting the equal)"이다(Nietzsche, 2015 [1873] 참조). 시뮬레이션에서 만약과 같은 렌더링은 어떤 상황을 그렇지 않은 것으로 재현하며, 이는 같은 것과 같지 않은 것을 두 배로 늘리는 것을 수반한다(Gleich와 Nicht-Gleich). '~로서(as)'와 '마치 있는 것처럼(as if)'은 시뮬레이션에서 지각 및 감각적 경험을 개념적, 서술적으로 재현할 수 있게 해주며, 시뮬레이션이 재현하는 것과 그렇지 않은 것 모두를 가능하게 한다. 또한 '있는 그대로'와 '있는 것처럼'의 가상성과 가정은 구체적인 것에서 추상적인 것으로의 단계적 전환을 가능하게 한다.

바살루의 시뮬레이션에 대한 설명은 시뮬레이션을 그렇게 명명하거나 근거 기반 인지 모델에 도입되는 복잡성을 완전히 인식하지 않은 채 시뮬레이션을 구조로 가정하고 있다. 예를 들어, 바살루는 "시뮬레이션이 완전한 경험을 재현하는 경우는 거의 없지만" 대신 "일반적으로 편견과 오류를 포함할 수 있는 경험의 부분적인 재현"이라는 점을 인정한다(620). 인지 시뮬레이션은 부분적이고 불완전하기 때문에 필연적으로 "패턴 완성 추론 메커니즘"(622)을 수반한다. "메커니즘"이라는 용어 자체가 암시하듯, 바살루는 이 과정이 어떻게 작동하는지 설명할 때 안타깝게도 인과적 언어를 사용하기도 한다. 예를 들어, 그는 "신체적 상태는 단순히 사회적 인지의 결과가 아니라 인지의 원인이기도 하다"(630)고 말한다. 그러나 추론은 인과적 메커니즘이 아니라 패턴에 대한 가설이자 불완전한 관점을 어떻게 채워야 하는지에 대한 추측이다.[8] 시뮬레이션은 원인과 결과에 기반한 단순하고 기계적인 생산물이 아니라 추론과 연상에 기반한 연결을 만드는 관계이기 때문에 패턴 형성과 격차 메우기의 가변적이고 개방적인 과정을 수반한다.

시뮬레이션은 소재를 다양하게 활용할 수 있는 선택과 조합의 산물이다. 부분적인 재창조물인 시뮬레이션은 원래의 모든 경험을 유지하지 않고 흔적만 남기거나 일부 측면만 유지한다. 이러한 선택은 새로운 상황이 발생하면 다르게 조합될 수 있기 때문에 과거의 감각 운동 경험이 새로운 인지 상황을 구성하는 데 사용될 수 있다. 근거된 인지는 시뮬레이션이 시뮬레이션의 기반이 되는 경험과 완전히 동일하지 않기 때문에 전례가 없고 예측할 수 없는 상황에만 반응할 수 있다. 새로운 인식은 이러한 가변성, 즉 이전 감각을 기계적으로 일대일로 반복하는 것이 아니라 재현하는 경험을 좋아하거나 좋아하지 않고, 편견과 오류가 발생할 수 있는 방식으로 부분적이고 불완전하지만 참신성과 창의성을 가능하게 하는 관계로 인해 과거의 인지 경험에 '근거'를 둘 수 있다. 인지 시뮬레이션에서 선택과 재조합의 과정은 메커니즘과 원인의 언어가 암시하는 것보다 훨씬 더 가변적이고 개방적인데, 이는 근거나 기반이 완벽하고 단계적으로 접근하지 않았을 때보다 인지를 더 유연하고 새롭고 예상치 못한 상황에 더 개방적으로 만들 수 있다는 점에서 좋은 점이다. 근거 기반 인지의 역설은 시뮬레이션이 어느 정도 근거가 없기 때문에 작동한다는 것이다.

구성적(비유적) 패턴 구성과 빈틈 메우기의 해석적 활동은 기계 모델을 호출할 때에도 추론과 시뮬레이션이 어떻게 작동하는지를 보여주는 바살루의 많은 예에서 잘 드러난다. 다음은 대표적인 사례이다: "체화가 포함된 친숙한 상황(예: 선물 받기, 긍정적인 감정 느끼기, 미소 짓기)의 표상이 기억에 자리 잡는다. 이러한 상황의 일부(예: 선물 받기)가 발생하면 나머지 상황 패턴이 활성화되어 관련된 체화(예: 미소 짓기)가 생성된다."(630). 이는 리처드 게릭(Richard Gerrig)(2010, 2012)이 '기억 기반 처리'라고 부르는 전형적인 예로, 새로운 상황을 이전 상호작용에서 학습된 관습과 연관 지어 보는 인지 패턴을 구성하는 뇌의 재귀적 작업의 증거이다. 이러한 연관성의 흔적은 구체화될 수 있지만, 신체 상태가 단순히 사회적 인지를 유발하는 경우는 아니다.

인과관계 메커니즘이 아닌 해석적 상황에서는 기호가 해석되어야 할 무언가를 의미하는 것으로 읽혀야 한다. 움베르토 에코(1976, p. 6-7)의 기억에 남는 지적처럼, 거짓말의 가능성이 있을 때마다 신호가 작동하고 있다는 것을 알 수 있다. 실제로 원하지 않았거나 의도는 좋았지만 잘못 전달된 선물에 공손한 미소를 짓는 척할 수 있으며, 이러한 가능성의 신경생물학적 근거는 시뮬레이션의 재활성화가 부분적이며 다양한 방식으로 구성될 수 있다는 것이다. 예를 들어, 윙크하고 고개를 끄덕이며 미소를 지으면 상대방이 아이러니한 반응을 보일 수 있다("고마워요!"는 다양한 억양으로 표현할 수 있다). 누군가가 진심 어린 미소를 짓고 있는지, 아니면 단순히 사회적 관습에 따라 공손하게 웃고 있는지 항상 알 수 있는 것은 아니며, 이러한 모호함의 원인은 바로 시뮬레이션이다. 공손한 미소는 생물문화적 혼종(hybrid)이며, 신체적 반응이자 관습적 표현이며, 이러한 이중성이 가능한 이유는 시뮬레이션이 근거가 있는 동시에 근거가 없는 것이기 때문이다.

시뮬레이션은 시뮬레이션이 불러일으키는 원본과 같으면서도 다른 경험을 재현하기 때문에 이중화 과정은 마치 시뮬레이션과 같은 특징을 가진다. 예를 들어, 바살루의 모델을 기반으로 한 폴라 니덴탈의 "감정 체화하기"에 관한 저명한 논문(2007)을 보면 유사성의 역할이 분명하게 드러난다. 그녀의 설명은 기계적 인과관계의 언어로 표현되어 있지만, 그 용어는 흥미롭고 미묘하게 변화하면서 시뮬레이션적 관계의 가변성을 드러낸다: "실험실에서 얼굴 표정과 자세를 조작하여 인간 참가자에게 유도하면 감정의 구체화가 감정 정보가 처리되는 방식에 인과적으로 영향을 미친다. 예를 들어, 수신자의 신체적 감정 표현과 발신자의 감정적 언어 톤이 일치하면 커뮤니케이션의 이해가 용이해지는 반면, 불일치하면 이해가 손상될 수 있다."(1002, 강조 추가). "인과적으로 영향을 미친다"와 "촉진한다", "손상시킬 수 있다"는 미묘한 차이의 의미의 움직임이 당구공의 기계적 확실성에서 확률과 우발성의 언어로 옮겨가는 것을 의미한다. 시뮬레이션은 원래의 경험을 재현하는 것과 같기도 하고 같지 않기도 하기 때문에 결과가 나올 수도 있고 아닐 수도 있다.

보고된 실험에서, 치아에 펜을 꽂아 미소를 짓게 한 피험자들은 "입술 사이에 펜을 꽂아 미소를 짓지 못하게" 한 피험자들보다 만화가 더 재미있다고 평가했다(1005). 니덴탈은 "기억을 떠올리고, 추론을 하고, 계획을 세울 때와 같이 지식을 사용하는 것을 '체화된(embodied)'이라고 부르는 이유는 *인정하건대 불완전하지만 인지적으로 유용한 재경험*이 마치 개인이 바로 그 상황, 바로 그 감정 상태 또는 바로 그 사고 대상과 함께 있는 것처럼 원래 관련되어 있던 감각-운동 시스템에서 생성되기 때문이다."(1003; 강조 추가)라고 설명한다. 이 재경험의 질은 원래 활성화된 뉴런의 일부만 작동한다는 점에서 불완전하며, 시뮬레이션에 의해 다시 활성화된 감각-운동 시스템의 원래 생리학적 과정의 부분적인 흔적만 움직일 뿐이라는 점에 유의해야 한다. 펜을 치아 또는 입술 사이에 놓으면 마치 웃거나 찡그리는 것과 같은 경험을 재현할 수 있다. 이 시뮬레이션(실제 웃거나 찡그리는 것과 같기도 하고 같지 않기도 한)에는 누락된 부분을 연결하고 채우는 연관성(행복하거나 슬프거나, 웃기거나 웃기지 않음)이 있다(만화의 코미디를 평가하는 방법, 그 자체는 그 특징에 포함되지 않은 공백이므로 웃거나 찡그리는지에 따라 다르게 평가할 수 있다).

이 반응은 인과적 메커니즘이 아니라 패턴을 완성하고 빈칸을 채우는 추론이다. 이 실험은 하이데거의 주장(1962 [1927], p. 172-88)에 따라 기분(*Stimmung*)이 상황에 대한 예상되는 이해를 제공한다는 근거 인식의 전구조를 보여준다.[9] 시뮬레이션된 미소나 찡그림은 상황에 대한 지각자의 태도를 지향하기 때문에 반응을 자극하여 무언가를 재미있다고 인식할 가능성을 어느 정도 높일 수 있다. 구체화 시뮬레이션은 유사 구조(as structure) 및 전구조(fore-structure)로서, 우리가 다양한 불특정 지평(추론이 완성하는 패턴)으로 향하는 방식에 따라 어떤 것을 어떤 것으로 해석하는 해석학적 형상화이다. 근거 기반 인지는 결정론적 과정이 아니라 지향성의 구조이다.

체화된 경험과 다른 사람의 행동과 제스처를 이해하는 능력 사이의 관계에 대한 잘 알려진 논쟁에서도 비슷한 이중성과 모호성이 드러난다. 이러한 논쟁의 근거는 자코모 리촐라티(Giacomo Rizzolatti)와 그의 파르마 그룹이 원숭이의 운동 피질에서 동물이 행동을 수행할 때뿐만 아니라 동일한 행동이나 심지어 행동과 관련된 물체(예: 컵)를 관찰할 때도 발화하는 "거울 뉴런"[4)]을 발견하여 많은 논쟁이 있었다. 이후 인간에게서도 발견된 거울 뉴런의 존재는 체화된 경험에 근거를 두는 인지와 행동과 지각의 관계에 대한 간단한 신경생물학적 설명을 제공하는 것처럼 보였다.

4) 거울뉴런의 핵심적 기능은 관찰 혹은 다른 간접경험만으로도 마치 내가 그 일을 직접 하고 있는 것처럼 반응한다는 것이다. 그렇다면 왜 이런 거울 뉴런이 존재하는 것일까? 인간은 사회적 존재이다. 따라서 타인의 의도를 파악하고 공감하며 이를 위해 언어 등 의사소통 수단이 반드시 필요하다.

하지만 이 설명은 곧 또 다른 의문을 불러일으켰다.[10] 예를 들어, 거울 뉴런 회의론자인 그레고리 히콕(2014, p. 43, 49)은 "우리가 어떤 행동을 이해하기 위해 그것을 수행할 수 있어야 할 필요는 없다"고 지적하며, "[병변이나 신체적 장애로 인한] 행동 제어의 결함이 행동 이해의 결함을 일률적으로 초래하는 것은 아니다"라고 말한다. 이러한 반례는 우리가 행동을 재연(시뮬레이션)함으로써 행동을 이해한다는 주장에 의문을 제기한다.

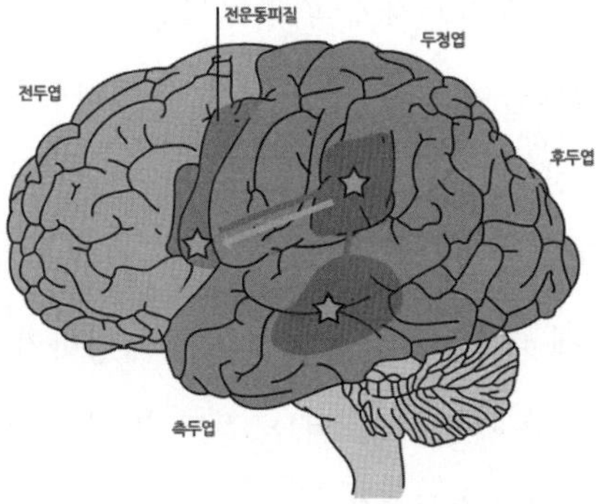

[그림 21] 거울 뉴런의 분포 위치

수행 능력 결핍과 인지 능력의 관계에 대한 임상 및 실험적 증거는 실제로 혼재되어 있다. 한편으로 일부 연구에 따르면 운동 및 체성감각 피질의 병변은 "지각 특성을 공유하는 여러 범주의 상실로 이어질 수 있다"고 한다. 예를 들어, "운동 뉴런 질환 환자에서 행동 단어 처리의 선택적 결함이 발견되었다"고 한다(Dove, 2011, p. 3; Bak et al., 2001 참조). 반면에, 질 바누스코프와 알폰소 카라마차(2016, p. 86-87)는 "팔이 없이 태어난 개인이 관찰된 행동을 대조군과 동일한 정확도와 속도로 지각, 예상, 예측, 이해, 기억할 수 있다"는 것을 입증했으며, 결과적으로 "운동 시뮬레이션 없이도 행동의 효율적인 지각과 해석이 가능하다"는 결론을 내렸다. 제너로드(Jeannerod)(2006, p. 16)는 이 모호한 상황을 요약하고 있다: 특정 행동을 수행할 수 없는 실어증 환자는 "행동 표현 과제에서 실패"하지만 "일반적으로 사물이나 도구에 대한 개념적 지식을 평가하는 과제에서는 손상되지 않은 상태이다 … '행동'과 '대상'

사이의 이러한 해리(dissociation)는 개념적 지식을 설명하기 위해 운동 시뮬레이션에 기반한 이론의 한계를 강조한다." 거울 뉴런에 대한 회의론에도 불구하고, 히콕(2014, p. 153)은 합리적인 타협점을 제시한다: "우리는 행동이 지각의 중요한 부분이라는 사실과 운동 표상만이 지각 이해의 기초라는 생각을 혼동해서는 안 된다." 그는 "그렇다고 해서 세상에서 행동하는 능력이 지각과 이해에 기여하지 않는다고 말하는 것은 아니다. 반대로 행동은 큰 기여를 한다."(152, 원문 강조)라고 말하지만, 인지는 근거가 있는 동시에 근거가 없고, 체화된 동시에 체화되지 않은 것이기 때문에 이것이 전부는 아니라는 것이다.[11]

이러한 모순은 피질 기능의 근본적인 역설에 기반한다. 인지는 해부학적으로 국소화되어 있는 동시에 "뇌 그물망"을 가로지르는 네트워크 연결의 기능이다. 한편으로, 일부 기능은 특정 인지 경험 중에 활성화되는 뇌의 특정 부위에 의존하기 때문에 해당 부위가 손상되면 이러한 기능이 중단된다(예를 들어, 후방 시각 피질의 여러 부위가 손상되면 움직임, 색상 또는 얼굴에 대한 특정 종류의 실명을 유발할 수 있는 것처럼). 반면에 많은 인지 기능은 서로 다른 해부학적 위치 간에 상호 피질 간 상호작용을 일으키고 뉴런을 특정 패턴으로 조립하여 특정 영역의 기능을 변경할 수도 있다(시각장애인의 시각 피질이 점자를 읽을 때 터치를 지원하도록 용도를 변경할 수 있음). 따라서 일부 국소화된 신체 감각 및 운동 영역은 단어, 인지적 경험, 심지어 이를 유발하는 상상에 반응하여 작동할 것으로 예상된다(예: 행동 단어가 운동 피질의 특정 부분을 자극할 때처럼). 그러나 다른 인지 기능은 해부학적 위치로 환원할 수 없는 네트워크 상호작용에 의존한다(예를 들면 우리가 경험하지 못했거나 신체가 수행할 수 없는 행동을 이해할 때처럼). 특정 경험을 해보지 않은 사람은 뇌와 신체가 신체감각적으로 구체화된 인지 행위를 시뮬레이션하고 재연할 수 있는 사람만큼 완벽하게 이해하지 못할 수도 있지만(초보자는 전문가의 뇌가 공명하는 발레나 카포에라의 스텝에 대한 반응을 기록하지 않는다는 점을 상기해 보자), 뇌 웹의 다양한 피질 영역을 결합함으로써 특정 운동 레퍼토리 밖의 행동을 이해할 수 있다(그리고 우리 자신이 할 수 없는 댄스 공연을 감상할 수 있다).

인지는 단순히 자극과 반응의 선형적인 인과관계의 상향식 메커니즘이 아니다. 오히려 반복적인 헤비안 발화(Hebbian firing)[5)]를 통해 안정화될 수 있는 피질 영역을 패턴으로 조립하는 상호적인 과정이며, 이는 또한 이동하고 변화할 수 있으며, 하향식 방식으로 세상에 '밖에 있는 것'에 대한 우리의 이해를 형성하고 형성할 수 있다. 히콕(2014, p. 238)은 "상향식 연결(낮은 수준에서 높은 수준으로)보다 하향식 연결(높은 수준에서 낮은 수준으로)이 더 많으며, 그 비율은 약 10:1에 달한다"고 관찰했다. 이는 네트워크 상호작용이 국소 신체 감각 영역의 수용체 뉴런이 생성하는 인지적 경험을 넘어서는 인지적 경험을 생성하는 능력에 대한 해부학적 증거이다. "행동 이해는 많은 것들의 상호작용"이라는 점에 주목하면서, 히콕은 결과적으로 운동 영역과 체지각(체성 감각) 영역 사이의 네트워크 연결을 기반으로 하는 "개념적 지식의 하이브리드 모델"을 제안한다(180, 168; p. 159-81 참조).

앤더슨(Anderson)(2010, p. 246)은 네트워크 모델에 대한 유사한 경험적 증거를 발견했다: "행동 실행, 행동 억제, 행동 관찰, 시각, 청각, 주의력, 감정, 언어, 수학, 기억, 추론" 등 11개 과제 영역에서 1,469건의 빼기 기반 fMRI 실험을 실증적으로 검토한 결과, "전형적인 피질 영역은 9개 영역의 과제에 의해 활성화된다"는 사실이 밝혀졌다. 뇌의 특정 해부학적 영역이 하는 일은 그 자체의 생리적 특성뿐만 아니라 그 영역과 연결된 영역에 따라 달라진다. 앤더슨은 또한 "언어 과제는 시각적 지각과 주의력보다 더 광범위하게 흩어져 있는 영역을 활성화한다. 이 발견은 더 큰 규모의 연구에 의해 확증되었는데, 이 연구에서는 언어가 테스트 대상 중 가장 광범위하게

5) Hebbian 이론은 시냅스 효능의 증가가 시냅스 후 세포에 대한 시냅스 전 세포의 반복적이고 지속적인 자극에서 발생한다고 주장하는 신경 심리학 이론이다. 학습 과정에서 뇌 뉴런의 적응인 시냅스 가소성(synaptic plasticity)을 설명하려는 시도이다. Donald Hebb이 1949년에 출간한 저서 '행동의 조직(The Organization of Behavior)'에서 소개했다. 이 이론은 Hebb의 법칙, Hebb의 가정 및 세포 조립 이론이라고도 한다. 종종 "함께 발화하고 함께 연결되는 뉴런"으로 요약된다. 그러나 Hebb는 셀 A가 셀 B를 "발사하는 데 참여"해야 하며 이러한 인과 관계는 셀 A가 셀 B와 동시에 발사되지 않고 바로 전에 발사될 때만 발생할 수 있다고 강조했다. Hebb의 연구에서 인과 관계의 이러한 측면은 시간적 선행을 필요로 하는 스파이크 타이밍 의존적 가소성에 대해 현재 알려진 것을 예고했니다. 이 이론은 세포의 동시 활성화가 해당 세포 간의 시냅스 강도의 뚜렷한 증가로 이어지는 연관 학습 또는 Hebbian 학습을 설명하려고 시도한다. 또한 교육 및 기억 재활을 위한 오류 없는 학습 방법에 대한 생물학적 기초를 제공한다. 인지 기능의 신경망 연구에서 이는 종종 비감독 학습의 신경 기초로 간주된다(역자 주).

흩어져 있는 영역이며, 그다음으로 추론, 기억, 감정, 정신적 이미지, 시각적 지각, 행동, 주의력 순으로 나타났다."(247)라고 밝혔다. 이러한 연구 결과는 두뇌망의 가소성과 피질 영역 간의 상호작용이 특정 영역의 용도를 변경하는 능력을 강조하는 앤더슨(Anderson)의 신경 재사용 이론을 뒷받침한다(그가 인용한 예로, 불변하는 물체 인식에 전념하는 시각 피질 영역이 스타니슬라스 데하네(Stanislas Dehaene)[2009]가 독서를 지원하는 "시각 단어 형태 영역"이라고 부르는 것으로 "재활용"되는 경우처럼). 앤더슨은 "모듈화를 옹호하는 사람들은 시스템의 실제 성격과 상당히 상충되는 기능적 구조의 이상화에 이끌려 있다. 뇌에 대한 대부분의 모듈식 설명에서 옹호하고 예시하는 인지 과학에 대한 분해 및 국소화 접근 방식 대신 신경 재사용은 '네트워크 사고'를 장려한다."(249)라고 설명한다. 해부학적으로 국소화된, 네트워크 연결의 기능인 이중 인지 모델은 신경과학계에서 널리 받아들여지고 있다.[12]

근거 기반 인지의 시뮬레이션을 설명하기 위해서는 국소화와 네트워크 효과의 조합이 필요하며, 다양한 단계화(단계 설정)에 대한 근거 두기의 개방성을 설명해야 한다. 시뮬레이션은 특정 피질 영역의 부분적이고 불완전한 재활성화이자 새로운 구성에서 이러한 경험을 재연하는 것이다. 선택과 조합은 동일한 충만함이나 강도를 갖지 않은 원래 활동의 부분적인 흔적을 다른 피질 영역과 패턴으로 재조합하여 새로운 추론을 생성하고, 새로운 인지 상황의 요구에 따라 부족한 부분을 완성하고 채우는 것이다. 이것이 바로 바살루의 패턴 완성 추론 메커니즘의 신경생물학적 기초이다.

시뮬레이션은 특정 피질 영역을 활성화하는 정도가 다른 유사 재현물이기 때문에 구체적이거나 추상적일 수 있다. 이러한 근거의 정도는 또한 시뮬레이션이 뇌의 그물망에 미치는 상호작용에 따라 달라진다. 행동 단어에 대한 특정 운동 반응이 매우 다양한 피질 간 언어 패턴의 일부인 경우(예를 들어, 축구에 대한 이야기에서 '차다' 또는 '던지다'라는 단어에 대한 운동 피질의 체성감각 반응)와 같이 가장 멀리 떨어진 집합에서도 감각 재활성화의 흔적이 발생할 수 있으며, 이러한 선택과 조합에 따라 시뮬레이션이 구성하는 추상화의 정도가 달라질 수 있다. 뇌는 특정 영역을 다양한 방식으로 활성화하고 심지어 용도를 변경할 수 있는 해부학적 기반의 국소적 능력과 네트워크 연결의 역설적인 그물망이기 때문에 특정 운동 및 신체 감각 영역에 얼마나 근거를 두고 있는지, 이러한 국소적 반응이 피질 간 상호 작용의 효과에 의해 얼마나 초월되고 변형되는지에 따라 다양한 구체성과 추상성을 지닌 시뮬레이션을 지원할 수 있다.

체화된 메타포와 체화되지 않은 메타포

시뮬레이션과 단계적 근거 두기의 역설은 체화된 메타포 이론과 관련된 모순과 논쟁을 설명하는 데 도움이 된다. 레이먼드 깁스와 티니 매틀록(2008, p. 162)이 설명하듯이, "많은 추상적 개념이 적어도 부분적으로는 체화된 메타포적 용어로 이해된다"는 이론은 시뮬레이션에 기초하고 있다: "체화된 메타포의 채용은 ... 사람들이 유사한 행동에 참여하는 것이 어떤 것인지 재창조하면서 상상력을 발휘하여 이루어진다. 이 상상적 과정의 핵심은 시뮬레이션이며, 이 경우에는 메타포(은유)에 언급된 바로 그 행동을 정신적으로 제정하는 것이다." 조지 라코프와 마크 존슨의 저서 『우리 삶의 본질로서 메타포(Metaphor We Live By)』(1980, p. 5)의 제목에서 알 수 있듯이, "애정은 따뜻함", "중요한 것은 크다", "행복은 위로"와 같은 체화된 은유는 "한 종류의 사물을 다른 종류의 관점에서 이해하는" 것과 같은 유사한 구조(as-structure) 또는 전구조(fore-structure)이다. 우리가 이러한 은유를 '따라' 사는 이유는 은유가 투영하는 다양한 패턴에 따라 세상과의 관계를 안내하기 때문이다. 라코프와 존슨이 나중에 『육체의 철학』(1999, p. 47)에서 은유를 "경험적으로 근거한 매핑"으로 공식화했는데, 지도가 상관관계를 설정하고 패턴에 대한 우리의 기대에 방향을 제시한다는 점에서 유사하게 '같은' 의미와 '앞선' 의미를 모두 내포하고 있다.

체화된 은유의 지지자들은 소쉬르 이론에서처럼 기표와 기의 사이의 관계를 순전히 자의적이고 관습적인 것으로 생각하기보다는, 신체에 기반한 능력과 성향에 의해 제약을 받는 우리의 세계 경험이 우리가 상황을 분류하고 (그에 따라) 추론하고 지각하고 행동하는 유사성과 차이의 관계 중 대부분은 아니더라도 많은 부분을 구조화한다고 주장한다(여기서 논쟁이 시작된다). 라코프와 존슨은 다음과 같이 설명한다.

> 더 많은 것이 올라간다는 상관관계를 반복해서 경험하면 뇌에서 양의 영역에서 더 많은 것을 특징짓는 신경망과 수직성 영역에서 올라감(up)을 특징짓는 신경망 사이에 연결이 형성될 것이다. 이 모델에서 이러한 신경 연결은 More와 Up 사이의 개념적 매핑 기능을 수행하여 수직성 단어(예: 상승, 하락, 급등, 급락, 높음, 낮음, 하락, 최고점)를 양을 나타내는 데도 일반적으로 사용할 수 있게 해준다(반드시 필요한 것은 아니지만). (1999, p. 54)

뇌에 더 많은 것이나 오르는 것 또는 양이나 수직성을 암호화하는 특정 영역이나 네트워크가 있는지는 확실하지 않지만, 그 외에 "세상에서 구현된 기능에서 발생하는" 반복적인 상관관계가 "신경 연결"을 형성하고 새로운 상황의 시뮬레이션에서 다시 활성화된다는 핵심 주장(54, 46)은 신경과학의 핵심 원칙과 잘 맞아떨어진다. 결국 이것은 고전적인 헤비안의 연결과 발화(Hebbian wiring and firing)이다.

그러나 일반적인 시뮬레이션과 마찬가지로 핵심적인 질문은 가정에 의해 설정된 연결이 얼마나 고정적이거나 가변적일 수 있는가 하는 것이다. 여기서는 "가능하지만(필수는 아니지만)"이라고 설명하지만, 다른 곳에서는 "뇌 신경망의 구조가 어떤 개념을 가지고 있는지, 따라서 어떤 종류의 추론을 할 수 있는지를 결정한다"는 주장과 "몸과 뇌가 추론한다"는 주장, 또는 그보다 덜 엄밀하게는 "무엇이 실제인지에 대한 우리의 감각은 몸에서 시작하고 결정적으로 의존한다"는 주장 사이를 오간다(16-17, 강조 표시 추가). 그러나 이러한 미끄러짐은 우리 범주의 구체성과 추상성에서 근거의 점진적 변화와 가변성을 가능하게 하는 유사 구조(as-structures)의 우연성을 반영하기 때문에 놀라운 일이 아니다.

체화된 은유에 대한 실험적 증거는 혼재되어 있으며, 그 모순은 이러한 우연성을 반영한다. 파르마 거울 뉴런 그룹의 일원인 비토리오 갈레제는 라코프(2005, p. 456-57)와 함께 "상상은 시뮬레이션의 한 형태이며, 실제로 행동하거나 지각하는 것과 동일한 뉴런을 많이 사용하는 행동이나 지각의 정신적 시뮬레이션"이라는 공통된 가정을 바탕으로 행동 이해 이론과 체화된 은유 사이의 연관성을 밝혀냈다:

> 예를 들어, 잡는다는 개념의 경우, 실제로 잡을 때뿐만 아니라 잡는다는 개념이 포함된 문장을 이해할 때에도 잡는다는 기능적 클러스터를 형성하는 두정엽-전전두엽 회로가 활성화될 것으로 예상할 수 있다. ... 우리의 개념 이론에 대한 추가 예측은 이러한 결과가 문자 그대로의 문장뿐만 아니라 해당 은유적 문장으로도 fMRI 연구에서 얻어져야 한다는 것이다. 따라서 그가 아이디어를 파악했다는 문장은 뇌의 감각-운동 파악 관련 영역을 활성화시켜야 한다. (472)

흥미롭게도 후속 뇌 스캔 연구는 이러한 예측을 일관되게 입증하지 못했다. 일부 fMRI 실험에서는 동작어의 비문자적 사용(물체를 잡는 것과는 반대로 아이디어를 잡는 것)에 대한 감각-운동 공명을 발견했지만, 다른 실험에서는 그렇지 않은 경우도 있었다. 예를 들어, 셜리앤 뤼슈마이어와 그녀의 연구팀(2007)이 "잡다"("greifen")와 같은 독일어 동작 동사와 이를 기반으로 한 개념 동사("begreifen", "이해하다")에 대한 반응의 뇌 스캔을 비교한 연구에서는 동작 동사에 대해서만 전운동이 활성화되고 개념적 파생동사에는 활성화되지 않는 것으로 나타났다. 이 발견은 동작 동사의 문자적 사용에는 반응하지만 비문자적 사용에는 반응하지 않는 전운동 피질의 반응을 보여준 다른 실험 결과와 일치한다(요약은 Willems & Casasanto, 2011, p. 7-8 참조). 한 예로, 파르마 그룹(2006)의 리사 아지즈자데와 동료들이 수행한 fMRI 연구에서는 '가위를 잡다', '피아노 페달을 누르다', '복숭아를 깨물다'와 같이 문자 그대로 손, 발, 입의 동작을 묘사하는 문구에는 반응하지만 개념적 또는 은유적 방식으로 동작 단어를 사용한 비문학적 문구('진실 처리하기', '세부 사항을 씹다', '한 해를 시작하다')에는 그렇지 않은 전운동피질의 해당 부분이 활성화된 것을 발견했다. 이와 유사하게, 아나 라포소 연구팀의 뇌 스캔 연구(2009)에서는 "차다"와 같은 개별 동작 동사나 "공을 차다"와 같은 동작 문장에 대한 운동 피질 반응을 기록했지만, "양동이를 차다"와 같은 관용적 문구에는 기록하지 않았다.

또 다른 실험적 증거는 다음과 같은 연속체를 따라 감각 운동 활성화가 점진적으로 감소하는 것을 문서화했다. 은유가 때때로 반응을 이끌어내기도 하지만, 은유가 더 추상적이고 관습적으로 변할수록 반응이 줄어드는 것으로 나타났다. 예를 들어,

크리스티나 카치아리와 동료들이 수행한 연구(2011, p. 149)에 따르면 실험 대상자에게 다음과 같은 상황을 제시했을 때 "운동 시스템의 흥분성"이 더 큰 것으로 나타났다. 관용적 동작이나 정신적 문장보다 문자적, 허구적, 은유적 동작 문장을 제시했을 때 더 큰 "운동 시스템의 흥분성"을 보여주었다. 그녀의 실험은 언어 시뮬레이션에 대한 신체 감각 및 운동 반응이 시뮬레이션에 원래 경험이 얼마나 관여하는지에 따라 달라지는 것을 발견했다. 그녀는 "이러한 결과는 운동 시스템의 흥분성이 동사의 운동 구성 요소에 의해 변조되며, 이는 허구적이고 은유적인 동작 문장에서 보존된다는 것을 시사한다."(149)라고 설명하지만, 구체적인 운동 행위에서 멀리 떨어진 관용적 표현이나 추상화(예: "Begriff" 개념을 파악하기 위한 "begreifen")에서 원래 행동을 감춘 관용적 표현에서는 그렇지 않다. 루트비크 데사이(Rutvik Desai)의 연구실(2013, p. 862)에서 실시한 fMRI 연구에서도 마찬가지로 "문자적이고 은유적인 동작 문장에 대해서는 감각-운동 영역이 관여하지만 관용적 동작 문장에 대해서는 관여하지 않는 것으로 나타났다"고 한다. "추상적 문장에서 관용적 문장, 은유적 문장, 문자적 문장으로 갈수록 감각-운동 활성화가 증가하는 경향을 보였다"며 "이는 의미의 추상성과 관습화가 증가함에 따라 감각-운동 시스템에 대한 의존도가 감소하는 점진적 추상화 과정을 시사한다"고 설명했다.

이러한 실험은 비문자적 사용(문자적 이해와 개념적 이해)의 체화된 근거에 대한 갈레제의 강력한 예측을 뒷받침하지는 않지만, 근거 두기에 대한 단계적 관점에는 일치한다. 이러한 종류의 변화는 추상성과 구체화 정도에 따라 달라질 수 있는 관계를 파악하는 가정적 과정으로서 시뮬레이션 모델에 의해 실제로 예측될 수 있다. 이러한 모델에 따르면, 기존의 연상이 대체되고 한때 살아 있던 은유가 죽어감에 따라 시뮬레이션에 의해 재현된 신체적 기원의 흔적은 습관화의 잘 알려진 둔감화 효과로 인해 일상적인 표현에서 반복적으로 사용되면서 점점 더 무뎌질 것이다. 결과적으로 시뮬레이션의 감각-운동적 측면은 관계(as-relation)에 의해 설정된 등가성이 습관화되고 추상적 의미 요소가 전면에 등장함에 따라 덜 두드러질 것이다. 예를 들어 시에서 흔히 볼 수 있는 것처럼 이 용어를 낯설고 예기치 않게 사용하는 것, 즉 이 용어를 탈맥락화하고 재맥락화하는 제스처만이 이러한 감각-운동 연상을 되살리고 휴면 상태였던 시뮬레이션의 일부를 다시 활성화할 수 있다(Armstrong, 1990, p. 67-88 참조). 그러나 이러한 변형이 가능한 것은 시뮬레이션이 국소 감각-운동 공명을 다양한 각도로 활성화할 수 있는 관계이기 때문이다. 비문자적 사용법은 지각적 경험에 어느 정도 기반을 두고 있고, 장거리 피질 간 네트워크 연결의 산물이며, 반복과 관습화를 통해 어느 정도 습관화되어 있기 때문에 다소 추상적으로 보일 수 있다.

내러티브에서는 일반적으로 은유를 사용하여 행동을 구성하는 데 도움을 주며, 이러한 은유는 구체적인 것부터 추상적인 것까지 다양한 근거를 가지고 있다. 사실주의 전통에 속하는 발자크의 고전 소설인 『고리오 영감』의 잘 알려진 구절에서 여주인인 마담 보케르 부인은 하숙집을 비유적으로 표현한다:

> 뚱뚱하고 늙은 얼굴... 앵무새 부리처럼 가운데가 튀어나온 코, 오뚝한 작은 손, 교회 신자처럼 통통한 몸, 연약하고 통제할 수 없는 가슴... 이 모든 것이 모든 희망과 열망이 꺼져버린 방의 악취 나는 비참함과 한 몸이 되어 그녀만이 병에 걸리지 않고 숨 쉴 수 있는 답답하고 악취 나는 공기를 내뿜고 있었다. 첫 가을 서리를 맞은 듯한 그녀의 얼굴, 눈을 감싸고 있는 주름, 발레 무용수의 정돈된 미소에서 지폐 계산원의 비통한 찡그림으로 순식간에 변하는 표정, 사실 집이 그녀라는 인물을 암시하듯 그녀의 전인격이 그 집을 설명한다. 감옥은 간수 없이는 운영될 수 없으며, 간수가 없는 감옥은 상상할 수 없다. 발진티푸스가 병원의 산물인 것처럼, 이 작은 여인의 불건전한 탐욕은 이 삶의 산물이다. ... 그녀가 거기 있을 때, 전시회가 완성된다. (2004 [1834], p. 10-11)

에리히 아우어바흐(2003 [1953], p. 470-71)는 이 장면에 대한 유명한 분석에서 "한편으로는 마담 보케르의 인물과 그녀가 있는 방, 그녀가 지휘하는 펜션, 그녀가 이끄는 삶 사이의 조화라는 모티브는 이성적으로 확립된 것이 아니라 아무런 증거 없이 순전히 암시적으로 즉각적으로 파악되는 인상적인 상태로 제시된다"고 설명한다. 마담 보케르의 실제 모습을 생생하게 구현한 이 시뮬레이션의 관계는 순전히 비유적이고 은유적임에도 불구하고 반박할 수 없을 정도로 구체적이고 즉각적으로 보인다. 이 구성에 의해 확립된 등가 관계는 그 쌍곡선적인 낯섦과 여운이 남는 불협화음(발레 무용수, 지폐 교환원, 간수, 발진티푸스를 어떻게 결합할 수 있을까?)이 수사학적 구성(발자크의 멜로드라마적 과장과 역사적 사실성의 결합과 일치하는 역설)을 상기시키면서도 그 진실성을 직관적으로 보여 준다. 이렇게 체화된 동등성이 제안하는 구성적(형상적) 정합성은 이 시뮬레이션을 구체적으로 뒷받침한다.

이와 대조적으로, 헨리 제임스의 일반적으로 정교한 은유에서 사용되는 등가물의 인위성과 심지어 특이성은 추상적이어서 많은 독자들이 어색하고 시각화하기 어렵다고 불평했다. 가장 잘 알려져 있고, 가장 자주 언급되는 예는 아마도 매기 버버가 『황금 그릇』 2권 초반에 그녀와 그녀의 아버지(현재 이 여자와 결혼한)가 결혼 전에 누렸던 친밀감을 키워 나가는 사이 남편과 가장 친한 친구(그리고 그녀도 모르는 사이에 그의 전 애인)가 서로 너무 많이 함께 있는 배열에서 모든 것이 좋지 않을 수 있다는 직관을 상징하는 물체로서 탑을 언급하는 장면일 것이다:

> 이 상황은 몇 달 동안 그녀의 삶의 정원의 한가운데를 차지하고 있었지만, 마치 상아로 만든 기묘한 높은 탑처럼, 아니 어쩌면 아름답지만 기이한 탑처럼, 단단하고 밝은 도자기로 도금하고, 색을 입히고, 돌출된 처마에 은색 종으로 장식하여 우연히 공기가 흔들릴 때마다 매력적으로 울리는 구조물처럼 그곳에 자리 잡고 있었다. 그녀는 순환을 위해 남겨진 공간, 때로는 넓어 보이고 때로는 좁아 보이는 그 공간에서 자신의 존재를 이어가고 있었다; 그녀는 그토록 넓게 펼쳐지고 높이 솟은 공정한 구조를 계속 올려다보았지만, 자신이 원했다면 어디로 들어갔을지 아직은 알 수 없었다. (2009 [1904], p. 327)

구체적이고 체화된(구현된) 이 물체(figure)는 매기가 이상한 구조물 주변을 탐색하여 당황스러운 표식을 이해하려고 더듬거리는 첫 시도를 시뮬레이션한다. 그 4인조는 언뜻 보기에는 전혀 탑(pagoda)처럼 보이지 않지만, 많은 독자들이 그들이 부자연스럽고 실패한 인물이라는 것을 알게 된 것은 놀라운 일이 아니다.[13] 그럼에도 불구하고 이러한 부조화는 매기가 자신의 세계를 이해하기 위해 좋아하는 것과 싫어하는 것의 새로운 패턴을 찾기 위해 더듬는 노력의 표시이기 때문에 인식론적으로 적절하다. 제임스가 탑(pagoda) 이미지를 여러 페이지에 걸쳐 확장하고 정교화하면서 보여주는 매우 복잡하고 화려한 이미지는 매기가 자신의 세계를 일관성 있게 만들지 못하는 모습, 즉 이전에 익숙했던 배열이 이제는 부조리하고 이상하게 보이는 상황에서 그 부분들을 일관된 전체에 맞추려고 애쓰는 모습을 극적으로 표현한다. 매기가 정원을 산책하는 장면은 구체적이고 체화된 시뮬레이션으로, 분리와 추상성을 통해 매기가 자신의 세계를 이해하려는 인지적 과정에 주목하게 한다.

이러한 불일치와 복잡성은 은유가 닮은 것과 닮지 않은 것을 결합하여 관계의 패턴을 구성하는 방식을 잘 드러내기도 한다. 은유의 화려함은 비유적 시뮬레이션의 동등성 관계(구조로서의 동등성)에 대한 실험으로서 비유적 시뮬레이션의 동질성을 드러내고 활용한다. 제임스는 이러한 기능을 사실성의 환상에 잠기거나 자연화하려는 대신, 탑 이미지를 거의 바로크 양식의 복잡성으로 정교화하여 전경화 및 극화한다. 이러한 부자연스럽고 의도적으로 인위적인 형상화 작업은 발자크처럼 직관적 매개성의 망토로 덮으려는 대신 시뮬레이션에 의해 작동하는 있는 그대로의 관계를 유쾌하게 드러낸다.

구체적 표현에서 추상적 표현으로 넘어가는 접지의 그러데이션은 가장 부자연스러운 내러티브인 제임스 조이스의 『피네건스 웨이크』에서 구현의 다양한 비유를 특징짓는 요소이다. 소설에서 가장 유명한 챕터인 세탁소 여성들이 안나 리비아 플루라벨(ALP)에 대해 수다를 떠는 장면은 신체적 행동과 음란한 모습으로 가득 차 있지만, 조이스 언어유희의 전반적인 효과는 '마치' 시뮬레이션의 무한히 가변적인 우연성에 주목하고 주의를 환기하는 것이다. 여성들이 말하는 모습을 상상해 보라(또는 이 섹션을 녹음한 놀라운 영상에서 조이스 자신이 아일랜드 말투로 연설을 낭독하는 모습을 상상해 보라):

> '안나 리비아'에 대한 모든 것을 알려주세요!
> 안나 리비아에 대한 모든 것을 듣고 싶어요.
> 안나 리비아를 아세요? 네, 물론 우리 모두 안나 리비아를 알죠. 다 말해줘요. 지금 말해 줘요. 당신이 들으면 죽게 돼요. 그 늙은 첩이 당신이 아는 일을 했을 때요. 그래, 알아요, 계속해 봐요. 그만 씻고 손대지 마세요. 소매 걷어붙

이고 녹음테이프 푸세요.

그리고 허리를 구부릴 때 나의 엉덩이와 부딪히지 마세요! 아니면 그놈들이 뭘 하겠다고 그가 핀디시 공원에서 두 번이나 시도했다는 걸 알아냈어요. 그는 끔찍한 늙은 레페예요.

그의 셔츠 좀 봐! 이 더러운 것 좀 봐! 그는 나에게 모든 검은 물을 묻혔어. (2012 [1939], p. 196)

이 대사는 강가에서 빨래를 하며 일하는 여성들이 주고받는 매우 신체적이고 육체적인 대화이지만, 조이스가 이 대사를 낭송할 때는 잘 보이지 않는 추상적인 언어유희가 첫 번째 타이포그래피 게임과 함께 시작된다. 발음된 "O"는 이 장에서 여성의 우위를 의미하며, 그 위에 놓인 역삼각형으로 인해 우화적 울림이 강화되는데, 이는 여성 해부학에 대한 또 다른 참조일 뿐만 아니라 조이스 작가가 ALP를 보여주기 위해 작성 중에 사용한 기호 일람(또는 상형문자)을 의미하기도 한다. 프랑스어 단어 'eau'의 말장난인 이 편지는 이 장의 주제인 물, 즉 여성성을 암시하는 주제(율리시스에서의 몰리의 흐르는 독백을 떠올리게 함)에 대한 집착을 드러내며, 이 장 전체에서 강에 대한 수백 개의 간접적인 언급으로 악명이 높다(롤랜드 맥휴[1991]는 이 구절에서 독일의 레페강과 플로리다의 블랙워터강에 대한 암시를 발견했다).[14]

이것은 지의식적으로 말과 글 보누에 해당하며, 이러한 이중성은 조이스가 이 정교한 시뮬레이션에서 플레이하는 가상 게임에서 반복되고 강화된다. 여성들이 말하고 빨래하는 동안에도 그들의 행동은 그들이 열렬히 논의하는 성행위("내 몸에 엉덩이를 대지 마")를 암시하지만, 이러한 암시는 실제 말보다는 작가의 게임의 산물인 의성어와 말장난을 통해 이루어진다(예를 들어, 피닉스 파크의 "Fiendish Park"에서 ALP의 남편인 HCE("cheb"의 이니셜로 표시되는 "챕")는 그의 악명 높지만 모호한 범죄가 무엇이든 "하려고" 했다고 한다). 여기서 암시적이지만 불확실한 말장난은 또 다른 삼각형("세 번째", "시도", "두 번째")을 암시하는데, HCE가 세 번째 사람에게 어떤 악행을 저지르려는 제3자에게 목격되었다는 것, 즉 어떤 종류의 성적인 행위일까? 빨래하는 물을 더럽히는 더러움은 그의 죄의 더러움뿐만 아니라 그들이 친구로 추정되는 ALP를 비웃는 것을 즐기는 더러움을 상징한다. 그들의 말의 물리적 리듬은 추상적인 우화적 언급과 장난스러운 말장난이 주는 언어에 생동감 넘치는 가상성과 함께 구체성을 부여한다. 이러한 병치는 매우 물리적이고 자연스럽고 신체적인 장면과 매우 인공적이고 추상적이며 상징적인 게임 세트를 동시에 연출하는 역설적인 효과를 가져온다. 시뮬레이션의 작업을 다시 한번 강조한다.

신체에 기반한 메타포가 보편적인지 아니면 문화적, 역사적으로 가변적인지에 대한 갈등에서 단계적 근거 두기와 시뮬레이션의 역설과 모순이 드러난다. 라코프와 존슨은 "세계에 체화된 경험이 보편적이라면, 그에 상응하는 일차적 은유[기본 감각운동 경험에서 파생된 은유]도 보편적으로 습득된다"고 주장한다(1999, p. 56). 이것은 전 세계적으로 수많은 일차적 은유가 널리 퍼져 있는 것을 설명한다. 예를 들어, 벤자민 윌코스키와 동료들의 연구(2009)는 분노에 대한 열의 은유가 문화적 차이를 초월하는 신체적 경험에 기반하고 있음을 보여주었다. 연구진은 "열과 분노 사이의 많은 유사점이 분노-열 연상의 구체적 근거를 제공한다"고 설명한다. 예를 들어, 끓는 액체가 팽창하여 용기를 벗어나려고 위협하는 것처럼 분노는 공격적인 '폭발'의 형태로 분출될 위험이 있다(475). 윌코스키의 연구는 결론을 내린다: "분노와 열 사이의 이러한 개념적 유사성은 인간 존재의 구체화된 경험에 내재되어 있으며 문화적 경계를 알 수 없다." 따라서 "분노와 신체적 열이 체계적으로 관련되어 있다는 강력한 문화 간 믿음의 원인"이 된다(475). 이러한 주장은 438명의 참가자를 대상으로 분노와 열을 연관시키는 경향을 다양한 방식으로 테스트한 일련의 실험을 통해 뒷받침된다. 보고된 결과 중 "열에 대한 시각적 묘사는 분노 관련 개념 지식의 사용을 촉진했다"(464), "분노와 관련된 생각을 프라이밍하면 참가자들이 낯선 도시와 실제 실내 온도를 더 뜨겁다고 판단했다"(469), "참가자들은 화난 표정을 열을 암시하는 맥락에서 제시했을 때 더 빨리 분류했다"(469), "열에 대한 단서는 혼합된 감정 표현에서 개인이 분노의 정도를 더 잘 식별하도록 유도했다"(475).

그러나 이와는 대조적으로, 역사학자 조안나 버크의 광범위한 연구(2014, p. 484)는 "생리적 신체는 문화와 무관한 대상이 아니다"라는 강력한 증거를 제시한다. 그녀가 관찰한 바와 같이, "세계 각국의 언어를 대충 살펴봐도 통증처럼 근본적인 경험에 대해 보편적이지 않은 은유가 엄청나게 많다는 것을 알 수 있다." 심지어 "맥길(McGill) 통증 설문지(1960년대에 미국에서 개발된 광범위한 통증 묘사 목록)를 다른 유럽 언어로 바로 번역할 수 없을 정도"(482)에 이르렀다. 이러한 불일치는 비유럽권의 사례를 보면 더욱 심각하다고 그녀는 지적한다: "일본의 사할린 아이누족은 곰의 무거운 발걸음과 비슷한 '곰 두통', 달리는 노루의 가벼운 질주 같은 '사향노루 두통', 나무껍질을 두드리는 듯한 '딱따구리 두통'"(483)에 대해 불평한다. 마찬가지로, 현대 의학의 항상성 개념을 "썰물과 흐름의 풍부한 비유적 언어"를 통해 통증을 파악한 18세기 체액 이론과 비교하며, 버크는 이러한 서로 다른 시스템에서 균형과 불균형의 대립이 의미하는 바가 동일하지 않다고 주장한다. 물론 가장 기본적인 스키마, 예를 들어 누웠다가 일어서는 감각운동적 신체 경험에 기반한 스키마(행복은 위로, 슬픔은 아래로)나 활력 대 비활력(건강/생명은 위로, 질병/죽음은 아래로)과 관련된 신체 구성에 기반한 스키마는 살아남는다. 그러나 다른 것들은 생리학의 체액 체계에서 "근본적으로 다른"(486) 의미를 갖는데, 예를 들어 "가래, 검은 담즙, 노란 담즙, 혈액"과 관련된 "불균형 또는 막힘"은 "성격 유형(쾌활하고 우울한)"과 "기질에 작용하는 세 종류의 영혼, 즉 자연, 생명, 동물"(485)과 관련이 있다. 버크는 "18세기의 고통스러운 신체는 현대의 신체와 다르게 느껴졌다"며 "체액 신체의 비유적 언어가 세상에 존재하는 다른 방식을 드러내기 때문"이라고 결론지었다(488).

그러나 서로 다른 문화 세계는 생물학적 기반을 공유하고 있기 때문에 서로 완전히 불투명하지는 않다. 버크가 말한 것처럼 이러한 비유를 다양한 동격 관계로 해석하여 이러한 종류의 고통이나 불균형이 어떤 종류의 동격 의미를 가지고 어떤 것과 닮았는지(또는 어떤 것과 같은지) 설명할 수 있다. 관계는 서로 닮지 않은 비유 용어의 비동등성을 가리키기도 하고, 서로 닮았기 때문에 비유를 의미 있고 유용하게 만드는 동등성을 가리키기도 하므로 양쪽을 모두 가리킨다. 은유는 신체적 경험을 그것이 아닌 것으로 구성한다(분노는 열이면서 열이 아니며, 두통은 곰의 발걸음이나 딱따구리의 두드림과 같으면서도 같지 않고, 통증은 체액이 막힌 것과 비슷하면서도 다르다). 우리 몸은 일본 동족이나 18세기 조상들과 완전히 단절되지 않은 생물학적 문화적 잡종이기 때문에 이러한 비유(동물적 은유나 체액 범주를 통해 고통을 경험하는 것이 어떤 것인지)가 우리 자신의 것이 아니더라도 그 타당성을 이해하고 인식할 수 있다. 우리는 일부 신체적 경험과 연상을 공유하지만(버크 자신이 언급했듯이 일부는 "생존"하지만), 다른 것들은 가변적이며, 이러한 조합은 공통점뿐만 아니라 차이점도 허용한다. 고통이나 분노 또는 쾌락이 다른 커뮤니티에 의해 파악된다.

은유나 내러티브와 같은 비유적 구성은 경험에서 미리 형성된 유사 관계(이와 같은 비유는 다양한 정도와 종류의 근거로 체화된 인식에 깊이 내재되어 있다)를 기반으로 하며, 이러한 유사 관계는 시뮬레이션에서 시나 내러티브 또는 기타 허구의 형태로 재구성되어 유사 구성을 강화하거나 방해할 수 있고 유사 구성을 기반으로 하지 않을 수도 있다. 경험을 내러티브로 전환하는 데 있어 형상과 재구성 사이의 회로(미메시스 1에서 미메시스 2로의 이동)는 인지적 또는 허구적 시뮬레이션이 제기하는 연결이 원래 경험에서 주어진 것이기도 하고 그렇지 않은 것이기도 하기 때문에 가능하다. 이것이 바로 가상의 재연에 대한 시뮬레이션이 (미메시스 2로서, 미메시스 3에서 취해진) 수용자의 경험을 재구성할 수 있는 이유이다. 이러한 문화적으로 다양한 유추가 어떻게 확립되고 커뮤니티 구성원들의 이야기를 통해 분노, 고통 또는 즐거움이 어떤 것인지에 대해 서로 소통한다. 허구의 재연에서 경험이 변형되고 재구성되는 형상화(미메시스 1, 미메시스 2, 미메시스 3)의 회로는 시뮬레이션을 통해 행동과 지각을 결합한다. 내러티브는 이러한 방식으로 우리의 삶을 재구성하는 힘을 가지고 있는데, 이는 우리가 우리 몸의 제약을 받으면서도 다양한 변화에 열려 있는 행동과 지각의 구성을 통해 세상에 참여하는 생물문화적 혼종이기 때문이다.

내러티브와 내레이션에서 액션의 상호작용

내러티브는 다양한 행동 양식이 서로 얽혀 구성되며, 가장 기본적으로 담론과 이야기 사이의 상호작용, 즉 이야기하는 행위와 이야기 속에 담긴 행동 및 사건 사이의 관계는 우리가 이야기를 나누고 이해하는 능력의 근간이 된다. 내러티브가 다양한 종류의 행동을 관계 짓는 능력은 우리가 세계와 체화된 관계에서 다양한 인지 과정을 조정하는 데 있어 행동의 역할에 기반을 두고 있으며, 결과적으로 강력한 영향을 미칠 수 있다. 베르토즈와 프티의 저명한 연구인 『행동 생리학 및 현상학』(2008, p. 42-43)에서 관찰한 것처럼, 뇌에서 "감각 데이터의 여러 시스템"의 종합은 행동을 통해 이루어진다: "지각된 세계의 통일성은 우선 세계를 여러 구성 요소로 분해하는 뇌의 특별한 능력에 달려 있다. 그런 다음 우리가 경험하는 세계는 이 모든 스테이션의 활동을 종합한 종합된 결과이다. ... 행위는 이 통합의 필수 불가결한 특징이다."

예를 들어, 메를로퐁티(Merleau-Ponty)(2012 [1945], p. 151)가 지적한 것처럼, "손의 '촉각적 감각'을 통합하고 이를 같은 손의 시각적 지각 및 신체의 다른 부분에 대한 지각과 연결하는 것은 특정 스타일의 손동작이며, 이는 특정 스타일의 손가락 움직임을 의미하고 나아가 내 몸이 움직이는 특정 방식에 기여한다."고 말한다. 체화된 경험의 통일성은 이러한 상호작용의 근본적인 '스타일'에 의해 생성되기 때문에, 메를로퐁티는 "신체는 물리적 대상과 비교할 수 없고 오히려 예술 작품과 비교할 수 있다"고 유명한 선언을 한다(152). 내러티브는 다양한 지각적, 경험적 양식에 걸쳐 다양한 수준에서 다양한 종류의 행동을 조직하고 재구성하는 능력으로 인해 강력한 인지적, 실존적 도구이다.

특정 스타일은 알바 노에(2015, p. 10)가 "조직화된 활동"이라고 부르는 것과 같이 다양한 인지 방식을 특징으로 한다. 그는 "우리의 삶은 다양한 수준과 규모의 조직화된 활동으로 이루어진 하나의 크고 복잡한 중첩"이라고 설명한다. 이러한 조직화 스타일은 우리의 지각 장비에 의해 기록된 차이점, 즉 헤비안의 배선과 발화(Hebbian wiring and firing)를 통해 평생 동안 체화된 인지 경험을 통해 발달하는 인식론적 습관을 통합하는 패턴이다. 이러한 지각 및 인지 양식을 구성하는 스타일은 우리의 자아를 정의하는 특징적인 지향성(사람, 상황, 미래에 대한 지향성)인 세상에 존재하는 우리의 스타일을 차례로 특징짓는다. 인지 내러티브 이론가인 기예메트 볼렌스(2012, p. 22, 28)가 제스처를 '운동 스타일'로 정의한 것은 이러한 연관성을 요약한 것이다: "키네틱 스타일(kinetic style)은 모든 수준의 표현력을 상호 연결한다. ... 한 사람의 키네틱 스타일은 그 사람의 독특한 움직임과 사회적 코드와 신체적 제약을 협상하는 독특한 방식에서 감지할 수 있으며, 문학 작품의 키네틱 스타일은 내러티브의 역학 관계를 통해 전달된다." 한 사람의 독특한 키네틱 스타일은 그 사람의 다양한 '세상에서 행동하는 방식'이 어떻게 조직되고 상호 연관되는지와 관련이 있으며, 내러티브의 '역동성'은 내러티브가 설정한 다양한 종류의 행동의 상호 작용을 조직하는 방식이다.

[그림 22] 메를로퐁티(Merleau-Ponty)

언어적 내러티브가 체화된 행동을 조정하는 능력은 언어, 말, 제스처의 관계에 따라 달라진다. 메를로퐁티(2012 [1945], p. 187)는 "몸은 자연스러운 표현의 힘"이라고 주장한다. 그의 견해에 따르면, 언어의 표현력은 궁극적으로 제스처에서 분명하게 드러나는 의사소통 행동의 체화된 능력에서 비롯된다: "말은 진정한 제스처이다. ... 이것이 바로 의사소통을 가능하게 하는 것이다"(189). 의사소통의 몸짓 기반 이론에 따르면, 언어의 코드와 규칙은 일차적인 것이 아니라 부차적인 것이다. 언어의 규칙은 "언어 행위의 저장소이자 침전물"(202)이며, 표현적 언어 및 신체적 행동의 추상적이고 사회적으로 부호화된 잔여물이다.

언어 발달에 관한 현대 신경과학적 연구 결과는 언어, 말, 제스처의 상호의존성, 즉 우리가 서로 소통하는 능력과 표현적 행동의 체화된 능력 사이에 깊은 연관성이 있다는 메를로퐁티의 현상학적 직관을 확인시켜 준다. 이러한 연결은 운동 피질을 통과한다. 풀버뮐러(2018)는 운동 피질이 언어 발달에 중요한 역할을 하는 이유는 혀와 입술의 움직임을 통해 말소리에 대한 지각과 말을 발음하는 신체 작용을 연결하기 위해 청각 피질과 결합해야 하기 때문이라고 설명한다. 마크 제너로드(2006, p. 154-55)에 따르면, 이러한 발달적 연결은 성인의 의사소통에서 "음성 지각이 ... 음성 생산에 관여하는 운동 구조를 활성화"하는 이유를 설명한다. 다른 사람의 말을 듣거나 심지어 글을 읽을 때에도 몸이 완전히 가만히 있어도 운동 피질은 활성화된다. 마이클 토마셀로(2003)가 주장한 것처럼, 이러한 연결은 운동 피질과 뇌의 다양한 다른 영역(시각, 청각, 촉각) 사이의 광범위한 연결 네트워크의 일부이며, 부모와 자녀가 서로의 표정을 모방하고 서로를 향해 제스처를 취하는 유아기부터 시작되는 의사소통 교환을 통해 발달하는 피질 간 연결이라고 할 수 있다. 이러한 교류는 거울 뉴런 실험에 기록된 종류의 행동의 생산과 관찰 사이에 연결 고리를 만들어낸다(Armstrong, 2013, p. 131-74 참조). 토마셀로(Tomasello)(2003, p. 35)에 따르면, "많은 어린이들이 의사소통 의도를 가장 먼저 전달하는 것은 제스처이다. 그리고 초기 언어의 길을 열어주는 것은 제스처이다." 언어를 "상징적 행동"으로 묘사한 케네스 버크(1966)의 기억에 남는 설명은 언어적 행동과 몸짓에서 드러나는 표현적 의사소통을 위한 신체적 능력 사이의 다양하고 심오한 연관성을 간결하게 요약하고 있다는 점에서 매우 적절하고 연상적이다.

그러나 상징적 행동으로서 언어는 다른 종류의 신체적 행동과 같기도 하고 다르기도 하며, 이러한 차이도 중요하다. 숀 갤러거(2005, p. 122-23)가 관찰한 바와 같이 언어적 행동과 신체적 행동의 관계는 역설적이다: "제스처가 움직임보다 더 중요한 것은 제스처가 곧 언어라는 점이다." 그러나 동시에 그는 "제스처는 그럼에도 불구하고 움직임"이라는 사실을 "놓치는 것은 잘못된 것"이라고 경고한다. 말을 할 때 수반되는 제스처는 종종 의사소통의 힘을 가지고 있지만, 사람들이 말할 때 하는 모든 제스처가 표현적인 것은 아니며 일부는 단순한 움직임에 불과하다. 마찬가지로 행동의 표현적 차원과 도구적 차원은 서로 연관되어 있지만 서로 환원될 수 있는 것은 아니다. 표현적인 동작으로 보이는 일부 동작은 주로 세상을 변화시키기 위한 도구적 동작이며, 동작에는 스타일이 있기 때문에 도구적 동작이 표현적으로 보일 수 있지만 모든 동작이 의사소통 제스처는 아니며, 동작의 의사소통적 측면과 도구적 측면을 구분할 수 있는 경우가 많다. 예를 들어, 어떤 축구 해설가에게는 골의 아름다움과 우아함이 돋보이는 반면, 다른 해설가에게는 전술적 교활함과 기술이 중요할 수 있다.

우리의 신체적 행동 능력은 의사소통을 가능하게 하지만, 행동과 의사소통은 다르며 (때로는) 분리될 수 있다. 앞서 인용한 예를 다시 한번 상기하자면, 사람들은 운동피질 부상으로 인해 도구적 행동 능력은 상실할 수 있지만 언어와 말을 생산하고 이해하는 능력은 여전히 유지할 수 있다. 신체적으로 마비된 사람은 자신이 수행할 수 없는 행동을 이해하고 논의할 수 있지만, 행동과 의사소통이 동일하다면 이는 불가능하다(Hickok, 2014 참조). 그러나 신체적 장애가 언어 생산과 이해에 결함을 초래하는 경우가 종종 있는데, 이는 운동 피질이 도구적 행동과 표현적 행동을 연결하는 허브 역할을 하기 때문이다. 생리학적으로나 경험적으로 도구적 행동과 의사소통적 행동은 불가분의 관계에 있지만, 둘은 동일하지 않다.

이러한 구분은 미묘하고 명확하게 구분하기 어렵지만 중요한 결과를 가져온다. 의사소통적 행동과 도구적 행동의 관계는 동등성과 비동등성의 역설적 관계이며, 이는 강력한 생성성을 지니고 있다. 우선, 이는 우리가 어떻게 행동을 스토리로 구성할 수 있는지 설명하는 데 도움이 된다. 운동적 행동과 의사소통적 행동 사이에 존재하는 같음과 다름의 역설적 관계는 내러티브가 다양한 수준과 종류의 행동 간의 상호 작용을 연출할 수 있게 해준다. 표현적 움직임과 다른 인지적 및 운동적 행동 양식이 서로 같으면서도 다르다는 사실, 즉 행동의 스타일과 종류 등 여러 측면에서 동등하지만 궁극적으로 서로 환원될 수 없다는 사실이 이 둘의 상호 작용을 가능하게 한다. 무용수들이 안무된 공연의 스텝으로 읽힐 수 있는 표현적인 동작을 할 때나 내러티브가 행동을 묘사하고 내레이션으로 전달할 때와 같이 서로의 유사점과 연결점이 많기 때문에 서로의 차이점이 공명을 일으키고 의미 있는 구성으로 형성될 수 있다. 마찬가지로 의사소통적 행동(제스처)과 도구적 행동(무용수의 움직임이든 이야기 속 등장인물의 활동이든 다양한 종류의 운동 및 신체적 능력)을 구분하면 담론(의사소통 행위)과 이야기(도구적 행동과 사건의 함축)가 서로 얽혀 있는 것을 알 수 있다.

내러티브가 다양한 특징적인 기능을 수행하는 방식을 이해하려면 행동 유형 간의 차이를 추적하는 것이 중요하다. 예를 들어, 내러티브가 다양한 행동 양식을 조정하고 통합하는 능력은 스토리가 어떻게 현실감을 조성하고 허구의 세계에 대한 몰입을 촉진할 수 있는지 설명하는 데 도움이 된다. 아네주카 쿠즈미초바(Anežka Kuzmičová)(2012, p. 25, 29)가 지적한 것처럼 내러티브는 "더 높은 수준의 공간적 생생함을 생성하여 독자에게 물리적으로 실재하는 환경(현실)에 들어온 듯한 느낌을 불러일으킬 수 있다"고 설명한다. 이는 "특정 형태의 인간 신체 움직임이 표현될 때 피질의 운동 영역과 전운동 영역이 체성감각적으로 활성화되기 때문"이며, 운동 영역의 손은 손과 관련된 동작 단어에, 발은 발과 관련된 동작 단어에 반응하기 때문이다. 테런스 케이브(2016, p. 81)도 마찬가지로 "허구의 미메시스가 작동할 때, ... 그것은 상상을 위해 '그림을 그리기' 때문이 아니다. 그것은 우리가 주어진 행동을 수행하거나 지각적 경험을 할 때 관련된 신경 영역을 자극한다."

그러나 해부학적으로 기반한 신경 공명은 필요하지만 충분하지는 않다. 특정 뉴런의 반응도 행동 어셈블리로 조직화해야 한다. 일레인 오영(2018, p. 20-21)에 따르면 톨스토이는 이러한 숙달을 통해 이러한 작업을 수행한다. 그녀는 톨스토이가 독자의 "느슨한 단추를 당기거나 일음 조각을 밟거나 빵 조각을 삼키는 것과 같은 일상적인 신체적 행동에 주의를 기울이게 함으로써" 일상적인 행동을 수행하는 방법에 대한 독자의 운동 감각적, 절차적 지식을 활성화하고, 이러한 운동 공명을 익숙한 도구 활동의 패턴에 통합함으로써 "텍스트가 놀라울 정도로 효과적인 방식으로 지각적 즉각성을 불러일으킬 수 있다"고 설명한다(러시아어 문구를 영어로 번역한 다양한 번역을 비교함으로써 그녀가 보여준 것처럼 언어적 번역에서 살아남는 방식으로). 예를 들어, 기억에 남는 잔디 깎는 장면에서 레빈이 낫을 휘두를 때 운동 피질에서 그의 행동 묘사에 의해 활성화된 공명은 차례로 물리적 행동 순서(밭을 걷고, 잠시 멈춰서 음료를 마시고, 대화를 나누는)로 조직되기 때문에 생생한 표현의 기초가 된다. 신경세포 수준에서 동작 단어가 촉발하는 운동 공명이 인식 가능한 신체적 행동으로 조직화될 때만 존재감에 대한 환상에 기여할 수 있지만, 운동 공명 없이 언어적 묘사만으로는 톨스토이의 생생함이 부족할 수 있다.

중요한 것은 특정한 신체적 참조와 신경 기반 운동 공명뿐만 아니라 행동 패턴의 내러티브 재현이며, 이는 읽기 행위에서 쉽게 종합되어야 한다. 여기 또 다른 수준의 행동 양식과 양식이 있다. 오영(Auyoung)이 설명하듯이(32), 인지 과학자들이 '유창성'이라고 부르는 처리 능력, 즉 '우리가 정신적 행위를 수행하는 주관적 용이성'은 낯설고 심지어 불가능해 보이는 것을 친숙하고 수용 가능한 것으로 보이게 만들 수 있다. 엄밀히 말하면 터무니없지만 생생하고 감동적으로 느껴지는 『안나 카레니나』의 말 없는 청혼 장면을 예로 들 수 있다: "이 기적적인 교환이 주는 즐거움에는 여러 가지 근원이 있지만, 그중 하나는 키티와 레빈이 분필로 식탁보 위에 글자를 그리는, 사랑의 역사에서 완전히 독특한 이 장면이 완전히 평범하고 손에 잡히는 재료로 만들어졌다는 점이다."(33). 사랑에 빠진 커플이 하는 단어 게임을 쉽게 따라 할 수 있어 신체적 상호작용이 생생하게 살아나기 때문에 의사소통적 행동(말하기와 읽기)이 도구적 행동과 생산적으로 상호작용한다.

이야기를 읽거나 들을 때 일관된 패턴을 유창하게 구성하는 능력은 착각의 형성을 촉진한다(Iser, 1974, p. 282-90 참조). 미메시스는 단순히 기호와 사물의 대응이나 운동 공명의 문제가 아니라 행동 양식을 연결하는 과정이기 때문에 유창한 이해력은 실재에 대한 환상을 돕고 보조한다. 신경과학의 은유를 빌리자면, 의사소통적 행동 수준에서 쉽게 연결할 수 있는 것은 세 가지 유형의 미메시스를 연결하는 회로를 '수초화(mylenate)'하기 때문에 도구적 행동의 표현을 용이하게 한다. 수초화(mylenation, 신경세포의 줄기를 다른 세포가 감싸는 것)가 활동 전위가 축삭을 통과하는 속도를 높이는 것처럼(Bear, Connors, & Paradiso, 2007, p. 96-97 참조), 의사소통적 일관성 구축의 유창성은 내러티브의 행동 구성(미메시스 2), 독자의 형상적(비유적) 재구성(미메시스 3), 과거의 체화된 경험의 활동 패턴(미메시스 1) 간의 상호 작용을 촉진한다. 유려한 연결은 내러티브의 형상화가 통과하는 연결 고리를 촉진함으로써 낯설고 생소한 것을 자연스럽게 한다.

읽기나 듣기에서 패턴을 구성하는 것은 메를로 퐁티가 가시적인 것과 비가시적인 것이 서로 얽혀 있는 지각의 상황으로 묘사한 지평적 부재에 대한 우리의 지각적 경험을 바탕으로 한다. 그의 설명에 따르면 모든 지각 행위에는 공간적, 시간적, 주관적 지평이 존재하며, 이를 통해 자신의 관점에서는 숨겨져 있지만 다른 지각자나 미래의 우리에게 암묵적으로 제공되는 것에 대한 기대가 투사된다. 오영(Auyoung, 2018, p. 21)은 "지각적 즉각성을 불러일으키고자 하는 문학가들은 시각적 양식뿐만 아니라 청각, 후각, 촉각, 공간, 운동감각 등 재현된 세계의 모든 감각적 양식이 텍스트 자체에 항상 부재한다는 사실과 싸워야 한다"고 지적한다. 그러나 이러한 부재가 치명적이지 않은 이유는 지각 경험에서 빈틈과 불확실성은 익숙한 특징이기 때문이다. 오영(Auyoung)은 "우리는 지식과 지각의 범위를 넘어서는 것이 더 많다고 믿는 데 익숙해져 있다"고 설명하며, "최소한의 단서가 암시하는 것"에 정신을 집중하게 만드는 것은 "일상적이고 비문학적인 경험에서 부분적인 표상 단서에 맞서 싸울 준비가 되어 있는 것"이라고 말한다(2013, p. 69, 60, 66).

인지의 행동-지각 회로는 스토리를 따라가는 의사소통 행위와 생산적으로 상호작용한다. 여기서도 중요한 것은 서로 다르지만 공명하고 얽혀 있는 행동 양식 간의 상호 작용이다. 일상적인 지각에서 사람, 장소, 사물이 우리의 경험에 나타나는 부분적인 관점을 통합하고 우리의 시야에서 숨겨진 것을 채우는 것처럼, 독서에서도 우리는 필연적으로 불완전한 관점을 취하고, 이저(Iser)가 "간극(틈새) 메우기"와 "일관성 구축"이라고 부르는 것을 통해 일관성이 우리가 믿도록 장려하는 게슈탈트로 구성하는 경향이 있다(Iser, 1978, p. 118-32, 165-79 참조; 또한 Ingarden, 1973 [1931], p. 217-84 참조). 이저(Iser)가 주장하듯이, 읽기라는 시간적 행위의 다사다난함은 이야기 세계에서 표현된 사건을 특징짓는 사건의 질을 재창조함으로써 이러한 착각에 기여하고 강화한다(1976, p. 118-51 참조). 우리 자신이 내러티브의 구성을 만들어내기 때문에, 우리는 내러티브의 비물질성을 더욱 은폐하고 즉각적인 느낌을 부여하는 특별한 친밀감을 느낄 수 있다. 이러한 관련 활동 방식 간의 일관성은 텍스트의 부재에 필연적으로 결여되는 완성도를 의미하며, 독자가 이러한 패턴을 쉽게 생성할 수 있다는 점은 이러한 착각을 강화한다.

그러나 읽기는 지각과 같지 않으며, 내러티브의 일관된 불협화음은 이러한 일관성을 방해하지 않는 경우가 거의 없다. 여기서도 차이는 상호작용을 가능하게 하는 것만큼이나 중요하다. 이야기 세계에서의 실재에 대한 환상은 환각과 같은 것이 아니라 이저가 "가상 차원"(1974, p. 279-81)이라고 부르는 것과 관련이 있다. 내러티브 몰입의 가상은 지각적 경험과 같기도 하고 같지 않기도 한 '마치 ~인 것처럼'의 특성을 가지고 있다. 이저(Iser)(1974, p. 286)가 설명하듯이 "일관되고 구성적인 의미는 ... 환상 형성 과정에 필수적"이지만, 동시에 이러한 일관성의 필요성은 독자로 하여금 다른 많은 가능성을 배제하게 만든다. 그 결과 "환상의 형성에는 끊임없이 '외계인 연상'이 수반되는데, 이 참된 나의 내부가 아닌 외부에 존재하는 외계인 연상은 우리를 환상에 대한 관여와 관찰 사이에서 진동하게 만든다"(286)고 그는 주장한다. 이러한 '외계인 연상'은 허구적 세계의 '유사성' 또는 가상을 상기시키는 역할을 한다.

유사 상태의 준품질은 종종 오해를 받기도 한다. 예를 들어, 켄들 월턴(1990, p. 244)은 "관객이 허구의 작품에 반응하여 느끼는 감정은 실제 감정이 아니라 단지 가상의 '준감정'에 불과하다"고 주장하면서 동등성과 비동등성의 역설적 조합을 정서의 동등성과 비동등성의 역설적 조합으로 잘못 해석한다. 물론 "관객이 스크린의 불길한 이미지에 반응하여 공포와 불안을 경험할 때, 그들의 감정적 반응은 가식의 일부이기 때문에 극장에서 도망치지 않는다"(244)는 그의 주장은 옳다. 그러나 이것이 그들의 감정을 덜 "진짜"로 만드는 것은 아니다(예를 들어, 여주인공이 카르멘에서 마지막 아리아를 부르고 "죽는" 동안 진짜 눈물을 흘리고 진짜 슬픔을 느끼거나 영화에서 뱀을 보고 실제로 반사적으로 공포에 질릴 수 있다). 착각이 불러일으키는 신체적 공명은 그것이 모방하는 원래 경험의 흔적일 뿐이기 때문에 가상의 차원을 갖지만, 몰입형 미적 경험의 가식은 수용자의 신체와 뇌에 실제 영향을 미쳐 실재하는 듯한 착각을 가능하게 할 수 있다. 이러한 오해가 중요한 이유는 단순히 용어의 구분을 둘러싼 다툼이 아니라, 미메시스의 가상 경험에서 '좋아요'와 '싫어요'의 조합이 허구의 행동 연출이 우리의 체화된 세계에서의 행동 습관에 실제 영향을 미칠 수 있게 하는 것, 즉 미메시스의 유사 경험이 미메시스의 유사 구성에 반응하여 우리의 실제, 생생한 일상적 체화된 인지 행위(미메시스 1)를 되돌려서 재구성할 수 있게 하는 방식이라는 점 때문이다.

유사성과 유사성이 아닌 것을 모두 인정하지 않는 것은 예술 작품의 선언적 진술이 실제 판단과 동일한 진실을 주장하지 않는 준판단에 불과하다는 로만 잉가든(1973 [1931], p. 160-73)의 주장을 약화시킨다. 다시 말하지만, 내러티브의 허구적 진술은 법정에서 인정되지 않을 수 있다(어떤 판사도 라스콜니코프에게 살인죄로 유죄 판결을 내리지 않을 것이다). 하지만 도스토옙스키가 『죄와 벌』에서 창조한 캐릭터는 잉가든이 말하는 텍스트의 잠재력을 '구체화(concretization)'하여 독자의 실제 태도(및 판단)에 영향을 줄 수 있는 생생한 존재감을 획득할 수 있다(안나 카레니나와 같은 캐릭터와 동일시하는 것이 허구 세계의 지평을 넘어 더 큰 문제에 대한 도덕적, 사회적 평가에 영향을 줄 수 있는 방식에 대한 제니퍼 로빈슨의 주장에 대한 2장의 논의를 상기해 보시기 바란다). 가상의 감정이나 판단을 단지 유사하다고 해서 비현실적인 것으로 치부하는 것은 실제와 같은 가상(as-if)의 시뮬레이션의 힘을 오해하는 것이다. 때로는 유사 감정과 유사 판단은 비현실적인 상태만큼이나 현실적이고 사실적이다(어쩌면 더 그럴 수도 있다).

내러티브는 행동의 패턴을 구성한 다음 중단하고, 뒤집고, 수정하며, 서로 다른 정도의 일치와 불일치, 조화와 불협화음으로 공명한다. 이저(Iser)가 주장했듯이, 환상을 구축하고 깨뜨리는 데 있어 "내재된 균형의 불균형"은 "작업의 역동성을 위한 전제 조건"이다(1974, p. 287). 내러티브에서 불일치하는 일치의 불균형은 본질적으로 역동적이며, 이는 우리 인지 생활의 다른 측면과 유사하다. 일치와 불일치의 변화하는 구성은 이야기 세계에 몰입할 수 있는 다양한 가능성을 만들어내고, 독자로서 우리는 우리가 만들어내는 환상에 참여하거나 비판적으로 성찰하는 것을 번갈아 가며 경험하게 된다. 환상을 구축하는 것과 깨뜨리는 것, 이야기를 읽거나 따라갈 때 우리가 만들어내는 행동 패턴에 참여하는 것과 관찰하는 것 사이를 오가는 이러한 경험은 케이브(2016, p. 135)가 "몰입과 성찰이 정반대의 극이라고 생각하는 것은 실수"라고 선언한 이유이다. 오히려 몰입과 성찰은 내러티브의 일치와 불일치라는 역동적인 상호작용의 상호 의존적인 산물이다. 단락 구분하기 !!

내러티브 분절(disjunction)은 체화된 행동의 근본적인 특성, 즉 습관적이고 자연스러운 "생각하지 않음"을 활용하여 몰입을 방해하고 성찰을 유도한다. 제너로드(Jeannerod)(2006, p. 59)가 지적했듯이, "예상치 못한 사건으로 인해 행동의 흐름이 중단되어 의식이 깨어나지 않는 한, 우리는 대부분의 행동을 인식하지 못한다." 예를 들어, 누군가가 일상적인 행동을 할 때 머뭇거리게 만드는 가장 확실한 방법은 그 행동에 주의를 환기하고 일반적으로 자동적이고 습관적인 행동에 자의식을 도입하는 것이다. 마찬가지로 하이데거가 '준비된 손(Zuhandenheit)' 혹은 도구적 존재에 대한 분석에서 관찰한 것처럼, 우리가 도구를 효과적으로 사용할 수 있는 한 도구는 눈에 보이지 않는다. 망치질에 실패했을 때에만 못을 박는 행위와 망치의 특성을 생각할 수 있는 것처럼, 도구가 고장 났을 때에만 우리는 그 도구성을 알게 된다(1962 [1927], p. 95-107 참조). 절차적 기억과 습관적 기술을 바탕으로 유창하게 행동하는 우리의 능력은 우리가 무엇을 하고 있는지에 대해 생각하지 않는 것, 예를 들어 리벳이 마음 시간 실험에서 측정한 실행과 인식 사이의 시간차를 알아차리지 않는 것에 달려 있다. 무대 공포증과 공연 불안은 잘 알려진 예이다. 마찬가지로, 우리가 이야기를 따라가는 동안 이야기에 포함된 사건들 사이의 전환이나 이야기의 여러 측면 사이의 연결 등 모든 것이 매끄럽게 맞아떨어지는 한, 우리가 하고 있는 일상적인 행동에 주의를 기울이지 않는 우리의 뿌리 깊은 경향은 우리가 만들어내는 상황에 대한 무의식적인 관여를 지지하고 강화한다. 이러한 흐름이 중단되어야만 환상이 깨지고 비판적인 관찰이 가능해진다. 바네사 라이언(2012)이 "생각하지 않고 생각하는 것"이라고 부르는 것은 생생한 인지 경험과 일상적인 행동에 만연한 특징으로, 이야기가 우리를 끌어들이고 참여를 유지하기 위해, 즉 이야기의 반전이나 이야기의 단절이 이러한 참여를 방해하고 우리가 지금까지 무비판적으로 처리했던 것을 반성하게 만들기 전까지, 이야기가 활용하는 현상이다.

행동의 특징적인 무사고성은 현상학에서 "자연스러운 태도", 즉 의심 없이 세계에 참여하는 우리의 관습적인 인지적 자세를 지지하고 유지한다(Armstrong, 2012 참조). 그러나 메를로퐁티가 지적했듯이, 우리가 성찰을 시작할 때마다 우리는 이미 반영되지 않은 의미의 전체 영역을 발견하게 된다(2012 [1945], p. lxxiv-Ixxxv 참조). 우리는 우리가 생각하고 있다고 생각하지 못했을지 모르지만, 사실은 생각하고 있었다. 따라서 메를로퐁티가 보기에 성찰은 반영되지 않은 경험에 대한 성찰이 항상 그것을 능가하는, 영원히 불완전하고 끝나지 않는 활동이다.

체계적인 철학적 방법으로서 현상학은 자연스러운 태도를 괄호로 묶고(괄호 치기), 그렇지 않았다면 주목받지 못했을 다양한 삶의 경험 측면을 전면에 내세우기 위해 그 개입을 중단한다. 그러나 이 기법은 인지적 혼란과 재구성의 일상적 경험을 형식화한 것에 불과하다. 일상생활에서 예상치 못한 방해와 변칙은 생각지도 못한 사고 과정을 눈에 띄게 하는 비슷한 힘을 가지고 있다. 인지 장애와 변칙이 보이지 않는 인식 과정을 드러내는 능력은 네커 큐브와 같은 착시 현상이나 진동하는 토끼-오리 같은 모호한 도형을 철학자와 신경과학자들이 좋아하는 이유이기도 하다(Armstrong, 2013, p. 67-72 참조). 내러티브 불연속성(discontinuity)은 일반적으로 이야기를 받아들이는 자연스러운 태도를 방해하고 중단시키는 유사한 능력을 가지고 있다. 내러티브의 혼란과 반전에는 이미 메타픽션적 자기표현의 특성이 존재하는데, 이는 보통 보이지 않아야 원활하게 작동하는 인지 과정을 드러내고 성찰하게 하는 힘이 있기 때문이다. 조지프 콘래드가 잘 알려진 내러티브의 연속성에 대한 다양한 방해는 중단이 어떻게 자연스러운 태도를 중단시킬 수 있는지를 보여준다. 말로는 『로드 짐』의 글에서 자주 인용되는 구절에서 "눈을 반쯤 감고, 귀가 무뎌지고, 생각이 멈춘 채로 삶을 살아간다는 것은 놀라운 일"이라고 말한다. 어쩌면 바로 이 지루함이 헤아릴 수 없는 대다수의 삶을 그토록 지지하고 환영하게 만드는 것일지도 모른다(1996 [1900], p. 87-88)고 말한다. 그러나 콘래드의 소설에서 반복해서 보여주듯이, 당황스럽고 예상치 못한 사건의 충격이 개입하여 "우리가 모든 것을 보고, 듣고, 이해하고, 모든 것을 다시 돌아가기 전에 순식간에 모든 것을 보고 듣고 이해하게 되는 희귀한 각성의 순간"(88)을 맞이할 수 있다. 예를 들어, 그의 이야기에서 당황하는 순간은 세상에 대한 무의식적인 개입을 중단하고 암묵적인 가정과 작동을 드러내어 볼 수 있게 한다(Armstrong, 1987 참조): 짐이 배를 버렸다는 사실에 대한 짐의 놀라움("뛰어내린 것 같다"[67])과 불룩한 녹슨 격벽이 터지지 않았다는 사실, 죄 있는 젊은이가 "그렇게 건전해 보인다는"("이런 종류의 일이 그렇게 잘못될 수 있다면"[29]) 말로의 분노한 짜증, 젠틀맨 브라운이 파투산의 신뢰 공동체를 폭력적으로 파괴하고 짐의 죽음이 그의 지지자들에게 미치는 환멸적인 영향("그는 구름 아래서 마음을 알 수 없게 죽는다"[246])이 그것이다. 이러한 중단은 모두 짐, 말로, 파투산이 이전에는 인식하지 못했던 일관성 구축 패턴을 방해한다. "항상 예상치 못한 일이 일어난다."(60) 그리고 예상치 못한 일은 우리가 미처 생각하지 못했던 것을 드러냄으로써 새로운 생각을 불러일으킬 수 있다.

전통적인 이야기의 우여곡절이든 실험적이고 '부자연스러운' 소설의 급진적인 혼란이든, 내러티브 불연속성의 계시적 힘은 습관적이고 자동적이며 무의식적인 일상의 유창한 행동과 지각에 기생하여 이를 방해하는 것이다. 『로드 짐』에서 이야기의 사건 수준에서 볼 때, 모험담이나 황실 로맨스로 보일 수 있는 행동 흐름의 불연속성은 우리의 윤리적 규범과 문화 규범의 우연성에 대한 도덕적, 실존적 질문을 제기하며 콘래드의 작품에 관습을 전복하는, 이러한 장르에 일반적으로 없는 실존적이고 형이상학적인 차원을 부여한다. 콘래드는 담화에서 사건의 표현을 방해하는 다양한 내레이션 전략을 구사하는데, 예를 들어 이안 와트(1979)가 "지연된 해독"이라고 부르는 원인과 결과의 반전("무슨 일이 있었나요?"라는 내레이션은 사고 발생 시점을 묻는다. "엔진에서 우렁찬 쿵쿵 소리가 계속 나요. 항로에서 지구를 확인했나요?"(20)—여러 페이지가 지나서야 원인을 파악할 수 있었다: "아마도 떠다니는 버려진 물체"[97]), 또는 말로가 상담하는 여러 정보원들의 모순된 견해를 종합하려고 할 때 이야기의 관점이 일관되지 않는 많은 틈새가 있다. 말하는 자와 듣는 자의 유창한 행동이 자연스러운 태도를 이끌어내 몰입을 촉진한다면, 내레이션 행위에서 이와 같은 혼란은 환상을 깨고 내러티브가 암묵적으로 활용하는 패턴 구성 과정을 드러내고 성찰을 촉구한다.

내러티브 어포던스(행동 유도성)

이러한 내러티브 행동 양식의 상호작용은 깁슨(1979)의 생태학적 지각 이론에서 도입한 어포던스(affordance, 행동 유도성)[6]라는 잘 알려진 용어를 떠올리게 한다.

---

6) 특정 대상이 가지고 있는 본질적, 외면적 속성이 우리에게 전해주는 무언가를 말한다. 우리는 이 무언가(어포던스)를 통해 여러 가지 행동을 하게 된다. 우리가 어떤 사물을 통해 할 수 있는

깁슨에 따르면, 우리가 장면에서 지각하는 것은 사물의 속성이 아니라 사물이 암묵적으로 제공하는 행동의 가능성, 즉 "환경이 ... 동물에게 좋은 것이든 나쁜 것이든 제공하거나 제공하는 것"(127)이다.[15] 이 "'행위 가능성 이론(do-ability theory: 하기-능력 이론)'에 따르면, 베르토즈와 프티(2008, p. 66)가 설명하듯이 우리는 주로 우리의 행동과 실질적인 관련이 있는 것을 지각한다"고 한다. 스토리를 따라갈 때 우리는 스토리가 제공하는 행동의 가능성에 대해 서로 다른 방식과 수준에서 유사하게 반응한다. 글렌버그와 카샤크(2002, p. 559)가 설명한 것처럼, 여기에는 '어포던스 맞물리기'라는 과정이 수반된다:

> 예를 들어, "외투를 똑바로 세운 청소기에 걸어라"라는 문장은 청소기의 지각 기호로부터 청소기를 옷걸이로 사용할 수 있는 어포던스를 도출할 수 있기 때문에 합리적이라고 판단할 수 있다. 마찬가지로 "외투를 똑바로 세운 컵에 걸어라"라는 문장은 대부분의 문맥에서 합리적이지 않다고 판단할 수 있는데, 컵은 일반적으로 외투걸이 역할을 할 수 있는 적절한 어포던스를 가지고 있지 않기 때문이다. ... 어포던스의 맞물린 집합이 실행 가능한 행동에 해당하면 발화를 이해한 것이다. 어포던스가 행동을 유도할 수 있는 방식으로 맞물리지 않으면(예: 컵에 어떻게 외투를 걸 수 있을까요?) 이해가 불완전하거나 모든 단어와 구문 관계가 일반적일지라도 문장이 무의미하다고 판단된다.

이저가 말하는 일관성 구축은 텍스트에서 상황이 전개되는 관점을 종합하는 문제일 뿐만 아니라 텍스트가 제공하는 어포던스를 통합(맞물림)하는 과정, 즉 이야기에 등장하는 사건뿐만 아니라 담론이 제공하는 해석 및 평가 행위로 인해 준비된 행동의 가능성을 조정하는 과정이기도 하다. 그러나 내러티브의 역학은 일치하는 불일치의 구조로서 때로는 이러한 어포던스와 맞물리기도 하고 때로는 그렇지 않기도 하며, 다양한 효과와 다른 목적을 위해 작용한다. 예를 들어, 대부분의 유능한 문학 독

'모든' 행동에 대한 유발 가능성이라고 본 반면에 노먼(Norman)은 '특정' 행동의 유발 가능성으로 제한했다. 지각 이론의 두 가지 관점(비직접-지각과 직접-지각) 중에서 깁슨은 전자를, 노먼은 후자를 수용하여 어포던스 개념을 보고 있다(역자 주).

자들은 "외투를 컵에 걸어 놓으세요"라는 어포던스가 적절한 상황을 쉽게 상상할 수 있는데, 이는 평범하고 예측 가능한 방식으로 맞물리는 것을 거부하는 불협화음이 새롭고 흥미로운 반응의 가능성과 공명하기 때문이다(거트루드 스타인의 '부드러운 단추'나 '이상한 나라의 앨리스'를 생각해보라).

이것은 케이브(Cave)(2016, p. 46-62)가 문학적 어포던스 개념을 제안할 때 염두에 둔 예이다. 이는 소설이나 시에서 표현된 상황과 관련된 가능한 행동뿐만 아니라 그 형식에 의해 준비된 반응도 의미한다. 예를 들어, 한 장르의 관습은 작가와 독자가 텍스트를 구성하고 텍스트에 반응할 때 어느 정도 구체적인 행동 집합을 제공한다. 이러한 어포던스는 때때로 소네트처럼 상당히 제한적이지만, (헨리 제임스의 표현을 빌리자면) 소설의 "커다란 헐렁한 괴물"과 같이 개방적인 장르에서도 완전히 제한되지 않는다. 말하는 것과 듣는 것과 관련된 어포던스가 있으며, 이들은 동일하지는 않지만 내러티브의 역학은 이러한 어포던스가 어떻게 얽혀 있는지, 즉 담론에 의해 설정된 행동이 서로 맞물리는지(또는 그렇지 않은지)뿐만 아니라 이야기가 제공하는 행동과 어떻게 맞물리는지에 관한 문제이다. 담론과 이야기가 서로에게 그토록 흥미롭고 예측할 수 없는 영향을 미칠 수 있는 이유는 (구조적 내러티브학의 통일된 분류법이 시사하듯이) 객관적 속성을 지닌 불활성 형태가 아니라, 우리가 맞물리려고 하지만 (내러티브의 일치된 불협화음 덕분에) 마지막에 가서야 (그리고 말하는 자와 듣는 자 모두의 행동 가능성이 마침내 닫히는 텍스트에서만) 안정되고 일관된 패턴으로 정착되는 행동 양식이기 때문이다.

케이브가 지적했듯이, 문학의 어포던스는 일반적으로 즉흥성을 불러일으킨다: "문학이 제공하는 것은 사실 인지적, 문화적 유동성이다."(39). 어포던스는 우리의 참여를 제한하지만 절대적으로, 완전히 결정하지는 않는다. 예를 들어, 의자는 앉을 수 있게 해주지만 물구나무서기를 하거나 술집에서 난투극을 벌일 때 무기로 사용될 수도 있다. 케이브에 따르면, 언어적 유물의 경우 이러한 이중성은 "모든 언어의 사용이 매우 불특정적"이라는 사실을 반영하며(25), 이는 이저(Iser), 잉가든(Ingarden), 오영(Auyoung)이 강조하는 간극과 불확실성을 드러낸다. 문학 텍스트는 특히 언어의 불특정성과 이러한 부재에서 오는 즉흥적이고 예측 불가능한 반응을 가능하게 하는 능력을 활용한다. 케이브가 생생하게 설명했듯이, 문학의 "대담하고 고도로 정밀한 언더스펙 방식은 프롬프트나 트램펄린처럼 작용하여 상상의 비약을 위한, 또는 다른 사람의 마음속으로 뛰어들 수 있는 무한한 가능성을 확장하여 준다."(27)

반응을 제약하는 동시에 즉흥성을 유도하는(심지어 문학적 어포던스의 경우 요구하기도 하는) 어포던스의 이중성은 특별한 종류의 역사성을 부여한다. 케이브의 표현을 빌리자면, "야누스의 얼굴을 하고 있다." 즉, 현재의 구성을 확립한 이전 참여의 역사와 그 잠재력에 대한 우리의 유전적 감각을 모두 가리키면서도 "시간의 화살을 따라 인간 문화 즉흥의 현재와 미래의 결과물을 향해"(62) 예측할 수 없는 방향으로 나아갈 수 있는 것이다. 예를 들어, "에세이에는 몽테뉴가 상상할 수 없었던 사후 세계가 있었다"는 점을 지적하면서, 케이브는 "문학적 도구는 종종 소급적으로 정의되고 인식된다. 장르를 어포던스 구조로 생각하면 작가와 독자가 이전 텍스트가 가능케 한 행동의 가능성에 반응하여 즉흥적으로 참여함으로써 기존 템플릿의 불안정한 재작업에 대한 관심을 앞으로 향하게 하는 데 도움이 된다."(58)라고 말한다.

내러티브의 경우, 어포던스 용어는 특히 많이 논의되는 확률 문제와 관련이 있다.[16] 내러티브가 제공하는 확률에 대한 반응은 카린 쿠코넨(2014b, p. 372)이 주장한 것처럼 "체화된 인지는 행동이 어떻게 전개될지 감지함으로써 깊은 영향을 받는다"는 일반적인 규칙의 특별한 사례이다. 예측 처리로서의 베이지언 인지 모델을 제안한 앤디 클라크(Andy Clark)(2016, p. 5)는 "우리는 세상을 추측함으로써 세상을 본다"고 주장한다. 이는 일반적으로 지각뿐만 아니라 이저(Iser)(1976, p. 108-18)가 이야기를 읽고 따라가는 예측 기대적, 회고적 과정이라고 설명한 것에서도 마찬가지이다. 쿠코넨(2016, p. 157)에 따르면 내러티브에는 "확률 설계"라는 것이 있다: "플롯은 내러티브에서 사건들이 연관되는 순서를 배열하기 때문에 독자들에게 가상의 세계에 대한 새로운 관찰을 제공하며, 이러한 새로운 관찰은 가상의 세계에서 일어날 수 있는 일에 대한 확률적 예측 모델을 확인하거나 반박할 수 있다." 쿠코넨은 이러한 확률에 대한 예측은 플롯에만 국한된 것이 아니라 독자의 기대에 영향을 미치는 내러티브의 다른 행동 양식, 즉 이야기를 따라가는 경험에서 다음에 일어날 일에 대한 예측(일반적으로 비논리적, 무사고적, 직관적)이 플롯의 인물과 사건 간의 상호작용이나 내레이터의 스토리텔링 행위(그녀가 무엇을 숨기거나 드러내는지, 어떻게 판단하는지, 우리가 그러한 평가를 신뢰하거나 의심하는지)에 의해 촉발되는지와 상관없이 '피드백 루프'로 상호작용한다고 지적한다.

플롯의 수준에 국한되지 않고, 내러티브 액션의 전개에서 확률에 대한 예측은 내러티브의 다양한 액션 양식의 모든 수준과 상호 작용을 역동적인 관계로 가져온다. 내러티브 세계가 우리의 경험 속에서 우리의 기대에 부합하거나 어긋나는 방식으로 전개될 때, 쿠코넨(2014a, p. 724)은 "독자들이 서로 충돌하거나 경쟁하면서 허구의 세계에 대한 서로 다른 확률적 모델을 발견하는 것은 드문 일이 아니다"라고 관찰한다. 내러티브 담화가 줄거리 사건에 대해 아이러니하게 언급하고 독자가 등장인물이 예상하는 것과 다른 것을 기대하도록 유도하거나, 장르가 일반적으로 제공하는 것(예를 들어 그리스 비극이나 할리우드 영화의 특징인 보상과 처벌)에 대한 독자, 청중 또는 시청자로서 우리의 감각이 사건 자체에서 아직 예측할 수 없는 확률을 투영하도록 유도할 때와 같이 말이다. 따라서 내러티브의 확률 설계는 고정된 구조가 아니라 독자의 다양한 예측 과정, 피드백 루프, (쿠코넨이 말하는) '인지의 폭포(cascades of cognition)' 등 다양한 행동 양식 간의 역동적이고 유동적이며 복잡한 상호작용으로 이루어지며, 이는 보통 직관적이고 사전 반성적인 평가를 통해 의식 아래에서 발생하지만 때로는 추상적이고 반성적인 판단을 통해 자의식 속으로 파고들기도 한다. 내러티브 확률에 반응하는 이러한 루프와 폭포는 우리가 끊임없이 세계에 대한 예측을 비교, 종합, 협상하는 일상적인 인지 생활에서 작동하는 지각 과정을 다시 한번 끌어와 시뮬레이션한다. 이것이 바로 내러티브 확률에 대한 우리의 경험이 경험의 다른 측면에서의 예측 행동에 정보를 제공하고 재구성할 수 있는 이유이다.

내러티브에서 행동이 얽히는 방식은 역설적이게도 그 사회적, 역사적 특수성을 보여주는 증거이자 이야기가 시간적, 문화적 거리를 넘어 청중에게 영향을 미칠 수 있는 공명을 불러일으키는 요소이다. 이러한 역설은 행동과 인지 능력이 종 전체의 진화 과정과 특정 공동체의 구성원으로서 지역적 경험에 의해 형성된 체화된 생명체로서의 인간의 생물문화적 혼종성에서 비롯된 결과이다. 쿠코넨과 마르코 카라치올로(2014, p. 267)가 지적했듯이, "문화적 관행이 신체적 경험을 이해하는 데 도움이 된다"고 해도 "신체적 경험이 문화적 관행을 형성한다"고 할 수 있다. 한편으로는 역사적으로 "비교적 안정적인 신체 패턴"은 독자들이 다양한 문화적 환경과 역사적 시기의 텍스트에 정서적, 운동학적으로 반응할 수 있게 해준다고 한다(266). 그러나 다른 한편으로 볼렌스(2012, p. 42)는 "어떤 운동 신호가 수행되는 역사적, 문화적, 사회적 맥락은 감정을 표현하는 사람과 감정적 신호를 인지하는 사람 모두에게 항상 제스처의 의미에 영향을 미친다"고 지적한다. 볼렌스는 언어 기호에 운동 신호가 침전되면 "운동 사건의 차원을 개념화하는 다양한 방식"(38)을 구현하는 동작 단어의 공명 사이에 인식 가능한 문화적 차이가 발생할 수 있으며, 영어 어휘에서 앵글로색슨 어근이 아닌 프랑스어 또는 라틴어 어근을 가진 동사 사이의 대조에서 분명한 차이가 나타날 수 있다고 관찰했다.

행동에 대한 언어적 표현은 결과적으로 역사적 거리를 구분하고 동시에 초월할 수 있다. 예를 들어, 1753년에 출간된 토비아스 스몰렛의 소설 『페르디난드 백작의 모험』의 한 구절을 인용하면서 쿠코넨(2014b, p. 368)은 "공포가 캐릭터에 미치는 영향에 대한 강력한 운동 언어"가 "체화된 독자에게 [자신의] 마음 상태에 대한 상당히 정확한 아이디어를 제공하고, 이 아이디어는 독자가 읽는 단어의 운동 형태와 방향성에 대한 독자 자신의 체화된 공명에서 복제될 수 있다"고 주장한다. 그러나 이 구절의 어법은 대부분의 21세기 독자들의 언어 습관과는 거리가 먼 "포인나드의 휘두름", "그의 두려움의 모든 신선한 필리프", "새로운 비난의 발리"와 같은 문구를 통해 이러한 감정을 전달하고 있다.[17] 언어적으로 코딩된 이러한 운동 신호는 낯설지만, 그 구절이 등장인물의 불안에 대한 구체화된 감각을 전달하는 데 성공한다면 역사적, 문화적 경계를 넘나들고 있음을 나타내며, 어법의 낯섦이 체화된 감정의 친숙함을 압도한다면 그렇게 히지 못힐 수도 있다. 볼렌스는 "내러티브의 키네틱 스타일, ... 그 신체적 해석학은 ... 저자가 의미 있는 제스처를 만들기 위해 언어를 양식화하는 방식에 의해 형성된다"(35)고 설명한다. 스타일은 모방하는 것과는 다른 언어적 수단을 통해 어떤 행동이 어떤 것인지 전달하는 하나의 구조이기 때문에, 이야기의 운동적 스타일은 역설적으로 이러한 지평을 초월하는 바로 그 수단(묘사의 언어적 작용)을 통해(언어가 먼 미래의 독자에게 만들어내는 구체화된 공명 속에서) 역사적,

문화적 특수성을 알릴 것이다.

이야기는 세상에 대한 우리의 경험에서 서로 얽혀 있는 행동 양식을 구성하고 재구성하기 때문에 서로 다른 삶 사이의 중재자 역할을 할 수 있다. 생물문화적 혼종으로서 우리는 다른 종의 구성원들과 체화된 운동 능력을 공유하고, 오랜 역사를 통해 진화한 행동 인식 회로를 통해 세상과 소통한다. 행동의 구성으로서 이야기는 우리가 다른 동종과 공통적으로 가지고 있는 체화된 경험의 측면을 활용하고 재구성하기 때문에 익숙하면서도 낯설게 느껴질 수 있는 다른 세계와 관계를 맺을 수 있다. 우리의 생물문화적 혼종성은 우리의 세계와는 거리가 먼 이야기에 신체적으로 공명할 수 있게 해주며, 이러한 공명의 방식은 그 세계가 우리의 일상적 경험으로부터 얼마나 멀리 떨어져 있는지를 느끼게 할 수도 있다.

이러한 차이는 다양한 방식으로 생산적으로 작용할 수 있는데, 그 이유는 이러한 차이가 다른 행동을 유발할 수 있기 때문이다. 다른 종류의 어포던스처럼, 우리가 서로 주고받는 이야기는 두 가지 방향으로 향한다. 한편으로는 자신이 이끌어낸 경험적, 인지적 세계의 흔적을 담고 있고, 바로 이 순간에 다른 한편으로는 이러한 공명을 미래 세대의 독자와 청자에게 반응할 수 있는 가능성을 제시하는 내러티브 행동의 구성으로 재구성하여 미리 완전히 지정되지 않은 반응을 이끌어낼 수 있다. 인간의 행동은 본질적으로 수평적이고 미래 지향적이며, 내재성과 초월성이라는 두 가지 특징을 지니고 있는데, 이는 현재의 상황을 넘어 지향하는 목적과 목표를 향해 우리를 투영하기 때문이다. 문화와 세대를 뛰어넘어 교류되는 이야기의 역사적 생명력은 내러티브가 행동으로 구현하는 초월의 힘에 의해 가능해진다. 문화적, 역사적 거리를 뛰어넘는 이야기의 힘은 기적처럼 보일 수 있지만, 이는 미래지향적이고 경계를 넘나드는 행동을 하는 우리 인류의 능력을 보여주는 예일 뿐이다. 이야기를 들려주는 행위는 아직 완전히 가시화되지 않은 목적을 향해 행동이 시작되는 상황을 초월하기 때문에 우리 세계의 지평을 넘어 우리를 투영할 수 있다.

제4장

신경과학과 내러티브의 사회적 힘

다른 사람들의 행동을 이해하는 우리의 직관적이고 신체에 기반한 능력은 이야기꾼, 이야기 그리고 청중들 사이의 관계를 포함한 사회적 관계의 기본이다. 이야기가 사회적인 힘을 가지는 이유는 이야기에 녹아있는 구성된 행동과 이야기의 패턴이 우리의 세계를 형성하는 인물들에 동화되는 것과 독자 또는 청취자로서 이야기를 따라가는 우리 활동 사이에 순환이 있기 때문이다. 그러나 이야기가 긍정적인 도덕적 태도와 친사회적 행동을 심어줄 수 있는지의 여부는 결코 단순하고 간단한 문제가 아니다. 무엇보다도 대인관계의 이해, 도덕적 행동, 사회적 정의를 촉진하는 이야기의 힘은 우리가 세상을 공유하는 다른 체화된 마음을 이해하는 패턴 형성의 뇌 기반 과정을 변화시키는 이야기의 능력에 달려 있다. 이야기가 공감을 촉진하고 그 밖에도 우리 종족 특유의 협력 활동에 필요한 공동성을 촉진할 수 있다면, 그들의 능력의 힘과 한계는 사회적 뇌의 작동에 기본적인 미러링, 시뮬레이션, 식별을 통해 자아와 타자를 이중화시키는 체화된 과정에 달려 있다. 이러한 과정의 제약과 불완전성은 윤리적이고 정치적인 도구로서 이야기의 장단점에 반영된다.

내러티브가 다양한 이질적이고 심지어 모순적인 영향을 미칠 수 있다는 것을 알고 있는 철학자들과 인지 과학자들은 이야기가 문학 비평가들에게 순진하게 낙관적인 것처럼 보이는 다른 사람들을 이해하고 공감하는 능력을 어떻게 향상시킬 수 있는지에 대해 광범위한 주장을 펼친다. Martha Nussbaum과 Steven Pinker는 그러한 순진함의 대표적인 예들이고, 이야기 공감에 있어서 가장 명민한 이론가들 중 한 명인

Suzanne Keen은 그들을 당연히 과제로 삼는다. Keen(2007, p. xvii-xix)이 지적한 바와 같이, 이야기의 사회적 힘과 도덕적 힘에 대한 유사한 믿음은 소설을 읽는 것이 '사랑과 연민을 미지의 다른 사람들에게까지 확장할 수 있는 더 나은 세계 시민들을 만들어 낼 수 있다'는 Nussbaum의 주장과, 이야기가 '도덕적인 원'을 다른 씨족, 다른 부족, 다른 인종들까지 포함하도록 확장함으로써 인간 종을 '더 나은' 인간으로 만드는 '도덕적인 기술'이라는 Pinker의 주장을 알려준다(Nussbaum, 1997; Pinker, 2011). Keen은 '글쎄요, 상황은 달라요'라고 말하며 많은 '비웃음과 모욕으로 인해 구금되고, 주인공과 암시된 독자들 모두를 기쁘게 하는 오명을 쓴 인물들의 예'들에 주목한다.

불행히도 사회적 인식을 개선하는 문학 능력에 대한 의심스럽고 지나치게 단순화된 주장들이 심리학 문헌에도 많다. 가장 악명 높은 예는 '문학 소설을 읽으면 심리 이론이 향상된다'는 것을 발견했다고 알려진 David Comer Kidd와 Emanuele Castano (2013)의 연구인데, 이 주장은 뉴욕 타임스가 '체호프(Chekhov)'를 읽고서 '소개팅이나 면접을 준비하라'고 권고하게 만들었다(Belluck, 2013, A1). 덜 공개된 다중기관 복제 연구의 저자들이 관찰함에 따라 이 주장은 이미 '통념으로 받아들여지고' 있다(Panero et al., 2016, e47). 예를 들어 도덕의 신경생물학적 기반에 대한 최근의 조사는 이 연구에 대한 요란한 지지와 함께 결론을 내린다: 연구는 문학 소설을 읽는 것이 다른 사람의 주관적인 정의적 및 인지적인 정신 상태를 식별하고 이해하는 능력을 향상시킬 수 있다는 것을 실제로 보여준다(Kidd & Castano, 2013, p. 295). 그러나 이것이 사실인지 만약 그렇다면 어떻게 소설이 그렇게 하는지는 전혀 명확하지 않다. 한 가지 예로 복제 연구는 Kidd와 Castano의 결과를 검증하는 데 실패했다: '단순히 말해서 우리는 문학 소설을 읽는 것이 마음 이론에 미치는 어떤 단기적인 인과적 효과에 대한 지지를 찾지 못했다.'(Panero et al., 2016).

당연히 이 연구 결과는 타임스에 오르지 못했다. 비슷한 맥락에서 심리학자 Keith Oatley와 Raymond Mar는 소설을 읽는 것과 사회적 역량 사이의 상관관계를 찾았다고 주장하는 연구를 여러 편 발표했다. 예를 들어 '소설은 사회 세계의 시뮬레이션이다'라고 주장하면서, Oatley는 '비행 시뮬레이터에서 비행 기술을 향상시키는 사람들과 비슷하게 소설을 읽는 사람들도 사회적 기술을 향상시킬 수 있다'(Oatley, 2016, p. 619)고 제안한다. Mar, Oatley 및 동료들의 연구는 심지어 '자주 소설을 읽는'은 '책벌레'가 다양한 '공감/사회적 감각 측정'을 더 잘 수행할 수 있다고 주장한다. 그러나 지난 장에서 주장했듯이 시뮬레이션은 단순한 인과관계의 가정이 시사하는 것보다 더 가변적이고 예측할 수 없는 유사 관계다. 널리 존경받는 독서의 인지 과학자 Richard Gerrig은 이러한 연구가 시뮬레이션이 어떻게 작동하는지에 대해 자세히 설명하지 못한다고 비난하는 것은 옳은 일이며, '독자의 사회적 인지'에 의해 수행되는 특정한 '학습과 기억의 과정'에 대한 보다 구체적인 분석을 요구한다(Mumper & Gerrig, 2019, p. 453). Kidd-Castano 연구의 저자들도 유사하게 '우리는 소설을 읽는 것이 마음 이론 기술을 증가시키는지 묻는 것에서 어떤 상황에서 독서가 이것을 어떻게, 누구를 위해 할 수 있는지 묻는 것으로 옮겨가야 한다'고 주장한다(Panero et al., 2016, p. 52).

이야기를 하고 따르는 데 수반되는 신경과학적이고 현상학적인 과정을 자세히 분석하는 것은 이야기의 사회적 힘(및 한계)에 대한 보다 구체적이고 상세한 설명의 필요성을 충족시키는 한 가지 방법이다. 작가와 독자는 이야기를 주고받을 때 다른 세계를 상상하기 위해 그들의 인지 능력을 활성화하지만 문학계와 학계에는 이것이 반드시 그들을 더 배려적이거나 덜 공격적이고 사기 관여적으로 만들지는 않는다는 많은 증거가 있다. 신경과학 연구가 이것을 바꾸지는 않겠지만 공감과 상호 이익을 위한 협력을 포함한 친사회적 행동을 촉진하기 위한 이야기의 한계뿐만 아니라 힘을 설명하는 데 도움이 될 수 있다. 우리가 필요한 것은 공감과 사회적 이해를 촉진하는 이야기의 능력에 대한 지나치게 거창하고 단순한 주장이 아니라 이야기의 모순적인 효과가 체화된 인지의 복잡하고 종종 역설적인 특성과 어떻게 관련되는지에 대한 신중하고 상세한 분석이다.

공감, 동일시, 자아와 타자의 이중성

Guillemette Bolens(2012, p. 1-3)는 내러티브의 운동 역학(kinematics)에 대한 명쾌한 분석에서 자발적이든 비자발적이든 우리 자신의 행동에 대해 가질 수 있는 운동 감각과 '신체 움직임을 식별하고 해석하는 우리 인간의 능력'을 운동 역학적 지능과 구별한다: '운동감각은 직접적으로 공유될 수 없는 반면, 운동 정보는 전달될 수 있다. 나는 다른 사람의 팔에서 운동감각을 느낄 수 없다. 그러나 나는 그의 움직임에서 내가 인지하는 운동 신호에 기초하여 그의 운동감각을 추론할 수 있다. 운동 공감의 행동에서 나는 내부적으로 이러한 추론된 감각이 나 자신의 운동감각 기억과 지식을 통해 어떤 느낌일지 시뮬레이션할 수 있다.' 이야기에 표현된 행동(말하는 것)을 이해하는 능력과 내레이션의 움직임(말하는 것)을 따르는 능력은 신호를 의미 있는 패턴(운동 지능)으로 구성하는 해석학적 능력과 내레이션에 배치된 구조와 형태가 반사적이지 않고 습관적인 세계 구성 방식(내 운동감각에 구현되는지에 대한 직관적 감각)이 필요하다.

Maurice Merleau-Ponty에 따르면 우리가 이야기를 이해하는 데 사용하는 운동적 지능과 운동감각적 공감은 자아와 타자를 근본적으로 역설적으로 만드는 일종의 이중화를 수반한다. Merleau-Ponty가 설명하듯이 '사회 세계는 우리가 그것을 알게 되거나 판단할 때 이미 존재한다.' 왜냐하면 경험의 상호주관성은 기본적으로 공동 세계에 대한 우리의 인식에 주어지기 때문이다. 그러나 그는 계속해서 나는 결코 그녀 자신이 다른 사람의 존재를 경험하게 할 수 없는 운명이기 때문에 '극복할 수 없는 살아있는 유아론(solipsism)'이 존재한다고 말한다(2012 [1945], p. 379, 374). Bolens가 묘사하는 운동감각적 공감은 역설적으로 상호 주관적이고 유아론적이다. 예를 들어 다른 사람이 느끼는 감정을 마치 그녀의 감각이 내 감각인 것처럼 '내부적으로 시뮬레이션'하는 것처럼 말이다. 물론, 그것들은 내 감각이 아니다(그렇지 않으면 나는 그것들을 나 자신의 감각에 근거하여 추론할 필요가 없다). 이야기를 따라가는 것은 유사하게 주관적 차원과 유아론적 차원을 모두 가진 역설적 과정이며, 이 과정을 통해 세계를 구성하는 나의 자원이 친숙하고 이상해 보일 수 있는 또 다른 허구적이고 서사적인 세계를 이해하기 위해 작동하게 된다. 내러티브 이해는 다른 사람의 생각을 생각하지만 그들이 나의 것인 것처럼 생각하게 되는 관계 그대로의 것이다. 내러티브 이해는 다른 사람의 생각이 내가 이야기에 가져오는 '진짜 나'와 내가 의식의 힘을 빌려줌으로써 만들어내는 '다른 나'의 생각하는 관계이다(Iser, 1978, p. 152-59). 비록 그것이 그것을 재구사(결국 이 다른 세계는 나의 것이 아니기 때문에 매혹적이기 때문에)하더라도 자기와 다른 세계 사이의 대립을 극복한다.

소위 허구적 마음의 서사학적 분석을 지배하는 문법적 범주 그 자체로는 또 다른 자아의 역설이 수반하는 고유한 모순과 복잡함을 정당화할 수 없다. 예를 들어 의식을 표현하는 기술에 대한 고전적 연구에서 Dorrit Cohn(1978, p. 5-6)은 '내러티브 픽션의 특별한 생명력은 작가와 독자들이 삶에서 가장 적게 알고 있는 것, 즉 다른 마음이 어떻게 생각하고 다른 몸이 어떻게 느끼는지에 달려 있다'는 명백하고 설명할 수 없는 부조리에 대해 궁금해한다. 그러나 현상학적 관점에서 이 역설은 정말 훌륭하지만 신비롭지는 않다. 그것은 단지 우리가 이해할 수 없는 범위에 타자의 내면의 삶이 놓여있을 때조차 우리가 다른 사람들이 생각하고 느끼는 것을 자동적으로 직관할 수 있는 일상적 경험의 한 예일 뿐이다. 비트겐슈타인이 지적한 바와 같이, '우리는 감정을 본다. ... 우리는 일굴의 왜곡을 보고 누군가 기쁨, 슬픔, 지루함을 느낀다고 추론하지 않는다. 우리는 얼굴을 슬프고, 빛나고, 지루하다고 즉시 묘사한다'(1980, p. 570). 다른 사람들은 원래 우리에게 존재하지만, Shaun Gallagher와 Dan Zahavi(2012, p. 204)가 관찰하듯이, '타자의 부여는 가장 독특한 종류다. 타자의 타자성은 정확히 그의 망각과 접근 불가능함에서 나타난다.' Merleau-Ponty가 설명한 바와 같이 '만약 그것이 그렇게 하지 않으면 나는 고독에 대해 말하지도 않을 것이고, 심지어 다른 사람들이 접근할 수 없다고 선언하지 않을 것이기 때문에 나의 경험은 어떤 식으로든 다른 사람들을 나에게 제시해야 한다'(2012 [1945], p. 376). 유아론은 우리가 상호 주관적으로 조정되기 때문에 문제가 될 뿐이다. 상호주관성과 유아론은 상호 배타적인 범주처럼 보일지 모르지만 그것들은 다른 사람들에 대한 우리의 살아있는 경험에서 불가분하며 역설적으로 연결되어 있다.

이 모순들은 비논리적으로 보일지 모르지만 삶의 실존적 사실이다. 메를로 퐁티는 역설적인 타인의 존재와 부존재는 '어떻게 하면 나를 초월하는 현상들에 열린 자세를 가질 수 있는지 ... 내 죽음의 순간이 나에게 접근할 수 없는 미래이기 때문에 나는 결코 그 자신이 다른 사람의 존재로 살지 않을 것이라고 확신한다. 그럼에도 불구하고 모든 다른 사람들은 나에게 설명할 수 없는 공존의 양식 또는 환경으로 존재하며 내 삶은 죽음의 풍미를 가지고 있는 것처럼 사회적 분위기를 가지고 있다'(381-82). 우리를 다른 삶으로 운반하는 이야기를 공유할 수 있는 능력은 이 일차적인 상호주체성(너무 자연스럽고 자동적이어서 우리가 당연하다고 생각하는 것)의 증거이다. 죽음처럼 다른 사람들의 세계가 우리 삶에서 언제나 지평선에 있고, 역설적으로 그들의 부재 속에 존재하며, 초월 속에 내재되어 있다는 이유만으로 우리 삶에서 양도할 수 없는 측면이다. 또 다른 자아의 역설은 우리의 사회적 삶의 많은 모순(그리고 결과적으로 이야기의 모순)에서 명백하며, 그중 하나는 내가 다른 사람들을 관찰하고 상호작용함으로써 나 자신을 이해하게 된다는 기이한 사실이다. 인지서사학자 Alan Palmer(2004, p. 138)가 언급하듯이 '우리는 정신 상태를 우리 자신의 경우에만 귀속시키는 방법을 배울 수 없다: 이 능력은 다른 사람들의 행동을 관찰하는 것에 달려 있다.' 그는 이것을 역설적이라고 관찰하는데 '우리가 현재 우리 자신의 정신세계의 일부에 즉시 접근할 수 있는 것은 사실이지만 다른 방법으로는 다른 사람들보다 우리의 마음에 대한 접근은 적다.' 그리고 그가 인용한 예는 "Biddy는 ... Pip의 마음이 작용하는 것을 Pip 자신보다 훨씬 더 잘 알고 있다"(128)는 위대한 기대(Great Expectations)이다. Chris Frith(2012, p. 2216)는 흥미롭게도 '우리가 자신의 행동의 원인을 인식하는 것보다 다른 사람의 행동의 원인을 인식하는 데 더 정확하다는 실험적 증거가 있다. ... 그러므로 우리 자신의 행동에 대한 우리의 이해는 다른 사람들의 의견으로부터 이익을 얻을 가능성이 있다'고 말한다. Pip의 예에서도 알 수 있듯이(그리고 우리가 예측하는 데 과학이 필요 없기 때문에), 이것은 인정받지 못할 가능성이 높다.[2]

이것은 이야기가 문법적 범주보다 현상학적으로 더 잘 이해되는 또 다른 자아(alter ego)의 역설을 무대화하고 탐구하는 방법들 중 하나다. 역설적으로 Gallagher

와 Zahavi(2012, p. 207)가 지적했듯이 '정신 상태를 위해 배우는 언어는 우리 자신에게 적용하는 것을 배우면서도 다른 사람들에게 적용하는 것을 배우는 언어이다.' 다른 삶을 해석하기 위한 범주와 용어를 제공함으로써 이야기는 또한 우리 자신을 이해하기 위한 도구를 제공한다. 왜냐하면 다른 사람들은 우리와 비슷하거나 같지 않고, 이러한 관계는 우리 자신과 그렇지 않으면 존재하지 않을 다른 사람들을 이해하기 위한 어휘에서 차이를 구성할 수 있게 하기 때문이다. 만약 민속 심리학(사회에 돌고 있는 행동에 대한 통념)이 다른 사람들을 이해하기 위한 자원이라면 그것은 또한 우리 자신의 내면의 삶을 우리가 사회 세계에서 관찰하는 것과 같거나 그렇지 않은 것으로 해석하기 위한 도구를 제공하고 이야기는 그러한 도구의 중요한 원천이다(Hutto, 2007).

자유 간접 화법(Free indirect discourse)은 유사하게 모순과 역설이 언어적 특징으로 환원될 수 있는 것이 아니라 현상학적 분석을 요구하는 서사학적 기법이다. 이 이중 목소리의 담론은 텍스트가 오직 자신만이 알고 있는 인물에 대한 생각을 화자의 것인 말로 표현하는 일종의 복화술이다. 예를 들어 남편의 무미건조함에 대한 Emma Bovary의 유명한 불평을 생각해보자. 'Charles의 대화는 어떤 포장도로처럼 평평했고, 모든 사람들의 생각은 평일 옷을 입고 터벅터벅 걸어 다니며 감정도, 웃음도, 몽상도 불러일으키지 않았다.'(Flaubert, 2003 [1857], p. 38). 사적인 성찰을 화자의 언어로 표현하는 것은 Emma가 생각하는 것이기도 하고 그렇지 않기도 하다. 결국 이 텍스트는 '그녀는 그녀의 찾기 힘든 병에 목소리를 내기 위해' '그녀는 할 말이 없었다'(38)라는 몇 줄을 앞서 발표했다. 그러고 나서 내레이터는 그녀를 위해 여기서, 그렇게 함으로써 그녀 자신이 할 수 없는 것처럼 또 다른 반전으로, 아이러니한 절제된 어조로, 그리고 그녀의 것이 아니라 식별할 수 있는 회상적 메타포를 통해 그녀 자신을 표현한다. 따라서 Cohn(1978, p. 107, 105)이 자유 간접 화법의 특징적 모호성이라고 부르는 것은 그것이 자랑스럽지만 흥미로운 '특별한 매력을 발휘하지 못하는 지금 바로 보는 지금 바로 그 품질'은 어떤 이야기가 등장인물의 생각을 직접 인용하거나('찰스의 대화는 어떤 포장도로처럼 평평했다') 명백한 귀책('Emma는 남편의 대화는 다른 포장도로처럼 평평하다고 생각했다')으로 비유할 때와 같은 덜 역설적인 기법들이다.

Cohn의 내러티브론적 접근법은 이러한 기법들을 구별하고 정의하기 위해 시제와 인물의 다양한 문법적 표식을 제안하지만(104-5), 여기에서 인식론적 및 현상학적 모호성은 순수하게 언어적 범주로 설명될 수 없다. 자유 간접 화법의 역설은 또 다른 자아의 역설, 즉 내레이터가 다른 사람의 생각을 생각하지만 그것들을 자신의 생각인 것처럼(또는 적어도 그들에게 목소리를 준다고) 생각하고, 그렇게 함으로써 담론은 이중화되고 분열되며, 내레이터의 언어라는 나로 표현된다. 독자에게 이 기술에 의해 가능한 경험은 유사하게 이중적이고 역설적인데, 우리는 내레이터의 담론이라는 필터를 통해 즉시뿐만 아니라 멀리서 인물의 내적 본성에 거주하기 때문이다. 결과적으로 독자는 인물의 의식 내부와 외부에 있는 경험을 이중화시키고, 우리가 그것들을 관찰하는 동안에도 그녀의 생각에 참여함으로써 우리가 내레이터의 존재에 의해 동시에 접근할 수 없는 자신에 대한 특권적인 접근을 허용한다.

자유 간접 화법의 이중성은 이해하기 어렵고 역설적이지만 자연스럽고 친숙하기 때문에 독자들은 그것을 가지고 무엇을 해야 할지 자동적이고 직관적으로 알고 전형적으로 그것의 해석적 도전에 부딪치지도 않는다. Cohn이 말했듯이, 비평가의 특별한 지시나 내러티브 이론가의 용어 없이도 '그 장치는 거의 무의식적으로 파악되기 때문에 정확히 거부할 수 없다'(107). 아주 드문 불확실한 순간, 일련의 세밀한 문법적 구별을 제공한 후 Cohn은 '순수한 언어적 기준은 더 이상 이 기술을 특징짓는데 신뢰할 만한 지침을 제공하지 않는다'고 고백한다. 이 장치는 '자신을 숨기는 동안에도 자신을 드러내지만 독자의 지성에 대한 요구를 하지 않고 항상 드러나는 것은 아니다'(106). 여기서 이중 부정적인 것은 이 기술이 얼마나 역설적으로 부자연스러우면서도 자연스럽고 친숙해 보이는지를 암시하기 때문에 드러나고 있다. 그것의 모호성은 '순수한 언어적' 또는 문법적 구분을 거스를 수 있지만 독자들은 보통 사회적 세계에 대한 우리의 평범한 삶의 경험이 다른 마음들의 이중 경험에 익숙해졌기 때문에 다른 마음들에 대한 상호주관적으로 접근할 수 있고, 동시에 접근할 수도 없고, 접근할 수도 없는 불투명한 것과 같은 이중 경험에 익숙해져 있기 때문에 그들에 의해 혼란스러워지지는 않는다. 우리는 또 다른 자아의 역설에 익숙하기 때문에 자유 간접 화법을 쉽게 이해할 수 있지만 이 기술에 함축된 복잡함과 수수께끼들은 우리가 그것들에 대해 생각하는 것을 멈추면 당황스럽고 우리를 경탄하게 만들 수 있고, 우리의 세계를 공유하는 타자들의 이상하게 이중적인 존재와 부재에 대해서도 마찬가지다.

인지 과학자들과 심리학자들은 또 다른 자아의 역설을 설명하는 세 가지 방법을 제안했는데 이 세 가지 모두 아마도 뇌가 사회 세계와의 복잡하고 지저분한 상호 작용에서 결합되어 작동할 것이라는 데 의견이 일치하고 있다(Armstrong, 2013, p. 131–74; Gallagher & Zahavi, 2012, p. 191–218). 마음 이론(ToM) 또는 이론 이론(TT)으로 알려진 첫 번째 접근법은 정신 상태를 다른 사람의 탓으로 돌리는 능력에 초점을 맞추고 있는데 이를 통해 우리가 인식하는 다른 사람들의 신념, 욕구, 의도에 대해 이론화하는 '마음 읽기'에 참여하는 것이다. 두 번째 접근법인 시뮬레이션 이론(ST)은 타인의 단순하고 일상적인 행동을 이해하기 위해 이론이 필요한 것이 아니라 우리 자신의 생각과 감정을 그들이 경험해야 할 것에 대한 모델로 사용함으로써 우리 자신을 그들의 입장에 두는 '시뮬레이션 루틴'을 자동적으로 실행한다고 주장한다. ST를 비판하는 사람들은 시뮬레이터가 어떻게 다른 사람에게서 무슨 일이 일어나고 있는지에 대한 문제를 제기한다고 주장하지만 한 가지 가능한 답은 마카크 원숭이의 운동 피질에서 처음 발견된 거울 뉴런에 의해 제공된다. 내가 행동 이해에 대한 3장의 분석에서 설명하듯이 이 뉴런들은 동물이 특정한 행동을 수행할 때뿐만 아니라 다른 원숭이나 실험자가 같은 행동을 하는 것을 관찰할 때에도, 예를 들어 원숭이가 음식을 움켜쥐고 있을 때뿐만 아니라 과학자가 같은 행동을 할 때에도 발화한다. 거울 뉴런 연구는 논란이 많고 아직 다소 불안정하지만, 실험은 결론적으로 미러링 과정이 운동 피질뿐만 아니라 뇌 전반, (예를 들어) 감정, 고통, 혐오와 관련된 지역에서 분명히 나타난다는 것을 보여주었다.[4] 이 세 가지 마음 이론, 시뮬레이션 이론, 거울 뉴런은 모두 역설적으로 상호 주관적이고 독단적인 세계를 통해 인간이 자기 길을 협상하면서 자동적으로 관여하는 나 아닌 나를 이중화시키는 행위를 설명하려는 시도이다.

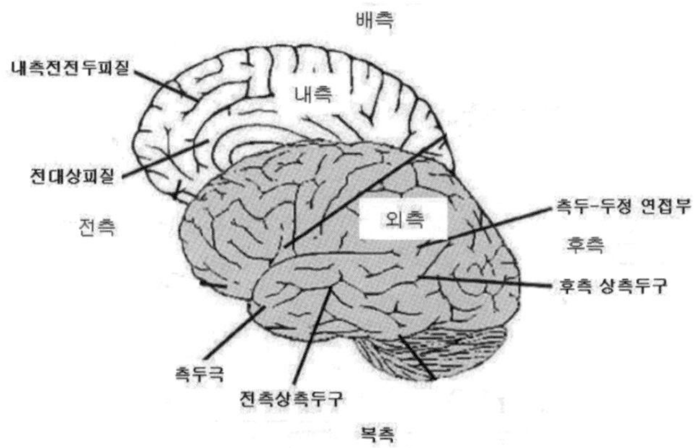

[그림 23] 마음상태 읽기에 공통적으로 관여하는 뇌 영역(박민 · 이승복 · 김혜리 · 윤효운, 2007)

세 가지 과정 모두 이야기를 따라가는 활동에 관련되어 있으며, 내러티브는 자신과 다른 것을 배가시키는 이러한 각 모드에 대해 다소 그리고 다양하고 독특한 방식으로 그려짐에 따라 서로 다르다. 거짓 믿음 테스트를 통과하는 데 필요한 일종의 이론 이론(TT)에 의해 강조된 마음 읽기 기술은 놀랍거나 의심스러운 방식으로 행동하고 우리가 추측할 수 있는 동기와 욕망을 묘사하거나 우리가 신뢰할 수 없는 이유가 있을 수 있는 서술자가 이야기하는 이야기에 의해 발동될 수 있으므로 우리가 발명한 반대 서술로 그들의 이야기 버전에 반대하지 않을 수 없다. 이야기의 행동에 몰입을 장려하는 다른 서술은 우리가 구성하고 등장인물들의 드라마에 대리적으로 참여하는 환상에 우리 자신을 연루시킬 때 ST의 자동적이고 승화적인 시뮬레이션 루틴과 이러한 관여가 유발할 수 있는 체화되고 감정적인 반응(안정의 동정심, 표현된 갈등의 전염되는 흥분 또는 긴장감 넘치는 위협에 대한 두려움)이 거울 뉴런 실험에서 확인된 종류의 체화된 공명을 유발할 수 있다.

그러나 이야기를 따라가는 과정에서 이러한 과정들의 활성화가 우리 사회적 기술을 향상시킬 수 있을지 그리고 어떻게 향상시킬 수 있을지는 불분명하다. 왜냐하면 서사적 이해에 수반되는 동일시의 행위들은 본질적으로 예측할 수 없고 광범위한 변화를 향해 열려 있기 때문이다. 이것은 그 주제에 대한 과학 문헌이 충분히 증명하듯이 공감의 도덕적, 사회적 효과가 모호하기로 악명 높은 이유다. 예를 들어 공감의 동료 감정이 반드시 윤리적으로 유익한, 친사회적인 공감과 연민을 만들어내지 않는다는 것은 널리 인정받고 있다. 실제로 Grit Hein과 Tania Singer(2008, p. 154)가 지적했듯이, '공감은 어두운 면을 가질 수 있다'는 것은 '한 사람을 고통스럽게 할 가장 약한 곳을 찾기 위한' 마키아벨리석(Machiavellian)인 목적을 위해 배치될 수 있기 때문이다. 또는 Jean Decity와 Claus Lamm(2009)이 관찰했듯이, 다른 사람의 감정 상태를 느끼는 것은 '개인적인 고통'을 야기하고 공감적인 관심과 참여보다는 고통받는 사람에 대한 혐오를 초래할 수 있다. 동일시는 이중화되는 행위이기 때문에 그 결과는 문학에서나 삶에서나 미리 정해진 것이 아니다. 공감은 동일시의 동일시 관계가 나와 나 사이의 관계를 어떻게 구성하느냐에 따라 친사회적인 행동 또는 반사회적인 행동을 촉진할 수 있다.

공감적 이해의 이중성은 다른 사람의 경험에 '빠져드는 느낌'을 주는 감정이입(Einfühlung)이라는 동일시의 고전적인 정의에서 명백하다. Theodor Lipps(1903)의 자주 인용되는 예는 높은 와이어를 타고 서커스 곡예사를 관람하는 동안 관객이 느낄 수 있는 불안인데 여기서 공연의 스릴은 줄타기 곡예사의 위험에 대한 관객의 대리적인 감각에서 비롯된다. Antonio Damasio(1994, p. 155-64)가 '가상의(as-if) 몸의 루프'라고 부르는 것은 뇌가 외부 자극에 의해 야기되지 않는 신체 상태를 시뮬레이션하는 것으로서 실제로 그러한 참여적 경험에 의해 움직이게 될 수도 있다. 그러나 다른 사람의 관찰된 행동의 재현은 그녀 또는 그가 경험하고 있는 것과 같은 운동감각을 만들어내지 못할 수도 있다. 이 경우 냉정하고 침착하며 차분한 전문 공연자는 아마도 관객의 행위를 즐길 수 있는 능력이 실제 위험에 처해 있지 않은지에 달려있더라도 관객과 같은 두려움, 불안, 흥분을 경험하지 않을 것이다. 예를 들어 유명한 줄타기 곡예사 Philippe Petit가 1974년 세계 무역 센터의 트윈 타워 사이를 걸었을 때 그의 감각에 대해 보고한 것을 생각해보라: '몇 걸음 후에, 비록 선이 잘 연결되어 있지 않았지만 나는 내가 내 영역 안에 있다는 것을 알았다. ... 하지만 그것은 내가 계속할 수 있을 만큼 안전했다. 그리고 나서 아주 천천히 걸으면서 나는 편안함, 단순함에 압도되었다.'(Nod jimbadem, 2015). 관객에게 있어 공연의 짜릿함은 이러한 평온함과는 전혀 다른 것이다! Adriano D'Aloia(2012, p. 94)가 설명하듯이 '관객의 주관은 곡예사의 주관과 하나 되는 것이 아니라 멀리서 역설적인 근접성을 암시하는 인접 관계에 있는 나일 뿐이다'(Stein, 1964 [1917] 참조).

[그림 24] 다큐멘터리 '맨 온 와이어(Man On Wire), 2008'. 줄타기 곡예사 Philippe Petit(필리테 페티)가 1974년 WTC 세계무역센터 뉴욕 쌍둥이 빌딩 사이를 횡단하는 프로젝트를 구상한다.

마찬가지로 우리가 허구적으로 표현된 인물의 경험에 대해 읽거나 화자의 관점과 동일시할 때, 우리의 자아는 단순히 자아와 또 다른 자아(alter ego)의 결합에서 사라지지 않는다. 오히려 독자들은 자아와 타자를 결합하고 분리하는 역설적 이중성을 움직임 속에서 설정함으로써 어쩌면 다른 패턴 형성 구조에 기반한 또 다른 세계가 나타날 수 있도록 자신의 구성적 이해력을 발휘한다. 그 결과 Wolfgang Iser(1978, p. 155-59)가 지적한 바와 같이 주관성의 역설적인 복제, 즉 내가 사고 패턴을 재창조하고 거주하는 '외부인 나'와 구성적 이해력이 이 다른 세계를 형성하게 하고 그 과정에서 자신이 변모되고 변형된 것을 발견할 수 있다. 이 예측할 수 없는 역동적이고 개방적인 상호작용은 오직 이야기를 따르는 행위가 다양한 종류의 이중화를 수반하고 자아와 타자 사이의 정적인 대응 또는 동질적인 결합이 아니기 때문에 일어날 수 있다.

Aristotle의 전형적인 동정심과 두려움 또는 매우 다양한 감정적 반응 이야기들 중 어떤 것을 불러일으킬 수 있든 간에 이야기를 따르고 그것이 나타내는 행동에 감정적으로 참여함으로써 발생하는 신체적 감정은 결과적으로 이중적으로 분열된다. 그것들은 마치 이야기의 인터페이스에 의해 중재되지 않은 원래의 경험에서 우리가 가질 수 있는 신체적 운동감각이 아닌 감정들과 같다. 예를 들어 이중화는 도스토옙스키의 소설 『죄와 벌』이 왜 그렇게 짜릿하고 불안한지 설명하는 데 도움이 된다. Jean-Paul Sartre(1965 [1947], p. 39)는 'Raskolnikov의 기다림은 내가 그에게 빌려주는 나의 기다림이다. 그를 심문하는 경찰관에 대한 그의 증오는 신호에 의해 간청되고 나를 속인 나의 증오다.'라고 말한다. 범죄자에 대한 우리의 동일시는 독특한 이중화인데 그의 분노와 불안을 경험하는 이유는 이 감정들이 Raskolnikov의 것이기 때문에(그리고 나는 도끼 살인자가 아니기 때문에) 나의 것이 아님에도 불구하고 이 감정들이 나의 것인 것처럼 경험하기 때문이다. 비록 내가 동일시하고 관찰하는 인물이 아니라 독자인 내가 되기를 결코 멈추지 않더라도, 내가 그에게 투사하고 그와 함께 느끼는 것들은 나의 감정들이다(그리고 두 가지를 모두 할 수 있는 능력은 경계가 동시에 유지되고 교차되는 동일시의 이중화의 결과다). 우리가 도끼 살인자의 불안을 경험하기 때문에 그리고 충격적이기 때문에 Raskolnikov와 동일시하는 것은 짜릿하다. 왜냐하면 이것이 내 일상 세계와 또 다른 기이하고 무서운 세계 사이의 경계를 넘나드는 것이지만 우리가 한 참가자의 감정을 경험하는 동안에도 관찰자의 분리를 유지할 수 있기 때문이다.

마치 형상화된 경험의 질은 관찰자가 다른 사람의 고통이나 혐오감에 대리적으로 참여하는 것에 대한 실험 연구에서 문서화되어 있다. William Hutchison(1999), Tania Singer(2004), Yawei Cheng (2010) 등의 자주 인용되는 실험들은 핀치나 전기 충격뿐만 아니라 다른 사람이 같은 고통스런 자극을 받는 것을 보고도 또는 심지어 다른 사람이 찔리거나 충격을 받을 것이라는 보고에도 불구하고 절연체와 전방의 상피질 신경세포가 발화하는 것을 보여주었다. 하지만 관찰자들의 반응은 또한 개인적인 차이에 민감한데 예를 들어 사랑하는 사람이 자극을 받고 있다면 더 강렬하거나 그 목격자가 고통을 바라보고 그것이 잠재적으로 도움이 된다고 여기는 (간호사나 침술사 같은) 사람이라면 덜 강렬할 것이다. 이러한 변화들은 차례로 뇌의 시뮬레이션 루틴에 의해 움직임에 설정된 '가상의 몸의 순환'이 단순한 일대일 매칭이 아니라 자신과 다른 사람의 두 배라는 것을 암시한다. 비슷하게 Bruno Wicker와 그의 그룹(2003)의 잘 알려진 실험들은 불쾌한 냄새에 의해 촉발된 혐오감을 경험하는 동안뿐만 아니라 다른 사람의 혐오스러운 표정을 관찰하는 동안에도 전방의 절연체가 반응한다는 것을 보여주었다. 그러나 다른 사람의 혐오감을 관찰하는 것은 그 경험이 이중화되는 느낌과 동일한 신체 감각이 아니기 때문에 실제 구토로 이어질 가능성이 없었다. 이야기에 묘사된 등장인물에 대한 느낌이나 화자가 제안한 태도를 채택하는 것은 마치 우리가 형상화되고 운동학적으로 원래의 감각을 경험하는 것처럼 시뮬레이션과 추론의 이중화 과정을 수반할 것이다. 이야기에 반응하여 이러한 감각을 재현하는 것은 이야기 식별을 가능하게 하지만, 이러한 시뮬레이션은 모두 그들이 그리는 근본적인 생물학적 메커니즘과 부분적으로 중복되는 경험과 같지 않다.

이러한 이중성은 내러티브에 대한 우리의 감정적 반응의 결과를 Aristotle의 카타르시스 이론이 시사하는 것보다 더 가변적이고 예측 불가능하게 만든다. 가상(as-if)의 시뮬레이션에서 이런 것들이 이중화하는 것은 그렇지 않으면 불편함이나 고통을 유발할 수 있는 두려움과 공포와 같은 감정이 미적 재연에서 즐거움을 유발할 수 있다는 역설을 설명하는 데 도움이 된다. 비극적인 영웅에 대한 우리의 동일시는 그 또는 그녀의 경험과 같기도, 같지 않기도 하고 이것이 모든 차이를 만든다. 그러나 이러한 이중화는 또한 다른 사람의 감각을 미러링하는 것이 대신 늦게 자극을 주고 전염성이 있게 확산시킬 수 있기 때문에 시뮬레이션하는 감정을 제거하는 결과를 초래할 필요도 없다. Paul Bloom(2010, p. 192)이 관찰한 바와 같이 실험적 증거는 '폭력적인 영화를 보는 것이 사람을 편안하거나 평화로운 심리 상태에 빠뜨리지 않는다. 즉 보는 사람을 각성시킨다'고 보여준다. Marco Iaco boni(2008, p. 209, 206)도 비슷하게 '우리가 종종 모르는 자동적인 모방 영향을 우리 뇌의 거울 뉴런들이 생성한다'고 걱정하고 이것은 다시 '미디어 폭력에 노출되는 것이 모방 폭력에 강력한 영향을 미치는 이유'를 설명할 수 있다. 그러나 폭력의 표현은 심리학자들이 '관찰 학습'이라고 부르는 것에 영향을 미치는 여러 요인들, 예를 들어 그 행동이 보상받고 강화되었는지, 모델이 긍정적으로 관찰자와 유사한지, 또는 그 행동이 시청자의 능력 범위 내에 있는지에 따라 달라지기 때문에 보는 사람에게 공격적인 행동을 즉각적이고 반드시 유발하지는 않는다(Gerrig와 Zimbardo 2005, p. 199-200).

공격성은 감정이입 동일시에서 나와 내가 아닌 이중화가 다양하게 구성될 수 있는 그대로의 관계이며, 좋아요와 싫어요의 상호작용에서 부정이 어떻게 무대화되고 수신되는지에 따라 다른 결과를 가질 수 있기 때문에 표현된 폭력에 대한 자동적인 반응이 아니다. 극적인 행동에서 사람들 사이의 갈등적인 관계를 구성하는 플롯 구성의 패턴은 매우 다양하다. 예를 들어 어떤 사람들은 공격적인 행동을 영웅적인 행동으로 표현하고, 다른 사람들은 피해자들의 고통을 전경화한다. 이러한 다른 플롯들은 차례로 응답자의 해석적 성향에 따라 다양하게 변모되고 변형될 것이고, 그는 흥분하거나 거부감을 느낄 수 있고 그에 따라 자신의 이야기 읽기를 구성할 것이다(공감으로 반응하거나 공포로 반응하거나 어떤 독특한 조합으로 둘 다 반응한다). 이러한 표현과 반응의 패턴 사이의 상호작용은 내러티브에서 어떻게 구성되고 그것이 청자 또는 독자의 반응에서 어떻게 재구성되는지에 따라 공격성과 갈등을 미적 쾌감, 도덕적 반발 또는 모방 폭력으로 만드는 결과를 초래할 수 있다. 이 중 어떤 것도 미리 결정되거나 예고되지 않았다.

이러한 복잡성과 우연성은 '문학 소설이 마음의 이론을 향상시키는지'를 평가하기 위해 심리학자인 Kidd와 Castano(2013)가 마음대로 사용할 수 있는 도구로 측정하기가 매우 어렵다. 과학적 독창성은 종종 그렇지 않으면 접근할 수 없을 일들의 상태를 드러내기 위해 얼마나 결함이 있고 제한된 측정 도구들이 배치될 수 있는지를 파악하는 것을 수반한다(예를 들어 뇌에서 뉴런의 활동에 대한 시각적 이미지를 구성하기 위해 차등 혈류를 측정하는 fMRI 기술의 경우). 하지만 때로는 도구의 한계는 도구들을 피하는 복잡성에만 주의를 끈다(그러므로 인지 과학자들은 종종 지갑을 잃어버린 누군가가 비록 그곳이 지갑을 잃어버린 곳이 아니지만 왜 가로등 아래에서 그것을 찾았는지에 대해 이야기한다). Kidd와 Castano의 연구는 하나의 블랙박스(문학 소설)를 가져가서 그것이 다른 블랙박스(인지 및 정의론적 마음의 이론)에 어떤 영향을 미치는지 묻는다. 저자들의 발견은 모호하고 의심스러운데, 그 이유는 도구들이 무디고 투박하기 때문이다. 예를 들어 복제 연구의 저자들이 지적하듯이 Kidd

와 Castano는 '명망 있는 상'을 '문학 소설'의 척도로 사용함으로써 '흐릿한' 범주(DeLillo, Chekhov 및 Louise Erdrich와 같이 다양한 작가를 포함)를 만들어 그들이 식별한 효과에 대해 '문학 소설의 어떤 측면이 인과적으로 책임이 있는지 불분명하다'(Panero et al., 2016, p. 47). 복제 연구가 언급하듯이, 다른 실험들이 '문학적'으로 간주되는 작품들(그것이 무엇을 의미하든 간에)이 아닌 대중 소설을 사용하여 사회적 인지에 미치는 효과를 얻었으며 어떤 연구들은 '국내 소설 및 공상 과학 소설/판타지의 독자들보다 로맨스의 독자들에게서 더 높은 수준의 마음 이론'을 발견했다(e47).[5] 어떤 종류의 자아를 이중화하는 것이 이야기의 양식적이고 일반적인 특징에 따라 매우 다양할 수 있고, 심지어 국내 소설과 공상 과학 소설 또는 판타지 소설의 일부 작품조차도 독자가 다른 사람의 마음을 해석하고 동일시하는 능력을 도전하고 확장할 것임에 틀림없다. 예를 들어 '과잉 공감'에 시달리는 화자가 폭력적이고 반동조적인 세계의 위험을 항해하는 옥타비아 버틀러의 '씨 뿌리는 사람의 비유'(1993)는 모더니즘 심리 소설이나 신경과학 연구만큼이나 식별의 모호성에 대한 통찰력 있는 탐구이다. 문학 소설은 이러한 우연성을 기록하기에는 너무 넓은 범주다.

Kidd와 Castano가 의미하는 '마음의 이론'은 이야기를 따라가는 데 수반되는 이중화의 역설적인 과정을 조명하기에는 너무 모호하다. 그들의 연구는 ToM에 두 가지 테스트를 채택했다. 하나는 만화 인물 Yoni가 다른 상황에서 생각하는 것에 대한 객관식 거짓 믿음 질문을 하는 "인지적 마음의 이론"에 대한 테스트이고, 다른 하나는 참가자들이 일련의 눈 사진으로 표현될 수 있는 네 가지 감정 중 하나를 선택하도록 요구하는 "정서적 마음의 이론"(눈 테스트에서 마음을 읽는 것)에 대한 테스트다. 두 테스트 모두 심각한 자폐증이나 아스퍼거 증후군으로 고통받는 사람이 가질 수 있는, 다른 사람들을 이해하는 데 있어 초보적인 어려움을 식별하기 위한 진단 도구로서의 유용성을 입증했지만 둘 다 이야기에서 묘사되는 마음의 상태를 해석하는 데 필요할 수 있는 다양한 종류의 이론 구성(TT), 시뮬레이션 이론(ST) 또는 미러링을 구별하기에 충분히 차별화되거나 복잡하지 않았다. 만화 캐릭터의 선호도에 대한 거짓 믿음 질문에 대답하는 것은 그 또는 그녀의 마음의 상태를 이론화하거나 시뮬레이션하는 것을 포함하거나 심지어 상상된 행동에 반응하여 감각 운동 수준으로 공명하는 것을 포함할 수 있다. 눈의 쌍에 의해 제안되는 감정을 추측하는 것은 유사하게 다른 응답자들에게 이론화, 시뮬레이션, 또는 감정 미러링을 촉진할 수 있다. 여기서 인지적이고 정의적인 ToM의 블랙박스에서 무슨 일이 일어나고 있는지는 불분명하다.

역설적으로 존재하고 부재하는 다른 사람들을 이해하는 것, 상호주관적으로 접근할 수 있고 유아론적으로 불투명한 것은 이론화, 시뮬레이션 및 다른 구체화된 의식과 공명하는 복잡한 과정이며, TT, ST 및 미러링 메커니즘의 상호작용은 ToM 모듈의 개념보다 더 복잡하다(심지어 인지 및 정의적 차원으로 구분됨). 이야기를 따라 이러한 과정이 어떻게 설정되는지는 일반 인지 및 정의적 역량에 대한 객관식 테스트가 측정할 수 없는 추가적인 복잡성과 우연성을 도입한다. 따라서 아마도 Kidd와 Castano가 실제로 문학적 허구의 효과를 설명하는 완전히 일관된 방식은 아닌 것으로 그들은 다양하게 '연마하는', '설득하는', '향상하는' 또는 단순히 '준비시키는' ToM(378, 380)을 주장한다. 이야기가 하는 모든 것이 기존의 인지적 능력을 '설득하는' 또는 '준비시키는' 것이라면 반드시 그것을 '향상'시키는 것은 아니며, 다듬는 과정인 '호닝(honing)' 또는 '향상'에 의해 어떤 종류의 향상이 수반되는지는 전혀 명확하지 않다. 이야기를 따라가는 과정에서 자아와 타자를 이중화하는 복잡하고 역설적인 과정은 Kidd와 Castano의 도구 및 범주가 포착할 수 있는 것보다 더 가변적이고 포착하기 어렵다.

이중화되는 우연성에 대한 유사한 무감각은 Oatley와 Mar의 사회적 세계에 대한 시뮬레이션으로서의 소설 모델(Oatley, 2016; Mar et al., 2006)을 약화시키며 이는 그들의 관점에서 볼 때 우리의 사회적 능력에 긍정적이고 단방향적인 영향을 미친다. Oatley(2016, p. 618)의 주장은 놀라울 정도로 단순하고 직설적이다. '소설은 상호작용 중인 자신에 대한 시뮬레이션이다. 그것을 읽는 사람들은 타자에 대한 이해를 향상시킨다.' 그러나 시뮬레이션은 그대로의 관계이며 이 모델이 상정하는 원인과 결과를 연결하는 단방향 메커니즘이 아니다. '소설' 세계를 통해 '진짜' 세계를 시뮬레이션하는 것은 이중적인 과정이며 한 세계가 다른 세계로 만들어지는 것이다(결국 시뮬레이션은 모델과 동일하지 않으면 계시일 뿐이다). 움직임이 있는 가상의 시뮬레이션은 내 세계와 다른 세계 사이의 상호작용을 이중화시켰는데 그 결과는 사전에 예측할 수 없고 각 당사자가 만남에 가져온 결과에 따라 달라질 것이다. 예를 들어 동일시와 공감의 모호성에 대한 논쟁이 시사하듯이, 이러한 양자 간의 교섭은 '이해를 향상시키고' 연민을 증가시키거나 개인적인 고통과 거부감을 일으킬 수 있다. 특정 수신자(예: 아리스토텔레스와 같은)에 대한 한 종류의 시뮬레이션(예: 비극적 상황)은 연민과 두려움을 유발하고 카타르시스를 초래할 수 있지만, 타자에게는 모방 폭력과 공격성(Bloom과 Iacoboni가 두려워하는 것처럼)을 유발할 수 있다. 사회적 상호작용에 대한 허구적 시뮬레이션이 대인관계 이해를 간단하고 직접적으로 향상시킨다고 주장하는 것은 이러한 다양한 잠재적 결과를 무시하는 것이며, 이러한 맹목은 내러티브 이해를 이중성의 재귀적이고 상호작용적인 과정이 아닌 단방향적인 원인과 결과 메커니즘으로 보는 모델의 결과이다.

Oatley와 Mar의 연구는 심리학 문헌에서 매우 두드러지지만 그것들은 이야기꾼 그리고 관객 사이의 관계에 대한 가정에 기초하고 있으며, 조잡하고 기계적이다. 예를 들어 Oatley에 따르면 '소설은 작가에서 독자나 관객으로 전달될 수 있고 일상적인 인식을 증대시키기 위해 내면화될 수 있는 자아와 타자들에 대한 의식의 한 형태로 생각될 수 있다'(2016, p. 618). 이 모델은 그것을 예측 가능한 결과(기존 능력의 직접적인 증강)로 저자에서 수신자로 일방적으로 전달될 수 있는 것으로 간주하여 의식을 재인식한다. 의식을 전달 가능한 대상으로 생각하는 것은 미메시스 1, 미메시스 2, 미메시스 3의 재귀적 회로에서 서로 얽히고설키며 상호 변환하는 동적 과정을 총체적으로 단순화하고 잘못 나타낸다. Oatley가 시뮬레이션이 이중화를 수반한다는 것을 인정하는 드문 경우는 그 효과를 축소하여 담고 있다: '소설은 일상 세계의 측면과 입체적으로 비교하여 일반적인 인식의 한 눈으로 바라봄으로써 달성할 수 없는 통찰력을 제안할 수 있는 사회적 세계의 시뮬레이션이다'(618). '스테레오스코프(stereoscope)'의 이미지는 이중성으로 안정화되어 예측 가능한 단일 결과인 단순하고 긍정적인 교육적인 혜택만을 다시 한번 갖게 된다. 입체 효과는 사실 이보다 더 특이하고 혼란스러울 수 있지만 동작에서 설정한 반대가 고정된 형태로 얼어붙지 않고 불확정적으로 진행될 경우에만 그렇다. 다른 사람의 생각을 생각하고 우리가 이야기를 따라갈 때 다른 사람의 감정을 느끼는 이중성 효과는 Oatley의 모델이 시사하는 것보다 잠재적으로 더 생산적이며(아마도 더 문제가 되고 덜 양성적일 수도 있지만), 동작에서 설정된 세계 간의 상호작용이 입체적인 병치 또는 단방향적인 의식의 전달보다 예측할 수 없고 개방적이기 때문이다.

심리학자 Micah Mumper와 Richard Gerrig(2019, p. 453, 457)은 내러티브의 인지 효과에 대한 심리학적 설명에서 '시뮬레이션 이론이 가장 일반적인 설명 메커니즘으로 부상했다'는 것을 관찰한 후 '비록 연구자들이 종종 시뮬레이션을 인과적 메커니즘으로 인용하지만 그 개념은 시뮬레이션을 구현하는 유형의 과정과 시간이 지남에 따라 어떻게 전개되는지에 대한 구체적인 주장과 연관된 적이 없다'고 정당하게 불평한다. Mumper와 Gerrig이 제안하는 수정과 개선은 모두 내러티브 이해에 수반되는 일관성 구축과 이중성의 가능성을 기록하려고 시도하기 때문에 주목할 만하다.

예를 들어 Mumper와 Gerrig은 이야기를 이해하는 것은 그들이 '추론 만들기'와 '기억 기반 처리'라고 부르는 것을 포함할 수 있고 함축과 숨겨진 측면(예를 들어 등장인물이 생각하거나 느끼고 있는 것, 또는 그녀가 비밀스럽게 품고 있을 수 있는 동기나 설계)에 대해 추측할 수 있으며, 이러한 인지 과정이 인과적 메커니즘이 아니며 반드시 시뮬레이션이 필요하지도 않다는 것에 정확하게 주목한다(459-61). 비슷하게 그들은 이야기가 나타내는 감정이 독자에게 동등한 감정을 생성할 필요가 없다고 말하며, 이것이 시뮬레이션 모델이 가정하는 것이다. 대신 Mumper와 Gerrig이 지적한 것처럼 이야기는 독자와 이야기 세계 사이의 '일치'뿐만 아니라 '일치'를 초래하는 '감정적 평가'를 유발할 수 있다(462-63). 결국 우리가 등장인물이나 허구적 세계에 대해 어떻게 느낄지는 텍스트에 의해 극적으로 묘사된 감정이나 평가와는 상당히 다를 수 있다. 예를 들어 「로리타(*Lolita*)」의 독자들이 매력적인 소녀에 대한 Humbert의 광신곡에 혐오감과 도덕적 거부감으로 반응할 때 그러하다. 예를 들어 이야기가 '내러티브 참여'를 장려할 때에도 Mumper와 Gerrig은 (롤리타에 대해 다시 생각해보라) 독자의 참여가 등장인물의 반응과 다르게 감정적 반응을 산출할 가능성이 있는 상황이 있을 수 있기 때문에(464), 이것은 시뮬레이션을 수반하지 않을 수 있다고 한다. 시뮬레이션 모델에 대한 이러한 개정과 수정이 모두 인식하고 있듯이, 사회 세계의 허구적 렌더링은 사회적 인지의 단방향적이고 선형적인 전이를 야기하지 않고 대신 이중성, 회상, 추론적 패턴 형성의 복잡하고 이질적인 과정을 초래한다.

흥미로운 실험 결과는 이중성의 경험이 이야기에 의해 촉발된다는 것을 확인시켜 주었다. 심리학의 양적 도구와 현상학의 질적 방법을 결합한 최근의 연구에서 더럼 대학(Durham University)의 Hearing the Voice 프로젝트의 학제 간 연구팀은 가디언 신문과 에든버러 국제 책 축제를 통해 1,566명의 참가자의 응답을 구했고, 개별 언어적 설명도 제공하는 설문지를 사용하여 이야기를 읽을 때 등장인물과 내레이터의 목소리를 들은 경험에 대해 물었다(Alderson-Day, Bernini, & Fernyhough, 2017). 수석 조사관 Charles Fernyhough(2016)는 심리학자이자 소설가이며 박사 후 동료들은 양적 방법으로 훈련된 심리학자(Ben Alderson-Day)와 현상학적으로 지향하는 내레이터(Marco Bernini)이다. 더럼 팀은 그들의 조사가 '인물의 목소리에 대한 청각 시뮬레이션'(99)에 대한 보고를 이끌어낼 것이라고 가정했는데 이는 '간접적인 참조'(예: 그는 그 고양이가 싫다 vs 그는 그 고양이가 싫다고 말했다)이다(Yo, Belin와 Scheppers 2011). 마찬가지로 그들은 내레이터나 등장인물들이 말하는 이야기가 실제 목소리에도 반응하는 피질 영역을 유발한다면 목소리와 같은 경험을 활성화시킬 수 있을 것이라고 추측했다. 응답자의 79%가 이야기에 대한 반응으로 가끔 목소리를 들었다고 보고했고 72%는 이것을 생생하다고 묘사했다. '우리의 결과는 많은 독자들이 텍스트를 읽을 때 등장인물의 목소리에 대한 매우 생생한 경험을 가지고 있으며, 이것이 다른 생생한 일상적인 경험(내부 연설)과 더 특이한 경험(청각 환각-발음)과 관련이 있다는 것을 보여주었다.'

그러나 이러한 경험은 모든 독자에게 동일하지 않다. '독자가 자신이 듣는 목소리를 묘사하는 특징과 역동성은 다양하고 복잡했다. ... 또는 일부 참가자들에게 이것은 의도적이고 구성적인 과정이었고, 다른 사람들에게는 자동적인 몰입이었고, 다른 비독서 맥락으로 스며드는 것처럼 보이는 경험이었다.'(106). '특이하게 생생하고 환각과 같은 경험을 하는 특성이 일반 인구에서 연속체를 따라 존재한다고 생각된다.' 라고 Alderson Day, Bernini 및 Fernyhough는 제안하므로 '일반적으로 독서에 대해 더 생생한 경험을 가진 참가자는 또한 경험과 같은 환각을 경험할 가능성이 더 높을

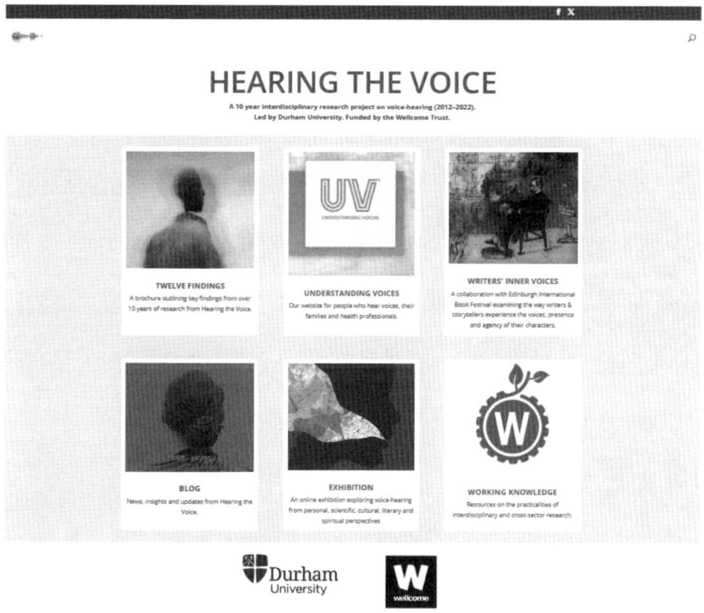

[그림 25] Hearing the Voice 홈페이지
(https://hearingthevoice.org)

것이다.'(100). 이야기를 이해하는 것은 내가 아닌 나의 이중성을 수반하는 것처럼 보이는데 이는 일부 독자들에게 등장인물과 서술자의 목소리를 듣는 형태를 취할 수 있지만 이러한 현상이 일어나는 정도는 그들의 기존 인지 성향에 달려 있다. 그렇게 많은 사람들이 책을 읽을 때 목소리를 듣지만 다른 정도의 모방성을 가지고 있다는 것은 실제 나와 외부인 나가 이야기 세계(내 안에서 또 다른 목소리를 생성하도록 촉발된 청각 피질)와 내 세계의 이중성에서 상호작용하지만 이 이중성은 다른 독자들에게 다를 것이라는 이론과 잘 일치한다(실제와 외부인 나의 결합이 다른 모양을 취함에 따라).

이중성의 가변성과 이질성은 읽고 쓰는 능력의 확장과 소설의 등장의 유익한 도덕적 결과에 대한 Steven Pinker의 주장에 의문을 제기한다. 독서 경험에 대한 Pinker의 설명은 현상학적이지만 역설에 대한 이해는 없다. '다른 사람의 생각이 머릿속에 있을 때 당신은 그 사람의 유리한 지점에서 세상을 관찰하고 있는 것이다.'라고 그는 선언한다. '당신은 당신이 직접 경험할 수 없었던 시각과 소리를 받아들이고 있을 뿐만 아니라, 그 사람의 마음속에 발을 들여놓았고 일시적으로 그 사람의 태도와 반응을 공유하고 있다.' (2011, p. 175). 역사학자 Lynn Hunt(2007)의 주장을 지지하며, 핑커(Pinker)는 사무엘 리처드슨(Samuel Richardson)의 「파멜라(*Pamela*)」(1740)와 같은 에피소드 소설에 특별한 도덕적 효능을 부여하는데, 그 이유는 동일시에 대한 유익한 경험을 생산할 수 있는 힘 때문이다. '이 장르에서 이야기는 등장인물의 생각과 감정을 신체가 분리된 서술자의 먼 시각에서 묘사하는 것이 아니라 실시간으로 노출시키며 등장인물 자신의 말로 전개된다. ... 성인 남성들은 아무 공통점도 없었던 구별되지 않는 여성(종신 포함)들의 삶에서 금지된 사랑, 참을 수 없는 중매결혼, 잔인한 운명의 뒤틀림을 경험하면서 울음을 터뜨렸다.'(176).

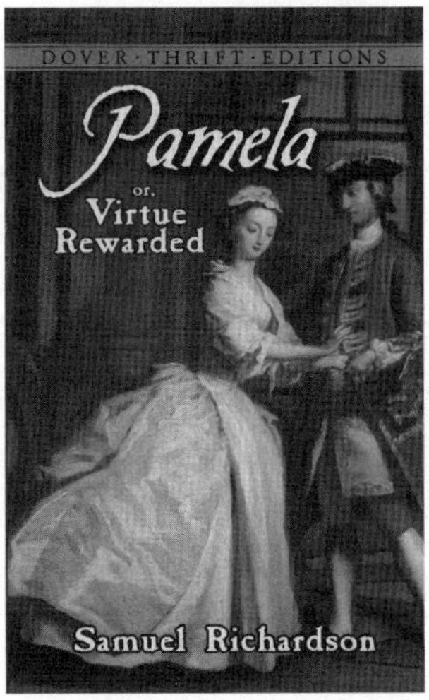

[그림 26] 영국의 작가 사무엘 리처드슨(Samuel Richardson: 1689~1761)의 소설

하지만 이것이 모든 독자들의 반응은 아니었다. Hunt와 Pinker는 이상하게도 파멜라(*Pamela*)가 일으킨 악명 높은 논란들을 간과하고 있는데, 파멜라(*Pamela*)는 그녀의 용맹하고 궁극적으로는 그녀의 고용주의 천박한 전진을 막아내기 위한 성공적인 노력에 동조한 독자들로 하여금, 섀멀라(*Shamela*)에서 Richardson의 여주인공을 용병과 자기 잇속 차리는 것이 진짜 동기인 위선자로 폭로하려고 했던 (가장 주목할 만한) Henry Fielding과 같은 '안티파멜리스트들(anti-Pamelists)'에 맞서게 했다. '나는 한때 내 사람으로 약간의 부를 만들 생각을 했다. 나는 이제 내 바투(Vartue)로 훌륭한 부를 만들 생각이다.'(1961 [1741], p. 325). 또 다른 회의적인 독자들은 파멜리스트들을 관음증과 성적인 자극에 대해 비난하면서 그들의 도덕적 교화 주장이 반복된 유혹의 에피소드에 대해 읽는 대리적, 준음란적 쾌락을 덮는 얇은 베일이라는 것을 부인했다.

독자들이 실망한 영웅의 낭만적인 죽음을 모방함에 따라 유럽 전역에 일련의 모방 자살을 낳아 라이프치히, 덴마크, 이탈리아에서 소설이 금지된 것으로 알려진 Goethe의 젊은 베르테르의 슬픔(1775)의 악명 높은 사례와 유사한 모호성이 다른 서간체 소설의 수용을 괴롭혔다. 이 작품은 또한 Friedrich Nicolai에 의한 풍자적인 반전에 영감을 주었는데, 젊은 베르테르의 기쁨(1775)은 권총을 든 친구와 그의 전진을 거부한 여자가 영웅의 자살을 좌절시키는 내용이다. 베르테르의 위기는 동일시의 과정이 반드시 카타르시스를 초래하는 것이 아니라 오히려 덜 유익한 모방 효과를 촉진할 수 있다는 많은 인지 과학자들의 우려를 상기시킨다. 이러한 이중성의 과정은 모두 Pinker의 순진한 낙관적인 관점과는 달리 의식적이고 자기 의식적인 것은 아니며, 결과적으로 서간체 소설의 도덕적 혜택의 지지자들이 찬양하는 통찰력과 공감의 개선이 수반된 다른 사람의 관점을 상상하는 능력의 증가보다 더 어두운 영향을 미칠 수 있다. Pinker는 '누군가의 관점을 채택한다는 의미에서의 '공감'은 그 사람에 대한 연민을 느낀다는 의미에서의 '공감'과 같지 않다'고 인정하지만 '첫 번째는 자연적인 경로에 의해 두 번째로 이어질 수 있다'고 주장한다. 그러나 이 단계는 그가 제안하는 것보다 덜 간단하고 자동적인데, 왜냐하면 이야기를 이해하는 것이 가져오는 세계의 이중성은 또한 갈등, 의심 및 모방 폭력 행위를 '자연스럽게' 초래할 수 있기 때문이다.[9]

인지과학은 내러티브의 사회적 결과가 무엇이 될 것인지 예측할 수 없다. 내러티브 시뮬레이션의 경우와 이중성의 경우에 의해 도입되는 가변성은 너무 많고 통제할 수 없는 것이어서 내러티브의 사회적 힘에 대한 단순하고 포괄적인 일반화를 지지할 수 없다. Suzanne Keen(2015, p. 139–40)은 비꼬듯이 말한다. '내러티브 공감의 혜택에 대한 문화적 믿음은 강하지만 내러티브 공감에 의해 유도된 이타주의에 대한 증거는 부족하다.' 이야기가 공감과 ToM을 강화하여 우리를 더 나은 사람으로 만든다거나 내러티브가 본질적으로 사회적 진보를 촉진한다는 주장은 이야기의 교섭에 관련된 복잡하고 역설적인 상호작용을 지나치게 단순화하기 때문에 회의적인 시각과 마주쳐야 한다.

그러나 체화된 행동과 자아-타자 관계에 대한 신경과학은 내러티브가 사회적인 힘을 가지고 있다는 것을 암시하는데 이는 그들이 움직이는 뇌와 신체에 기반을 둔 과정 때문이다. 그래서 몇몇 심리학 연구들이 이야기를 읽는 경험의 결과로 다양한 공감과 ToM 측정에 대한 수행의 향상을 보고하는 것은 놀라운 일이 아니다. 예를 들어 Bal과 Veltkamp(2013)는 읽기의 '감정 전달'이 공감을 생산할 수 있다는 증거를 제공하고, Hakemulder(2000)는 이성적이고 '윤리적인 성찰'을 촉진하는 이야기의 능력을 입증하는 실험을 수행했다. 그러나 이러한 연구들은 그러한 효과를 측정하는 것의 어려움뿐만 아니라 이야기 이해의 이중성 과정이 펼쳐질 수 있는 방식의 가변성과 이질성 때문에 몇몇은 걸러 들을 필요가 있다. 내가 주장했듯이, Bal과 Veltkamp가 지지하는 이야기에 감정적으로 사로잡힌 경험이나 Hakemulder가 필요하다고 강조하는 다른 사람의 관점에 대해 자의식적으로 성찰하는 능력 모두 도덕적으로 유익한 효과를 가질 수 없으며 둘 다 반사회적인 결과를 가질 수 있다.

이야기의 도덕적 및 사회적 힘에 대한 실험적 증거는 모호하다. Mumper와 Gerrig (2019, p. 455)가 이야기의 도덕적 효과에 대한 여러 연구를 비교하여 수행한 메타분석이 밝히듯, '인생 소설 읽기는 공감 및 ToM 측정과 작은 긍정적인 상관관계가 있다. 즉 분석한 모든 연구에서 참가자들은 소설 읽기의 양이 증가함에 따라 공감 및 ToM 점수도 작은 양으로 증가하는 경향이 있었다. 우리는 또한 논픽션 읽기가 공감 및 ToM과 긍정적인 상관관계가 있음을 발견했지만 그 효과는 수적으로 더 작았다.' 그러나 상관관계는 인과 관계가 아니라는 것을 기억하는 것이 중요하다. 예를 들어 Kidd-Castano 복제 연구의 저자들이 지적한 바와 같이 이러한 연구에서 한 가지 혼란스러운 요인은 공감과 ToM이 높은 사람들이 더 많은 소설을 읽는 경향이 있을 수 있으며(그리고 아마도 논픽션도), 무엇이 원인인지를 분류하는 것이 어려울 수 있다는 것이다(Panero et al., 2016, p. 46). Mumper-Gerrig 메타 분석은 해석 중 하나를 지원할 수 있다. 즉 읽기가 ToM 및 공감을 향상시키거나 그 반대이다. 이야기의 도덕적 및 사회적 효과에 대해 내가 주의를 기울이면서 하고자 하는 언급은 이로운 사회적 결과를 갖지 않는다는 것을 암시하는 것이 아니다. 단지 이러한 효과가 낙관적인 주장이 인식하는 것보다 더 가변적이고 이질적이며 측정하기 어려울 가능성이 높다는 것이다. 단순한 일반화는 이야기의 사회적 힘이 실제로 무엇인지 또는 어떻게 작동하는지 이해하는 데 도움이 되지 않으며, 그러한 힘이 작용할 수 있는 목적은 뇌의 작동에 의해 미리 결정되지 않는다.

협업, 공유된 지향성, 결합(연계) 뇌

이야기의 상호 교섭에서 세계가 이중적으로 되는 것은 기본적으로 협력적인 상호작용으로, 다른 영장류들이 부족해 보이는 독특한 인간의 능력인 공유된 지향성(의도성)을 촉진할 수 있다. 마이클 토마셀로(Michael Tomasello)(2005, p. 676)는 "우리 지향성"을 "공유된 목표와 사회적으로 조정된 행동 계획(공동 의도)을 포함하는 협력 활동에 참여하는" 능력이라고 부른다. "인간의 사고는 근본적으로 협력적이다."라고 그는 지적한다(2014, p. ix). 유인원과 다른 인간이 아닌 영장류들도 "사회적 인식의 복잡한 기술"을 가지고 있지만, 토마셀로(Tomasello)(2014, p. 76)에 따르면, 동족의 의도를 읽는 것은 "주로 먹이와 짝짓기를 위한 경쟁(즉, 그들의 지능은 마키아벨리(Machiavellian)를 목표로 한다"고 한다. 우리 인간의 경우, 의도를 공유하는 능력은 이미 '대화 주고받기'와 '감정 교환'(2005, p. 681, 675)을 포함하는 부모와 유아의 '[원시적] 대화'(물론 이야기를 들려주고 따라가는 활동도 포함)에서 분명하게 드러나며, 이러한 협력적 상호작용은 '누적적 문화적 진화'의 '래칫 효과'(2014, p. 83)로 대표되는 것으로 나타난다. 우리는 협력하고 지향성(의도성)을 공유할 수 있기 때문에 문화적 성취(예: 문맹퇴치)를 전달하고 이전 세대가 배운 것을 기반으로 발전시킬 수 있다.[1)]

[그림 27] 인간의 의사소통 기원(Origins of Human Communication/Tomasello, Michael), 마이클 토마셀로(Michael Tomasello)

협업 능력은 언어 습득에도 매우 중요하다. 다른 이유들 중에서도, 그것은 두 가지 모두 주의력를 조정할 수 있는 능력이 필요하기 때문이다. 토마셀로(Tomasello)(2003, p. 21)가 언급했듯이, "많은 연구에 따르면 아이들이 엄마와 공동으로 주의를 기울이는 초기 기술들이 언어 이해 및 표현 능력의 초기 기술들과 매우 관련이 있다

---

1) 토마셀로의 다른 책, 인간의 의사소통의 기원(Origins of Human Communication)이라는 책에서 다음을 강조하고 있다. 인간 언어가 어떻게 출현하게 되었는가는 언어 연구자들의 관심을 끄는 주요한 연구 주제이다. 최근 진화심리학적으로 언어를 규명하려는 연구자들은 인간이 의사소통하려는 본능을 가지고 있고 이러한 본능이 인간 언어를 진화시켰다고 가정한다. 저자는 이 책에서 다양한 경험적·이론적 연구결과를 제시하며 언어의 의사소통적 진화에 대한 주장에 힘을 실어주고 있다. 또한 영장류와 영아의 제스처, 아동의 초기 언어 속에 감추어진 인간의 인지 및 사회인지 능력을 심도 있게 다루며 언어 지식이 생득적이라는 촘스키의 주장에 도전장을 던지고 있다. 저자인 토마셀로는 이 책에서 아동의 의사소통 능력과 영장류의 의사소통 능력을 비교하며, 인간의 능력이 영장류와 어떻게 차별화되는지를 깊은 성찰을 가지고 다루고 있다. 의사소통은 보통 제스처로 출발하여, 음성적 의사소통으로 전환되는데, 이 전환 과정에서 중요한 역할을 하는 것이 인간만이 가지는 '공유된 지향성'이라는 점을 강조하며 영장류와 차별화를 시도하고 있다. 또한 저자는 인간 의사소통에 가장 독특하고 근본이 되는 요소가 협력적 사회적 상호작용을 위한 생물학적 적응이라는 점과 문화적 관습의 중요성을 강조하고 있다(이진현 역, 2015).

는 것을 발견했다." 그는 "이 상관관계는 언어가 공동 주의력 기술의 또 다른 유형(매우 특별한 유형이긴 하지만)에 지나지 않는다는 단순한 사실에서 비롯된다. 사람들은 언어를 사용하여 서로의 주의력에 영향을 미치고 조정하기 위해 언어를 사용한다는 사실에서 비롯된 것."(21)이라고 설명한다. 이것이 또한 그들이 이야기를 하는 이유이다. 일상적인 대화에서든, 이야기를 주고받을 때든, 의사소통은 공동의 관심을 필요로 한다.

[그림 28] 마이클 토마셀로(Michael Tomasello, 1950. 1. 18 ~)는 미국의 발달 및 비교 심리학자이자 언어학자이다. '인간의 도덕이 왜 탄생했으며 어떻게 진화했는지 이야기한디.'

다른 사람과 협업하려면 나의 관점과 상대방의 관점을 조율해야 하며, 그 결과 토마셀로(Tomasello)(2014, p. 43)가 "공동의 관심과 개인의 관점이 결합된 이중적 구조", 즉 "공유성과 개별성의 이중적 구조"라고 부르는 이중적 구조가 만들어진다. 이러한 이중성은 내러티브 이해의 공동 작업에서 '나'와 '나 아닌 나'가 이중하되는 특징이기도 하다. 문화적 협업을 가능하게 하는 공동 지향성은 자아와 타자의 대립을 극복하는 주관성의 결합, 즉 통합을 만들어내지 못한다. 오히려 자아와 또 다른 자아, 좋아하는 것과 좋아하지 않는 것의 차이를 완전히 없애지 않은 채 자아와 또 다른 자아를 관계 짓는 이중 구조이다.[2)]

이러한 이중성은 다시 한번 유익한 결과와 부정적인 결과를 동시에 가져올 수 있다. 예를 들어, 조슈아 그린(Joshua Greene)(2015, p. 210)이 주장하듯이, "도덕은 보편적인 협력을 위한 장치가 아니라 경쟁적인 무기로서, 즉 나를 우리로 변화시키기 위한 시스템으로서, 그리고 우리가 그들을 능가할 수 있도록 우리를 변화시키기 위한 시스템으로서 진화된 것"일 수도 있다. 좋든 나쁘든(그리고 둘 다), 이러한 "그룹 내/외 그룹 심리는 ... 아마도 [우리] 종에게만 있는 독특한 것"이라고 토마셀로(2014, p. 84)는 말한다. "우리가 아는 한, 유인원은 이러한 집단 정체성을 가지고 있지 않으며 초기 인류는 전혀 가지고 있지 않았다." 이러한 발달의 유산은 장 데세티와 제이슨 코웰(Jean Decety and Jason Cowell)(2015, 280, 289-90)이 지적한 것처럼 "도덕적 행동과 직접적으로 충돌할 수 있는" "암묵적 집단 선호"에서 자주 발견할 수 있다. 예를 들어, "아이들은 모든 사람들에게 공감과 관심을 동등하게 보여주지 않고", "자신이 동일시하는 개인과 집단 구성원에 대한 편견을 보이며", 이러한 편견은 성인기에도 계속될 수 있다. 인종, 연령 및 성별에 따른 집단 내 편견과 고정관념에 대한 실험적 증거를 종합적으로 검토한 결과, 미나 시카라와 제이 J. 반 바벨(Mina Cikara and Jay J. Van Bavel)(2014, p. 245)은 "지구의 모든 문화와 5살 정도의 어린 아이들에게서 자신이 속한 집단을 선호하는 경향이 관찰되었다"는 것을 발견했다.[10] 집단과 동일시하는 능력은 나와 같은 이들 사이에서 협조와 협력을 가능하게 하며, 누적적인 문화 발전을 위한 독특한 인간의 능력을 확립하지만, 그것은 '나'와 '나가 아닌 것'을 구별함으로써 그렇게 하며, 그럼으로써 거기에서 자아와 타자 간의 갈등과 독특한 인간의 폭력 행위에 대한 발판을 마련한다.

---

2) 토마셀로의 '인간의 의사소통의 기원'이라는 책은 2006년 봄 파리에서 열린 장 니코드(Jean Nicod) 강의에서 발표한 내용을 기반으로 하였다. 그는 이 강의에서 장 니코드 협회에 계신 분들을 대상으로 의사소통에 초점을 맞추기로 하였다. 그는 지금까지 이 주제에 대해 실증적으로 또한 이론적으로 많은 연구를 수행하였는데, 그 내용은 (i) 고등유인원의 제스처 의사소통 (ii) 인간 영아의 제스처 의사소통 (iii) 인간 아동의 초기 언어발달을 담고 있다. 그는 또한 인간 의사소통과 언어에 포함된 일반적인 인지 과정과 사회 인지 과정에 대해 상당한 기간 동안 연구하였다. 즉 (i) 사회 인지와 문화 인지 (ii) 사회 학습과 문화 학습 (iii) 협력과 공유된 지향성이 그것들이다. 이 책에서는 이 모든 것들을 인간 의사소통의 진화와 발달로 수렴하여 설명하려 하였다. 이러한 시도는 (그리스(Grice)가 처음 발견했던) 인간 의사소통의 기본적인 협력적 구조와 (다른 영장류에서는 찾아볼 수 없는) 인간의 협력적 구조, 사회적 상호작용과 문화가 연결되어 있을 것이라는 나의 확신에서 비롯되었다.

신경과학은 단일 뇌에서 일어나고 있는 것을 넘어서는 협업과 공동 지향성의 다양한 효과를 고려할 필요성을 점점 더 인식하고 있지만, 측정 도구는 이러한 종류의 상호작용을 기록하는 능력에 있어 극도로 제약을 받고 있다. fMRI 기계나 뇌파 기록기와 같은 기기는 결국 움직이지 않는 단일 피험자를 위해 설계되었다. "2인칭 신경과학"을 요구하며, 레온하르트 쉴바흐(Leonhard Schilbach)와 동료들(Schilbach 외. 2013, p. 405)은 결과적으로 "신경 영상 분야의 최신 기술은 언어 및 비언어 채널의 전체 범위를 사용하여 자유롭게 진행되는 상호작용을 연구하는 데 심각한 한계를 제공한다"고 한탄한다.[11] "인지 신경과학 패러다임에서 지배적인 초점은 행동을 형성하기 위해 두뇌 간에 작용하는 힘을 모호하게 한다."이고 "뇌와 뇌 사이의 결합"이 "분리되어 나타날 수 없었던 복잡한 관절 행동으로 이어질 수 있다"(2012, p. 114-15). 이러한 맹점은 유감스러운 것이라고 뇌과학자 유리 해슨(Uri Hasson)과 그의 공저자들은 주장한다. 인간뿐만 아니라 동물에서도 오랫동안 관찰되어 왔다. 자주 인용되는 한 가지 예로 일부 새 종의 노래를 제작하는 것인데, 연주자와 청중이 다른 사람이 하는 것에 비추어 행동을 조정한다(West 와 King 1988 참조).[12] 인간도 종종 자신의 행동을 다른 사람들에게서 관찰되는 것에 맞추어 행동한다. 예를 들어, 우타와 크리스 프리스(Uta and Chris Frith)(2010, p. 167)가 언급한 것처럼, "두 사람이 서로 '호흡을 맞출 때', 그들은 무의식적으로 서로의 동작과 몸짓을 모방하는 경향이 있다"고 하며, 일종의 "카멜레온 효과"이다. 마찬가지로, 흔들의자에 나란히 앉은 사람들은 마치 기계적으로 연결된 것처럼, 곧 함께 움직이기 시작한다(Richardson 외. 2007).

대화형 실험 참가자들의 뇌파 패턴을 동시에 기록하고 비교하기 위해 혁신적인 모바일 EEG 기술을 사용하는 이른바 하이퍼스캐닝 방법을 통해 이러한 결합된 행동의 근간이 되는 신경-뇌 동기화를 문서화하기 시작했다. 예를 들어, 듀엣을 연주하는 기타 연주자와 피아니스트는 개별 연주자의 정확도와 같거나 그 이상의 정확도로 연주하며, 이들의 뇌파를 측정하면 동시에 동기화된 진동 결합의 패턴이 드러난다(Keller, 2008; Lindenberger et al., 2009). 서로 제스처를 취하거나 리듬에 맞춰 손가락을 두드리거나 카드놀이를 하는 사람들을 대상으로 한 연구에서도 유사한 뇌파 동기화가 기록되었다(Sänger et al., 2011 참조).

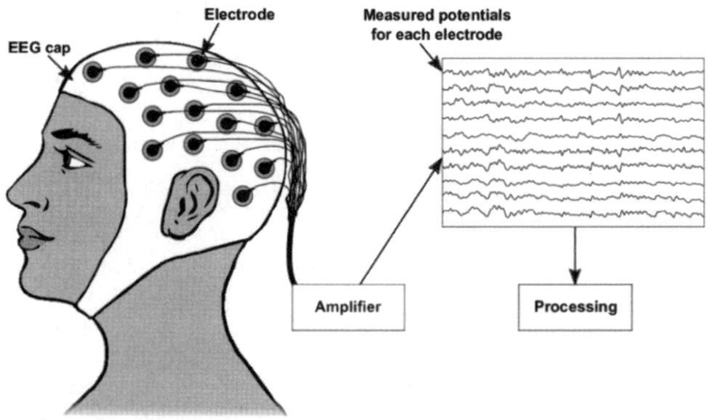

[그림 29] EEG 구성 요소 및 저리 과정(Nagel, 2019)

하이퍼스캐닝 실험은 동기화가 차이를 없애는 결합이 아니라 참여자의 기술과 태도에 따라 달라질 수 있는 이중화 프로세스라는 흥미로운 증거를 제공한다. 예를 들어, 크리스 프리스(Chris Frith)의 연구실(2012, p. 2217)에서는 "미묘한 시각 신호를 감지하기 위해 두 사람이 함께 작업하면 혼자서 작업하는 것보다 더 잘할 수 있다"는 것을 입증했다. 그러나 프리스(Frith)는 "파트너의 능력이 매우 다른 경우, ... 더 나은 파트너가 혼자서 하는 것보다 더 나쁜 성과를 나타 낼 수 있기 때문에", "신호 감지 작업에서 협력이 항상 유리한 것은 아니다"고 말한다(2218). 또 다른 하이퍼스캐닝 연구에 따르면 "뇌 사이의 동기화는 팀원 간의 애착의 성격에 따라 달라질 수 있다. 예를 들어, 협력 과제를 수행하는 동안 연인이 포함된 팀은 친구나 낯선 사람이 포함된 팀보다 전두엽 간 동기화가 더 크게 나타났으며, 이는 더 나은 과제 수행에도 영향을 미쳤다."(Bhattacharya 2017; Pan 외. 2017 참조).

공동 작업은 서로의 차이점이 결합되어 때로는 개인이 혼자 작업하는 것보다 더 나은 결과를 낳기도 하지만, 때로는 더 나쁜 결과를 낳기도 한다. "정보 풀링"과 서로의 편견 상쇄라는 이점 때문에 댄 방과 크리스 프리스(Dan Bang and Chris Frith)는 "그룹이 확률과 추론의 많은 문제에서 개인보다 더 나은 성과를 내는 것으로 나타났다"고 관찰한다(2017, p. 7). 그러나 그들은 또한 그룹이 "자체적인 편견을 가지고 있으며" "종종 구성원 대다수의 초기 선호도를 강화"한다고 지적한다. 따라서 "그룹 의사결정"에 관한 문헌을 조사하면서 "너무 비슷한 개인"과 "너무 다른 개인"이 그룹 성과에 똑같이 좋지 않다는 어쩌면 당연한 "골디락스(Goldilocks)"라는 결론에 도달한다(10, 13). 닮은 점이 많다고 해서 항상 더 나은 상호작용이 이루어지는 것은 아니다. 성공적인 협업에서 중요한 것은 차이를 어떻게 극복하느냐가 아니라 서로 어떻게 얽혀 있느냐이다.

생산적 동기화는 본질적으로 역설적이다. 칼 프리스턴(Karl Friston)과 크리스 프리스(Karl Friston and Chris Frith)(2015, p. 391)가 말했듯이, "커뮤니케이션(즉, 공유된 역동적 내러티브)은 두 개의 역동적 시스템이 서로를 예측하려고 할 때 발생하며, 각각 상대방이 어떻게 행동할지에 대한 기대치를 조정하고 그에 따라 반응한다." 그러나 상호 예측과 수용, 기대와 조정이 오가는 이 과정은 활동을 억제해야 하는 모순적인 활동이다. 예를 들어, 교대로 행동하는 것은 행동하지 말아야 할 때를 아는 능력을 요구하는 연습이다. 마찬가지로 프리스턴과 프리스(Friston and Frith)가 언급한 것처럼 성공적인 대화를 위해서는 참가자들이 "말하거나 들을 수는 있지만 동시에 둘 다 할 수는 없다"는 것을 인식해야 한다(391). 상호적인 소통을 위해서는 참가자들이 행동해야 할 뿐만 아니라 언제 행동하지 말아야 하는지도 알아야 한다. 따라서 "두 사람이 동기화 작업에 참여할 때 리더-팔로워 역학 관계를 취하는 대신 서로의 행동에 지속적으로 상호 적응할 때, 즉 두 사람이 팔로워가 될 때 더 잘 수행한다"는 이바나 콘발린카(Ivana Konvalinka) 그룹(2012, p. 215)의 연구 결과도 이러한 맥락에서 이해할 수 있다.

협업을 연구하는 인지 과학자들은 상호성이 자연스러운 현상인 동시에 부자연스러운 현상이라고 말한다. 인간은 보상 시스템이 협업에 수반되는 위험을 감수하도록 유도하는 사회적 동물인 것이 분명하다. 쉴바흐(Schilbash)의 연구팀(2013, p. 410)은 일부 실험에서 "일치하는 상호작용 중 보상 관련 신경회로의 관여"가 입증되었다고 언급한다. 그는 우리의 뇌는 협업 활동에 대해 보상하도록 연결되어 있으며 "인간은 기본적으로 상호보상에 대한 기대가 있는 것으로 보인다"(410)고 제안한다. 협업이 성공했을 때 보상을 받기 때문에 우리는 보답하고 싶어 하는 경향이 있다. 이러한 두뇌 기반의 협업 성향은 그룹 내 상호작용에 참여하는 것이 본질적으로 보람을 준다는 다른 증거와도 일치한다(Tabibnia & Lieberman, 2007 참조).

우리의 종은 협력하는 경향이 있을 수 있지만, 협력 활동을 오가는 활동은 위험하기도 하고 어렵기도 하며 모순되기도 한다. 프리스(Frith)(2012, p. 2218)가 지적했듯이, "협력에 대한 생각은 본질적으로 반복적이기 때문에, 당신의 파트너는 당신이 협력할 것이라고 확신할 때만 협력할 것이며, 그조차도 충분하지 않다." 왜냐하면 파트너 역시 당신이 자신에 대해 "확신"해야 하기 때문에, "이 상황에서는 결코 절대적인 확실성을 얻을 수 없다"고 관찰한다. 상호작용은 역설적이고 불안정하기 때문에, 다른 사람에 대한 개방성과 이를 시작하고 유지하는 데 필요한 이기심의 억압은 약하고 쉽게 무너지거나 틀어지기 쉽다. 프리스는 이러한 불확실성이 "협력을 필요로 하는 많은 실제 상황에서 문제를 일으키지 않는다."고 주장한다(2218). 그러나 많은 인지 과학자와 심리 철학자들은 협력이 실패하지 않고 다른 사람의 신뢰를 이용하는 "무임 승차자"의 문제에 대해 우려하고 있다(Decety와 Wheatley 2015 참조). 이 이론가들이 기여 없이 "무임 승차"하여 그 그룹의 이익을 누리는 것이 자연스러운 일이라고 말한다. 그러나 사람들은 본질적으로 그러한 행동을 경멸하는 경향이 있으며, 무임승차자를 처벌할 필요가 없는 경우에도 무리하게 처벌(이른바 이타적 처벌)하는 경향이 있다는 증거도 많다. 따라서 상호적이고 협력적으로 행동하지 않는 것은 부자연스러운 것으로 인식되고, 동료들로부터 비난을 받는다(Delton 과 Krasnow 2015 및 Flesch 2007 참조).

우리 지향성의 역설과 모순은 협업을 수반하는 많은 형태의 문화 생산의 특징이기도 하다. 음악이 대표적인 예이다. 이안 크로스(Ian Cross)(2003, p. 48)에 따르면 음악은 "다른 사람들과 패턴화된 시간을 공유하고 정서 상태와 상호작용의 조화를 촉진한다."고 한다. 음악과 춤에서 리드미컬하게 함께 움직이며 이끌어내는 "공동의 정서 경험"은 "사냥이나 집단 간 갈등에서 초기 인류의 협력적 생존 전략을 강화했을 수 있다"고 크로스는 주장한다(50). 산드라 트레허브(Sandra Trehub)(2003, p. 13-14)는 지향성을 공유하는 능력은 이미 유아의 "소리 시퀀스의 멜로디 윤곽과 리듬 패턴에 주목하는 성향"과 "자음 패턴, 멜로디뿐만 아니라 화성 및 매트릭 리듬에 대한 조율"에서 볼 수 있다고 지적한다. 이는 이야기 상호 교섭을 포함한 모든 종류의 협력적 상호작용에 필요한 주의력을 조정하고 타인이 생성한 행동 패턴에 반응하는 능력의 초기 증거라고 할 수 있다.

크로스와 그의 동료들은 "음악의 합동 창작"을 설명하기 위해 "음악 그룹 상호 작용"(MGI, musical group interaction)이라는 용어를 제안했다(Rabinowitch, Cross, & Burnard, 2012, p. 111). MGI는 우리 지향성의 이중 구조를 전면에 내세운다는 점에서도 흥미롭게 모순적이다: "단순히 말하면, 각 MGI 참가자는 음악적 만남에 대한 거의 별개의 주관적인 경험을 가질 수 있다. 최대로는, MGI는 의도, 감정 및 인지 과정의 유동적인 공유를 수반하는 개별 플레이어 간의 복잡한 관계를 이끌어낼 수 있다." 이러한 지향성의 공유는 다시 한번 역설적이며, "[MGI]가 강렬해질 수 있는 만큼, 개인은 여전히 자신이 별개의 주체라고 느낀다. 그러나 특정 상황에서는 이러한 구분 의식이 사라질 수 있다." 따라서 "자신과 다른 사람을 분리하는 경계가 모호해지고 플레이어는 자신의 동료 플레이어의 행동을 경험하게 되며, 극단적인 경우에는 다른 플레이어의 행동 거의 자신의 행동으로 경험하게 된다."(p. 111, 118). 이러한 역설적인 경험에서, 조정된 협력 활동의 상호성은 너무 조화롭고 긴장감 있게 동기화되어, 이러한 공유된 지향성을 일으키는 행동과 상호작용이 개별적인 개인에 의해 수행됨에도 불구하고, 자신을 넘어서는 무언가에 의해 흡수되는 결과를 초래한다.

서로 결합하고 협력하지만 불분명한 주관성 사이의 상호 작용으로서, 이 모순적인 상태는 불안정하고 혼란과 분열에 빠지기 쉽다. 크로스와 그의 동료들이 지적한 것처럼 "개인적 갈등, 과도한 경쟁심, 불균형한 음악적 기술, 인내심 부족, 협력하지 않으려는 태도, 그리고 무엇보다도 어느 멤버가 지배하지 않고 모든 멤버가 공동 프로젝트에 착수하는 그룹 전체에서 한발 물러서서 받아들이는 데 큰 어려움이 있는 등 그룹 내 소화를 방해하는 요인들이 많다"(115)는 것이다. 본질적으로 역설적인 현상인 MGI는 개인 능력의 집중적이고 전문적인 적용과 동시에 의지의 포기, 즉 통제권을 내려놓는 것을 모두 요구하며, 이러한 모순은 협업 활동의 이중 구조를 잘 보여주는 예시이다.

협업적 의미 만들기의 역설은 음악에만 있는 것이 아니다. 한스게오르크 가다머(Hans-Georg Gadamer)가 지적한 바와 같이, 유사한 모순이 많은 종류의 게임과 놀이를 특징짓는 요소이다. 가다머(1993 [1960], p. 104, 106)에 따르면, 놀이의 역설은 "플레이어의 의식에 대한 놀이의 우위성"이다. "모든 놀이는 놀고 있는 것이다." 그들의 협력 활동이 함께 그 자체의 기관, 의도적 지시, 조종 및 플레이어들의 개별 의도를 통제하는 것처럼 보이는 무언가를 창조하는 것처럼, 그것을 시작하고 유지하는 참가자들의 행위가 없다면 게임은 존재하지 않을 것이다. 가다머에 따르면, "게임의 진정한 주체는 플레이어가 아니라 게임 그 자체이다." 이것은 "플레이어를 그 마법에 걸리게 하고, 그를 놀이에 끌어들이며, 그를 그곳에 머물게 하는 것"이다(106). 마찬가지로, 메를로 퐁티(Merleau-Ponty)(2012 [1945], 370)는 "대화의 경험에서 ... 나의 말과 상대방의 말은 토론의 상태에 의해 호출되며 우리 중 누구도 창조자가 아닌 공유하는 작업 속에 투입된다고 말한다. 여기에는 둘이 공유하는 존재가 있으며, ... 우리의 관점이 서로에게 스며들어 하나의 세계를 통해 공존합니다." 게임이나 뮤지컬 공연처럼, 대화는 때때로 단지 그들의 행위 때문에 존재하고 한 당사자가 계속 진행하기를 거부하는 즉시 무너질 수 있지만, 참가자들의 기여를 안내하고 이끌어내는 그들만의 삶을 가지고 있는 것처럼 보일 수 있다.

게임, 음악, 대화는 모두 필자가 다른 곳에서(1990, p. 20-43) 역설적으로 개별 행위자의 의미 형성 행위 없이는 존재할 수 없는 "이질적" 상태라고 불렀던 것들인데, 게임이 플레이어에게 특정 동작을 강요하거나 음악가가 앙상블의 리듬과 음조에 맞춰 자신의 연주를 조정할 때처럼 참여자들을 넘어서서 심지어 (때로는) 반대하는 준독립적인 지위를 획득할 수도 있다. 독자나 청취자가 자신의 동일시 행위에 의해 구성된 인물의 감정에 감동을 받아 눈물을 흘리며 이 준인물의 감정을 마치 자신의 감정인 것처럼 느끼는 것처럼(어느 정도는 역설적으로 실제로도 그렇다), 이야기를 하고 따라가는 상호작용을 통해 비슷한 효과를 낼 수 있다. 이 모든 경우에서 결합된 주관성의 협력적 상호 작용은 개별 부분의 합보다 더 크고 자체적인 주체성을 가진 것처럼 보이는 공유 의도의 출현을 가능하게 하며, 이는 생산에 함께 참여하는 참여자의 활동에서 비롯되고 존재하지 않더라도 그 자체로 존재할 수 있다.

게임과 이야기를 음악에 비교하는 것은 의식적인 인식 아래에서 리듬감 있게 조율된 행동이 가능할 수도 있고 불가능할 수도 있다는 점에서 교훈적이다. 리듬적 상호

작용과 조화로운 통일의 경험에 녹아든 경계의 감각은 아폴론적 선과 형식을 압도하는 디오니소스적 음악의 힘에 대한 니체(1994 [1872])의 유명한 분석을 상기시킨다. 디오니소스적 포기는 기적적으로 심지어 숭고하게 우리를 우리의 외부로 이동시킬 수도 있지만, 그러한 통합과 경계 상실의 경험은 또한 비판과 평가를 위한 인지적 능력을 무력화시키는 잘 문서화된 전염 효과(예를 들어, 콘서트에서 청중의 반응의 공유된 "전율" 또는 스포츠 행사나 정치 집회에서 군중의 집단적 열정)를 초래할 수도 있다(Garrels, 2011과 Lawtoo, 2013 참조). 비록 강력하지는 않지만, 내러티브에 빠져드는 경험은 비슷하게 듣는 사람을 이동시키고 세계 사이의 경계를 지우는 것처럼 보일 수 있다. 니체가 묘사한 디오니소스적 해체만큼 강렬하지는 않더라도, 이러한 주관성의 결합은 감각과 지각의 패턴을 심어주고 습관적인 패턴 형성에 더 강력한 영향을 미칠 수 있으며, 냉정하고 덜 매력적인 기호 및 정보 교환보다 더 강력한 영향을 미칠 수 있습니다.

자아 초월의 경험을 만들어낼 수 있는 결합된 주관성의 동기화는 일상화와 사회적 통제의 힘이 될 수도 있다. 좋거나 나쁘거나(그리고 다시 말하지만, 둘 다일 수도 있다), 이야기를 듣는 사람의 비성찰적 세계 구성 패턴을 재구성하거나 강화하는 이야기의 힘은 우리라는 공동의 경험에서 자아와 타자 사이의 차이가 감소, 지워지거나 극복되는 정도까지 증가할 수 있다. 내러티브의 이데올로기적 작용, 즉 인지 및 감정의 체화된 습관을 주입하고 영속화하며 자연화하는 능력은 실제 나와 타자의 이중성에서 내가 아닌 내가 줄어들거나 사라질 때 최적화된다. 이야기가 제공하는 환상에 몰입하기 위해 불신을 중단하라고 요구한다면, 이러한 이야기로의 초대는 이데올로기 비판의 신비주의적 의심이 당연히 저항해야 할 경계의 해체에 대한 유혹일 수 있으며, 이는 너무 깊이 뿌리내리고 익숙해져서 그 힘을 인식하지 못하는 사고와 느낌의 습관을 흔들기 위해 우리를 붙잡는 것일 수 있다. 유익한 사회적 협력을 촉진하는 스토리의 능력과 이데올로기적 신비화를 습관화하는 것은 동전의 양면과도 같다.

분산된 인지와 이야기의 사회적 삶

이러한 복잡성은 한 문화의 내러티브가 집단적 지식과 사회적 응집력의 귀중한 원천이라고 일반적으로 알려진 사실에 대한 진중한 주의를 요구한다. 예를 들어 리쾨르(Ricoeur)(1987, p. 428)는 이야기가 철학이나 과학의 "이성의 이론적 사용"과는 다른 "실천적 지혜"를 제공하는 "내러티브 지능"을 제공한다고 주장하며, 제롬 브루너(Jerome Bruner)(1986, p. 69)가 "우리 자신의 자아의식과 우리 주변 사회 세계의 타인 감각 사이의 주요 연결 고리"로 규정한 암묵적 이해 방식의 문화적 저장소라고 말한다. 이러한 주장은 최근 앤디 클라크의 영향력 있는 확장된 마음 개념을 바탕으로 분산 인지라는 용어로 재구성되었다. 클라크(2011, p. 226)는 우리의 인지 능력을 확장하는 환경이 제공하는 다양한 도구와 어포던스(Gibson[1979]의 잘 알려진 용어를 떠올리기 위해)를 조사하면서 "언어적 환경"이 태어날 때부터 우리를 둘러싸고 있으며 "단어의 바다와 외부 기호는 인간의 사고를 구성하는 데 도움이 되는 인지적 소용돌이 중에서 가장 중요하다"고 설명한다. 물론 여기에는 우리 주변에서 흔히 접할 수 있는 이야기들도 포함된다. 따라서 데이비드 허먼(2013, p. 162, 192)은 "내러티브의 지능을 분배하는 능력, 즉 세상에 대한 지식이나 세상과 소통하는 방법을 전파하는 능력은 내러티브를 마음의 핵심 도구로 만들며, 한 문화의 이야기 저장소는 그것이 제공하는 '의미 결정을 위한 초개인적 체계'를 통해 '마음의 사회'를 구성한다"고 주장한다.

인지는 두개골 내부에서 일어나는 일에만 국한되지 않지만, 그렇다고 해서 (분산 인지를 옹호하는 일부 사람들이 생각하는 것처럼) 그곳에서 일어나는 일이 중요하지 않다는 것을 의미하지는 않는다. 예를 들어, 클라크 자신도 "뇌(또는 뇌와 신체)는 그 자체로 흥미로운 기본적이고 이동 가능한 인지 자원의 패키지로 구성되어 있다"고 인정한다(224).[13] 알바 노에(2009, p. xiii)가 "당신은 당신의 뇌가 아니다"라고 말한 것처럼 "인간의 경험은 세상 속에서 그리고 다른 사람들과 함께 펼쳐지는 춤"이며 "우리는 우리 자신의 생각과 감각의 감옥에 갇혀 있지 않다"고 설명하는 것은 확실히

[그림 30] David Herman(2010). Teaching Narrative Theory.

맞지만, 우리의-의도가 오가는 '춤'은 참여자들의 구체화된 의식이 상호작용에 가져오는 것과 그들의 구성력이 다양한 협력자들의 주관성과 함께 어떻게 형성되고 변형되는지에 따라 달라질 수 있다. 분산 인지라는 개념이 내러티브의 사회적 힘에 대한 뇌 기반 분석을 대체할 수는 없지만, 이야기와 수용자의 인지 과정 사이의 역학 관계를 명확히 함으로써 이를 유용하게 보완할 수 있다.

이러한 상호 작용은 어떤 면에서는 우리의 마음을 세계로 확장하는 다른 종류의 외부 자원에 대해 우리가 관여하는 것과 유사하지만, 다른 면에서는 중요한 차이가 있다. 클라크에 따르면 인지는 "인간 유기체가 양방향 상호 작용으로 외부 개체와 연결되어 뇌와 뇌의 확상물 사이에 모는 구성 요소가 적극적인 인과 관계 역할을 수행"하고 "공동으로 행동을 지배"하는 결합된 시스템을 생성할 때마다 발생한다(222). 클라크의 시각 장애인 지팡이나 공식이나 방향이 적힌 노트처럼, 한 문화의 이야기는 우리가 세상을 헤쳐 나가는 데 도움이 되는 항해 장비 또는 도구 세트를 제공할 수 있다. 환경의 특성이 제공하는 문제해결을 위한 자원과 같이, 이미 문화의 이야기에서 순환하는 미리 형성된 패턴은 우리가 처음부터 새로 만들 필요가 없이 일반적으로 직면한 상황에 대해 생각할 수 있는 쉽게 사용할 수 있는 자원을 제공한다. 그러나 "결합된 시스템"의 "양방향 상호 작용"의 참가자로서, 이러한 마음의 확장물은 사용자를 그대로 두지 않을 수 있다. 예를 들어, 언어의 습득은 뇌를 강력하고 깊숙이 변화시켰다. 마찬가지로 우리가 도구를 사용하거나 우리의 관행을 환경의 어포던스에 맞게 우리 행동을 조정해야 하는 것처럼, 이야기는 우리가 그것에 의해 형성되도록 내버려 둘 때만 우리의 마음을 확장할 수 있다. 우리는 이야기를 따라가는 방법을 배울 필요가 있으며, 이야기를 구성하는 이러한 방식은 이야기가 세상을 구성하는 우리의 뇌와 신체 중심의 습관을 재구성할 때에만 우리 삶의 다른 영역에서 인지력을 발휘할 수 있다.

문화의 내러티브는 우리의 인지적 성향과 우리가 사용할 수 있도록 준비된 구성 패턴을 결합하여 우리가 취할 수 있는 공유된 지향성의 패턴을 제공하며, 이러한 이중화는 상호 작용의 양 당사자를 재구성할 수 있는 왕복적인 과정으로, 이는 선형적이거나 단방향적인 과정이 아니다. 특정 도구나 기기의 사용법을 배우는 것만으로도 처음에는 의도하지 않았던 문제에 그 기능을 적용하거나 설계의 개선이나 변경으로 이어지는 발견을 통해 사용자뿐만 아니라 도구도 변화할 수 있다. 테렌스 케이브(Terence Cave)(2016, p. 48)는 "어포던스는 정의상 개방적이기 때문에 누군가 또는 무언가가 항상 예상치 못한 새로운 용도를 생각해낼 수 있다"고 말한다. 케이브가 "문학적 어포던스(literary affordances)"라고 부르는 반응은 제약이 있고 "불특정"이며, 특정 용도를 초대하고 촉진하는 동시에 도구와 사용자 모두를 변화시킬 수 있는 예측 불가능한 즉흥성을 열어두고 있다(p. 51-62 참조). 다시 한번 말하지만, 이러한 상호작용은 어포던스와 응답자 모두에 따라, 그리고 그들의 만남에서 일어나는 일에 따라 다양한 형태를 취할 수 있다. 이러한 상호 작용에 의해 시작되는 두 배로 늘리기 과정은 반드시 어느 한쪽의 배타적인 지시나 통제하에 있는 것은 아니다.

이야기를 따라간다는 것은 내러티브에 구성된 행동 패턴과 수용자가 세상의 밀고 당김을 경험하는 인물 간의 양방향 상호 작용에 참여하는 것이다. 이러한 교류는 다양한 형태로 이루어질 수 있으며 그 결과도 다양하다. 게임을 플레이하는 경험에서와 같이 상호 작용의 주고받음은 매우 몰입적이어서 교환의 공동 운영에서 우리의 자아를 잠식할 수 있다(이야기에 몰입하는 즐거움을 제공하거나 관습적인 인지 패턴의 이데올로기적 힘을 강화할 수 있음). 또는 이야기와 수용자 사이의 상호성은 어느 한 쪽만 통제할 수 없는 혁신적인 상호작용을 위한 공간을 열어줄 수 있으며, 그 결과 이야기에 대한 새로운 해석, 요소 구성의 새로운 방식, 수용자의 과거 습관을 깨고 세계를 재구성하는 새로운 패턴 형성의 가능성 등 두 가지 모두에 변화를 가져올 수 있다. 이야기는 수용자의 전송을 통해 재구성되며, 이는 다시 말하기와 다시 듣기에서 전달될 수 있다. 이 회로는 차례로 청중을 위해 변형되거나 다시 기존의 패턴을 심어주고 강화할 수도 있다. 이러한 상호작용을 통해 생성되는 공유된 의도적 동질성은 참여자들에게 이질적이며, 양 당사자가 만남에 가져오는 구성 패턴에 따라 다르지만, 그 결과 역설적으로 그들에 의해 만들어지더라도 역설적으로 그들을 초월하는 상황(역사적으로 변화하는 다양한 '삶')의 출현을 초래한다(Armstrong 1990, 20-43 참조).

이러한 순환(회로)은 내러티브에만 국한된 것이 아니다. 망치와 같은 단순한 도구라도 능숙하게 사용하면 작업자, 도구, 작업의 경계가 모호해질 정도로 몰입적인 경험이 될 수 있으며, 도구는 예측할 수 없는 다양한 변형적 용도로 사용될 수 있다(망치는 집을 짓거나 살인을 저지르는 데 사용될 수 있으며, 두 경우 모두 예측할 수 없는 파급 효과를 낳는다). 하지만 여기에는 중요한 차이점이 있다. 이야기는 세상을 탐색하고 문제를 해결하기 위한 도구이지만 도구적 차원에 의해 완전히 정의되지는 않는다. 미적 경험은 비록 그 목적이 예측할 수 없는 다른 결과를 초래할 수 있다고 하더라도, 특정 목적을 위해 도구를 사용하는 것보다 잠재적으로 더 장난스럽고 개방적이다.

수용자의 삶에서 이야기가 수용되고 변형되는 수단인 교십 작용은 상호작용을 통해 가능하며, 여기에서의 상호작용의 역동성은 비도구적 목적을 위해 사용될 수 있고, 리쾨르의 표현에 따르면 소설이 작동하는 영역, 즉 가상의 영역에 거주할 수 있다(1977, p. 265-305 참조). 이야기와 이어지는 이야기 사이의 상호작용이 뇌의 습관적인 감각 형성 패턴을 동원하고, 이러한 패턴을 시험하고 수정하고 세상을 구성하는 관습적인 방식에 반하여 설정한다면, 미적 차원의 그대로는 문제 해결을 위한 패턴의 도구적 사용에서 사용할 수 있는 것보다 실험, 유연성 및 놀이를 위한 더 많은 여지를 열어준다(비록 여기서는 뇌도 비정상이 일반적으로 배포하는 수치에 맞지 않을 때 습관적인 제스처의 조정 및 재조정에 열려 있어야 할지라도). 역설적으로, 아마도 우리의 인지 과정이 경직된 습관적 패턴으로 굳어지는 것을 방지하기 위한 이야기의 실용적 유용성은 미학의 비도구적 놀이에 의해 향상될 수 있다. 특히 구성과 재구성의 놀이가 우리의 개인과 사회적 마음에 대한 특정한 내러티브 패턴의 습관적이고 이데올로기적인 느슨하게 할 수 있는 한, 이야기를 주고 받는 것은 인지적으로 유용하다.

그러나 우리를 붙잡아 두는 인지 패턴을 낯설게 하고, 방해하고, 놀게 하는 이야기의 사회적 힘은 마크 브래커(Mark Bracher)(2013)가 옹호하는 반복적인 "인지 재훈련"을 통한 "치료" 프로그램과는 다른 "인지 정치학"을 요구한다. 그의 교육학 프로그램은 사회적 "시위 소설"을 사용하여 불의를 초래하는 "잘못된 인지 스키마"를 노출하고 수정할 것을 제안한다. "사람들이 오래되고 결함 있는 스키마 요소를 반복적으로 인식하고 방해하고 재정의하며 대신 새롭고 더 적합한 스키마의 요소를 활성화해야 한다."(25-26). 이것은 스키마 이론이 초래할 수 있는 기계적, 환원적 사고로 이어질 수 있는지를 보여주는 특히 말도 안되는 예이다.[14] 누군가는 "인간 본성에 관한 네 개의 주요 잘못된 가정"(p. 8 참조), 사람들은 "본질"로 정의되는 완전히 "자율적"이고 서로 "원자적으로" 분리되고 "동질적"(단순히 좋든 나쁘든)이라는 가정에 대한 브래처의 비판에 정의나 불의에 대한 특정 개념을 승인하지 않고 동의할 수 있다. 이러한 가정은 "새롭고 더 적합한 스키마"로 역전되고 대체될 수 있는 "잘못된 스키마"가 아니다. 보는 것에 대한 비유적 과정은 이러한 경직된 이분법이 인정하는 것보다 훨씬 더 가변적이고 다원적이다(Armstrong, 1990 참조). 본질주의에 대한 브래처의 비판 자체가 시사하듯이, 인간은 다양한 방식으로 사회적 및 인지적 삶을 조직할 수 있는 생물문화적 혼종(하이브리드)이며, 과학은 특정 해석 방식이나 특정 도덕적 또는 정치적 질서를 규정할 수 없다.

올바른 인지 범주를 반복적으로 강화하는 브래처의 역인지 엔지니어링은 도덕적으로나 정치적으로 문제가 있는 지배와 권위에 대한 주장일 뿐만 아니라, 이야기 상호작용에서 마치 ~인 것처럼(as-if)이라는 가상이 세상의 패턴에 대한 우리의 감각을 지배하는 습관을 중단시키고 도전하는 힘을 인식하지 못한다. 우리가 이야기를 주고받는 상호작용을 통해 기존의 자연화된 패턴을 뒤집고 다른, 어쩌면 더 활기찬 협력적 상호작용의 가능성을 열 수 있다. 브래처의 치료적이고 반복적인 재교육 프로그램은 이야기에 대한 우리의 경험에 잠재적으로 해방적인 힘을 부여하는 매우 예측할 수 없는 개방적인 놀이를 만들어낼 것이다(그리고 브래처의 교실은 얼마나 음산하고 무정한 곳이어야 할까!).

정의는 역사적으로 우연적이고 문화적으로 가변적이며 본질적으로 논쟁의 여지가 있는 개념으로, 내러티브가 우리의 인지 습관과의 놀이를 통해 재구성하고 재형성하는 데 도움을 줄 수 있다. 미적 경험에서와 같은 놀이와 예측할 수 없는 내러티브 상호 작용의 왕래는 Judith Shklar(1990)가 민주주의 사회에서 "불의에 대한 감각"이 어떻게 발달하고 변화하는지에 대한 분석에서 설명하는 사회적 및 도덕적 범주의 일종의 협상과 재조정을 가능하게 함으로써 정치적 결과를 가져올 수 있다. 그녀는 한 사회가 불공정하고 단순히 불행하지 않다고 간주하고(예를 들어, 인종 차별로 인한 고통과 화산 또는 지진과 같은 자연 재해로 인한 해악 및 손실), 따라서 자선 지원이 아닌 정치적 구제를 요구하는 종류의 사회가 문화적 및 역사적으로 가변적인 상황이라고 주장한다. 이러한 경계가 어떻게 그려지고 다시 그려지는지는 우리가 서로에게 말하는 이야기에 의해 강력하게 영향을 받을 수 있다. 이러한 선들은 반드시 모호하지만, 그들의 경쟁 가능성은 정확히 Shklar의 요점이다. "어제의 바위같은 견고한 규칙은 오늘날에는 어리석고 편협하기 때문이다."라고 그녀는 관찰한다. 왜냐하면 이러한 범주에 의문을 제기하고 재조정하는 것이 민주주의 교류의 중요한 작업이기 때문이다.[15] Shklar가 설명하는 불공정의 재구성은 우리의 구성적 습관을 가진 잠재적으로 변형적인 이야기의 놀이가 촉진할 수 있는 일종의 개방형, 상호 교환에 의해 촉진된다(Armstrong, 2005 참조).

인지 과학은 이러한 다양한 정치 및 교육 프로그램이 작동하는 우리 지향성의 결합 과정을 분석하고 이해하는 데 도움을 줄 수 있지만, 그 사이를 결정할 수는 없다. 결합된 주관성의 동기화는 참가자의 인지적 습관을 강화하거나, 브래처의 프로그램에서처럼 반복적인 재교육을 통해 재구성할 수 있다. 또는 내가 선호하는 놀이의 정치에서처럼, 이야기를 들려주고 따라가는 상호 작용을 통해 인지 구조의 한계와 우연성을 드러내고 미학의 비도구적 효과를 통해 변화의 가능성을 열어줄 수도 있다. 다시 한번 강조하지만, 신경과학은 내러티브의 사회적 힘을 이해하는 데 도움을 줄 수 있지만, 이러한 힘은 다양한 목적으로 사용될 수 있으며 그 결과는 예측할 수 없다.

최근의 흥미로운 하이퍼스캔 실험은 다양한 교육적 활동이 만들어낼 수 있는 다양한 종류의 뇌와 뇌 사이의 동기화를 기록했다. 신경과학자 Suzanne Dikker와 그녀의 동료들(2017)은 한 학기에 걸쳐 11개의 수업을 진행하는 동안 12명의 고등학생의 뇌파 패턴을 기록하기 위해 뇌파 두개골 캡을 사용하여 뇌 결합에 상당한 변화가 있다는 증거를 발견했으며, 한 평론가는 "수업 참여도와 신경 일관성은 밀접한 관련이 있다"고 결론지었다(Bhattacharya 2017, R347). 당연히 학생들이 "교사의 낭독이나 강의를 들을 때"보다 "비디오를 시청하고 그룹 토론에 참여할 때" 뇌와 뇌의 동기화가 더 컸다(Dikker et al., 2017, p. 1376). 더 나아가, "학생들은 나란히 앉거나 인접하지 않은 학생 짝(1379)에 비해 얼굴을 마주 보고 있는 파트너와 수업하는 동안 가장 높은 페어별 동기화도를 보였다."(1379) 직관적으로 당연한 결과일 수도 있지만(대부분의 학생들은 토론이나 영화가 강의보다 지루하지 않다는 데 동의할 것이다), 이러한 결과는 교실과 다른 곳에서 이루어지는 협력적 상호작용의 근간이 되는 뇌와 뇌의 결합이라는 신경학적 과정에 대한 중요한 증거를 제공한다는 점에서 매우 중요하다.

그들의 증거를 해석하면서, 실험자들은 "학생들의 주변 감각 입력에 대한 신경 훈련", 즉 "교사, 비디오, 또는 서로"가 "공동 주의력"에 따라 달라진다고 결론을 내린다. 또는 기술적인 측면에서, "공동 주의력"은 신경 진동을 우리 주변의 시간적 구조에 '조율'함으로써 훈련을 조절함에 따라 뇌와 뇌의 동기성이 증가한다(1380). 즉, 우리가 시간적으로 펼쳐지는 현상에 공동으로 참석할 때, 내 뇌에서 신경 집합체의 진동이 당신의 뇌파와 동시에 공명하여 "조율"로 인해 "훈련"이 발생한다. 협업은 우리가 시간적으로 펼쳐지는 서로, 그리고 우리가 공유하는 세계(우리가 보는 비디오 또는 듣는 강의 또는 우리가 참여하는 토론)와의 상호 작용에서 우리의 관점을 조정함에 따라 진동하는 뇌와 뇌의 결합(우리 의도)을 만들어낸다. 공동 주의력은 공유된 의도의 경험에서 내가 아닌 나를 이중적으로 할 수 있는 능력을 필요로 하며, 이 이중성은 성공적인 협업 활동의 기반이 되는 두 개의 인지 구조를 신경 수준의 진동까지 확장하는 것이다.

그러나 이 고등학생들의 머릿속에서 정확히 무슨 일이 일어나고 있었는지는 뇌파 측정기로 감지할 수 없고, 뇌파의 동기화는 그들이 모두 같은 생각을 하고 있었다는 것을 의미하지는 않으며, 오케스트라의 구성원들이 서로 다른 악기의 소리를 혼합하여 조화롭게 연주하는 것 이상으로 동일한 경험이나 신경 신호를 가지고 있을 것이다. 다시 말하지만, 동기화(동시성)는 동질성이 아니라 다양한 과정과 관점의 조화이다. 영화나 그룹 토론이 독서나 강의보다 집단 활동의 몰입을 유도하는 데 더 성공한다면, 그것은 아마도 그들이 개별적인 의미 만들기를 통해 참여를 장려하고, 상상력, 정서적 공명, 그리고 공동 사업의 참가자들의 적극적인 기여를 위한 가능성을 더 많이 만들기 때문일 것이다. 교훈적인 연습은 한 그룹이 일치하게 반응하도록 하는 것을 목표로 할 수 있고, 만약 공동 관심을 구성원들의 의도를 조정하는 동기화 패턴으로 강요할 수 있다면 성공할 수 있다("나를 따라 반복하라"). 공동 관심은 그룹 사고로 이어질 수 있지만, 다른 그룹 활동은 참가자들 사이에 어느 정도의 균일성으로 동기화를 만들어 낼 수 있다(고향 스포츠 팀을 응원하는 것과 열띤 토론에서 논쟁을 주고받는 것은 모두 뇌와 뇌의 동기화를 만들어내지만 동질성의 정도는 다를 수 있습니다). 이 실험에서, 특이하게도, 덜 강압적인 활동들은 더 큰 뇌파 동기화를 낳았고, 그것은 공동 작업을 특징으로 하는 공유된 지향성, 적극적인 기여와 몰입 놓아주기의 역설적인 결합을 촉진하는 데 더 도움이 되었기 때문일 수 있다.

뇌가 동기화하는 방법은 이야기를 말하고 따라가는 경험에 의해 움직임에 설정된 상호 작용을 이해하는 데 중요하며, 또 다른 최근의 실험은 이러한 교환의 기초가 되는 피질 내 패턴에 대한 암시적인 결과를 산출했다. fMRI 이미지의 주제 간 상관 분석에 대한 혁신적인 연구를 확장하여 Uri Hasson의 연구실(Silbert et al., 2014, e4687)은 먼저 "15분 길이의 이야기를 말하는 [세 명의] 화자의 뇌에서 안정적으로 활성화되는 모든 영역"을 매핑한 다음 이 활동의 시간 과정을 "같은 이야기를 이해하면서 [11명의] 청취자의 뇌에서 활성화되는 영역"과 비교하여 이야기를 말하고 들음으로써 활성화된 피질 활동을 분석했다. 이 연구는 이야기를 말하고 듣는 것으로 활성화된 피질 영역뿐만 아니라 화자와 청취자 모두에서 이 활동의 시간적 진행(공간적 중첩)을 비교했다(e4687). 일부 영역은 겹치지 않았다(말하기와 듣기는 결국 다른 활동). 일부 중첩된 영역은 시간이 지남에 따라 유사하게 반응하지 않았지만, 이야기의 생산과 이해에 의해 활성화된 뇌의 다른 부분은 시간적으로 상관관계가 있었다. 즉, 발사가 결합되고 동기화되었다. 시간적으로 동기화된 뇌 대 뇌 결합의 증거는 특히 "보상 기반 학습 및 기억, ... 공감 및 마음 이론"과 관련된 영역인 중간 전전두엽 피질과 "에피소드 기억 검색, 1인칭 시점 촬영 및 대리인 경험을 포함한 광범위한 고도로 통합된 작업"과 연결된 우수한 두정엽의 영역인 전두엽에서 표시되었다(e4692-93). 이것들은 협업과 공동 주의를 경험하는 동안 결합될 것으로 예상되는 뇌 영역이며, 이것이 이 실험을 보여준 것이다. 다른 사람들을 이해하고 식별하며 주의와 기억을 조정하는 것과 관련된 피질 영역 네트워크를 통한 시간적으로 상관된 동기화이다. 이야기가 자아와 타자 사이의 경계를 넘어 신경 기반 인지 활동을 움직이고 동기화함으로써 사회적 힘을 발휘한다면, 기억, 관점, 공감 및 주체성(agency)과 관련된 영역에서 반응의 시간적 결합은 내러티브 이해의 세계가 이중적으로 됨에 따라 생성되는 일종의 뇌 기반 상호 작용의 증거가 될 것이다.

그러나 거의 항상 그렇듯이 이 실험은 대답만큼 많은 질문을 던진다. 비록 그것이 기록하는 피질 활동의 동기화가 이야기의 지향성을 상호 주관적으로 공유한다는 강력한 증거이지만, 우리가 실험에서 말하는 사람과 듣는 사람의 다양한 역할을 어떻게 이해해야 하는지 또는 이것들이 이야기를 말하고 따라가는 과정에서 결합될 수 있는 다양한 주제의 위치와 어떻게 비교해야 하는지 정확히 명확하지 않다. 예를 들어, 실험에서 세 명의 말하는 사람은 이야기의 작가와 동일하지 않다. 왜냐하면 그것은 다른 역할(예를 들어, 이야기의 다른 캐릭터 또는 명시적 또는 암묵적인 서술자)과 함께 낭송이 실현하는 이야기 내의 위치이기 때문이다. 작품을 해석하는 방법으로 간주될 수 있는 시의 구술 낭송처럼, 미리 설정된 이야기를 발표하는 사람은 그것의 제작자만큼 이해자에 속한다. 그럼에도 불구하고 실험은 실제로 이야기 구성의 교환에 수반되는 공유된 지향성을 이야기의 구성 패턴에 대해 서로 다르지만 상관되고 동기화된 방식으로 응답한 14명의 참가자 모두(세 명의 화자, 열한 명의 청취자) 만큼 이야기 구성에 포함된 공유된 지향성을 기록한다. 그러나 요점은 실험에서 말하는 사람과 듣는 사람의 관계가 화자, 이야기, 청자의 관계와 정확히 일치하지 않는다는 것이다. 그리고 이러한 부정확성은 이야기를 말하고 따라가는 데 수반된 뇌와 뇌의 결합을 기록했다는 실험의 주장이 완전히 정확하지 않다는 것을 의미한다.

마찬가지로, 내러티브 이론가들은 내러티브 교섭에서 구성될 수 있는 다양한 주제의 입장들, 예를 들어 저자, 묵시적 저자, 내레이터, 내레이티, 권위 있는 청중, 실제 청중 사이의 관계에 대해 끝없이 논쟁한다. 이러한 차이들은 청취자나 독자의 경험에 중요한데, 수신자의 주관이 관여할 수 있고 이중화될 수 있다는 다양한 유형의 내러티브 지향성을 나타내기 때문이다. 예를 들어, 내 의식을 내레이터나 내레이티의 지향성과 결합하거나, 내 의식이 이야기와 관련되어 있다고 가정하는 묵시적 저자를 투영하거나, 이야기의 수용에 공동 참여자(동료 독자, 청취자, 비평가 및 이야기에 대한 응답을 통해, 어떤 저자도 충분히 예상할 수 없는 실제 청중인 대담자)로 (그랬거나 그럴 것으로) 내가 알고 있거나 상상하고 있는 다른 응답자의 관점과 이야기에 대한 나의 개별적인 반응을 일치시키는 것이다. 이 모든 이중적 관계에서 상호작용, 결합, 그리고 서로 다른 유형의 동기화가 발생하지만, 신경과학 도구는 이러한 경험이 어떤 것인지 기록할 수 없다.

이 실험에 의해 남겨진 중요한 문제는 뇌와 뇌의 결합에 대한 측정과 이야기의 사회적 삶에서 더 넓은 시간과 공간의 확장에 걸쳐 발생하는 동기화의 종류 사이의 관계이다. 동일한 이야기에 반응하는 다른 사회적 세계와 역사적 시대의 청중들은 의심할 여지 없이 내러티브의 지향성을 재활성화하고 그 수신 역사에 걸쳐 우리 지향성을 전달하는 데 참여하면서 뇌를 동기화하고 있지만, 이러한 종류의 문화 간, 세대 간의 협력은 하이퍼스캔 EEG 실험이나 fMRI 이미지의 피험자 간 상관관계 분석을 통해 측정할 수 없다. 이 실험의 결합된 뇌 활동 기록에 등록된 패턴은 이야기에 반응하여 서로 다른 뇌가 어떻게 동기화할 수 있는지에 대한 물질적 증거를 제공하며, 만약 이야기를 낭송하거나 들을 때 서로 다른 순간에 fMRI 기계에 개별적으로 들어왔다 나간 14명의 피험자에서 이런 일이 발생할 수 있다면, 이 특정한 경우에 측정된 공간과 시간에 걸친 상관관계는 훨씬 더 큰 시간적, 공간적 분열에 걸쳐 유사한 동기화를 의미하도록 그럴듯하게 확장될 수 있다. 스캐닝 기술은 이러한 광범위하게 분산된 상호 작용에 대한 정확한 측정을 제공할 수 없지만, 그럼에도 불구하고 실험 증거는 유사한 뇌 기반 동기화와 이중화 과정이 이야기가 사회적 힘을 행사하는 역사와 문화를 가로지르는 상호 작용에서 작동(또는 더 잘 작동)한다는 추론을 보증한다. 오래전 또는 먼 옛날의 이야기를 들을 때, 나는 종종 내 세계가 다른 세계와 공명하고 있다는 것을 느낄 수 있으며, 아마도 이 fMRI 실험에 등록된 뇌와 뇌의 결합은 신비롭고 일시적인 경험의 물질적, 생물학적 기반일 것이다.

인지 아카이브로서의 이야기: 의식이 있다는 것은 어떤 것인가?

[그림 31] 토마스 네이글(Thomas Nagel, 1974)의 책 '박쥐가 된다는 것은 어떤 것일까?'

인지 문학 비평가들은 최근 신경과학이 객관적인 측정이나 물리적 분석을 거부하는 현상에 대한 이해 때문에 문학으로부터 배울 것이 많다고 주장했다. 여기서 핵심적인 문제는 붉은 것을 보는 것과 같은 감각의 1인칭 시점의 살아있는 경험을 어떻게 설명해야 하는지에 대한 딜레마인 퀄리아(qualia)의 문제이다(Humphrey, 2006 참조). 이 문제는 토마스 네이글(Thomas Nagel)의 기억에 남는 제목의 에세이 "박쥐가 되는 것은 어떨까?(what is it like to be a bat?)"(1974)의 주제인데, 그의 주장에 따르면 1인칭 시점의 붉은 것과 같은 감각은 과학의 객관적인 용어로 적절하게 설명될 수 없다고 한다. 네이글의 비판은 프랜시스 크릭(1994, p. 3, 9)과 같은 신경과학자들의 프로그램을 겨냥한 것인데, 크릭은 "당신은 뉴런 덩어리에 불과하다"라고 반항적으로 선언하고 "빨간색을 보는 것의 신경 상관관계는 객관적으로 정의될 수 있다"고 주장한다. 과학적인 믿음은 우리의 마음, 즉 뇌의 행동은 신경 세포(및 기타 세포)와 그와 관련된 분자의 상호작용으로 설명될 수 있다는 것이며, 따라서 우리는 머릿속에 있는 특정 뉴런(및 분자)이 특정한 방식으로 행동할 경우에만 빨간색을 인식한다고 말할 수 있을지도 모른다(7, 9). 이 가정은 전두엽 피질에서 "보상 시스템"의 반응으로 예술적 아름다움을 설명하고자 하는 영국의 신경과학자 세미르 제키(Semir Zecki)가 개척한 분야인 "신경미학"에서 많은 연구를 알려준다(Zecki & Ishiz, 2011 참조). 많은 사람들이 시청한 그의 TED 강연(YouTube에서 수천 건의 조회수를 기록)에서는 아름다운 예술과 음악의 경험이 교차하는 fMRI 이미지의 한 부분을 가리키며 이곳이 뇌에서 아름다움의 위치라고 설명하는 모습을 볼 수 있다.[3)]

3) 'The Neurobiology of Beauty'에 대한 강연에서 아름다움의 본질을 신경생물학적 해석으로 찾는다. (영상 출처: https://youtu.be/NlzanAw0RP4?si=e3xUEzikwAWp4gwg)

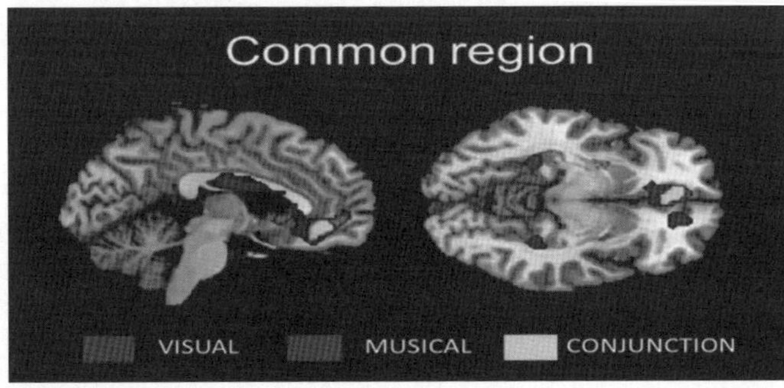

[그림 32] The neurobiology of beauty, Semir Zeki (TEDxUCL)
(출처: https://youtu.be/NlzanAw0RP4?si=e3xUEzikwAWp4gwg)

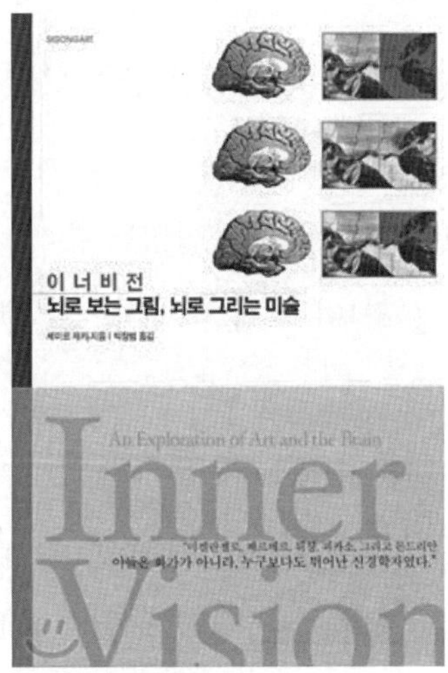

[그림 33] 세미르 제키(Semir Zecki).

시각뇌의 구조와 기능을 연구해온 신경생물학자다. 런던의 유니버시티 칼리지에서 인류학을 전공하던 중 의학으로 전공을 바꿔 해부학 분야에서 박사 학위를 취득했다. 제키 박사는 다양한 실험 방법을 이용해 영장류의 시각뇌를 연구하고 있다. 그는 시각뇌 연구의 선구자 중 한 사람으로서 시각뇌의 각 부분들이 형태나 색, 모양처럼 다양한 시각 속성을 처리하기 위해 특수화되어 있다는 사실을 밝혀냈다. 또한 뇌영상화 기법이나 전기생리학적 측정 방법 등을 이용해 환자와 정상인의 시각적 처리 과정을 연구해 왔다. (박창범 역, 2003. 이너비전 뇌로 보는 그림, 뇌로 그리는 미술. 시공사.)

이 주장에는 여러 가지 문제점이 있는데, 그중에서도 미적 경험은 신경 해부학의 어떤 영역에도 국한될 수 없는 피질을 가로질러 뇌와 신체 사이의 광범위한 상호작용을 배경으로 한다(Conway & Rehding, 2013 참조). 하지만 마찬가지로 중요한 것은 fMRI 이미지가 의식에 대해 보여줄 수 있는 것과 보여줄 수 없는 것이 무엇인가에 대한 문제이다. 이 눈에 띄는 색상의 이미지는 활동 중인 뇌의 스냅숏, 즉 아름다움에 반응하여 발화되는 뉴런처럼 보이지만 이러한 모습은 기만적이다. 한 가지 예로, fMRI 기술은 상당한 시간 지연을 가진 뇌의 일부에 대한 혈류의 차이를 추적하는 피질 활동의 간접적인 측정만을 제공한다. 하지만 제키의 이미지는 21명의 피실험자 그룹에 걸쳐 평균화된 차등 혈류의 통계적 측정을 사진으로 나타낸 시각화에 불과하므로 사진이라기보다는 그래프나 차트에 가깝다. 크릭이 맞을 수도 있지만, 이 이미지들은 음악이나 시각 예술을 의식하는 것과 같다.

신경세포의 활동에 대한 보다 정확한 근사치는 개별 뉴런의 전기적 활동에 대한 단일 세포 측정에 의해 제공될 수 있으며, 이는 fMRI보다 더 직접적이고 구체적인 측정 기술이지만 윤리적 제약으로 인해 일반적으로 인간 피험자에게는 불가능하다. 그러나 수술 전 뇌전증 환자의 경우와 마찬가지로 살아있는 인간 피험자의 뇌에 프로브를 삽입하여 전기적 활동을 기록하는 것이 필요하고 허용되며, 때로는 흥미로운 실험 결과가 나오기도 한다. 신경과학 문헌에서 악명 높은 사례 중 하나로, 여배우 제니퍼 애니스턴의 사진에만 반응하고 그녀의 전남편 브래드 피트의 사진, 또는 다른 얼굴이나 물체에 반응하지 않는 단일 뉴런이 뇌전증 환자의 얼굴 인식 영역에서 발견된 악명 높은 사례처럼 흥미로운 실험 결과가 도출되기도 한다(Quiroga 외 2005 참조). 이것이 크릭이 찾고 있는 것, 즉 경험의 기반이 되는 신경세포 활동이지만 제니퍼 애니스턴을 의식하는 것은 아니다. 따라서 1인칭 경험은 물리 과학의 용어와 개념에 의해 포착될 수 있다는 네이글의 회의론은 소설 작품에서 독자가 상상적으로 살아있는 직접성을 재현할 수 있는지 여부와 방법에 대한 질문이다. 그의 주장처럼, "모든 주관적인 현상은 본질적으로 단일 관점과 연결되며, 객관적인 물리 이론이 그 관점을 포기하는 것은 불가피해 보인다"(1974, p. 437). 또한 그는 "박쥐가 되는 것이 어떤 것인지"에 대한 개념을 형성하기 위해서도(그리고 더 강력한 이유로 박쥐가 되는 것이 어떤 것인지 알기 위해서) 박쥐의 관점을 채택해야 한다고 주장한다(442n). 음파 반향이 없는 인간이 이것을 할 수 있는지 여부는 논쟁의 여지가 있지만, 문학 비평가(그리고 네이글이 인식하지 못하는 것처럼 보이는) 눈에 띄는 것은 "관점" 또한 소설 이론에서 길고 때로는 논란의 여지가 있는 역사를 가진 문학 용어라는 것이다. 소설 작품에서 (박쥐는 아니더라도 인간의) 관점이 만들어지고, 독자가 살아있는 직접성을 상상적으로 재현할 수 있는지 여부와 방법은 서사 이론에서 훨씬 탈비판된 사소하지 않은 질문이다.

데이비드 로지(2002, p. 16)가 "문학은 과학적 지식을 보완하는 의식에 대한 일종의 지식"이라고 주장할 때 그가 소설의 관점과 관련된 작가로 유명한 헨리 제임스의 소설을 예로 든 것은 결코 우연이 아니다.

로지의 소설 「생각(Thinks)」에 등장하는 인지 과학자는 …(2001, p. 42-43)에서 인지 과학자가 "의식의 문제"(즉, "주관적인 1인칭 현상에 대해 객관적인 3인칭 설명을 하는 방법")를 설명하자, 우연히도 창작 작가인 다른 주인공이 이렇게 대답한다. "오, 하지만 소설가들은 지난 200년 동안 그렇게 해왔어요." 그리고 그 증거로 그녀는 영화 '도브(The Wings of the Dove)'의 첫 대사를 기억 속에서 읊조린다. 로지는 "우리가 '도브'와 같은 소설을 읽는 이유는 우리 자신 이외의 사람들의 의식이 어떤 것인지 설득력 있게 보여주기 때문이다."(2002, p. 30)라고 말한다. 이러한 성취는 제임스에게만 국한된 것은 아니지만(로지 작가가 인용한 다른 예는 앤드루 마벌의 시이다), 제임스의 관점 실험은 주로 세계의 무엇이 아니라 의식이 어떻게 지각하는지를 표현하고자 하기 때문에 특별한 인지적 관심을 불러일으키고 있다. 이러한 지각의 주제화는 문학과 다른 예술이 주관적 경험을 표현하려고 할 때마다 수반되는 과정, 문제, 역설을 드러낸다.

원근법과 초점화에 대한 제임스의 실험이 교훈적인 이유는 로지처럼 퀄리아에 대한 접근 방식이 간단하지 않기 때문이다. 결국 경험의 예술적 표현은 단순히 의식을 포기하고 직접 관찰하거나 다른 세계에 완전히 즉각적으로 몰입하는 것이 아니다. 실제와 같은 것은 미적 연출을 통해서만 표현할 수 있다(Iser, 1993 참조).

장르나 시대에 상관없이 문학 작품이 다른 사람이 되는 것이 어떤 것인지 재현하려고 할 때, 표현하고자 하는 주관적 경험과 동일하지 않은 스타일, 관습 및 기법을 사용해야만 그렇게 할 수 있다. "문학은 인간이 생각하는 방식, 자신과 세계를 상상하는 방식에 대한 사실상 무한한 아카이브를 제공한다"는 케이브(Cave)(2016, p. 14)

의 주장은 옳다. 그러나 이 아카이브를 발굴하려면 의식이 있다는 것이 어떤 것인지에 대한 인지적 경험을 표현하는 데 있어 마치의 미학적 가변성에 대한 인식이 필요하다.

결과적으로 로지의 예에서 흥미로운 점은 제임스가 케이트 크로이의 의식을 즉각적이고 직접적으로 표현하는 것이 아니라 눈에 띄고 정교하게 가공된, 악명 높은 문학적 스타일을 통해 표현한다는 것이다:

> 케이트 크로이는 아버지가 들어오기를 기다렸지만 그는 무자비하게 그녀를 붙잡아 두었고, 순간적으로 벽난로 너머 유리에 자신의 얼굴을 비추기도 했다. 그러나 이때 그녀는 자리를 바꾸었고, 초라한 소파에서 미끄러움과 끈적거림을 동시에 주는 유약 천으로 덮인 안락의자로 옮겼다(2003 [1902], p. 21).

이 두 문장에서도 제임스의 독특한 방식을 알아볼 수 있다. 제임스의 소설은 "중앙 정보원"의 시점을 통해 간접적으로 장면을 표현하는 그의 잘 알려진 방식에 따라 (그래서 로지가 이 예시를 선택한 것이다) 케이트의 지각과 반성(예를 들어 거울에 비친 자신의 모습과 아버지가 늦은 데 대한 짜증)과 촉각(촌스러운 실내 장식의 느낌)까지 묘사하는 것으로 시작된다. 제임스는 머리는 크고 몸은 없는 캐릭터를 묘사한다는 비판을 받기도 하지만, 여기서는 케이트 크로이의 의식이 촉각적으로 구현되어 있다. 그러나 이 구절에서 케이트가 생각하고 느끼는 것만큼이나 눈에 띄는 것은 제임스의 글쓰기이다(심지어 형용사를 명사로 바꾸는 수사적 트릭("미끄럽고 끈적끈적한")으로 촉감의 물성을 표현하는 방식도 마찬가지이다).

이것은 의식의 흐름(이 절망적으로 모호한 용어가 의미하는 바가 무엇이든)이 아니라 언어적 유희에 주목하게 하는 정교하게 균형 잡힌 구와 절의 구조이며, 스타일 자체는 캐릭터가 아닌 다른 존재와 관점을 암시하여 내재된 화자의 시점으로 케이트를 관찰하는 동시에 그녀의 내면에 거주하는 이중적인 감각을 제공한다. 우리는 케이트와 함께 그녀를 지켜보면서 동시에 제임스를 지켜보며 그의 스타일에 감탄(또는 어떻게 한꺼번에 이 세 가지를 다 할 수 있느냐며 절망하는, 이해할 수 있는 좌절감 때문에 동생 윌리엄이 불평하고 헨리에게 그냥 이야기에서 무슨 일이 일어나고 있는지 말하라고 훈계하는)하는 것처럼 이 순간 케이트 크로이가 된다는 것은 이 구절에서 제임스가 묘사한 것처럼 미학적 연출의 복잡한 산물이기도 하다.

로지는 자유 간접 양식의 발명에 대해 소설이 다른 삶에 내면의 관점을 열어주는 특별한 힘을 부여했다고 생각한다(2002, p. 37–57 참조). 이 기법은 내가 주장한 것처럼 분신의 역설의 실제 표현이지만, 단순히 자연스럽고 즉각적이며 투명한 것은 아니다. 생물문화적 혼종으로서, 자아와 타자의 이중화는 기본적이고 체화된 인지과정의 재현이자 우연한 역사적 구성인 것이다. 이는 오랜 문학적 실험의 역사를 통해서만 등장하고 다양한 목적을 위해 다양하게 사용될 수 있는 양식적 관습이다. 예를 들어, 「마담 보바리(*Madame Bovary*)」에서 플로베르의 자유 간접 양식의 악랄한 아이러니와 유명한 「여인의 초상(*The Portrait of a Lady*)」의 42장에서 결혼생활의 실망감을 되새기며 밤을 새워가며 이사벨 아처의 의식을 묘사하는 제임스의 모습을 알려주는 너그러운 동정심은, 「젊은 예술가의 초상(*A Portrait of the Artist as a Young Man*)」에서 조이스가 스티븐 데달로스의 감성을 묘사한 것으로 악명높게도 모호하고 결정적이지 않은 무심함을 준다. 문학은 과학의 객관적 척도가 부족하다는 것을 의식하는 것과 같은 것을 여전히 예술의 또 다른 관점의 재창조와 1인칭 의식의 즉각성 사이에 간극을 남겨두는 것을 가능하게 하는 힘을 가지고 있을지도 모른다.

[그림 34] 왼쪽부터, 「마담 보바리(Madame Bovary)」, **「여인의 초상**(The Portrait of a Lady)」, **「젊은 예술가의 초상**(A Portrait of the Artist as a Young Man)」

이 격차는 무력화하기도 하고 힘을 실어주기도 한다. 그것은 문학이 한 의식과 다른 의식 사이의 분열을 완전히 초월하는 것을 막지만, 또한 예술이 다른 삶의 버전을 무대화하고 그렇게 하는 다양한 방법으로 실험하는 것을 가능하게 한다. 재현에 관한 것이 소설 작품이 즉각적이고 직접적인 특징을 제시하는 것을 막는다면, 그것은 또한 작가들이 인지적으로 독특한 양식을 통해 지각적인 경험의 다양한 측면을 보여주고 탐구할 수 있도록 한다. 신경과학이 문학 이론을 도울 수 있는 방법 중 하나는 특정한 서술 기법이 재현하고자 하는 인지 과정을 확인하고 기술하는 것이다.

관점, 의식의 흐름 또는 내부 독백과 같은 기술과 관련된 형식적 특징 또는 문법적 표식을 명시하는 것은 충분하지 않다. 앨런 파머(2004, p. 64)가 지적한 바와 같이, 허구적 마음의 서사적 분석을 지배하는 "언어 범주 접근법 내에서 다루어지지 않는 마음의 영역이 넓다." 의식을 표현하기 위한 다양한 서술 방식은 인간 이해의 다양한 측면을 배경으로 하기 때문에, 마음의 삶을 묘사하기 위한 특정한 전략은 그것의 인지적 의미가 분석되고 설명될 때까지 완전히 설명되지 않을 것이고, 이 작업에 신경과학의 개념과 이론은 매우 유용할 수 있다. 특정한 기술의 인식론적 의미를 설명하기 위해서는 과학적 개념만으로는 충분하지 않은데, 왜냐하면 의식이 어떤 것인지를 설정하는 것은 스타일의 미학에 맞춘 세심한 설명이 필요하지만, 마음의 과학과 상의하지 않고 이야기에서 인지 과정이 설정되는 방식을 해석하려고 시도하는 것은 가치 있는 분석 도구를 박탈하는 것이기 때문이다.

표현 양식의 인지적 가정과 목표를 분석할 필요성은 특히 문학과 회화에서 인상주의의 미학을 정의하는 데 있어 악명 높은 어려움에서 잘 드러난다. 인상주의는 문학, 회화 및 기타 예술이 다양한 장르, 시대, 문화의 예술가들이 의식한다는 것이 어떤 것인지에 대한 질문을 어떻게 탐구했는지에 대한 증거를 찾기 위해 재굴할 수 있는 인지적 아카이브를 제공하는 흥미로운 예이다. 우리 종의 인지적 삶의 생물문화적 다양성을 보여주는 증거로서, 이 아카이브는 역사적으로 다양하며, 최근의 진화 시간 동안 변하지 않은 보편적인 인식론적 구조와 과정을 특징으로 하는 만큼 그 모습과 같음은 다양한 방식으로 연출될 수 있다.

역사적으로 인상주의 프로젝트는 인식론적 가능성의 조건을 드러내고 주제화함으로써 사실주의의 미학을 급진화하려는 열망에서 시작되었다. 시각적 인상주의자와 문학적 인상주의자 모두 표현의 관습이 의식의 작용과 일치하지 않고 결과적으로 인위적으로 보였기 때문에 조급해졌다. 그러나 인상주의의 역설은 의식이 세계를 인식하는 지각 과정을 충실하게 표현하려는 시도가 모방적 환영 구축을 방해한다는 것이다. 그 결과 이상하고 당황스럽고 비현실적으로 보일 수 있는 예술이 탄생하고, 그 자체로 예술(그림 평면의 형식적 특성 또는 내러티브 담론의 텍스트성)에 주목하게 된다.

이 역설은 모더니즘의 미학을 특징짓는 추상화와 반모방적인 텍스트 유희로 나아가는 길을 의미한다. 이러한 변화의 이유는 표현의 대상인 의식의 애매성과 관련이 있다. 인상주의는 퀄리아 미학의 불안정성 때문에 모더니즘을 낳았다.

"인상주의(impressionism)"라는 용어는 모네 화파의 화가부터 사실주의에서 모더니즘으로 소설의 전환을 이끈 문학적 인상주의자(특히 헨리 제임스, 조지프 콘래드, 포드 매독스 포드)에 이르기까지 다양한 예술가를 포괄하지만 월터 페이터와 스티븐 크레인, 조이스, 프루스트, 버지니아 울프 등 주관적인 경험을 표현하려는 거의 모든 작가들을 포함하도록 확장되기도 했다. 그러나 일반적으로 "인상주의"는 일인칭 지각 경험을 정당화할 수 있는 표현 기법을 개발하는 데 관심을 두는 것을 의미한다.[17] 감각이나 지각의 주관적 경험을 어떻게 물감이나 말로 표현할 것인가가 인상주의 예술의 독특한 과제이며, 이 목표를 달성하기 어려운(어쩌면 불가능한) 점이 인상주의의 이질성뿐만 아니라 많은 역설과 모순의 원인이기도 하다.

[그림 35] 모네의 '인상, 해돋이(Impression, Sunrise)', 1872

인상주의는 예술에서 다른 관점의 재현과 일인칭 의식의 즉각성 사이의 간극을 극복하려고 시도함으로써 이를 노출시키며, 이것이 바로 그렇게 역설적인 현상인 이유이다. 예를 들어, 인상주의 미학의 상징으로 자주 인용되는 모네의 그림 "인상: 해돋이"(1872)의 상반된 목적과 효과를 생각해보라. 이 그림은 빛과 대기의 특정한 조건에서 특정한 순간에 시각적 감각을 일으키려는 졸라의 인상주의 묘사를 "성질을 통해 보이는 자연의 한 구석"으로 예시한다(Rubin, 1999, p. 48). 한 순간의 경험적 효과를 정확하고 정밀하게 포착하는 것을 목표로 하며, 그것은 객관적이고 주관적이다. 따라서 인상주의가 도전하는 사실주의 관습보다 재현에 대한 접근 방식에서 더 과학적일 뿐만 아니라 더 개인적이고 현상적인 것으로 간주되어 온 역설이다(Lewis 2007 참조). 모네의 해돋이 그림의 더 큰 사실주의에 대한 주장은 그 순간의 대기 조건에 대한 그것의 진실이자 지각자의 시각적 감각에 대한 그것의 진실이다. 그러나 더 중요한 복잡함은 이 지각적 경험을 채색된 붓놀림의 배열로 나타낼 수 있을 뿐이며, 따라서 이 그림의 또 다른 모순은, 모더니즘이 그림 평면에 집중하기를 고대하는 것은 그것의 대기적이고 감각적인 효과가 색상 대비(빨간색 대 파란색), 모양(태양의 강렬하고 중심에서 벗어난 원과 스케치로 표시된 배), 만들어진 물체로서의 유형성을 강조하는 붓놀림(하늘과 물에 격렬하게 그리고 거칠게 적용) 사이의 관계에 의존한다는 것이다.

이러한 모순이 관람자에게 미치는 영향은 역설적이고 이중적이며 동시에 즉각적이고 반성적이다. 모네의 그림은 순간적인 감각에 대한 대리적 몰입에 대한 선동이자 동시에 모방한 인지 조건과 사실주의의 부자연스러움을 비판하는 예술 기법에 대한 성찰을 촉구하는 신호이다. 미술사학자 제임스 루빈(1999, p. 115)이 지각적으로 언급한 바와 같이, "모네의 기법은 순전히 시각적 현상에 집중하여 존재와 부재 사이의 매혹적인 상호 작용, 즉 재현과 환상에 주의를 환기하는 상호 작용을 창조한다." 이 그림은 존재와 부재 사이를 진동하면서 1인칭적인 경험을 만들고자 하며, 경험의 시뮬라크르를 만들기 위한 노력은 이를 통해 추구하는 물질적, 기술적 수단을 앞에 두고 있다. 이 모순은 관람자로 하여금 원래 감각의 순간을 마치 두 배로 증가시키는 것처럼, 즉 모네가 경험한 것과 그렇지 않은 순간의 시뮬라크르를 다시 만들도록 선동함에도 불구하고 작품의 형식적 특징(모더니즘 추상의 전조인 그림 평면의 색상 추상적 놀이)에 대한 미적 성찰을 촉진하는 역설적인 효과를 가지고 있다. 모네의 그림에는 일출의 감각의 질이 있는 것과 없는 것이 모두 있으며, 이 이중성은 감각적 몰입과 인지적, 미적 성찰 사이의 진동을 설정한다.

이러한 대립(반대)은 인상주의를 정의하는 역설의 극과 극을 강조하기 때문에 인상주의에 대해 의견이 일치하지 않는 두 유명한 관람객 존 러스킨(John Ruskin)과 E. H. 곰브리치(E. H. Gombrich) 사이의 갈등에서 분명히 드러난다. 러스킨의 유명한 공식에 따르면, "그림의 전체 기술적 힘은 '눈의 순진함(innocence of the eye)'이라고 불릴 수 있는 것을 우리가 회복하는 것에 달려 있다. 시각장애인이 갑자기 시각을 가지고 있다면 그것들을 볼 수 있을 것이기 때문에, 단지 그렇게, 그것들이 의미하는 것에 대한 일종의 유치한 인식입니다"(1857, p. 6). 아이러니하게도 불가피하게, 전통적인 범주가 부과되기 전의 원시적인 인식에 대한 이러한 설명은 메타포에 의존한다. 시각의 신경과학이 발견했듯이, 그것이 스스로를 조직화할 수 있도록 하는 초기 삶의 중요한 시기에 자극을 받지 못한다면 후방 시각 피질은 위축될 것이다. 이것은 토르스텐 비셀(Torsten Wiesel)과 데이비드 허블(David Hubel, 1965 참조)이 노벨상을 수상한 현재 고전적인 실험의 중심 발견 중 하나였다. 방향, 움직임, 색상에 대한 반응 패턴을 확립하지 않으면, 시각 뇌는 신경 연결을 만드는 능력을 상실하고, 따라서 갑자기 시각을 부여받은 시각장애인은 문자 그대로 볼 수 없다. 모네의 그림은 아이나 시각이 없는 사람이 그 장면을 어떻게 인식할지에 대한 것이 아니지만, 이것은 형상화 구성의 언어 if를 사용하여 독창적인 감각을 갖는 것이 어떤 것인지 기억에 남는 용어로 제안하는 비교를 가능하게 하기 때문에 단순히 잘못된 것이 아니라 상기시킨다(물론, 이것은 엄밀하게 말해서 재현 가능하지 않은 질의 경험이다). 러스킨은 과학적으로 틀릴 수 있지만, 왜 그것이 견뎌왔는지를 설명해주는 퀄리아에 대한 메타포로 "순진한 눈"이라는 문구에 비유적으로 옳은 무언가가 있다.

"순진한 눈은 신화"라고 주장한 곰브리치(1960, p. 298)는 인식과 그림에서 '보는 사람의 몫'의 역할을 강조한다. "보는 것은 결코 단순한 인식이 아니다. 그것은 우리 눈의 뒤쪽을 자극하는 빛의 패턴에 대한 전체 유기체의 반응이다." 이것은 실제로

[그림 36] 데이비드 헌터 허블(David Hunter Hubel, FRS, 1926. 2. 27~2013. 9. 22)은 캐나다 출신의 미국의 신경생리학자이다. 1981년에 대뇌반구의 기능과 시각정보화 과정에 관한 연구로 토르스텐 비셀과 함께 노벨 생리학 · 의학상을 수상했다.

시각을 뇌, 신체, 세계 간의 상호작용을 통해 시각 피질에 입력된 정보를 앞뒤로 조합하는 과정으로 이해하는 현대 신경과학의 핵심 교리이다(Livingstone, 2002 참조). 그러나 곰브리치가 충분히 인정하지 않는 방식으로 인상주의는 패턴을 통한 의도적인 유희도 수반한다. 모네의 그림은 그림 평면에서 형태와 색채의 형식적인 정렬과 병치뿐만 아니라 장면의 특징(배와 항구, 떠오르는 태양, 물에 비친 반사)을 존재하거나 존재하지 않는 것으로 인식하는 시청자의 능력에 따라 그 효과를 위해 게슈탈트와 구성에 의존한다. 시청 경험의 특징인 존재와 부존재 사이의 진동은 형태가 없다는 증거가 아니라 도형과 패턴의 상호 작용의 산물이다. 러스킨과 곰브리치는 모네가 무엇을 하고 있는지에 대해 옳을 뿐만 아니라 틀릴 수도 있다. 러스킨은 인상주의가 퀄리아를 표현하려는 시도라는 점을 올바르게 이해했지만, 곰브리치는 그렇게 하기 위해서는 마치의 미적, 인지적 자원을 배치하여 그것이 어떤 것인지 제안해야 한다는 점에서 옳다.

가장 저명한 옹호자인 소설가이자 비평가인 포드 매독스 포드의 악명 높을 정도로 모순되는 선언에서 명백하게 알 수 있듯이, 유사한 역설들은 문학적 인상주의를 특징짓는다. 포드(1964 [1914], p. 41)에 따르면, “산문이든, 절이든, 그림이든, 조각이든, 인상주의의 어떤 작품은 한 순간의 인상에 대한 기록이다." 목표는 "복잡함, 감촉, 빛, 아지랑이, 그 삶"(1924, p. 204)과 함께 "실생활의 장면들이 실제로 가지고 있는 일종의 이상한 진동; 당신은 당신의 독자에게 그가 경험을 통과하고 있다는 인상을 줄 것이다."(1964 [1914], p. 42)를 만드는 것이다. 포드와 때때로 그의 협력자인 조지프 콘래드가 인식했듯이, "삶은 내레이션을 하는 것이 아니라 우리의 뇌에 인상을 남겼다. 결국 우리가 당신에게 삶의 효과를 만들고 싶다면, 우리는 내레이션을 하는 것이 아니라 인상을 주어야 한다."(1924, p. 194–95). 이 조언을 따라, 착한 군인이나 로드 짐과 같은 인상주의자들의 이야기는 시간적 연속성을 방해하고, 시간이 지남에 따라 앞뒤로 뛰어다니며, 패턴을 만들려고 시도하는 것을 거부하기 때문에 어리둥절할 수 있는 사건과 등장인물에 대한 단절된 관점을 제공한다. 포드는 "소설가의 목적은 독자가 존재한다는 사실을—심지어 그가 책을 읽고 있다는 사실조차—완전히 인식하지 못하게 하는 것이다."(1924, p. 199)라고 주장한다. 그러나 이러한 방향감각 상실 기술은 반대의 효과를 가지고 있는 것처럼 보인다. 담론적 비가시성을 촉진하기보다는, 그것들은 텍스트의 구성적이고 그것의 분리가 극적으로 나타나는 인지적 과정에 주의를 환기한다.

'인상'에 의해 시작된 존재와 부재 사이의 진동과 마찬가지로: 일출에서 촉발된 존재와 부재 사이의 진동과 마찬가지로, 이 모순은 퀄리아가 회화나 문학에서 직접적이고 즉각적으로 주어질 수 없으며, 있는 그대로의 조작을 통해서만 창조, 시뮬레이션, 연출될 수 있다는 사실을 드러낸다. 따라서 "인상주의자는 항상 과장해야 한다"(1964 [1914], p. 36)는 포드의 주장은 작가와 텍스트가 사라져야 한다는 그의 교리에 정면으로 반하는 것처럼 보이는 조언이다. 그러나 회화나 문학에서 왜곡은 불가피한데, 재현은 필연적으로 어떤 것을 그 자체가 아닌 다른 것으로 표현하기 때문이다. 인상주의의 혼란은 모방적 착각을 통해 이 딜레마를 감추려고 하기보다는 드러낸다.

결과적으로 인상주의는 빅토르 쉬클로프스키(V. B. Shklovsky)의 잘 알려진 '낯설게 하기(Defamiliarization)'[4] 미학과 공통점이 많다. 쉬클로프스키(1965 [1917], p. 12)

4) 쉬클로프스키는 '낯설게 하기(defamilliarization)'의 방법적 측면에 관해서 지각의 과정 자체가 미적 목적이므로, 형식을 어렵게 함으로써 지각에 소요되는 시간을 연장시켜야 한다고 주장했다(쉬클

에 따르면 예술의 목적은 “대상을 ‘낯설게’ 만들고, 형태를 어렵게 만들고, 지각의 난이도와 시간을 늘리는 것”이며, 이로써 “삶의 감각을 회복하고 ... 사물을 느끼게 하고, 돌을 돌로 만드는 것”이라고 한다. 이러한 낯설게 하기 기법의 효과는 지각을 되살릴 뿐만 아니라 습관이 감각을 무디게 하는 방식에 대한 성찰을 촉진하고 자연화에 저항하는 예술적 형식에 대한 관심을 불러일으킴으로 인해 역설적일 수 있다.

이 이중성은 포드가 묘사한 인상주의 특유의 산만함과 당혹감의 효과와 비슷하다:

> 이 이중성은 포드가 인상주의 특유의 산만함과 당혹감의 효과와 비슷하다: 실제로 인상주의는 밝은 유리를 통해 보이는 수많은 풍경과 같은 현실의 기이한 효과를 표현하기 위해 존재한다고 생각한다. 밝은 유리를 통해 풍경이나 뒷마당으로 인식하는 동안 그 표면에는 뒤에 있는 사람의 얼굴이 반영되어 있다는 것을 알 수 있다. 우리는 거의 항상 한 곳에 있으면서 마음은 다른 어딘가에 있는 것과 같은 것이 인생의 전부이다(1964 [1914], p. 41).

이것은 이중적인 경험, 즉 존재와 부존재 사이의 진동, 동시에 지각의 고조와 자동처리의 중단을 경험하는 것이며, 이는 보는 사람으로 하여금 이상한 시각적 효과에 대해 성찰하도록 촉구하는데, 이는 다른 눈에 띄지 않는 의식의 측면을 전경화함에도 불구하고 미학적으로 흥미로운 특성이다. 이 이중성은 시각적 감각을 갖는 것이 어떤 것인지에 대한 질을 만들고, 그것이 어떤 것인지에 대해 마치의 조작이 요구하는 것 같은 단계화의 방식에 주의를 환기한다(여기서는 마치 우리가 두 장소에 동시에 있는 것처럼 탈중심적인 의식의 경험으로 간주됨).

만약 재현이 인상주의자들이 즉각적이고 직접적으로 질을 제시하는 것을 막는다면, 그것은 또한 그들이 지각적 경험의 다양한 측면을 전경화하고 탐구하도록 허용하며, 그들이 이것을 수행하는 방법의 차이는 인상주의 미학의 다양성에 반영된다.

로프스키, 1993). 즉, 서사의 통시적 진행을 방해하는 효과를 가져옴으로써 사건의 중단을 노리는 것이다. 대표적으로 사용되는 낯설게하기의 기법으로는 시간의 불일치가 있으며, 공간의 병행적 배열과 함께 액자(frame)식 구성, 즉 이야기 속의 이야기 기법도 여기에 해당한다(Eric S. Rabkin, 1977). (출처: 네이버 지식백과, 낯설게하기 (스토리텔링이란무엇인가, 2014. 4. 15., 김정희))

예를 들어, 제임스는 우리가 어떻게 "눈에 보이지 않는 것을 추측"하고 어떤 것들을 숨기고 불확실하게 만드는 제한된 관점에서 패턴을 구성함으로써 세계를 알고 있는지에 대한 의식의 구성적인 힘에 매료되기 때문에(1970c [1884], p. 389) 소설 구성의 중심 원리로 관점을 만든다. '메이지가 알고 있었던 일(*What Maisie Knew*)'이나 '대사들(*The Ambassadors*)'의 독자들은 이 구성적인 힘이 어떤 것인지에 대한 시뮬레이션을 제공 받지만, 마치 세상을 '메이지'나 '스트레터'로 보는 듯한 경험을 받게 된다. 아이러니하게도 이 등장인물들이 관찰하지 못하거나 너무 상상적으로 작성할 수 있는 것에 (우리가 이해하는 동안에도 아이의 어리둥절함을 공유하고, 우리는 '스트레터'가 사물과 캐릭터를 보여주는 일련의 측면을 전개함으로써) 그만큼 놀라지 않는다. 세계에 대한 인물의 관점을 주제화하고 특정 가정, 습관 및 기대에 따라 그것이 어떻게 구성되는지를 극화함으로써, 제임스는 우리가 그것의 특징적인 한계와 맹점을 관찰하고 세계에 대한 그것의 보유와 다른 관점 사이의 불일치(스트레터가 파리 바빌론에 의해 끌려 다녔다는 '울렛'의 걱정에 잔인하게 웃는 어른들)를 알아차리는 동시에, 우리가 일상적인 인식 패턴의 구성적인 힘에 주의를 기울이게 한다. 이러한 이중성은 우리가 일상적인 인식에서 보통 알아채지 못하고 전통적으로 현실적인 소설이 암묵적으로 사용하여 사물과 캐릭터를 보여주는 일련의 측면을 전개함으로써 사물을 묘사하는 인식 패턴의 구성적인 힘에 주의를 환기한다.

콘래드(Conrad)와 포드(Ford)의 모호하고 단편적인 서사는 유사한 인지적 목적을 위해 서로 다른 기술을 배치한다. 로드 짐에서 말로가 제목 캐릭터에 대해 받는 서로 다른 관점 사이의 불일치는 일관된 관점으로 합성을 거부하고 결과적으로 그를 좌절하고 어리둥절하게 만든다. "그들은 만족하지 못하고 호기심을 충족했다. 그들은 지향하는 목적에 도움이 되지 않았다."(1996 [1900], p. 49). 말로의 짐에 대한 잠깐의 모습은 단편적이고 단절된 채로 남아 있으며, 그들이 합성을 거부하는 것은 명료한 이해에 필요한 패턴으로 요소들 간의 일관성을 구축하려는 추진력을 전경화한다. 포드의 인상주의 걸작 '착한 군인(*The Good Soldier*)'에서, 내레이터 다월(Dowell)이 그의 많은 잘못된 가정과 신념을 재고하고 수정할 때 서로 다른 버전의 사건을 조정할 수 없다는 유사한 무능력은 또한 그를 당황하게 만든다. 그의 서사가 결정적이지 않은 근접성(1990 [1915], p. 282)에 도달했음에도 불구하고 그는 반복적으로 독자에게 말한다. 이 두 소설의 악명 높은 모호성은 독자가 증거를 일관된 패턴에 더 잘 맞추는 것을 더 잘하도록 도전하고 저항한다. 그들의 내레이터의 설명과 해석을 신뢰할지 의심할지 궁금할 때, 우리는 우리 자신의 경험에서 그들의 불확실성을 다시 재생하고, 파편들이 일관되지 않은 인지 패턴 구성 작업에 주의를 환기한다.

인상주의 실험이 회화와 문학 모두에서 호기심을 불러일으키는 것 중 하나는, 겉보기에는 단순하고 자명해 보이는 의식의 존재를 자기 자신으로 만들기 위해서는 인상주의가 그러한 복잡한 기술적 혁신에 의존해야 한다는 것이다. 하지만 이러한 모순은 또한 모더니즘의 정의적인 특징이다. 예를 들어, 버지니아 울프는 줄거리의 "폭군"과 삶의 "빛나는 후광"을 포착하지 못하는 전통적인 표현의 "부적절한 투자"를 비난한 후, 그녀의 고전적 선언문 "모던 픽션"(1984 [1921], p. 149–50)에서 기억에 남을 만한 것을 요구한다: "원자들이 마음에 떠오르는 대로 그것들이 떨어지는 순서대로 기록합시다." 하지만 그녀는 이러한 직접적인 경험을 구현하기 위해서는 기술과 관습이 필요하다는 것도 인식하고 있기 때문에, 그녀의 세대가 "실패와 파편의 계절", "박살"과 "파쇄" 그리고 "정상적인 것에 반하는 글쓰기"로 비난받을 것을 걱정한다. 왜냐하면 "에드워드 시대의 제도는 우리가 사용하기에 잘못된 것들"이고, 더 적절한 기술은 아직 발명되지 않았기 때문이다("Mr. Bennett and Mrs. Brown", 1950 [1924], p. 117, 116, 114, 112).

따라서 의식이 있다는 것이 어떤 것인지 표현하려는 노력이 울프와 조이스에서 포크너에 이르기까지 다양한 문체 혁신을 낳았다는 역설은 "의식의 흐름"이라는 과도하게 사용된 포괄적 용어가 지나치게 단순화시킨 기술적 다양성이다. 문제는 이러한 모더니스트들의 독특한 문체 실험 방식 중 어느 것이 퀄리아의 "빛나는 후광"을 제대로 포착하는지가 아니다. 「등대로(To the Lighthouse)」의 "시간은 흐른다"가 '율리시스'의 "사이렌"이나 "태양의 옥센"보다 "원자"를 정확하게 표현하고 있는 것인가? 「음향과 분노(*The sound and the fury*)」에서 벤지의 내레이션이 동생 쿠엔틴이나 제이슨, 혹은 램지 부인이나 레오폴드 블룸, 몰리의 내레이션보다 의식을 더 충실하게 표현한 것인가? 이러한 질문의 터무니없음은 이것이 문제를 구성하는 올바른 방법이 아니라는 것을 시사한다. 모더니스트와 인상파의 실험이 드러내는 것은 오히려 퀄리아의 있는 그대로를 표현하려는 탐구에는 재현의 유사성을 배치해야 하며 이것이 끝없는 변형에 열려 있다는 점이다. 그렇기 때문에 모더니즘은 인상주의와 마찬가지로 통일된 인식론이나 동질적인 미학이 아니라 의식을 표현하기 위한 이질적인 스타일의 집합체라고 할 수 있다.

[그림 37] ≪음향과 분노≫(The Sound and the Fury, 1929)는 윌리엄 포크너의 장편소설이다. 셰익스피어의 ≪맥베스≫에 나오는 구절 "그것은 백치의 이야기로서 음향과 분노에 차 있고 아무 뜻도 없다"에서 인용하였다.

중요한 것은 제임스, 콘래드, 포드 또는 위대한 모더니스트들 중 누구라도 의식에 대해 어느 정도 옳다는 것이 아니라, 의식이 어떤 것인지를 파악하는 그들의 다른 기술적 실험들이 뇌과학이 다른 관점에서 탐구하는 인지적 삶의 다양한 차원들을 무대화하는 것을 사용한다는 것이다. 인상주의와 모더니즘이 무대화하고 의식을 탐구하는 다양한 양식적 실험들을 만들어내는 것은 인상주의와 모더니즘이 무대화하고 의식을 탐구하는 다양한 양식적 실험들, 즉 표현을 역사적으로 만드는 실험, 혁신, 변형의 과정을 항상 무대화하기 때문에 결코 "그것을 정확하게" 얻을 수 없기 때문이다.[18] 문학은 과학이 할 수 있는 것 이상으로 의식이 어떤 것인지를 완전히, 충분히 포착할 수는 없지만, 인상주의와 모더니즘의 실험들은 비록 그들이 현실의 한계를 초월하고 그들의 손이 닿지 않는 경험을 전달하려고 시도할지라도 우리가 왜 그런지를 이해하는 데 도움을 줄 수 있다.

인상주의와 모더니즘은 예술이 신경과학이 밝혀낼 수 있는 것을 보완하는 의식의 체화된 삶에 대한 관점을 제공할 수 있는 인지적 아카이브를 제공하는 방법을 보여주는 특히 명확하고 설득력 있는 예이다. 의식한다는 것이 어떤 것인지에 대한 이러한 미학적 움직임의 초점은 우리가 서로와 세계를 아는 관계의 모든 표현에서 경험을 구성할 때 작동하는 인지적 과정을 주제화한다. 역사적, 일반적, 문화적 방식이 무엇이든 미적 연출은 우리가 세계를 해석하는 통상적으로 보이지 않는 보는 방식의 패턴을 조작하고 가시화하며, 그 과정에서 잠재적으로 세계를 변형하고 변형시킬 수 있다.[19] 음악, 시각 예술, 문학은 서로 다른 방식으로 미적 연출을 하지만 모두 특정 미적 영역의 마치 구조를 조작함으로써 인지가 작동하는 마치 관계에 영향을 미칠 수 있기 때문에 인지적 가치를 지니고 있다.

내가 이 책에서 보여주려고 했던 것처럼, 내러티브의 경우, 우리가 세상을 경험하게 해주는 구성의 모양을 만들고(형상을 취하고), 그것을 담론과 이야기(말하는 것과 말해진 것, 듣는 것)의 패턴으로 구성하고, 그러고 나서 우리가 상호교섭하면서 주고받는 이야기는 우리의 일상적인 인지적 삶을 생동감 있게 활성화하고 정의, 규정하는 관계들을 재구성할 수 있다. 이 세 가지 유형(전구성-구성-재구성)의 미메시스의 순환은 우리 안에 체화된 인지 능력의 즐거운 가소성을 증언하는 구성(형상화) 아카이브, 즉 이야기의 사회적, 역사적 삶에 대한 기록인 아카이브를 생성시켰다. 이 아카이브는 서로 다른 시대와 문화에서 의식을 갖는다는 것이 어떤 것이었는지에 대한 증인일 뿐만 아니라, 그들이 뒤에 남긴 이야기 속에서 우리를 기다리고 있는 인지적 삶의 흔적을 통해 다른 두뇌와 동기화하도록 우리를 초대하는 상호주관적인 공유된 지향성의 저장소이다. 전 세계 이야기의 인지 아카이브는 다른 시대와 장소에서 내러티브가 가진 사회적 힘에 대한 귀중한 기록이다. 그러나 이러한 힘은 단순히 과거에만 갇혀 있는 것이 아니라, 우리 두뇌를 다른 종의 구성원이 이야기로 구성한 화합과 불화의 패턴과 결합함으로써 역사적, 문화적 거리를 뛰어넘어 도달할 수 있는 것이다.

에필로그

신경과학과 내러티브 이론은 상호 간에 배울 점이 많다. 의식의 신경학적 상관관계와 이야기를 전달하고 따르는 체험된 경험 사이에는 설명할 수 있는 차이가 있지만, 앞서 설명했듯이 이 차이는 장애물이 아니라 자원이 될 수 있다. 말처럼 쉬운 일은 아니지만, 이 두 분야를 구분하는 차이점이 어떻게 상호 보완적인 관점을 제공하고, 환원할 수 없지만 (최소한 잠재적으로는) 상호 조명할 수 있는지를 이해하고 활용하는 것이다. 문제는 과학과 인문학을 어떻게 거창한 인식론적 종합으로 조화시킬 것인가(E. O. Wilson의 [1998년] 통섭의 꿈) 혹은 소위 두 문화 간의 갈등을 어떻게 해결할 것인가가 아니다. 오히려 필요한 것은 각자의 이론과 방법으로는 할 수 없는 것을 상대방이 할 수 있다는 것을 인정하는 학문적 강점의 위치에서 이 격차를 넘어 생산적인 교류를 수행하는 방법을 찾는 것이다. 이러한 교류가 일어날 수 있는 장소를 파악하고 그 모습을 제안하는 것이 이 책의 주요 목표 중 하나였다.

내러티브 이론은 이러한 상호작용을 통해 무엇을 배울 수 있을까? 우선, 내가 주장했듯이 인지, 언어, 감정에 관한 현대 신경과학의 발견은 일부 문학 이론과 내러티브 이론을 다른 이론보다 덜 그럴듯하게 만든다(특히 구조주의 내러티브 이론의 유산에 여전히 사로잡혀 있는 이론). 또한 일부 신경과학적 연구(예: 뇌 기능의 불연속적 시간성 또는 행동 지각 회로에 관한 연구)가 내러티브 이론에서 많이 논의되는 주제(이야기가 시간을 구성하는 방법과 플롯이 행동을 모방하는 방법)를 밝힐 수 있음을 보여주려고 노력했다.

내가 주장했듯이, 인지, 메타포, 사회적 상호작용에서 시뮬레이션이 주는 이점은 한 가지로만 설명할 수 없다. 또한 인지, 메타포, 사회적 상호작용에서 일어나는 시뮬레이션에 대한 신경과학적 조사는 경험의 허구적 단계에서의 역설적 작동 관계와 유사성을 매우 정밀하고 상세하게 분석해온 문학 및 내러티브 이론의 정보를 필요로 한다. 니체, 이저, 리쾨르 등의 연구에서 도출된 이 이론들은 시뮬레이션의 유사 구조가 인과적 또는 기계적 모델이 암시하는 것보다 더 가변적이고 개방적인 이유를 보여주며, 체화된 경험에서 메타포의 근거가 왜 구체부터 추상까지 스펙트럼에 따라 차별적으로 분류되는지 차례로 설명해 준다. 따라서 분노나 고통과 같은 경험에 대한 체화된 메타포의 생물문화적 다양성은 우리 인류 전체에 보편적이면서도 문화적으로나 역사적으로 차별화된다. 마찬가지로, 현상학적 읽기 이론이 시사하듯이, 텍스트에 내재된 의도성에 대한 우리의 경험에서 자아와 타자의 이중화는 문학 작품이 마음 이론과 공감 능력을 향상시킨다는 단순한 주장의 근거가 되는 시뮬레이션 모델의 단방향 가정에 의문을 제기하며, 이야기와 뇌 사이의 관계를 이해하기 위해서는 신경과학뿐만 아니라 이야기 이론에 대한 역량이 필요하다. 어느 쪽도 단독으로 이 작업을 수행할 수 없다.

내러티브학의 오랜 목표 중 하나가 이야기, 언어, 마음 사이의 삼각관계를 설명하는 것이었다면, 즉 이야기를 전달하고 따르는 우리의 능력이 우리 종의 특징인 기본적인 언어 및 인지 과정과 어떻게 연관되는지 이해하는 것이라면, 내러티브 이론도 과학을 따라잡아야 할 의무가 있다. 한때는 뇌의 인공 지능 모델을 기반으로 한 이른바 1세대 인지 과학이 구조주의 내러티브학의 가정과 잘 부합하는 경우가 있었을지도 모른다. 컴퓨터와 같은 뇌의 해부학적 기반 모듈 간의 논리적, 알고리즘적 관계는 보편적 문법의 작동 규칙이나 랑그(langue)의 기초가 되는 파롤(parole)의 질서 구조와 일치할 수 있으며, 내러티브학이 이러한 모듈과 유사한 인지 세계, 프레임 또는 스크립트와 그 작동을 지배하는 공식을 정의하는 기본적인 규칙을 제안하는 것이 합리적일 수 있었기 때문이다.

그러나 1장에서 설명했듯이 과학이 발전함에 따라 이러한 뇌 모델은 더 이상 선호되지 않게 되었다. 새로운 스캐닝 기술이 제공하는 광범위하고 계속 발전하는 증거에 따르면 컴퓨터와 같은 모듈식 뇌 개념은 인지 패턴이 형성, 소멸, 재형성되는 피질과 뇌, 신체, 세계 간의 역동적이고 반복적인 상호작용을 설명하기에는 너무 경직되고 질서 정연하다는 것이 밝혀졌다. 언어는 전뇌적 현상이며(Huth et al., 2016), 뇌가 불변하는 사물 인식을 위해 진화한 시각 피질의 일부를 재활용하여 읽는 법을 배우는 것처럼 피질의 여러 부분은 다양하고 가변적인 인지 기능을 지원하기 위해 용도가 변경될 수 있다(Anderson, 2010), 우리의 언어 능력은 타고난 문법과 같은 구조가 아니라 반복적이고 상호 작용적인 경험을 기반으로 하며(Nadeau, 2012), 감정은 정의된 '신경 신호(neural signatures)'를 가진 보편적인 구조가 아니라 개인적, 문화적 경험의 해부학적으로 가변적인 기능이다(Lindquist et al., 2012; Barrett, 2017). 뇌가 상호 작용하고 상호 구성하는 요소들의 역동적인 집합체라는 개념은 논리적이고 질서 정연한 모듈 이론을 무색하게 만들었으며, 인지 내러티브학은 그에 따라 연구 프로그램을 수정할 필요가 있다.

과학은 단순한 사실의 집합이 아니라 역사적인 산물이며, 새로운 증거가 기존에 받아들여지던 모델에 의문을 제기함에 따라 이론은 변화한다. 내러티브학과 같이 인문학에서 인지 기능과 신체에 대한 가정(추정)을 하는 분야에서는 과학 연구의 발전에 비추어 이러한 가정을 지속적으로 검토하고 평가해야 한다. 하지만 신경과학이 모든 논란을 해결하지는 못할 것이다. 과학적 실증주의의 폐해는 탐구와 논쟁을 봉쇄할 위험도 없지 않다. 우선, 거짓은 비대칭적이기 때문이다. 과학은 잘 문서화된 연구 결과와 일치하지 않는 일부 견해를 무효화할 수는 있지만, 반드시 무엇이 옳은지 알려주지는 못한다. 일부 이론은 틀린 것으로 밝혀지기도 하지만, 앞으로 나아갈 방향에 대해 생산적인 의견 충돌의 여지가 많이 남아 있다. 모듈식 뇌 이론에 기반한 언어와 감정 이론은 점점 더 많은 증거를 뒷받침하지 못하지만, 인지적 삶의 이러한 측면을 가장 잘 이해하는 방법에 대한 많은 의문이 남아 있으며, 상충되는 해석적 접근 방식은 여전히 실행 가능하다. 진화적으로 발달한 인지 장비를 다양한 이야기와 문화 세계를 창조하는 데 사용할 수 있는 여러 가지 방법이 있는 것처럼, 이러한 패턴 형성 활동을 이해하기 위한 다양한 해석학적 프로그램을 생산적으로 추구할 수 있지만 효과가 있는 것과 그렇지 않은 것에는 제약이 있다(Armstrong, 1990 참조).

덤불 같은 뇌의 역동적이고 반복적인 모델은 이야기를 주고받을 때 뇌, 신체, 세계의 상호 작용을 분석하는 다양한 방법과 일치한다. 나는 리쾨르와 이저의 연구를 바탕으로 이야기를 주고받을 때 경험의 여러 측면을 교차하는 구성(형상화, figuration) 비유 순환(회로)에 대한 현상학적 모델, 즉 내레이션과 플롯 구성하기(emplotment)에서 행동 구성(미메시스 2)이 어떻게 전(前)구성적인 개인적, 문화적 경험(미메시스

1)을 끌어내고, 그 다음으로 수용자의 구성적(형상적) 인지 과정(미메시스 3)을 변형시킬 수 있는지를 탐구하는 모델을 선호했다(1장 참조). 그러나 앞서 제안했듯이, 2세대 인지 내러티브학의 다른 실용주의적 접근 방식은 현대 신경과학과 일관되게 이야기가 구성되고 교섭되는 역동적인 상호작용에 대한 유망한 통찰을 제공한다. 예를 들어, 테런스 케이브(Terence Cave)(2016)는 관련성 이론으로부터의 함축(된) 이론과 깁슨(Gibson)의 어포던스 개념을 결합하여서 내러티브 형식에 의해 가능한 즉흥적 가능성을 강조하는 문학과 함께하는 인지적 사고 모델을 제안한다. 일레인 오영(Elaine Auyoung)(2018)은 커뮤니케이션 이론의 유창성 개념을 적용하여 모방적 허구가 어떻게 실제처럼 보일 수 있는지를 설명한다. 카린 쿠코넨(Karin Kukkonen)(2016)은 베이지언(Bayesian) 예측 처리 모델을 사용하여 내러티브의 확률 설계가 읽기(독서)와 삶에서 우리의 인지 활동을 안내하는 기대와 어떻게 작용하는지 설명한다. 제임스 펠란(James Phelan)(2017)의 수사학 이론은 저자가 내러티브 커뮤니케이션의 다양한 측면을 조작하여 청중에게 영향을 미치려는 방식에 대해 많은 것을 말해준다. 이 목록들은 전체적인 것은 아니지만 내러티브 이론의 역사에서 이 새로운 시기를 흥미롭고 유망하게 만드는 많은 탐구 분야 중 일부에 대한 예시들이라고 생각한다.

고전적인 구조적 내러티브학의 일부 용어와 개념은 이야기가 생산되고 교환되는 구성(형상화)의 순환(회로)을 분석하는 데 여전히 유용한 도구를 제공한다. 예를 들어, 필자는 말하기(the telling, 내레이션 행위), 말해진 것(the told, 사건의 조직), 말한 이야기의 수용(their reception, 내러티브 이해 활동)을 특징짓는 다양한 시간적 과정과 행동 양식 간의 상호작용을 탐구하기 위해 스토리와 담론 사이의 기본적인 내러티브학적 구분(Chatman, 1978)을 반복적으로 불러왔다. 마찬가지로, 제라르 주네트(Gérard Genette)(1980)의 내러티브 시대착오에 대한 설명은 시간 중심적 두뇌의 특성과 흥미롭게도 상관관계가 있는 이야기의 시간적 조직에 단절이 있음을 드러내고 있다. 그러나 문법 중심의 모델은 내러티브의 인식론적, 인지적 작용을 명확히 하고 설명하는 능력이 부족하기 때문에 이러한 용어와 개념은 종종 수정이나 보완이 필요하다. 예를 들어, 4장에서 보여 주듯이, 언어 모델은 많이 논의되는 자유 간접 담화 화법의 모호성이 상호 주관성의 경험적 역설과 어떻게 작용하는지 또는 다른 역사적 시대(기간)로부터의 이야기가 어떻게 인지 구조를 구성하여 다양한 가상의 버전을 통해 의식하는 것이 어떤 것인지 설명하는 데에는 부적절하다. 고전적인 내러티브학의 어휘(용어)는 때때로 복잡하고 모호하지만, 내러티브가 패턴을 구축하고 깨뜨리는 과정을 이해하는 데 중요한 지침을 제공할 수 있다. 이러한 용어를 존재론화하거나 분류체계로 고정하여 통합하거나 고착화하는 것은 잘못된 것이다.

아리스토텔레스까지 거슬러 올라가는 내러티브의 일반적인 특징인 범주화 및 분류하려는 욕구는 좋은 것이기도 하고 나쁜 것이기도 하다. 분류는 시각의 다양한 감각 과정에서 작동하는 기본적인 인지 활동으로, 우리의 체화된 두뇌가 패턴을 통해 세계를 구성하는 과정이다. 시각적 대립부터 다양한 감각 및 지각 과정의 탐색 활동에 이르기까지, 차이에 대한 우리의 반응은 삶을 위한 기본 요소이다. 이러한 범주화 및 차별화 과정을 인지 모듈이나 형식적 구조로 재구성하는 오류는 패턴을 만들고 해체하는 뇌의 끊임없이 변화하는 균형 잡기 행위에서 드러나는 것보다 더 많은 논리와 질서를 제공하는 것이다. 범주화 방식은 중요한 인지적 작업을 수행하며 전통적인 내러티브학의 용어와 개념은 이러한 과정을 이해하는 도구를 제공할 수 있지만, 내러티브가 일치와 불일치를 통해 기여하는 질서와 유연성이라는 상반된 명령 사이의 오가는 과정을 범주화 방식으로는 정의롭게 설명할 수 없다.

이야기는 최근 주목받는 뇌 신경과학의 핵심으로 떠오른 많은 문제들, 예를 들어 신경과학자들이 소위 연결체라고 불리는 피질 내 및 뇌-신체-세계 상호 작용의 역동적인 시스템 작동에 중요한 것으로 인식하게 된 뉴런 조립 프로세스, 진동 결합, 뇌와 뇌의 결합을 탐구하는 데 잠재적으로 생산적인 자원을 제공한다(Raichle, 2011; Dehaene, 2014 참조). 형식주의 인지 내러티브학은 뇌 구조와 피질 모듈성에 대한 오래된 개념에 의존하기 때문에 이 연구에 필요한 이론적 지침을 제공하기에는 부족하지만, 신경과학자들이 시간, 행동, 상호주관성에 대한 내러티브 이론과 해당 인지과학 사이의 상관관계에서 가능한 연구 질문과 탐구할 영역에 대한 유용한 제안을 찾을 수 있기를 기대한다. 신경과학에서 사용할 수 있는 도구가 이러한 과제에 항상 적합한 것은 아니다. 예를 들어, 앞서 설명했듯이 내러티브 상호작용의 시간성과 사회성은 특히 현재의 과학 기술로는 측정하기 어렵다. 그러나 이러한 한계는 신경과학자들이 신경세포 동기화의 진동 과정에 타이밍이 얼마나 중요한지, 협력적 상호작용을 하는 두뇌가 고립된 두뇌와 어떻게 다르게 행동하는지를 설명할 필요성을 점점 더 인식하고 있는 뇌 기능의 중요한 영역을 가리키는 경우가 많다. 신경과학이 이해하기 어려운 이야기는 종종 신경과학이 이해해야 하는 것과 정확히 일치한다.

또한 문학이 과학의 측정 도구에서 벗어난 인지, 예를 들어 의식이 있다는 것이 어떤 것인지에 대한 질적 측면을 밝혀낼 수 있다는 점, 허구의 서사가 경험적 방법을 통해 정량화할 수 있는 것 이상의 다양한 방식으로 무대에 올려질 수 있다는 점을 염두에 두는 것도 중요하다. 인지 과학자들이 내러티브 이론이 설명할 수 있고 설명해야 하는 복잡성, 예를 들어 다른 세계에 대한 허구의 무대화는 단선적 시뮬레이션으로 환원할 수 없는 방식으로 자아와 타자를 이중화하여 결과적으로 친사회적 효과를 낳지 않을 수 있는 문제를 지나치게 단순화함으로써 이러한 한계를 무시하거나 대충 넘어가서는 안 된다. (같은 이유로 폭력적인 영화나 비디오 게임이 반드시 반사회적 영향을 미칠 것이라는 예측도 지나치게 단순하고 단정적이다.) 과학의 특징 중 하나는 측정 도구의 한계를 뛰어넘는 실험을 설계하는 창의성인데, 내러티브 이론은 창의성을 조명하는 것과 애매모호한 모호함을 구분하는 데 도움이 될 수 있다(문학 소설의 모호한 개념을 불러내어 마음 이론 측정에 똑같이 막연하게 반응하는 실험에서처럼 내러티브의 문체나 읽기 과정의 다양성을 제대로 반영하지 못한다). 이러한 실험들은 모두 문학의 문학적 복잡성을 제대로 반영하지 못하기 때문이다.

인지 문학 연구의 일부 실천가들은 최근 실험적 증거에 대한 독서와 내러티브에 대한 이론적 주장을 시험하기 위한 경험적 전환을 요구했다(이런 종류의 최선의 연구는 2011년 국제 문학 연구 학회지로 설립된 문학 과학 연구를 참조하라). 이것은 많은 면에서 환영할 만한 빌진이다. 그러나 사실이 무잇인지 확인하는 것은 단순하고 간단한 문제가 아니다. 경험적 전환은 때때로 이론적 추측에 대한 혐오감에 의해 동기 부여되는 것처럼 보이지만 실험 작업은 이론 없이는 할 수 없다. 실험은 가설을 시험하고, 이러한 가설은 좋은 과학과 내러티브와 읽기에 관한 좋은 이론에 기초할 필요가 있다. 경험적 연구는 읽기 과정의 문학적 현상학적 모델에 대한 대안으로 실험적 연구를 고려하기보다는 내러티브 이론과 현상학을 테스트할 가설의 원천으로 보고 결과를 이해하기 위한 틀로 삼아야 한다. 나는 리처드 게릭(Richard Gerrig)(2010, 2012)과 데이비드 미올(David Miall)(2011)과 같은 연구자들에 의해 이 분야에서 중요한 연구를 인용했다. 왜냐하면 그들의 실험은 기억 기반 처리와 기대를 이끌어내는 감정의 역할에 관한 중요한 과학적, 이론적 질문에 흥미로운 빛을 비추었기 때문이다. 경험적 연구는 사실을 수집하는 것이 아니라 유익한 실험을 설계하는 과정이며, 훌륭한 실험 설계는 가장 잘 알려진 과학과 관련 문학 및 내러티브 이론을 바탕으로 탐구할 가치가 있는 문제에 대한 이해와 증거 수집을 위한 다양한 방법의 힘뿐만 아니라 한계에 대한 인식을 필요로 한다. 가설을 테스트하는 것은 이론적인 계획이지 이론의 대안이 아니다.

내러티브와 읽기에 대한 실험적 연구는 독자의 역량 수준뿐만 아니라 해석의 틀이 다르기 때문에 이야기를 어떻게 다르게 이해할 수 있는지를 염두에 두어야 한다. 소위 이상한 연구 대상 집단에 대한 회의주의(Henrich, Heine, & Norenzayan, 2010)—서양, 교육, 산업, 부자, 선진국 출신의 학부생이 인지 과정에 대한 중립적이고 편견 없는 증거의 원천인지 여부—는 이야기와 읽기에 대한 신경과학 및 심리학 실험과도 관련이 있다. 생물문화적 혼종으로서 모든 피험자 집단은 보편적인 특성과 역사적으로나 문화적으로 가변적인 특성을 지니고 있다. 어떤 의미에서 이야기를 들려주고 따라 하는 능력은 어린아이들도 할 수 있을 정도로 우리 인간에게 자연스러운 능력이다! 그러나 그것은 또한 문화적으로 습득되는 것이며, 우리가 배우는 것이며, 더 잘하는 법을 배울 수 있는 것이다(문학 교사로서 필자는 그렇게 믿는다).

그러나 더 나은 것으로 간주되는 것은 선형적이고 단일한 척도로 측정할 방법이 없다는 점이다. 예를 들어, 이저(Iser)의 읽기 과정에 대한 현상학적 설명은 이야기를 더 잘 이해하는 방법에 대한 지침도 제공한다(우리가 어떻게 격차와 불확실성을 메우는지, 어떻게 환상을 만들고 깨뜨리는지, 어떻게 기대를 예상했다가 놀라는지, 어떻게 텍스트가 준비한 의식으로 우리의 의식을 이중적으로 만드는지에 대해 더 주의 깊게 관찰함으로써). 우리가 이야기를 읽는 법을 배우는 방법 중 하나는 우리에게 가르침을 줄 수 있다고 생각되는 다른 사람의 안내를 따르는 것이며, 내러티브 이론은 우리가 내러티브를 더 잘 읽는 사람이 되는 데 도움이 될 수 있다. 그러나 더 나은 것으로 간주되는 것은 선형적이고 단일한 척도로 측정할 수 없으며, 형이상학적으로 나쁜 것에서 좋은 것으로, 좋은 것에서 가장 좋은 것으로 이어진다. 읽기에는 능력의 정도가 있지만, 똑같이 유능한 독자라도 어느 순간부터 서로 반대되는, 때로는 상호 배타적인 해석학적 입장을 채택하고 다른 읽기 방식을 익힘으로써 자신을 차별화하기 시작할 수 있으며, 이는 각자의 문화적, 역사적 상황의 우연성을 반영하는 것일 수 있다.

오히려 이러한 차이는 문학에 대한 과학적 연구에서 이해해야 하는 읽기 및 해석의 근본적인 측면이며 해석학적 다원주의와 그 인식론적 한계에 대한 이론적 설명이 설명하는 데 큰 도움이 될 수 있다(암스트롱 1990 참조). 문학에 대한 경험적 연구는 서로 다른 가치와 목표를 가진 서로 다른 해석적 공동체에 속하기 때문에 가장 유능한 독자라도 반대되는 읽기 관행이 분열될 우려가 있다는 점을 기억해야 한다. 이러한 차이는 경험적 접근 방식이 단순한 사실을 파헤쳐서 극복할 수 있거나 극복해야 하는 것이 아니다. 오히려 이러한 차이는 문학에 대한 과학적 연구에서 이해해야 하는 읽기 및 해석의 근본적인 측면이며 해석학적 다원주의와 그 인식론적 한계에 대한 이론적 설명이 설명하는 데 도움이 될 수 있다.

경험적으로 검증된 과학 이론이 그 자체로 읽는 방법을 알려주지는 못하지만, 내러티브의 인지 과정에 대해 알면 이야기가 패턴을 가지고 생각하는 방식에 대한 이해도가 높아질 수 있다. 이것이 바로 과학이 인문학에 주는 한계이자 과학의 결정론을 두려워하지 말아야 할 이유 중 하나이다. 해석은 부분이 진체에 어떻게 들어맞는지에 대한 가설을 투영하고 이상과 불일치가 나타나면 이러한 가설을 조정하는 순환적인 과정이다(Armstrong, 2013, p. 54-90 참조). 이러한 추측과 우리가 글을 읽고 해석하면서 수정해야 하는 과정은 결정론적 절차나 기계적 공식으로 환원할 수 없는 개방적이고 상호 작용적인 과정이다. 그러나 우리의 해석학적 추측은 테스트할 가설에 대한 제안을 제공하는 다양한 모델에 의해 인내될 수 있으며, 이것이 바로 고전적이든 후고전적이든, 인지적이든 언어적이든, 형식적 관심사에 의해 안내되거나 성별, 성, 정치에 대한 관심에 의해 정보를 얻는 등 모든 유형의 내러티브 이론이 생산적이고 흥미로운 해석의 원천이 될 수 있으며, 창의적인 추측을 불러일으켜 우리를 더 통찰력 있는 독자로 만들 수 있는 이유이기도 하다. 예를 들어, 내러티브의 시간성, 목소리, 초점화에 대한 주네트(Genette)의 정교한 분류가 그 자체로 우리가 더 유능한 이야기 해석자가 되게 하지는 못하지만 그의 용어와 개념은 의심할 여지 없이 모든 종류의 이야기를 이해하는 방법에 대한 풍부한 제안의 원천이 되어 왔다.

주네트(Genette)의 연구는 내러티브에 대한 과학적 접근이 다루어야 할 또 다른 질문의 좋은 예이다: 데이터베이스는 무엇이어야 할까? 적절하게 포괄적인 내러티브 이론이 프루스트의 잃어버린 시간을 찾아서처럼 복잡한 작품 하나를 기반으로 구성될 수 있는가? 내러티브 이론가는 모든 시대와 문화로부터 세계의 모든 문헌을 알고 있지 않다. 물론 백과사전적인 보도에 대한 훌륭하고 용기 있는 많은 시도가 있었고(최근 예는 Pettersson, 2018 참조), 스콜스와 켈로그(Scholes & Kellogg)의 내러티브의 본질(2006 [1996])이 계속해서 조명하는 한 가지 이유는 보완적인 전문 지식을 가진 이 모더니즘과 중세주의자의 드물고 생산적인 파트너십 때문이다. 이 책에서 내가 제시한 사례들은 평생 특정 내러티브에 대해 가르치고 글을 써온 내 자신의 한계를 반영한 것이다(버지니아 대학교에서 교수로 재직할 때 Bob Kellogg가 처음 제안했고, 브라운 대학교에서 Bob Scholes의 동료로 재직할 때 사실주의와 모더니즘에 대한 세미나로 발전한 소설 강좌인 Balzac부터 Pynchon까지 두 개의 연구 사례 포함). 필자가 가장 잘 아는 내러티브, 특히 문학 인상주의자 제임스(James), 콘래드(Conrad), 포드(Ford)와 모더니스트 조이스(Joyce), 울프(Woolf), 포크너(Faulkner)의 작품은 결코 모든 이야기를 대표하지 않지만, 내가 보여주려고 노력했듯이 내러티브에 의해 움직이는 인식론적 과정에 대한 그들의 자의식은 나에게 관심 있는 내러티브 구성(형상화)의 인지적 작동을 전경화하는 데 특히 유용한 사례가 된다. 내러티브 이론이 제공하는 모든 예는 그들의 시대와 장소, 즉 인지 아카이브에 그들의 상황의 문화적, 역사적 우연성을 반영하며 이것은 우리의 생물문화적 혼종성의 필수적인 결과이다. 그러나 이러한 혼종성을 통해 특수한 것에서 일반적인 것으로 추론하고 이 아카이브에서 특정 사례에 적용된 인류 전체의 과정과 특성을 파악할 수 있어야 한다. 이것이 내가 바라는 바이며, 내러티브를 공부하는 모든 학생들이 반드시 해야 하는 일이고 경험적이고 과학적인 접근 방식이 피할 수 없는 과제이다.

과학은 또한 내러티브의 도덕적, 교육적 함의를 규정하거나 결정할 수 없다. 이야기의 상호교섭 과정에서 나타나는 이중성의 작용과 경험의 내러티브 형상화(구성)에서 나타나는 '있는 그대로(as)'와 '만약 가상(as-if)'의 가변성은 스티븐 핑커(Steven Pinker)의 서사 소설의 도덕 교육에 대한 지나치게 낙관적인 주장이나 마크 브래처(Mark Bracher)의 선의는 있지만 권위주의적이고 획일적인 교육학에서 선호하는 인지 범주의 습관적 강화를 통한 역(逆)엔지니어링의 교육에 이르기까지 내러티브의 사회적 힘을 기계적, 단정적으로 공식화하는 데 반대한다. 이야기는 갈등과 폭력을 조장하거나 공감과 연민을 촉진하는 등 도덕적으로 이로운 결과뿐만 아니라 부정적인 결과를 초래할 수도 있다. 내러티브는 우리와 타인 사이의 경계를 강화하거나 정의와 불의에 대한 통념에 도전하고 타인에 대한 책임감을 재구성하는 민주적 대화를 장려할 수 있다. 이 책은 이러한 모순적인 상황을 과학적, 인문학적 측면에서 설명하려고 노력한다. 우리가 이야기를 하고 따라갈 때 형상화(구성) 패턴의 세 가지 반복적인 교환(전, 후, 재구성 사이클)은 다양한 신경생물학적 과정과 그것이 우리의 뇌, 신체, 세계 사이에서 가능하게 하고 제약하는 상호작용에 근거를 두고 있다. 그러나 이러한 재구성 사이클은 개방적이고 예측할 수 없으며, 이는 우리의 신경생물학적 건강(인지 패턴이 경직된 습관에 고착되는 것을 방지)뿐만 아니라 실존적, 문화적 삶의 창의적 잠재력과도 관련이 있는 여러 가지 이유로 긍정적인 측면이 있다. 내러티브와 관련된 구성적 과정에 대한 신경과학적 분석은 그 이유를 설명하는 데 도움이 될 수 있지만, 그렇다고 해서 우리가 어려운 도덕적, 사회적 신댁에서 자유로울 수 있는 것은 아니다.

신경과학이나 내러티브 이론 어느 쪽도 이야기에 대한 마지막 열쇠를 쥐고 있다고 주장할 수 없다. 내러티브는 우리 인류의 삶에 매우 중요한 요소이며, 이 복잡한 현상은 어느 한 가지 접근법으로 그 비밀을 밝힐 수 없을 것이다. 우리가 이야기를 말하고(전달하고) 따르는 방식에 대한 설명의 간극을 두고 신경과학과 내러티브 이론 간의 적극적인 대화는 인지적 삶의 이러한 측면에 대한 오랜 성찰과 논쟁의 또 다른 장이다. 내러티브 이론에서 오랫동안 논의되어 온 질문에 대한 해답을 과학에서 찾는다고 해서 이러한 논쟁이 끝나는 것은 아니다. 여전히 논쟁의 여지는 많겠지만, 신경과학이 논의의 일부가 된다면 이러한 논쟁은 더욱 엄격하고 생산적으로 진행될 것이다.

Notes

1장 신경과학과 내러티브 이론

1. 내러티브의 구조주의 이론에 대한 고전적 진술은 Barthes 1975, Todorov 1969 및 Lotman 1990을 참조하시오. 또한 형식 체계로서 내러티브 모델의 가정과 역사에 대한 명확한 요약은 Pelan 2006, 286-91을 참조하시오.
2. 이 장에서 살펴보았듯이, 비록 그가 행화주의(인지가 유기체와 환경 사이의 상호작용을 통하여 발생한다고 보는 인지과학)를 받아들였다고 주장하고 그의 초기 서사학 작업의 구조주의적 가정을 버렸다고 주장하지만 형식주의적 모델과 분석 방식은 여전히 Herman의 2013년 저서 「스토리텔링과 마음의 과학」에 따라 결정된다. 이것은 '화해'를 시도한 그의 시도를 반영할 수도 있지만 그의 프로젝트에 대한 나의 비판은 이 타협이 부적절하고 일관성이 없다는 것을 암시하기 위한 것이다.
3. 이 반대는 구조주의와 그것의 현상학적이고 실용적인 반대자들 사이의 논쟁을 다시 보여준다. 예를 들어 리쾨르의 랑그-파롤 구분에 대한 비판은 그의 고전 에세이 'Structure, Word, Event(구조, 단어, 사건)'(1968)에서 새로운 의미의 문장 수준 구성을 설명할 수 있을 만큼 정적이고 역사적이지 않고 상호작용적이지 않다고 비판한 것뿐만 아니라 우리의 '자연적인 표현의 힘'의 원천으로서 신체 제스처에 대한 메를로퐁티의 반소쉬르적 주장과 관습에 대한 그의 분석(2012 [1945], 187, 202)이 초월적 구조가 아닌 '표현 행위의 퇴적물과 침전물'(2012 [1945], 187, 202)이다.
4. Nadeau의 흥미로운 책은 보편적인 문법에 대한 신경과학적 사례에 대한 철저하고 엄격한(기술적으로 어렵지만) 설명을 제공한다. 현대 신경과학이 '정신 기관'의 촘스키 모델을 '타고난', '유전적으로 결정된', '주어진 종에 적합한' 것으로 거부한 이유에 대한 보다 간결하고 접근하기 쉬운 설명은 Changaux 2012, 206-8을 참조하시오. 언어가 선천적이고 보편적인 인지 구조에 기초하고 있다는 주장에 의문을 제기하는 신경과학적 발견에 대한 포괄적인 검토는 Evans and Levinson 2009와 Christiansen, Chater 2008을 참조하시오. Nancy Easterlin(2012, 163-79)은 인지 및 진화적 관점에서 구조 언어학과 문학적 응용에 대한 통찰력 있는 비판을 제공한다. Berwick과 Chomsky(2016)는 최근에 선천적인 'language faculty(언어 능력)'에 대한 가정을 현대

신경생물학 및 진화 이론과 조화시키려고 시도했다. 그러나 인지 언어학자 Vyvyan Evans(2016, 46)의 리뷰에서 설명된 이유로 과학계는 일반적으로 회의적이다. 인지 언어학자 Vyvyan Evans(2016, 46)와 신경과학자 Elliott Murphy(2016, 8)는 진동과 그들의 변주 결합 작동을 통해 뇌가 실제로 작동하는 방법에 대한 그들의 '구시대적인 추정에 의존하는 것'을 더 지적하고 언어 작동의 국소화에 대한 그들의 주장이 실험적 증거에 맞지 않는다는 것을 보여준다. 또한 Economist(Green, 2016)를 위한 언어 칼럼니스트의 매우 비판적인 리뷰를 참조하시오. 호의적인 리뷰는 Tattersall 2016을 참조하시오.

5. Ingarden 1973(1931), 1973(1937), Iser 1974, 1978 및 Jauss 1982를 참조하시오. 이러한 철학적 운동을 정의하는 인식론적 개념과의 관계 및 문학의 현상학 이론에 대한 간략한 조사는 현대 문학 및 문화 이론(2012)의 '현상학'(2012, 378-82)을 참조하시오.
6. 리쾨르는 현상학이 의미의 통제 중심으로서 의식의 지위에 이의를 제기했던 성욕, 정치, 언어에 대한 논쟁을 시작하기 위해 '해석학적 전환'이 필요하다는 확신을 갖게 되면서 은유와 서사의 문제를 받아들였다. 많은 이론가들은 코기토의 이러한 전위를 현상학의 반박으로 보았지만, 리쾨르는 이를 현상학의 의미 창조 이론을 재고하고 수정하는 생산적이고 심지어 필요한 도전으로 간주했다(Valdés 1991, Armstrong 2012). 은유, 서사, 해석의 갈등에 대한 그의 분석은 의미를 제약하고 동시에 의미 혁신을 가능하게 하는 신체, 역사적 상황, 언어적 구조에 위치한 역설적으로 구속되고 자유로운 세계라는 현상학적 설명을 확장하고 복잡하게 만들고자 했다. 체화되는 의미 창조의 실존적 역설은 「the voluntary and the involuntary the voluntary and the involuntary」에 대한 리쾨르(1966)의 초기 성찰을 알려주었고, 그의 후기 저서 「Oneself as Another」(1992)에서 그들에게 돌아갔다. 그러나 이러한 우려는 항상 메타포와 내러티브에 대한 그의 탐구에서 암묵적이었다.
7. 플롯과 스토리의 혼동에 대해서는 Chatman 1978, 19-20, Brooks 1984, 12-13를 참조하시오.
8. 무드(161-211)와 목소리(212-62)에 별도의 장을 할애하는 Genette 1980을 참조하시오. 그러나 Jakob Lothe(2000, 41)가 관찰하는 바와 같이 이들이 '많은 내러티브 이론

관점에서 화자와 시각을 모두 나타내게 되었다'라고 주장하지만 이들은 '서로를 복제하기보다는 실제로 보완하는' 두 개의 내러티브 기관이다. 나의 요점은 두 기관에서 보는 것의 역할이 서로를 음영으로 만드는 경향이 있는 이유를 설명한다는 것이다.

9. 소설의 가장 유명한 해석가 중 한 명인 Ian Watt(1979)와 Albert Guerard(1958)가 제시하는 상반된 해석들이다. 콘래드의 모호함에 대해서는 나의 *Challenge of Bewilderment*(1987)도 참조하시오.

10. 메타포를 특징짓는 것으로 보는 것의 구성적 과정에 대한 자세한 분석은 3장을 참조하시오. 또한 나의 「*Conflicting Readings*」(1990, 67-88)의 '메타포의 인지적 힘' 장과 '문학이 뇌와 어떻게 작용하는가'(2013, 87-88)의 혼합 이론에 대한 나의 비판을 참조하시오. Easterlin(2012, 163-79)은 또한 나와 비슷한 선을 따라 혼합하는 것에 대한 빈틈없는 비판을 제공한다.

11. 또한 Ricoeur의 고전 에세이 「Structure, Word, Event」(1968)를 참조하시오. 예측할 수 없는 문장이 기존의 언어 구조를 혁신적인 방식으로 배치하고 결과적으로(혁신적인 은유와 내러티브가 할 수 있는 것처럼) 그러한 구조를 변형시킬 수 있기 때문에 잠재적으로 계속 새로운 조합으로 단어를 발음하는 언어의 사건에 주의하는 것의 중요성을 주장한다. 언어와 메타포에 대한 리쾨르의 에세이는 20세기 중반 구조주의의 재화와 환원주의의 문제점을 드러냈고, 그의 서사 이론은 21세기 후기 고전 서사학의 형식주의 프로젝트에서 드러났기 때문에 이러한 오류를 수정하는 데 유사하게 사용될 수 있다.

12. 아래에서 분석하는 다른 중요한 2세대 이론으로는 Karin Kukkonen(2014a, 2014b, 2016)의 예측 처리로서의 내러티브 베이지언 모델과 Elaine Auyoung(2013, 2018)의 표상적 몰입 분석이 있다.

13. Monika Fludernik는 자연스러운 서사학을 향해(1996, 22-24)에서 리쾨르의 내러티브 이론과 모델의 호환성을 다룬다. 그러나 Iser의 상상 이론에 대한 간략한 무시적인 논평(42-43; Iser 1993 참조)을 제외하고 그녀는 현상학적 전통과 그것이 경험성과 서사성을 분석하는 데 제공하는 자원에 대해 알지 못하는 것 같다. 이것은 그녀의 본거지인 프라이부르크와 후설과 하이데거의 경력 사이의 역사적 연관성, 그리고 이저와 야우스가 독자 수용 이론을 발전시킨 보덴제에서 남쪽으로 불과 75마일 떨어진

콘스탄츠와 검은 숲에 있는 이 마을의 지리적 근접성을 감안할 때 불행하게 기회를 놓친 것이자 이상하게 맹목적인 것이다.

14. Fludernik(1996, p. 31-35)는 자연화를 산출하는 내러티브의 힘에 대한 주장의 원천으로 Jonathan Culler(1975)에게 공을 돌렸고, Culler는 이를 관습이 어떻게 일상화되는지와 무미건조한 인식에 대한 러시아 형식주의자들의 주장에 근거한다. 습관화의 신경과학과 낯설게 하기 혹은 (異化)로 잘 알려진 미학(Viktor Shklovsky, 1965 [1917]) 사이의 관계에 대해서는 Armstrong 2013, 48-53, 111-16을 참조하시오.
15. Wake에서 Joyce의 재담(才談)에 대한 교훈적인 분석은 특히 Attridge 1992, Norris 2004 및 Derrida 1984를 참조하십시오.
16. 인지가 체화, 활성화, 확장된다는 이론의 기초 텍스트 중 두 개는 Varela, Thompson, Rosch(1991)과 Clark(2011)이다. 또한 Noë(2009)도 참조하시오. 이러한 관점 사이의 긴장을 반성하면서 Andy Clark(2008, 57)는 '신체의 진정한 인지 역할은 적응적 성공의 서비스에 생물학적 지능과 더 넓은 세계가 섞일 수 있도록 하는 다리 역할을 하는 것'이라고 주장한다. Clark의 예측 처리에 대한 최근 연구(2016)는 확장된 마음에 대한 그의 초기 연구(2011)가 옆으로 밀려난 것처럼 보일 수 있다는 뇌 기반 생물학적 지능의 중요성을 인정한다. 확장된 마음의 행동유도성(어포던스) 사용과 관련된 피질 내 뇌 기반 인지 과정에 대한 분석은 이 책의 3장과 4장을 참조하시오.

2장: 내러티브의 시간성과 분산된(탈중심화된) 뇌

1. 진공 상태에서는 전기 에너지와 빛이 같은 속도로 이동하지만 전선이 전달하는 전기의 속도는 당연히 이 이론적 최대 속도보다 느리다. 일반적인 전자 장치에서 이 속도는 빛의 속도의 50~90%(구리선의 경우 70~90%)에 불과하다. 이러한 속도는 뇌의 축삭(축색돌기)을 통해 전기 화학 신호가 전파되는 속도보다 몇 배나 빠르다(수초가 잘 형성된 축삭의 경우 초당 최대 150미터).
2. 주네트(Genette)의 시간적 범주에 대한 명쾌한 설명은 로테(Lothe)(2000, p. 54-62)를 참조하시오. 독자의 호기심을 자극하고 만족을 연기하기 위한 덫, 모호함, 기타 전략에 대해서는 롤랜드 바르테스(Roland Barthes)(1974, 76)의 고전적 분석인 "해석학적 코드"와 "진실이 밝혀질 것이라는 기대에 반하여 담론이 수수께끼를 포착하고 그것을

계속 열어두려면 수행해야 하는 상당한 노동"에 대한 S/Z를 참조하시오.

3. 음악과 시간에 대해서는 코엘시(Koelsch)(2012), 드레이크(Drake)와 버트런드(Bertrand)(2003), 샘슨(Samson)과 에를레(Ehrle)(2003)를 참조하시오. 춤에 대해서는 하겐도른(Hagendoorn)(2004), 시츠존스톤(Sheets-Johnstone)(1966, 2011)을 참조하시오. 연극, 영화, 심지어 비디오 게임도 근본적으로 내러티브 예술이기 때문에 우리의 시간 감각을 조작하고, 구성하고, 재구성할 수 있다(Bushnell, 2016).
4. 후설(Husserl, 1964 [1928]) 및 메를로퐁티(Merleau-Ponty)(2012 [1945], p. 432-57)를 참조하시오. 후설의 시간적 지평 이론에 대한 명쾌한 설명은 톰슨(Thompson)(2007, p. 312-59), 갤러거(Gallagher)와 자하비(Zahavi)(2012, p. 77-97)를 참조하시오. 독서, 문학, 예술에 대한 이러한 이론의 함의에 대해서는 암스트롱(Armstrong)(2013, p. 91-130)을 참조하시오.
5. "우리는 삶을 포워드로 살지만 그 삶을 백워드로 이해한다"라는 문구는 덴마크 철학자 쇠렌 키에르케고르(Søren Kierkegaard)(1938, p. 127)에서 유래했으며, 윌리엄 제임스가 실용주의(William James, 1978 [1908], p. 107)에서 인용한 것이다. 암스트롱(Armstrong) (2013, p. 91-130)을 참조하시오.
6. 프리즘 안경 실험에 대해서는 1897년 스트라튼(Stratton)과 1952년 스나이더(Snyder)와 프론코(Pronko)를 참조하시오. 물론 이것은 망막의 이미지가 처음부터 거꾸로 되어 있기 때문에 이중 반전이며, 안경은 이미지를 오른쪽으로 읽는 뇌의 습관을 뒤집고, 착용자가 이 새로운 왜곡에 익숙해지면 습관이 다시 확립되기 때문에 이중 반전이 되는 것이다.
7. 파이 현상(실험에서 점을 구분하는 각도 파이의 이름을 따서 명명)은 1912년 막스 베르트하이머(Max Wertheimer)가 처음 연구한 것으로, 특정 간격으로 깜박이는 두 정지된 점 사이에서 우리가 인지하는 겉으로 드러나는 움직임을 말한다. 그 후 넬슨 굿맨(Nelson Goodman)은 점이 다른 색이라면 어떻게 될지 질문했고, 폴 콜러스(Paul Kolers)와 마이클 폰 그뤼나우(Michael von Grünau, 1976)는 '컬러 파이' 현상에 대한 실험을 수행하였다(Goodman, 1978, p. 82-83, 그의 제안과 실험에 대해 참조). 다니엘 데넷(Daniel Dennett, 1991, p. 114-28)은 이 현상을 사용하여 의식을 관찰자가 보는 극장이 아니라 "지속적인 '편집 수정'"(p. 111)을 거치는 "감각 입력의 해석과

정교화의 병렬적인 다중 트랙 프로세스"의 집합체로 설명하는 의식의 다중 초안 모델을 뒷받침한다. 이 지속적인 해석과 수정 과정은 이 섹션에서 분석하는 시간적 재귀성이라는 특징이 있다.

8. 마수미(Massumi)가 여기와 다른 곳에서 과학 실험을 잘못 표현한 후 이를 근거로 사치스럽고 부당한 형이상학적 주장을 계속하는 방식에 대한 통찰력 있는 비판은 레이스(Leys)(2011, p. 452-63)를 참조하시오.
9. 편집자의 설명에 따르면, 디킨스가 이 일화의 출처로 삼은 것은 제임스 리들리(James Ridley)의 『지니의 이야기(The Tales of the Genii)』(1764)로, "술탄의 비서가 술탄의 왕좌를 차지한 사악한 마법사 한 쌍을 무너뜨리기 위해 궁전을 짓는 이야기"(p. 476)이다.
10. 자유, 한계, 시간성에 대한 평생의 관심을 고려할 때, 리쾨르(Ricoeur)가 내러티브와 시간에 대한 주요 연구에 착수하게 된 것은 결코 우연이 아니다. 리쾨르(Ricoeur)는 자유와 자연에 대한 야심 찬 연구로 커리어를 시작하였다: 자발성과 비자발성(1966)으로 커리어를 시작했고, 후기 저서인 타자로서의 자신(1992)에서 이러한 실존적 질문으로 돌아갔다. 내러티브, 자유, 운명 사이의 관계에 대해서는 특히 모슨(Morson)(1994)을 참조하시오.
11. 그러나 숀 갤러거(Shaun Gallagher)(2005, p. 238-43)는 운동 조절과 자유 의지가 동일한 문제인지 의문을 제기한다. "빠른 자동 반사 행동과 느린 자발적 행동에는 차이가 있다."라고 그는 주장한다. "자유 의지는 150~350밀리초의 시간 프레임으로 압축할 수 없다." 왜냐하면 "구체적 현재에 해당하는 긴 시간 동안"(p. 238-39) "의식적인 숙고"가 필요하기 때문이다. 하지만 모든 현상학적 사상가들이 자유와 의식적 숙고를 동일시하는 것은 아니다. 예를 들어, 메를로퐁티(Merleau-Ponty)(2012 [1945], p. 458-83)는 내가 왜 그렇게 행동했는지 되돌아보고 물었을 때 내가 이미 사전 반성적으로 내린 결정(p. 460)에 따라 숙고가 뒤따르는 경우가 많으며, 나의 반성은 내가 사후에야 인식하게 되는 최초의 사전 반성적 행동에서 암묵적인 선택을 드러낸다고 주장한다. 자유가 정확히 어느 순간부터 시작되는지는 명확한 답을 내릴 수 없는 질문이다. 그러나 그 답이 무엇이든 신경생물학적 시간이 비동시적이고 동질적이지 않다는 사실은 자발적 행동의 전향적, 회고적 숙고뿐만 아니라 우리가 주체로서 경험하는

운동 행위의 조종을 가능하게 한다.

12. 예를 들어, 프랭크(Frank)가 『결말의 감각(The Sense of an Ending)』(1967)에서 커모드(Kermode)가 제기한 공간 형식에 대한 비판에 답하려고 시도한 후 『비판적 탐구(Critical Inquiry)』에서 벌어진 논쟁을 참조하시오: Frank(1977), Kermode (1978), Frank(1978). 이 논쟁과 관련된 미학적 문제에 대한 분석은 Mitchell(1980)을 참조하시오. 그러나 미첼(Mitchell)이 지적했듯이 공간 형식에 대한 비판은 종종 미학적이라기보다는 정치적이었다: "[프랭크의 이론에 대한] 가장 논쟁적인 공격은 공간 형식을 현대 문학의 실제적이지만 매우 유감스러운 특성으로 간주하고 이를 반역사적, 심지어 파시즘 이념과 연결시킨 사람들"(p. 541), 특히 윈덤 루이스(Wyndham Lewis)와 에즈라 파운드(Ezra Pound)의 견해에서 나왔으며, 커모드(Kermode)도 1978년 에세이에서 이를 연결시켰다고 한다. 프랭크(Frank)는 "현대 문학 전체에서 선형적 시간에 대한 반란을 몇몇(또는 한 명[즉, 에즈라 파운드(Ezra Pound)]) 제1차 세계 대전 이후 세대의 영미 작가들(p. 96)의 반발적인 사회-정치적 사상과 동일시하는 것은 더 이상 허용되지 않는다"고 답한다. 그는 아방가르드 이론가인 레나토 포지올리(Renato Poggioli)의 말을 인용한다: "우리는 전위 예술(또는 일반적으로 예술)과 정치 사이의 관계가 선험적으로 확립될 수 있다는 가설을 부정해야 한다. 그러한 연결은 아방가르드 자신의 정치적 의견과 신념의 관점에서 볼 때 전위적으로만 결정될 수 있다"(Frank, 1977, p. 101). 공간적 형식이 가져오는 의미 형성의 시간적 과정의 혼란과 전경화는 다양한 인식론적, 미학적, 사회적 목적에 부합할 수 있다. 의미 구성에서 시간이 어떻게 작용하는지를 드러내는 것은 이 지식이 어떻게 사용될지, 그리고 그 정치적 결과가 어떻게 될지 미리 결정되지 않은 채로 남겨 둔다. 신경과학이 문학의 사회적 힘에 대해 알려줄 수 있는 것과 알려줄 수 없는 것에 대한 자세한 분석은 4장을 참조하시오.

13. 이러한 시간적 프레임의 과정을 1세대 인지 서사학의 프레임과 혼동해서는 안 된다. 현상을 끊임없이 변화하는 통합의 창으로 시간적으로 분석하는 것은 구조주의 서사학의 고정적이고 정적인 '정신적 모델' 또는 '인지적 도식'과는 다른 개념이다. 일반적인 상황을 해석하는 규칙을 부호화하는 인지 프레임과 달리, 바렐라(Varela)가 설명하는 지각적 프레임은 변화하는 상호 형성적인 부분과 전체의 관계를 통해 상호적이고

재귀적인 방식으로 인지를 조직하는 구성적 인지 과정을 의미한다. 통합의 시간적 창은 인지 구성 활동의 한 측면으로, 규칙에 의해 지배되는 인지 구조가 아니라 서로 다른 시간적 수준에서 결합이 일어나는 방식이다.

14. 이러한 선택적 기억 상실의 가장 잘 알려진 사례는 간질 발작을 완화하기 위해 해마를 수술로 제거한 신경과학 문헌에서 H. M.(나중에 헨리 몰리슨(Henry Molaison)으로 밝혀짐)으로 언급된 환자의 경우이다. 수술 후 에릭 캔들(Eric Kandel)(2006, p. 127-33)은 "H. M.은 언제나 그랬던 것처럼 지적이고 친절하며 재미있는 사람으로 남았지만, 새로운 기억을 영구적인 기억으로 전환할 수 없었다. ... [그]는 몇 분 동안 지속되는 완벽하게 좋은 단기 기억을 가지고 있었다." 그리고 그는 다양한 습관적이고 구체화된 능력에 대한 "암묵적 (또는 절차적) 기억"을 유지하였다. 예를 들어, 그는 "별의 윤곽선 추적"과 같은 새로운 기술을 배울 수 있었고, "과제에 대한 기억이 전혀 없는데도 연습을 통해 배운 것을 유지"하였다. 그가 잃어버린 것은 사람, 사건 또는 경험에 대한 새로운 명시적 기억을 형성하는 능력, 즉 해마를 통과하는 통합 과정이었다. 이 사례에 대한 자세한 설명은 디트리히(Dittrich)(2016)를 참조하시오.

15. 이러한 한계를 극복하기 위한 흥미로운 시도로는 동일한 자극에 반응하는 여러 피험자의 특정 뇌 영역에 대한 fMRI 이미지의 시간 경과를 비교하는 유리 하슨(Uri Hasson)의 피험자 간 상관관계 분석(ISC) 방법이 있다. 이 방법에 대한 설명은 Hasson et al. 2004, 시청자가 다른 영화에 어떻게 반응하는지에 대한 ISC 분석은 Hasson et al. 2008을 참조하시오. 이러한 결과에 대한 평가는 암스트롱(Armstrong)(2013, p. 5)을 참조하시오. 뇌를 연구하는 다양한 기술과 그 한계에 대한 자세한 조사는 바르스(Baars)와 게이지(Gage)(2010, p. 95-125)의 "도구: 살아있는 뇌의 이미징"을 참조하시오. 또한 이 책의 4장에서는 협업적 상호작용의 근간이 되는 신경생물학적 과정을 분석하는 방법과 기술을 개발하기 위한 최근의 다른 노력에 대해서도 살펴볼 수 있다.

3장 행동, 체화된 인지, 내러티브 형상화(구성)의 허구(가상성)

1. 1세대와 2세대 인지 문학 이론가 간의 논쟁에 대한 1장의 분석을 참조하기. 능동적 내러티브를 지지하는 사람들은 전통적인 인지 서사학의 체계, 프레임, 선호 규칙보다

체화된 행동에 우선순위를 부여하면서 구조주의 이론의 분류법을 피하고 대신 스토리가 체화된 인지 과정을 활용하고 움직이는 다양한 방식을 탐구한다. 중요한 사례로는 Bolens 2012, Caracciolo 2014, 그리고 Kukkonen 2017 등이 있다. 또한 아래의 Kuzmičová 2012, Cave 2016, Auyoung 2018의 작품 분석도 참조.

2. Jakob Lothe(2000, p. 77)가 관찰했듯이, 아리스토텔레스 시학에서 행동과 인물의 관계는 자주 인용되는 다음과 같은 선언이 암시하는 것보다 더 복잡하고 모순적이다. 즉 "인물을 그들이 정확하게 시작하고 구성한 허구적 사건에 종속시키는 것이 옳은가? ... 아리스토텔레스는 행동을 인물보다 우선시했지만, 그의 시학에서 '반전과 인식'과 같은 몇 가지 핵심 용어는 등장인물 개념과 밀접한 관련이 있기 때문이다." E. M. Forster(1927, p. 126)는 행동이 인격보다 우선한다는 주장에 대해서도 유명한 반론을 제기한다: "우리는 더 잘 알고 있다. 우리는 행복과 불행이 우리 각자가 사적으로 이끌고 소설가가 (인물에서) 접근할 수 있는 은밀한 삶에 존재한다고 믿는다." Robert Scholes와 Robert Kellogg(2006 [1966], p. 236)는 포스터의 주장이 "현대의 모방 지향적인 소설가의 주장에 가깝다"고 지적한다. 허구의 캐릭터가 어떻게 만들어지고 인식되는지는 다음 장의 내러티브와 타자의 마음 문제 분석에서 다루게 될 복잡한 문제이다.
3. 습관화에 관한 신경과학에 대해서는 잘 알려진 바다 달팽이 실험(Noë 2009, 99-128 참조)에 대한 Eric Kandel(2006, 198-220)의 논의를 참조하시오. 이러한 실험이 미적 경험에 미치는 영향에 대해서는 Armstrong 2013, p. 111-16을 참조하시오.
4. 의도가 행동에 내재되어 있는지 여부는 Hickok(2009, 2014)과 Patricia Churchland (2011)와 같은 회의론자들이 제기한 거울 뉴런 이론에 대한 주요 반대 의견 중 하나로, 손을 드는 모호함의 예를 제시한다. 이 논쟁에 대해서는 근거 있는 인식과 근거 없는 인식에 대한 분석에서 더 자세히 설명할 수 있다. How Literature Plays with the Brain(2013, p. 139-42)에서 거울 뉴런 증거에 대한 나의 평가를 참조하시오.
5. 그러나 이것은 선호도 규칙이라는 개념이 의미하는 선형적이고 기계적인 프로세스가 아니다(조건 C의 집합에서 A를 B로 보는 것을 선호함). Jahn 1997, 2005 및 1장의 구조주의 인지 내러티브학에 대한 나의 비판을 참조. Heidegger가 설명했듯이, 이해의 전구조는 우리가 기대와 그것이 투영하는 가능성에 대한 설명 사이에서 끊임없이 왔다

갔다 하는 과정에서 나타나는 재귀적인 과정이다. (존재와 시간(1962[1927], p. 188-95)에서 "이해와 해석" 장을 참조하시오.)

6. 허구성은 다양한 역사적 형태를 취할 수 있지만, 18세기 소설이 "허구를 발견했다"고 주장한 Catherine Gallagher(2006, p. 337)처럼 특정 장르나 문화적 형태에 의해 발명되었다고 주장하는 것은 잘못된 것이다. 그녀가 보기에 "소설을 읽을 때 행하는 일종의 인지적 잠정성"을 야기한 18세기 삶의 특징 중 일부는, 예를 들어 잠재적 결혼 파트너를 구상하는 여성의 "정서적 추측"이나 시장에서 "위험을 계산하는" 기업가의 경제적 상상력(346-47)과 같이 오랜 진화 역사를 가진 탐구적이고 가설을 생성하는 동물로서의 우리 종의 근본적인 특성으로 돌아간다(Clark 2016 참조하시오). Gallagher와 달리, Iser는 훨씬 초기의 목가적 시에서 마치 (그의 주요 예시인 Theocritus, Virgil, and Spenser) 세계의 생성 능력을 보여주는 특징적인 이중화에서 "문학적 허구성의 패러다임"(1993, p. 22-86)을 발견한다. 잠정성은 행동과 인지의 고유한 특성으로, Iser가 '허구와 상상'이라고 부르는 것의 유희적 변형에 적합하며, 이는 다양한 역사적 형태의 허구성을 낳을 수 있지만 이러한 버전 중 어느 것도 다른 어떤 것보다 특권을 누릴 자격이 있는 것은 없다.

7. 행동 지각 회로에서 사건을 조직하고 시퀀스를 이해하는 데 있어 브로카 영역의 역할에 대해서는 Saygin et al. 2004, Fadiga et al. 2009, Berthoz와 Petit 2008, p. 53, Jeannerod 2006, p. 163-64를 참조하시오.

8. Terence Cave는 그의 중요한 저서 '문학으로 생각하기'(2016)에서 Deirdre Wilson과 Dan Sperber(2012)의 관련성 이론에 기반한 인지 및 읽기에서의 추론에 대한 유사한 분석을 참조한다. 아래에서 케이브의 문학적 행동유도성(affordances) 이론에 대한 나의 분석을 참조. 또한 Kukkonen(2016)의 기반이 되는 확률적 예측으로서의 베이지언(Bayesian) 인지 모델에 대해서는 Clark(2016)를 참조. 문학 해석에서 가설과 전제의 역할에 대해서는 나의 "상충되는 읽기"(1990) 책도 참조하시오.

9. 2장의 "정서적 평가"에서 감정의 미래에 대한 분석은 Jenefer Robinson이 "정서적 평가"라고 지칭하는 것을 참조하시오.

10. 거울 뉴런에 관한 문헌은 방대하다. 기초 실험과 이를 둘러싼 논쟁에 대한 요약은 암스트롱 2013, 137-42쪽을 참조하시오. 최근 연구 현황에 대한 설명은 Ferrari와

Rizzolati 2014, Rizzolati와 Fogassi 2014에서 확인할 수 있다. 파르마(Parma) 그룹의 연구 결과에 대한 자세한 설명은 Rizzolati와 Sinigaglia 2008 및 Iacoboni 2008에서 확인할 수 있다. 회의적인 분석의 경우 Hickok(2008, 2014), Churchland(2011), and Caramazza et al.(2014) 자료들을 참조하시오.

11. 로엘 윌렘스(Roel Willems)와 다니엘 카사산토(Daniel Casasanto) 역시 "사람들이 자신이 수행한 행동에 대한 단어를 이해하는 것처럼 자신이 수행하지 않은 행동을 가리키는 단어를 완전히 이해할 수 있는지는 여전히 열린 질문"이며, "사람들이 세상에서 행동하는 방식이 의미 표현에 영향을 미친다"고 지적하지만 "사람들은 자신이 수행하지 않은 행동에 대한 언어도 이해할 수 있다"고 설명한다. "이것은 구체화와 추상화 사이에 잠재적인 긴장감을 조성한다."(2011, p. 3).
12. 그러나 초점화는 쉽지 않다. 예를 들어, 음악과 시각 예술에서 아름다움을 담당하는 뇌의 영역을 규명하려는 세미르 제키(Semir Zeki)의 시도(2011, 2012)를 참조하시오. 이 접근법에 대한 비판은 암스트롱(Armstrong) 2013, 1-25 및 4장을 참조하시오.
13. 클레어 페티트(Clare Pettitt 2016, p. 143)가 지적했듯이, 이 "어색한 탑"은 "제임스의 후기 은유 중 가장 유명한 은유"이다. 그녀는 제임스의 은유를 "우리의 추상적 세계의 뿌리가 물리적 실천에 깊이 자리 잡고 있음을 시사하는"(142) "체화된 지식의 정교한 모델"로 흥미롭게 묘사한다. 이 그림에 대한 고전적인 비판은 F. R. Leavis (1948)에서 나온다. 루스 버나드 예젤(Ruth Bernard Yeazell's)의 "은유의 상상력"(The Imagination of Metaphor 1976, 37-63)이라는 장은 제임스주의적 형상화(Jamesian figuration)의 인지적 유희에 대한 탁월한 분석을 제공한다. 또한 이 구절에 대한 나의 더 자세한 해석은 『당혹의 도전(The Challenge of Bewilderment)』(1987, 59-60)을 참조하시오.
14. Joyce의 시글라스(siglas) 사용에 대한 설명은 핀 포드햄(Finn Fordham, 2012)의 피네건스 웨이크(Finnegans Wake)에 대한 유익한 소개를 참조하시오. 1929년 안나 리비아 플루라벨 (Anna Livia Plurabelle) 챕터의 첫 대사를 읽는 조이스(Joyce) 녹음본은 인터넷 아카이브에서 확인할 수 있다. (https://archive.org/details/JamesJoyceReadsannaLiviaPlurabelleFromFinnegansWake1929) and on YouTube (https://www.youtube.com/watch?v=M8kFqiv

8Vww).

15. 캐럴라인 레빈(Caroline Levine, 2015, p. 9)은 형식의 정치에 대한 영향력 있는 논증에서 이 정의를 약간은 틀렸지만 중요하게 잘못 이해했다: "행동유도성(affordance)을 통해 우리는 물질성 자체에 의해 부과되는 형태의 제약을 파악하기 시작할 수 있다." 깁슨(Gibson)이 반대하는 것은 바로 이러한 객관주의적 물성 개념이다. 아래에서 더 자세히 설명하겠지만, 행동유도성을 특징짓는 제약은 사용자의 성향과 환경과의 상호작용으로 열리는 잠재력 사이의 상호 관계의 문제이다(깁슨(Gibson)의 것은 지각의 생태학적 이론이다). 그것들은 미리 결정되거나 "물질성 자체에 의해 부과되는" 것이 아니다. 레빈(Levine)의 비인격적이고 유물론적인 형식 개념은 (깁슨의 분석에서 강조하듯이) 사회적 또는 문학적 형식의 행동유도성이 우리가 그것을 사용하는 용도에 따라 어떻게 달라지는지를 무시한다. 람브로스 말라포리스(Lambros Malafouris 2013, p. 18)는 "물질세계와 인간의 관계에서 행위자 에이전트 개체와 환자 개체의 고정된 속성은 없으며, 그들 사이에는 존재론적 분리가 명확하지 않고, 오히려 의도성과 행동유도성 사이에 구성적으로 얽혀 있다"고 설명한다. 행동유도성이란 특정 유기체가 관여하기 전까지는 정의되지 않은 잠재력이며, 환경에서 가능한 행동에 대한 인식은 세상에 '존재하는' 것만큼이나 인지적 장비에 의존하는 에이전트이기 때문에 물질만큼이나 비물질적이다. 따라서 행동유도성은 예측할 수 없는 사용자와의 상호작용에 따라 그 잠재력이 달라지는 미래적이고 수평적인 것이며, 이러한 변화와 혁신에 대한 개방성은 형태가 물질이라는 비인격적인 개념으로는 설명할 수 없다. 또한 비물질성은 행동유도성이 미적 차원, 즉 순수 유물론적 이론이 간과할 수밖에 없는 유희적 특성을 가질 수 있게 해준다(레빈의 형태 이론에서 미적 측면을 무시하는 특이한 경우처럼). 말라포리스(Malafouris)가 가장 좋아하는 예는 "도공의 존재가 점토가 되는 것과 상호 의존하고 얽혀 있는"(20) 예측할 수 없는 도공의 물레 유희이다.

16. 제임스 펠란(James Phelan)은 "누군가 다른 사람에게 말하기 (Somebody telling Somebody Else): 청중과 가능성 있는 불가능성(Audiences and Probable Impossibilities)" (2017, p. 30-59)라는 흥미로운 장에서 이 복잡한 문제에 대해 특히 통찰력 있는 분석을 제공한다. 그는 "가능성 일탈은 일회적이거나 변칙적인 현상이 아니라 화자가 텍스트 역학을 구성할 때 독자 역학의 전개에 얼마나 자주 의존하는지를

보여주는 교훈적인 예"라고 설명한다(43). "그럴듯한 확률 위반"(59)의 사례에서 독자와 텍스트 역학이 어떻게 상호작용하는지에 대한 그의 설명은 내러티브에서 얽혀있는 다양한 행동 양식이 독자의 확률 예측과 어떻게 작용하는지에 대해 내가 여기서 제시한 분석과 일치한다.

17. 쿠코넨(Kukkonen)이 인용한 전체 구절은 다음과 같다. 주인공 페르디난드는 "방금 죽음의 문턱까지 갔다"고 쿠코넨(Kukkonen)은 설명하며 "잠재적으로 위험한 집주인과 함께 다음 마을과 안전지대로 탈출한다"고 말한다: "일반적인 두려움은 이 여행에서 그가 느낀 편안한 감각이었다. 그가 자신을 보존하기 위해 취한 첫걸음은 단순한 본능의 영향이었고, 그의 능력은 절망에 의해 소멸되거나 억압되었지만, 이제 그의 반성이 반복되기 시작하면서 그는 가장 견딜 수 없는 불안에 시달렸다. 덤불 사이로 불어오는 바람의 속삭임은 살인의 쉰 목소리로, 나뭇가지의 흔들림은 뾰족한 단검의 휘두름으로, 나무의 그림자 하나하나가 피를 갈망하는 악당의 유령으로 부풀려졌다. 요컨대, 이러한 사건이 발생할 때마다 그는 실제 단검으로 찌르는 것보다 무한히 더 고통스러운 것을 느꼈고, 두려움에 대한 새로운 필리프가 나타날 때마다 그는 그녀의 삶이 자신의 안전에 대한 자신의 의견과 절대적으로 연결되어 있다고 받아들이면서 새로운 욕설로 그의 지휘자를 기억하는 것처럼 행동했다."(2014b, p. 368에서 인용)

4장 신경과학과 내러티브의 사회적 힘

1. 이 이중성이라는 이중 자아(doubling)는 심리적 내면을 묘사하는 이야기뿐만 아니라 모든 이야기의 특징이다. 이야기는 주제와 상관없이 나의 이해 습관을 특징짓는 의도성의 패턴이 이야기의 다양한 구성 패턴과 상호 작용하면서 다른 세계와 나의 세계를 이중화시킨다. 물론 모든 이야기가 무엇을 하려고 시도하는 어떤 것은 아니지만, 이 이중성은 등장인물의 심리적 삶을 표현하는 어떤 현실적인 픽션에서는 독자와 다른 사람의 내면의 생각과 감정을 연결할 수 있다.
2. Frith가 우리 자신보다 타인의 행동에 대한 원인을 더 쉽게 파악할 수 있다는 우리의 주장을 지지하기 위하여 Pronin, Berger, Molouk(2007)를 인용하고 있다. 이른바 내성(법) 착각(환상)에 대한 이 연구는 동조성 평가, 즉 다른 사람을 우리보다 더 동조적이

고 순응적인 것으로 판단하는 경향에서 어쩌면 놀랄만한 비대칭을 기록, 보고했다.

3. Cohn은 자유 간접 화법을 '내레이션된 독백'이라고 부르며, 이는 모순어법이다. 그 모순(3인칭 내레이션으로 목소리를 내는 1인칭 독백)의 용어는 이러한 애매(모호)성을 반영한다. 그녀는 이 형태를 인용된 독백(주인공 인물의 정신적 담화로 정의됨)과 사이코-내레이션(인물의 의식에 대한 화자의 담화)(1978, 14)과 차례로 구별한다. 자유로운 간접 담론에 대한 서사학적 문헌은 의미가 크다. 그 많은 논쟁의 중심은 자유로운 간접 담론에서 구별할 수 없을 정도로 혼합된 서사학적 관점에서 목소리와 초점화(또는 그의 용어로는 "무드") 사이를 Gérard Genette(1980, p. 161-262)가 문제를 제기하면서 구별한 것이다. 이 논쟁의 통찰력 있는 요약과 분석은 Walsh 2010을 참조할 수 있다.
4. 거울 뉴런 논쟁에 대한 분석은 3장과 Armstrong(2013, 136-142)을 참조하기 바란다. 이론에 찬성하는 증거는 Iacoboni(2008)를 참고하고, 회의하고 의심하는 이유는 Rizzolatti와 Sinigaglia(2008)를 참조하기 바란다. 이론 지지자들의 연구 상태에 대한 최근 보고서는 Ferrari와 Rizzolatti(2014), Rizzolatti와 Fogassi(2014)를 참조하기 바란다.
5. 여기서 언급되는 대중 소설의 작품은 해리 포터 시리즈로 마음 이론과 공감의 일부 척도에서 성능을 향상시키는 것으로 나타났다(Vezzali, 2015). 로맨스 소설 대 국내 소설 및 SF/판타지의 효과에 대해서는 Fong, Mullin 및 2013년 3월을 참조하기 바란다. 이 연구는 저자 인식 테스트에 대한 응답지의 답변에서 알 수 있듯이 다양한 문학 장르에 대한 응답자의 친숙도와 대인 감수성 과제에 대한 성능을 연관시켰지만 안타깝게도 그 결과를 보고하는 기사는 각 범주에 어떤 작가가 포함되었는지를 명시하지는 않았다. 로맨스와 SF/판타지의 구별은 비교적 간단해 보이지만 로맨스와 국내 소설의 경계는 훨씬 더 간단하다.
6. 이 소설이 제기하는 윤리적 딜레마에 대한 James Phelan의 사려 깊은 투쟁을 보라(2005, p. 98-131). 그는 "Nabokov는 아무리 혐오스럽더라도 비범한 일을 하고 있다"며 "소아성애자의 관점을 점유하고, 우리에게 그 관점을 진지하게 받아들이라고 요구하고, 실제로 ... 적어도 어느 정도는 그에게 공감해 달라고 청한다"(130항). Phelan은 Nabokov에게 의심의 모든 혜택을 주려고 시도하지만(나 자신이 할 수 있는 것보다 더 많이), 결국 "Nabokov와 작가적 관객이 험버트의 관점에 쏟는 관심은 돌로레스의

관점을 희생하는 대가로 이루어지기 때문에, Nabokov의 소설 구조 자체가 행동의 수준에서의 험버트의 지배력을 반영한다"(130-31)는 결론을 내린다. Phelan은 "작가적 독자"에게 우선권이 주어져야 한다고 믿기 때문에 소설을 어떻게 평가해야 할지 고민하지만, "살과 피를 가진 독자로서 나는 그 관점이 중요한 장점과 문제점을 가지고 있다고 생각한다"(130)고 고백한다.

그러나 '작가적 청중'은 독립적이고 객관적인 상황에 있는 것이 아니라 '살아 있는 진정한 독자'들이 Nabokov의 텍스트와 서로 다른 관여에 의해 수용의 역사에 걸쳐 생성되는 이중적이고 상호 주관적인 구조이며, 이 역사를 가로질러 생성된 나와 그렇지 않은 나 사이의 불편한 부조화는 이 작품의 이질적인 존재의 일부이다(2장 참조). 어떤 저자도 그녀가 앞으로 어떻게 이해될지 미리 이해할 수 없다. 가다머(1993 [1960], 296-97)가 지적하듯이 '가끔 뿐만 아니라 항상 텍스트의 의미는 그 저자(작가)를 넘어선다. ... 우리가 조금이라도 이해한다면 그것은 다른 방식으로 이해한다고 말하는 것으로 충분하다.'(Armstrong, 2011).

작가(저자)-관객 관계에서 극과 극의 특권을 부여할 이유가 없는데 왜냐하면 그들의 상호작용은 텍스트가 살고 전달되는 방식이기 때문이다. Humbert의 내레이션이 불러오는 동일시 행위에 의해 야기되는 윤리적 딜레마는 이 상호작용에 필수적인 것이고, Nabokov가 실행하는 위험은 Dolores가 취급하는 잔인함과 무시가 텍스트의 우리의 참여 요구를 회복할 수 없을 정도로 방해하기 때문에 (Phelan이 관대하게 시도하는 것처럼) 독자들이(나처럼) 그에게 기꺼이 동조하지 않으려고 할 수 있다는 것이다. Phelan이 올바르게 결론지었듯이 '이 책을 만든 작가는 존경받을 사람이지만 또한 경계해야 할 사람이다.'(131). 다른 독자들은 감탄 또는 경계심에 순서가 있는지에 대해 다른 결론에 도달할 것이지만 어느 경우든 이러한 딜레마는 시뮬레이션이 독자의 평가와 텍스트로 극화된 평가 사이에 발생할 수 있는 불일치에 대한 부적절한 모델이라는 생생한 증거이다.

7. Alderson-Day, Bernini, Fernyhough의 결과에 대한 자세한 분석은 이 흥미로운 연구 101페이지의 차트를 참조하시오. 예를 들어 "책을 읽을 때 캐릭터의 목소리를 들어본 적이 있습니까?"라는 질문에 절대 아니다 166명(11%), 매우 가끔 157명(10%), 가끔씩 446명(28%), 대부분 468명(30%), 모든 때는 329명(21%)이라는 응답이 있다. '책을

읽을 때 캐릭터의 목소리는 얼마나 생생합니까?'라는 질문은 다음과 같은 응답을 이끌어 냈다: "소리 없음 125명(8.0%), 모호하게 307명(19.6%), 약간 생생한 목소리 555명(35.4%), 생생한 목소리 363명(23.2%), 실제 사람의 목소리 216명(13.8%)."

8. Pamela 논란에 대해서는 Keymer 2001, Fielding의 Richardson 비판에 대해서는 1961년 Battestin을 참조하시오.
9. 동료 감정에서 연민과 도덕적 이타주의로의 경로를 특징짓는 우연성과 복잡성에 대한 미묘한 분석은 Martin Hoffman의 권위 있는 공감과 도덕적 발달(2000)을 참조하시오.
10. 그러나 호프만(Hoffman, 2000, 297)은 내집단 편향의 위험성을 과장하는 것에 대해 경고한다: "가족과 친구들에게 유리한 편견이 본질적으로 잘못된 것은 아니다. ... 집단 내 공감 편향은 사람들이 낯선 사람들도 도울 수 있도록 허용하는 한 정상적이고 용인될 수 있다." 그는 "적어도 미국에서는 구경꾼들이 낯선 사람을 도와주는 경향이 있다"는 연구 결과를 인용하면서, "가족이나 친구들보다는 그 정도가 덜하다"고 지적한다.
11. 다중 뇌 상호작용에 대한 뇌파 및 fMRI 연구 수행의 기술적 어려움에 대한 유용한 분석과 이를 극복하기 위해 신경과학자들이 사용해 온 혁신적인 절차에 대한 검토는 Konvalinka와 Roepstorff 2012를 참조하시오. 휴대용 뇌파 기술의 발전은 두피의 감지기를 통해 혈류의 변화를 측정하는 NIRS(근적외선 분광법)의 최근 개발과 마찬가지로 소위 하이퍼스캐닝 연구를 용이하게 했다. 하이퍼스캐닝 운동의 궁극적인 목표는 노벨상 수상자 David Hubel이 이상적인 세계(2011)에서 사용할 수 있기를 바라는 뇌 스캔 기술에 대한 질문을 받았을 때 묘사한 것과 유사하다. Hubel은 단 하나의 뇌만을 염두에 두고 있다. 하이퍼스캐닝 연구를 위해 피실험자 그룹은 이러한 캡을 장착해야 하고 피실험자로부터 수집한 측정값은 교정되어야 한다.
12. 이러한 상호주의가 협업하는 인간 능력의 고유성에 대한 Tomasello의 주장에 이의를 제기하는지 여부는 흥미로운 질문이다. 동물-동물 및 동물-인간 협력 활동에 대한 자세한 내용은 Prum 2013과 Weil 2012를 참조하시오. 인간의 협업과 유인원에서 관찰할 수 있는 협력 행동의 종류 간의 차이에 대한 분석은 Tomasello 2014를 참조하시오. 진화의 역사 때문에 우리가 다른 종들과 얼마나 많이 공유하는지를 고려할 때 동물-인간의 분열에 걸쳐 연속성이 없다면 이상할 것이지만 Tomasello는 협업

능력의 차이(우리의 의도성)가 다른 종들 사이에서 증거가 부족한 문화 학습과 공유를 가능하게 했다는 것을 강력하게 주장한다.

13. 예를 들어 Clark의 2016년 '예측 처리'에 대한 연구와 두뇌 내부의 뇌 기반 인지 과정의 중요성을 인식하는 하향식 가설 생성 능력을 참고하시오.
14. Bracher가 사용하는 '스키마, 대본, 선호 규칙'이라는 용어를 사용하여 구성적 보기의 프로세스를 참조하는 오류에 대해서는 1장을 참조하시오.
15. 2017년 9월 16일 푸에르토리코를 강타한 허리케인 마리아가 이 경계가 어떻게 바뀔 수 있는지 보여주는 사례인데 처음에는 섬 주민들에게 큰 고통을 주었지만 특정 개인이나 정부 기관의 잘못을 탓할 수 없는 불행이었다. 그리고 이 불행은 플로리다와 텍사스에서 발생한 유사한 자연재해에 대한 연방 정부의 구호 노력이 뒤떨어지면서 불공평한 결과를 낳았다. 푸에르토리코에 전기가 공급되지 않은 첫날은 불행했지만 반드시 불공평한 것은 아니었다. 하지만 몇 달이 지난 후에도 주민들에게 여전히 전기가 공급되지 않았다는 사실은 당연히 불공평한 일로 여겨질 수 있다.
16. 이러한 개념에 대한 명확한 설명은 Phelan 2018을 참조하시오. 이 목표 에세이가 유발한 활발한 토론은 많이 논의된 이러한 차이점에 대한 토론의 현재 상태에 대한 훌륭한 개요를 제공한다(특히 Alber, Lothe 및 Prince의 응답 참조).
17. 최근의 한 연구(Parkes 2011, ix)에 따르면 문학적 인상주의는 보통 개인의 지각 경험에 대한 감각을 높이기 위해 고안된 양식적이고 형식적인 전략의 집합으로 설명되며 '인상'이라는 용어는 다양하게 정의되지만 인간의 의식에 대한 감각적 경험의 표시를 의미한다. 인상주의자로 특징지어진 다양한 소설가에 대해서는 Kronegger (1973)와 Matz(2001)를 참조하시오. 여기서 분석하는 James, Conrad, Ford의 내러티브 실험이 지니는 인식론적 함의에 대한 자세한 내용은 나의 Challenge of Bewilderment 연구(1987)를 참조하시오.
18. 이것은 David Herman이 주장할 때 오해하는 핵심 사항이다. 모더니즘 작가들은 모두 '생태학적으로 유효한' 반(反)에 대한 헌신을 공유한다—체화된 능동적 인지의 데카르트 모델(2011, 243-72). 소설을 내면으로 돌려 심신을 분열시키는 인지 오류에 대한 죄가 있다는 혐의로 Woolf, Joyce, Lawrence 및 기타 현대 소설가들을 옹호하려는 열망에서 Herman은 의식의 어떤 표현의 역사적 특수성을 간과하면서도 결국

의식이 어떤 것인지에 대해 모두 동의하지 않는다. 인지 아카이브에 표시된 의식적 삶의 다양한 버전은 인식론적 타당성에 따라 평가될 것이 아니라 인지적 삶의 특정 측면을 공개하는 것처럼(그리고 다른 사람을 숨기고 위장하고 왜곡하는 과정에서) 독특한 배치로 평가되어야 한다. 모더니스트들이 모두 데카르트주의자일지라도 그것은 나쁜 것이 아니라 그들의 문화적, 역사적 특수성의 표시일 것이다(아마도 서로 다른 현대 작가들은 이 전망에 어느 정도 근접하고 떨어져 있는지에 대해서 다양하다고 말하는 것이 더 정확할 것이다). 아카이브의 표현 양식은 21세기 인지 과학의 '진실'을 향한 움직임의 목적론적 단계가 아니라 인지 보편성과 역사적, 문화적 차이의 변화하고 다양한 조합으로 특징지어지는 우리의 생물 문화적 다양성의 증거이다.

19. Alva Noë는 예술 작품이 그들의 재구성을 가능하게 하기 위해 우리가 세계를 경험하는 조직의 패턴을 드러내는 '이상한 도구'라고 하면서 유사한 주장을 한다.

Epilogue

1. 그중에서도 Bernini 2018, Bolens 2012, Caracciolo 2014, Gosetti-Ferenci 2018, Kuzmichova 2012, Park 2012, 2018 및 Troscianko 2014를 참조하시오.

참고문헌

Abbott, H. Porter. 2002. *The Cambridge Introduction to Narrative*. Cambridge: Cambridge University Press.

Alber, Jan. 2009. "Impossible Storyworlds—And What to Do with Them." *Story- Worlds* 1 (1): 79–96.

______. 2018 "Rhetorical Ways of Covering Up Speculations and Hypotheses, or Why Empirical Investigations of Real Readers Matter." *Style* 52 (1–2): 34–39. Alber, Jan, and Monika Fludernik, eds. 2010a. *Postclassical Narratology:*

Approaches and Analyses. Columbus: Ohio State University Press.

______. 2010b. Introduction. In Alber and Fludernik 2010a, 1–34.

Alber, Jan, Henrik Skov Nielsen, and Brian Richardson. 2013. Introduction to *A Poetics of Unnatural Narrative*, ed. Jan Alber, Henrik Skov Nielsen, and Brian Richardson, 1–15. Columbus: Ohio State University Press.

Alderson-Day, Ben, Marco Bernini, and Charles Fernyhough. 2017. "Uncharted Features and Dynamics of Reading: Voices, Characters, and Crossing of Expe-riences." *Consciousness and Cognition* 49:98–109.

Alexandrov, Vladimir E. 1982. "Relative Time in *Anna Karenina*." *Russian Review*41 (2): 159–68.

Anderson, Michael L. 2010. "Neural Reuse: A Fundamental Organizational Princi-ple of the Brain." *Behavioral and Brain Sciences* 33 (4): 245–66.

Aristotle 1990 [355 BCE]. *Aristotle's Poetics*. Trans. Hippocrates Apostle, Elizabeth A. Dobbs, and Morris A. Parslow. Grinnell, IA: Peripatetic Press. Armstrong, Paul B. 1987. *The Challenge of Bewilderment: Understanding and*

Representation in James, Conrad, and Ford. Ithaca, NY: Cornell University Press.

______. 1990. *Conflicting Readings: Variety and Validity in Interpretation.* Chapel Hill: University of North Carolina Press.

______. 2005. *Play and the Politics of Reading: The Social Uses of Modernist Form*. Ithaca, NY: Cornell University Press.

______. 2011. "In Defense of Reading: Or, Why Reading Still Matters in a Con- textualist Age." *New Literary History* 42 (1): 87–113.

______. 2012. "Phenomenology." In *Contemporary Literary and Cultural Theory: The Johns Hopkins Guide*, ed. Michael Groden, Martin Kreiswirth, and Imre Szeman, 378–82. Baltimore, MD: Johns Hopkins University Press.

______. 2013. *How Literature Plays with the Brain: The Neuroscience of Read-ing and Art.* Baltimore, MD: Johns Hopkins University Press.

______. 2015. "How Historical is Reading? What Literary Studies Can Learn from Neuroscience (and Vice Versa)." *REAL: Yearbook of Research in English and American Literature* 3 I 201–18.

______. 2018. "Henry James and Neuroscience: Cognitive Universals and Cul-tural Differences." *Henry James Review* 39 (2): 133–51.

Arstila, Valtteri, and Dan Lloyd. 2014a. Introduction to part 4, "Fragments of Time," in Arstila and Lloyd 2014b, 199–200.

______. eds. 2014b. *Subjective Time: The Philosophy, Psychology, and Neurosci-ence of Temporality*. Cambridge, MA: MIT Press.

Attridge, Derek. 1992. "The Peculiar Language of *Finnegans Wake*." In *Critical Es- says on James Joyce's "Finnegans Wake,"* ed. Patrick A. McCarthy, 73–84. New York: G. K. Hall.

Auerbach, Erich. 2003 [1953]. *Mimesis: The Representation of Reality in Western Literature*. Princeton, NJ: Princeton University Press.

Augustine, Saint. 1961 [397–400]. *Confessions*. Trans R. S. Pine-Coffin. London: Penguin.

Auyoung, Elaine. 2013. "Partial Cues and Narrative Understanding in *Anna Karenina*." In Bernaerts et al. 2013b, 59–78.

______. 2018. *When Fiction Feels Real: Representation and the Reading Mind.* Oxford: Oxford University Press.

Aziz-Zadeh, Lisa, Stephen M. Wilson, Giacomo Rizzolatti, and Marco Iacoboni. 2006. "Congruent Embodied Representations for Visually Presented Actions and Linguistic Phrases Describing Actions." *Current Biology* 16 (18): 1818–23.

Baars, Bernard J., and Nicole M. Gage. 2010. *Cognition, Brain, and Conscious-ness: Introduction to Cognitive Neuroscience*. Amsterdam: Elsevier.

Bagdasaryan, Juliana, and Michel Le Van Quyen. 2013. "Experiencing Your Brain: Neurofeedback as a New Bridge Between Neuroscience and Phenomenology." *Frontiers in Human Neuroscience* 7:680.

Bak, Thomas H., Dominic G. O'Donovan, John H. Xuereb, Simon Boniface, and John R. Hodges. 2001. "Selective Impairment of Verb Processing Associated with Pathological Changes in Brodmann Areas 44 and 45 in the Motor Neurone Disease-Dementia-Aphasia Syndrome." *Brain* 124 (1): 103–20.

Bal, P. Matthijs, and Martijn Veltkamp. 2013. "How Does Fiction Reading Influ- ence Empathy? An Experimental Investigation on the Role of Emotional Trans- portation." *PloS One* 8 (1): e55341.

Balzac, Honoré. 2004 [1834]. *Père Goriot*. Trans. Henry Reed. New York: Signet.

Banfield, Ann. 1982. *Unspeakable Sentences: Narration and Representation in the Language of Fiction.* Boston: Routledge & Kegan Paul.

Bang, Dan, and Chris D. Frith. 2017. "Making Better Decisions in Groups." *Royal Society Open*

Science 4 (8): 170–93.

Barrett, Lisa Feldman. 2007. "The Experience of Emotion." *Annual Review of Psychology* 58:373–403.

______. 2017. *How Emotions Are Made: The Secret Life of the Brain*. New York: Houghton Mifflin Harcourt.

Barsalou, Lawrence W. 1999. "Perceptual Symbols Systems." *Behavioral and Brain Sciences* 22:577–660.

______. 2008. "Grounded Cognition." *Annual Review of Psychology* 59:617–45. Barthes, Roland. 1974. *S/Z*. Trans. Richard Miller. New York: Hill and Wang.

______. 1975. "An Introduction to the Structural Analysis of Narrative." *New Literary History* 6 (2): 237–72.

Battestin, Martin C. 1961. Introduction in Fielding 1961 [1741], v–xl.

Bear, Mark, Barry W. Connors, and Michael A. Paradiso. 2007. *Neuroscience: Exploring the Brain*. 3rd ed. Baltimore, MD: Lippincott Williams & Wilkins.

Belluck, Pam. 2013. "For Better Social Skills, Scientists Recommend a Little Chek-hov." *New York Times*, 4 October, A1.

Bernaerts, Lars, Dirk De Geest, Luc Herman, and Bart Vavaeck. 2013a. Introduc- tion in Bernaerts et al. 2013b, 1–22.

______. eds. 2013b. *Stories and Minds: Cognitive Approaches to Literary Narra-tive*. Lincoln: University of Nebraska Press.

Bernini, Marco. 2018. "Affording Innerscapes: Dreams, Introspective Imagery and the Narrative Exploration of Personal Geographies." *Frontiers of Narrative Studies* 4 (2): 291–311.

Berthoz, Alain, and Jean-Luc Petit. 2008. *The Physiology and Phenomenology of Action*. Trans. Christopher Macann. Oxford: Oxford University Press.

Berwick, Robert C., and Noam Chomsky. 2016. *Why Only Us: Language and Evolution.* Cambridge, MA: MIT Press.

Bhattacharya, Joydeep. 2017. "Cognitive Neuroscience: Synchronizing Brains in the Classroom." *Current Biology* 27 (9): R346–R348.

Blamires, Harry. 1996. *The New Bloomsday Book: A Guide through "Ulysses."* London: Routledge.

Bloom, Paul. 2010. *How Pleasure Works*. New York: Norton.

Bolens, Guillemette. 2012. *The Style of Gestures: Embodiment and Cognition in Literary Narrative*. Baltimore, MD: Johns Hopkins University Press.

Boulenger, Véronique, Alice C. Roy, Yves Paulignan, Viviane Deprez, Marc Jean-nerod, and Tatjana A. Nazir. 2006. "Cross-Talk between Language Processes and Overt Motor Behavior in the First 200 msec of Processing." *Journal of Cognitive Neuroscience* 18 (10): 1607–15.

Bourke, Joanna. 2014. "Pain: Metaphor, Body, and Culture in Anglo- American Societies between the Eighteenth and Nineteenth Centuries." *Rethinking His- tory* 18 (4): 475–98.

Boyd, Brian. 2009. *On the Origin of Stories: Evolution, Cognition, and Fiction*. Cambridge, MA: Harvard University Press.

Bracher, Mark. 2013. *Literature and Social Justice: Protest Novels, Cognitive Pol-itics, and Schema Criticism*. Austin: University of Texas Press.

Brooks, Peter. 1984. *Reading for the Plot: Design and Intention in Narrative*. New York: Knopf.

Brown, Donald E. 1991. *Human Universals*. Philadelphia: Temple University Press.

Bruner, Jerome S. 1986. *Actual Minds, Possible Worlds*. Cambridge, MA: Harvard University Press.

Buckner, Randy L., and Daniel C. Carroll. 2007. "Self-Projection and the Brain." *Trends in Cognitive Science* 11 (2): 49–57.

Buonomano, Dean V. 2014. "The Neural Mechanisms of Timing of Short Time- scales." In Arstila and Lloyd 2014b, 329–42.

Burke, Kenneth. 1966. *Language as Symbolic Action*. Berkeley: University of California Press.

Busch, Niko A., and Rufin VanRullen. 2014. "Is Visual Perception Like a Contin- uous Flow or a Series of Snapshots?" In Arstila and Lloyd 2014b, 161–78.

Bushnell, Rebecca. 2016. *Tragic Time in Drama, Film, and Videogames: The Future in the Instant.* London: Palgrave Macmillan.

Buzsáki, György. 2006. *Rhythms of the Brain*. Oxford: Oxford University Press.

Cacciari, Cristina, Nadia Bolognini, Irene Senna, Maria Concetta Pellicciari, Carlo Miniussi, and Costanza Papagno. 2011. "Literal, Fictive and Metaphorical Mo- tion Sentences Preserve the Motion Component of the Verb: A TMS Study." *Brain and Language* 119 (3): 149–57.

Calvo-Merino, Beatriz, Daniel E. Glaser, Julie Grèzes, Richard E. Passingham, and Patrick Haggard. 2004. "Action Observation and Acquired Motor Skills: An FMRI Study with Expert Dancers." *Cerebral Cortex* 15 (8): 1243–49.

Caracciolo, Marco. 2014. *Narratologia: The Experientiality of Narrative; An Enactivist Approach*. Berlin: De Gruyter.

Caramazza, Alfonso, Stefano Anzellotti, Lukas Strnad, and Angelika Lingnau. 2014. "Embodied Cognition and Mirror Neurons: A Critical Assessment." *Annual Review of Neuroscience* 37:1–15.

Cave, Terence. 2016. *Thinking with Literature: Towards a Cognitive Criticism*. Oxford: Oxford University Press.

Chalmers, David J. 1995. "Facing up to the Problem of Consciousness." *Journal of Consciousness Studies* 2 (3): 200–219.

Changeux, Jean-Pierre. 2012. *The Good, the True, and the Beautiful: A Neuronal Approach*. Trans. Laurence Garey. New Haven, CT: Yale University Press.

Chatman, Seymour. 1978. *Story and Discourse: Narrative Structure in Fiction and Film*. Ithaca, NY:

Cornell University Press.

Chatterjee, Anjan. 2010. "Disembodying Cognition." *Language and Cognition* 2 (1): 79–116.

Chen, Joyce L., Virginia B. Penhune, and Robert J. Zatorre. 2008. "Listening to Musical Rhythms Recruits Motor Regions of the Brain." *Cerebral Cortex* 18 (12): 2844–54.

Cheng, Yawei, Chenyi Chen, Ching-Po Lin, Kun-Hsien Chou, and Jean Decety. 2010. "Love Hurts: An fMRI Study." *Neuroimage* 51 (2): 923–29.

Christiansen, Morten H., and Nick Chater. 2008. "Language as Shaped by the Brain." *Behavioral and Brain Sciences* 31 (5): 489–509.

Churchland, Patricia. 2011. *Braintrust: What Neuroscience Tells Us about Moral-ity*. Princeton, NJ: Princeton University Press.

Cikara, Mina, and Jay J. Van Bavel. 2014. "The Neuroscience of Intergroup Rela-tions: An Integrative Review." *Perspectives on Psychological Science* 9 (3): 245–74.

Clark, Andy. 2008. "Pressing the Flesh: A Tension in the Study of the Embod- ied, Embedded Mind?" *Philosophy and Phenomenological Research* 76 (1): 37–59.

______. 2011. *Supersizing the Mind: Embodiment, Action, and Cognitive Exten-sion*. Oxford: Oxford University Press.

______. 2016. *Surfing Uncertainty: Prediction, Action, and the Embodied Mind*. Oxford: Oxford University Press.

Cohn, Dorrit. 1978. *Transparent Minds: Narrative Modes for Presenting Con-sciousness in Fiction*. Princeton, NJ: Princeton University Press.

Colombetti, Giovanni. 2014. *The Feeling Body: Affective Science Meets the Enac-tive Mind*. Cambridge, MA: MIT Press.

Conrad, Joseph. 1996 [1900]. *Lord Jim*, ed. Thomas C. Moser. New York: Norton.

Conway, Bevil R., and Alexander Rehding. 2013. "Neuroaesthetics and the Trou- ble with Beauty." *PLoS Biology* 11 (3): e1001504.

Cook, Amy. 2018. "4E Cognition and the Humanities." In *The Oxford Handbook of 4E Cognition*, ed. Albert Newen, Leon De Bruin, and Shaun Gallagher, 875–90. Oxford: Oxford University Press.

Crick, Francis. 1994. *The Astonishing Hypothesis: The Scientific Search for the Soul*. New York: Simon & Schuster.

Cross, Ian. 2003. "Music, Cognition, Culture, and Evolution." In Peretz and Zatorre 2003, 42–56.

Culler, Jonathan. 1975. *Structuralist Poetics: Structuralism, Linguistics, and the Study of Literature*. Ithaca, NY: Cornell University Press.

D'Aloia, Adriano. 2012. "Cinematic Empathy: Spectator Involvement in the Film Experience." In Reynolds and Reason 2012, 91–107.

Damasio, Antonio R. 1994. *Descartes' Error: Emotion, Reason, and the Human Brain*. New York: Putnam.

______. 1999. *The Feeling of What Happens: Body and Emotion in the Making of Consciousness*. New York: Houghton Mifflin Harcourt.

Deacon, Terrence W. 2012. *Incomplete Nature: How Mind Emerged from Matter*. New York: Norton.

Decety, Jean, and Jason M. Cowell. 2015. "The Equivocal Relationship between Morality and Empathy." In Decety and Wheatley 2015, 279–302.

Decety, Jean, and Claus Lamm. 2009. "Empathy versus Personal Distress: Recent Evidence from Social Neuroscience." In Jean Decety and William Ickes, eds., *The Social Neuroscience of Empathy*, 199–213. Cambridge, MA: MIT Press.

Decety, Jean, and Thalia Wheatley, eds. 2015. *The Moral Brain: A Multidisciplinary Perspective*. Cambridge, MA: MIT Press.

Dehaene, Stanislas. 2009. *Reading in the Brain: The New Science of How We Read*. New York: Penguin.

______. 2014. *Consciousness and the Brain: Deciphering How the Brain Codes Our Thoughts*. New York: Penguin.

De Jaegher, Hanne, Ezequiel Di Paolo, and Ralph Adolphs. 2016. "What Does the Interactive Brain Hypothesis Mean for Social Neuroscience? A Dialogue." *Phil-osophical Transactions of the Royal Society B* 371:20150379.

De Jaegher, Hanne, Ezequiel Di Paolo, and Shaun Gallagher. 2010. "Can Social Interaction Constitute Social Cognition?" *Trends in Cognitive Sciences* 14 (10): 441–47.

Delton, Andrew W., and Max M. Krasnow. 2015. "Adaptationist Approaches to Moral Psychology." In Decety and Wheatley 2015, 19–34.

Dennett, Daniel C. 1991. *Consciousness Explained*. New York: Little, Brown,

Derrida, Jacques. 1984. "Two Words for Joyce." In *Post-Structuralist Joyce: Essays from the French*, ed. Derek Attridge and Daniel Ferrer, 145–59. Cambridge: Cambridge University Press.

Desai, Rutvik H., Lisa L. Conant, Jeffrey R. Binder, Haeil Park, and Mark S. Seidenberg. 2013. "A Piece of the Action: Modulation of Sensory-Motor Re- gions by Action Idioms and Metaphors." *NeuroImage* 83:862–69.

Dickens, Charles. 2008 [1861]. *Great Expectations*, ed. Margaret Cardwell and Robert Douglas-Fairhurst. Oxford: Oxford University Press.

Dikker, Suzanne, Lu Wan, Ido Davidesco, Lisa Kaggen, Matthias Oostrik, James McClintock, Jess Rowland, Mingzhou Ding, David Poeppel, and Dana Bevilac- qua. 2017. "Brain-to-Brain Synchrony Tracks Real-World Dynamic Group Interactions in the Classroom." *Current Biology* 27 (9): 1375–80.

Dittrich, Luke. 2016. *Patient H. M.: A Story of Memory, Madness, and Family Secrets*. New York: Random House.

Donald, Merlin. 2012. "The Slow Process: A Hypothetical Cognitive Adaptation for Distributed

Cognitive Networks." In Schulkin 2012, 25–42.

Dove, Guy. 2011 "On the Need for Embodied and Dis-embodied Cognition." *Frontiers in Psychology* 1:242.

Drake, Carolyn, and Daisy Bertrand. 2003. "The Quest for Universals in Tempo-ral Processing in Music." In Peretz and Zatorre 2003, 21–31.

Dreyfus, Hubert L. 1992. *What Computers Still Can't Do: A Critique of Artificial Reason*. Cambridge, MA: MIT Press.

Droit-Volet, Sylvie. 2014. "What Emotions Tell Us About Time." In Arstila and Lloyd 2014b, 477–506.

Dudai, Yadin. 2011. "The Engram Revisited: On the Elusive Permanence of Mem-ory." In Nalbantian, Matthews, and McClelland 2011, 29–40.

Easterlin, Nancy. 2012. *A Biocultural Approach to Literary Theory and Interpre-tation.* Baltimore, MD: Johns Hopkins University Press.

______. 2015. "Thick Context: Novelty in Cognition and Literature." In Zunshine 2015, 613–32.

Eco, Umberto. 1976. *A Theory of Semiotics*. Bloomington: Indianapolis University Press.

Edelman, Gerald M. 1987. *Neural Darwinism: The Theory of Neuronal Group Selection*. New York: Basic Books.

Edelman, Gerald M., and Giulio Tononi. 2000. *A Universe of Consciousness: How Matter Becomes Imagination.* New York: Basic Books.

Ekman, Paul. 1999 "Basic Emotions." In *Handbook of Cognition and Emotion*, ed. Tim Dagliesh and Mick Power, 45–60. New York: John Wiley & Sons.

Evans, Nicholas, and Stephen C. Levinson. 2009. "The Myth of Language Univer- sals: Language Diversity and Its Importance for Cognitive Science." *Behav- ioral and Brain Sciences* 32 (5): 429–92.

Evans, Vyvyan. 2016. "Why Only Us: The Language Paradox." *New Scientist*, 27 February.

Fadiga, Luciano, Laila Craighero, and Alessandro D'Ausilio. 2009. "Broca's Area in Language, Action, and Music." *Annals of the New York Academy of Sciences* 1169 (1): 448–58.

Fauconnier, Giles, and Mark Turner. 2002. *The Way We Think: Conceptual Blend-ing and the Mind's Hidden Complexities*. New York: Basic Books.

Faulkner, William. 1994 [1929]. *The Sound and the Fury*, ed. David Minter. New York: Norton.

Fazio, Patrik, Anna Cantagallo, Laila Craighero, Alessandro D'Ausilio, Alice C. Roy, Thierry Pozzo, Ferdinando Calzolari, Enrico Granieri, and Luciano Fadiga. 2009. "Encoding of Human Action in Broca's Area." *Brain* 132 (7): 1980–88.

Fernyhough, Charles. 2016. *The Voices Within: The History and Science of How We Talk to Ourselves.* New York: Basic Books.

Ferrari, Pier Francesco, and Giacomo Rizzolatti. 2014. "Mirror Neuron Research: The Past and the Future." *Philosophical Transactions of the Royal Society B* 369:20130169.

Fielding, Henry. 1961 [1741]. *Joseph Andrews; Shamela*, ed. Martin Battestin. Boston: Houghton Mifflin.

Flaubert, Gustave. 2003 [1857]. *Madame Bovary*. Trans. Geoffrey Wall. New York: Penguin.

Flesch, William. 2007. *Comeuppance: Costly Signaling, Altruistic Punishment, and Other Biological Components of Fiction*. Cambridge, MA: Harvard University Press.

Fludernik, Monika. 1996. *Towards a "Natural" Narratology*. London: Routledge.

______. 2014. Afterword, *Style* 48 (3): 404–8.

Fodor, Jerry A. 1983. *The Modularity of Mind*. Cambridge, MA: MIT Press.

Fong, Katrina, Justin B. Mullin, and Raymond A. Mar. 2013. "What You Read Matters: The Role of Fiction Genre in Predicting Interpersonal Sensitivity." *Psychology of Aesthetics, Creativity, and the Arts* 7 (4): 370–76.

Ford, Ford Madox. 1924. *Joseph Conrad: A Personal Remembrance*. Boston: Little, Brown.

______. 1964 [1914]. "On Impressionism" in *Critical Writings of Ford Madox Ford*, ed. Frank MacShane, 33–55. Lincoln: University of Nebraska Press.

______. 1990 [1915]. *The Good Soldier*, ed. Thomas C. Moser. Oxford: Oxford University Press.

Fordham, Finn. 2012. Introduction. In Joyce 2012 [1939], vii–xxxiv.

Forster, E. M. 1927. *Aspects of the Novel*. London: Edward Arnold.

Frank, Joseph. 1945. "Spatial Form in Modern Literature." In Frank 1991, 5–66.

______. 1977. "Spatial Form: An Answer to Critics." In Frank 1991, 67–106.

______. 1978. "Spatial Form: Some Further Reflections." In Frank 1991, 107–32.

______. 1991. *The Idea of Spatial Form*. New Brunswick, NJ: Rutgers University Press.

Fraps, Thomas. 2014. "Time and Magic—Manipulating Subjective Temporality." In Arstila and Lloyd 2014b, 263–85.

Freud, Sigmund. 1958 [1908]. "The Relation of the Poet to Day- Dreaming." In *On Creativity and the Unconscious: Papers on the Psychology of Art, Liter- ature, Love, Religion*, ed. Benjamin Nelson, 44–54. New York: Harper & Row.

Friston, Karl, and Christopher Frith. 2015. "A Duet for One." *Consciousness and Cognition* 36:390–405.

Frith, Chris D. 2012. "The Role of Metacognition in Human Social Interactions." *Philosophical Transactions Royal Society B* 367: 2213–23.

Frith, Uta, and Chris D. Frith. 2010. "The Social Brain: Allowing Humans to Boldly Go Where No Other Species Has Been." *Philosophical Transactions Royal Society B* 365: 165–75.

Gadamer, Hans-Georg. 1993 [1960]. *Truth and Method*. 2nd rev. ed. Trans. Joel Weinsheimer and Donald G. Marshall. New York: Continuum.

Gallagher, Catherine. 2006. "The Rise of Fictionality." In *The Novel*, 2 vols., ed. Franco Moretti, 1:336–63. Princeton, NJ: Princeton University Press.

Gallagher, Shaun. 2005. *How the Body Shapes the Mind*. Oxford, UK: Clarendon Press.

______. 2012. *Phenomenology*. New York: Palgrave Macmillan.

Gallagher, Shaun, and Dan Zahavi. 2008. *The Phenomenological Mind: An Intro-duction to Philosophy of Mind and Cognitive Science*. New York: Routledge.

______. 2012. *The Phenomenological Mind*. 2nd ed. New York: Routledge.

Gallese, Vittorio, and George Lakoff. 2005. "The Brain's Concepts: The Role of the Sensory-Motor System in Conceptual Knowledge." *Cognitive Neuropsy- chology* 22 (3–4): 455–79.

Garrels, Scott R., ed. 2011. *Mimesis and Science: Empirical Research on Imitation and the Mimetic Theory of Culture and Religion*. East Lansing: Michigan State University Press.

Genette, Gérard. 1980. *Narrative Discourse: An Essay in Method.* Ithaca, NY: Cornell University Press.

Gerrig, Richard J. 2010. "Readers' Experiences of Narrative Gaps." *StoryWorlds* 2 (1): 19–37.

______. 2012. "Why Literature is Necessary, and Not Just Nice." In *Cognitive Lit- erary Studies: Current Themes and New Directions*, ed. Isabel Jaén and Jacques Simon, 35–52. Austin: University of Texas Press.

Gerrig, Richard J., and Philip G. Zimbardo. 2005. *Psychology and Life*. 17th ed. Boston: Pearson.

Gibbs, Raymond W. Jr., and Tweenie Matlock. 2008. "Metaphor, Imagination, and Simulation: Psycholinguistic Evidence." In *The Cambridge Handbook of Meta- phor and Thought*, ed. Raymond W. Gibbs, 161–76. New York: Cambridge University Press.

Gibson, James J. 1979. *The Ecological Approach to Visual Perception*. Boston: Houghton Mifflin.

Glenberg, Arthur M., and Michael P. Kaschak. 2002. "Grounding Language in Action." *Psychonomic Bulletin & Review* 9 (3): 558–65.

Gombrich, E. H. 1960. *Art and Illusion*. Princeton, NJ: Princeton University Press. Gomes, Gilberto. 1998. "The Timing of Conscious Experience: A Critical Review and Reinterpretation of Libet's Research." *Consciousness and Cognition* 7 (4): 559–95.

Goodman, Nelson. 1978. *Ways of Worldmaking*. Indianapolis, IN: Hackett.

Gosetti-Ferencei, Jennifer Anna. 2018. *The Life of Imagination: Revealing and Making the World*. New York: Columbia University Press.

Greene, Joshua D. 2015. "The Cognitive Neuroscience of Moral Judgment and Decision Making." In Decety and Wheatley 2015, 197–220.

Greene, Robert Lane. 2016. "The Theories of the World's Best-Known Linguist Have Become Rather Weird." *Economist*, 26 March, 96.

Gross, Daniel M. 2010. "Defending the Humanities with Charles Darwin's *The Expression of the Emotions in Man and Animals* (1872)." *Critical Inquiry* 37 (1): 34–59.

Guerard, Albert J. 1958. *Conrad the Novelist*. Cambridge, MA: Harvard Univer- sity Press.

Hagendoorn, Ivar. 2004. "Some Speculative Hypotheses about the Nature and Perception of Dance and Choreography." *Journal of Consciousness Studies* 11 (3–4): 79–110.

Haggard, Patrick, Sam Clark, and Jeri Kalogeras. 2002. "Voluntary Action and Conscious Awareness." *Nature Neuroscience* 5 (4): 382–85.

Haggard, Patrick, Yves Rossetti, and Mitsuo Kawato, eds. 2008. *Sensorimotor Foundations of Higher Cognition: Attention and Performance*. Vol. 22. Oxford: Oxford University Press.

Hakemulder, Jèmeljan. 2000. *The Moral Laboratory: Experiments Examining the Effects of Reading Literature on Social Perception and Moral Self-Concept*. Am- sterdam: John Benjamins.

Hasson, Uri, Asif A. Ghazanfar, Bruno Galantucci, Simon Garrod, and Christian Keysers. 2012. "Brain-to-Brain Coupling: A Mechanism for Creating and Shar- ing a Social World." *Trends in Cognitive Sciences* 16 (2): 114–21.

Hasson, Uri, Ohad Landesman, Barbara Knappmeyer, Ignacio Vallines, Nava Rubin, and David J. Heeger. 2008. "Neurocinematics: The Neuroscience of Film." *Projections* 2 (1): 1–26.

Hasson, Uri, Yuval Nir, Ifat Levy, Galit Fuhrmann, and Rafael Malach. 2004. "In- tersubject Synchronization of Cortical Activity during Natural Vision." *Sci- ence* 303 (5664): 1634–40.

Hauk, Olaf, and Friedemann Pulvermüller. 2004. "Neurophysiological Distinction of Action Words in the Fronto-Central Cortex." *Human Brain Mapping* 21:191–201.

Hebb, Donald O. 2002 [1949]. *The Organization of Behavior: A Neurophysiolog-ical Theory*. Mahwah, NJ: Erlbaum.

Heidegger, Martin. 1962 [1927]. *Being and Time*. Trans. John Macquarrie and Edward Robinson. New York: Harper & Row.

Hein, Grit, and Tania Singer. 2008. "I Feel How You Feel but Not Always: The Empathic Brain and Its Modulation." *Current Opinion in Neurobiology* 18 (2): 153–58.

Henrich, Joseph, Steven J. Heine, and Ara Norenzayan. 2010. "The Weirdest People in the World?" *Behavioral and Brain Sciences* 33 (2–3): 61–83.

Herman, David. 2002. *Story Logic: Problems and Possibilities of Narrative*. Lincoln: University of Nebraska Press.

______. 2010. "Narrative Theory after the Second Cognitive Revolution." In Zunshine 2010, 155–75.

______. 2011. "1880–1945: Re-Minding Modernism." In *The Emergence of Mind: Representations of Consciousness in Narrative Discourse in English*, ed. David Herman, 243–72. Lincoln: University of Nebraska Press.

______. 2013. *Storytelling and the Sciences of Mind*. Cambridge, MA: MIT Press.

Hickok, Gregory. 2009. "Eight Problems for the Mirror Neuron Theory of Action Understanding in Monkeys and Humans." *Journal of Cognitive Neuroscience* 21 (7): 1229–43.

______. 2014. *The Myth of Mirror Neurons: The Real Science of Communication and Cognition*. New York: Norton.

Hoffman, Martin. 2000. *Empathy and Moral Development: Implications for Car-ing and Justice*. Cambridge: Cambridge University Press.

Hogan, Patrick Colm. 2003. *The Mind and Its Stories: Narrative Universals and Human Emotion*. Cambridge: Cambridge University Press.

______. 2010. "Literary Universals." In Zunshine 2010, 37–60.

______. 2011a. *Affective Narratology: The Emotional Structure of Stories.* Lincoln: University of Nebraska Press.

______. 2011b. *What Literature Teaches Us about Emotion.* Cambridge: Cambridge University Press.

Hubel, David. 2011. "Thinking in the Brain." Cognitive Literary Studies Seminar, Mahindra Humanities Center, Harvard University, 8 December.

Humphrey, Nicholas. 2006. *Seeing Red: A Study in Consciousness*. Cambridge, MA: Harvard University Press.

Hunt, Lynn Avery. 2007. *Inventing Human Rights: A History*. New York: Norton.

Husserl, Edmund. 1964 [1928]. *The Phenomenology of Internal Time Conscious-ness*. Trans. James S. Churchill. Bloomington: Indiana University Press.

______. 1970 [1954]. *The Crisis of European Sciences and Transcendental Phe- nomenology*. Trans. David Carr. Evanston, IL: Northwestern University Press.

Hutchison, William D., Karen D. Davis, Andres M. Lozano, Ronald R. Tasker, and Jonathan O. Dostrovsky. 1999. "Pain-Related Neurons in the Human Cingulate Cortex." *Nature Neuroscience* 2 (5): 403–5.

Huth, Alexander G., Wendy A. de Heer, Thomas L. Griffiths, Frédéric E. Theunissen, and Jack L. Gallant. 2016. "Natural Speech Reveals the Semantic Maps that Tile Human Cerebral Cortex." *Nature* 532 (7600): 453–58.

Hutto, Daniel D. 2007. "The Narrative Practice Hypothesis: Origins and Applica- tions of Folk Psychology." *Royal Institute of Philosophy Supplements* 60: 43–68.

Hyman, John. 2010 "Art and Neuroscience." In *Beyond Mimesis: Representation in Art and Science*, ed. Roman Frigg and Mathew J. Hunter, 245–54. Heidel- berg: Springer.

Iacoboni, Marco. 2008. *Mirroring People: The Science of Empathy and How We Connect with Others*. New York: Farrar, Straus & Giroux.

Ingarden, Roman. 1973 [1931]. *The Literary Work of Art*. Trans. George G. Grabowicz. Evanston, IL: Northwestern University Press.

______. 1973 [1937]. *The Cognition of the Literary Work of Art*. Trans. Ruth Ann Crowley and Kenneth R. Olson. Evanston, IL: Northwestern University Press.

Iser, Wolfgang. 1974. *The Implied Reader: Patterns of Communication in Prose Fiction from Bunyan to Beckett*. Baltimore, MD: Johns Hopkins University Press.

______. 1978. *The Act of Reading: A Theory of Aesthetic Response*. Baltimore, MD: Johns Hopkins University Press.

______. 1993. *The Fictive and the Imaginary: Charting Literary Anthropology*. Baltimore, MD:

Johns Hopkins University Press.

Jacobs, Arthur M. 2015. "Neurocognitive Poetics: Methods and Models for In- vestigating the Neuronal and Cognitive-Affective Bases of Literature Recep- tion." *Frontiers in Human Neuroscience* 9:1–22.

Jahn, Manfred. 1997. "Frames, Preferences, and the Reading of Third- Person Nar- ratives: Towards a Cognitive Narratology." *Poetics Today* 18 (4): 441–68.

______. 2005. "Cognitive Narratology." In *Routledge Encyclopedia of Narrative Theory*, ed. David Herman, Manfred Jahn, and Marie- Laure Ryan, 67–71. London: Routledge.

James, Henry. 1970a [1888]. *Partial Portraits*. Ann Arbor: University of Michigan Press.

______. 1970b [1883]. "Alphonse Daudet." In James 1970a [1883], 193–239.

______. 1970c [1884]. "The Art of Fiction." In James 1970a [1884], 375–408.

______. 1987. *The Complete Notebooks of Henry James*, ed. Leon Edel and Lyall H. Powers. Oxford: Oxford University Press.

______. 2003 [1902]. *The Wings of a Dove*, ed. J. Donald Crowley and Richard A. Hocks. New York: Norton.

______. 2009 [1904]. *The Golden Bowl*, ed. Ruth Bernard Yeazell. New York: Penguin.

James, William. 1950 [1890]. *Principles of Psychology*. 2 vols. New York: Dover.

Jauss, Hans Robert. 1982. *Toward an Aesthetic of Reception*. Trans. Timothy Bahti. Minneapolis: University of Minnesota Press.

Jeannerod, Marc. 2006. *Motor Cognition: What Actions Tell the Self*. Oxford: Oxford University Press.

Johns, Louise C., and Jim Van Os. 2001. "The Continuity of Psychotic Experiences in the General Population." *Clinical Psychology Review* 21 (8): 1125–1141.

Joyce, James. 2007 [1916]. *A Portrait of the Artist as a Young Man*, ed. John Paul Riquelme. New York: Norton.

______. 2012 [1939]. *Finnegans Wake*, ed. Robbert-Jan Henkes, Erik Bindervoet, and Finn Fordham. Oxford: Oxford University Press.

Kandel, Eric. 2006. *In Search of Memory: The Emergence of a New Science of Mind*. New York: Norton.

Kearney, Richard. 2015. "The Wager of Carnal Hermeneutics." In *Carnal Herme-neutics*, ed Richard Kearney and Brian Treanor, 15–56. New York: Fordham University Press.

Keen, Suzanne. 2007. *Empathy and the Novel*. Oxford: Oxford University Press.

______. 2011. "Introduction: Narrative and Emotions." *Poetics Today* 32 (1): 1–53.

______. 2015. "Intersectional Narratology in the Study of Narrative Empathy." In *Narrative Theory Unbound: Queer and Feminist Interventions*, ed. Robyn Warhol and Susan S. Lanser, 123–46. Columbus: Ohio State University Press.

Keller, Peter E. 2008. "Joint Action in Music Performance." In *Enacting Intersub- jectivity: A*

Cognitive and Social Perspective on the Study of Interactions, ed. Francesca Morganti, Antonella Carassa, and Giuseppe Riva, 205–21. Amsterdam: IOS Press.

Kelso, J. A. S. 1995. *Dynamic Patterns: The Self-Organization of Brain and Behav-ior*. Cambridge, MA: MIT Press.

______. 2000. "Fluctuations in the Coordination Dynamics of Brain and Behav- ior." In *Disorder versus Order in Brain Function: Essays in Theoretical Neuro-biology*, ed. Peter Århem, Clas Blomberg, and Hans Liljenström, 185–203. Sin-gapore: World Scientific Publishing.

Kermode, Frank. 1967. *The Sense of an Ending*. New York: Oxford University Press.

______. 1978. "Spatial Form: Some Further Reflections." *Critical Inquiry* 5 (2): 275–90.

Keymer, Thomas. 2001. Introduction to Samuel Richardson, *Pamela; or, Virtue Rewarded*, vii–xxxvi. Oxford: Oxford University Press.

Kidd, David Comer, and Emanuele Castano. 2013. "Reading Literary Fiction Im- proves Theory of Mind." *Science* 342 (6156): 377–80.

______. 2017. "Panero et al. (2016): Failure to Replicate Methods Caused the Fail- ure to Replicate Results." *Journal of Personality and Social Psychology* 112 (3): e1–e4.

Kierkegaard, Sø ren. 1938. *The Journals of Søren Kierkegaard*. Trans. Alexander Dru. London: Oxford University Press.

Koelsch, Stefan. 2012. *Brain and Music.* Oxford: Wiley-Blackwell.

Kolers, Paul, and Michael von Grünau. 1976. "Shape and Color in Apparent Motion." *Vision Research* 16 (4): 329–35.

Konvalinka, Ivana, and Andreas Roepstorff. 2012. "The Two-Brain Approach: How Can Mutually Interacting Brains Teach Us Something About Social Inter- action?" *Frontiers in Human Neuroscience* 6:215.

Kronegger, Maria Elisabeth. 1973. *Literary Impressionism*. New Haven, CT: Col- lege and University Press.

Kukkonen, Karin. 2014a. "Bayesian Narrative: Probability, Plot and the Shape of the Fictional World." *Anglia* 132 (4): 720–39.

______. 2014b. "Presence and Prediction: The Embodied Reader's Cascades of Cognition." *Style* 48 (3): 367–84.

______. 2016. "Bayesian Bodies: The Predictive Dimension of Embodied Cogni- tion and Culture." In *The Cognitive Humanities: Embodied Mind in Literature and Culture*, ed. Peter Garratt, 153–67. London: Palgrave Macmillan.

______. 2017. *A Prehistory of Cognitive Poetics: Neoclassicism and the Novel*. Oxford: Oxford University Press.

Kukkonen, Karin, and Marco Caracciolo. 2014. "Introduction: What is the 'Sec-ond Generation'?" *Style* 48 (3): 261–74.

Kuzmičová, Anežka. 2012. "Presence in the Reading of Literary Narrative: A Case for Motor

Enactment." *Semiotica* 189:23-48.

Lacey, Simon, Randall Stilla, and Krish Sathian. 2012. "Metaphorically Feeling: Comprehending Textural Metaphors Activates Somatosensory Cortex." *Brain and Language* 120 (3): 416-21.

Lakoff, George, and Mark Johnson. 1980. *Metaphors We Live By*. Chicago: Uni- versity of Chicago Press.

______. 1999. *Philosophy in the Flesh: The Embodied Mind and Its Challenge to Western Thought*. New York: Basic Books.

Lawrence, Karen. 1981. *The Odyssey of Style in "Ulysses."* Princeton, NJ : Prince- ton University Press.

Lawtoo, Nidesh. 2013. *The Phantom of the Ego: Modernism and the Mimetic Unconscious*. East Lansing: Michigan State University Press.

Leavis, F. R. 1948. *The Great Tradition*. London: Chatto & Windus.

LeDoux, Joseph. 1996. *The Emotional Brain: The Mysterious Underpinnings of Emotional Life*. New York: Simon & Schuster.

Lessing, Gotthold Ephraim. 1962 [1766]. *Laocoön: An Essay on the Limits of Painting and Poetry*. Trans. Edward Allen McCormick. Baltimore, MD: Johns Hopkins University Press.

Levine, Caroline. 2015. *Forms: Whole, Rhythm, Hierarchy, Network*. Princeton, NJ: Princeton University Press.

Lewis, Mary Tompkins. 2007. "The Critical History of Impressionism." In *Criti- cal Readings in Impressionism and Post-Impressionism*, ed. Mary Tompkins Lewis, 1-19. Berkeley: University of California Press.

Leys, Ruth. 2011. "The Turn to Affect: A Critique." *Critical Inquiry* 37 (3): 434-72.

Libet, Benjamin. 1993. "The Experimental Evidence for Subjective Referral of a Sensory Experience Backwards in Time: Reply to P. S. Churchland." In *Neuro- physiology of Consciousness*, 205-20. Boston: Birkhäuser.

______. 2002. "The Timing of Mental Events: Libet's Experimental Findings and Their Implications." *Consciousness and Cognition* 11: 291-99.

______. 2003. "Timing of Conscious Experience: Reply to the 2002 Commentar- ies on Libet's Findings." *Consciousness and Cognition* 12: 321-31.

______. 2004. *Mind Time: The Temporal Factor in Consciousness* Cambridge, MA: Harvard University Press.

Libet, Benjamin, Elwood W. Wright Jr., Bertram Feinstein, and Denies K. Pearl. 1979. "Subjective Referral of the Timing for a Conscious Sensory Experience: A Functional Role for the Somatosensory Specific Projection System in Man." *Brain* 102:193-224.

Lindenberger, Ulman, Shu-Chen Li, Walter Gruber, and Viktor Müller. 2009. "Brains Swinging in Concert: Cortical Phase Synchronization while Playing Guitar." *BMC Neuroscience* 10 (1): 22.

Lindquist, Kristen A., Tor D. Wager, Hedy Kober, Eliza Bliss-Moreau, and Lisa Feldman Barrett. 2012. "The Brain Basis of Emotion: A Meta-Analytic Review." *Behavioral and Brain Sciences* 35 (3): 121–43.

Lipps, Theodor. 1903. "Einfühlung, innere Nachahmung und Organempfindun- gen." In *Archiv für die Gesamte Psychologie*, vol. 1, pt. 2:185–204. Leipzig: Engelmann.

Livingstone, Margaret. 2002. *Vision and Art*. New York: Abrams.

Lloyd, Dan. 2016. "Inside Daniel Dennett: The Temporal Connectome." Paper pre- sented at the conference of the Association for the Scientific Study of Con- sciousness, Buenos Aires, 15–18 June.

Lodge, David. 2001. *Thinks . . .* New York: Penguin.

______. 2002. *Consciousness and the Novel*. Cambridge, MA: Harvard University Press.

Lothe, Jakob. 2000. *Narrative in Fiction and Film*. Oxford: Oxford University Press.

______. 2018. "Characters and Narrators in Narrative Communication: James Phelan's Rhetorical Poetics of Narrative." *Style* 52 (1–2): 83–87.

Lotman, Yuri M. 1990. *Universe of the Mind: A Semiotic Theory of Culture*. Trans. Ann Shukman. Bloomington: Indiana University Press.

Maess, Burkhard, Stefan Koelsch, Thomas C. Gunter, and Angela D. Friederici. 2001. "Musical Syntax is Processed in Broca's Area: An MEG Study." *Nature Neuroscience* 4 (5): 540–45.

Malabou, Catherine. 2008. *What Should We Do with Our Brain?* Trans. Sebastian Rand. New York: Fordham University Press.

Malafouris, Lambros. 2013. *How Things Shape the Mind: A Theory of Material Engagement*. Cambridge, MA: MIT Press.

Mar, Raymond A., Keith Oatley, Jacob Hirsh, Jennifer dela Paz, and Jordan B. Peterson. 2006. "Bookworms versus Nerds: Exposure to Fiction versus Non- Fiction, Divergent Associations with Social Ability, and the Simulation of Fic- tional Social Worlds." *Journal of Research in Personality* 40 (5): 694–712.

Massumi, Brian. 1995. "The Autonomy of Affect." *Cultural Critique* 31:83–109.

______. 2002. *Parables for the Virtual: Movement, Affect, Sensation*. Durham, NC: Duke University Press.

Matz, Jesse. 2001. *Literary Impressionism and Modernist Aesthetics*. Cambridge: Cambridge University Press.

McCloud, Scott. 1993. *Understanding Comics: The Invisible Art*. New York: Wil-liam Morrow.

McHugh, Roland. 1991. *Annotations to "Finnegans Wake."* Rev. ed. Baltimore, MD: Johns Hopkins University Press.

Merleau-Ponty, Maurice. 1963 [1942]. *The Structure of Behavior*. Trans. Alden L. Fisher. Boston: Beacon.

______. 1968 [1964]. *The Visible and the Invisible*, ed. Claude Lefort. Trans. Alphonso Lingis.

Evanston, IL: Northwestern University Press.

______. 2012 [1945]. *Phenomenology of Perception*. Trans. Donald A. Landes. New York: Routledge.

Metz, Christian.1974. *Film Language: A Semiotics of the Cinema*. Trans. Michael Taylor. Chicago: University of Chicago Press.

Miall, David S. 2011. "Emotions and the Structuring of Narrative Response." *Poetics Today* 32 (2): 323–48.

Mitchell, W. J. T. 1980. "Spatial Form in Literature: Toward a General Theory." *Critical Inquiry* 6 (3): 539–67.

Mölder, Bruno. 2014. "Constructing Time: Dennett and Grush on Temporal Repre- sentation." In Arstila and Lloyd 2014b, 217–38.

Morson, Gary Saul. 1994. *Narrative and Freedom: The Shadows of Time*. New Haven, CT: Yale University Press.

Mumper, Micah L. and Richard J. Gerrig. 2019. "How Does Leisure Reading Affect Social Cognitive Abilities?" *Poetics Today* 40 (3): 454–73.

Murphy, Elliot. 2016. "The Human Oscillome and Its Explanatory Potential." *Bi-olinguistics* 10:6–20.

Nadeau, Stephen E. 2012. *The Neural Architecture of Grammar.* Cambridge, MA: MIT Press.

Nagel, Thomas. 1974. "What Is It Like to Be a Bat?" *Philosophical Review* 83: 435–50.

______. 2012. *Mind and Cosmos*. Oxford: Oxford University Press.

Nalbantian, Suzanne, Paul M. Matthews, and James L. McClelland, eds. 2011. *The Memory Process: Neuroscientific and Humanistic Perspectives*. Cambridge, MA: MIT Press.

Niedenthal, Paula M. 2007. "Embodying Emotion." *Science* 316 (5827): 1002–5. Nietzsche, Friedrich. 1994 [1872]. *The Birth of Tragedy Out of the Spirit of Music*. Trans. Shaun Whiteside. New York: Penguin.

______. 2015 [1873]. *Über Wahrheit und Lüge im außermoralischen Sinne [On Truth and Lie in an Extramoral Sense]*. Stuttgart: Reclam.

Nodjimbadem, Kim. 2015. "What Happens to Your Body When You Walk on a Tightrope?" *Smithsonian.com*, 13 October. www.smithsonianmag.com/science-nature/what-happens-your-body-when-you-walk-tightrope-180956897. Noë, Alva. 2004. *Action in Perception*. Cambridge, MA: MIT Press.

______. 2009. *Out of Our Heads: Why You are Not Your Brain, and Other Les-sons from the Biology of Consciousness*. New York: Hill and Wang.

______. 2015. *Strange Tools: Art and Human Nature*. New York: Hill and Wang.

Norris, Margot. 2004. "*Finnegans Wake*." In *The Cambridge Companion to James Joyce*, ed. Derek Attridge, 149–70. Cambridge: Cambridge University Press.

Nussbaum, Martha C. 1997. *Cultivating Humanity: A Classical Defense of Re-form in Liberal Education*. Cambridge, MA: Harvard University Press.

Oatley, Keith. 2016. "Fiction: Simulation of Social Worlds." *Trends in Cognitive Sciences* 20 (8): 618–28.

Palmer, Alan. 2004. *Fictional Minds.* Lincoln: University of Nebraska Press.

Pan, Yafeng, Xiaojun Cheng, Zhenxin Zhang, Xianchun Li, and Yi Hu. 2017. "Cooperation in Lovers: An fNIRS-Based Hyperscanning Study." *Human Brain Mapping* 38 (2): 831–41.

Panero, Maria Eugenia, Deena Skolnick Weisberg, Jessica Black, Thalia R. Goldstein, Jennifer L. Barnes, Hiram Brownell, and Ellen Winner. 2016. "Does

Reading a Single Passage of Literary Fiction Really Improve Theory of Mind? An Attempt at Replication." *Journal of Personality and Social Psychology* 111 (5): e46–e54.

Park, Sowon. 2012. "The Feeling of Knowing in *Mrs. Dalloway*: Neuroscience and Woolf." In *Contradictory Woolf*, ed. Derek Ryan and Stella Bolaki, 108–14. Liverpool, UK: Liverpool University Press.

______. 2018. "The Unconscious Memory Network," 22 May. https://unconsciousmemory.english.ucsb.edu.

Parkes, Adam. 2011. *A Sense of Shock: The Impact of Impressionism on Modern British and Irish Writing*. Oxford: Oxford University Press.

Patel, Aniruddh. 2008. *Music, Language, and the Brain*. New York: Oxford Uni-versity Press.

Peretz, Isabelle, and Robert Zatorre, eds. 2003. *The Cognitive Neuroscience of Music*. Oxford: Oxford University Press.

Petitot, Jean, Francisco J. Varela, Bernard Pachoud, and Jean-Michel Roy, eds. 1999. *Naturalizing Phenomenology: Issues in Contemporary Phenomenology and Cognitive Science.* Stanford, CA: Stanford University Press.

Pettersson, Bo. 2018. *How Literary Worlds Are Shaped: A Comparative Poetics of Literary Imagination.* Berlin: De Gruyter.

Pettitt, Clare. 2016. "Henry James Tethered and Stretched: The Materiality of Metaphor." *Henry James Review* 37:139–53.

Phelan, James. 2002. "Narrative Progression." In Richardson 2002, 211–16.

______. 2005. *Living to Tell about It: A Rhetoric and Ethics of Character Narra-tion.* Ithaca, NY: Cornell University Press.

______. 2006. "Narrative Theory, 1966–2006: A Narrative." In Scholes and Kellogg 2006 [1966], 283–336.

______. 2015. "Rhetorical Theory, Cognitive Theory, and Morrison's 'Recitatif': From Parallel Play to Productive Collaboration." In Zunshine 2015, 120–35.

______. 2017. *Somebody Telling Somebody Else: A Rhetorical Poetics of Narra-tive*. Columbus: Ohio State University Press.

______. 2018. "Authors, Resources, Audiences: Toward a Rhetorical Poetics of Narrative." *Style* 52 (1–2): 1–34.

Phillips, David P. 1974. "The Influence of Suggestion on Suicide: Substantive and Theoretical Implications of the Werther Effect." *American Sociological Review* 39 (3): 340–54.

Pinker, Steven. 1994. *The Language Instinct: How the Mind Creates Language*. New York: Harper.

______. 2011. *The Better Angels of Our Nature: Why Violence Has Declined*. New York: Viking.

Pöppel, Ernst, and Yan Bao. 2014. "Temporal Windows as a Bridge from Objec- tive to Subjective Time." In Arstila and Lloyd 2014b, 241–62.

Prince, Gerald. 2018. "Response to James Phelan." *Style* 52 (1–2): 42–45.

Pronin, Emily, Jonah Berger, and Sarah Molouki. 2007. "Alone in a Crowd of Sheep: Asymmetric Perceptions of Conformity and Their Roots in an Introspec- tion Illusion." *Journal of Personality and Social Psychology* 92:585–95.

Prum, Richard O. 2013. "Coevolutionary Aesthetics in Human and Biotic Art- worlds." *Biology and Philosophy* 28:811–32.

Pulvermüller, Friedemann. 2018. "Neural Reuse of Action Perception Circuits for Language, Concepts and Communication." *Progress in Neurobiology* 160:1–44.

Pulvermüller, Friedemann, and Luciano Fadiga. 2010. "Active Perception: Senso- rimotor Circuits as a Cortical Basis for Language." *Nature Reviews Neurosci- ence* 11 (5): 351–60.

Quiroga, R. Quian, Leila Reddy, Gabriel Kreiman, Christof Koch, and Itzhak Fried. 2005. "Invariant Visual Representation by Single Neurons in the Human Brain." *Nature*, 23 June, 1102–7.

Rabinowitch, Tal-Chen, Ian Cross and Pamela Burnard. 2012. "Musical Group Interaction, Intersubjectivity and Merged Subjectivity." In Reynolds and Rea- son 2012, 109–20.

Rabinowitz, Peter. 2002. "Reading Beginnings and Endings." In Richardson 2002, 300–313.

Raichle, Marcus E. 2011. "The Restless Brain." *Brain Connectivity* 1 (1): 3–12.

Raposo, Ana, Helen E. Moss, Emmanuel A. Stamatakis, and Lorraine K. Tyler. 2009. "Modulation of Motor and Premotor Cortices by Actions, Action Words and Action Sentences." *Neuropsychologia* 47 (2): 388–96.

Rapp, David N. 2008. "How Do Readers Handle Incorrect Information during Reading?" *Memory and Cognition* 36 (3): 688–701.

Rauscheker, Josef P. 2003. "Functional Organization and Plasticity of the Auditory Cortex." In Peretz and Zatorre 2003, 357–65.

Reynolds, Dee, and Matthew Reason, eds. 2012. *Kinesthetic Empathy in Creative and Cultural Practices*. Bristol, UK: Intellect Books.

Richardson, Alan. 2011. "Defaulting to Fiction: Neuroscience Rediscovers the Romantic Imagination." *Poetics Today* 32 (4): 663–92.

Richardson, Brian, ed. 2002. *Narrative Dynamics: Essays on Time, Plot, Closure, and Frames*. Columbus: Ohio State University Press.

______. 2015. *Unnatural Narrative: Theory, History, and Practice*. Columbus: Ohio State University Press.

Richardson, Michael J., Kerry L. Marsh, Robert W. Isenhower, Justin R. L. Goodman, and Richard C. Schmidt. 2007. "Rocking Together: Dynamics of Intentional and Unintentional Interpersonal Coordination." *Human Move- ment Science* 26:867–91.

Ricoeur, Paul. 1966. *Freedom and Nature: The Voluntary and the Involuntary*. Trans. Erazim V. Kohák. Evanston, IL: Northwestern University Press.

______. 1968. "Structure, Word, Event." In *The Philosophy of Paul Ricoeur*, ed. Charles E. Regan and David Stewart, 109–19. Boston: Beacon.

______. 1977. *The Rule of Metaphor: Multi-Disciplinary Studies of the Creation of Meaning in Language*. Trans. Robert Czerny, Kathleen McLaughlin, and John Costello. Toronto: University of Toronto Press.

______. 1980a. "Mimesis and Representation." In Ricoeur 1991, 137–55.

______. 1980b. "Narrative Time." *Critical Inquiry* 7 (1): 169–90.

______. 1984a. *Time and Narrative*. Vol. 1. Trans. Kathleen McLaughlin and David Pellauer. Chicago: University of Chicago Press.

______. 1984b. "Narrated Time." In Ricoeur 1991, 338–54.

______. 1987. "Life: A Story in Search of a Narrator." In Ricoeur 1991, 425–37.

______. 1991. *A Ricoeur Reader: Reflection and Imagination*, ed. Mario J. Valdés. Toronto: University of Toronto Press.

______. 1992. *Oneself as Another*. Trans. Kathleen Blamey. Chicago: University of Chicago Press.

Rizzolatti, Giacomo, and Laila Craighero. 2004. "The Mirror-Neuron System." *Annual Review of Neuroscience* 27:169–92.

Rizzolatti, Giacomo, and Leonardo Fogassi. 2014. "The Mirror Mechanism: Re-cent Findings and Perspectives." *Philosophical Transactions of the Royal Soci- ety B* 369:20130420.

Rizzolatti, Giacomo, and Corrado Sinigaglia. 2008. *Mirrors in the Brain: How Our Minds Share Actions and Emotions*. Oxford: Oxford University Press.

Robinson, Jenefer. 2005. *Deeper Than Reason: Emotion and Its Role in Literature, Music, and Art.* Oxford, UK: Clarendon Press.

Rubin, James H. 1999. *Impressionism.* New York: Phaidon.

Rüschemeyer, Shirley-Ann, Marcel Brass, and Angela D. Friederici. 2007. "Com- prehending Prehending: Neural Correlates of Processing Verbs with Motor Stems." *Journal of Cognitive Neuroscience* 19 (5): 855–65.

Ruskin, John.1857. *The Elements of Drawing*. London: Smith, Elder.

Ryan, Marie-Laure. 2001. *Narrative as Virtual Reality: Immersion and Interactiv- ity in Literature and Electronic Media.* Baltimore, MD: Johns Hopkins Uni- versity Press.

Ryan, Vanessa. 2012. *Thinking without Thinking in the Victorian Novel.* Balti-more, MD: Johns Hopkins University Press.

Ryle, Gilbert. 2009 [1949]. *The Concept of Mind.* New York: Routledge.

Sänger, Johanna, Ulman Lindenberger, and Viktor Müller. 2011. "Interactive Brains, Social Minds." *Communicative and Integrative Biology* 4 (6): 655–63.

Samson, Séverine, and Nathalie Ehrlé. 2003. "Cerebral Substrates for Musical Temporal Processes." In Peretz and Zatorre, 192–203.

Sartre, Jean-Paul. 1962 [1947]. *What Is Literature?* Trans. Bernard Frechtman. New York: Harper & Row.

Saygin, Ayse Pinar, Stephen M. Wilson, Nina F. Dronkers, and Elizabeth Bates. 2004. "Action Comprehension in Aphasia: Linguistic and Non-Linguistic Defi- cits and Their Lesion Correlates." *Neuropsychologia* 42 (13): 1788–1804.

Schacter, Daniel L. 2002. *The Seven Sins of Memory: How the Mind Forgets and Remembers.* Boston: Houghton Mifflin.

Schacter, Daniel L., and Donna Rose Addis. 2007. "The Cognitive Neuroscience of Constructive Memory: Remembering the Past and Imagining the Future." *Philosophical Transactions of the Royal Society B* 362:773–86.

Schilbach, Leonhard, Bert Timmermans, Vasudevi Reddy, Alan Costall, Gary Bente, Tobias Schlicht, and Kai Vogeley. 2013. "Toward a Second-Person Neurosci- ence." *Behavioral and Brain Sciences* 36 (4): 393–414.

Schlesinger, I. M. 1968. *Sentence Structure and the Reading Process*. The Hague, Paris: Mouton.

Scholes, Robert, and Robert Kellogg. 2006 [1966]. *The Nature of Narrative*. Oxford: Oxford University Press.

Schulkin, Jay, ed. 2012. *Action, Perception, and the Brain.* New York: Palgrave Macmillan.

Schulkin, Jay, and Patrick Heelan. 2012. "Action and Cephalic Expression: Her- meneutical Pragmatism." In Schulkin 2012, 218–57.

Schwan, Stephan, and Sermin Ildirar. 2010. "Watching Film for the First Time: How Adult Viewers Interpret Perceptual Discontinuities in Film." *Psychologi- cal Science* 21 (7): 970–76.

Sheets-Johnstone, Maxine. 1966. *The Phenomenology of Dance.* Madison: Uni- versity of Wisconsin Press.

______. 2011. *The Primacy of Movement*. 2nd rev. ed. Amsterdam: John Benjamins.

Shimamura, Arthur P. 2013a. *Experiencing Art: In the Brain of the Beholder*. Oxford: Oxford University Press.

______. 2013b. "Psychocinematics: Issues and Directions." In *Psychocinematics: Exploring Cognition and the Movies*, ed. Arthur P. Shimamura, 1–26. Oxford: Oxford University Press.

Shklar, Judith. 1990. *The Faces of Injustice*. New Haven, CT: Yale University Press.

Shklovsky, Viktor. 1965 [1917]. "Art as Technique." In *Russian Formalist Criticism: Four Essays*. Trans. Lee T. Lemon and Marion J. Reis, 3–24. Lincoln: University of Nebraska Press.

Silbert, Lauren J., Christopher J. Honey, Erez Simony, David Poeppel, and Uri Hasson. 2014. "Coupled Neural Systems Underlie the Production and Com- prehension of Naturalistic Narrative Speech." *Proceedings of the National Academy of Sciences* 111 (43): e4687–e4696.

Silva, Alcino J. 2011. "Molecular Genetic Approaches to Memory Consolidation." In Nalbantian, Matthews, and McClelland 2011, 41–54.

Singer, Tania, Ben Seymour, John O'Doherty, Holger Kaube, Raymond J. Dolan, and Chris D. Frith. 2004. "Empathy for Pain Involves the Affective but Not Sensory Components of Pain." *Science* 303 (5661): 1157–62.

Smith, Tim J., Daniel Levin, and James E. Cutting. 2012. "A Window on Reality: Perceiving Edited Moving Images." *Psychological Science* 21 (2): 107–13.

Snyder, Frederick W., and N. H. Pronko. 1952. *Vision with Spatial Inversion.* Wichita, KS: University of Wichita Press.

Speer, Nicole K., Jeremy R. Reynolds, Khena M. Swallow, and Jeffrey M. Zacks. 2009. "Reading Stories Activates Neural Representations of Visual and Motor Experiences." *Psychological Science* 20 (8): 989–99.

Sperber, Dan, and Deirdre Wilson. 1995 [1986]. *Relevance: Communication and Cognition*. 2nd ed. Oxford, UK: Blackwell.

Spolsky, Ellen. 2015. *The Contracts of Fiction: Cognition, Culture, Community*. Oxford: Oxford University Press.

Starr, G. Gabrielle. 2013. *Feeling Beauty: The Neuroscience of Aesthetic Experi-ence.* Cambridge, MA: MIT Press.

Stein, Edith. 1964 [1917]. *On the Problem of Empathy*. Trans. W. Stein. The Hague: Nijhoff.

Sternberg, Meir. 1987. *The Poetics of Biblical Narrative: Ideological Literature and the Drama of Reading.* Bloomington: Indiana University Press.

Stevens, Catherine, and Shirley McKechnie. 2005. "Thinking in Action: Thought Made Visible in Contemporary Dance." *Cognitive Processing* 6 (4): 243–52.

Stickgold, Robert. 2011. "Memory in Sleep and Dreams: The Construction of Meaning." In Nalbantian, Matthews, and McClelland 2011, 73–95.

Stratton, George M. 1897. "Vision without Inversion of the Retinal Image." *Psy-chological Review* 4:341–40.

Suddendorf, Thomas, and Michael C. Corballis. 2007. "The Evolution of Fore-sight: What is Mental Time Travel, and Is It Unique to Humans?" *Behavioral and Brain Sciences* 30 (3): 299–351.

Tabibnia, Golnaz, and Matthew D. Lieberman. 2007. "Fairness and Cooperation Are Rewarding." *Annals of the New York Academy of Sciences* 1118 (1): 90–101. Tattersall, Ian.

2016. "At the Birth of Language." *New York Review of Books* 63(13): 27–28.

Thompson, Evan. 2007. *Mind in Life: Biology, Phenomenology, and the Sciences of Mind*. Cambridge, MA: Harvard University Press.

Thompson, Evan, Antoine Lutz, and Diego Cosmelli. 2005. "Neurophenomenol- ogy: An Introduction for Neurophilosophers." In *Cognition and the Brain: The Philosophy and Neuroscience Movement*, ed. Andrew Brook and Kathleen Akins, 40–97. Cambridge: Cambridge University Press.

Todorov, Tzvetan. 1969. "The Structural Analysis of Narrative." Trans. Arnold Weinstein. *Novel: A Forum on Fiction* 3 (1): 70–76.

Tomasello, Michael. 2003. *Constructing a Language: A Usage-Based Theory of Language Acquisition*. Cambridge, MA: Harvard University Press.

______. 2014. *A Natural History of Human Thinking*. Cambridge, MA: Harvard University Press.

Tomasello, Michael, Malinda Carpenter, Josep Call, Tanya Behne, and Henrike Moll. 2005. "Understanding and Sharing Intentions: The Origins of Cultural Cognition." *Behavioral and Brain Sciences* 28 (5): 675–91.

Torgovnick, Marianna.1981. *Closure in the Novel*. Princeton, NJ: Princeton University Press.

Trehub, Sandra E. 2003. "Musical Predisposition in Infancy: An Update." In Per-etz and Zatorre 2003, 3–20.

Troscianko, Emily T. 2014. *Kafka's Cognitive Realism*. London: Routledge.

Turner, Mark. 1996. *The Literary Mind: The Origins of Thought and Language*. Oxford: Oxford University Press.

Valdés, Mario J. 1991. "Introduction: Paul Ricoeur's Post-Structuralist Hermeneu- tics." In Ricoeur 1991, 3–40.

van Gelder, Tim. 1999. "Wooden Iron? Husserlian Phenomenology Meets Cogni- tive Science." In Petitot et al. 1999, 245–65.

Vannuscorps, Gilles, and Alfonso Caramazza. 2016. "Typical Action Perception and Interpretation Without Motor Simulation." *Proceedings of the National Academy of Sciences* 113 (1): 86–91.

Varela, Francisco J. 1999. "The Specious Present: A Neurophenomenology of Time Consciousness." In Petitot et al. 1999, 266–314.

Varela, Francisco J., Jean-Philippe Lachaux, Eugenio Rodriguez, and Jacques Martinerie. 2001. "The Brainweb: Phase Synchronization and Large-Scale In- tegration." *Nature Reviews Neuroscience* 2 (4): 229–39.

Varela, Francisco J., Evan Thompson, and Eleanor Rosch. 1991. *The Embodied Mind: Cognitive Science and Human Experience*. Cambridge, MA: MIT Press.

Vessel, Edward A., G. Gabrielle Starr, and Nava Rubin. 2012 "The Brain on Art: Intense Aesthetic Experience Activates the Default Mode Network." *Frontiers in Human*

Neuroscience 6:66.

Vezzali, Loris, Sofia Stathi, Dino Giovannini, Dora Capozza, and Elena Trifiletti. 2015. "The Greatest Magic of Harry Potter: Reducing Prejudice." *Journal of Applied Social Psychology* 45 (2): 105–21.

Walsh, Richard. 2010. "Person, Level, Voice." In Alber and Fludernik, 2010a, 35–57.

Walton, Kendall L. 1990. *Mimesis as Make-Believe: On the Foundations of the Representational Arts*. Cambridge, MA: Harvard University Press.

Watt, Ian. 1979. *Conrad in the Nineteenth Century*. Berkeley: University of Cali- fornia Press.

Wehrs, Donald R. 2017. Introduction to *The Palgrave Handbook of Affect Stud-ies and Textual Criticism*, ed. Donald R. Wehrs and Thomas Blake, 1–93. Cham, Switzerland: Palgrave Macmillan.

Weil, Kari. 2012. *Thinking Animals: Why Animal Studies Now?* New York: Columbia University Press.

Wertheimer, Max.1912. "Experimentelle Studien über das Sehen von Bewegung." *Zeitschrift für Psychologie* 61:161–265.

West, M. J., and A. P. King. 1988. "Female Visual Displays Affect the Development of Male Song in the Cowbird." *Nature* 334: 244–46.

Westmacott, Robyn, Sandra E. Black, Morris Freedman, and Morris Moscovitch. 2004. "The Contribution of Autobiographical Significance to Semantic Mem- ory: Evidence from Alzheimer's Disease, Semantic Dementia, and Amnesia." *Neuropsychologia* 42 (1): 25–48.

Wicker, Bruno, Christian Keysers, Jane Plailly, Jean-Pierre Royet, Vittorio Gallese, and Giacomo Rizzolatti. 2003. "Both of Us Disgusted in My Insula: The Com- mon Neural Basis of Seeing and Feeling Disgust." *Neuron* 40 (3): 655–64.

Wiesel, Thorstein N. and David Hubel. 1965. "Extent of Recovery from the Effects of Visual Deprivation in Kittens." *Journal of Neurophysiology* 28:1060–72.

Wilkowski, Benjamin M., Brian P. Meier, Michael D. Robinson, Margaret S. Carter, and Roger Feltman. 2009. "'Hot-headed' Is More Than an Expres- sion: The Embodied Representation of Anger in Terms of Heat." *Emotion* 9 (4): 464–77.

Willems, Roel M., and Daniel Casasanto. 2011. "Flexibility in Embodied Language Understanding." *Frontiers in Psychology* 2 (116): 1–11.

Willems, Roel M., Peter Hagoort, and Daniel Casasanto. 2010. "Body- Specific Representations of Action Verbs: Neural Evidence from Right-and Left- Handers." *Psychological Science* 21 (1): 67–74.

Wilson, Deirdre, and Dan Sperber. 2012. *Meaning and Relevance*. Cambridge: Cambridge University Press.

Wilson, Edmund O. 1998. *Consilience: The Unity of Knowledge*. New York: Vintage.

Wittgenstein, Ludwig. 1980. *Remarks on the Philosophy of Psychology*. Vol 2. Oxford, UK:

Blackwell.

Wittman, Marc. 2014. "Embodied Time: The Experience of Time, the Body, and the Self." In Arstila and Lloyd 2014b, 507–23.

Woolf, Virginia. 1950 [1924]. "Mr. Bennett and Mrs. Brown." In *The Captain's Deathbed and Other Essays*, 94–119. New York: Harcourt Brace Jovanovich.

______. 1984 [1921]. "Modern Fiction." In *The Common Reader: First Series*, ed. Andrew McNeillie, 146–54. New York: Harcourt.

Yao, Bo, Pascal Belin, and Christoph Scheepers. 2011. "Silent Reading of Direct Versus Indirect Speech Activates Voice-Selective Areas in the Auditory Cortex." *Journal of Cognitive Neuroscience* 23 (10): 3146–52.

Yarrow, Kielan, and Sukhvinder Obhi. 2014. "Temporal Perception in the Context of Action." In Arstila and Lloyd 2014b, 455–75.

Yeazell, Ruth Bernard. 1976. *Language and Knowledge in the Late Novels of Henry James*. Chicago: University of Chicago Press.

Zeki, Semir. 2003. "The Disunity of Consciousness." *Trends in Cognitive Sciences* 7 (5): 214–18.

______. 2004. "The Neurology of Ambiguity." *Consciousness and Cognition* 13:173–96.

______. 2012. "The Neurobiology Behind Beauty: Semir Zeki @ TEDxUCL." 2 July. www.youtube.com/watch?v=NlzanAw0RP4.

Zeki, Semir, and Tomohiro Ishizu. 2011. "Toward A Brain-Based Theory of Beauty." *PloS One* 6 (7) e21852 (July): 1–10.

Zeman, Adam, Fraser Milton, Alicia Smith, and Rick Rylance. 2013 "By Heart: An fMRI Study of Brain Activation by Poetry and Prose." *Journal of Conscious- ness Studies* 20 (9–10): 132–58.

Zunshine, Lisa, ed. 2010. *Introduction to Cognitive Cultural Studies.* Baltimore, MD: Johns Hopkins University Press.

______. ed. 2015. *The Oxford Handbook of Cognitive Literary Studies*. Oxford: Oxford University Press.

독자를 위한 주요 주제 해설[1)]

문학에서 바라보는 서사: 서사란 무엇인가

일반적으로 서사(敍事)는 어떤 사실을 있는 그대로 기록하는 글의 양식을 말한다. 서사는 인간 행위와 관련되는 일련의 사건들에 대한 언어적 재현 양식이라고 할 수 있다. 그러므로 문학 외적인 영역에도 다양한 형태의 서사가 존재한다. 신문의 사건 기사와 취재 일지, 그리고 역사의 기록물들은 모두 서사에 속한다. 의사가 쓴 환자의 병상 기록이나 과학자의 실험 일지, 예술가의 공연 일지도 넓은 의미에서 모두 서사에 속한다. 이런 식으로 나열한다면 서사는 모든 인간 활동과 관련된다고 할 수 있다. 그러나 문학의 양식으로서의 서사는 이러한 사실과 경험을 다루는 경험적(經驗的) 서사가 아니라 작가의 상상력에 의해 만들어지는 허구적(虛構的) 서사를 말한다. 허구적 서사는 서사를 구성하는 허구성의 원리 자체가 미적 형상성을 목표로 한다는 점에서 문학적 서사가 된다. 그러나 경험적 역사적 서사는 사건에 담겨지는 정보의 실재성 자체를 본질로 한다는 점에서 미적 형상성과는 아무 관계가 없다.

문학적 서사의 대표적인 형태가 바로 소설이다. 소설은 어떤 일련의 사건들을 일정한 시간과 공간을 배경으로 하여 하나의 이야기를 만들게 된다. 그리고 이 이야기

1) 이하의 내용은 본 역서의 본문 내용을 독자들이 이해하는 데에 도움이 되는 자료들을 정리, 제시한 것이다. 여기의 자료들은 관련 사전, 전문가 블로그, 언론 기사, 전문 저서, 인터넷 자료들을 선별하여 제시한 것들이다. 혹시 역자들이 참고 인용을 누락한 것이 있다면 원저자에게 깊은 사과를 드린다.

는 화자(話者)가 청자(聽者)에게 말해주는 방식으로 제시된다. 그러므로 소설에는 이야기를 말해주는 화자가 있고 화자에 의해 말해지는 이야기가 있다. 여기서 화자는 이야기를 실제의 사실처럼 말해주는 서술 행위의 책임을 맡는다. 소설의 화자는 서로 다른 두 가지의 영역에 위치한다. 예컨대 소설이라는 텍스트를 중심으로 놓고 볼 때, 실재적인 화자는 작가이다. 작가는 이야기인 텍스트를 실재적인 독자에게 제공한다. 그러나 서사 내적인 상황에서 화자는 텍스트 내적 세계의 한 영역을 담당하는 허구적인 이야기꾼이다. 여기서 화자는 서사의 내용이 되는 이야기를 텍스트의 세계에 존재하는 허구적인 청자에게 전달한다. 작가/독자, 그리고 화자/청자에 의해 이루어지는 소통구조는 그러므로 텍스트 외적인 실재 공간과 텍스트 내적인 허구적 공간이라는 두 가지의 서로 다른 공간에 자리한다. 그렇지만, 이들은 서로 관습적으로 연결되어 있다. 작가는 마치 화자인 것처럼 이야기를 말하고 독자는 마치 자신이 청자인 것처럼 그 이야기를 듣는다. 그러므로 서사에서 화자는 그들이 말하고 있는 이야기의 내용에 참여하는 방식에 따라 여러 가지로 구분된다. 예컨대 이야기의 내용 속에 등장하는 작품 내적 화자와 이야기의 외부에서 이야기를 말해주는 작품 외적 화자가 있을 수 있다.

소설의 이야기는 언제나 시간과 공간을 필요로 한다. 때와 장소는 이야기의 구성과 그 진행에 구체성을 부여한다. 시간과 공간의 결합이 없이는 서사 자체의 성립이 불가능하다. 경험적인 내용이나 역사적 사실에 근거한 서사에서 시간과 공간은 실재로 '어떤 일이 일어났던 구체적인 공간과 시간'을 의미한다. 그러므로 이러한 역사적 서사는 이미 일어난 것에 기초하여 그 사실의 실재성을 재현하고 전달한다. 그렇지만, 소설과 같은 허구적 서사는 이와 다르다. 허구적 서사는 일어날 수 있는 것을 마치 일어났던 것처럼 꾸며내기 위해 인물을 만들어 어떤 행위를 꾸며내고 그 행위에 시간과 공간의 구체성을 부여한다. 허구적 서사의 시간과 공간은 실재의 때와 장소가 아니라 가공의 시간과 공간이다. 허구적 서사에서 이야기 내용에 실재성을 부여하기 위해 가공의 시간과 공간을 만들어내고 실제의 일처럼 꾸며내는 행위, 이것이 바로 형상화이다. 이 형상화의 원리에 근거하여 소설은 허구적 서사로서 문학적

양식이 된다[네이버 지식백과] 서사 [narrative, 敍事] (한국현대문학대사전)

제라르 주네트(Gerard Genette)는『서사담론』(Narrative Discourse)에서 서사를 "하나의 사건이나 일련의 사건들을 글로 된 것이거나 말로 된 담론으로 진술하는 것", "실제적인 것이든 허구적인 것이든 연속적인 사건들이 담론의 주제가 된 것을 가리키거나 그 사건들이 연결되고 대립되고 반복되는 여러 관계들을 가리키는 것", "어떤 사건을 다시 한 번 언급하는 것을 말하는 것으로 그 사건은 누군가가 어떤 것을 이야기하는 식으로 되어 있는 것"으로 정의하였다. 첫 번째 의미로서의 서사는 서사적 진술로 요약되어 '담론으로서의 서사'로 바꿀 수 있으며 두 번째 의미로서의 서사는 사건들의 연속으로 요약되어 '스토리로서의 서사'로 바꿀 수 있으며 세 번째 의미로서의 서사는 '화자가 꾸미는 서사'로 요약된다.

세이모어 채트맨(Seymour Chatman)은『스토리와 담론』에서 서사를 스토리(story, content)와 담론(discourse, expression)으로 대별한 다음, 이야기는 사건요소, 존재요소, 작가의 문화적 코드에 의해서 수용되기 이전의 사람과 사물들, 기타 등 세 가지 요소로 분류했다. 그리고 담론은 서사적 전이의 구조와 표현매체의 두 가지로 나누었다. 채트먼은 '사건요소'의 중심개념으로 계기성, 우발성, 인과성, 중심사건, 주변사건, 시스펜스, 플롯, 시간, 순서, 시속, 빈노 능을 제시했고 '존재요소'의 중심개념으로 공간, 인물, 배경 등을 제시했다. 스잔나 오네가와 호세 가르시아 란다가 편찬하고 서론을 쓴『서사학 개론』(1996)의 서론은 서사학의 핵심을 들려 주고 있다.

서사는 시간적이며 인과론적인 경로에 따라 의미있게 연결된 일련의 사건들을 기호로 표상한 것이라고 정의할 수 있다는 것이다. 영화 연극 코미디 소설 뉴스영화 일기 연대기 등은 모두 넓은 의미의 서사에 포함되며 내러티브는 언어매체에만 의존하는 것은 아니라는 것이다. 그리하여 우리는 언어적 연극적 회화적 영화적 등과 같은 여러 종류의 서사텍스트를 말할 수 있다는 것이다. 제럴드 프랭스는『서사학 사전』에서 소리, 기록, 신체언어, 정동화상, 몸짓, 음악 등과 같이 이야기를 전달할 수 있는 매체의 다양성을 인정하면서 장편소설, 로망스, 중단편소설, 역사, 전기, 자서

전, 서사시, 신화, 민담, 전설, 담시, 신문기사 등과 같이 서사양식이 다양하다고 하였다.

노드럽 프라이(Northrop Frye)는 『비평의 해부』에서 산문허구를 노벨, 로망스, 해부, 고백 등 네 가지로 나누었는데 이때의 '산문허구'는 '서사'로 바꿀 수 있다. 프라이는 노벨의 특징을 외향적이면서 개인적인 경향, 로망스를 내성적이면서 개인적인 경향, 고백을 내성적이면서 지적인 경향, 해부를 외향적이면서 지적인 경향으로 정리한 다음, 이 네 가지의 서사양식의 여러 가지 조합의 경우를 제시하였다. 예컨대 로망스+해부의 예로 「모비딕」을 예로 들었고, 고백+해부의 예로 키에르케고르의 「이것이야 저것이냐」를 들었고, 노벨+로망스+해부의 예로 「돈키호테」를 들었다. 이를 보면 모든 장편소설은 최소 두 가지 이상의 서사양식이 결합해서 이루어지는 것이라고 할 수 있다.

로버트 스콜즈(Robert Scholes)와 로버트 켈로그(Robert Kellogg)는 『서사의 본질』에서 내러티브를 체계적으로 분류했다. 내러티브는 우선 경험적인 것(the empirical)과 허구적인 것(the fictional)으로 대별된다. '현실에의 충실'로 설명되는 경험적 내러티브는 다시 '역사적인 것'과 '모방적인 것'으로 갈라진다. 역사적인 서사는 현실을 빚어내거나 움직이는 동력과 실재했던 과거를 충실하게 서술하며 역사기록에서 제시된 시공간과 인과성을 그대로 따르는 것을 원칙으로 한다. 이에 비해 모방적 양식은 과거의 삶이든 당대의 삶이든 관계없이 삶의 단면을 드러내는 데 목표를 둔다.

전기와 자서전은 경험적 내러티브에 속하는 것으로, 전기에서는 역사적 충동이, 자서전에서는 모방적 충동이 지배한다. 경험적 내러티브가 역사적인 것과 모방적인 것으로 2분되는 것처럼, 허구적인 내러티브는 '낭만적인 것'과 '계몽적인 것'으로 갈라진다. 경험적 내러티브가 한 두 종류의 진리를 밝히는 것에 목표를 둔 데 비해 허구적 내러티브는 미나 선을 추구한다. 모방적 내러티브가 심리의 재현에 힘을 쓰는 것이라면 낭만적 내러티브는 수사법을 동원하여 사상을 드러내는데 힘쓴다. 계몽적 내러티브가 흔히 나타나는 우화가 주로 지적 도덕적 충동의 지배를 받는 반면 로망스는 주로 미의 조종을 받는다.(조남현)[네이버 지식백과] 서사 [Narrative] (문학비평용어사전, 2006.1.30, 국학자료원)

르네 웰렉과 오스틴 워렌이 정확히 천명하고 있는 것처럼, 문학의 형식은 하나의 제도이다. 제도로서의 문학은 개별적인 작가를 규제하기도 하고 동시에 작가에 의해 규제받기도 하면서 다양한 양식으로 분화, 정립되어 왔는데 이것을 장르라고 한다. 종류를 뜻하는 프랑스어에서 비롯된 이 용어는 이론적으로는 특정 작품의 독특한 운율이나 구조와 같은 외적 형식과 주제 및 독자에 대한 태도를 포괄하는 내적 형식에 바탕을 둔 문학작품의 분류라고 할 수 있다. 그리고 문학이라는 다양한 현상을 질서 있게 분류하고자 하는 다양한 분류의 원칙으로부터 장르론이라고 하는 독특한 문학 연구의 영역이 발생한다.

문학적인 기본 형식은 문학적 의사소통에서 가장 보편적인 유형으로 이해되고, 이 유형들은 다시 여러 가지 다양한 역사적 장르의 형상으로 구체화된다. 역사적인 장르가 시간과 공간에 연결되어 있는 문학적인 의사소통인 것과 비교해, 문학적인 기본 형식은 특정 형식의 명명의 문제와 정당성에 관한 것으로 이론적 장르라고 부르기도 한다. 개별적인 기본 형식의 본질과 분류에 대해서는 다양한 이론들이 있지만 대체로 문학 장르를 서정시, 서사시, 드라마로 나누는 삼분법이 세계문학을 조망하는 데 있어서 가장 적당하고 유용한 것으로 인정받고 있다.

플라톤과 아리스토텔레스가 모방의 양식과 모방의 대상에 의해 문학을 서정시와 서사시, 그리고 드라마로 분류한 이래로, 르네상스기와 신고전주의 시대를 거치면서 서구의 많은 이론가들이 각기 다양한 원칙 하에 문학장르를 구별해왔다. 한편 노드롭 프라이는 기존의 장르 구분이 문학사를 전혀 고려하지 않고 대상을 지나치게 단순화시키고 있다고 비판하면서, 작품 속에 묘사된 세계와 인물들의 본성에 따라 문학의 양식(mode)을 다시 정의하여 신화, 로망스, 상위모방, 하위모방, 아이러니 등의 5분법을 제시하였는데, 그의 이런 분류는 인류의 근본적 신화라고 생각되는 봄, 여름, 가을, 겨울의 네 계절에 관련된 신화가 문학의 4대 장르의 원형이라고 하는 신화 비평적 관점을 보여주고 있다. 한편 헤르나디는 이른바 초장르(beyond genre)의 입장에서 선행 장르 이론들을 종합하여 주제적 · 극적 · 서사적 · 서정적 담화양식, 주석적 · 인물 쌍방적 · 이중적 · 사적 시점, 비극적 · 희극적 · 희비극적 정조, 동심원적 · 동적 · 총괄적 범위 등을 고려한 다원주의적인 장르론을 개진하고 있다.

이런 장르 이론의 역사는 고전적인 장르 이론일수록 장르의 순수성과 명료성을 다소 처방적(處方的)으로 고집했던 반면, 현대로 올수록 장르의 개방성을 인정하고 가능한 여러 종류의 작품들의 특성을 있는 그대로 존중하면서 설명하고자 하는 기술적(記述的) 이론으로 변해가고 있다는 것을 알려준다. 오늘날의 문학적 상황 또한 다양하고 수많은 시학적 관점에 따라 기존의 장르 분류법에 포괄되지 않는 작품들이 양산되고 있는 실정을 감안하면, 문학의 장르는 앞으로도 다양한 분류법이 개발되고 또 그에 따라 보다 융통성 있는 이론으로 정립되어야 한다는 것은 쉽게 알 수 있다. 결국 문학의 장르에 대한 올바른 이해와 연구는 독단적 도식화나 고정된 개념의 틀에 얽매이는 것을 거부하고 다원적이고 융통성 있는 태도를 견지해야 하는 것이다. (김경수)

일반적으로 문학비평에서 원형이란 다양한 문학작품에서 동일하게 반복되어 나타나는 서사양식이나 인물 유형 혹은 이미지 등을 지칭한다. 다양한 문화권의 신화와 종교 제의 등을 비교 연구하여 여러 신화와 종교 제의에 공통적으로 나타나는 근본적 양식이 있음을 밝혔다.

예컨대, 죽음과 재생은 여러 신화에 빈번하게 등장하는 원형이라는 것을 프레이저는 밝히고 있는데 T. S. Eliot은 유명한 서사시 「황무지」(The Waste Land)에서 이 원형을 적극 채용하고 그것을 현대적으로 해석하고 있다. 또한, 융은 우리의 조상들이 겪은 원초적 경험이 인간 정신 속에 구조화되어 "집단 기억"(racial memory)과 "집단 무의식"(collective unconsciousness)을 형성하며 그것은 신화, 종교, 꿈, 그리고 중요한 문학작품 들 속에 반복적으로 나타난다고 설명하고 있다. 아니무스(animus, 여성 심리 중의 남성적 측면)와 아니마(anima, 남성 심리 중 여성적 측면)

등은 그 대표적인 예가 될 것이다.

문학작품 속에서 원형을 찾고자 한다는 것은 신화나 꿈에서 추출된 일정한 통시적 유형을 문학 작품으로부터 추출해낸다는 것을 의미한다. 예컨대, 아니마나 아니무스 개념을 중심으로 한용운의 시세계를 설명한다든가 아기장수 설화의 모티브를 중심으로 김동리의 소설이나 최인훈의 희곡을 분석하다든가 하는 작업은 인간 정신 구조에 통시적으로 잠재해 있는 원형이 있다는 사실을 전제로 한 것이다.(조강석)[네이버 지식백과] 원형 [原型, Archetype] (문학비평용어사전, 2006.1.30., 국학자료원)

1장 신경과학과 내러티브 이론

❶ Chatman의 내러티브 이론

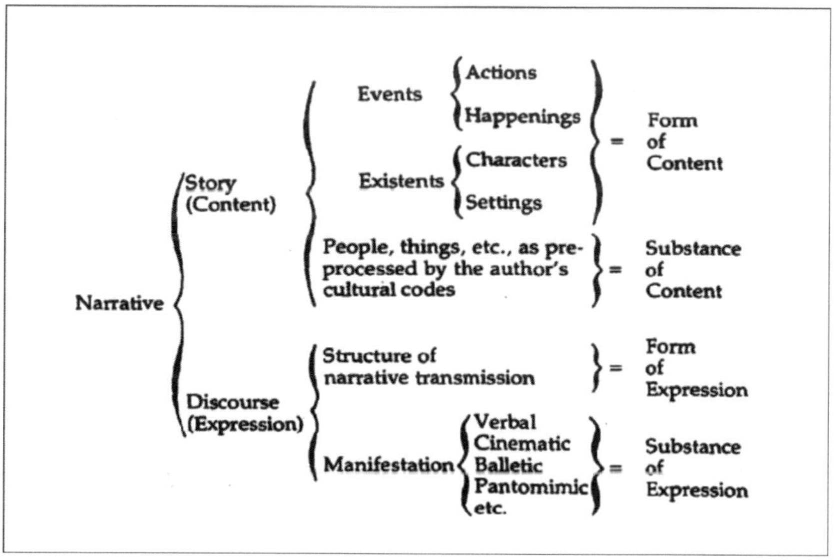

채트먼의 서사이론은 러시아 형식주의와 구조주의가 표방하는 시학의 관점 아래 세워져 있다. 이에 입각하여 채트먼은 서사물을 스토리와 담화의 결합으로 이루어진 구조로 정의하고, 각각의 구성 요소들과 그 본질적 특성에 관한 연역적이고 체계적인 이론을 구상하였다. 한편 문학이론으로서의 시학이 문학적인 것과 비문학적인 것의 구분을 근본 전제로 하여 '문학성'의 본질에 관해 탐구하는 데 비해, 채트먼의 서사이론은 시학의 대상을 영화로까지 확대시킨다. 그는 기존의 문학이론이 지닌 언어 매체에 대한 배타적 관점을 거부하고, 시대적 요구에 부응하여 매체적 차이 너머에 존재하는 공통적 구조에 주목한다. 채트먼이 시학적 관점을 통해 궁극적으로 밝히고자 하는 것은 문학과 영화를 포괄하는 서사적 예술의 일반적 개념 또는 서사물의 '예술성'이다. 채트먼의 서사이론은 서사물의 미적 특성에 각별한 관심을 나타내며, 서사를 '미적 대상'으로 규정한다. 이런 특징은, 문학성이나 미적 가치와는 무관하게 모든 서사물에 내재하는 서사물로서의 특성들을 가치중립적으로 다루는 구조주의 서사학의 주된 경향으로부터 그의 이론을 구별하게 하는 근거가 된다. 이 점은 그의 이론이 기법 중심의 영미 소설이론을 계승한 것과도 관련된다. 그의 이론은 영미 계열의 소설 기법론이나 러시아 형식주의의 미학적 관점을 프랑스 구조주의가 지닌 초매체적 보편 구조에의 지향과 결합시킨 새로운 서사이론이라 하겠다. 채트먼의 서사이론이 지닌 심미적 차원의 가치지향성과 매체적 측면의 개방성은 다양한 관점에서 전통적 문학이론의 폐쇄성을 넘어서려는 서사학의 전반적인 경향들 가운데서 그의 이론이 차지하는 독특한 위치를 대변해준다(박진, 2003, 체트맨의 서사 이론: 서시 시학의 새로운 영역, 현대소설연구, 19호, 357-382.)

❷ Ricoeur의 철학: 은유와 상징을 해석하는 리쾨르

리쾨르는 현상학으로부터 출발하여 정신분석학과 구조주의를 해석학적 입장에서 이해함으로써 텍스트 개념을 바탕 삼아 체계적인 해석학 이론을 정립하였다. 특히 리쾨르는 은유와 이야기를 해석하여 창조와 사상의 의미를 밝히고자 한다.

리쾨르는 독일의 가다머와 함께 해석학을 대변하는 프랑스 철학자이다. 리쾨르는 초기에 야스퍼스의 실존주의 철학 및 후설의 현상학에 심취하였다. 〈의지의 철학〉 1권은 인간의 삶에 있어서 의지적 측면과 비의지적 측면의 상호관계를 밝히기 위해서 현상학적 방법을 도입하였다. 그러나 리쾨르는 〈의지의 철학〉 2권에서 인간이 오류 및 잘못을 범할 수 있는 것을 해명하기 위하여 신화와 상징의 의미를 해석하기 시작하였다.

1950년대와 1960년대 파리의 지식층에게 크게 영향을 미친 두 가지 경향은 정신분석학과 구조주의이다. 리쾨르는 〈해석: 프로이트론〉에서 프로이트가 말하는 의식되지 않은 것의 정신과정은 해석활동과 분리되지 않는다고 말한다. 리쾨르는 정신분석학을 일종의 해석학으로 본다. 정신분석학은 이해하기 어려운 행동과 말을 특수한 규칙, 가정, 전형 등에 의존해서 분석하고 해석하기 때문에 특정한 자연과학이 아니라 역사 비평이나 문학 비평처럼 해석학에 속한다는 것이 리쾨르의 주장이다.

리쾨르는 소쉬르의 구조주의 언어학 및 그것으로부터 영향 받은 구조주의 철학을 비판한다. 구조주의의 방법은 제한된 체계 내지 구조를 근거로 언어와 인간의 행동을 설명하기 때문에 사태에 대한 포괄적 이해를 제공하지 못한다는 것이 리쾨르의 지적이다. 예컨대 레비 스트로스의 신화에 대한 구조주의적 해석은 그릇된 것이다. 왜냐하면 신화는 제한된 구조에서 생기기보다 장구한 역사 전통을 통하여 세대에서 세대로 전해지면서 형성되기 때문이다.

〈텍스트와 은유와 이야기〉

해석학적 입장에서 볼 때 넓은 의미의 텍스트는 삶 자체이고 좁은 의미의 텍스트는 기록된 담론이다. 기록된 담론은 음성적 발언과 몇 가지 점에서 구분된다. 텍스트에서는 기록된 것만 의미를 지닌다. 발언에서는 말한 것의 의미와 말하는 사실 사이의 상호작용이 있으므로 정확한 의미가 이해되기 힘들다. 발언에서는 말하는 사람의 의도와 말한 것의 의미가 겹치지만 기록된 담론에서는 그런 일이 일어나지 않는다. 발언은 특정인을 대상으로 삼는데 비해서 기록된 담론은 상대적으로 보편적이다. 발언에서는 연관된 주변 상황이 발언에 많은 영향을 주지만 기록된 담론에서는 주변 상황이 별로 큰 영향력을 행사하지 못한다.

리쾨르는 텍스트를 해석 대상으로 삼으면서 설명적 분석방법을 사용할 경우 해석 과정은 한층 더 쉬워지며 풍요롭게 되리라고 생각하였다. 〈해석이론〉에서 리쾨르는 텍스트가 기록된 담론의 특징들을 지닌다고 말한다. 그러나 〈해석학과 인문학〉 및 〈텍스트로부터 행위로〉에서 리쾨르는 텍스트를 확장하여 인간의 행위를 텍스트와 유사한 것으로 본다. 따라서 행위는 텍스트의 기록된 담론의 특징들을 소유하기 때문에 우리가 인간의 행위를 해석할 수 있는 것이다.

리쾨르는 그의 말기 저술에 속하는 〈시간과 이야기〉 세 권을 통해서 은유와 이야기가 지닌 창조적 국면을 밝히고자 한다. 특히 언어에서 은유와 이야기는 창조적 국면을 가지는데 이는 인간이 언어에서 생산적 상상력을 발휘하기 때문에 가능하다. 우리는 구성적 해석을 통해서 은유와 이야기가 포함하는 창조성과 상상력을 이해할 수 있다.

리쾨르에 의하면 이야기의 핵심은 줄거리(플롯)에 있으며 줄거리는 성격, 목표, 기회, 원인, 결과, 어법 등을 동반하면서 이전과 전혀 다른 새로운 사건을 구성한다. 줄거리 구성에서 가장 중요한 것은 언제나 인간의 상상력이다. 리쾨르의 이야기는 아리스토텔레스의 〈시학〉에 전개된 모방이론을 채택한다.

〈시간과 이야기〉에서 리쾨르는 인간의 행위와 존재를 재구성하는 역할을 담당하는 것은 모방적 기능(미메시스)이라고 말한다. 예컨대 역사적 이야기라든가 허구적 예술 작품은 모방적 기능에 의해서 은유와 이야기로 구성되면서 인간의 창조성과 상상력을 표현한다.[출처] 현대철학의 흐름 - 철학&사상

❸ 플롯 구성

문학치료학의 서사이론에서는 작품의 기반이 되는 작품서사를 상정하고 작가와 독자의 내면에는 자기서사가 자리하고 있다고 전제한다. 이런 구도에서 작품을 창작

한다는 것은 작가의 자기서사가 작품의 기반이 되는 작품서사 중 일부를 형상화 전략에 따라 선택적으로 작품으로 표현하는 것으로 설명할 수 있다. 이 과정에서 작가의 자기서사는 자신이 만들어내는 작품의 작품서사와 상호 영향을 주고받는데, 작가의 자기서사의 상태와 수준, 또는 지향 등이 작품서사 구성에 반영되게 되는 것이다. 자기서사와 작품서사의 상호조응은 독자의 입장에서도 일어난다. 독자가 작품을 수용하는 과정에서 역시 독자의 자기서사의 현재 상태나 수준, 또는 지향이 작품의 작품서사를 구성하고 이해하는 메커니즘이 작동한다는 것이다. 이처럼 독자와 작가는 모두 자기서사가 구성할 수 있는 작품서사를 통해 작품을 창작하고 수용하는 바, 이때 생길 수 있는 메시지 소통의 장애는 독자의 잘못이라 할 수 없다. 왜냐하면 작가 역시 작품을 만들면서 자신의 자기서사와 상정한 작품서사와의 관계에서 불일치를 일으킬 수 있기 때문이다.

서사 구성으로 돌아와 주목해야 할 것은 창작, 독서, 이해, 수용, 평가 등이 모두 작품서사를 거쳐 일어나고 있다는 점이며 또 작가가 상정하거나, 독자가 지향하는 작품서사 역시도 바로 서사 구성의 결과로 보아야 한다는 것이다. 이처럼 문학치료학에서 말하는 서사 구성이란 문학교육에서 서사표현능력 및 서사 이해와 재창작으로 구분한 범주들의 심층에서 작동되는 메커니즘과 같은 것이다. 이때 서사 구성은 리쾨르의 플롯 구성하기(줄거리 만들기, la mise en intrigue, emplotment)의 개념과 유사하다. 리쾨르는 개별 존재들의 경험은 불연속적이고 파편적이라고 하면서, 개별 존재가 자신이 경험한 시간(바꾸어 말하면, 역사)들의 의미를 파악하기 위해서는 이야기가 필요하다고 했다. 그에 따르면 이야기는 흩어져 있는 경험들 가운데 특정한 경험을 선별해 내고 이 경험들을 재배치하여 하나의 통일된 의미가 생겨나도록 하는 일련의 과정으로 기능한다고 할 수 있다.

어떤 사람이 작품을 생산할 때에는 염두에 두고 있는 작품서사를 구현해내기 위한 여러 가지 전략을 구사해서 텍스트를 구성한다. 이렇게 구성한 텍스트가 작품인 것이다. 그런데 염두에 두고 있는 작품서사는 자기서사로부터 나온다. … 문학치료학에서는 작가의 인생살이로부터 작가의 자기서사를 구성해내고, 작가의 자기서사와 작가가 창작한 작품의 작품서사 사이의 관련성을 밝힘으로써 작가의 인생살이와 작가의 작품 사이의 관계를 논의하는 절차를 밟는다. 다시 말해서 작가의 인생살이와 작가의 작품 사이에 자기서사와 작품서사라는 매개항을 마련하는 것이다. 여기서 자기서사와 작품서사가 일치할 수도 있지만 그렇지 않을 수도 있다는 것을 유념할 필요가 있다. (정운채, 「문학치료학의 서사이론에 입각한 창작이론」, 문학치료연구

리쾨르는 이야기하는 행위의 가장 중요한 특성으로 행동을 재현하는 것과 줄거리를 만드는 것을 들었다. 특히 줄거리를 만드는 것은 일종의 플롯 구성과 같은 것으로 행동이 만들어 낸 사건을 체계적으로 배치하는 것이다. 이를 통해 이야기는 시작과 중간, 그리고 끝을 갖는 완결되고 전체적인 스토리가 된다. 리쾨르는 파편화되어 있는 상황들에 통일성을 부여하는 플롯을 정태적인 형태로 보지 않았다. 대신 서사 주체가 서사를 구성해 간다는 역동성을 부각시키기 위해 플롯이라는 말 대신 '줄거리 만들기' 혹은 '플롯구성하기'(la mise en intrigue, emplotment)라는 용어로 대체하고 이야기하는 '행위'에 주목하였다.

리쾨르의 줄거리 만들기, 즉 플롯을 구성하는 능력과 문학치료학의 서사 구성은 경험의 의미에 통일성을 부여하는 인간의 근원적 사고방식이라는 점에서 유사하다. 또 줄거리 만들기의 형상화는 처음-시작-끝을 갖추어야만 한다는 것 또한 서사란 자초지종을 밝혀 서술하는 것이라고 보는 문학치료학의 관점과 유사하다. 인간이 경험하는 시간들은 실제 현실의 경험에서는 불연속적인 것이기에 줄거리를 만들기 위해서는 관련 경험을 선별하고, 처음부터 끝에 이르기까지의 과정으로 배열하고 연결해 나가야 하는 것처럼, 문학치료에서는 한 인간의 관계 맺기와 관련한 행위와 사건을 선별하고 자초지종을 엮어 나가야만 온전한 서사가 구성된다고 보는 것이다. 다만, 리쾨르가 모든 인간 경험의 공통점을 시간적 특성에서 찾고 그것에 의미를 부여하려 했다면, 문학치료학에서는 시간적 특성에 더하여 의미 있는 삶이란 관계 운영과 밀접한 관련이 있음을 더욱 분명히 하기 위해 자초지종 가운데서도 인간관계의 형성과 위기와 회복에 대한 온전한 구성을 말하고 있는 점은 서로 다르다. 리쾨르는 미메시스 개념을 확장하여 사건들을 조직하는 뮈토스와 등가적으로 사용한다. 이를 통해 미메시스 가 곧 단순히 동일한 것을 반복하는 것이 아니라 창조적 모방, 보다 정확히

는 사건들의 조직(뮈토스)을 만들어내는 행위(포이에시스)와 결부된다고 보고 있다. 하은하, 김정의(2019), 문학치료연구 제53집(2019.10) 한국문학치료학회, 9-48.

❹ 자기 정체성

리쾨르는 정체성을 동일성과 자기성으로 구별한다. 동일성을 지닌 정체성이란 실체적이고 형식적이며 항구성을 지닌 것에 반해, 자기성은 서술적 정체성으로 서술텍스트의 시학적 구성으로부터 나오는 것이다. 한나 아렌트의 용어로 표현하자면 '내가 누구인가'라는 질문에 대한 답은, 이야기된 삶의 스토리의 행위 주체가 누구인가, 무엇을 했는가와 같은 서술 행위의 도움을 통해서만 드러날 수 있다고 보았다. 리쾨르는 서술적 정체성 즉 이야기된 스토리의 행위 주체로서의 자기성을 지지하고 있다. 그런데 리쾨르는 시간 구조에 토대를 둔 서술 텍스트로부터 형성된 정체성은 역동적이긴 하지만 안정되고 균열 없는 정체성이 아니라는 한계가 있음을 인정하고 있다.

그런데 리쾨르가 말한 서술적 주체성의 불완전성이란 치료의 입장에서 보자면 -리쾨르도 이미 언급하였지만- 잠재된 변화 가능성의 지점으로 활용될 여지가 있다. 서사는 삶의 혼돈에 질서를 부여하고 통일된 의미를 추출하는 형식을 제공하는 긍정적인 기능도 지니지만, 서사를 운영하는 행위 주체가 가지고 있는 무의식 또는 이데올로기의 억압 등에 의해 현실을 왜곡하거나 변형시킬 수도 있는 것이기 때문이다. 이것이 바로 개인의 자기서사가 작품서사를 상정하거나 구성할 때 일으키는 왜곡의 원인이라 할 수도 있다.

❺ Genette의 서사의 구조와 기능을 분석

프랑스의 문학이론학자이자 구조주의자인 제라르 주네트(Gerard Genette)는 『서사담론』(Narrative Discourse)이라는 글에서 내용을 서술하는 서사를 "하나의 사건 혹은 일련의 사건을 글 이나 말로 된 담론으로 표현하는 것", "실제의 것이든, 허구의 것이든, 사건이 연속적으로 일어난 것들에 대해서 담론이 형성되고 그러한 주제에 대해서 연속적으로 일어난 사건들이 연결되고 충돌하는 반복적인 구조나 관계를 가지는 것", "사건에 대해서 재 언급을 하는 것으로 재 언급은 누군가에게 이야기하는 형태로 구성되는 것"이라고 정의하였다. 첫 번째 문장에서 서사는 서사적인 진술로서 '담론으로서의 서사'라 요약할 수 있으며 두 번째 문장에서 서사는 사건들의 연속으로 요약되어 '스토리로서의 서사'로 요약될 수 있으며 세 번째 문장에서 서사는 '서술자가 꾸며내는 서사'로 표현 할 수 있다.

❻ 인지 서사학

인지 서사학 혹은 내러티브학(cognitive narratology)은 서사를 분석하기 위해 주로 인지언어학과 인지심리학을 토대로 삼으며, 이 두 분야는 인지과학 분야의 상당한 부분을 형성 중에 있다. Armstrong에 의하면 인지 서사학은 언어를 신경과학적으로 타당하게 이해하는 것을 필요로 한다고 본다. 인지는 "자극을 받아들이고, 저장하고, 인출하는 일련의 정신과정을 의미하는 것으로, 지각, 기억, 상상, 판단, 개념, 추리를 포함하여 무엇을 안다는 것을 나타내는 포괄적인 용어로 볼 수 있다. 인지서사학은 이러한 인지의 개념적 주체인 독자나 관객, 혹은 사용자로 위치시킨 뒤, 이들이 서사 작품을 어떠한 방식으로 지각하고 상상하며 반응하는가가 중요한 탐구 주제로 삼는다. 인지서사학은 기본적으로 근대소설(novel) 중심의 서사이론에 대한 반성을 바탕으로 서사의 보편편재성과 다양성을 인정하는 학문이다. 이는 문학을 소수 문학 엘리트들의 행복을 위한 대상으로서 뿐만이 아니라, 일상적인 인간 경험의 특수한 형태, 특히 세계를 이해하는 우리의 일반적인 인식 능력에 기초해 있는 인지로 간주한다. 이러한 인지서사학은 구조주의 서사학과 차이를 보인다.

❼ Saussure의 구조주의 언어학

소쉬르는 언어를 랑그(언어 체계와 규칙)와 파롤(랑그에 따라 실제 구사하는 말)로 구분할 것을 주장했다. 또한, 언어체계는 기호체계이며, 기호는 말소리와 개념, 즉 기표와 기의가 결합한 것으로 이들의 관계는 본질적으로 자의적이라고 주장했다.

그리고 언어가 하나하나 단독으로 의미를 갖는 것이 아니라, 다른 언어와의 차이(대립)를 통해 의미를 갖는 것이며, 인간은 언어를 통해 세계를 구분한다고 하였다. 언어의 연구 방법에 있어서는 언어의 역사적 연구인 통시언어학과 순수한 언어 정태에 대한 연구인 공시언어학을 구별하였다.

우리는 보통, 세계에 물리적 대상이 먼저 존재하고, 그 대상에 언어로 된 이름표를 붙인다고 생각한다. 이를테면, 사과라는 실체가 외부 세계에 먼저 실재하고, 그것에 '사과'라는 이름표를 붙이는 것이다. 하지만 이 세상의 모든 사물이 사과라면, 굳이 '사과'라고 부를 이유는 없을 것이다. 배가 있으니 사과가 있듯, 소쉬르는 언어가 하나하나 단독으로 의미를 갖는 것이 아니라, 다른 언어와의 차이(대립)를 통해 의미를 갖는다고 생각했다.

또한 소쉬르는, 인간은 감각에 의해서가 아니라 언어에 의해서 대상을 구분 및 식별한다고 보았다. 예를 들어, 한국어에는 나비와 나방이라는 말이 따로 있지만, 프랑스어에서는 나비와 나방 모두 빠삐용이라고 부른다. 이처럼 인간은 언어를 통해 세계를 구분한다. 세계가 이미 구분되어 있는 것이 아니라, 언어가 세계를 구분하는 것이다. 언어는 프리즘과 같이 세계를 분절시켜 우리에게 보여준다.

언어에 관한 소쉬르의 관점은 훗날 구조주의 언어학의 시발점이 되었으며, 구조주의와 더불어 미셸 푸코와 데리다로 대표되는 후기 구조주의의 기반이 되었다. 구조주의란 어떤 현상의 의미를 그 본질(실체)에서 이해하려 하지 않고, 그 현상들을 연관시키는 사회적, 문화적 구조(시스템)에서 파악하려는 사상을 말한다. 여러 사물의 본질을 제각각 파악하는 것은 불가능하므로, 대신 서로 간 차이를 비교하면 각각의 의미를 이해할 수 있다는 것이 골자다. 흔히들, 클로드 레비스트로스를 구조주의의 창시자로 여기지만, 그 역시 소쉬르의 언어학에 영향을 받은 사람이다. 언어 구조에서 힌트를 얻은 레비스트로스는 구조주의의 인식과 방법을 인류학 분야에 적용해 다양한 문제를 다룰 수 있었다. 소쉬르는 새로운 언어이론으로 당대의 학자들에게 큰 영향을 미쳤고, 그에게서 직접적인 영향을 받지 않는 학자들도 그의 이론과 동일한 이론적 기반에서 연구하였다.

소쉬르는 언어를 랑그(langue)와 파롤(parole)로 구분했다. 랑그는 규범으로서 '언어 체계와 규칙'을 말하며, 파롤은 랑그의 문법 규칙에 따라 개인이 '실제로 하는 말'을 뜻한다. 예를 들면, 한국어의 문자체계와 문법규칙은 랑그에 해당하고, 이를 토대로 실제로 말을 통해 발음하는 것은 파롤이 된다. 즉 랑그는 이론의 영역이고 파롤은 실천의 영역이다. 파롤의 활동은 근본적으로 랑그의 규칙에 근거해서 그 타당성을 보장받게 되므로 파롤은 랑그에 의존한다고 할 수 있다. 소쉬르가 파롤보다 랑그를 우선시한 것은 이 때문이다. 하지만, 언어 체계와 규칙인 '랑그'도 의도적이든 의도적이지 않든 실천적인 '파롤'을 통해서 끊임없이 수정되고 끊임없이 재창조되므로, 랑그와 파롤을 상호의존적 관계로 보아야 했다는 비판이 제기되기도 한다.

시니피앙(signifiant)과 시니피에(signifié): 랑그(언어)의 시스템은 '차이'로 성립되어 있으며, 그 차이는 '음성기호'와 '개념'의 측면에서 살펴볼 수 있다. 음성기호와 관련된 차이가 '시니피앙(기표, signifiant)'이고, 개념과 관련된 차이가 '시니피에(기의, signifie)'다. 예를 들어, 우리가 '얼음'이라는 말을 할 때 소리인 [얼음]은 시니피앙(기표)이 되는 것이고, 그 의미인 '물이 얼어 굳어진 것'은 시니피에(기의)가 되는 것이다. 시니피앙과 시니피에, 이 둘을 합쳐서 '사인(기호)'이라고 한다. 시니피앙(기표)과 시니피에(기의)의 관계에 있어 살펴볼 것들이 있는데, 첫째는 자의성이다. 기표와 기의의 관계는 자의적이다. 즉 우리가 '물이 얼어 굳어진 것'을 '얼음'이라고 하는 것은 우연적이라는 뜻이다. 한국에서는 '[얼음]'이라고 부르지만, 미국에서는 '[Ice]'이라고 쓰고 부르는 것처럼, 우리가 사용하는 기표는 그것이 가리키는 개념, 즉 기의와 어떤 명백한 이유를 통해서 필연적으로 연결되어 있는 것은 아니다. 만약 그 둘 사이에 필연성이 있다면, 지구상의 모든 나라가 한 가지 언어를 사용해야 할 것이다. 하지만 그렇지 않다는 점에서 둘의 연결 관계는 '자의적'이라고 말할 수 있다.

둘째는 체계 속에서의 필연성이다. 앞서 살펴본 바와 같이 기표와 기의의 관계는 비록 자의적이지만, 체계 속에서 만큼은 필연성이 존재한다. '얼음'이라는 단어를 보거나 '[얼음]'이라는 소리를 들었을 때, 우리는 필연적으로 '물이 얼어 굳어진 것'을 떠올리게 된다. 그것은 우리가 특정한 언어를 사용하고 있는 이상, 그 언어의 체계 속에서 그 기표와 기의를 생각할 수밖에 없기 때문이다. 따라서 그 관계는 그 언어 체계 하에서 만큼은 필연적인 것이 된다.

통시언어학과 공시언어학: 소쉬르는 통시언어학과 공시언어학을 구별하였다. 언어는 생성하며, 변화하는 유기체인데 그는 동시대에서 바라본 언어의 모습과 시간의 흐름에 따라 역사적으로 바라본 언어의 모습을 구분해야 한다고 하였다. 역사의 어떤 시점에서든 한 언어는 사회적으로 규범화된 체계를 이루고 있다고 하면서 이 동시대적인 언어 상태를 공시태라고 했다. 또한, 어떤 언어든 역사적으로 변화할 수밖에 없는데 한 언어의 역사적 변화양상을 시간의 흐름에 따라 조망한 것을 통시태라고 하였다.

하나의 체계로서 언어를 연구하는 데는 통시적 접근보다는 공시적 접근이 요구된다. 19세기 언어학은 언어의 역사적 변화를 연구함으로써 언어가 이해될 수 있다는 신념에 기초한 통시적 연구방법이 지배적이었지만 소쉬르는 이들이 경험적 현상에 집착함으로써, 언어의 가장 독특한 특징인 전체적 혹은 체계적인 측면을 연구하는 데 실패했다고 생각했다. 체계로서의 언어를 연구하는 것이 중요하다고 본 소쉬르는 공시적 접근을 지지했다. 그는 한 단어의 의미가 특정한 관계의 체계 안에서 특정한 시간에 발생하는 다른 언어들과의 관계에 의해 생성된다고 주장한다. 예를 들어, 개라는 뜻의 dog라는 단어는, 이것이 고대 영어인 docga에서 유래된 중세 영어 dogge로부터 역사적으로 유래되었기 때문에 의미가 있는 게 아니라, 개라는 현재의 단어가 쥐와 고양이 같은 다른 단어들과 가지는 관계 때문에 의미가 있다는 것이다. 모든 단어의 의미는 그 체계 안의 다른 기호들과의 관계에서 공시적으로 유래된다.[출처] 소쉬르: 언어학, 구조주의, 랑그, 파롤 | 작성자 작가 신성권

❽ 인지과학의 세 가지 주요 이론(출처: 이소희, 2024, 인문과학, 제 130집, 93-132)

인지주의(cognitivism), 연결주의(connectionism), 그리고 체화된 인지이론 또는 체화주의(theory of embodied cognition)가 있다. 1950년대에 등장하여 1970년대를 풍미한 1세대 인지이론에 속하는 인지주의는 계산주의(computationalism) 혹은 기호주의(symbolism)라고도 하는데 인간의 마음이 컴퓨터와 같다는 마음에 대한 컴퓨터 모델에 바탕하여 인지를 일련의 규칙에 따라 기호를 조작하고(operation)하고 계산하는(computation) 정보처리과정(information process)으로 간주한다.

1980년대에 들어 인지주의의 문제점과 한계를 극복하기 위해 등장한 제 2세대 인지이론이 바로 연결주의이다. 이는 인지가 두뇌에서 발생하고 특히 신경 세포(neuron)와 같은 작은 단위들의 연결에서 생긴다고 생각하기 때문에 인간의 뇌신경망을 모방한 인공신경망의 구축(artificial neural network)에 주력한다. 이 점에서 연결주의는 신경망이라는 네트워크체계로서의 마음에 대한 모형을 갖고 있다고 볼 수 있다.

1990년대 이후 부상한 체화된 인지이론 또는 체화주의는 인공신경망과 같은 네트워크 전체에서 특정 인지능력에 해당하는 전혀 예기치 못한 새로운 속성이 출현할 수 있다는 의미에서 마음의 '창출적 속성(emergent properties)' 개념을 연결주의와 공유한다. 하지만 체화주의는 인지주의와 연결주의 모두 마음의 본성이나 인지의 본질을 밝히는데 불충분하다고 평가하며 기존의 인지이론에 도전하는 제 3세대 인지이론이라고 할 수 있다.

체화된 인지이론은 자신보다 이전에 등장한 인지주의와 연결주의가 인지과정을 오직 두뇌안에서만 일어나는 것으로 보고 뇌와 마음을 동일시하고 있다고 비판한다. 체화주의는 이 두 가지 인지이론이 두뇌에 특권적 지위를 부여하는 경향을 두뇌중심주의' (brain-centrism)'라고 명명하며 이를 거부하는 반뇌중심주의를 선언한다. 체화주의의 관점에서 볼 때 인지주의와 연결주의에서 말하는 두뇌중심주의는 몸중립성 논제(body-neutrality thesis) 혹은 분리 논제(body-seperability thesis)와 밀접하게 연결되어있다. 이 논제는 마음이 몸과 분리되어(disembodied) 존재하고 인지가 몸과 무관한 마음의 작용이라는 주장을 일컫는다. 이러한 몸중립성 논제는 데카르트주의에 그 뿌리를 두고 있다. 주지하는 대로 '데카르트(RenéDescartes)는 사유(res cogitans)'와 연장 '(res extensa)'이라는 두 개의 서로 다른 실체를 가정하는 심신이원론(mind-bodydualism)을 피력하며 마음을 몸과 독립적으로 존재하는 사유 실체로 파악하였다. 그러나 체화된 인지이론은 데카르트에서 유래한 몸중립성 논제(embodied mind thesis)를 반박하고 인지과정에서 몸과 마음의 분리불가능성을 옹호하는 반데카르트주의를 표방하며 체화된 마음 논제를 내세운다. 이는 몸중립성 논제와 정반대로 인지가 탈신체적으로 작동할 수 없고 오히려 몸의 구조가 인지작용을 결정하는 방식으로 마음이 몸에 체화되어 있다는 주장을 가리킨다. 이러한 체화된 마음 논제는 마음과 유리된 채 존재할 수 없는 몸이 인지 과정에서 핵심적 역할을 수행한다고 보는 체화된 인지이론의 몸중심주의(body-centrism)를 반영하고 있다.

그런데 체화된 인지이론은 통일적인 이론적 체계를 이룬다기보다 그 안에 다수의 이론들을 포괄하고 있다. 비록 다양한 체화된 인지이론들이 대체로 체화된 마음 논제와 몸중심주의를 채택하고 있지만 그 강조점에 있어서 다소 차이가 나는 것이 사실이다. 그중 중요하게 논의되고 있는 것으로 좁은 의미의 체화된(Embodied) 인지이론, 환경 내장적 인지이론(Embedded), 실행적(Enactive) 인지이론 확장된(Extended) 이론을 들 수 있다. 이들을 네 가지 체화된 인지이론이라고부른다(4E Cognition).

⑨ 4e(embodied, enactive, embedded, and extended) 인지

체화된(embodied), 실행적인(enactive), 환경-내장적인(embedded), 확장된(extended) 것으로 보는 이른바 4e 인지 이론

이 네 가지 체화된 인지이론을 구분하는 데 있어 의존과 구성의 문제가 하나의 기준이 될 수 있다. 의존(dependence)과 구성(constitution)을 구분할 때 의존을 지지하는 입장에서는 인지과정이 몸의 구조에 의존한다는 것을 인정하지만 몸의 구조나 환경적 요소가 인지를 구성하는 것으로는 볼 수 없다고 주장한다. 이러한 입장에는 좁은 의미의 체화된 인지이론과 환경 내장적 인지이론이 속한다. 이에 비해 실행적 인지이론과 확장된 인지이론은 인지의 몸에 대한 의존이 아닌 구성을 지지하여

몸이 인지를 구성한다고 주장한다. 하지만 몸에 의한 인지의 구성을 지지하는 입장 안에서도 차이가 존재한다. 실행적 인지이론은 몸을 벗어난 인지의 가능성을 인정하지 않는 반면 확장된 인지이론은 몸이 환경이나 세계와 결합하여 두뇌에서 발생하는 것과 동일한 방식으로 하나의 인지체계(a cognitive system)로 간주될 수 있는 어떤 결합체계(coupled system)를 이룰 경우 인지가 몸의 경계를 넘어서 환경이나 세계로 확장될 수 있다고 주장한다.

실행적 인지 이론의 주된 이론적 배경은 현상학 특히 메를로퐁티(Merleau-Ponty)의 현상학이다. 그래서 실행적 인지이론의대표적 이론가인 바렐라(Francisco J. Varela), 톰슨(Evan Thompson), 로쉬(Eleanor Rosch)들의 공저인 몸의 인지과학(The Embodied Mind) 에서 이 책에서 우리가 소개할 학문은 한 세대 이전 프랑스의 철학자 모리스 메를로 퐁티가 제기한 연구 과제의 현대적인 연장이라 생각할 수 있다고 밝히고 있다. 하지만 실행적 인지이론은 메를로 퐁티의 현상학을 그대로 추종하거나 인지과학의 맥락에서 이를 학문적으로 재해석하는 방식으로 계승하려하지 않는다.

오히려 바렐라 등의 인지이론가들은 메를로 퐁티의 전기 철학에 해당하는 행동의 구조(La sturucture du comportement 와 지각의 현상학(Phénoménologie de la perception)을 중심으로 현상학을 자연화 (naturalizing phenomenology)함으로써 자신들의 인지 과학적 연구에 영감을 주고 길잡이 역할을 해 온 메를로 퐁티의 철학을 현대적으로 변형시키려고 시도한다. 이들은 자연화를 모든 수용가능한 속성들이자 연과학에서 인정한 속성들과 연속적일 수 있는 설명틀로 통합되는 것으로 이해한다. 이를 통하여 실행적 인지이론은 차머스가 기능주의적인 방식으로는 해결할 수 없다고 본 의식의 어려운 문제(hard problem of consciousness)에 직면하여 인지 과학과 주관적 경험 간의 설명적 간극(explanatory gap)을 극복하고 인칭적 관점과 인칭적 관점의 통합을 향해 나아가고자 한다. 바렐라 등의 실행적 인지이론가들과 공동연구를 수행한 바 있는 현상학자인 드프라(Nathalie Depraz)는 현상학에 고유한 방법인 환원(reduction)야말로 현상학의 자연화에 이를 수 있는 가장 탁월한 방법론이라고 주장한다. 환원은 후설의 현상학에서 우리 밖에 있는 세계의 즉자적 존재에 대한 소박한 믿음이나 정립으로 이루어진 자연적 태도를 괄호 안에 넣고 판단 중지 하는것(epoche)을 말한다. 이러한 환원을 거쳐 우리는 궁극적으로 초월론적 의식(transcendental consciousness)에 의해 지향적 구성된 극으로서(intentional pole) 세계를 되찾는다. 그러나 메를로 퐁티는 이처럼 후설 현상학이 초월론적 의식의 작용을 통해 세계의 존재를 구성하는 것을 비판한다. 그가 보기에 이러한 환원의 방식은 관념론이라는 오명을 쓰기 쉽고 경험의 현상적 특성을 끝내 놓치고 마는 결과를 낳기 때문이다.

⑩ 행화주의자 내러티브학: 능숙한 수행과 노하우는 '뇌-몸-환경'의 상호작용이다

행화적 접근은 인지의 기초가 몸적이고 행동 지향적인 과정이라는 점을 강조한다. 행화적 접근에 따르면 환경의 어떤 부분을 지각할 때 우리는 그것의 특정 구조에 민감해질 뿐만 아니라 우리가 그 구조와 함께 할 수 있는 일에 반응한다. 지각은 세계가 제공하는 것에 대한 반응이다. 몸과 환경의 이런 긴밀한 프라그마틱한 관계는 생태심리학에서 유래한 '행위유도성'(affordance)이라는 용어로 잘 표현된다. 이에 대한 좋은 예는 의자가 '앉음'을 제공하는 이유는 그 크기와 모양 때문만이 아니라 우리 몸이 구부릴 수 있는 관절을 갖도록 구성되어 있기 때문이다. 이런 종류의 물리적 행위유도성은 관계적이고 행위자와 환경에 의존한다. 행위유도성은 행위자의 기술 수준에 따라 달라질 수도 있다. 절벽은 '등반'을 제공하는데 행위유도성은 절벽을 오르는 훈련을 받은 사람에게만 제공되기도 한다.

행위유도성은 또한 사회적일 수 있다. 나는 혼자서 무거운 탁자를 옮길 수 없지만, 우리의 현존, 즉 현재 나와 같은 공간에 있다는 사실은 우리가 함께 그 탁자를 옮길 가능성을 제공한다. 이런 프라그마틱한 태도는 우리가 세계를 생각하는 틀을 구성할 수 있다. 우리가 세상을 보는 방식은 세계를 이해하는 시도에 큰 영향을 미치는 동시에 때로는 그런 시도를 제한할 수 있다.

물론 그러한 몸적 과정에는 뇌도 포함된다. 뇌 자체는 매우 복잡하지만, 행화적 접근에 따르면, 인지과학이 설명해야 하는 것은 그보다 더 복잡한 것, 즉, 뇌-몸-환경 간 전개되고 있는 상호작용이다. 행화주의자들은 인지의 복잡성을 이해하기 위해 동적 체계이론(dynamical systems theory)이 도움이 될 것으로 보고 있다. 뇌는 동적 체계로 이해될 뿐만 아니라 몸과 동적으로 관계하는 것으로 이해되고, 몸은 다시 물리적 특성뿐만 아니라 사회적, 문화적 특성을 갖는 환경과도 동적으로 관련된 것으로 이해될 수 있다. 대조적으로, 인지 및 인간 경험에 대해, 전적으로 그리고 엄격하게, 뇌 기반적인 계산 과정이나 표상의 관점에서 주어진 설명은 분명히 "좁다"(narrow)라고 말할 수 있다. '좁다'는 심리철학과 인지과학의 전문 용어이다. 그것은 일반적으로 '머리 속' 또는 '뇌 속'을 의미한다. 대조적으로, 행화적 접근은 지속해서 전개되는 뇌-몸-환경 간 상호작용에 초점을 맞춘 "넓은"(wide) 설명을 제공한다.

우리가 넓은 관점으로 전환해야 하는 이유가 있다. 왜냐하면 뇌가 세계에 대한 내부 표상으로 작동한다고 주장하는 뇌 기능에 대한 지배적 설명은 근본적으로 결함이 있다고 생각할 독립적 이유가 있기 때문이다. 뇌에 국한된 인지에 대한 가정을 거부하고 넓은 관점을 채택한 연구자들은 뇌가 환경적 요인에 관여하기 위해 몸과 통합된 방식으로 작동한다고 가정한다. "급진적 행화인지"(radical enactive cognition)라고 부르는 행화적이고 생태학적인 설명의 가장 급진적인 형태는 뇌를 포함한 전체 유기체가 특정 환경이 제공하는 행위유도성에 동조하면, 설사 유기체가 세계에 대한 표상을 형성하지 않더라도, 기본인지(basic cognition)는 성립한다고 본다.

최소한 우리는 수행을 더 제한하거나 가능케 만드는 생태적이고 환경적(사회적, 문화적, 규범적) 요인을 포함하는 수평적 축을 인정해야 한다. 인지, 자율, 정감, 운동 제어 과정과 같은 수직적 축의 과정은 결코 행위자의 환경과 분리되어 있지 않다. 오히려 그것들은 다른 행위자들을 포함하여 환경적 요인의 안정성과 변이에 맞춰져 있다. 수행이 나타나는 환경은 물리적일 뿐만 아니라 사회적, 문화적, 규범적으로 정의된다. 예를 들어, 음악 공연의 경우 공연장이나 교회에서 연주하는 것은 경기장이나 술집, 야외에서 매우 다를 것이다. 또한 친구들 앞에서 연주하는 것과 대규모 청중 앞에서 연주하는 것도 마찬가지다. 즉흥 연주와 기록된 악보로 연주하는 것은 연주의 외적 배열에서 차이가 날 뿐만 아니라 상당히 다른 신경 과정을 낳는다.

우리가 다른 사람과 음악을 연주하고 있다는 사실, 그들이 누구인지, 그들이 얼마나 능숙한지, 우리가 그들과 얼마나 오래 그리고 어떤 방식으로 상호 작용했는지와 같은 요소들은 수행을 뒷바침하는 뇌-몸-환경의 역학에 영향을 미칠 수 있다. 물리적 배열, 사회적 관계, 문화적 관행은 모두 수행에 영향을 미칠 수 있다. 분명히, 만약 그런 맥락에서 수행에 대한 완전한 설명을 원한다면, 우리는 넓은 견해를 채택할 필요가 있습니다. 이것이 행화적 접근이 주장하는 것이다(출처: 교수신문(http://www.kyosu.net).

⓫ 담화 심리학'(discursive psychology)

언어와 사회적 맥락 사이의 밀접한 관계를 강조하며, 언어적 의사소통이 언중의 사고에 영향을 끼친다고 보는 영역이 있다. 다음으로, 인간의 일상적 회화 속에 나타나는 반복적이고 안정적인 언어적 패턴을 확인, 이를 언어가 사회적 행위라는 관점에서 설명하려는 영역이 있다. 그리고 마지막으로, 서사연구, 담화심리학(discursive psychology), 미하일 바흐친(M.Bakhtin) 학파, 그리고 미셸 푸코(M.Foucault)를 위시한 학파로 묶일 수 있다. 그러나 이들이 공히 전제하는 것이 있다면, 인간의 마음은 언어 속에 담겨 있다는 것이다.

제임스 지에 따르면, 담론 분석은 그 인식의 기본 전제로서 공통적으로, "사람들은 언어를 통해 자기 자신을 드러내고, 그것을 승인받고자 한다" 는 점을 미리 합의한다. 또한 담론 분석이 기존의 도구적 언어관을 폐기했기 때문에, 다수의 문헌들에서는 "언어는 실재의 반영물에 그치는 것이 아니며, 그 이상이다" 를 사실이라고 간주한다. 비판적 담화 분석(CDA)에서는 더 적극적인 여러 종의 전제들을 포함시킨다. 미셸 푸코와 루스 보다크(R.Wodak) 등의 이론가들에 힘입어서, CDA는 "모든 언어는 결국 정치적이며, 모든 담론은 결국 이데올로기다", "담론은 사회에 의해 구성되면서, 동시에 사회를 구성한다", "담론 속의 권력관계는 비가시적이다", "담론은 언어적 옵션들을 취사선택하는 과정을 통해서 완성된 체계이다", "담론의 생산이 통제, 조절, 선별, (재)분배되는 일련의 과정은 보편적이다" 등의 진술들까지도 자명한 것으로 간주한다. 이들 진술들을 꿰뚫는 아이디어가 있다면, 결국 언어에는 연구자가 주목할 만한 사회적인 '무언가'가 있다는 것이다.

수학적 의사소통을 위한 방법은 매우 다양하다. 수학적 의사소통을 위한 방법을 담화(Discourse), 표현(Representation), 조작(Operation), 복합(Complex)으로 구분하여 D.R.O.C 유형으로 제시하였다. 수학적 의사소통 유형을 구분하였으나 한 가지 유형만으로 수학수업이 이루어지지는 않기 때문에 어느 유형에 더 중점을 두어 수업이 이루어지는 가에 따라 담화 중심 수업, 표현 중심 수업, 조작 중심 수업, 복합 중심 수업이라 표현하였다(김상화・방정숙, 2010). D.R.O.C 유형 중 담화는 수학 수업에서 수학적 의사소통을 활발하게 이끄는 역할을 하며, 어떤 유형의 수업에서도 담화의 과정이 필요하다. 문화적 담화 심리학에서는 수학수업에서의 담화의 중요성을 강조한다. 수학은 사회적 관행이 담화적으로 구성되어 있고, 사람들은 관행이 담화의 일부이고 담화도 관행의 부분임을 논한 이론이다. 여기서 담화는 몸짓, 손짓, 흉내 등의 모든 형태의 언어를 포함한 것이며, 담화적 관행은 물리적인 도구나 문화적인 도구로 인해 나타나는 사회적 관행이 학습에 영향을 주는데, 이런 모든 형태의 언어로 학습은 이루어짐을 말하는 것이다. 수학을 배우거나 또는 수학적으로 생각하는 것은 수학적으로 말하는 것을 배우는 것이며, 수학에서 수용 가능한 것은 수학적 담화 속에서 무엇이 승인되는 지에 달렸으며, 오랜 시간 동안 수학에서의 발달과 학생들의 언어의 정교함의 증가는 그들이 수학화 되고 있음을 나타낸다고 주장한다(Lerman, 2003).

문화적 담화 심리학을 근거로 수학교육을 볼 때, 교실에서 진정한 수학이란 실제로 수학적 관행에 참여하는 것이다. 학교 상황에서, 수학을 행하고 배우는 것은 수학적 관행 즉, 연산적 부분과 다른 여러 부분에 참여하는 학생들의 능력을 향상시키는 것을 의미한다. 수학사회에서의 담화는 학생들 사이의 대화보다 본질적으로 여러 사람이 하는 대화, 즉 사회적 관행의 역사를 창조하는 데 도움을 주는 모든 가능한 의견들을 포함한 담화를 말한다. 이런 담화로 학생들은 담화가 규제되기 위한 규칙들을 내면화할 것이다. 교사는 교실 활동과 담화에서 정확한 해결책, 가능성, 질문과 이의를 제안하는 진정한 파트너이며, 문화적 역사적 의견 즉 관습이라는 문화적 역사에 따라서 수학적인 정의를 하는데 학생들을 도울 수 있는 의견을 가르치는 역할을 해야 한다(van Oers, 2003).

현장 교사들이 수학수업에서 담화를 어떻게 이끄느냐에 따라 학생들의 수학적 의사소통능력 신장에 큰 영향을 미친다. 따라서 교사들은 수학수업에서 필요한 담화 전략을 세울 필요가 있다. 수학적 의사소통을 위해 수업 전반에 걸쳐 교사가 가지고 있어야 하는 담화 전략은 다시 말하기(재성 혹은 revoicing), 학생이 다른 사람의 추론을 재 진술하도록 요구하기, 다른 사람의 추론에 자신의 추론을 적용할 수 있는지 학생에게 묻기, 그 이상의 참여를 위해 학생들을 격려하기, 기다려주기가 있다. 또한 교사의 담화와 내용을 통합하기 위해서는 먼저 학생들의 수준을 파악하여 교사가 계획하고 설계하는 것이 중요하다. 둘째, 수업 중 발생하는 다양한 상황에서 순간순간 즉흥성과 대답하기가 필요하게 되며, 이때, 자신이 계획한 목표대로 방향을 잘 이끌고 갈 수 있어야 한다. 셋째, 요약하고 내용을 명확히 해주기 위해 가장 중요한 점이 무엇인지 되돌아보고 재검토하는 것이 필요하다(Chapin, O'Connor, & Anderson, 2003) 김상화, 방정숙, 담화 중심 초등 수학 수업은 어떻게 해야 할까. 한국초등수학교육학회 발표

⑫ Merleau-Ponty 몸의 현상학

메를로-퐁티는 심신이원론의 전통 철학을 반대하고 이원화되기 이전의 몸에 주목하였다. 그는 『지각의 현상학』에서 지각의 주체로서 몸을 등장시키며, 인간이 몸을 가지고 세계와 관계한다는 것을 실존적으로 해석하였다. 이렇게 인간의 몸을 새로운 관점으로 해석한다. 그는 『지각의 현상학』에서 세계를 지각하는 데에 있어 몸의 원초적인 방식에 대해 주목하고 인간이 몸으로 세계와 관계하는 존재임을 밝히고 있다. 『지각의 현상학』에 나타난 몸은 세계와 감각적으로 관계 맺으면서 세계의 의미를 단번에 드러내는 현상적 몸이며, 주체와 세계에 분리되지 않은 체험된 몸이며, 객관화되기 이전의 있는 그대로의 고유한 몸이다. 이러한 몸은 세계, 시간, 공간 그리고 타자와 관계하며 실존한다. 이렇게 실존적으로 분석한 몸은 세계를 직접적으로 만나는 몸, 세계와 관계하는 몸, 시간을 용출하는 몸, 공간에 거주하는 몸, 타자와 소통하는 몸으로 교육과 관계한다.

이러한 『지각의 현상학』에 나타난 메를로-퐁티의 몸철학은 여러 교육적 의의를 가질 수 있다. 메를로-퐁티의 몸에 대한 이해는 학습자가 몸으로 실존하며 능동적이고 개방된 존재임을 깨닫게 함으로써 학습자를 온전히 이해하는 계기가 된다. 그리고 메를로-퐁티의 몸철학에서 지식은 개인의 체험 속에서 지각을 통해 형성된다는 점에서 전통적 인식론과는 차이를 보인다.

⑬ Hebb의 법칙

뇌 세포 사이의 신호가 반복되면 이 두 세포 사이의 신호 전달 효율이 높아진다는 것이다. Hebbian 가소성과 연관되는 데, Hebbian의 가소성이란, 개인은 필요와 환경에 대응하여 변화하고 같은 상태를 유지하도록 설계되어 있다. 이러한 변화는 새로운 뉴런의 생성이나 새로운 뉴런의 연결의 결과로 발생이 되며 이것을 신경가소성이라고 부른다.

Donald Hebb은 뉴런의 의사소통 현상에 대해 설명한 바 있다. 뉴런 네트워크의 발화하는 패턴은 같은 뉴런 네트워크의 후속되는 발화의 가능성을 증가시킨다. 즉, 함께 발화하는 뉴런들은 함께 엮이며, 분리해서 발화하는 뉴런은 따로 연결됩니다. 따라서 더 자주 사용되는 회로는 강화되며 사용되지 않는 회로는 자원을 잃고 그 자원은 재분배되는 현상이 나타나게 된다. 이러한 뉴런의 회로는 우리의 특정 행동을 유도하는 행동 가능성을 만들어내는 시스템이 된다.

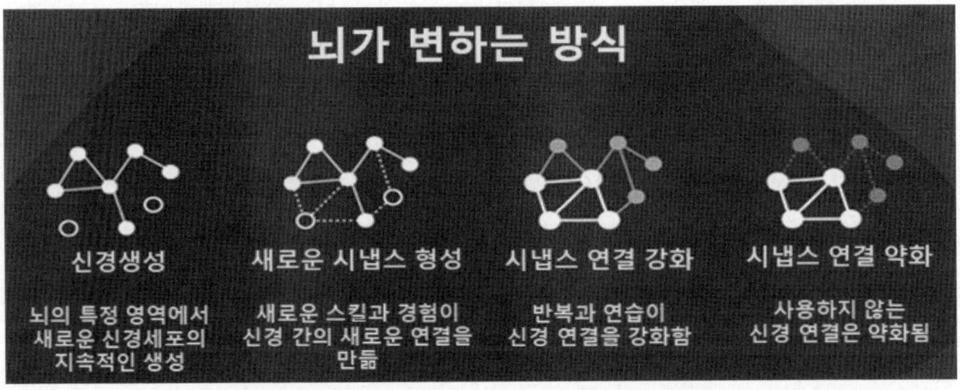

사진 출처: https://www.nicabm.com/brain-how-does-neuroplasticity-work/

⑭ 체화된 인지

인간의 생활을 편리하게 하는 도구들이 늘어나면서 '마음, 의식은 곧 뇌'2)라는 생각을 넘어 마음과 의식을 밖으로 확장해 새로운 틀에서 이해할 필요가 점점 커지고 있다. 미국 매사추세츠공대(MIT) '미디어랩'의 로드니 브룩스 교수는 데카르트식의 심신 이원론의 틀로는 제대로 된 인공 지능 시스템이나 로봇을 만들 수 없다는 것을 절감하고, 인간-환경의 상호작용, 즉 체화된 마음(embodied mind)의 필요성을 강조하였다. '체화된 마음' 혹은 '체화된 인지'로 불리는 미래 과학 기술을 위해 인문사회과학, 자연과학, 공학이 수렴되고 융합되고 있다.

인간은 '뇌'를 포함한 '몸'을 통해 타인이나 인공물을 포함하는 '환경'과 상호작용하며 마음을 구성한다. 우리의 경험을 경험으로 만드는 것은 뇌 자체에서 일어나는 신경 활동이 아니라, 우리와 사물(환경) 사이에서 일어나고 있는 역동적인 (행위 또는 활동) 관계이다. 이때 환경과 몸, 뇌가 하나의 통합적 단위(nexus)를 이룬다. 즉, 환경이 인간 인지의 특성과 한계를 규정·제약하고, 인간의 인지 구조가 역으로 환경을 규정하고 변화시키는 상호작용이 존재한다.

체화된 인지 이해의 틀을 만든 인지심리학자 마가렛 윌슨(M. Wilson)에 의하면, 체화된 인지란 환경이 인지 체계의 한 부분임을 의미한다. 또한 고밀라(Gomila)와 칼보(Calvo)에 따르면 '체화된 인지 접근'을 통하여 뇌를 몸으로, 그리고 다시 그 몸을 환경으로 통합시키는 작업을 해야 한다고 한다.

이처럼 체화된 인지란 신체적 경험을 하나의 수단으로써 활용하여 정보를 처리 및 기억하고 표상화하는 것을 의미한다. 인간 신체의 특정한 감각 및 운동 체계는 사고와 정서, 판단에 영향을 미친다. 다른 말로 하면, 신체적 상태나 지각 또는 경험의 시뮬레이션이 인지적 처리에 영향을 준다는 것이다. 예를 들면 애플(Apple)의 모서리 디자인은 기계의 작동 또한 순조롭게 될 것 같은 느낌을 준다. [네이버 지식백과] 체화된 인지란? (창의융합 프로젝트 아이디어북, 2015. 6. 10., 조준동)

⑮ 내러티브 정체성, 자기 이해

내러티브적 자기 이해는 해석학적 방법론에 깊은 영향을 받았다. 마르틴 하이데거(Martin Heidegger)에 의하면 인간 존재는 객관적인 관찰자로 세계를 대상화하는 인식론적 주체가 아니라, 자신보다 앞서 존재했던 역사와 문화적 토양에 의해 이해의 구조를 갖게 된 실존이다. 인간의 자기 이해는 이처럼 항상 이해의 선구조에 영향을 받는다. 내러티브적 자기 이해는 이 해석학적 자기 이해의 핵심 원리를 그대로 이어받는다.

내러티브적으로 자기를 이해한다는 것은 무엇을 의미하는가? 자기에 대한 내러티브적 접근의 주요한 특징을 다음과 같이 정리할 수 있다.7) 첫째, 내러티브적 자기 이해는 시간 속에서 흩어진 것들을 통합한다. 내러티브적 설명이 공유하는 주장은 인간 행동의 분명한 의미는 단편적인 행동 그 자체가 아닌, 내러티브적인 연속에서 드러난다는 것이다. 누군가에게 들려주는 자신의 이야기나 타인으로부터 듣는 이야기에는 시간성이 개입되어 있다. 생애 전체에 걸쳐 흩어져 있는 행동과 사건을 엮어서 일관성 있는 줄거리로 자아낸 것이 이야기이다. 리쾨르에게 줄거리화(emplotting) 작업은 분산되어 무의미에 빠질 수 있는 조각난 행동과 사건에 의미를 부여하는 활동이다.

내러티브의 통합하는 성격과 자기 정체성의 연관성에 대해서 말해보면, 인간의 자기 이해는 그런 의미부여와 함께 일어난다. 분산된 시간 자체는 인간의 시간이 될 수 없듯이, 흩어진 사건들은 나의 이야기를 구성하지 못한다. 무의미 속에서 인간의 자기 정체성이 생길 수 없다. 무의미는 우리의 환경이지만 그 속에서 의미를 찾으면서 인간은 자기 정체를 찾는다.

리쾨르는 이것을 아우구스티누스의 시간 경험에 대한 사유와 아리스토텔레스의 시학의 줄거리 구성(mythos)을 중심으로 풀어낸다. 그것은 분산된 인간의 시간 경험이 내러티브라는 매개를 통해 어떻게 하나의 통합된 정체성으로 드러나는지 보여주는 작업이다. 아우구스티누스에게 시간은 존재와 비존재의 역설적인 순환 속에 있다. 시간은 끊임없이 과거의 기억과 미래의 기대로 분산(distentio)되고, 현재도 지속되지 않기 때문에 비존재로 여겨진다. 그러나 동시에 우리는 과거, 현재, 미래의 일들을 말하며, 시간을 의식하기 때문에 그것은 존재로 여겨지기도 한다.

이처럼 끊임없이 지향(intention)하고 또 분산되는 역설적인 순환이 바로 아우구스티누스가 말하는 시간의 아포리아다. 한편, 리쾨르는 아리스토텔레스의 시학에 등장하는 줄거리 구성을 통해 이 모순을 극복하고자 한다. 줄거리 구성은 개연성과 필연성을 기준으로 하나의 완결된 전체성을 지향한다. 줄거리의 구조화 안에서 우연한 것들은 내적 연관성을 얻게 되고, 특수성이 보편성을 얻게 된다. 한 이야기 속의 부조화는 커다란 줄거리에 통합되면서 의미를 획득한다.

리쾨르는 아우구스티누스의 시간론과 아리스토텔레스의 줄거리 구성을 상호 보완적 관계로 엮어낸다. 분산된 시간 자체는 인간의 시간이 될 수 없고, 흩어진 행동과 사건들은 한 사람의 이야기가 되지 못한다. 무의미의 상징인 분산되고 흩어지는 사건과 행동을 엮어내는 내러티브적 구성을 통해서 비로소 내가 누구인지가 드러나는 것이다.

킴 앳킨스(Kim Atkins)는 우주적인 시간의 연속 안에 있지만, 우리의 실존적 지향은 그것에 종속되지 않으며, 그 안에서 '시작', '끝', '터닝 포인트' 등을 주도하기 때문에 우리의 행동이 객관적인 시간에 현상학적인 특성을 부여한다고 말한다. 그렇기에 내러티브는 연대기나 인과적 연쇄와는 구별되는 것으로서 자기 의식을 가진 행위자가 특정한 시간적 맥락 속에서 스스로를 이해하는 형식을 갖추고 있다.

내러티브의 두 번째 특징은 공동체성에 있다. 모든 내러티브는 그 내러티브보다 앞선 재료들에 기대고 있다. 디시 말해, 어떤 내러티브도 '처음부터' 시작할 수는 없다는 뜻이다. 내러티브는 기존에 있는 상징들의 세계로 뛰어드는 것이며, 그것을 재료로 새로운 내러티브를 만드는 것이다. 어디서 시작하든 그것은 '사건 한 가운데(in medias res)'로 돌입하는 것이다. 그렇게 뛰어든 세계 속에서 둘러보면 이야기는 이미 시작되어 있고, 이전의 사람들과 사건들에 의해 무언가가 이루어져 있는 상태이다.

“나는 무엇을 해야만 하는가?”라는 물음에 대해 나는 이에 선행하는 물음, 즉 “나는 어떤 이야기 또는 이야기들의 부분인가?”라는 물음에 답할 수 있을 때만 대답할 수 있다. 우리는 우리에게 부과된 하나 이상의 성격들을 가지고, 즉 우리가 어쩔 수 없이 맡게 된 역할들을 가지고 기존의 인간 사회에 진입하게 된다. 매킨타이어는 자기성에 대한 현대 개인주의의 시각이 내러티브적 관점과 정반대에 있다고 말한다. 그에 의하면, 자기를 ‘내가 되고자 선택한 것’이라 정의하는 이 현대적 관점은 자신의 실존을 구성하는 사회적 특성들이 우연히 설정되었다고 믿는다. 그렇기에 개인의 의지로 선택한 것 이외의 요소에 대하여는 책임을 논하는 것을 거절한다. 매킨타이어는 이 같은 현대적 관점의 자기성은 어떤 역사도 가질 수 없으며, 과거로부터 자신을 분리시켜서 현재의 관계를 해체한다고 비판한다.

이와는 반대로, 내러티브적 자기는 되고자 하는 자기의 상을 형성하는 중요한 특질을 전통과 앞서 형성된 견해들에서 찾는다. 이 말은 우리가 자기 자신에 대하여 이야기를 할 때, 그것이 어떠해야 하며 어떠해서는 안 되는지 설정하는 것까지도 문화적인 맥락에 영향을 받는다는 의미이다. 그 결과 한 사람의 정체성을 알게 된다는 것은 그 사람의 역사와 성격적 특질을 동시에 이해하는 것이며, 단순히 개체적 존재자의 즉각적인 신념이나 욕구를 아는 것보다는 훨씬 복잡한, 사적 영역을 벗어나는 일이라 할 수 있다.

내러티브의 세 번째 특징은 규범성을 지닌다는 것이다. 규범적 특성은 앞에서 다룬 통합성과 공동체성의 귀결이라 할 수 있다. 시간 속에 흩어져 있는 행동과 사건의 조각들을 통합하는 내러티브의 특성은 자기성을 거저 얻는 것이 아닌, 하나의 적극적인 성취의 과정으로 보게 한다. 또한 공동체적으로 형성되는 내러티브적 자기 개념은 규범성과 자연스럽게 연결된다. 매킨타이어는 나와 타인들은 각자의 이야기의 구성 요소로 서로 얽혀 있다고 말하며, 이 같은 상호작용 안에서는 자신의 행동에 대한 해명과 책임이 핵심적인 역할을 한다고 말한다.

자신의 행동을 남에게 이해시키는 것과 그 행동에 대해 책임지는 것은 선후를 가릴 수 없이 얽혀 있는 것이다. 매킨타이어는 "자기의 책임성이 없다면, 가장 단순한 내러티브, 즉 날것 그대로를 제외한 여타의 내러티브를 구성하는 일련의 사건들이 일어날 수가 없다.")고 말하면서, 개별적인 행동뿐만 아니라 전체로서 우리의 삶에 이르기까지 규범적 차원이 포함되어야 함을 주장한다.

한편, 리쾨르는 한나 아렌트(Hannah Arendt)를 따라서 개인의 정체성을 말한다는 것은 "그 행동을 누가 했는가, 그 행동의 주체는 누구인가?"와 같은 실천적인 질문에서 비롯된다고 말한다. 행동의 책임자의 정체를 찾는 일이 곧 그의 내러티브적 정체성을 찾는 일이다. 리쾨르는 '아이덴티티(identity)'라는 표현이 가진 두 의미, 곧 동일성과 정체성 사이의 혼란을 자체 동일성(idem, the same)과 자기동일성(ipse, self-same)의 변증법으로 풀어낸다. 전자가 가진 추상적인 성격에 비해, 후자는 시간의 변화를 그 안에 포함한 동일성이다.

리쾨르는 '무엇' 물음인 자체 동일성이 한 사람의 성격에서 드러난다면, '누구' 물음인 자기 동일성은 자신의 말을 지키는 것, 곧 약속을 이행하는 것에서 나타난다고 주장한다. 즉, 시간의 변화 속에서도 인간 존재자는 자신의 성격의 지속성으로 그 자신으로 동일하게 남아 있지만, 약속의 이행, 즉 자기 자신에게는 물론 타자에게 무엇을 하겠다고 말하는 것을 충실하게 이행함으로써 자기 자신으로서 유지할 뿐만 아니라, 그가 누구임을 보여주는 것이다.

이 같은 방식으로 리쾨르는 자기성과 동일성의 변증법을 통해 시간성을 넘어서면서 규범적 차원으로 나아간다. 여기서 자기는 달성해야 할 하나의 성취가 된다. 앳킨스는 리쾨르를 지지하면서 윤리적 행위 주체는 인간 의식의 반성적 구조에서만 발생하며, 자기 이해에 대한 내러티브적 모델만이 윤리적 차원을 잡아낼 수 있다고 말한다.

이처럼 해석학적 방법론과 내러티브 문학 이론에 영향을 받은 내러티브적 자기 이해는 통시적 관점을 바탕으로 행동과 사건을 통합하여 구성한 이야기 속에서 정체성을 발견하며, 기존의 언어와 문화를 기반으로 하여 공동체적으로 형성된다. 이때 자기는 그 본성상 규범성을 지니며, 성취해야 할 하나의 과제로 주어진다. 조신준,

2023. ≪내러티브 정체성에 대한 비판적 고찰—자기 의식에 대한 현상학적 연구를 중심으로≫,

⓰ Ricoeur의 미메시스

리쾨르의 내러티브 해석학에서 중요한 개념으로 시간과 이야기를 매개하고자 하는 것이다. 흔히 아리스토텔레스의 시학 이론과 아우구스티누스의 시간 이론을 결합하여 미메시스 3단계 가설로 잘 알려져 있다. 리쾨르의 『시간과 이야기』에서의 주요 탐구 대상은 이야기 일반이다. 여기에서 이야기는 줄거리가 뚜렷한 허구와 역사를 말한다. 줄거리가 있어야 미메시스를 논할 수 있다. 미메시스 I 단계에서 '일반 행동'의 세계에 대한 '전(前)이해'를 가진다. 미메시스 II 단계에서 '전 이해'에 따라 '이야기의 줄거리'를 구성하거나 이해하며, 미메시스 III 단계에서 줄거리 이해를 기초로 '자신의 삶'을 '후(後) 이해'한다. 전통적으로 문학적 미메시스라고 불리는 것은 미메시스 2단계를 말하는 것으로 그 이야기의 줄거리는 재현이나 모방을 창작품으로 만들 수 있는, 미메시스라는 참된 예술의 본질을 승화시키는 근원이 된다. 그러나 문학이나 예술에서 가장 중요한 미메시스의 참된 의미는 작가의 미메시스적 활용이 독자에 의해 재현되며 구성되고 완성된다는 것이다. 한마디로 삼중의 미메시스의 골간은 미메시스를 텍스트만이 아니라 독자 또는 작가의 삶에까지 연장된다.

2장 내러티브의 시간성과 분산된 뇌

❶ 리쾨르 철학(https://brunch.co.kr/@erasmut/36)

마르틴 하이데거는 20세기 초중반에 활동한 독일 철학자이다. 하이데거는 주저 『존재와 시간』에서 인간을 '세계-내-존재'라 표현한다. 인간은 세계라는 테두리 안에서 다양한 사물과 관련을 맺고 서로 배려하며 살아간다. 루트비히 비트겐슈타인에 따르면 삼라만상은 사고 가능한 세계와 사고의 한계 너머의 초월론적인 세계로 이루어져 있다. 칸트의 오성/이성을 계승한 비트겐슈타인은 초월론적인 세계에 대해 "말할 수 없는 것에 침묵해야 한다."는 유명한 테제를 남겼다. 하이데거는 초월론적인 세계를 '존재', 사고 가능한 세계를 '존재자'로 간주하고, 스스로 존재자임을 인식하는 인간을 '현존재'라 칭한다. '세계-내-존재'는 곧 현존재이다. 단순히 사물에 둘러싸여 의식주를 해결하며 살아가는 삶을 하이데거는 그저 인간, 곧 익명의 '세인世人'이라 불렀다. 인간은 궁극의 목적이어야 하는데, 세인들은 교환 가능한, 대체 가능한 존재자들일 뿐이다. 도구적 목적에 그치는 인간은 반드시 '나'일 필요가 없다. 하이데거는 그러한 삶의 방식을 비본질적이라 보고, 본질적인 삶을 강조했다.

프랑스 철학자 폴 리쾨르는 20세기 말까지 활동했으며, 그의 철학은 모국 프랑스는 물론 유럽, 영미권에서 활발하게 논의되고 있다. 청년 시절 하이데거의 사상에 영향을 많이 받은 그는 하이데거-사르트르의 실존주의와 후설-메를로퐁티의 현상학을 양 날개 삼아 자신의 철학을 전개했다.

행위자가 결여된 관찰자, 제3자의 한계를 극복하기 위해 의미를 부여하는 주체의 시점으로 들어가 의식의 '지향성'을 다루는 현상학을 에드문트 후설은 주창하였다. 그러나 후설 식의 순수 의식의 본질로는 실존의 문제가 환원될 수 없다. 하이데거는 스승 후설의 관점에서 진일보하여, 자기 자신과 세계의 상관관계에서 실존을 찾는다.

리쾨르의 주요 연구 중 하나인 내러티브(narrative)는 실존의 본질을 시간성, 역사성으로 파악한 하이데거의 『존재와 시간』을 계승한다. 리쾨르의 하이데거 해석에 따르면 내러티브는 자기 삶의 연결 고리를 설명한다. 내러티브는 자기 진정성과 주체의 시간성을 연결하는 교량 역할을 한다. 내러티브를 통해 물리적 시간과 인간의 시간의 만남, 즉 역사적 시간이 이해 가능한 텍스트로 바뀐다. 리쾨르는 주체의 정체성 문제와 내러티브를 연결하면서, 내러티브 문제가 단순히 언어적 유희가 아닌 인간 삶에 대한 평가와 관련된다고 주장한다.

단 주체의 능동성에 대하여 둘은 분명한 차이가 있다. 하이데거는 '죽음'이라는 누구에게나 공평한 미래의 사건을 각자의 행동 동인으로 끌어들여 반성의 계기로 삼아야 한다고 주장한다. 개인의 결단을 강조하는 것이다. 그러나 리쾨르는 이러한 방식으로는 타인과의 공존, 공통의 세계가 요원하다고 지적한다. 진정성 있고 지속적이고 혁신적인 변화를 위해서는 타인과 공존해야 한다. 나만의 진정성으로는 한계가 있다.

자기 삶에 대해 어떻게 의미를 부여하느냐에 따라 삶은 다르게 이해된다. 이 점은 리쾨르 철학을 이해하는 중요한 단서다. 윤리적 삶은 로고스logos적인, 딱딱 맞아 떨어지는 삶이 아니다. 자기에게 좋은 삶, 적합한 삶이다. 자기 자신의 삶이 기성의 관습이나 관행으로 이해되지 않을 때 기존 관습이나 관행을 거스르는 삶을 살 수도 있다. 중요한 건 자기에게 좋은 삶을 새로운 행동으로 보여 주고, 타인에게 그 행동을 인정받는 것이다. 그 행동에 대한 새로운 의미는 새로운 가치로 자리매김한다.

실존은 진정으로 사는 것, 내가 이 땅에서 존재하는 이유를 묻는 것이다. 나를 나 자신을 드러내는 삶이 문제다. 자기 진정성은 미리 결정되지 않고, 삶에서 찾아야 한다. 삶의 의미는 결국 행위들의 상관관계에서 평가되고, 상관관계의 의미들 총체를 가리켜 우리는 '세계'라 한다. 세계 없는 행위는 의미를 말할 수 없다. 세계는 무한하다. 기존 의미에서 새로운 의미를 무한히 만들어 낼 수 있다. 한 사람의 삶은 유한하지만, 인간성으로서 삶은 무한하다.

❷ 리벳(Libet)의 마음 시간 실험(mind-time experiments):

Libet과 그의 동료들은 의식적 의도와 뇌 활동 간의 관련성을 알아보는 일련의 연구를 수행하였다. 이 연구들 가운데 가장 많이 인용되는 논문은 Brain 지에 실린 Libet, Gleason, Wright 그리고 Pearl이다. 이 논문의 출발점은 Kornhuber와 Deecke가 두피에 여러 개의 전극을 붙여서 그 전기적 활동을 기록하는 뇌전도 (electroencephalography: EEG)19) 기법으로 얻은 준비전위(readiness-potential)20)이다(Libet 등에서 재인용). EEG는 대개 자발적인 뇌파의 변화를 기록하지만, 준비전위는 피험자가 손가락을 움직이는 반응을 정해진 시간 내에 하되 하고 싶을 때 하도록 한 상황에서 관찰된다. 준비전위가 관찰되는 영역은 운동을 담당하는 피질이 있는 두정엽인데, 손가락을 움직이도록 손가락 근육이 수축되기 시작하는 시점으로부터 대략 1초 전에 나타난다.

Libet 등은 뇌의 사전 준비 활동이 근육 수축 반응에 선행한다는 발견에서 한 걸음 더 나아가, 뇌의 사전 준비 활동 시점과 반응을 하겠다고 의식적으로 결정한 시점(이후부터는 이 시점을 영어의 Will에서 따온 W로 표시하기로 함) 간의 시간적 선후 관계를 알아보고자 하였다. 이를 위해 이들은 자발적 반응을 원하는 때 하도록 하는 동시에, 반응을 의식적으로 의도한 시점을 측정하기 위한 특별한 시계판을 사용하였다. 이 시계판에서는 시계의 초침처럼 눈금이 새겨진 원의 안쪽을 따라 밝은 광점이 2.56초 만에 한 바퀴씩 돈다.

피험자의 과제는 자신이 반응하고 싶을 때 반응을 하는 동시에, 언제 반응하고 싶은 마음이 들었는지를 시계판 위를 움직이는 광점의 위치를 통해, 예를 들어 25초 혹은 50초 방향 등으로, 보고하는 것이었다. 6명의 피험자를 대상으로 각각 40회 이상의 시행을 통해 얻어진 결과는 다음과 같이 요약될 수 있다. 우선 Kornhuber와 Deecke에서처럼 정해진 시간 내에 손가락을 움직이도록 했을 때 그 반응에 선행하여 관찰되는 뇌 활동인 준비전위는 실제 반응에 약 1초 앞서 나타난다. 통상 이 준비전위는 다음에 소개되는 또 다른 형태의 준비전위2와 구분하기 위해 준비전위1로 불린다. 둘째로, 위에서 소개된 시계로 언제 의도를 했는지 반응하도록 했을 때 나타나는 뇌 활동인 준비전위2는 실제 반응에 약 550msec 앞서 나타난다(그림 1에서의 RP2). 셋째, 피험자들이 시계판을 이용하여 보고한 W는 실제 반응보다 200 msec 앞서 나타난다. 다시 말해, 피험자들의 의도는, 실제 반응에 약 200ms 앞서지만 준비전위2보다 350ms 이후이다.

Libet 등은 이 결과를, 우리의 행동은 물론 그 행동을 하고자 하는 의식적 의도도 그에 선행하는 무의식적 뇌 활동에서 비롯되기 때문이라고 해석하였다. Libet 등은 또한 인간은 무의식적 뇌활동에 선행하여 의식적으로 행동을 시작하게 할 수는 없지만, 의도와 행동 사이의 시간인 행동 전 200ms에서 100ms 사이동안에는 손가락을 움직이려는 의도를 거부할(veto) 수 있다고 하였다. Libet은 거부에 대한 증거를 두 가지 제시하였다. 그 중 하나는 피험자들이 일부 시행에서 그렇게 했다는 내성 보고였다. 다른 증거는 손가락 근육에서의 전기적 신호 즉 M(이후부터는 이 시점을 영어의 Movement에서 따온 M으로 표시하기로 함)이 나타나지 않았을 때, 먼저 W가 일어나고 이를 취소하는 결정, 곧 거부가 확인될 때 가능하다.

이를 알아보기 위해 Libet 등의 한 실험에서 피험자들은 제한된 시간 내에 반응을 하도록 한 다음 그 제한된 시간의 대략 100ms에서 200ms 전에 반응의도를 거부하라는 지시를 주었다. Libet은 이 결과를 M이 일어났을 때와 비교하였는데, 그 결과 거부가 일어났을 때는, 거부가 일어나지 않았을 때에 비해, 150ms에서 250ms 사이에 뇌파가 더 평평하거나 방향이 뒤바뀐다고 보고하였다. 이 결과는 피험자가 이처럼 짧은 시간 동안에도 실험자가 시키는 대로 반응을 할 수 있었다는 점에서 놀랍고 또한 의심스럽다. 실제로 Libet 등의 연구에 대한 후속 연구에서 이 부분을 실험적으로 재검증하려는 시도는 찾아볼 수 없다. 그럼에도 불구하고 Libet은 이상의 결과를 바탕으로, 인간의 의식적 의지는 준비전위2가 활성화된 후 350ms에서 400ms 동안 거부권을 행사할 수 있기는 하지만, 준비전위2에서 관찰된 것처럼, 뇌 활동으로부터 무의식적으로 시작된다고 주장하였다. 출처: 의식과 행동에 대한 Libet의 연구(박주용, 고민희(2013). 자유의지에 대한 Libet의 연구와 후속 연구들, 서울대학교 법학, 52(3), 477-510)

❸ 기억하는 뇌, 망각하는 뇌(이인아, 2022, 21세기북스)

우리가 살면서 경험한 것들은 모두 뇌에 어떤 변화를 일으킨다. 그 변화는 기억되어 이후의 행동에 영향을 준다. 기억에도 종류가 있는데 일상생활에서 경험한 것을 기억하는 것을 일화 기억(Episodic memory)이라고 한다. 그리고 자전거 타기와 같이 무의식적으로 이루어지는 학습에 의해 형성되는 기억은 절차적 기억(Procedual memory)로 분류한다.

우리 뇌에는 850억~860억 개(거의 1000억 개)의 뉴런이 있는데 뉴런 한 개는 약 1,000~10,000개의 시냅스를 맺고 있다고 한다. 그렇게 서로 그물망처럼 매우 좁은 간격을 두고 서로 떨어져 있다. 가운데 까만 몸통 부분이 핵이 들어 있는 세포체(cell body)이고 세포체 우측으로는 다른 뉴런으로부터 정보를 받는 수상돌기(dendrite)라고 한다. 그리고 세포에 왼쪽으로는 축삭돌기(axon)라고 하는데 다른 뇌세포에 정보를 전달하는 역할을 한다.

뉴런들은 뇌척수액 안에서 전기신호와 화학물질(신경전달물질)을 정보처리에 사용한다. 우리의 뇌는 1.5kg의 무게가 나가지만 액체 위에 떠 있어 가볍게 느껴지고 권투나 격투기와 같은 강한 충격이 아니라면 외부 충격에도 어느 정도 보호가 가능하다. 시냅스에서 일어나는 어떤 변화는 그냥 다시 원상태로 돌아가는 경우도 있지만 어떤 변화는 굉장히 오래, 길게는 평생 기억할 수도 있다. 학습을 통해 뇌가 바뀌고 행동이 바뀐다는 것은 시냅스 수준에서 돌이킬 수 없는 변화가 일어난 것이다.

우리의 뇌가 모든 정보를 영구적으로 기억하면 좋을 거 같은데 원활한 생존을 위해 잘 쓰지 않는 정보는 버리고 자주 쓰는 유용한 정보는 잘 간직해야 하는 선택을 매 순간해야 한다. 현대 과학으로는 어떻게 장기기억으로 저장하고 있는지 아직도 밝혀지지 못하고 있다. 유용한 정보를 장기기억으로 저장하는 것이 수면 시에 발생하는 것인지 수시로 발생하는지 아직 모른다. 현대 뇌인지과학에서는 신경망을 구성하는 수많은 뉴런이 보이는 특정한 활성 패턴이 곧 특정한 기억에 대응된다고 가정하고 있다.

뇌는 서로 긴밀히 소통하며 공동의 목적을 달성한다. 기저핵과 소뇌는 절차적 기억과 학습을 담당한다. 일상 속에서 자연스럽게 작동하여 무의식적으로 행동하게 한다. 대표적인 뇌질환으로 치매와 파킨슨병이 있는데 파킨슨병에 걸리면 우리 몸의 근육들을 부드럽게 움직이는 게 어렵게 된다. 그리고 치매에 걸리면 해마가 손상되어 절차적 기억은 정상이지만, 공간기억이나 이에 바탕을 둔 일화기억이 주로 손상된다.

기억은 뇌의 중요한 기능 중 하나로서 경험과 정보를 저장하고 추출하는 과정이다. 그러나 뇌는 모든 경험과 정보를 영구적으로 기억하지 못하며, 망각이라는 현상도 존재한다. 뇌는 망각을 통해 불필요한 정보를 정리하고 중요한 정보를 보다 효과적으로 저장할 수 있다. 망각은 뇌가 정보를 일시적으로 보관하거나 잊어버릴 수 있는 기능을 가지고 있기 때문에 중요하다. 망각은 뇌의 자원을 절약하고, 정보 검색과 활용에 있어서도 효율적인 방법이다.

망각은 여러 가지 이유로 발생할 수 있다. 일부 기억은 시간이 지나면서 점차적으로 사라지는데, 이는 시간이 지나면서 기억을 재활용하기 위해 뇌가 과거의 경험을 일관성 있게 유지하지 않는다. 또한, 정보의 부재 또는 인코딩 오류로 인해 기억이 형성되지 않을 수도 있다. 뇌는 자극에 대한 관심이나 중요성에 따라 기억을 형성하며, 관심이 부족한 정보는 망각될 가능성이 높다. 또한, 망각은 적절한 회수 연습이 없거나 기억을 활성화시키는 환경이 부족한 경우에도 발생할 수 있다. 기억은 사용하지 않으면 퇴화될 수 있기 때문에, 지속적인 회상과 연습을 통해 기억을 유지하고 강화시키는 것이 중요하다.

망각은 뇌의 복잡한 기능 중 하나로서 기억의 유지와 선택적인 삭제를 가능하게 한다. 이는 뇌가 정보를 효과적으로 관리하고 필요한 정보를 우선적으로 활용할 수 있는 기능을 제공한다. 망각은 단순히 잊어버리는 것으로 생각되기도 하지만, 실제로는 뇌가 정보를 다루는 방식을 최적화하는 중요한 역할을 한다.

❹ 메를로 퐁티의 지각의 현상학

타아는 하나의 역설이다. 타자가 진정으로 그 자신에 대하여 존재하고 나에 대하여 존재하나 그 양쪽이 신에 대하여 존재하고 있지 않다면, 우리는 한쪽을 다른 쪽에 나타나도록 해야 하며, 그도 나도 외부를 가져야 한다. …… 지금까지 코기토는 타자의 지각을 평가절하하고 있고 나에게 자아가 자아 자신에게만 접근될 수 있음을 가르치고 있다. 왜냐하면 그것은 내가 나 자신에 대해서 갖는 생각과, 적어도 궁극적 의미에서는 확실하게 나 혼자뿐이라는 생각에 의해서 나를 규정하고 있기 때문이다. 타자가 공허한 말이 되지 않기 위해서, 나의 실존은 내가 가지고 있는 존재한다는 의식으로 환원되어서는 안 되며, 또한 사람들이 가질 수 있는 존재한다는 의식도 포함하지 않으면 안 되고, 따라서 어떤 자연에서 그리고 적어도 역사적 상황의 가능성에서 이루어지는 나의 육화를 포함하지 않으면 안 된다. …… 진정한 코기토는 주관의 존재를, 그가 가지고 있는 존재한다는 사고에 의해서 규정하지 않으며, 세계의 확실성을 세계에 대한 사고의 확실성으로 바꾸지도 않고 필경 세계 자체를 의미 세계로 대체하지도 않는다. 반대로, 그것은 나의 사고 자체를 파기할 수 없는 사실로서 인식하고 나를 '세계-에로-존재'로 발견하면서 모든 종류의 관념론을 제거한다.

[출처] 모리스 메를로-퐁티 『지각의 현상학』, 「서문: 현상학이란 무엇인가」 중... | 작성자 자와히리

❺ 메를로 퐁티의 공동의 세계와 타자

〈공동의 세계〉

"이 세계에서 우리는 공유할 수 있는 것을 만들어낸다. 문화라는 행위를 통해 나는 나의 삶이 아닌 삶들 속에 정착하고, 그 삶들과 대면해 서로를 소개시키며, 그 삶들을 진리라는 하나의 질서 속에 공존할 수 있게 만들고 그 모든 삶들에 처해서 어떤 보편적인 삶을 탄생시킨다."

"소설가는 독자와 모든 사람은 각기 다른 사람과 비전을 전수받은 자의 언어를 통해 관계를 맺는다. 여기서 비전을 전수받은 자란, 인간의 몸과 삶이 녹아 있는 가능한 것들의 세계, 우주를 전수받은 사람을 말한다." 이렇게 문화는 복수의 공통 세계를 만든다. (세계를 복수인 것은 보편적 삶을 만든 문화가 하나가 아니기 때문) "실존의 근본구조가 의미를 갖지 않는 것에 의미를 실어주는 작용 자체"이기 때문에 실존은 비결정적이다. 이 비결정적인 "실존이 사실의 상황을 자기 것으로 되잡아 변형시키는 이 운동을 초월이라고 부른다." 이 초월은 몸의 초월인데, 이 몸은 세계에 이미 속해 있기에 몸의 초월은 곧 내재이기도 하다.

물론 실존으로 길어낸 의미의 바탕은 공통세계 · 비인칭의 세계이다. 그러나 인간의 실존은 다른 동물들과는 달리 보다 개인적인 · 인칭적인 필요에 따른다. 특히나 언어라는 상징체계는 같은 사실로부터 다른 관점과 다른 의미를 선택하는 것이 가능하도록 한다. 언어 및 표현은 공통적 문화세계를 형성하기도 하지만, 동시에 인칭적이고 개별인 고유한 의미를 세계로부터 길어낼 수도 있기 때문.

〈타자〉

인간 존재는 신체적 존재이며, 서로 마주보는 것은 곧 그 자체로 일종의 소통이다. 소통이 거부되는 경우도 있겠지만, 소통의 거부를 포함한 갈등조차 소통을 전제로 하는 일종의 소통이다. 인간은 이미 세계와 불가분으로 엮여 타인과 그 세계를 공유하고 있다. 조화/갈등, 협력/투쟁 등 모든 관계는 실존적 양상에 따라 가능하다. 타인의 존재를 증명하는 것은 애초에 필요 없다. 인식 아니 지각의 첫 순간에 타인은 사유의 수준을 넘어 존재하기 시작한다.

"나의 조망은 다른 의식들이 갖는 조망들과 함께 주어진다." 내가 여기서 나무를 조망할 때 다른 사람들의 다른 방향에서의 나무 조망 역시 함께 주어진다는 것이다. 지각의 경험은 나의 경험이되, 다른 사람과 공동으로 하는 경험도 "모나드적이고 상호주체적인 경험"이다. "따라서 나는 내가 존재한다는 것과 동일한 진실에 열려 있고, 그러므로 상호주체적 존재, 즉 객관성의 영역을 나의 지각의 대상에 부여하는 또 다른 '나 자신'으로 타자를 지각한다. 그의 삶은 나의 것처럼 열린 삶이다."

[출처] 타자와 상호주체성의 문제_사르트르, 메를로퐁티 | 작성자 scalar

❻ 후설의 현상학적 시간 의식

〈경험과 인식 속의 시간적 통일성을 향하여〉

우리는 현상학적 시간의식 분석에서 가장 중심적인 물음——"과거, 현재, 그리고 미래라고 하는 일견 상이한 시간성의 양상들이 어떻게 유의미하고, 일관성이 있는 시간적 · 지각적 단일체(a meaningful, coherent temporal-perceptual unity)로 통합되는가"——에 답할 수 있는 기초적 준비를 마무리한 셈이다. 그러나 어쩌면 답변은 그간의 논의를 통해서 어느 정도는 그 윤곽이 이미 드러났다. 마치 의미형성의 과정에 주안하는 현상학적 정신처럼, 과정 속에서 해결의 단서를 얻지 못한다면 구태여 그 과정을 계도하는 손길과 마음길을 '현상학적' 이라고 이름할 필요가 있었겠는가.

우리가 논의해온 바를 정리해본다면, 현재란 의식에 직접 주어지는 가까운 과거와 미래의 지평의식을 배경으로 부단히 계속되는 조정의 역동적인 장場이다. 현상학적으로 파악되는 현재는 그 자신 속에 역동적 파지와 예지들로 구성되는 일차적 경험의 현장을 구비하고 있다. 그러므로 누차 지적한 것과 같이, 이러한 현재의 개념 속에는 선조적線條的, 과학적 형태의 시간관은 그 흔적을 찾을 수가 없다. 오히려 지금의 바탕은 후설이 흐름(flux)이라고 불렀던 시간의 지평이며, 이 역동적 지평 속에는 추상적 단위화가 당연히 그 적실성을 상실하고 만다. 시간의식의 통일성은 그것의 지속성, 혹은 그 항구적인 구조—'지금' 을 둘러싸고 있는 파지적-예지적 지평—를 생명으로 한다. 후설에 따르면, 이 같은 '지금'의 구조야말로 시간의식의 다이너미즘을 지지하는 근본적 토대가 된다.*〈Edmund Husserl(1964)〉

인식과 경험의 구조와 시간의식의 통일성이 이와 같이 중계될 수 있는 이유가 있다. 후설에 의하면, 시간의식으로서 지각의식(perceptual consciousness)이 아닌 것이 없고, 또한 지각의식이면서 시간의식이 아닌 것이 없다. 따라서 현상학적 현재란 '지평적으로'(in terms of horizon) 과거와 미래를 조망하여 한 가슴 속에 싸서 안을 수 있는 입각점이며, 시간적 통일성의 구성을 이해하기 위해서는 필수적으로 파악해야 할 구조이다. 그러므로 두께도 지평도 가지지 못한 수학적인 현재가 시간적, 지각적 통합체의 구성을 위해서 기능할 리 만무하다. 이를 다소 달리 표현하자면, 그 같은 '원자적 순간'(atomic instant)은 경험 가능한 대상이 아니며, 따라서 현상학적으로 적법한 데이터가 아니다. 과거와 현재를 구분 짓는 이상적인 경계선은 현재를 과학적으로 해명하려는 조급함으로 말미암은 사산아이며, 경험적 대상에 필수적인 두께도 일관성도 구비하지 못한 허구인 것이다.

지각의 통일성은 이 시간적 통일성에 근기한다. 이미 논급했듯이, 시간의식이 아닌 지각의식은 없기 때문이다. 이 시간적 · 지각적 통일성은 현재의 다이너미즘 속에 그 기반을 두고 있으며, 또한 후자는 파지적-예지적 지평에 연계된 일차적 인상들의 계속적인 조정작업에 근거한다. 경험을 통한 지각과 지각의 통일성은 질료적 데이터(hyletic data)의 계속적인 중첩과 조정을 통해서 이루어지는 것이다. 요컨대 시간적 통일성과 이에 근거한 지각의 통일성은, 파지와 예지의 지평의식을 배경으로 끝없이 움직이는 현재의 지향적 다이너미즘 속에서 유지된다. 후설은 이 같은 이론적 구조를 멜로디의 청음聽音 현상을 통해서 예시한다. "의식의 통일성은 의식 속에 이미 꺼져버린 음조(tone)를 계속 간직하고 있으며, 동질적인 시간적 대상들에 대해서 계속적으로 의식의 통일성을 확립해간다."〈Edmund Husserl(1964) 이 인용문에서 후설은 예의 과거중심적 시각을 유감없이 드러내 보인다. 그러나 지금까지의 논의의 맥에 충실을 기하면서 두 방향의 지평을 공평히 대하자면, '이미 꺼져버린 음조' 뿐만 아니라 '예감되는 음조'의 구조에 대한 언급까지 첨기添記해야 할 것이다.〉 즉 각각의 음조들은 시간적으로 형성되고 있는 멜로디의 통일성에 역동적으로 참가하고 있는 것이지 음표 몇개로 독립 고정될 수 있는 것이 아니다. 현상학적 시각은 멜로디의 전체를 감싸기 위하여 과거와 미래를 지향하는 의식의 활동방식 속에서, 그리고 하나의 음조가 멜로디의 전체구조를 형성하는 데 참여하는 방식 속에서 가장 잘 예시될 수 있다. 제임스의 통찰은 이 대목에 대한 매우 적절한 방증이 되리라 여겨진다.

후설은 이 근본적인 시간의 통일성을 '내재적으로 구성된 시간', '체험된 시간', 혹은 '현상학적 시간' 등으로 명칭하였고, 바로 이 바탕 위에서 일관된 지각의 경험이 가능해진다. 시간적-지각적 경험의 양태는, 언제나 현재가 파지와 예지의 상관적인 지평 속에 주어지는 형국이 된다. 후설은 이 같은 구조를 눈에 파지적-예지적 후광(Halo)을 가지고 있다."〈Edmund Husserl(1964)〉 [출처] 제 2 장 분석 : 후설의 현상학적 시간의식 2-3. 경험과 인식 속의 시간적 통일성을 향하여. |작성자 보배

3장 액션, 체화된 인지, 내러티브 형상화(구성)의 허구(가상성)

❶ 아리스토텔레스의 미메시스

아리스토텔레스에게 모방은 배움의 원천이며, 인간 행동의 바탕이다. 그러나 정치, 사회, 교육 등 여러 차원에서 미메시스를 사유하는 플라톤과 달리, 아리스토텔레스는 미메시스의 범위를 대체로 예술에 한정하여 탐구한다. 예술 창작의 원천이 선험적 영감인지 경험적 숙련인지 명시적으로 말하지 않았지만, 아리스토텔 레스는 〈시학〉에서 미메시스 개념과 함께 작시의 원칙, 기법, 효과 등 미학적 숙련 의 문제를 핵심 과제로 삼는다. 한마디로 아리스토텔레스가 보기에 미메시스는 사회적, 도덕적, 정치적, 교육적 현상에 앞서 예술적 현상이다.

예술의 기원을 따질 때 모방설과 표현설이 있거니와, 아리스토텔레스가 모방설의 뿌리에 위치함을 잊지 말자. 아리스토텔레스도 플라톤처럼 미메시스의 대상을 자연이라고 생각한다. 그렇지만 자연의 상위에 이상적 세계를 두는 플라톤과 달리, 아리스토텔레스는 자연을 위계화하여 생각하지 않는다. 따라서 플라톤의 예술가는 '진실을 모독하는 사람' 일 수 있지만, 아리스토텔레스의 예술가는 '자연을 재현하는 사람' 일 뿐이다. 다만 아리스토텔레스가 강조하는 것은 미메시스의 대상이 '자연의 현실태'가 아니라 '자연의 가능태'라는 사실이다. 『시학』 9장에서 아리스토텔레스는 역사와 예술의 구분으로써 그 사실을 설명했다.

[출처] 아리스토텔레스의 미메시스론: 예술, 보편성, 행동, 지식, 창조,

https://blog.naver.com/sonwj823 카타르시스|작성자 SonKJ

❷ 이저의 독서 행위 이론

심미적 경험을 독서심리학과 연결하여 이론을 정립한 학자로는 볼프강 이저(Wolfgang Iser)를 꼽을 수 있다. 그는 그간 자신의 저서들을 중심으로 독서행위를 집중적으로 언급해왔다. 그에 의하면 문학적 텍스트는 형식과 의미에 있어서 근본적

으로 "빈자리 Leerstellen"를 포함하고 있는데 독자는 그것을 "의미"로 채우고 심리투사의 공간으로 활용한다고 한다. 이런 빈자리는 곧 독자나 작가가(인간이) 지배적인 세계상, 의미체계, 사회체계, 고정된 세계해석, 조직된 구조를 파기하고 그 자리에 환상충동이나 상징으로 대체한다는 뜻이다. 프로이트와 융, 나아가 이저를 포함한 문예학자들은 기호와 상징의 차이에 대해 많은 언급을 한다. 많은 기호학자들이 상징을 기호 속에 포함시키려고 하는 노력(예를 들어 박이문, 기호의 해석 (기호와 해석, 문학과지성사, 1998, 12쪽))과는 달리 상징은 고유한 영역이 있다. 오히려 상징학자들에게는 기호가 상징에 포함되어 있다. 어떤 개념이 단순한 낱말과 동일하다면, 한 걸음 더 나아가 정의나 자세한 설명으로 이해될 수 있는 것이라면 그것은 기호이다. 그러나 그것에 감정적 톤이나, 상상력, 욕망, 문화적 의식, 종교적 제의 등이 부과되어 하나의 (많은) 연상(들)을 만들어 낸다면 그것은 상징이다. 그러므로 기호가 수렴한다면 상징은 확산한다고 볼 수 있다.

〈동물이 길을 건널 수 있으니 조심하라〉라는 뜻의 표지판이 있는 고속도로에서 운전자들이 난데없이 코뿔소, 공룡, 코끼리를 보고 있다면 꿈의 이미저리가 수렴적 기호가 아니라 확산적 상징임을 알 수 있다. 우리는 1+1=2 라는 수를 셈할 때도 뭔가를 보게 되며, 비트겐슈타인의 분석철학을 논구(論究)할 때도 반드시 상상을 통해 하게 되어 있다. 붉은 색을 상상할 때도 어떤 옷의 붉은 색이라든가, 아니면 장미꽃의 붉은 색 등 구체적인 감각자료에서 상상하지 추상적으로 상상하지는 않는다. 그러므로 수전 K. 랭거는 어떤 기호가 의미를 하되, 그 기호를 너머 스스로 직조한 규범적 의미를 창출해낸다면 그것이 곧 상징이다(Wenn sich ein Zeichen zeigt, dem zusätzlich eine selbstgesponnene normative Bedeutung assoziiert wird, ist es ein Symbol)라고 말하고 있다. 이렇게 보자면 텍스트의 기호는 독자/환자의 심리적 상징을 환기하고 그것이 곧 빈자리 채우기라 말할 수 있다.

각 학자들마다 용어나 개념정의가 약간씩 차이가 난다 하더라도 독서가 문예학적으로 기호의 해석을 넘어 빈자리 채우기임은 분명한 인류학적 카테고리이다. 콘스탄츠 학파들은 그래서 영향미학과 수용미학을 문학의 인류학이라고 표현하였다. 환상충동으로 인한 빈자리 채우기가 곧 작가의 세계구상이요 독자의 독서행위라고 할 수 있다. 이저는 이것을 개념화하여 "선택 Selektion"이라 명명하였다. 이런 선택은 노이로제 환자의 특수한 세상의 구조와 유사하며, 일반적인 독자가 책을 읽는 동기가 될 수도 있다. 프로이트는 실수행위, 꿈, 노이로제 이 세 가지가 무의식과 의식이 충돌하여 생성된 복합체라고 보는데, 그의 견해를 적용해 보자면 위에서 말한 작가의 '선택'이란 이런 무의식이 드러난 특수한 것이라 말할 수 있다. 말하자면 이런 '선택'은 문화인류학적으로 볼 때 인간이 존재하는 목적이기도 하다. 만약에 인간이 보편타당한 하나의 세계현실에만 산다면 평생동안 강가에 있는 개구리 마냥 정해진 루트로만 살아갈 것이다. 그러나 인간은 근본적으로 자기 고유의 세계를 늘 새로 창출하며 그것을 상징적 세계로 연결하여 의미를 만들어, 그 "의미의 그물 망" 안에서 살고자 한다. 타자의 상징적 세계 또한 그 질료는 다르지만 유사한 형식 때문에 우선 환자/독자가 처한 고통에 어떤 동기를 제공할 수 있다. 이것이 바로 독서심리학에서 이저가 주장하는 작가/시인의 '선택'과 독서치료의 자료로서 환자에게 제공되는 위안이 공유될 수 있는 부분이다. 작가의 고유한 '선택'이 곧 독자/환자가 처한 고유한 상황과 비슷할 때 책은 읽혀지고 심리는 위안을 받는다는 설명이다.

두 번째 이저가 주창하는 것은 문학적 텍스트가 '조합' Kombination을 통하여 새로운 의미를 부여받는다는 점이다. 그는 『독서행위 Der Akt des Lesens』 2판 서문에서 엘리어트의 「프러프록의 사랑노래 Prufrock」 두 구절을 예로 든다.

> Should I, after tea and cakes and ices,
> Have the strength to force the moment to its crisis?
> 차를 들고 케이크와 아이스크림을 몇 번씩이나 먹은 후에
> 나는 이 순간을 위기로 몰아갈 힘을 가져야 할 것인가?

이 시에서 시인이 '선택'한 것은 서구 언어의 규칙에 따라 (그래서 한국어로 번역하면 의미가 사라진다) "ices"와 "crisis"를 각운(脚韻)으로 연결하는 것이다. 일견 진

부해 보일지도 모르는 이런 선택은 곧 독자에게 새로운 경험지평을 예고하는 일이다. 그런데 문제는 독자가 이런 얼토당토않은 조합에서 의미의 위기에 봉착할 수 있다는 점이다. 도대체 두 언어가 (동시에 세계가) 어떻게 연관을 맺을 수 있느냐는 것이 의문으로 제기된다. 이것은 정신분석학적으로도 마찬가지로 설명할 수 있다. 근친상간이나 크고 작은 금제(禁制)들은 사실상 이 두 언어의 결합에서 보듯이 전혀 상관이 없으면서 내적으로는 깊은 관련성을 맺고 있다는 공통점이 있다. 우선 이 시에서부터 살펴보자. "crisis"라는 비교적 고상한 언어는 "ices"라는 비교적 진부한 언어와 관련을 맺음으로써 진부해지고, 거꾸로 "ices"는 의미가 상승된다. 어쨌든 두 어휘의 불명확성만큼이나 의미의 진동은 커지고 독자는 상징적으로 해석을 하게 된다. 독자는 화자가 어떤 노이로제적 비정상을 갖고 있을 것이라고 추측할 수도 있다. 그렇기 때문에 치료한다는 것은 이런 부조화를 조화로 옮겨가게 하는 것이며 이것이 작가가 세계를 무작위로 조합함으로써 창조하는 의미인 것이다. "ices"와 "crisis"는 이질적이면서 조화되어 의미를 발생시킨다.

❸ 뇌의 브로카 영역

1. 개요

브로카 영역(Broca's area)은 프랑스의 외과 의사 폴 브로카(Paul Broca)가 발견했으며, 좌반구의 하측 전두엽의 일부 영역을 일컫는다. 이 영역은 주로 언어의 구사 능력과 관련 있으며, 손상되었을 때 브로카 실어증(Broca's aphasia)이 나타난다. 브로카 실어증의 핵심 증상은 말을 유창하게 하지 못함에도 불구하고 언어 이해와 발성 기제가 정상적인 것이다. 브로카 영역은 또 다른 핵심 언어 영역인 베르니케 영역(Wernicke's area)과 궁형속이라는 신경다발로 연결되어 있으며, 베르니케 영역과 함께 언어의 이해와 생성에 관여한다.

2. 연구 배경

1865년 폴 브로카(Paul Broca)는 한 간질 환자를 보고했는데, 이 환자는 약 20년 동안 간질을 앓으면서 뇌 손상을 입었고, 오른쪽 신체가 마비되었으며, 말을 하지 못했다. 추후 논문에서 브로카의 환자 레보른 씨(M. Leborgne)는 'Tan'으로 불렸는데, 이는 이 환자가 말할 수 있는 유일한 단어들 중의 하나가 'Tan'이었기 때문이다. 이 환자는 tan이라는 단어를 여러 의미로 사용했고, "Tan, tan, tan, tan ……"등과 같은 문장을 말하기도 했다. 레보른 씨는 말을 하는 것이 어려운데도 언어 이해 능력에서는 결함을 보이지 않았고, 지능 또한 정상 수준을 유지했다.

레보른 씨가 사망한 후 브로카가 부검을 실시한 결과, 그림 1과 같이 좌반구 세 번째 전두회를 따라 달걀 크기 정도로 뇌 조직이 손상되어 있는 것을 발견했다. 브로카는 이후 2년 동안 그와 유사한 증상을 보이는 환자 여덟 명을 더 조사했으며, 브로카 영역이 뇌의 핵심 언어 중추임을 밝혔다.

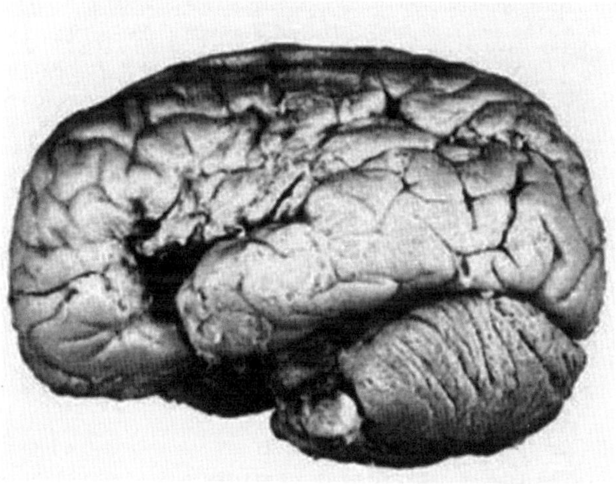

[그림 1] 'Tan' 환자의 뇌(출처: Rorden & Karnath, 2004)

폴 브로카의 발견 이후 또 다른 뇌의 언어 핵심 중추에 대한 발견은 독일의 신경정신과 의사 카를 베르니케(Carl Wernicke, 1848-1904)에 의해 이루어졌다. 브로카는 뇌에 하나의 언어 영역만이 있으며, 이 영역이 전두엽에 위치한다고 주장했으나, 베르니케(Wernicke)와 메이네트(Meynett)는 측두엽의 병변 역시 언어 결함을 초래할 수 있다고 주장했다. 베르니케는 브로카 실어증과는 여러 면에서 다른 실어증인

베르니케 실어증(Wernicke's aphasia)을 소개했는데, 베르니케 실어증은 말은 유창하게 하지만 말을 이해하는 데는 심각한 손상을 보인다.

이러한 초기 연구들을 통해 브로카 영역과 베르니케 영역이 모두 언어 기능에 관여하지만 서로 구별되는 역할을 담당함이 밝혀졌으며, 이후 많은 연구들에 의해 대뇌의 언어 중추의 특정 부위의 손상에 따른 언어의 이해와 산출에서의 장애 현상들이 규명되었다(Elias, 2007).

3. 브로카 영역

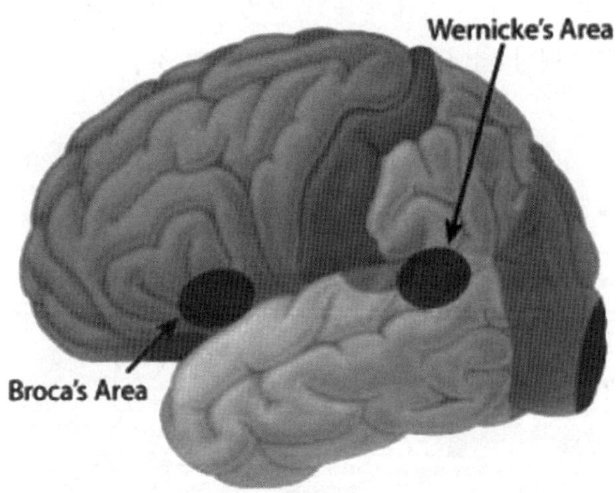

[그림 2] 브로카 영역과 베르니케 영역(출처: Wolfe, 2012)

브로카 영역은 1861년에 정확한 위치가 파악되었으며, 베르니케 영역과 함께 언어를 처리하는 뇌의 중요 영역으로 알려져 있다. 브로카 영역은 대개 대뇌 좌반구에 위치하며, 대뇌 피질의 전두엽에 위치해 있다. 브로카 영역은 주로 실제 언어 구사 능력과 관련이 있는데, 언어와 관련된 특정 자극이 시각피질이나 청각피질에서 수용되면 베르니케 영역을 통과한 다음, 브로카 영역으로 전해진다. 브로카 영역에서 자극은 언어 지시로 바뀌어 일차 운동피질로 보내지므로, 아무리 경미할지라도 이 영역에 손상이 생기면 단어를 구성하는 능력에 심각한 피해를 입게 된다. 브로카 영역의 손상으로 인한 실어증은 브로카 실어증이며, 언어를 형성하는 능력을 완전히 지우지만 언어 이해력에는 별다른 문제가 생기지 않는 특징이 있다.

4. 베르니케 영역

베르니케 영역은 1874년 카를 베르니케(Carl Wernicke)에 의해 발견되었으며, 브로카 영역과 신경 섬유다발에 의해 연결되어 있다. 브로카 영역과 마찬가지로 베르니케 영역 또한 대뇌 좌반구에 위치하며, 뇌의 뒷부분인 후두엽 부근에 위치한다. 브로카 영역과는 대조적으로, 베르니케 영역은 언어의 이해와 파악에 중추적인 역할을 한다. 예를 들어, 어떤 단어를 들으면 청각 피질에서 베르니케 영역으로 신호가 가는데, 이 영역에서 청각 신호는 문맥에 따라 뇌의 기억 장치 속에 있는 올바른 의미와 짝지어진다. 이러한 경로를 거쳐 해석된 신호는 브로카 영역으로 가서 실제 발음으로 구성된다.

따라서 베르니케 영역은 단어에 의미를 배정하는 데 중요한 역할을 하며, 이러한 이유로 베르니케 영역의 손상은 언어 능력에 손상을 야기한다. 이 영역이 손상된 사람들은 여전히 단어를 형성할 수 있지만 단어들의 의미는 통합되지 않는 베르니케 실어증(Wernicke's aphasia)을 나타낸다.

5. 언어 중추 영역들과 좌반구

사람들은 대부분 대뇌 좌반구에 브로카 영역과 베르니케 영역이 있다. 흔히 왼손잡이의 언어 중추는 우반구에 위치하고 오른손잡이의 언어 중추는 좌반구에 위치한다고 생각하지만, 이는 잘못 알고 있는 것이다. 오른손잡이의 95%와 왼손잡이의 70% 정도는 언어 생성 및 이해 중추가 좌반구에 위치한다(Springer & Deutsch, 1997). 언어 기능의 중추 영역인 브로카 영역과 베르니케 영역이 좌반구에 편재하는 정확한 이유는 아직 밝혀지지 않았지만, 중요한 것은 언어 체계가 단일한 것이 아니며 회화 음성을 해독하여 추상적 표상을 형성하는 것에서부터 의미적, 문법적 체계를 거쳐 회화를 발생시키는 것에 이르기까지 많은 연상적 단계들을 포함한다는 것이다.

청각 언어 체계의 최근 모델은 초기 회화 해독 과정이 좌측과 우측 청각 영역에서 대칭적으로 조직화되지만, 후반의 의미적 또는 구문적 과정은 좌반구에 조직화된다고 제시한다.(Griggs, 2008; Hickok & Poeppel, 2004).

6. 브로카 실어증(표현성 실어증)

브로카 영역의 손상으로 인한 행동 증후군을 브로카 실어증이라고 한다(Broca, 1865). 브로카 실어증의 핵심 증상은 말을 유창하게 하지 못하는데도 언어 이해와 발성 기제가 정상적인 것이다. 그러나 이 증상은 환자에 따라 상당한 차이가 있다. 예컨대 어떤 환자는 말을 유창하게 산출하는 데 어려움을 보이지만 천천히라도 이해할 수 있을 정도의 문장을 구사할 수 있다. 반면 다른 환자는 매우 심각한 실어 증상을 보이며 몇 단어만을 말할 수 있고 이조차 발음하는 것이 매우 힘든 경우도 있다.

브로카 실어증 환자에서 관찰되는 언어 문제는 근육 또는 운동 측면의 장애 때문에 초래되지는 않는다. 심각한 브로카 실어증을 앓는 환자라도 촛불을 불거나 목소리를 가다듬으라는 지시를 잘 수행한다. 이에 더하여, 브로카 실어증 환자들은 일반적인 인지 기능의 장애를 보이지 않는다. 이들은 비언어 과제(예: 계산, 심상 회전, 얼굴 인식)를 정상적으로 수행하며 언어 지시를 하거나 수행하는 능력을 지니고 있다. 그러나 언어 지시를 이해할 수 있음에도 불구하고 이 지시를 복창하는 능력은 손상되어 있다.

7. 베르니케 실어증(수용성 실어증)

베르니케 실어증 환자의 경우, 유창하게 말을 늘어놓지만 의미 있는 내용이 부족하다는 것이 특징이다. 브로카 실어증 환자와 달리 베르니케 실어증 환자는 말을 굉장히 많이 하지만, 말의 질이 심각하게 손상되어 있다. 베르니케 실어증을 지닌 환자는 명사, 기능어 및 동사를 정확하게 사용하기 때문에, 영어를 배우는 초기 단계에 있는 사람이 베르니케 실어증 환자와 대화하면 환자의 말이 부적합하다는 것을 눈치 채지 못할 수 있다. 심지어 이들은 운율(톤, 음고, 음량 등의 변화)까지 정확하게 사용한다.

브로카 실어증 환자가 철자나 단어를 부적절한 방식으로 변화시키는 것과 마찬가지로, 베르니케 실어증 환자 역시 이와 동일한 오류를 보인다. 그러나 착어증(음운을 틀리게 발음하거나 말뜻에 어긋나게 말하는 병)의 정도가 베르니케 실어증에서 훨씬 더 심각하다. 베르니케 실어증에서 자주 관찰되는 또 다른 언어적 오류는 신생어(neologism)로, 실제 단어가 아니지만 실제 단어인 것처럼 사용하는 것을 의미한다.

하지만 이 실어증의 가장 놀랄 만한 특징은 대부분의 베르니케 실어증 환자가 자신이 가지고 있는 결함을 전혀 인식하지 못한다는 것이다. 그들은 자신의 언어에서 오류를 탐지하지 못하고, 자신이 다른 사람의 말을 이해하지 못한다는 것도 인식하지 못한다. 이러한 이유로 그들은 상대방과 대화를 하며, 상대방이 당황하는 것을 자주 눈치 채지만 자신이 당황하는 모습은 보이지 않는다. 베르니케 실어증에서 자주 관찰되는 이러한 인식 결함은 브로카 실어증에서는 거의 관찰되지 않는다(Elias, 2007).

8. 전도 실어증(conduction aphasia)

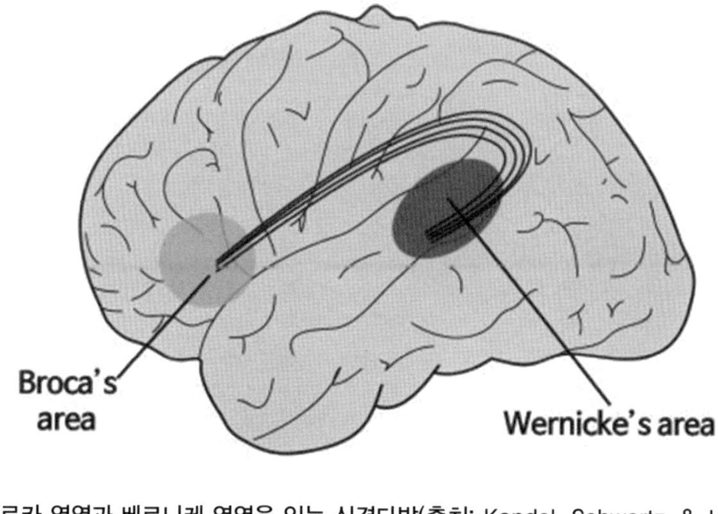

[그림 3] 브로카 영역과 베르니케 영역을 잇는 신경다발(출처: Kandel, Schwartz, & Jessell, 1995)

베르니케는 두 언어 영역(브로카 영역과 베르니케 영역)이 서로 연결될 필요가 있으며, 이 연결 구조의 손상이 독특한 제3의 언어 장애를 초래할 수 있다고 주장했다. 그의 주장과 일치하게, 이후의 연구들에 의해 두 언어 영역이 궁형속이라는 신경 다발에 의해 연결되어 있음이 밝혀졌으며, 이 신경 다발은 그림 3과 같이 두 영역을 연결하고 있다. 만약 하측 두정엽에 국한되어 두 언어 중추 영역을 연결하는 신경 다발에 손상을 입을 경우, 회화 이해를 담당하는 베르니케 영역과 회화 생성을 담당하는 브로카 영역의 단절이 일어난다.

이로 말미암아 연결 부위에 손상을 가진 사람은 단어 혹은 구를 따라 말하지 못하게 된다. 그러나 베르니케 영역과 브로카 영역은 손상을 입지 않기 때문에 언어 이해와 언어 산출은 유지된다. 즉, 스스로 말할 때는 유창하게 말할 수 있으며, 다른 사람의 말도 잘 이해할 수 있다. 이들은 또한 복창할 때의 오류를 인지하지만 이를 고치는 데에 많은 어려움을 나타낸다. 베르니케는 이러한 상태를 전도 실어증(傳導失語症, conduction aphasia)이라고 명명했다.

9. 브로카 영역과 거울 뉴런

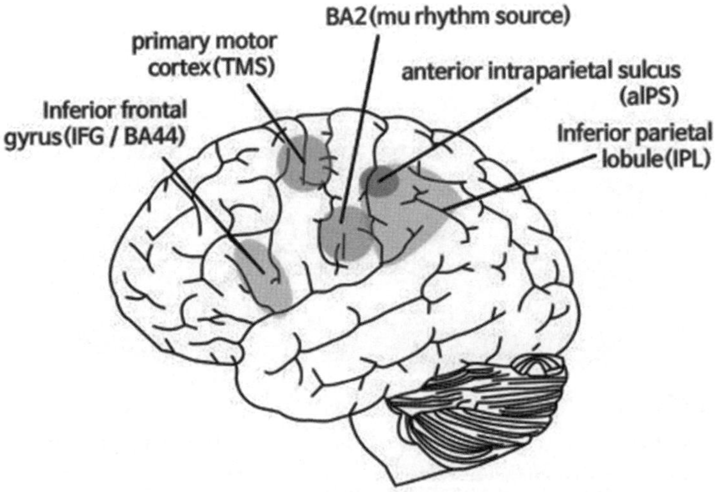

[그림 4] 거울 뉴런의 분포(출처: Hamilton, 2013)

거울뉴런체계(MNS)는 피질 뉴런들의 한 무리로서 타인들의 행동을 관찰한 후 그들의 의도를 알아내게 하는 체계이다. 거울 뉴런은 리촐라티(Rizzolatti) 등에 의해 1990년대 초반에 알려졌다. 이들은 단일 세포 기록법을 이용하여, 원숭이가 책상 위의 땅콩을 집을 때 활성화되는 특정 피질 뉴런들이, 실험자가 땅콩을 집는 것을 볼 때에도 활성화되는 것을 발견했다. 이후 연구들은 거울 뉴런들이 팔과 손목의 일반적인 움직임을 표상할 뿐만 아니라, 공간 속에서 특정 위치에 도달하는 것과 같은 특정한 목표에 연결되어 있는 행동들에도 반응한다는 것을 밝혔다.

[그림 4]는 이러한 거울 뉴런의 분포를 나타내는데, 여기서 BA44는 하측 전두회(inferior frontal gyrus)의 한 영역으로, 브로카 영역에 해당한다. 한 모방 연구에 따르면, 브로드만 영역 44(브로카 영역)은 거울 뉴런 기능을 갖고 있으며, 손과 팔의 행동을 표상하는 데 관여한다(Iacoboni et al., 2005). 따라서 브로카 영역은 언어적인 기능에만 관여하는 것이 아니라 복합적인 기능을 갖고 있다고 할 수 있다(Baars & Gage, 2010).
[네이버 지식백과] 브로카 영역[Broca's area] (심리학용어사전, 2014. 4.)

❹ 기반 인지(grounded cognition)

기반 인지(혹은 근거있는 인지)는 인지가 지각, 행동 및 자기 성찰을 위한 뇌의 모달 시스템과 독립적인 모듈식 시스템에서 amodal 기호에 대한 계산이라는 전통적인 견해를 거부하는 관점이다. 대신에 기반 인지는 모달 시뮬레이션, 신체 상태 및 사회, 문화적 맥락에 기반한 행동이 인지의 기초가 된다고 제안한다. 이 견해를 뒷받침하는 행동 및 신경 증거를 축적하여 지각, 기억, 지식, 언어, 사고, 사회적 인지 및 발달에 대한 연구를 강조한다. 다. 기반 인지는 상황 인지(situated cognition)와도 유관하다. 상황 인지는 모든 지식이 사회적, 문화적, 물리적 맥락에 묶인 활동에 위치하고 있다고 주장함으로써 앎이 행위와 분리될 수 없다고 가정하는 이론이다.

상황 이론가들은 개념적 지식의 저장 및 검색이 아닌 즉석에서의 사고를 필요로 하는 지식과 학습 모델을 제안한다. 본질적으로 인지는 맥락과 분리될 수 없습니다.

대신, 앎은 맥락, 활동, 사람, 문화 및 언어와 분리될 수 없는 맥락과 상황에 존재한다. 따라서 학습은 지식의 축적이라는 측면에서가 아니라 상황에 걸쳐 개인의 점점 더 효과적인 수행의 관점에서 볼 수 있는데, 이는 알려진 것이 행위자와 맥락에 의해 공동 결정되기 때문이다(위키피디아).

❺ 라코프와 존슨의 메타포 이론

인지언어학에서 개념적 은유 또는 인지적 은유는 하나의 아이디어 또는 개념적 영역을 다른 관점에서 이해하는 것을 말한다. 예를 들면, 「평화의 가격이 상승하고 있다」라고 하는 방향성의 관점에서의 수량 이해나, 「오늘의 일에서 시간을 보냈다」라고 하는 시간 이해등이 있다. 개념 영역은 인간 경험의 어떤 정신 조직도 될 수 있다. 다른 언어들이 종종 지각에 기반을 둔 동일한 은유를 사용하는 규칙성은 개념 영역 사이의 매핑이 뇌의 신경 매핑에 해당한다는 가설을 이끌어냈다. 이 이론은 비록 일부 연구자들이 그것의 경험적 정확성에 의문을 제기하지만, 폭넓은 관심을 받았다.

이 아이디어와 기초 과정의 상세한 검토는 1980년 조지 레이코프와 마크 존슨이 그들의 작품 『Metapors We Live By』에서 처음으로 광범위하게 탐구했니다. 그 이후로 인지언어학의 더 큰 분야에서의 은유 연구 분야는 점점 더 발전했고, 몇 개의 연례 학술 회의, 학술 협회, 그리고 연구실이 그 주제에 기여하고 있다. Gerard Steen과 같은 일부 연구원들은 은유 식별 절차, 즉 MIP를 포함한 은유 연구를 위한 경험적 조사 도구를 개발하기 위해 노력해왔다. 심리학에서 레이먼드 깁스 주니어는 여러 가지 심리 실험을 통해 개념적 은유와 체화에 대해 연구를 했다. 예를 들어 길레스 포코니에와 같은 다른 인지과학자들은 "아날로그", "개념혼합", "이상감"이라는 라벨로 개념적 은유와 유사한 주제를 연구한다.

개념적 은유는 복잡한 생각을 간단한 용어로 이해하는 데 유용하며, 따라서 추상적인 이론과 모델에 대한 통찰력을 주기 위해 자주 사용된다. 예를 들어, 커뮤니케이션을 도관으로 보는 개념적 은유는 은유로 설명되는 하나의 큰 이론이다. 그래서 우리의 일상적인 의사소통은 개념적 은유의 언어에 의해 형성될 뿐만 아니라 우리가 학문적 이론을 이해하는 바로 그 방식도 마찬가지다. 이러한 은유는 의사소통에 널리 퍼져 있고 우리는 단지 언어에만 사용하는 것이 아니라 실제로 은유에 따라 인식하고 행동한다.

1980년 Lakoff와 Johnson은 다음과 같은 기본적인 개념적 은유들을 면밀히 조사했다.

사랑은 여행이다.
인생은 여행이다
사회 조직은 식물이다
사랑은 전쟁이다

이 구절들의 후반부는 구체적인 경험에 대한 특정한 가정을 불러일으키고, 독자나 청취자가 개념적 은유가 사용되는 문장을 이해하기 위해 그것들을 사랑이나 조직화의 앞선 추상적 개념에 적용하도록 요구한다. 개념적 은유들이 인간의 인식과 의사소통을 형성하는데, 특히 대중매체와 공공정책에서 많은 방법이 있다. 티보데우와 보로디츠키의 최근 실험은 "프레이밍"이라고 불리는 이 사고방식을 입증한다. 이 실험에서 범죄를 짐승이나 질병에 비유하는 개념적 은유는 공공정책 의견에 큰 영향을 미쳤다.

개념적 은유는 언어에서 흔히 볼 수 있다. 특히 은유가 무의식적으로 우리가 생각하고 행동하는 방식을 형성할 수 있다고 제안한다. 예를 들어, 일반적으로 사용되는 개념적 은유인 ALGUMITION IS WAR을 예로 들어보자. 이 비유는 우리가 논쟁을 승리하기 위한 싸움으로 보는 방식으로 우리 언어를 형성한다. "그가 그 논쟁에서 이겼다" 또는 "그의 주장의 모든 약점을 공격했다"는 말을 듣는 것은 드문 일이 아니다. 논쟁이 개념화되는 바로 그 방법은 논쟁이 전쟁이라는 은유에 의해 형성된다.

논쟁은 전투 이외의 다른 방법으로도 볼 수 있지만, 우리는 이 개념을 논쟁과 논쟁에 대한 우리의 생각을 형성하기 위해 사용한다. 다른 개념적 은유도 마찬가지다.

⑥ 밀레네이트(mylineate-수초화)

미엘린 수초가 뉴런의 축삭돌기에 감기어, 자극의 전달 속도를 더욱 빠르게 하는 현상이다. 신경섬유는 축삭자신이거나 또는 주위를 싸고 있는 수초와 신경초를 포함해서 말한다. 여기서 수초(Myelin sheath)는 축삭을 싸고 있는 특유한 지방체로 된 피막이며 비교적 많은 지방분이 들어있다. 수초는 동심원상인 수개~50여개의 수초 층판으로 둘러싸여 있다. 수초의 생리적 기능은 축삭에 대한 전기적 절연체로써 신경충격의 전도를 촉진시킨다. 어떤 자극을 전달할 때 그 정보를 보냈다가 끊었다가 하는 기능을 하는 것이 절연체다. 수초없는 신경섬유는 전화선 없는 전화기라고 볼 수 있다.

신경섬유의 축삭이 크고, 수초가 두꺼울수록 전도 속도가 빠르다. 그런데 이 수초를 형성하는데 기여를 하는 '신경초'라는 것이 있는데, 이 신경초는 말초신경에는 있지만, 중추신경에는 없다. 즉, 중추신경계인 뇌와 척수에는 재생을 담당하는 '신경초'가 없다. 때문에 중추신경계 손상이 말초 신경 손상보다 더 위험하다. 뇌의 수초화는 꾸준히 일생 동안 계속 이루어진다. 운동, 감각기능은 빨리 진행되지만, 정신기능 쪽은 서서히 지속적으로 이루어진다고 알려져 있다. 뇌의 가소성이 뇌의 신경세포(뉴런)는 재생이 안되지만 몸의 다른 학습에 의해 기능 회복이 가능한 성질을 말한다. 즉, 좌측 또는 우측의 뇌 중 한 측을 손상당하면 나머지 뇌에서 손상당한 뇌의 기능까지도 대신하려고 하는 성질을 말한다. 그런 뇌의 가소성때문에 뇌 손상 환자들이 희망을 가지고 치료를 하는 것이다. 뇌의 수초화와 가소성이 없다면 인간에게 매우 중요한 뇌의 발달이 더 위험해진다고 볼 수 있다.

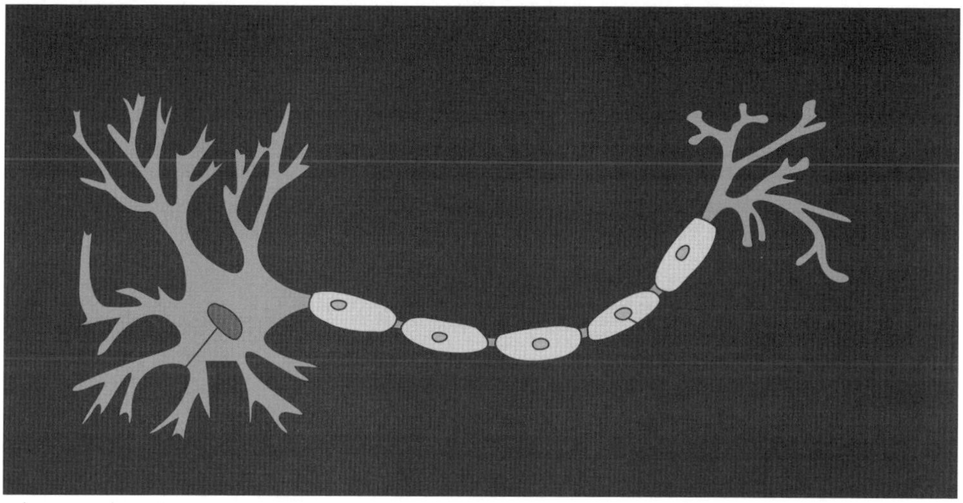

[그림 5] 신경세포와 그 주변: 수초화(출처: 뇌과학 관련 네이버 블로그)

❼ 하이데거가 '준비된 손, 도구적 존재(Zuhandenheit): 마르틴 하이데거와 실존주의

현존재(Dasein)와 세계-내-존재(In-der-Welt-Sein)

하이데거는 인간을 '현존재(Dasein)'라고 부르며, 현존재는 본질적으로 '세계-내-존재(In-der-Welt-Sein)'로 존재한다고 주장한다. 이는 인간 존재가 독립적으로 존재하는 것이 아니라, 항상 세계 속에서 다른 것들과의 관계 속에서 존재한다는 것을 의미한다.

세계-내-존재(In-der-Welt-Sein): 인간 존재는 항상 세계와의 관계 속에서 이해되고 경험된다. 즉, 인간은 세계와의 상호작용을 통해 자신의 존재를 인식하고 의미를 부여한다. 세계는 단순한 물리적 환경이 아니라, 인간이 상호작용하고 의미를 부여하는 모든 맥락을 포함한다. 여기에는 사회적, 문화적, 역사적 맥락이 포함된다.

도구적 존재(Zuhandenheit)와 실존적 존재(Vorhandenheit): 하이데거는 세계 속에서 인간이 사물을 어떻게 경험하는지를 두 가지 방식으로 설명한다. 첫 번째는 도구적 존재(Zuhandenheit)로, 이는 인간이 사물을 목적을 위해 사용하고 그 기능을 경험하는 방식이다. 예를 들어, 망치를 도구로 사용할 때 우리는 그 망치를 '사용 가능한 것'으로 경험한다. 두 번째는 실존적 존재(Vorhandenheit)로, 이는 사물을 단순히 그 자체로 존재하는 것으로 경험하는 방식이다. 즉, 망치를 단순히 하나의 사물로 보는 것이다.

❽ 현상학에서의 괄호치기

현상학적 환원이란 어떠한 대상을 바라보는데 있어서 우리의 판단에 영향을 미칠 수 있는 일체의 선입견에 대한 판단을 보류하는 것을 말한다. 이를 위한 방법으로 후설(Husserl)은 에포케(ephocë)라는 개념을 사용하였다. 멀리 떨어뜨려놓음을 뜻하는 이는 우리말로 "판단중지"로 표현되는데, 말 그대로 긍정 혹은 부정과 같은 판단을 보류하는 것이다.

이후 Girogi 등이 이를 차용하면서 변형한 것이 괄호치기(bracketing)이다. 마찬가지로 현재 우리가 알고 있는 기존 지식이나 선입견 등 모든 믿음을 괄호안에 집어넣는 것을 말한다. 이를 통해 우리는 우리의 이해, 믿음, 편견, 가정, 전제, 이론등으로부터 거리를 유지하는 것이다. 한편 여기서 괄호치기를 영어로 brackrting이라고 쓰고 있다. 단순한 오타이다. 그런데 이게 계속 재생산되다보니 하나의 고유명사처럼 잘못 인식되는 듯하다. 본래 이는 bracket + ing에서 나온 말로 브라켓 즉 괄호를 의미하고 거기에 ing를 붙여 괄호치기라고 명명한 것이다.

❾ 어포던스, 깁슨(1979)의 생태학적 지각 이론

어포던스(Affordance)는 어떤 행동을 유도한다는 뜻으로 행동유도성이라고도 한다. 어근 어포드(Afford)는 원래 '~할 여유가 있다, ~하여도 된다, ~을 공급하다, 산출하다'라는 뜻을 가지고 있으나 보통 사전에 없는 뜻으로 인간 컴퓨터 상호작용, 인지 심리학, 산업 디자인, 인터렉션 디자인, 환경 심리학 그리고 인공지능학 분야에서는 '서로 다른 개념을 연결하는 것'이란 뜻으로 쓰이기도 한다. 다시 말해 물건(object)과 생물(organism, 주로 사람) 사이의 특정한 관계에 따라서 제시되는 것이 가능한 사용(uses), 동작(actions), 기능(functions)의 연계 가능성을 의미한다.

제임스 깁슨(James J. Gibson)이 1977년에 이 용어를 처음 사용하였으며 그의 1979년 저서 ≪시지각에 대한 생태학적 접근The Ecological Approach to Visual Perception≫를 통해 알려지게 된 어포던스라는 개념은 세상과 행위자(사람이나 동물등의 유기체) 사이에서 실행할 수 있는 행위적 속성을 가리킨다. 깁슨에 따르면 어포던스는 행위자와 환경 간의 관계, 혹은 이 둘 사이의 관계 속에서 존재하는 행위의 가능성들을 뜻하기도 한다. 마주하고 있는 행위자에 의해 동일한 환경(공)은 다른 (행위의)어포던스를 제공한다. 예를 들어, 둥근 공을 들어올리는 목적을 달성하기 위해, 인간은 주로 다섯 손가락이 달린 손으로 잡는 행위를 하거나 드물게는 양발을 맞대는 행위를 취하기도 한다. 이와 달리 개는 동일한 목적을 위해 공을 입으로 무는 행위를 취한다. 이와 같이 다른 행위가 발생하는 것은 사람과 개(행위자)가 공(환경)과 맺고 있는 관계의 차이로 인한 것이며, 이 관계는 행위자의 행위적 능력(혹은 신체적 구조)과 환경의 물리적 속성(혹은 구조) 사이에서 결정된다. 그러므로 환경은 행위자의 능력이 허락하는한 무한한 가짓수의 어포던스를 포함하거나 제공할 수 있다(공을 몸에 문지르기, 손 위에 올려두기, 발로 차기, 밟기, 겨드랑이에 끼우기, 머리 위에 올려놓고 중심잡기 등). 세상 속 자연의 일부이며 숨겨져 있거나 알려져 있거나, 아니면 요망될 필요는 없다.[모호한 표현] 그러나 어떠한 어포던스는 아직 발견되지 않았을 수도 있다(위키 백과).

⑩ 예측 처리로서의 베이지안 인지 모델

베이지안 이론은 통계학과 확률론에서 중요한 위치를 차지하는 개념으로, 불확실성 하에서의 의사결정과 관련된 정보를 수학적으로 다루는 방법을 제공한다. 이 이론은 18세기 영국의 신학자이사 수학자인 토머스 베이즈의 이름을 따서 명명되었으며, 그의 작업은 리처드 프라이스에 의해 발전되어 널리 알려졌다.

베이지안 이론의 핵심은 '사전확률'과 '사후확률' 사이의 관계를 설명하는 것입니다. 사전확률은 어떤 사건이 일어날 확률에 대한 초기의 추정치를 말하며, 사후확률은 새로운 증거나 정보가 주어졌을 때 이 사건의 확률을 업데이트하는 것을 의미한다. 이 과정은 베이즈 정리를 통해 수학적으로 표현된다.

이 이론은 다양한 분야에서 응용됩니다. 예를 들어, 의학에서는 환자의 증상을 바탕으로 질병의 진단 확률을 계산하는 데 사용되며, 기계학습에서는 데이터를 바탕으로 모델의 매개변수를 추정하는 데 활용된다. 또한, 베이지안 접근법은 불확실성을 정량화하고, 복잡한 문제를 해결하는 데 있어 강력한 도구로 인정받고 있다. 베이지안 이론은 단순히 수학적 도구를 넘어서, 우리가 세상을 바라보고 이해하는 방식에 대한 근본적인 사고방식을 제시한다. 이는 확률을 단순한 빈도의 문제가 아니라, 믿음의 정도로 해석하며, 새로운 정보가 주어질 때마다 이 믿음을 업데이트하는 유연한 사고를 가능하게 한다.

베이지안 이론에 대한 더 깊은 이해를 위해서는 관련 분야의 지식과 함께 철학적, 인문학적 소양이 필요하다. 이는 확률과 통계를 넘어서 인간의 판단과 결정에 대한 깊은 통찰을 제공하기 때문이다. 베이지안 이론은 우리가 세계를 인식하고, 미래를 예측하며, 불확실성 속에서도 합리적인 결정을 내리는 데 있어 중요한 역할을 한다. 이 이론을 통해 우리는 더 나은 의사결정을 위한 도구를 갖출 수 있으며, 복잡한 현실 세계에서의 문제 해결에 한 걸음 더 나아갈 수 있다. 베이지안 이론은 단순한 수학적 공식을 넘어서, 지식의 업데이트와 학습의 과정을 체계적으로 이해하는 데 기여하는 강력한 이론이다.

[출처] 베이지안 이론이란? 베이지안 통계학|작성자 mawoning

⑪ 인지의 폭포(cascades of cognition)

체화된 독자의 모델은 어떤 모습일까? 그것은 텍스트가 불러일으키는 체현된 울림과 더 나아가 재현된 상황의 지금 여기에 기반을 두고 있는 것일까? 아니면 줄거리의 역동성을 그의 독서 경험에 통합할 수 있을까? 체화된 독자는 메타 관점을 취하여 자신이 읽는 것이 신뢰할 수 있는지, 아니면 그녀 앞에 놓인 모든 인물과 동일시될 운명에 처해 있는지 결정할 수 있는가? 볼프강 이저(Wolfgang Iser)의 함축된 독자에 대한 설명과 대화하면서, 이 모델은 2세대의 체화된 독자 모델을 개발한다. 이 모델은 인지가 세상이 우리에게 이용 가능한 방식에 위치하고, 체화되고, 맞춰져 있다는 개념에 기반을 두고 있지만, 이러한 가용성은 체화된 행동이 어떻게 나타날 것인지, 그리고 우리가 그 정확성에 대해 얼마나 확신할 수 있는지에 대한 예측적이고 확률적인 판단에 달려 있다고 생각한다. 이러한 확률론적 판단의 "캐스케이드"를 통해 제안된 모델은 체화된 독자를 플롯 및 메타 관점의 내러티브 역학과 연결한다. Kukkonen, K(2014). Presence and Prediction: The Embodied Reader's Cascades of Cognition. Style, 48(3), 367-384.

4장 신경과학과 내러티브의 사회적 힘

❶ 자아와 타자의 이중성

분신이란 원래의 자아에서 분리된 또 다른 자아를 말한다. 독일어로는 '이중으로 돌아다니는 사람(Doppelgänger)'이라는 뜻이다. 한 인물이 두 개의 독특하고 상반되는 인물로 나누어진 것을 분신이라고 하는데, 흔히 또 다른 자아는 본래 인물의 성질을 내포하면서 다른 성질까시 지닌다.

분신과 관련된 이야기는 세계 곳곳에서 전해져 오고 있는데, 지역에 따라서 상징이나 의미가 조금씩 다르기는 하지만 죽음과 관련된 것이 많다. 오늘날에는 정신적으로 큰 충격을 받거나 자신을 제대로 제어하지 못할 경우에 생기는 일종의 정신질환으로 보고 있다. 이러한 현상은 일반적으로 같은 공간과 시간에 나타나며, 자신의 실제 성격과 반대의 모습으로 나타나기도 하고, 평소 자신이 바라던 이상형 혹은 그 반대의 모습으로 나타나기도 한다.

오래전부터 분신은 문학작품이나 영화 등 각종 예술 작품의 중요한 소재로 이용되어 왔다. 도스토옙스키(F. M. Dostoyevsky)의 『분신(The Double)』(1846)뿐만 아니라 스티븐슨(R. L. Stevenson)의 소설 『지킬 박사와 하이드 씨의 이상한 사건(The Strange Case of Dr. Jekyll and Mr. Hyde)』(1886) 등은 분신 이야기를 모티프로 한 대표적인 작품이다.

분신을 소재로 한 영화로는 똑같지만 다른 두 여인을 통해 이데올로기로 나누어진 두 개의 유럽을 그린 키에슬로프스키(K. Kieslowski)의 ≪베로니카의 이중생활(The Double Life of Veronique)≫(1991)과 소심하면서도 불안감에 휩싸여 사는 과학자가 악마적 분신에 동화되는 과정에서 겪는 의식세계를 그린 구로사와 기요시(黑澤淸)의 ≪도플갱어(Doppelganger)≫(2003) 등이 있다. 분신은 보편적인 인간의 자아가 단일하지 않고 매우 복잡함을 보여준다. 이는 인간 정신의 이중성을 반증하는 사례라고 할 수 있다.(여태천)
[네이버 지식백과] 분신 [分身, Double, Doppelgänger] (문학비평용어사전, 2006. 1. 30., 한국문학평론가협회)

타자는 자아의 상대개념이다. 인간은 홀로 이 세상에 태어났기에 나를 제외한 다른 모든 이들은 나의 타자가 된다. 하지만 인간 현존재는 세계-내-존재이므로, 무세계적 주관일 수도 없고, 타자 없는 고립된 자아일 수도 없다. 종종 현존재에게는 타자와의 관계 방식이 문제가 된다. 하지만 바람직한 관계방식인가의 여부를 떠나서, 현존재는 언제나 타자를 의식하고 고려하면서 살아간다. 이런 점에서 현존재에게 타자는 이미 언제나 이해되고 있는 것이다.

타자들은 눈앞에 있는 현전자도 아니고 손안에 있는 용재자도 아님은 물론이다. 그들도 나와 같은 현존재이다. 그들도 나처럼 현존재이며 세계-내-존재로서 도구적인 것을 둘러보는 가운데 고려하며 실존한다. 현존재의 세계는 공동 세계이고, 이 공동세계 속의 우리는 서로 타자이지만 동시에 공동 현존재(Mitdasein)이다.
[네이버 지식백과] 타자 [das Andere, others, 他者] (서울대학교 철학사상연구소, 서울대학교 철학사상연구소)

❷ 상호주관성(간주관성)

상호주관적이란, 많은 주관(主觀) 사이에서 서로 공동(共同)으로 인정하는 것을 가리키는 말이다. 카르납 및 하르트만에 의해서도 사용된 바 있지만, 특히 후설은 그의 만년의 저작 『데카르트적 성찰』에서 '상호주관성의 문제'를 취급하였다. 그의 주저(主著) Ideen, I 에서 현상학적 환원에 따라 근원적 현상으로서의 순수의식에 도달하였지만, 이것은 어디까지나 자아의식이었다.

그러나 자연, 사회, 문화에 있어서 대상은 모두 상호주관적인 의미를 가지고 있고, 타아(他我)를 전제로 하고 있기 때문에 어떻게 하여 타아(他我)가 인식되느냐가 문제였는데, 이 문제의 해결을 위해 그는 립스의 감정이입을 끌어들여, 다른 신체에 '자기 이입'(독 Einfühlung)을 실시하면 타아(他我)가 인식된다고 주장하였다.

그러나 여기에서는 이렇게 인식된 것이 타아(他我)에 이입(移入)된 자아(自我)에 지나지 않는다는 난점이 발생하게 된다. 그의 유고(遺稿)에는 후에도 이 문제로 고민했던 점이 역력하게 나타난다. 현상학파(現象學派)들에 의해서 이 문제의 구명(究明)이 계속되고 있는데, 신체적 차원의 상호성(相互性)에서 이 문제에 접근하려 했던 메를로 퐁티의 시도는 주목할 만하다.

[네이버 지식백과] 상호주관성 [相互主觀性, Intersub-Jektivität] (철학사전, 2009.)

❸ 메를로 퐁티의 자아와 타자:

몸은 의식 외부의 대상이 아니다. 몸을 통해서 비로소 외부 대상은 주어진다.

"우리를 세계에 연결하는 지향적 단서"는 무엇인가? 여느 현상학자들처럼 메를로-퐁티는 [지각의 현상학]에서 이런 물음과 더불어 사색을 시작한다. 혹시 우리는 '과학'을 통해서 세계와 관계를 가지는가? 즉 과학과 철학의 이론에 의해 구성된 세계가 우리의 근본적 지각인가? 오히려 과학의 이론적 그물망은 그 그물코가 너무 커서 세계에 대한 우리의 원초적 지각은 모두 그 사이로 빠져나가 버리는 것이 아닐까? 이러한 비판적 질문에 답해나가는 가운데 메를로-퐁티는 몸을 우리의 원초적 지각의 '선험적 근거'로서 발견한다. 우리는 언제나 '우리 자신이라는 하나의 간격'을 통해서만 세계에 연결된다. "우리는 세계를 그리는 데 있어 우리 자신인 그러한 빈틈, 세계가 어떤 사람에 대하여 존재하게 되는 그러한 빈틈을 지울 수 없다." 세계에 대한 우리의 지각은 바로 세계에 대한 이러한 간격을 통해서 가능하게 된다는 것이다. 아니 더 정확히 말하자면 지각 그 자체가 "거대한 다이아몬드의 흠집" 같은 이 간격 자체라고 할 수 있다. 물론 이 간격의 정체는 바로 우리의 '몸'이다.

지금껏 철학은 고작해야 몸을 인식 주관이대면하는 여타의 다른 대상과 다를 것이 없는 시공을 채우고 있는 연장(延長)으로 보았다. 몸을 인식 주관의 개념적 틀이 파악하는 대상으로만 보았지, 그것이 모든 인식이 가능하기 위한 선험적 조건이라는 점은 모르고 있었다. 즉 "규정된 대상의 총합으로서가 아니라 규정된 모든 사고에 앞서 스스로 우리의 경험에 끊임없이 현존하는 잠재적 지평으로서의 몸"을 발견하지는 못했던 것이다. 그러나 몸은 의식이 지각하는 대상이기 이전에, 몸 때문에 바로 외부 대상들이 우리에게 존재할 수 있게 되는 것이다. 더 이상 세상 바깥에 있는 비신체적인 "고공비행을 하며 내려다보는 주체"는 없으며, 세계 안의 몸과 뒤섞여 있는 의식이 주체가 된다. 피부의 조직끼리 갈라낼 수 없이 얽혀 있듯 의식은 "세계의 조직(tissu du monde) 속에 살고 있는 것이다."

세계가 비신체적인 명증한 의식(데카르트의 코기토, 사르트르의 익명적 의식)을 통해 주어지는 것이 아니라, 바로 신체 자체를 통해 굴절되는 모습이 세계에 대한 근본적인 지각 자체라는 점은 무엇보다도 '그림의 영역'을 통해 잘 드러난다. 이것이 바로 메를로-퐁티가 말년의 『눈과 정신』(1964)에 이르기까지 회화의 문제에 관심을 가진 까닭이다. 메를로-퐁티는 세계 바깥의 명증한 의식에 비견되는 르네상스시대의 허구적인 원근법을 이렇게 비판한다. "르네상스 시대의 원근법들은, 그때까지의 회화의 탐구와 역사를 마감하고 절대적으로 확실하고 정확한 회화의 기초를 확립한 척 한에 있어서 거짓된 것들이었다. 반면 화가들은 어떤 원근법의 기술도 정확한 해결

책이 되지 못한다는 점을 경험적으로 알고 있었다." 요컨대 원근법은 실재의 본 모습을 드러내 주기보다는 작위적으로 구성된 비전(vision)을 보여주는 허구적인 방법에 불과하다는 것이다. 그리고 세계 안의 존재인 몸과 아무런 관계도 없는 듯 세계 바깥에 위치하는 의식 역시 이와 같은 맥락에서 세계에 대해 작위적으로 설정된 허구적인 지점이다.

화가의 시선이란 신체와 떨어져 "고공비행을 하며 내려다보는 주체"가 아니라 '눈'이라는 신체와 얽혀 있으며 이 눈이라는 신체는 세계 안의 다른 대상들 사이에 있다. "인간이 자기 집에 살고 있듯이 화가의 눈은 존재의 조직 속에 살고 있다." 따라서 세계의 비전을 절대적으로 보여줄 세계 바깥의 절대적인 한 지점에서 시작되는 원근법이란 없고, 존재의 조직 안에 들어있는 눈의 관점에 따라 그때그때 나타나는 비전만이 있다. 그렇기에 세계가 가시적이 되는 방식은 무궁한 것이고 이에 따라 그림 역시 무한하게 생산된다. 메를로-퐁티의 현상학 역시 마찬가지다. 대상이 의식에 주어지는 방식에 대한 기술 역시 세계 안에서 몸이 사는 방식이 무한한 만큼 종결 지어 질 수 없는 무한한 내용을 가질 것이다.

이처럼 메를로-퐁티를 통해, 의식이 바라보던 외부 대상에 불과하던 신체가, 우리 의식적 활동 자체를 가능케 하는 근본적 권좌를 차지하게 되었다. [네이버 지식백과] 메를로 퐁티 [Maurice Merleau-Ponty] - 몸의 현상학자 (생활 속의 철학, 서동욱)

❹ 자유 간접화법(Free indirect discourse)

19세기 중엽 플로베르의 소설에서 본격적으로 나타난 현대 소설 특유의 문체로, 인물의 생각이나 말이 서술자의 말과 겹쳐져 이중적 목소리로 서술되는 화법을 가리킨다. 그 때문에 인물의 말인지 서술자의 말인지 분간하기 어렵다. 논자에 따라 '자유간접발화(free indirect speech)' 또는 '자유간접문체(free indirect style)'라고도 한다. '의사직접화법(quasi-direct discourse)' 또는 '치환서술(substitutionary narration)'이라고도 한다.

흔히 인물의 말은 인용 부호를 사용한 직접 화법이나, 인용 부호 없이 "......했다고 하였다."는 식의 간접 화법으로 전달되는 것이 자유간접화법 현상이 나타나기 전의 방식이었다. 그러나 자유간접화법은 인용부호가 없다는 점에서 간접화법과 유사하고, 시제나 대명사는 간접화법처럼 변환되어 나타나기 때문에, 초기에는 비문법적인 현상으로 간주되기도 하였다. 이밖에 자유간접화법에서는 인물의 말 습관, 부사어 따위도 직접 화법에서 쓰이는 그대로 쓰일 수 있다.

자유간접화법의 예를 간단히 들면 다음과 같다.

> 직접화법 : He said, "I love her now."
> 간접화법 : He said that he loved her then.
> 자유간접화법 : He loved her now.

이와 같은 자유간접화법은 마르셀 프루스트의 『잃어버린 시간을 찾아서』나 헨리 제임스의 소설에서 의식적으로 활용되었으며, 제임스 조이스의 『율리시즈』 이후 '의식의 흐름'과 같은 기법을 차용한 소설들에서 더욱 빈번히 사용되었다.

이 화법이 개발된 덕분에, "그는 생각했다.", "그녀가 말했다." 따위의 상투적 인용구에 의해 표시되는 서술자의 혼란스러운 나타남 없이, 인물의 생각이나 발화에 대한 극적이고 친숙한 직접적인 접근이 가능하게 되었다. 동시에 인물의 말과 생각 및 서술자의 말이 지니는 이데올로기적 또는 가치관적인 지향이 충돌하게 됨에 따라 좀 더 풍부한 의미 구현을 할 수 있게 되었다. 바흐친은 이 가운데 후자의 이점을 가리켜, '목소리들 간의 공명(共鳴)'이 일어난다고 하면서 소설에서의 '다성화(多聲化)' 현상의 대표적인 경우로 평가한 바 있다.

이윽고 미닫이 안에서 바우가 덜컥 놀랄 만큼 그리고 미닫이 유리창이 쩌르렁 울리도록, 귀동아, 귀동아, 하고 누구를 부르는 김대통 영감의 목소리가 들려나왔다.
중문 안에서 바우보다도 작은 아이 하나가 나와, 바우 아버지 손에서 치룽을 받아

가지고 안으로 들어간다. 미닫이 안 김대통영감에게는 밖의 자기네가 와 있다는 것과 자기네가 무엇을 가지고 왔다는 것까지 빤히 내다보이는가 보다.(황순원, 「황소들」에서)

화법의 구분이 엄격하지 않은 한국어를 고려할 때, 다소간 논란의 여지가 있지만 한국 소설에서도 자유간접화법 현상이 종종 발견된다. 위의 예문이 그러한 예로 볼 수 있는 것인데, 강조된 부분의 말은 인물의 생각과 서술자의 중개하는 목소리가 겹쳐져 반드시 누구의 말이라고 확정할 수 없는 양상을 드러내고 있다.(장수익)
[네이버 지식백과] 자유간접화법 [自由間接話法, Free Indirect discourse] (문학비평용어사전, 2006. 1. 30., 한국문학평론가협회)

❺ 마음 이론(ToM)

마음 이론이란 마음과 행동이 어떠한 관계가 있는지에 대한 이해를 일컫는다. 인간의 마음과 행동 간의 관련성은 심리학자와 철학자들의 오랜 관심사였지만, 발달심리학에서 마음 이론 연구가 본격적으로 대두된 것은 상대적으로 최근의 일이다. 인간 유아는 타인과 상호작용할 때 무생물과 상호작용할 때와는 다르게 행동하는데, 이러한 경험은 아동의 마음 이론 발달에 중요한 전조가 된다.

마음 이론의 발달에 대해서는 고전적으로 틀린 믿음 과제를 통해 많은 연구가 이루어졌는데, 경험적 연구들은 만 3세 이후 아동의 마음 이론의 이해가 크게 발달하는 것으로 보고한다. 마음 이론의 발달에 대해서는 아동이 상식적인 수준의 마음에 대한 이해를 발달시킴으로써 이를 획득한다는 소위 이론 이론(theory theory)적 관점, 타인의 마음을 읽는 독립된 기제가 존재한다는 모듈 이론(modular theory)적 관점, 그리고 자신의 상태를 통해 타인의 마음 상태를 상상하는 과정으로 발달된다는 시뮬레이션 이론(simulation theory) 관점 등이 제시된다.

마음 이론이란 마음이 어떻게 이루어져 있으며 이것이 행동에 어떠한 영향을 미치는지에 대한 이해를 일컫는다. 여기에는 마음 상태와 행동이 언제나 일치하지 않으며, 따라서 행동적으로 관찰할 수 없다는 가정도 포함된다. 우리는 모두 '마음'을 가지고 있다. 하지만 마음은 직접 관찰될 수 없으며 행동으로 구현된다. 그리고 그 행동에는 마음 상태, 예를 들어 의도나 믿음, 욕구 등이 반영되어 있다. 즉, 마음은 행동의 원인으로 기능하고, 따라서 행동을 예측하는 데 사용될 수 있다는 이해가 마음 이론이다.

마음 이론은 고전적으로 철학의 영역에서 논의되었던 주제이다. 심리학에서 마음 이론의 발달과 관련된 구체적인 논의는 인지 발달의 맥락에서 그 원류를 찾을 수 있다. 고전적인 인지 발달의 상당 부분이 피아제(Piaget)의 이론에서 비롯되었기 때문에, 마음 이론의 영역도 역시 피아제의 관점에서 출발한다고 보는 것이 좋다(Flavell & Miller, 1998). 피아제의 전조작기 사고의 핵심 주장은 이 시기의 아동이 자기중심적(egocentric)이라는 것인데, 따라서 이들은 타인의 내적 상태가 자신의 상태와 다를 수 있다는 점을 인지하지 못한다고 보았다(Piaget, 1951). 이러한 이유에서 이들은 마음 이론의 이해에 심각한 오류를 범하며, 전조작기에 보이는 다양한 중심화 경향성을 낳는다고 보았다.

현재 대부분의 발달 심리학자들은 아동은 피아제가 생각한 것보다 훨씬 유능하며, 사회 인지 발달 면에서도 피아제가 생각한 것만큼 자기중심적이지 않다고 믿고 있다. 다만 전조작기 아동들이 마음 이론을 완전히 이해하지 못하고 있다는 점 역시 분명한 것 같다. 즉, 이들은 타인의 관점을 전혀 이해하지 못하는 존재는 아니다. 아주 어린 아이도 타인이 자신과 다른 관점을 가지고 있다는 사실을 알고 있으며, 이에 따라 행동한다(Repacholi & Gopnik, 1997). 하지만 어린 아동은 타인의 관점을 이해하는 데 성인에 비해 많은 어려움을 겪는 것 역시 사실이다. 이는 곧 언급할 틀린 믿음 과제에서 잘 드러난다.

사실 1980년대 이전까지만 하더라도 인지 발달의 주요 주제는 피아제 이론에 대한 재해석, 혹은 아동의 인지 기능을 정보 처리적 관점에서 연구하는 것이었다. 그렇지만 70년대 말과 80년대 초에 실시된 두 연구는 연구자들의 관심을 마음 이론으로 급격하게 기울게 만들었다. 그 첫 번째 연구는 데이비드 프리멕(David Premack)이 실시한 원숭이의 마음의 이해에 대한 고전적 연구였으며(Premack & Woodruff, 1978), 이를 응용하여 발표된 아동의 틀린 믿음 연구(Wimmer & Perner, 1983)는 마음 이론 관련 주제가 발달 심리학의 영역임을 확인시켜 주었다.

오늘날 마음 이론은 단순히 인지 발달의 한 영역이 아닌 독립된 주제로 다루어지고 있다. 경험적 연구의 양도 비약적으로 증가했을 뿐만 아니라, 마음 이론의 발달에 대한 다양한 이론들도 20세기 후반부터 줄기차게 제시되고 있다. 또한 마음의 이해에 대해 고전적으로 관심을 가졌던 철학이나 최근에 두각을 보이는 신경 심리학 분야와도 다양한 협업이 활발하게 진행 중이다.

현재까지 마음 이론 연구들을 요약하자면 1) 마음 이론의 발달에는 본유적, 혹은 매우 어린 시기에 등장하는 사회 인지 능력이 관여하고 있으며, 2) 우리는 타인을 이해하고자 하는 동기와 능력을 사용하여 이들과 상호작용하며, 3) 우리의 마음에 대한 이해는 상당 부분은 상식에 근거하며, 4) 정보 처리나 언어 능력 등의 발달은 우리의 마음 이론 발달에도 큰 영향을 미치며, 5) 다양한 경험 역시 타인의 행동을 설명하는 우리의 능력에 영향을 미친다는 것이다(Flavell, 2000).
[네이버 지식백과] 마음 이론 [theory of mind] (심리학용어사전, 2014. 4.)

❻ 이론 이론(TT: Theory Theory)

마음 이론의 발달에 대해서는 연구자에 따라 다양한 이론적 접근이 제시되어 왔다. 일반적으로 가장 널리 알려진 이론은 흔히 '이론 이론(theory theory, TT)'이라 일컫는 접근이다(Gopnick & Meltzoff, 1997; Gopnik & Wellman, 1994). TT를 주장하는 학자들은 인간이 다른 사람의 마음을 읽고자 하는 통속적이고 상식적인 표상을 가지고 있다고 본다. 즉 우리에게 타인의 마음을 읽는 개인적인 이론(theory)이 있다는 주장인데, 여기서 말하는 이론이란 과학적이고 공식적인 이론이라기보다는 상식에 근거한 일상적 경향성, 즉 소위 상식 심리학(folk psychology)적 이해를 말한다. 앞에서 언급했듯이 이미 유아도 인간을 대할 때 무생물을 대할 때와는 다른 방식으로 접근한다. 이러한 결과들은 유아가 인간의 행동을 이해하는 독특한 경향성을 가지고 있다는 점을 함의한다. 대체적으로 TT 지지자들은 마음 이론은 타인의 행동을 통해 자신이 가진 상식 심리학의 내용을 갱신하며 발달하는 것으로 본다.

TT 이론가로 대표적인 학자는 미시간 대학교의 헨리 웰만(Henry Wellman)이라 할 수 있는데, 그에 따르면 아동의 마음 이론의 발달은 유아가 기본적인 정서, 생리 및 지각 경험을 통해 타인이 소망(desire)을 가진 존재라는 것을 이해하면서 시작한다. 즉, 타인이 배가 고프고 사과를 보고 있다면 그가 사과를 원하는 것이고 사과를 먹을 것으로 예상된다. 만 2세 정도의 유아도 이렇게 지각 과정을 통하여 소망이라는 마음 상태를 이해하며, 이 소망이 행동을 야기할 것이라는 소위 소망 심리학(desire psychology)의 원칙을 이해하는 듯하다(Wellman & Gelman, 1998).

하지만 인간의 마음과 행동 간의 관계는 소망만 가지고는 이해할 수 없을 만큼 복잡하다. 2세 정도의 유아는 또 다른 마음 상태인 믿음(belief) 역시 행동을 야기할 수 있음을 잘 이해하지 못한다. 예를 들어 사과를 먹고 싶은 사람이 있다고 하자. 이 사람은 사과가 냉장고에 들어 있다고 믿지만, 실제로 사과는 냉장고가 아닌 창고에 있다. 그렇다면 이 사람은 어디에서 사과를 찾을 것인가? 당연히 그는 자신의 믿음에 근거하여 창고가 아닌 냉장고에서 사과를 찾을 것이다. 이렇듯 믿음 역시 행동에 영향을 주는 주요한 심리적 상태이지만, 아직 어린 나이의 아동들은 믿음을 온전히 이해하지 못한다(Wellman & Woolley, 1990). 웰만에 따르면 소망뿐 아니라 믿음 역시 행위를 결정한다는 보다 복잡한 관념인 욕구-믿음 심리학(desire-belief psychology)은 조금 더 나이가 든 3-4세 무렵에야 출현한다(Wellman, 1985).

웰만의 이론과는 약간 다르지만 또 다른 대표적인 TT 관점의 설명은 워싱턴 대학교의 앤드루 멜조프(Andrew Meltzoff)가 제시한다. 그는 아동의 마음 이론의 발달은 생물학적인 행동 경향성, 즉 모방(imitation)행동을 통해 타인과 자신의 유사점을 찾아가는 과정에서 발달하는 것이라고 본다. 그는 모방행동을 통해 타인의 관점을 이해하고, 이를 자신의 상태와 일치(matching)시키는 과정이 마음 이론의 발달에 핵심적인 과정이라 주장한다(Meltzoff & Brooks, 2001). 아동이 자신과 타인간의 유사성을 찾는 과정 역시 역시 과학적 이론이 아닌 상식적인 수준에서 이루어지며, 본유적인 경향성을 통해 새로운 개념을 형성하는 것이기 때문에 그의 주장도 큰 범주의 TT에 해당된다 할 수 있다.

하지만 대부분의 TT는 소위 상식 심리학(folk psychology)이라는 인지적 표상에 마음 이론 발달의 시작점이 있다고 보는 반면, 멜조프는 발달의 시작점이 모방이라는 행동에 있다고 보기 때문에, 그의 주장은 뒤에서 언급할 시뮬레이션 이론(Simulation Theory)과도 많은 접점을 가지고 있다(Hurley, 2008).

TT 이론가들의 주장은 3세 무렵의 아동이 틀린 믿음 과제에서 어려움을 겪는 이유를 잘 설명할 뿐 아니라, 아동의 타인에 대한 이해가 질적으로 변화하는 측면을 잘 설명해 준다는 장점이 있다. TT는 또한 마음 이론의 발달에 경험의 역할이 중요하다고 보기 때문에 마음 이론 과제의 개인차를 설명할 때도 유용하다(Flavell, 2000). [네이버 지식백과] 마음 이론 [theory of mind] (심리학용어사전, 2014. 4.)

❼ 모듈 이론(MT)

TT의 핵심 가정은 인간의 마음 이론에 대한 이해가 타인의 행동을 해석할 때 필요한 저차원적인 개념, 혹은 타인과 나를 비교하는 과정에서 비롯된다는 것이다. 반면 어떤 학자들은 아동의 마음 이론의 발달은 그 영역을 관장하는 특정 심리적 시스템의 독립된 작용에 의해 이루어지는 것이라고 본다. 이러한 시스템을 심리적 모듈(module)이라고 하는데, 모듈이란 특정 심리적 기능을 담당하기 위하여 진화된 (최소한 어느 정도는) 본유적인 심리적 혹은 생리적 시스템을 뜻한다(Fodor, 1983). 모듈 이론의 핵심 가정 중 하나는 인간의 정보 처리 시스템이 동질적이지 않으며, 특정 정보에 맞는 하위 시스템이 구성되어 있다는 것이다. 즉 인간의 인지 시스템은 영역 특수적(domain specific)이며, 이는 마음 이론의 발달 면에서도 마찬가지이다. 이러한 학자들의 주장은 흔히 마음 이론 발달의 모듈 이론이라고 부른다.

MT이론가로 가장 유명한 사람 중 하나는 럿거스 대학교의 앨런 레슬리(Alan

Leslie)라 할 수 있다. 그는 만 2세 무렵 아동의 가상놀이(pretend play) 및 마음 이론의 발달에는 행위자와 사회적 관계를 이해하는 생물학적 시스템, 즉 마음 이론 기제(Theory of Mind Mechanism, TOMM)가 관여한다고 보았다(Leslie, 1994). 레슬리에 따르면 인간의 사회적 정보 처리는 세 가지 모듈의 발달에 의해 이루어진다. 첫 번째는 신체 이론 기제(theory of body mechanism, ToBy)로 약 3-4개월에 등장한다. 이 ToBy는 물리적 대상의 행동과 움직임에 대한 정보를 처리하는 시스템이다. 이 시스템은 사실 엄밀한 의미의 마음 이론 모듈이라기보다는 움직임이라는 행동 요소에 근거한 모듈에 가깝다.

두 번째와 세 번째 시스템이 진정한 마음 이론 모듈인데, 첫 번째 마음 이론 기제(ToMM1)는 행위자와 목표 지향적(goal-directed)행위 간의 정보를 처리하는 시스템으로 약 만 6-8개월에 관찰되며, 두 번째 마음 이론 기제(TOMM2)는 행위자의 행동과 그 기저의 심리적 관계를 이해하는 고차원적 시스템으로서 18개월 정도나 되어야 발현되는 것으로 보았다(Leslie, 1994). 이 세 모듈은 동시에 발달하는 다른 학습 기제이지만 정상적인 발달을 겪는 아동의 경우 대체로 ToBy-ToMM1-ToMM2의 순서로 관찰되는데, 이는 각 영역의 성숙 속도가 다르기 때문인 것으로 보고 있다(Leslie & Thaiss, 1992).

또 다른 모듈 이론가인 케임브리지 대학교의 사이먼 배런-코헨(Simon Baron-Cohen)은 여기에서 더 나아가 마음 이론 기제에 이르는 구체적인 모듈들이 존재한다고 제안했다(Baron-Cohen, 1994). 생애 초기 아기는 의도 탐지기(intentionality detector, ID)와 시선 방향 탐지기(eye-direction detector, EDD)의 두 가지 모듈을 발달시킨다. 이 시스템들은 행위자와 특정 사물 간의 의도적 관련성을 탐지하는 모듈을 말한다. 이를 통해 유아는 약 1년 후 공유된 주의(shared attention)의 정보를 처리하는 공동주의 기제(shared-attention mechanism, SAM)를 형성하며, 궁극적으로 마음 이론 모듈(TOMM)을 발달시킨다고 제안했다.

MT의 장점은 마음 이론의 생물학적 기제를 제안했다는 것이다. 또 유아기에 나타나는 다양한 사회 인지 능력을 설명하는 데에도 유용하며, 자폐증 등 사회 인지 문제가 있는 아동을 설명하는 데에도 많이 적용된다.

❽ 시뮬레이션 이론(Simulation Theory)

마음 이론의 발달을 다룬 세 번째 대표적인 이론적 접근은 아동이 타인의 마음을 읽는 특정 기제를 가지고 태어나지도 않고, 타인의 행동을 이해하고자 하는 상식 수준의 개념을 가질 필요도 없다고 본다. MT를 주장하는 학자들은 우리는 타인의 마음을 읽는 생물학적 기제가 있다고 본다. 또 TT를 주장하는 학자들은 자신과 타인의 상태를 비교하는 데에서 마음 이론의 발달이 출발한다고 본다. 하지만 시뮬레이션 이론가들은 굳이 타인의 상태를 볼 필요 없이 자신의 상태에만 집중하는 데에서 근본적인 마음 이론의 발달이 이루어진다고 본다. 즉, 자신과 타인의 마음의 비교가 아닌 자신의 마음 상태를 통해 타인의 상태를 추론하는 소위 '시뮬레이션(simulation)' 과정을 통해 타인의 상태를 이해할 수 있다는 것이다. 이러한 이유에서 이 학자들의 주장은 흔히 시뮬레이션 이론(simulation theory, ST)이라고 일컫는다(Hala & Carpendale, 1997).

ST 이론가들 역시 인간에게 특유의 타고난 시스템이 있다는 점에는 동의한다(Harris, 1992). 하지만 이 시스템은 상식 심리학도, 마음 이론 모듈일 필요도 없다. 예를 들어 정서적 감염을 통해 느낄 수 있는 감정 이입이나 모방 행동 등의 간단한 행동들도 유아로 하여금 타인과 자신의 마음 상태가 어떤 식으로든 관련되어 있다는 정보를 준다. 그 이후에 필요한 과제는 아동이 자신의 마음을 시뮬레이션 하면서 만약 타인이라면 어떻게 느끼게 될지(as-if)를 상상하면 되는 것이다(Harris, 1992). 이러한 주장에 따르면 4세의 아동이 틀린 믿음 과제를 잘 풀 수 있는 것은 이들이 3세 아동에 비해 충분하고 정확한 시뮬레이션 경험이 있었기 때문이다.

상식적인 수준에서 생각할 때 인간은 타인보다 자기 자신의 마음에 대한 정보에 더 쉽게 접근할 것이다. 이러한 점에서 ST는 나름대로 그 근거가 있다. 또 최근 거울 뉴런(mirror neuron)이 발견되어, 타인의 행동을 보는 것 자체가 자신과 타인의 마음 상태를 연결시켜 준다는 ST 이론가들의 가정을 지지하는 생물학적 기제로 각광받고 있다(Gallese & Goldman, 1998).

[네이버 지식백과] 마음 이론 [theory of mind] (심리학용어사전, 2014. 4.)

⑨ Aristotle의 카타르시스 이론

아리스토텔레스는 『시학』에서 비극은 감정의 카타르시스를 행한다고 말했다. 이로써 관객이 극 속의 인물에 자신을 투사함으로써 감정을 이입하고 이야기에 정서적으로 참여해 카타르시스를 간접 체험하게 되는 것이다. 카타르시스는 '공포'와 '연민'이라는 감정에 기인하는 일종의 쾌감이다. 동전의 양면과 같은 두 가지 감정이 잘 결합된 형태로 자극이 주어질 때 관객들은 더욱 효과적으로 카타르시스를 체험하게 된다.

〈비극의 정서적 효과〉

아리스토텔레스는 『시학』에서 비극은 연민과 공포를 환기시키는 사건에 의해 감정의 카타르시스를 행한다고 말했다. 카타르시스(catharsis)란 그리스어로 정화(淨化), 또는 배설(排泄)의 의미를 가진다. 즉, 감정이 순화되거나 깨끗해지는 일종의 승화 작용이나 정서적인 불순물을 밖으로 내보내는 의학적 작용으로도 해석할 수 있다. 아리스토텔레스는 이처럼 비극의 목적을 특정한 쾌감을 산출하는 데 있다고 말함으로써 이야기에 심미적 가치를 부여했다고 볼 수 있다. 동시에 이 특정한 쾌감은 우리의 감정을 좋은 의미에서 구제해 주는 선한 활동에 수반되는 쾌감이라는 의미를 내포함으로써 이야기의 도덕적 기능을 부각시켰다(천병희, 2002). 즉, 아리스토텔레스는 계속해서 억압될 경우 언젠가는 위험하게 폭발할 수도 있는 감정을 위험 부담 없이 안전하게, 관례적으로, 그리고 일정한 간격을 두고 배출하도록 하는 도덕적 기능을 드라마에 부여했다.

이러한 작용을 가능하게 만드는 것이 바로 '동일시'의 효과다. 즉, 관객이 극 속의 인물에 자신을 투사함으로써 감정을 이입하고 이야기에 정서적으로 참여해 카타르시스를 간접 체험하게 되는 것이다. 발단과 전개, 절정에 따라 갈등이 첨예해질수록 긴장이 고조되어 가다가 마침내 결말에서 갈등이 해소되면 일종의 쾌감을 느끼며 안정을 되찾게 된다. 아리스토텔레스가 도덕적 기능으로 해석한 이야기를 통한 간접 체험은 관객과 극 중 인물의 유사성과 공감대를 기반으로 한다. 비록 비극의 주인공이 특별히 덕망과 정의를 갖춘 인물로 규정되지만, 운명의 굴레에서 벗어나지 못하고 자신의 의지와 상관없이 불행에 빠지는 상황은 여느 평범한 대중과 다를 바가 없다.

현대 시나리오 작법에서 좋은 스토리텔링의 기본 조건을 관객들이 정서를 몰입할 수 있는 주인공에서 찾고 있는 점도 같은 맥락이라 볼 수 있다. 관객의 관심과 공감을 자극하는 인물의 유형은 완벽하고 도덕적인 인물이 아니라 오히려 작은 인간적 결점을 지닌 자로 제안되고 있다. 어찌되었든 대중의 정서적 참여를 이끄는 인물의 설정에서 시작해서 눈덩이처럼 커지는 갈등의 고조를 거치고, 마침내는 반드시 모든 갈등이 해결되었다는 느낌을 주는 만족스러운 엔딩을 맺어야 한다는 스토리텔링의 원칙은 카타르시스 체험을 위한 모든 것이라 할 수 있다.

〈공포와 연민〉

아리스토텔레스는 카타르시스가 공포와 연민에서 오는 쾌감임을 밝히고 있다. 시인이 모방하는 사건에는 이러한 쾌감의 원인이 되는 것을 포함하고 있어야 한다. 비극에서 일어나는 불행은 『오이디푸스왕』에서처럼 주인공의 사악함이 아닌 의도하지 않은 과오에 의해 발생한다. 아버지를 죽이고 어머니와 결혼한 오이디푸스의 운명은 신탁을 거스르지 못하는 인간의 한계를 부각시킴으로써 대중에게 공포감을 자아낸다. 동시에 자책감으로 더 이상 세상의 빛을 보지 않기 위해 자신의 눈을 찌른 오이디푸스의 처지는 연민을 불러일으킨다. 공포와 연민은 매우 보편적인 인간의 정서로 대중서사 장르에 쉽게 활용되고 있다. 여기서 말하는 공포가 비단 좁은 의미로 쓰이는 것은 아니지만 공포물은 오늘날에도 매우 인기 있는 흥행 장르의 하나이며, 관객의 연민을 자극하는 소재는 강한 정서적 반응을 끌어내어 드라마 장르의 좋은 아이템이 되고 있다.

공포감은 대중에게 '나도 저렇게 되면 어떡하나?'라는 강한 두려움과 함께 '내가 저런 상황이 아니라서 다행'이라는 위안을 주면서 극 중 인물에게 연민을 느끼게 만든다. 따라서 공포와 연민은 기본적으로 동전의 양면과 같다고 할 수 있다. 그러나 이야기의 내용을 통해 보다 정교하게 두 가지 감정이 잘 결합된 형태로 자극이 주어질 때 관객들은 더욱 효과적으로 카타르시스를 체험하게 된다. 예를 들어 영화 〈아저씨〉 포스터의 두 버전은 각각 공포와 연민의 정서를 강하게 자극하면서 이 둘을 대비시키고 있다.

〈이야기의 정신분석학적 효과〉

카타르시스를 통해 이야기는 정신분석학적 효과를 제공한다고 볼 수 있다. 고대 그리스에서 성행했던 비극과 마찬가지로 오늘날 대중적인 이야기의 장(場)인 영화의 관람을 생각해 보자. 신화가 주제적이고 반복적인 경향을 통해 인간 공통의 심리적이고 정신적인 활동을 자극하는 것처럼, 대중의 집단무의식을 반영하는 영화는 시청각 이미지를 통해 관객들의 감추어진 두려움과 욕망을 상징화하게 된다. 이러한 점은 비단 영화만이 가진 것은 아니지만 미디어적 특성상 태초의 원형 이미지를 재현하는 데 매우 효과적인 수단이 된다는 점에서 영화에 주목해 볼 수 있다.

영화의 스토리가 진행됨에 따라 극 중 인물에 대한 동일시 효과가 부가되면서 관객들의 긴장이 창출되고 고조되며, 마침내 결말을 통해 해소되는 과정이 이루어진다. 즉, 관객들은 카타르시스를 느끼며 정서적 해방감을 얻게 되는 것이다. 이는 자신의 트라우마와 억압된 욕망을 이야기를 통해 구체적으로 형상화하는 것 자체가 일종의 정신 치료법이 될 수 있다는 정신분석학적 이론과 연관된다.

영화 속 하나의 이야기를 통해 구체적으로 확인해 보자. 〈왕의 남자〉에서 연산이 광대들의 놀이판을 지켜보다가 갑자기 무대로 내려가 극에 동참하는 장면이 제시된다. 다시 말해 현실과 이야기가 합치되는 것이다. 여기서 놀이판이 제공하는 이야기의 의미는 정신 치료의 역할로 볼 수 있다. 연산은 광대들의 자유로운 발언과 흥겨운 놀이판에 매료된다. 그는 공길에게 계속 함께 놀 것을 요구하고 광대패들을 찾아가서 북을 치고 놀음을 벌인다. 겉으로는 중신들 말처럼 '천한 광대'들의 이야기 형식에 빠진 것처럼 보이지만, 연산이 이를 통해 일종의 정신적 치료 효과를 얻는 것이다.

공길의 인형을 빌어 손수 그림자극을 공연하는 연산은 그동안 묻어 두었던 '자신'의 이야기를 한다. 아버지와의 갈등, 어머니에 대한 사무친 그리움 등 억압된 감정들이 자신이 만들어 내는 이야기를 통해 형상화하고, 이를 통해 연산은 정신적 치유와 위안을 얻음으로써 해방감을 맛본다. 이처럼 이야기는 카타르시스라는 장치를 통해 인간의 심리를 몰입시키고 자극하는 데 강력한 잠재력을 지닌다.
[네이버 지식백과] 카타르시스 (스토리텔링이란무엇인가, 2014. 4. 15., 김정희)

⑩ 가상(as-if)의 시뮬레이션, 가상 현실(VR)

가상현실은 경험 중심적 관점에서 지각하는 자가 원격현전을 경험하게 해 주는 시뮬레이션 환경으로 정의될 수 있는데, 이런 점에서 첨단의 테크놀로지를 활용하는 몰입형 가상현실 이외에 모든 미디어가 가상현실이라고 할 수 있으며, 따라서 그 역사도 아주 길다. 현대적인 가상현실 기술들은 다분히 군사적 기원을 갖는다. 입력장치와 출력장치로 구분될 수 있는 가상현실 시스템을 통해 경험하게 되는 원격현전은 기술적 요인과 이용자 요인에 의해 결정되는데, 특히 기술적 요인으로는 크게 생동감과 상호작용성을 들 수 있다. 가상현실 시스템이 등장하면서 다양한 형이상학적 질문들이 새롭게 제기되고 있다. 1989년 '가상현실'이라는 용어를 처음 제시한 것은 재론 래니어(Jaron Lanier, 1960~)이다.

가상현실(virtual reality, VR)은 군사, 오락, 의료, 학습, 영화, 건축설계, 관광 등 다양한 분야에 활용되면서 공상과학 소설이나 영화에서 묘사되는 상상적 단계를 벗어나 점차 현실화되고 있다. '가상현실'이란 용어는 1989년 재론 래니어(Jaron Lanier)에 의해 고안되었지만, 그것을 지칭하는 개념이나 시스템은 기술 중심적 입장, 경험 중심적 입장, 그리고 사이버 문화적 입장 등에서 다양하게 정의되어 왔다.

먼저 기술 중심적 정의는 "이용자가 현실과 같은 3차원 상황 속에서 상호작용할 수 있도록 해 주는 투구형(head-mounted) 고글(goggle)과 망으로 연결된 의상을 통해 경험하게 되는 전자적인 환경 시뮬레이션"(Coates, 1992)과 같이 필수적인 테크놀로지의 존재 여부에 중점을 둔다. 이와 달리 경험 중심적 입장의 스토이어(Steuer, 1992)는 가상현실을 "지각하는 자가 원격현전(遠隔現前, telepresence)을 경험하는 실재적 또는 시뮬레이션된 환경"이라고 정의한다. 또 하임(Heim, 1993)은 "참여자가 수신한 정상적인 감각 입력을 컴퓨터가 산출한 정보와 대치시킴으로써, 참여자가 실제로 다른 세계에 있다고 확신하도록 하는"(Heim, 1993/1997, pp.234~235) 것을 가상현실이라고 정의한다.

한편 사이버 문화적 입장의 힐리스(Hillis, 1996)는 가상현실을 "육체를 초월하고자 하는 욕망을 실현시켜 주는 기계", 즉 "현실세계에 '필적(parallel)'하는 탈육체화된, 그리고 점진적으로 네트워크화되고 있는 시각적 '세계', 즉 사이버스페이스에 접근할 수 있는 기술적 수단"으로 규정한다. 이것의 핵심적인 모티브는 육체 이탈(disembodiment)의 욕망이다.

일반적으로는 1940년대 미국의 공군과 항공산업에서 개발한 비행 시뮬레이터(flight simulator)가 가상현실의 역사적 효시로 알려지고 있다. 1930년 자신의 장치를 특허 낸 이후 지속적으로 이를 연구, 개발해 온 에드윈 링크(Edwin Link) 연구팀은 바네바 부시(Vannevar Bush)의 수학 모델을 응용해 2차 세계대전 기간에 최초의 비행 시뮬레이션을 완성하였다. 1950년대 이후 할리우드 영화 또한 가상현실 기술의 개발에 커다란 기여를 해 왔다. 1950년대 중반 에드윈 랜드(Edwin Land)는 3차원 이미지를 구현하는 컬러 영화를 개발, 이는 1954년 와이드 스크린 시네마스코프로 이어졌다. 이와 비슷한 시기인 1956년 모튼 하일리그(Morton Heilig)는 '센소라마 시뮬레이터(Sensorama Simulator)'를 개발하는데, 이것은 3차원 이미지, 입체 음향, 냄새 등을 이용해 신경체계를 자극 내지 시뮬레이션하는 오락 장치였다. '가상현실의 아버지'라 불리는 이반 서덜랜드(Ivan Sutherland)는 미국 국방성 고등연구프로젝트국(DoD's Advanced Research Project Agency, DARPA)에서 연구해 왔는데, 1965년 "궁극적 디스플레이(The Ultimate Display)"라는 논문을 발표하였다. 이 개념은 가상현실에 대한 연구와 개발의 방향을 예견하는 것으로서, 궁극적 디스플레이라는 공간 속에서 컴퓨터는 사물의 존재를 통제할 수 있게 된다는 것이었다. 1968년 그는 "투구형 3차원 디스플레이(A Head-Mounted Three Dimensional Display)"라는 논문을 통해 HMD(head- mounted display)를 구상하는데, 이는 두 개의 작은 CRT(cathode-ray tube)를 통해 이용자의 두 눈을 둘러쌈으로써 입체적인 영상을 제공하고자 하는 것이었다.

'가상현실'이란 용어를 고안한 재론 래니어는 데이터 장갑, 즉 DataGloveTM를 개발하여 실제 가상전쟁 시스템에 활용할 수 있도록 발전시키기도 하였다. 이것은 가상의 팔과 손을 사이버스페이스 속으로 확장시켜주는 것으로서, 가상세계의 제 차원들을 인간 내부의 지각 과정 속에 위치지을 수 있게 되었음을 의미하는 것이다.
[네이버 지식백과] 가상현실 (멀티미디어, 2013. 2. 25., 이재현)

⓫ 스테레오스코프'(stereoscope)

하나의 물체를 다른 각도에서 찍은 두 장의 사진을 동시에 보게 하여 물체를 입체적으로 보이게 하는 기기. 2장의 입체 사진이나 그림을 사용하여 입체감이 생기는 양안 시차 원리를 이용하여 깊이감을 느끼게 한다. 종류는 거울을 사용한 반사형과 렌즈를 사용한 굴절형 등이 있다. 영국의 휘트스톤이 발견했으며, 입체경 또는 쌍안 사진경이라고도 한다.
[네이버 지식백과] 스테레오스코프 [Stereoscope] (IT용어사전, 한국정보통신기술협회)

⓬ 인간-컴퓨터 상호작용(Human-Computer Interaction, HCI, CHI)

인간과 컴퓨터 간 상호작용에 대해 연구하는 분야다. 국제컴퓨터학회(Association of Computing Machinery, ACM)의 SIGCHI(Special Interest Group Computer

Human Interaction) 정의에 따르면 HCI는 어떻게 하면 사람들이 쉽고 편하게 컴퓨터 시스템과 상호작용할 수 있는가를 연구하는 학문으로, 시스템을 디자인하고 평가하는 것과 함께 이러한 시스템을 사용하는 인간의 특성에 대해 연구하는 분야다. HCI에서 상호작용은 사용자와 컴퓨터 사이에 있는 사용자 인터페이스에서 발현되는 작동을 의미하는데, 그 의미가 점차 확대되고 있다. 아울러 기술의 발전과 더불어 사용자, 컴퓨팅, 인터페이스 등의 정의와 의미 또한 확장되고 있다.

HCI의 기본 목적은 컴퓨터를 좀 더 인간에게 쉽고 쓸모 있게 함으로써 인간과 컴퓨터 간 상호작용을 개선하는 것이다. 즉, 특정 상품이나 제품을 이용하는 사용자에게 최적의 경험(optimal experience)을 제공하는 것이다. 최적의 경험이란 미하이 칙센트미하이(Mihaly Csikszentmihalyi) 교수가 말한 플로(Flow)와 유사한 개념이나 엄밀히 말하면 약간 다르다. 플로는 행위에 깊게 몰입해 시간의 흐름이나, 공간, 더 나아가서는 자신에 대한 생각까지도 잊어버리게 될 때를 일컫는 심리적 상태인 반면, 최적 경험이란 환경적, 외적 조건들에 의해 압도되지 않고 사용자가 행동을 스스로 조절할 수 있으며, 기술과 주고받는 상호작용에서 주인인 듯한 느낌이 드는 순간을 말한다.

최적의 경험을 넘어선 보다 궁극적인 HCI의 목표는 컴퓨터의 도구로서 잠재력을 극대화해 인간의 의지를 보다 자유롭게 하고, 창의력을 증진시키고, 인간 사이의 의사소통과 협력을 증진시키는 데 있다. 인간-컴퓨터 상호작용 전문가는 대개 HCI 분야에서 개발된 기법들을 실제 현장의 문제에 적용하는 데 관심이 있는 디자이너들이다. 많은 경우에 그래픽 사용자 인터페이스나 웹 인터페이스를 디자인하는 일이 그들의 몫이다. 이에 더 나아가, 인간-컴퓨터 상호작용 연구자는 새로운 디자인 기법을 개발하거나, 새로운 하드웨어를 시험하고, 새로운 소프트웨어 시스템을 구현해보고, 새로운 패러다임을 찾거나, 모델이나 이론을 개발하고 있다. [네이버 지식백과] HCI란 무엇인가? (휴머니타스 테크놀로지, 2013. 2. 25., 신동희)

⑬ 가다머의 놀이의 역설

놀이는 작품감상이나 창작활동을 설명하는 미학의 주요개념이다. 칸트는 구상력과 지성의 자유로운 놀이에 대해, 쉴러는 형상충동과 질료충동을 조화하는 놀이충동에 대해 말하였다. 이들의 경우에 놀이는 객관에 대한 주관의 작용을 가리키는 개념으로서 주객이원론을 전제한다. 예술에 '관한' 진리가 아니라 예술'의' 진리를 인정하기 위해서는 주객이원론을 확실히 파괴시키거나, 해석개념을 통해 주객의 재통일을 구성해내야 한다. 가다머는 놀이를 예술작품 자체의 존재방식으로 보는데, 이 같은 놀이로서의 예술관은 주객이원론을 파괴하고 주객의 재통합을 구성하는 기능을 갖는다.

예술작품의 존재방식은, 예술작품이 예술작품을 경험하는 자를 변화시키는 경험으로 된다는 것이다. 작품의 경험에 있어서 경험하는 자에게서 변화가 생겨나는 한, 작품의 경험을 (불변적) 주체나 (불변적) 대상이란 개념으로, 곧 주관-객관개념으로 이해하는 것은 잘못이다. 놀이의 존재방식도 마찬가지다. 놀이가 주관성이라는 대자적(자기의식적) 존재, 곧 주체가 없는 곳에서 비로소 놀이로 존재한다면, 놀이에 대해 주관-객관 개념에 의해 접근하는 것은 잘못이다. 놀이는 어떤 것을 놀이하면서 이 어떤 것을 표현함이지만, 이를 통해 동시에 놀이꾼 자신을 표현함이기도 하다.

따라서 놀이의 존재방식은 자기표현이다. 놀이 중에는 표현하는 놀이가 있고, 표현하는 놀이 중에는 관객을 위한 놀이가 있다. 제사나 연극 등이 바로 관객을 위한 놀이이다. 누군가를 위해, 누군가를 향해 있다는 놀이의 성격, 곧 놀이의 지시 성격이 바로 예술을 구성하는 요소가 된다. 놀이는 완성되면 작품으로 된다. 작품으로 완성된 놀이는 하나의 형성체이다. 형성체로 전환된 놀이는 놀이행위와 분리된 것처럼 나타나고, 놀이하는 내용의 순수한 현상 속에서 존립한다. 놀이는 그 가능성이 실현된 것이라는 점에서는 하나의 현실태이지만, 그 자체로 완성되고 완결된 것이라는 점에서는 하나의 작품이다.

놀이에서는 놀이꾼들의 주관적인 자기의식이 더 이상 존재하지 않고, 우리 자신의 일상세계도 더 이상 존재하지 않는다. 그것들은 모두 지양된다. 놀이꾼들은 놀이의 의미의 실현을 위해 놀이에 몰입하면서 자신을 잊고, 그들의 놀이를 통해 하나의 의미 세계가 출현함에 의해 일상의 세계는 잊히게 된다. 예컨대 연극행동과 예배 행동을 통해서 현실 세계와는 다른 참된 세계가 열려지고, 이 참된 세계가 진리로서 스스로 우리에게 발언하고, 우리는 그 진리를 경청한다. 놀이의 표현 속에서 출현하는 것, 즉 놀이의 표현 속에서 이끌어내어 지고 밝혀지는 것은 바로 하나의 전적으로 변화된 세계이다. 놀이가 그것으로 변화되는 그런 형성체는 진리로 고양된 세계(현실) 또는 세계(현실)의 진리이다.
[네이버 지식백과] 놀이 [Spiel, play] (서울대학교 철학사상연구소, 서울대학교 철학사상연구소)

칸트는 구상력과 지성의 자유로운 놀이에 대해, 쉴러는 형상충동과 질료충동을 조화하는 놀이충동에 대해 말하였다. 이들의 경우에 놀이는 객관에 대한 주관의 작용을 가리키는 개념으로서 주객이원론을 전제한다. 주객이원론은 진리가 주관성 안에 있고, 이것에 속한다고 주장한다. 이런 견해에 바탕을 둔 미적 이해는 예술과학으로서 예술에 '관한' 진리를 산출하려고 할 뿐, 예술'의' 진리를 인정하지 않는다.

왜냐면 이런 경우에는 진리가 객관에도 속하게 될 것이기 때문이다. 예술의 진리를 인정하기 위해서는 주객이원론을 확실히 파괴시키거나, 해석개념을 통해 주객의 재통일을 구성해내야 한다. 가다머는 놀이를 예술작품 자체의 존재방식으로 보는데, 이 같은 놀이로서의 예술관은 주객이원론을 파괴하고 주객의 재통합을 이루는 기능을 갖는다.

놀이 자체의 본질에 관한 우리의 물음은 따라서, 우리가 놀이꾼의 주관적 반성에서부터 그 대답을 기대한다면, 어떠한 대답도 찾을 수 없다. 우리는 그 대신 놀이의 존재방식 그 자체에 관해 묻는다. 우리가 분명 보았던 것은, 미적 의식이 아니라 예술의 경험이, 그리고 이와 더불어 예술작품의 존재방식에 관한 물음이 우리의 숙고의 대상이 되어야만 한다는 점이었다. 그러나 예술 작품이 대자적으로 존재하는 주체에 마주서있는 대상이 아니라는 점이 바로 예술의 경험이었고, 이 경험은 우리가 미적 의식의 수평화에 맞서 고수해야만 하는 것이다.

예술작품은 오히려 자신의 본래적인 존재를, 그것이 경험하는 자를 변화시키는 경험으로 된다는 데에 두고 있다. 예술의 경험의 '주체', 즉 무엇인가 지속하며 버티는 것은 예술을 경험하는 자의 주관성이 아니라, 예술작품 자체이다. 바로 이것이 놀이의 존재방식이 그것에 의거해 유의미하게 되는 바로 그런 점(Punkt)이다. 왜냐하면 놀이는 놀이꾼들의 의식으로부터 독립해 있는 어떤 고유한 본질을 갖기 때문이다. 놀이는 주관성이라는 대자적 존재가 주제적인 지평을 제한하지 않는 곳에, 그리고 놀이하는 태도를 취하는 주체들이 없는 곳에서도, 아니 본래 거기에 존재한다.(108)

예술작품의 존재방식은, 예술작품이 예술작품을 경험하는 자를 변화시키는 경험으로 된다는 것이다. 작품의 경험에 있어서 경험하는 자에게서 변화가 생겨나는 한, 작품의 경험을 (불변적) 주체나 (불변적) 대상이란 개념으로, 곧 주관-객관개념으로 이해하는 것은 잘못이다. 놀이의 존재방식도 마찬가지다. 놀이가 주관성이라는 대자적(자기의식적) 존재가, 따라서 주체가 없는 곳에서 비로소 놀이로 존재한다면, 놀이에 대해 주관-객관 개념에 의해 접근하는 것은 잘못이다.
[네이버 지식백과] 놀이개념 (가다머『진리와 방법』(해제), 2005년~2006년, 정은해)

⑭ 분산된 인지

환경 내의 정보와 자원을 활용하여 지적 능력의 개인적 한계를 확장시키는 것을 말하며, Mark Perry(1999)는 개인이 컴퓨터와 같은 인지적 도구들을 활용하는 개인적 분산 인지(individual distributed cognition : IDC)와 네트워크 같은 사회적 상호작용 동안 인지적 자원을 공유하고 협동 작업을 하는 사회적 분산 인지(social distributed cognition : SDC)로 구분하고 있다.
[네이버 지식백과] 분산 인지 [distributed cognition] (실험심리학용어사전, 2008., 곽호

완, 박창호, 이태연, 김문수, 진영선)

⑮ 신경 미학과 뉴로기호학

뇌의 미적 현상, 즉 신경미학적 현상을 뇌의 신경세포인 뉴런의 기호 작용으로 이해하고 이를 바탕으로 미적인 것이 생성되는 기호학적 작용과 원리를 이해하는 것이 뉴로기호학적 관점이다. 이 장에서는 미적인 것을 파악하기 위해서 뉴런이 미적인 것을 어떻게 생성하고 그 의미를 획득하는지를 이해하고 이것이 기호학적으로 어떤 의미가 있는지 탐색한다.

〈시지각과 기호학적 뇌〉

인간의 시각은 환경 정보를 수집하는 데 다른 감각 기관에 비해서 큰 역할을 한다. 이런 점에서 뇌에서 생성되는 미적인 것의 상당 부분이 시각의 영향을 받는 것으로 보인다. 그러나 망막은 대상의 항상적이고 본질적인 특성들을 표상하지만 궁극적인 시각 이미지는 뇌의 독자적인 법칙과 프로그램에 따라 능동적으로 생성되는 것이다(Zeki, 1999/2003).

시각 정보는 시신경을 통해서 전달되는데, 대부분의 시각 정보는 '1차 시각 피질(V1)'을 거쳐서 뇌의 위쪽인 두정엽의 방향과 측면인 측두엽으로 진행되면서 처리된다. 전자의 과정은 '어떻게'를 파악하고 후자는 '무엇'을 파악한다(Marr, 1969). 이처럼 시각 정보의 처리 과정이 상하로 반복되면서 빈약한 지각상이 점차 가공되고 정교해져 최종적으로 영상(심상)이 만들어진다(그림 1 참조).

시지각 과정을 거쳐 심상으로 재현된 대상체는 인지과학적(신경생리학적) 경험에 의해서 뇌에 축적된 정보에 의해서 유도된 것이다. 이는 뇌가 본질적으로 추구하는 '항상성(恒常性)'의 결과로서 대상에 대한 개념을 형성한다. 이 개념은 뇌과학적인 관점에서 볼 때 뇌 속에 저장된 그 대상의 본질적인 특성에 대한 표상이다. 중요한 것은 이것을 선택하는 것이 망막이 아니라 기호적 잠재력을 가진 대뇌피질이라는 점이다.

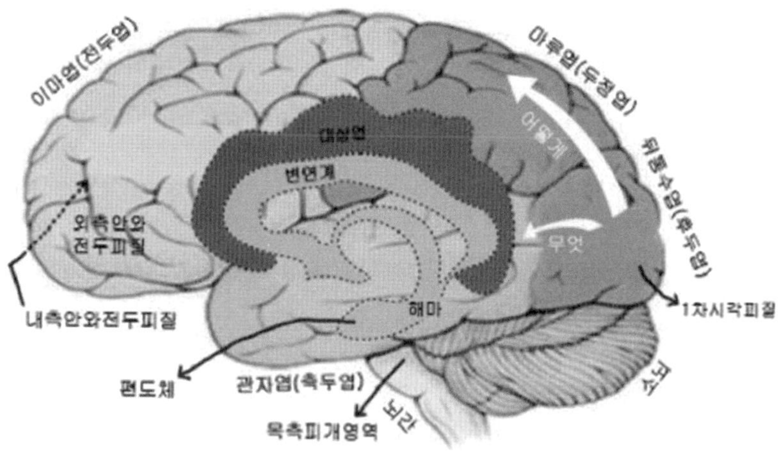

[그림 1] 미적 대상 파악과 관련된 뇌반구의 영역들

〈뇌의 미적 인식〉

뇌가 미적인 것을 파악하는 것을 체계적으로 연구하는 학문이 뉴로(신경)미학인데, 이것은 미적 텍스트(예를 들면 미술 작품) 등이 주는 아름다움의 근거를 뇌인지과학적인 수준에서 설명하는 것을 목적으로 한다. 신경미학의 관점에서 보면 시각이란 시각 세계에 대한 정보를 얻기 위해 뇌가 시각 정보를 취사선택하고, 그것을 기존에 저장된 정보와 비교해 새로운 시각상을 만들어 내는 능동적인 과정이다. 이런 사실은 뇌가 지각한 미적인 것이 뇌가 만든 일종의 구성물이라는 것을 시사한다(Zeki, 2003).

뇌에서 미적인 것을 인식하는 데 중요한 역할을 하는 것이 뇌의 1차 시각 피질 영역이다. 이 영역은 다른 시각처리 영역들과 네트워크로 연결되어서 거대한 신경망을 구성한다. 각 영역의 신경망의 특화된 피질 영역에서 색채, 공간, 움직임 등이 처리되고 변연계 영역과 직접적으로 연결되어 시각 처리의 기능이 강화된다(Cela-Conde, 2004).

〈전두엽과 뇌회(gyrus)의 미적 인식〉

전두엽은 대상의 색상을 인식하고 의사를 결정하며 기억에 깊이 관여하며 의식적인 미적 체험과도 밀접하게 관련된다. 전두엽의 앞쪽 부분인 안와전두피질(OFC)은 자극의 가치 판단에 관여하는 핵심 영역으로 특히 예술 작품이 아름다운지 아닌지를 결정하는 데 깊게 관여한다(Kawabata & Zeki, 2004). 안와전두피질 왼쪽 측면은 내적으로 생성된 목적을 실행하는 데 관여하며, 미적 정향을 갖고 예술품에 지속적으로 접근하는 것을 가능하게 한다(Cupchik, 2009).

그중에서도 앞쪽 전두엽 내부 영역인 내측 안와전두피질은 예술 작품과 연관된 텍스트나 스크립트의 미적 판단에 깊이 관여하는 것으로 보인다. 전두엽의 측면과 등쪽 영역(PDC)은 아름답다고 간주되는 자극에 선택적으로 활성화되는 반면에 전체 전두엽은 쾌적한지 아닌지에 대한 판단에 관여한다. 이런 점에서 전두엽은 예술 작품인 대상체의 미적인 인식을 위한 인지 및 지각의 과업을 통합적으로 수행한다고 볼 수 있다.

또한 예술 작품이 추상화인지 구상화인지에 따라서 뇌의 뒤통수 쪽에 있는 뇌회(gyrus)의 양쪽 영역, 좌측 대상엽구, 그리고 방추 모양의 뇌회의 양쪽 측면 영역이 각각의 예술 작품의 선호에 따라서 강하게 활성화된다(Vartanian & Goel, 2004). 특히 뇌의 뒤통수 쪽에 있는 뇌회의 양쪽 영역은 구상화의 고해상도와 관련해 활발한 움직임을 보인다. 이는 뇌가 탁월한 연상 능력과 기억 및 주목 기능을 바탕으로 구상화와 같은 재현 예술 작품에 대해 민감하게 반응하며, 특히 좌측 전두엽과 두정엽 및 변연엽(변연계의 한 구조)이 활발하게 관여하고 있음을 시사한다(Lengger, 2007).

이런 점을 고려하면 구상화의 경우에 미적 인식이란 '위에서 아래로 향하는' 뇌 작업 방식의 결과인 것이다. 그러나 윤곽선이 흐려져서 가늠하기 어려운 비구상적 조형 형태인 예술품의 경우에는 미적 처리 과정은 '아래에서 위로 향하는' 프로세스로 특징된다.

〈신경미학의 뉴로기호학적 접근〉

신경(뉴로)미학을 뉴로기호학적 관점에서 본다는 것은 뇌의 미적 현상을 뇌의 신경세포인 뉴런의 기호 작용(semiosis)으로 이해하고 이를 바탕으로 미적인 것이 생성되는 기호학적 기제를 이해하는 것이다. 즉 미적인 것을 뉴런과 이들로 구성된 신경망 작용의 결과로 파악하고 이것을 기호학적인 관점에서 파악하는 것이 뉴로기호학적 미학이다. 따라서 미적인 것을 뉴로기호학적 미학의 관점에서 파악하기 위해서는 뉴런이 미적인 것을 어떻게 처리하고 그 의미를 생성하는지 이해하는 것이 필요하고, 이것이 기호학적으로 어떤 의미가 있는지를 탐색해야 한다.

미적인 것은 뇌의 신경세포인 뉴런과 이들로 구성된 신경망의 작용과 밀접하게 연결되어 있으며, 이들의 창발적인 작용으로 기호화된다. 따라서 이 미적 기호를 이해하려면 영상 기호의 생성 토대가 되는 신경망을 기호학적으로 이해해야 한다. 먼저 시각 처리 과정을 살펴보면 뇌의 여러 영역들로 구성된 다수의 로컬 신경망들이 거대한 중앙부 신경망을 중심으로 통합되어 최종적으로 기호로 영상을 생성한다(조창연, 2014:243~248 참조).

〈신경망과 미적 기호 생성〉

논의를 단순화하기 위해 시지각과 출력 패턴, 은닉층, 그리고 입력 패턴으로 구성된 간단한 신경망을 생각한다. 신경망은 수많은 시냅스(synapse)들의 접합으로 구성되는데, 시냅스는 각 뉴런들이 교차되는 지점을 나타낸다. 신경망을 구성하는 뉴런의 공간적인 배열은 시지각 정보의 시공간적 부호화(Baars & Gage, 2007/2010)를 가능하게 하고 이로부터 대상체(예를 들면 예술 작품)의 영상이 생성된다. 이 영상의 미학적인 특성을 기호학적으로 접근한 것이 미적 기호다.

미적 기호의 생성은 영상의 생성과 마찬가지로 신경망의 작용 결과로 볼 수 있는데, 신경망이 갖는 감성직 벡터 형태의 가중치들의 총합에 의해서 이 미적 기호의 특성이 결정된다. 영상의 미적 기호적 특성은 미적 기호의 기표로 볼 수 있고 영상의 미적 기호적 특성이 유발하는 영상의 미적 가치는 미적 기호의 기의로 간주될 수 있다(그림 2 참조). 미적 기호의 의미인 기의는 해당 자극에 대한 관련 영역의 뉴런들의 반응과 이를 통합한 뇌의 중앙부 신경망의 활성화 결과를 함축하며 뇌의 미학적 균형에서 창발적으로 생성된다.

[네이버 지식백과] 세미르 제키: 신경미학과 뉴로기호학 (기호학과 미학, 2016.12.15., 조창연, 이주영)

⑯ 뉴로기호학적 미학

뇌가 예술 작품을 지각할 때 어떻게 신경미학적 효과가 발생되는지 기호학적으로 살펴보자. 뇌의 시각 처리 과정은 신경 조작적으로 처리되면서 다양한 시각 차원들을 종합해 영상을 만든다. 예술 작품을 통해서 우리가 미적인 감정을 가질 때 미적 기호가 생성된다. 미적 기호는 예술 작품의 미적 특성들이 기표로 기능하고 예술 작품의 미적 가치가 기의로 기능함으로써 생긴다. 미적 가치는 뇌의 여러 영역의 활성화와 연관되어 있는데, 특히 뇌의 보상 체계와 밀접한 것으로 보인다. 보상 체계란 만족감을 주면서 우리 행동을 조절하는 뇌의 회로이자 구조를 말한다.

즉 가치가 있다고 판단되는 미적인 자극은 쾌감을 통해서 보상을 받음으로써 강화되어 예술 작품의 이해에 영향을 미친다. 이처럼 쾌감과 만족은 미적 기호의 기의 형성에 중요한 영향을 미친다. 이런 의미에서 예술품 자체는 미적 기호의 의미(signifié)를 발생시키는 단서이고 그 의미는 궁극적으로 그것을 관람하는 주체자의 마음속에서 창발적으로 발화되는 만족과 쾌감이라고 볼 수 있다.

보상 체계는 변연계 중간 영역에 있는 신경호르몬인 도파민 회로와 밀접하게 연관되는데, 호의적인 자극은 이 회로를 활성화해 쾌감을 통해 보상(만족)을 받는다. 이런 보상 체계는 또한 미적 이해의 증진에도 깊이 관여한다. 예를 들면 전두엽의 좌측 아래 측면 영역이 활성화되면 미적 이해, 즉 쾌감이 증대된다(Cattaneo et al., 2014). 이처럼 보상 체계의 활성화는 예술 작품의 이미지를 이해하는 데 큰 상관관계가 있다(Kirk et al., 2009). 이런 사실들은 뇌의 보상체계가 예술 작품을 체험하는 데 핵심 역할을 한다는 것을 시사한다.

이것은 구상화에서뿐만 아니라 추상화에서도 마찬가지로 적용된다. 인간은 근본적으로 '퍼즐'과 같은 문제를 풀면서 보상을 받는 진화적 신경체계를 갖고 있고(Minissale, 2012), 이를 통해 모순적 재현(예를 들면 르네 마그리트의 〈이것은 파이프가 아니다〉)이나 추상적 재현을 이해할 수 있는 것이다. 인간에게 미적 쾌감을 야기하는 이런 보상 체계가 생물학적으로 내재하는 것이다.

또 다른 예로 인상주의 회화를 들 수 있다. 클로드 모네(Claude Monet)의 〈해돋이-인상〉이라는 작품을 보면, 이 작품은 물위에 반사되는 빛과 그 주변 풍경을 다양한 색조의 변화를 통해 묘사한다. 이미지는 일렁거리는 느낌을 주면서도 대상체를 작품의 배경과 관련시킨다. 이는 시각적 뉴런의 체계에서 '무엇을'의 영역을 그다지 활성화하지 않는다. 그렇지만 보는 이들은 단지 작품 속 색상의 밝기와 움직임을 통해서 '무엇을'에 해당하는 형태, 색상, 대상체 등을 유사적으로 느낀다. 이런 방식은 대상체를 '어떻게'와 '무엇을'이라는 시각적 과정을 통해 파악하는 기존의 일반적인 방식을 벗어나 새로운 유형의 보상(만족)과 이에 따른 새로운 미적 느낌과 쾌감을 체험하게 한다.

〈참고문헌〉

조창연(2014). 『기호학과 뇌인지과학의 커뮤니케이션』. 커뮤니케이션북스.

Baars, B., & N. M. Gage(2007). Cognition, brain, and consciousness. 강봉균 옮김(2010). 『인지, 뇌, 의식』. 교보문고.

Zeki, S.(1999). Inner Vision: An Exploration of Art and Brain, 박창범 역(2003), ≪이너비전: 뇌로 보는 그림, 뇌로 그리는 미술≫, 시공아트.

[네이버 지식백과] 세미르 제키: 신경미학과 뉴로기호학 (기호학과 미학, 2016.12.15., 조창연, 이주영)

⑰ 인상주의 미학

인상주의미술을 추진한 화가들을 인상파라고 하는데, 이 일파가 지향한 것은 자연을 하나의 색채현상으로 보고, 빛과 함께 시시각각으로 움직이는 색채의 미묘한 변화 속에서 자연을 묘사하는 데 있었다. 당시 급속하게 기세를 올리기 시작한 실증주의와 사실주의의 흐름을 따라, 대상을 어디까지나 눈에 보이는 대로 재현하려는 운동이 일부 청년작가들 사이에 일어나 옥외로 나가서 태양의 직사광선 아래 진동하는 자연의 순간적 양상을 묘사하는 일이 시도되었다. 그들에게 자연은 종래의 화가들이 나타낸 것처럼 그렇게 어두운 것이 아니었다. 그리고 그것은 고정된 것이 아니고 오히려 지극히 유동적이고 변화무쌍한 것으로 비쳤다. 빛의 변화에 따라 같은 풍경이라도 전혀 양상을 달리하고 그 속에 포함된 대기의 뉘앙스의 미묘함은 참으로 놀라운 것이었다.

이와 같이 빛의 문제, 밝음의 추구에서 색채의 문제에 이른 그들은 변하기 쉬운 자연의 순간적 표정의 파악을 위하여 여러 가지 표현상의 새로운 기법을 발견하는 동시에 그 제작 태도에 있어서는 필연적으로 자기들의 직관(直觀)을 중시하고, 당초에 지향했던 대상의 객관적 재현의 범위를 벗어나 주관적인 감각의 반영에 전념하게 되었다. [네이버 지식백과] 인상주의미술 [Impressionism art, 印象主義美術] (두산백과 두피디아, 두산백과)

⑱ 모네의 인상주의: 해돋이

인상주의와 인상파라는 이름을 만들어낸 작품이다. 원래 최초의 인상파 전시회는 바지유의 발의로 기획되었지만, 보불전쟁으로 무산되었다. 클로드 모네는 이런 바지유를 기억하면서 최초의 인상파 전시회를 제의한다. 누구를 참가시킬 것인지를 두고 논란이 있었지만 마침내 카푸시네 대로에서 역사적인 기획전이 열렸다. 〈인상, 해돋이〉는 이 전시회에서 첫선을 보였는데, 루이 르로이라는 비평가가 이 제목을 비꼬아서 조롱조의 감상기를 썼다. 모네가 이런 제목을 붙인 까닭은 말 그대로 르아브르의 고향집에서 내려다본 항구를 보고 느낀 즉흥적인 인상을 그린 것이기 때문이다. 전시 도록을 만들 때 동료들이 제목을 요구하자 떠오르는 대로 말해준 것이 〈인상: 해돋이〉였다. 제목만큼이나 이 그림은 단순한 기법을 선보인다. 주목할 점은 검은색을 사용하지 않는다는 인상주의 기조가 모네의 그림에서 확연하게 드러나고 있다는 사실이다.

어둠 속에서 해가 막 떠오르는 풍경을 담은 이 그림에는 검은색이 전혀 사용되지 않았다. 검은색을 쓰지 않고도 충분히 어둠을 표현할 수 있다는 사실은 매우 혁신적인 실험이었다. 그런데 이런 실험들이 비평가와 관객을 불편하게 만들었다고 할 수 있다. 밤은 검은색이라고 믿는 이들에게 색채는 빛의 문제일 뿐이라는 과학적 설득이 당장은 받아들여지기 어려웠다. 이 그림은 확연하게 터너나 컨스터블 같은 영국 화가들의 기법을 연상시킨다.

모네는 뚜렷한 사물의 형상을 통해 풍경을 나타내려고 하지 않고 빛과 그림자 효과를 통해 인상을 전하려고 했다. 이 그림에서 바다와 하늘을 구분하는 것은 색채다. 붉은 빛이 도는 하늘과 푸른 바다는 서로 겹치면서도 묘한 대조를 이룬다. 여기에서 태양이 가장 밝은 것처럼 보이지만 실제 명도를 따져보면 하늘과 거의 차이가 없다. 모네는 색채와 명도의 관계를 정확하게 표현했는데, 이를 통해서 인상주의 그림들이 눈에 보이는 대로 그린다는 근대적 리얼리즘에 얼마나 충실했는지를 알 수 있다.

⑲ 시뮬라크르

플라톤 철학이 제시한 최초의 의미로서의 시뮬라크르는 가짜 복사물을 일컫는 말로서 그들이 추구하는 본질로서의 이데아와 대조되어 부정적인 의미를 내포하고 있다. 그러나 이 개념은 후에 근대의 철학자들에 의해 새로운 의미를 형성하게 되는데 그 첫 번째가 바로 들뢰즈이다. 질 들뢰즈(Gilles Deleuze)는 시뮬라크르 속에 내면화된 발산하는 두 계열들 중, 그 어느 것도 원본이 될 수 없으며 그 어느 것도 복사본이 될 수 없다는 이론을 전개한다.

그는 플라톤 철학이 시뮬라크르를 가짜 복사물로 정의하며 자신들의 글쓰기의 로고스를 정립해나가지만, 그들의 글쓰기가 폭력적이며 술책적인 방법으로 로고스를 탈취하는 그 순간 그것 역시 시뮬라크르가 되어 버린다고 말한다. 결국 들뢰즈에게 있어 진짜와 가짜, 이데아와 시뮬라크르의 구분은 더 이상 의미 없는 것으로 인식되며 이 사상은 '객관적 진리에 대한 부정'이라는 포스트 모더니즘적 인식으로 연결된다.

또 하나의 시뮬라크르 이론은 장 보드리야르(Jean Baudrillard)에 의해 전개된다. 보드리야르에 와서 시뮬라크르 개념은 큰 변화를 겪게 되는데 그것은 바로 '원본의 상실'이다. 보드리야르는 현대 사회의 많은 시뮬라크르들이 그 원본이 없이도 존재하고 있다는 점을 지적한다. 그리고 이러한 원본과 복사본(simulation)의 경계가 모호해지며 결국 복제물들이 점차 원본을 대체하게 되는 사회가 바로 현대 사회라고 말하고 있다.

즉 하나의 코드로 같은 제품을 대량으로 생산해 수많은 복제품들을 양산하는 자본주의적인 생산양식이 경제 뿐 아니라 정치와 문화까지도 결정하는 현대 사회에서 사는 우리는 상품이 아니라 허상을 소비하고 이미지를 종교화하게 되는 것이다. 결국 시뮬라크르가 현실에 선행하게 되는 것이다. 이러한 현대적인 시뮬라크르 개념은 추상적이며 혼돈을 초래할 수 있는 면이 있으나, 자본주의 사회의 모순에 대한 적극적인 비판 이론으로서 그 기능을 발휘한다.(박명진)

〈참고문헌〉

질 들뢰즈, 『의미의 논리』, 이정우 역, 한길사, 2000년

장 보드리야르, 『시뮬라시옹』, 하태환 역, 민음사, 2001년

[네이버 지식백과] 시뮬라크르 [Simulacrum] (문학비평용어사전, 2006. 1. 30., 한국문학평론가협회)

⑳ 에른스트 곰브리치 · 넬슨 굿맨: 이미지와 기호

기호는 의미를 전달하는 일종의 수단이다. 이미지 또한 의미를 만들어 내고 전달하는 하나의 방식이므로, 이미지를 활용한 모든 시각예술 활동은 기호 작용으로 볼 수 있다. 이 장은 시각적 재현에 관한 흥미로운 시각을 제시했던 곰브리치와 굿맨의 기호론적 미학을 다룬다. 곰브리치는 회화적 재현에서 이미지가 상징기호로 기능한다고 본 반면 굿맨은 이미지를 언어적 기호와 유사하게 파악한다.

〈이미지와 재현의 기호학적 관점〉

기호의 문제는 주로 대표적인 기호 체계인 언어와 관련되어 논의되어 왔다. 그러나 구조주의언어학의 연구 성과가 합쳐지면서 기호는 비언어적 기호 체계들로 이루어진 예술 장르에까지 확장된다. 즉 회화적 재현에서부터 음악 표기법에 이르기까지 기호적 탐구가 확장되고, 시각 기호의 예술적 기능 문제도 기존의 모방론적 관점을 넘어서 기호론적 관점에서 제기된다. 그 예가 이미지를 언어와 같은 상징의 기호로 보는 관점인데, 이 장에서는 에른스트 곰브리치(Ernst Hans Josef Gombrich, 1909~2001)와 넬슨 굿맨(Nelson Goodman, 1906~1998)의 이론을 통해 살펴본다.

미술가는 가시 세계에서 보내 오는 메시지를 기호로 기록하려고 이미지를 활용한다. 이 이미지는 자연을 모방한 자연기호처럼 기능하지만 한편으로는 언어와 같은 상징기호로 기능하기도 한다. 미술사학자 곰브리치에 의하면 상징기호는 시각적 이미지에도 적용된다(Gombrich, 1960/2002). 시각 이미지는 표본과 도식에 의해 언어 기호처럼 일종의 기호적 기능을 수행하기 때문에 언어적 재현과 시각적 재현 사이의 긴밀한 공통점이 발견된다.

그러나 재현론이 주로 조형예술 중심으로 이루어져 다양한 예술 장르에 적용할 수 있는 일반화된 재현 미학의 성립이 쉽지 않았다. 따라서 재현 미학이 성립되려면 상징의 기호를 문자나 이미지 모두에 적용할 수 있어야 한다. 미국의 분석철학자 굿맨은 상징기호가 글자, 단어, 텍스트, 그림, 도해, 지도, 모형, 그 밖의 더 많은 것들을 포괄한다고 보았다. 특히 그는 시각 이미지가 언어와 같은 기호적 기능을 한다고 본다(Goodman, 1968/2003).

〈'자연기호'와 '상징기호'의 시각적 재현〉

'시각' 이미지는 대상과의 실재적 닮음으로 인해 자연기호, 혹은 도상(icon)이라 불린다. 예컨대 '말(馬)'에 해당하는 언어가 영어로는 '호스(horse)', 프랑스로어는 '슈발(cheval)' 등 언어마다 상이하게 존재한다. 하지만 미술가가 그린 말의 시각적 이미지는 문화가 다르더라도 비교적 비슷하다. 이런 의미에서 시각 이미지는 자연기호라고 볼 수 있을 것이다. 그런데 미술도 자연에서 그대로 베껴 온 자연기호를 늘 사용하는 것이 아니라 상징기호를 사용한다는 시각이 20세기 재현론에서 부각된다(Gombrich, 1960/2002). 상징은 임의로 만들어진 기호다. 그래서 기호와 대상체 사이에 어떤 연관이나 유사성 없이 약속에 의해 만들어진다. 상징기호의 대표적인 예가 언어다.

미술에서도 시각 이미지가 상징의 역할을 하는 경우가 많다. 이 경우 어떤 이미지는 사실적으로 모사되기보다는 대개 관습적인 선이나 형태를 통해서 표현된다. 이 점은 원시인들이나 아동들의 미술에서 확연히 드러난다. 아동 미술에서 표현된 시각 이미지는 매우 압축된 정보를 주지만 특정한 대상을 그대로 재현한 것이 아니다. 선으로 그리는 그림은 순전히 인습적인 상징일 경우가 많다. 하지만 자연주의적인 그림보다 훨씬 효과적인 정보를 준다. 이런 사실은 말에 의한 언어적 재현과 시각적 재현은 상호 간에 밀접한 공통된 토대를 가진다는 점을 일깨워 준다.

〈재현과 기호로서의 이미지〉

시각예술에서 재현은 외적인 대상을 유사하게 모방하는 것으로 이해되어 왔다. 그런데 곰브리치는 회화적 재현에서 유사성에 의한 모방의 한계를 다양하게 지적한다(Gombrich, 1960/2002). 이 한계는 한편으로는 미술가가 사용하는 매체의 본성에 기인하기도 하고, 다른 한편으로는 제작 과정에 영향을 미치는 심리적인 요인에 기인하기도 한다. 게다가 화가가 사물을 가능한 한 사실적으로 옮겨 놓고자 해도 눈에 비친 시각적 정보가 너무 풍부하기 때문에 그것을 모두 옮겨 놓기란 불가능하다. 그렇기 때문에 모든 그림은 단순화되고 변형될 수밖에 없다.

따라서 회화적 재현은 시각적 정보의 단순화와 강조, 변형, 왜곡을 거치게 된다. 그러므로 미술에서 중요한 것은 단순한 재현이 아니라 이미지의 재조합이다(Gombrich, 1960/2002: 427). 기억과 학습에 의한 경험은 이미지를 구성하는 중요한 방법이다. 모든 미술은 가시적인 세계에 있기보다는 세계에 대한 우리의 반응, 즉 인간의 마음

속에 있다. 왜냐하면 모든 미술은 다 '관념적'이며, 모든 표현은 다 그들의 양식에 의해 알아볼 수 있기 때문이다. 어떤 중요한 도식이 없으면 끊임없는 경험의 흐름은 결코 파악될 수 없고 어떤 범주들이 없으면 우리의 인상은 구별해서 분류될 수 없을 것이다. 이런 점들을 종합적으로 고려하면 이미지를 만들어 내고 파악하는 활동 또한 일종의 기호 작용임을 알 수 있다.

곰브리치는 재현된 것과 실재의 관계에서 이미지가 하나의 기호처럼 작용한다고 보았다. 우리가 재현된 이미지를 볼 때 이 이미지가 실재의 반영이라고 생각하는 것은 하나의 오랜 관습이다. 우리는 그림 속의 이미지들을 마치 사진이나 삽화인 것처럼 보고, 그것을 실제나 상상 속의 현실을 반영한 것이라고 해석하는 데 습관이 되어 있다. 그러나 이미지는 대상의 모사상이 아니라 하나의 표본인 경우가 많다. 이 표본을 그려낼 때는 도식이 필요하다. 그럴 경우 이미지는 자연의 기호라기보다는 하나의 상징기호처럼 사용된다.

그러므로 눈에 보이는 세계를 표현하기 위해서는 우선 도식적 체계가 필요하다. 예컨대 새를 그리고 싶은 아마추어 화가는 우선 새의 이미지를 구성하는 방법을 배운 후, 밖에 나가서 새를 보고, 새의 종류를 구별하고 나서야 새의 뚜렷한 특징을 그리게 된다. 다른 예로서, 해부학 도판에서 보이는 도식적인 근육모형도는 눈에 보이는 사물을 옮겨 그린 것이 아니라 수년간의 참을성 있는 연구 과정에서 드러난 표본을 숙련된 관찰자가 그린 작품이다. 이런 의미에서 미술가란 눈앞에 있는 대상을 닥치는 대로 모사하는 사람이 아니다. 미술가란 자기 자신이 표현하고 싶어 하고 또 잘 표현할 수 있는 모티브를 시각기호를 통해 효과적으로 전달할 수 있는 사람이다. 또한 여기에는 미술가들이 이미 갖추고 있는 양식과 훈련이 결부되어 있다.
[네이버 지식백과] 에른스트 곰브리치 · 넬슨 굿맨: 이미지와 기호 (기호학과 미학, 2016.12.15., 조창연, 이주영)

⑳ '낯설게 하기'

익숙한 이야기 구조는 수용자들에게 스토리를 쉽게 이해하고 친근함을 느끼도록 만든다. 그러나 보편적인 이야기의 틀을 빌려올 수는 있지만 이것이 단순히 반복되기만 한다면 지루함을 줄 뿐이다. 흥미나 긴장감이라는 반응을 유발시키기 위해서는 '낯설게하기' 기법이 요구된다.

〈스토리와 담화〉

서사(narrative)는 크게 두 가지 측면으로 나누어볼 수 있다. 가장 보편적으로 채택되어 온 구분이 바로 'story(이야기)'와 'discourse(담화)'다. 서사를 두 가지 부분으로 나누어 설명하려는 전통은 아리스토텔레스 이후 계속해 전해 내려 왔다. '스토리'가 이야기가 전달하고자 하는 내용이라면 '담화'는 이야기의 형식을 뜻한다. 이것은 오늘날 '스토리텔링(storytelling)'이라는 용어가 지닌 양면성에도 그대로 적용될 수 있다. '스토리'가 '텔링'이라는 형식을 통해서, 특히 현재진행형의 방식으로 전달되는 것이 바로 스토리텔링이다. 최근에는 스토리 층위를 세분해 세 가지 부분으로 보는 상관적 체계가 널리 받아들여지고 있지만, 어찌되었든 서사는 스토리에서 담화로 되어 가는 과정 전체를 함의하고 있다고 볼 수 있다. 특히 여러 가지 다양한 미디어로 재현되는 오늘날 문화콘텐츠의 이야기하기 방식은 다중의 담화화를 포함하고 있다고 보아야 한다.

스토리는 작가들이 재료로 사용하는 사건을 시간적·인과적 순서에 따라 배열한 체계이고, 이것은 담화로 되어 가는 과정에서 다시 인위적·예술적 순서로 기술된다(Cesare Segre, 1979). 서사학의 주요 연구들이 이야기의 보편적인 구조나 공통 문법을 발견해 내는 데 공헌했다. 그 결과 이야기 창작자들이 대중적인 스토리를 창작할 때 참고할 만한 모델이 제공된 것이다.

익숙한 이야기 구조는 수용자들에게 스토리를 쉽게 이해하고 친근함을 느끼도록 만든다. 그러나 보편적인 이야기의 틀을 빌려 올 수는 있지만 이것이 단순히 반복되기만 한다면 흥미나 긴장감이라는 반응을 유발시키기 어렵다. 따라서 보편적인 구조를 지닌 스토리를 새로운 담화로 전환시키기 위해서 다양한 기법들이 요구되는 것이다. 그런 점에서 러시아 형식주의자들이 주창한 '낯설게하기' 기법을 주목해볼 필요가 있다. 쉬클로프스키(Shklovsky)는 모든 기교성(artfulness)은 낯설게하기의 기법이라고 했으며, 예술이란 그 기교성을 경험하는 방식이라고 말했다.

〈낯설게하기의 기법들〉

쉬클로프스키는 낯설게하기(defamilliarization)의 방법적 측면에 관해서 지각의 과정 자체가 미적 목적이므로, 형식을 어렵게 함으로써 지각에 소요되는 시간을 연장시켜야 한다고 주장했다(쉬클로프스키, 1993). 즉, 서사의 통시적 진행을 방해하는 효과를 가져옴으로써 사건의 중단을 노리는 것이다. 대표적으로 사용되는 낯설게하기의 기법으로는 시간의 불일치가 있으며, 공간의 병행적 배열과 함께 액자(frame)식 구성, 즉 이야기 속의 이야기 기법도 여기에 해당한다(Eric S. Rabkin, 1977).

서사학자 주네트는 순서(order), 지속 시간(duration), 빈도(frequency) 등 '시간'에 관해서 연구의 많은 부분을 할애했다(Gérard Genette, 1972). 그 가운데 시간의 불일치 문제를 다루기 위해서는 '순서'에 관한 이론을 참고해 볼 수 있다. 관습적으로 연대기적 순서에 충실한 민담에 비해 현대의 다양한 서사 텍스트에서는 실제 사건의 시간과 서사되는 시간 사이의 '시간의 불일치(anachronies)'가 발견된다. 과거의 일을 회상하거나 앞으로 일어날 일을 예상하는 것 등이 바로 그렇다. 특히 회상의 기능으로는 '보충하는(completing)' 기능, 또는 '복귀(returns)'라는 기능이 있다. 이는 의도적인 생략 후에 서술에서 빠졌던 부분들을 채우는 방법이다.

이러한 방식이 바로 온전한 이해를 방해하며 서사를 지연시키는 낯설게하기의 기법이 된다. 그리고 이와 유사하게 시간의 흐름에서만이 아니라 서술하는 기간 내에 나타나는 특정 부분을 일부러 피해 갔다가 후에 보완하는 '옆으로 빼놓기(sidesteps)', 또는 '역언법(paralipsis)'도 있다. 이는 어떤 기간을 건너뛰는 것이 아니라 어떤 요소를 피해 가는 것이다. 회상과 역언법에 의한 시간의 불일치 기법은 기본 서사의 진행이 이차적 서사에 의해 채워지면서 지연되는 방식으로, 수용자들이 관심을 가지고 계속해서 스토리를 지켜보도록 만드는 효과를 부여한다.

공간의 분리는 시간의 불일치에 대한 은유적인 용법으로 볼 수 있다. 기본 서사에서 벗어나는 이차적 서사의 분리가 가져다주는 해독의 어려움이라는 효과는 서로 다른 공간을 오가며 병행적 전개를 구사하는 서사에서도 마찬가지로 얻을 수 있다. 액자식 구성은 하나의 이야기 안에, 그 자체로 완성된 짜임새를 가진 또 다른 이야기가 삽입된 형태를 말한다. 즉, '바깥 이야기(외화, 外話)'라는 액자 안에 '안 이야기(내화, 內話)'가 담겨 있는 것이다. 여기서도 두 가지 이상의 기본 서사가 충돌하면서 얻어지는 형식상의 고유성이라는 효과가 일어난다고 할 수 있다(김정희, 2010).

〈서스펜스〉

서스펜스(suspense)는 극적 아이러니(irony)에 의해 발생된다. 이야기 속 등장인물 중 적어도 한 명 이상이 모르고 있는 사실이 관객에게 누설(revelation)될 때 아이러니가 발생한다. 그리고 일단 누설이 형성되고 나면, 시나리오 작가는 반드시 그에 대응하는 것을 만들어 내야 한다. 바로 등장인물도 그것을 알게 되는 순간이 나타나는데, 이를 인식(recognition)이라고 부른다. 즉, 서스펜스란 누설에서 인식 사이에 이르는 과정 동안 관객들이 스토리에 몰입한 채 가슴 졸이며 지켜보도록 만드는 강력한 도구다(데이비드 하워드 에드워드 마블리, 1999). 서스펜스는 바로 정보의 양이라는 수단을 통해 수용자의 이해를 지연시키거나 긴장감을 유발시키는 효과를 가져오므로 낯설게하기 기법이 지향하는 목적에 부합한다고 할 수 있다(김정희, 2010).

서스펜스의 대가라 불리는 앨프리드 히치콕(Alfred Hitchcock) 감독은 서스펜스와 서프라이즈(surprise)의 차이에 대해서 하나의 사례를 들어 명쾌하게 정의내린 바 있다(프랑수아 트뤼포, 1993). 우리가 사소한 잡담을 나누며 앉아 있는 식탁 밑에 폭탄이 있다고 가정해 보자. 아무 일도 일어나지 않다가 갑자기 쾅 하고 폭탄이 터지면 관객들은 깜짝 놀라게 된다. 반면에 누군가 폭탄을 설치하는 장면을 관객들에게 미리 보여 주었다면, 관객들은 폭탄이 언제 터질까 조마조마한 심정으로 지켜보면서 사소한 장면에도 몰입하게 된다. 어찌 보면 서프라이즈 방식의 전자가 더욱 감정의 진폭을 크게 자극하기도 하지만, 히치콕은 순간적인 놀라움보다는 일정 시간 동안 지속되는 정서의 몰입을 더욱 효과적인 수단으로 본 것이다.

수많은 스토리들이 특정한 비밀이 겉으로 드러나는 과정을 통해 갈등을 만들어 내는 방식을 활용한다. 트렌디드라마의 클리셰인 출생의 비밀이나 기억 상실 등의 소재도 초반에는 일부 감추어지다가 마침내 모든 이들에게 알려지는 과정을 통해 극의 갈등을 부각하기 마련이다. 드라마 〈겨울연가〉에서 준상과 민혁이 동일인이라는 사실, 드라마 〈커피프린스 1호점〉에서 주인공 은찬이 여자라는 사실이 밝혀져 가는 것이 스토리의 중심을 이루고 있는 것도 같은 맥락이다. 이처럼 서스펜스가 장르에 구애 없이 널리 활용되고 있는 것은 대중의 정서를 몰입시키는 강력한 심리적 기제임을 증명한다.

〈트랜스미디어 스토리텔링〉

최근에는 대중문화의 경향 자체가 단순하고 쉬운 내용보다는 낯설고 복잡하며 이해하기 어려운 것에 대한 선호를 드러내고 있다. 스티브 존슨(Steve Johnson)은 오늘날 대중문화가 갈수록 지적으로 변하고 있다는 점을 지적한 바 있다. 대중문화는 우리가 저질, 통속이라고 무시하는 연예물을 통해 지속적으로 아주 조금씩 우리 뇌를 명민하게 만들고 있다(스티브 존슨, 2006). 과거에 독자들이 쉽게 이해할 수 없는 것은 소위 '예술' 장르였다. 그런데 요즘에는 게임이나 드라마 등 대중문화 콘텐츠의 형식이 복잡 미묘함을 추구하고 사람들은 거기에 열광하는 것이 사실이다.

더구나 미디어 환경이 디지털 기술을 기반으로 눈부신 발전을 이루었고 동시에 다양한 플랫폼이 개발되고 있다. 더 이상 하나의 콘텐츠는 단일한 미디어 또는 플랫폼과 일대일 대응관계를 갖지 않게 되었다. 이를 바탕으로 문화산업의 핵심 전략으로 주목받아 오던 OSMU 방식을 넘어 최근에는 트랜스미디어 전략을 통해 끊임없이 새로운 담화 양식을 만들어 가고 있다.

트랜스미디어 스토리텔링이란 하나의 핵심 스토리를 중심으로 부차적인 사건이나 캐릭터, 그리고 배경을 다루는 스토리들이 다양한 장르의 미디어 플랫폼에 걸쳐서 전개되는 방식을 말한다. 하나의 스토리는 영화로 소개되고, 텔레비전, 소설, 그리고 만화로 확장된다. 그 이야기의 세계는 게임 플레이를 통해 탐험할 수도 있고, 놀이공원의 명소로 경험할 수도 있다. 개별 콘텐츠의 스토리들이 조합하여 시간적·공간적으로 상호 보완되고, 하나의 일관된 세계를 형성한다는 특징을 보여 준다. OSMU는 하나의 개별 콘텐츠가 통시적으로 새롭게 해석, 재창조되는 과정을 드러내는 반면, 트랜스미디어 스토리텔링은 여러 개의 콘텐츠들이 공시적으로 존재하면서 하나의 거대 서사로 통합되는 과정을 드러낸다.

트랜스미디어 스토리텔링의 핵심 특성이 바로 이야기의 복잡화를 통한 낯설게하기 방식이다(김정희, 2013). 하나의 이야기는 여러 개의 다양한 미디어 콘텐츠들로 쪼개어 각각 서술된다. 물론 개별 콘텐츠 역시 독립된 이야기로 인식될 수 있지만, 트랜스미디어 스토리텔링은 분명히 전체 스토리를 관통하는 거시 스토리를 전제로 하고 있다. 이러한 방식을 통해 이야기는 쉽고 빠르게 이해되지 않고, 수용자가 지각하는 시간이 연장된다. 그러는 사이 미처 짜맞춰지지 않은 이야기의 빈틈은 미스터리 내지는 서스펜스를 유발한다. 의도적으로 정보를 제한하고 해소되지 않은 의문을 남김으로써 수용자들이 '퍼즐 맞추기'에 몰두하도록 만드는 것이다.

헨리 젠킨스(Henry Jenkins)는 트랜스미디어 스토리텔링이 미디어 컨버전스 시대의 산물이자 집단지성 시대의 엔터테인먼트임을 강조했다. 대중은 영화를 보고 게임을 즐기는 동시에 인터넷커뮤니티에 접속하여 정보를 교환하고 토론한다. 거기서 새로운 의미가 발견되거나 창출되기도 한다. 트랜스미디어 스토리텔링은 이처럼 독자나 관객의 적극적인 참여와 해석이 부가되고 패러디를 생산해냄으로써 한층 더 낯설고 복합적이며 풍성한 이야기들을 만들어 낸다.

[네이버 지식백과] 낯설게하기 (스토리텔링이란무엇인가, 2014. 4. 15., 김정희)

찾아보기

인명

내용

『ㄱ』

『ㄴ』

『 ㄷ 』

『 ㄹ 』

『 ㅁ 』

『 ㅂ 』

『 ㅅ 』

『ㅈ』

『 ㅎ 』

『 기타 』

역자 약력

강현석

경북대학교 사범대학 교육학과 졸업

경북대학교 대학원 교육학 석·박사 졸업

Univ. of Wisconsin-Madison Post-Doc.

(전) 한국내러티브교육학회장, 한국교육과정학회장

(현재) 한국국제바칼로레아(IB)교육학회 수석부회장

(현재) 경북대학교 사범대학 교육학과 교수

노진규

부산교육대학교 졸업

한국교원대학교 교육대학원 교육과정 및 교육평가 졸업

경북대학교 대학원 교육과정 및 방법 박사 졸업

(현재) 한국내러티브교육학회 이사

(현재) 울릉초등학교 교사

김수영

경북대학교 교육대학원 교육과정 및 교육공학 석사 졸업

경북대학교 대학원 교육과정 및 방법 박사 졸업

(현재) 한국국제바칼로레아(IB)교육학회 이사

(현재) 경북대학교사범대학부속 중등교육연구소 연구원, 경북대학교 강사

마징이(Jingyi Ma)

베이징외국어대학교(北京外國語大學, Beijing Foreign Studies University) 석사 졸업
경북대학교 대학원 교육과정 및 방법 박사 졸업
(현재) 중국 린이대학교(临沂大学, Linyi University) 강사

신광미

충남대학교 영어영문학과 졸업
Johns Hopkins University 교육대학원 영어교육 석사 졸업
미국 메릴랜드 K-12 ELL 교사, IB 워크숍리더, 컨설턴트, 방문심사리더
(현재) 경북대학교 대학원 교육과정 및 방법 박사과정
(현재) 부산 남성초등학교 국제교육부 본부장, 한동대학교 IBEC 강사

정상원

진주교육대학교 교육대학원 교육과정과 수업 석사 졸업
경북대학교 대학원 교육과정 및 방법 박사 졸업
(현재) 한국내러티브교육학회 이사
(현재) 춘천교육대학교 교육학과 교수

본 저서의 주요 취지 및 핵심적 주장:

우리의 뇌는 어떻게 이야기를 하고 따라갈 수 있게 해줄까? 그리고 이야기는 우리의 정신에 어떤 영향을 미칠까? 암스트롱(Paul B. Armstrong)은 『이야기와 뇌(Stories and the Brain)』에서 이야기를 구성하고 교환하는 데 수반되는 인지 과정을 분석하여 정신 기능(mental functioning)의 신경생물학에서 이야기의 역할을 탐구한다.

암스트롱은 이야기가 시간 속에서 사건을 정리하고, 행동을 모방하고, 우리의 경험을 다른 사람의 삶과 관련시키는 방식은 시간적 결합의 대뇌 피질 과정, 행동과 지각 사이의 회로, 체화된 상호주관성의 기저에 있는 미러링 작동과 상관관계가 있다고 주장한다. 그는 뇌가 어떻게 작동하는지, 즉 중앙제어장치(cental controller) 없이 뉴런 합성물을 어떻게 조립하는지에 대한 최근의 신경과학적 발견이 어떻게 내러티브의 중심이 되는 시간, 행동, 자아-타인 관계를 포함하는 인지 과정을 조명하는지 밝힌다.

그의 이전 저서인 『문학은 어떻게 뇌를 가지고 노는가(How Literature Plays with the Brain)』의 연장선상에 있는 이 새로운 연구는 미저 조화와 불협화음이 인지적 가치(cognitive value)에 대한 저자의 분석을 내러티브에 적용한다. 암스트롱은 뇌가 패턴, 합성(종합), 불변성(constancy)에 대한 욕구와 유연성, 적응성, 변화에 대한 개방성에 대한 욕구 사이의 끝없는 갈등을 협상하는 데 내러티브가 어떻게 도움이 되는지 설명한다. 이러한 상호작용들에 대한 신경과학은 우리의 삶이 이야기를 낳는 것처럼 이야기가 우리의 삶을 형성하는 이유 중 하나이다.

이야기를 들려주는 우리의 능력이 언어와 정신에 대해 무엇을 드러내는지에 대한 오래된 질문을 제기하는 이 진정한 학제 간 프로젝트는 인문주의자와 인지과학자 모두가 같이 관심을 가져야 한다.

스토리와 뇌는 어떻게 협력하는가:
내러티브 신경과학의 탄생

2024년 9월 25일 1판 1쇄 인쇄
2024년 9월 30일 1판 1쇄 발행

저　자: 폴 암스트롱
역　자: 강현석 · 노진규 · 김수영
마징이 · 신광미 · 정상원
발행자: 한　정　주
발행처: 교 육 과 학 사

역자와의 협의하에 인지생략

경기도 파주시 광인사길 71
전화(031)955-6956~8/팩스(031)955-6037
Home-page: www.kyoyookbook.co.kr
E-mail: kyoyookbook@daum.net
등록: 1970년 5월 18일 제2-73호

낙장 · 파본은 교환해 드립니다.
Printed in Korea.

정가 26,000원
ISBN 978-89-254-1993-0